新世纪普通高等教育土木工程类课程规划教

桥梁工程

BRIDGE ENGINEERING

主　编　邱文亮
副主编　王会利 王　骞
主　审　张　哲

大连理工大学出版社

图书在版编目(CIP)数据

桥梁工程 / 邱文亮主编. -- 大连 : 大连理工大学出版社, 2025.1(2025.1 重印)

ISBN 978-7-5685-4801-4

Ⅰ. ①桥… Ⅱ. ①邱… Ⅲ. ①桥梁工程—高等学校—教材 Ⅳ. ①U44

中国国家版本馆 CIP 数据核字(2024)第 015205 号

QIAOLIANG GONGCHENG

大连理工大学出版社出版

地址:大连市软件园路 80 号　邮政编码:116023

营销中心:0411-84707410　84708842　邮购及零售:0411-84708943

E-mail:dutp@dutp.cn　URL:https://www.dutp.cn

大连雪莲彩印有限公司印刷　　大连理工大学出版社发行

幅面尺寸:185mm×260mm　　印张:22.5　　字数:548 千字

2025 年 1 月第 1 版　　2025 年 1 月第 2 次印刷

责任编辑:王晓历　　责任校对:孙兴乐

封面设计:张　莹

ISBN 978-7-5685-4801-4　　定　价:59.80 元

前言 Preface

随着我国现代交通事业的蓬勃发展，人们对桥梁工程的需求日益增长，同时也对桥梁工程建设的质量、安全性和耐久性提出了更高的要求。“桥梁工程”是培养土木工程专业桥梁工程人才的一门极其重要的专业课。针对土木工程专业的本科教学需求，本教材从桥梁工程的基本概念入手，逐步深入到各类桥梁的结构体系、受力特点、基本构造、设计计算及施工要点等核心内容。通过本教材桥梁工程知识的学习，学生能够基本掌握桥梁的设计和构造原理、计算理论和分析方法，并熟悉桥梁的施工方法和技术，初步具备解决大跨、较复杂桥梁问题的能力，为今后从事桥梁工程的设计、施工、检测、维护等工作奠定坚实的理论基础。

教材编者深入推进党的二十大精神融入教材，充分认识党的二十大报告提出的“实施科教兴国战略，强化现代人才建设支撑”精神，落实“加强教材建设和管理”新要求，在教材中加入思政元素，紧扣二十大精神，围绕专业育人目标，结合课程特点，注重知识传授、能力培养与价值塑造的统一。

本教材共分为五篇，第一篇为总论，介绍桥梁的基本组成和分类、桥梁的发展现状及趋势、桥梁的总体规划设计等，具体分为四章，分别为桥梁概述、桥梁的总体规划设计、桥梁上的作用、桥面布置与构造；第二篇为混凝土梁桥，介绍混凝土梁桥的结构体系和受力特点、结构构造、施工方法和设计计算方法，具体分为五章，分别为混凝土梁桥概述、梁桥施工、梁桥的设计计算、斜桥设计、弯桥设计；第三篇为拱桥，介绍拱桥的结构形式和受力特点、结构构造、施工方法和设计计算方法，具体分为四章，分别为拱桥概述、拱桥的构造、拱桥施工、拱桥的设计计算；第四篇为斜拉桥，介绍斜拉桥的总体布置形式、结构体系、结构构造、施工和设计计算要点，具体分为五章，分别为斜拉桥概述、斜拉桥布置、斜拉桥的构造 、斜拉桥施工、斜拉桥的设计计算；第五篇为悬索桥，介绍悬索桥的结构组成、结构形式、主要构造、施工和设计计算要点，具体分为四章，分别为悬索桥概述、悬索桥的构造、悬索桥施工、悬索桥的设计计算。

本教材由大连理工大学邱文亮任主编；大连理工大学王会利、王骞任副主编；大连理工大学张哲任主审；大连理工大学许福友、潘盛山、吴甜宇，大连大学朱巍志，大连理工大学檀永刚参与了编写，具体编写分工如下：第一篇由许福友编写，第二篇第一章由王骞编写，第二篇第二章由潘盛山编写，第二篇第三章第五节和第九节由吴甜宇编写，第二篇第三章其余各节由邱文亮编写，第二篇第四章和第五章由王会利编写，第三篇第一章、第二章和第四章由朱巍志编写，第三篇第三章由潘盛山编写，第四篇由王会利编写，第五篇由檀永刚编写。

在编写本教材的过程中，编者参考、引用和改编了国内外出版物中的相关资料以及网络资源，在此表示深深的谢意！相关著作权人看到本教材后，请与出版社联系，出版社将按照相关法律的规定支付稿酬。

限于水平，书中仍有疏漏和不妥之处，敬请专家和读者批评指正，以使教材日臻完善。

编 者

2025 年 1 月

所有意见和建议请发往：dutpbk@163.com

欢迎访问高教数字化服务平台：https://www.dutp.cn/hep/

联系电话：0411-84708462　84708445

第一篇　总　论

第二篇　混凝土梁桥

第三篇　拱　桥

第四篇 斜拉桥

第五篇　悬索桥

第一篇

总 论

第一章 桥梁概述

公路桥梁是公路跨越江河湖海、峡谷或其他线路等障碍物的典型土木工程建筑结构。桥梁全寿命过程,包括规划、设计、施工、运营、管理、养护、维修、加固和拆除等多个环节,每一环节都涉及诸多科学和技术问题。例如,桥梁设计需要考虑地质、气候、环境、交通等因素,并满足结构强度、刚度、稳定性、耐久性和美学等方面的要求。

进入 21 世纪以来,中国桥梁工程得到迅猛的发展,公路桥梁总数已经超过 100 万,目前正从桥梁大国向桥梁强国迈进。世界上主跨排前 10 名的大跨度悬索桥、斜拉桥和拱桥,中国数量均占一半以上。未来在相当长的一段时间内,中国桥梁将会朝着大跨、轻质、新型、耐久、美观的方向发展,也将建造更多、更大跨度的桥梁,促进经济快速发展,满足人民日益增长的美好生活需要。

采用钢材、混凝土材料、石材、木材建造的各类桥梁不仅实现了跨越功能,而且具有强烈的视觉冲击力和建筑美学价值。桥梁也面临诸多自然灾害的挑战,例如地震、台风、洪水、火灾、地质灾害等。另外,在繁忙重载交通荷载影响下,其性能随时间逐步劣化,抗力衰减,安全性降低,因此需要对其开展全面深入的研究,以保证其安全服役。

桥梁需满足安全、耐久、适用、环保、经济及美观等要求,涉及的内容非常丰富,这就需要全面学习、掌握和熟练运用有关知识,规划、设计、建造和管理好待建和已建桥梁。

第一节 桥梁的基本组成和分类

一、桥梁的基本组成

桥梁主要由上部结构(包括桥跨结构和支座)、下部结构(包括桥墩、桥台和基础)、附属设施(包括桥面系、伸缩缝、桥梁与路堤衔接处的桥头搭板和锥形护坡等)三个基本部分组成。

桥跨结构是跨越线路障碍物的主要承载部分,是桥梁支座以上(无铰拱起拱线以上或刚架主梁底面以上)跨越桥孔的总称。桥跨结构主要用于承载车道、轨道、人行道或管线等。随着跨径的增大,桥跨构造也更加复杂,设计和施工难度也相应提高。

支座为设置在桥梁上部和下部结构之间的传力和连接装置。其作用是把桥跨结构的各种荷载传递到墩台上。支座需要适应活载、温度变化、混凝土收缩和徐变、基础变位等因素所产生的位移,使得桥梁结构受力合理。

桥墩和桥台用来支承上部结构,并将由上部结构的各种荷载向下传递到基础结构。一般把设置在桥梁中间相邻桥孔之间的部分称为桥墩,把设置在桥两端的部分称为桥台。桥台与路堤相连接,具有挡土功能,可防止路堤填土坍塌,使路堤和桥梁连接匀顺,行车更加平稳。

基础位于桥墩和桥台的下面,可将桥墩和桥台承担的全部荷载(包括竖向荷载以及地震力、船舶撞击墩身等引起的水平荷载)传至地基。由于基础需要深埋于地基中,且常常需要水下施工,因此其施工难度较大,需要确保其施工和服役安全。

图 1-1-1 为梁式桥概貌,与桥梁布置有关的一些主要尺寸和名词术语介绍如下:

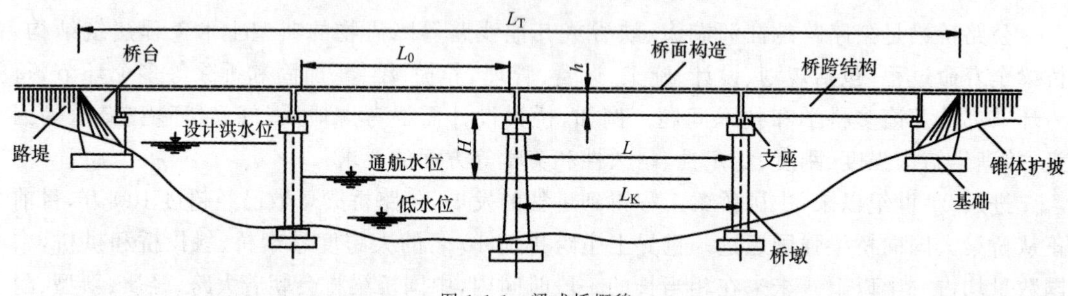

图 1-1-1 梁式桥概貌

净跨径 L:对于设置支座的桥梁,为设计洪水位处相邻两桥墩或台身顶内缘之间的水平净距;对于不设支座的桥梁,为上、下部结构相交处内缘间的水平净距。

总跨径:多孔桥梁中各孔净跨径的总和。

计算跨径 L_0:对于设置支座的桥梁,为相邻支座中心的水平距离;对于不设支座的桥梁,为上、下部结构的相交面之中心间的水平距离。

标准跨径 L_k:对于板式桥和梁式桥,为两桥墩中线之间桥中心线长度或桥墩中线与桥台台背前缘线之间桥中心线长度;对于拱桥和涵洞,为净跨径。

桥梁全长 L_T:对于有桥台的桥梁,为两岸桥台翼墙尾端间的距离;对于无桥台的桥梁,为桥面系行车道的长度。

桥下净空:为满足通航(行车、行人等)的需要和保证桥梁安全而规定的结构底缘以下最小空间界限。

桥梁建筑高度:为上部结构底缘到桥面顶面的垂直距离。

桥面净空:为保证车辆、行人等安全通行,在桥面以上一定高度和宽度的范围内不容许有任何建筑物或障碍物的空间界限。

桥梁通常跨越江河湖泊,而河流水位随季节不断变化,枯水季节时的最低水位称为低水位,洪水季节时的最高水位称为高水位。桥梁设计中按照规定的设计洪水频率计算所得的高水位称为设计水位。在各级航道中,能保持船舶正常航行时的水位,称为通航水位。

二、桥梁的分类

桥梁根据不同特征进行分类，可以有多种分类方式。

1.按受力体系分类

按照受力体系分类，桥梁可以分为梁、拱、索三种基本体系，其中梁桥主要受弯，拱桥主要受压，索桥主要受拉。通过三种体系组合，可以派生出多种桥型，如斜拉桥、刚构桥等。

(1)梁桥

梁桥在竖向荷载作用下无水平反力，由于外力作用方向与主梁轴线接近垂直，因此与相同跨径的其他体系相比，梁桥所受弯矩最大，故常需用抗弯、抗拉能力强的材料(钢、配筋混凝土、钢-混凝土组合结构等)来建造。截至2024年，应用最多的是钢筋混凝土简支梁桥[图1-1-2(a)]，通常采用预制装配或者现场浇注两种方法施工。简支梁桥结构简单，施工方便，对地基承载力的要求较低，常用跨径在25 m以下。当跨径大于25 m且小于50 m时，可采用预应力混凝土简支梁。如果地质条件较好，中、小跨径梁桥均可采用等截面连续梁桥[图1-1-2(b)]，(特)大跨径桥梁可采用预应力混凝土变截面连续梁桥[图1-1-2(c)]、钢梁桥和钢-混凝土组合梁桥。

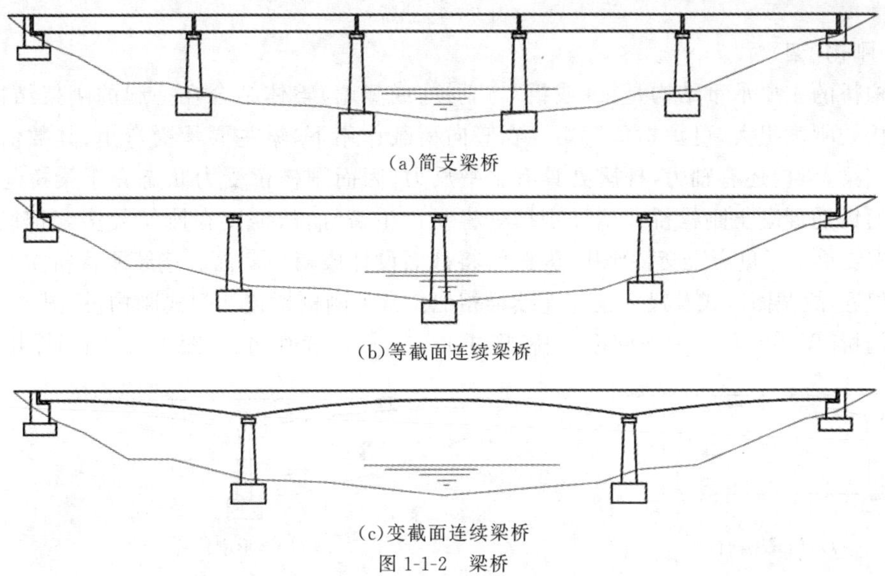

(a)简支梁桥

(b)等截面连续梁桥

(c)变截面连续梁桥

图1-1-2　梁桥

(2)拱桥

拱桥的主要承重构件是拱圈或拱肋(拱圈截面设计成分离式时，称为拱肋)。在竖向荷载作用下，拱脚处承受水平推力。由于水平力的存在，可以大大抵消在拱圈(或拱肋)内由荷载引起的弯矩。因此，相比于相同跨径的梁桥，拱桥的弯矩、剪力和变形小得多。拱桥的承重结构以受压为主，通常可采用抗压能力较强的圬工材料(砖、石、混凝土)和钢筋混凝土等来建造。根据桥面相对拱肋的立面位置，拱桥可分为上承式拱桥[图1-1-3(a)]、中承式拱桥[图1-1-3(b)]、下承式拱桥[图1-1-3(c)]。

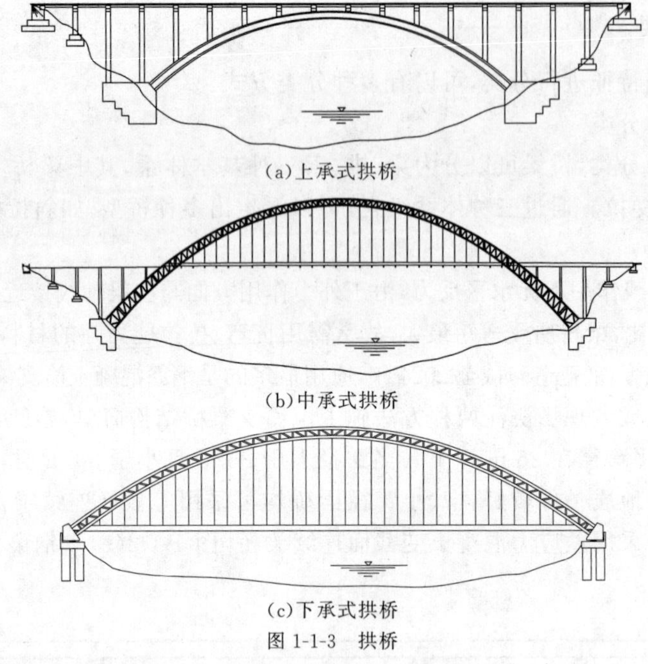

(a)上承式拱桥

(b)中承式拱桥

(c)下承式拱桥

图 1-1-3　拱桥

(3)刚构(架)桥

刚构桥的主要承重结构是梁(或板)与立柱(或竖墙)整体结合在一起的刚架结构,梁和柱的连接处刚度很大,可承担负弯矩。在竖向荷载作用下,梁主要承受弯矩,其数值小于同跨径简支梁,梁内还有轴力,柱脚处具有水平反力,因而刚构桥受力状态介于梁桥与拱桥之间。普通钢筋混凝土刚构桥在梁柱刚结处容易产生裂缝,故需要在刚结处多配钢筋。刚构桥一般需要承受正负弯矩交替作用,因此常将截面设计成箱型截面。连续刚构桥主梁受力与连续梁相近,故截面形式及尺寸也与连续梁相似。常见刚构桥包括门式刚构桥[图 1-1-4(a)]、T 形刚构桥[图 1-1-4(b)]、斜腿刚构桥[图 1-1-4(c)]、连续刚构桥[图 1-1-4(d)]等几种。

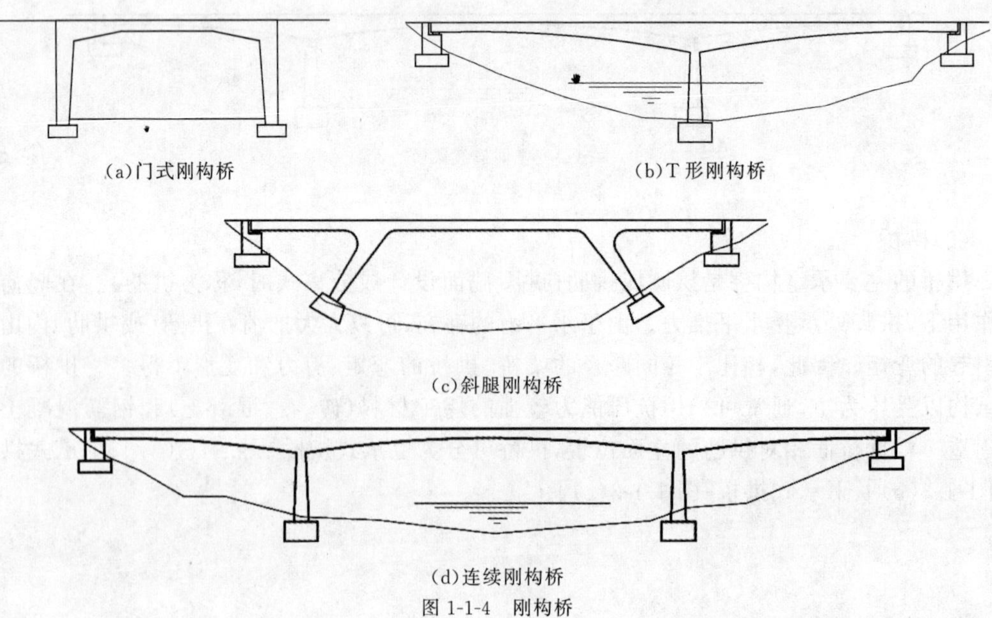

(a)门式刚构桥

(b)T 形刚构桥

(c)斜腿刚构桥

(d)连续刚构桥

图 1-1-4　刚构桥

(4)斜拉桥

斜拉桥由桥塔、主梁和斜拉索组成。斜拉索在多点将主梁吊起,并将主梁的恒载、汽车和列车等车辆荷载、风荷载等传至桥塔,再传至地基。桥塔基本以受压为主,主梁宛如多点弹性支承的连续梁,从而大大减小了主梁弯矩,继而减小主梁截面结构尺寸,减轻自重,大幅提高了桥梁的跨越能力。主梁受到斜拉索水平分力的作用,因此主梁部分截面处于弯压受力状态。斜拉桥属于高次超静定结构,通过调整斜拉索的初张力,可以达到最优索力分布,从而使主梁在成桥状态下弯矩最小,受力最佳。斜拉桥最常采用双塔形式[图 1-1-5(a)],也可采用独塔形式[图 1-1-5(b)]和多塔形式[图 1-1-5(c)]。

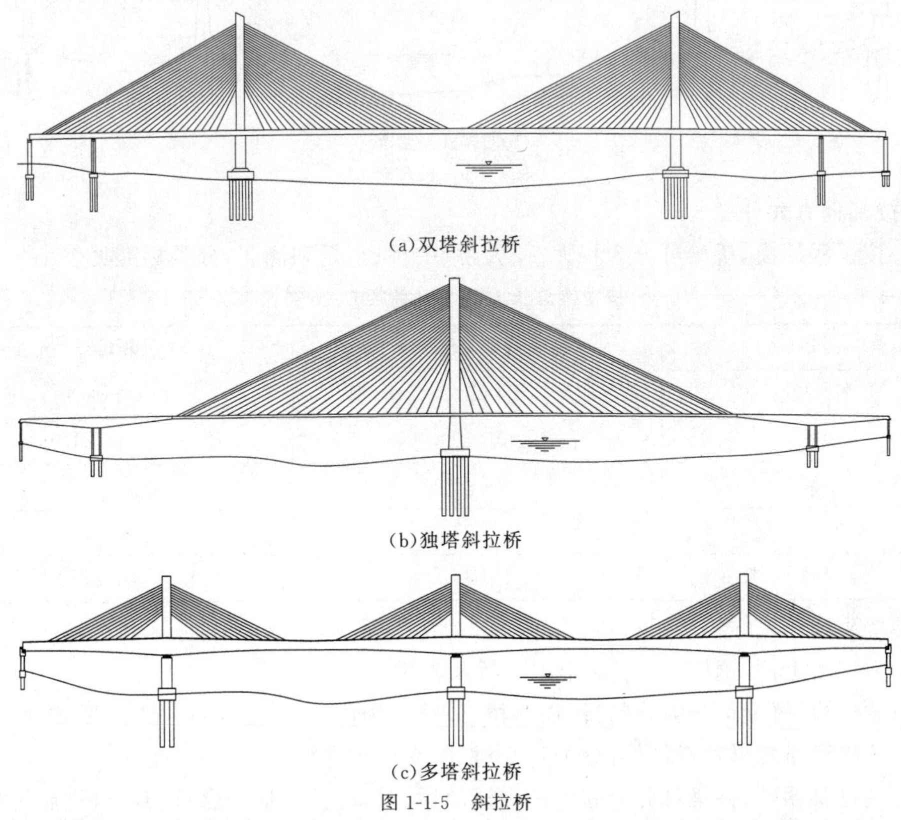

(a)双塔斜拉桥

(b)独塔斜拉桥

(c)多塔斜拉桥

图 1-1-5 斜拉桥

(5)悬索桥

悬索桥(又称吊桥)通过架设在桥塔上的主缆和吊索支撑主梁,并将其荷载传递至桥塔和锚碇。根据主缆锚固方式的不同,可分为地锚式悬索桥[图 1-1-6(a)]和自锚式悬索桥[图 1-1-6(b)]。地锚式悬索桥在桥面系竖向荷载的作用下,主缆承受很大的拉力,需要锚固于悬索桥两端的锚碇结构中。锚碇结构一般分为两类:重力式锚碇和隧道式锚碇。自锚式悬索桥不需要锚碇,直接将缆索锚固在加劲梁上,此时缆索水平分力由加劲梁承受,竖向分力由梁端配重相平衡。自锚式悬索桥常采用“先梁后缆”的施工方式,施工难度较大。加劲梁在巨大的轴向压力作用下,为满足稳定和应力要求,用钢量较大,故自锚式悬索桥只适用于跨径不大的情形。现代悬索桥广泛采用高强度钢丝成股编制形成主缆,以充分发挥其优异的抗拉性能。悬索桥的主要特点是结构自重较轻,跨径较大,且受力简单,主缆方便运输,施工过程风险相对较小。

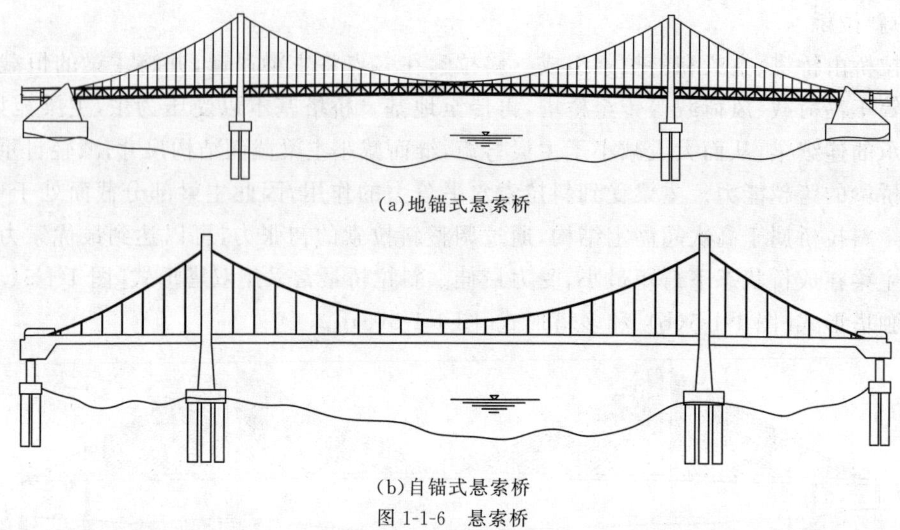

(a)地锚式悬索桥

(b)自锚式悬索桥

图 1-1-6 悬索桥

2. 按其他方式分类

(1)按工程规模,桥梁可分为特大桥、大桥、中桥、小桥和涵洞,分类标准见表 1-1-1。

表 1-1-1 按桥梁总长 L 和单孔跨径 L_k 分类

桥涵分类	多孔跨径总长 L/m	单孔跨径 L_k/m
特大桥	$L>1\ 000$	$L_k>1\ 000$
大桥	$100\leqslant L\leqslant 1\ 000$	$40<L_k\leqslant 150$
中桥	$30<L<100$	$20<L_k\leqslant 40$
小桥	$8\leqslant L<30$	$5<L_k\leqslant 20$
涵洞	——	$L_k<5$

(2)按主要承重结构所用材料,桥梁可分为圬工桥(包含砖、石、混凝土桥)、钢筋混凝土桥、预应力混凝土桥、钢桥、钢-混凝土组合桥和木桥等。

(3)按用途,桥梁可分为公路桥、铁路桥、公铁两用桥、农桥、人行桥、水运桥和管线桥等。

(4)按平面布置形式,桥梁可分为正交桥、斜交桥和弯桥。

(5)按可移动性,桥梁可分为固定桥和活动桥。活动桥包括开启桥、升降桥、旋转桥和浮桥等。

(6)按行车道位置,桥梁可分为上承式桥、中承式桥和下承式桥。

(7)按跨越障碍的性质,可分为跨河桥、跨海桥、跨线桥、立交桥和高架桥等。

第二节 桥梁的发展现状及趋势

一、大跨桥梁的发展现状

一个国家大跨桥梁的数量、跨径和长度在一定程度上代表了其设计、建造、科研水平和经济实力。斜拉桥、悬索桥、拱桥、连续刚构桥具有相对较大的跨越能力,截至 2024 年,世界范围内已竣工和在建的几类典型大跨度桥梁简要信息见表 1-1-2。

表 1-1-2 世界上已竣工和在建的大跨度桥梁统计情况

桥梁类型	斜拉桥(主跨跨径前十五名)				
	桥名	主跨/m	主梁	桥址	年份/年
	常泰长江大桥	1 176	钢箱梁	中国	在建
	观音寺长江大桥	1 160	钢箱梁	中国	在建
	马鞍山公铁两用长江大桥	1 120	钢箱梁	中国	在建
	俄罗斯岛大桥	1 104	钢箱梁	俄罗斯	2012
	沪苏通长江公铁大桥	1 092	钢桁梁	中国	2020
	苏通大桥	1 088	钢箱梁	中国	2008
	香港昂船洲大桥	1 018	混合梁	中国香港	2009
	青山长江公路大桥	938	钢箱梁	中国	2021
	普者黑南盘江大桥	930	混合梁	中国	在建
	鄂东长江大桥	926	混合梁	中国	2010
	嘉鱼长江公路大桥	920	钢箱梁	中国	2019
	Bataan-Cavite Interlink Bridge	900	混合梁	菲律宾	在建
	Tatara Bridge	890	混合梁	日本	1999
	枝江百里洲长江大桥	890	混合梁	中国	在建
	香山大桥	880	混合梁	中国	在建
桥梁类型	悬索桥(主跨跨径前十五名)				
	桥名	主跨/m	主梁	桥址	年份/年
	张靖皋长江大桥南航道桥	2 300	钢箱梁	中国	在建
	狮子洋通道	2 180	钢桁梁	中国	在建
	1915 Canakkale Bridge	2 023	钢箱梁	土耳其	2022
	明石海峡大桥	1 991	钢桁梁	日本	1998
	燕矶大桥	1 860	钢桁梁	中国	在建
	双屿门大桥	1 768	钢箱梁	中国	在建
	仙新路过江通道	1 760	钢箱梁	中国	在建
	武汉杨泗港长江大桥	1 700	钢箱梁	中国	2019
	南沙大桥坭洲水道桥	1 688	钢箱梁	中国	2019
	深中通道伶仃洋大桥	1 666	钢箱梁	中国	在建
	西堠门大桥	1 650	分离双箱	中国	2009
	Great Belt East Bridge	1 624	钢箱梁	丹麦	1998
	龙潭长江大桥	1 560	钢箱梁	中国	在建
	Osman Gazi Bridge	1 550	钢箱梁	土耳其	2016
	Li Sun-sin Bridge	1 545	钢箱梁	韩国	2013

（续表）

拱桥(主跨跨径前十五名)					
	桥名	主跨/m	主梁	桥址	年份/年
桥梁类型	天峨龙滩特大桥	600	钢	中国	2024
	重庆凤来特大桥	580	钢	中国	在建
	蓝田长江五桥	578.4	钢	中国	在建
	平南三桥	575	钢管混凝土	中国	2020
	朝天门长江大桥	552	钢	中国	2009
	卢浦大桥	550	钢	中国	2003
	姊归长江大桥	531	钢	中国	2019
	波司登长江大桥	530	钢管混凝土	中国	2013
	乐望红水河大桥	528	钢管混凝土	中国	在建
	New River Gorge Bridge	518	钢	美国	1977
	Bayonne Bridge	510	钢	美国	1931
	宜金高速西宁河特大桥	510	钢管混凝土	中国	在建
	合江长江公路大桥	507	钢管混凝土	中国	2021
	德余高速乌江特大桥	504	钢管混凝土	中国	在建
	Sydney Harbour Bridge	503	钢	澳大利亚	1932
预应力混凝土刚构桥/主跨跨径前十名					
	桥名	主跨/m	主梁	桥址	年份/年
桥梁类型	石板坡长江大桥	330	连续刚构	中国	2006
	斯托马大桥	301	连续刚构	挪威	1998
	泉厦漳城市联盟路成功大桥	300	连续刚构	中国	2020
	拉夫松大桥	298	连续刚构	挪威	1998
	松多大桥	298	连续刚构	挪威	2003
	北盘江特大桥	290	连续刚构	中国	2013
	桑德斯福德大桥	290	连续刚构	挪威	2015
	广州虎门大桥辅航道桥	270	连续刚构	中国	1997
	苏通大桥辅航道桥	268	连续刚构	中国	2008
	红河大桥	265	连续刚构	中国	2003

由表 1-1-2 可见，进入 21 世纪以来，随着我国国力迅速增强，桥梁事业得到空前的快速发展，桥梁建设成就不断书写新篇章，取得了举世瞩目的成就。主跨排名前 10 位的各类大跨桥梁中，超过 2/3 建造在我国，为全球桥梁建设的发展做出了重要的贡献，我国桥梁建设水平已跻身世界先进前列。

1. 斜拉桥

常泰长江大桥[图 1-1-7(a)]是长江经济带综合立体交通走廊的重要项目，连通常州与泰兴两市，为目前在建世界最大跨度公铁两用斜拉桥，主跨 1 176 m，主梁截面为钢桁架。

沪苏通长江公铁大桥[图 1-1-7(b)]建成于 2020 年，是中国自主设计建造、世界上首座主跨超千米的公铁两用斜拉桥，主跨 1 092 m，主梁截面为钢桁架。

苏通长江公路大桥[图 1-1-7(c)]建成于 2008 年，主跨 1 088 m，主梁为钢箱梁，是中国自主设计建造、世界上首座跨度超千米的公路斜拉桥。

香港昂船洲大桥[图 1-1-7(d)]。建成于 2009 年，主跨 1 018 m，采用分体式流线型钢箱梁和独柱式钢筋混凝土桥塔。

法国米约高架桥[图 1-1-7(e)]建成于 2004 年，全长 2 460 m，为七塔单索面钢斜拉桥，跨径布置为：(204＋342×6＋204) m，是连接巴黎和地中海地区的重要纽带。

俄罗斯符拉迪沃斯托克俄罗斯岛大桥[图 1-1-7(f)]，建成于 2012 年，全长 3 150 m，主跨 1 104 m，是目前世界上已建成的最大跨径斜拉桥。

(a)常泰长江大桥

(b)沪苏通长江公铁大桥

(c)苏通长江公路大桥

(d)香港昂船洲大桥

(e)法国米诺高架桥

(f)俄罗斯岛大桥

图 1-1-7 大跨度斜拉桥

2. 悬索桥

张靖皋长江大桥主航道桥主跨 2 300 m，加劲梁为钢箱梁，为目前在建的世界最大跨度悬索桥[图 1-1-8(a)]，主塔高度 350 m。

杨泗港长江大桥[图 1-1-8(b)]建成于 2019 年，主跨 1 700 m，加劲梁为钢桁架。

舟山西堠门大桥[图 1-1-8(c)]建成于 2009 年，主跨 1 650 m，加劲梁为扁平流线形分离式双箱断面。

泰州长江公路大桥[图 1-1-8(d)]建成于 2012 年,为三塔悬索桥,主跨为 1 080 m+1 080 m。

日本明石海峡大桥[图 1-1-8(e)]建成于 1998 年,为双塔悬索桥,主跨 1 990.8 m,曾占据悬索桥跨度榜首二十年之久。

美国旧金山金门大桥[图 1-1-8(f)],主跨 1 280 m,至今金门大桥仍是举世闻名的桥梁经典之作。

(a)张靖皋大桥

(b)杨泗港大桥

(c)舟山西堠门大桥

(d)泰州长江公路大桥

(e)日本明石海峡大桥

(f)美国旧金山金门大桥

图 1-1-8　大跨度悬索桥

3. 拱桥

广西天峨龙滩特大桥[图 1-1-9(a)]建成于 2024 年,主跨 600 m,是世界上最大跨径上承式拱桥。

广西贵港平南三桥[图 1-1-9(b)]建成于 2020 年,主跨 575 m,为中承式钢管混凝土拱桥。

重庆朝天门大桥[图 1-1-9(c)]建成于 2009 年,主跨 552 m,为公轨两用飞燕式多肋钢桁架中承式拱桥。

上海卢浦大桥[图 1-1-9(d)]建成于 2003 年,主跨 550 m,为中承式拱梁组合体系钢拱桥。

澳大利亚悉尼港湾大桥[图 1-1-9(e)]建成于 1932 年,主跨 503 m,大桥与悉尼歌剧院遥相呼应,形成一道美丽的风景。

美国新河谷桥[图 1-1-9(f)]建成于 1977 年,主跨 518 m。

(a)天峨龙滩特大桥

(b)贵港平南三桥

(c)朝天门大桥

(d)卢浦大桥

(e)澳大利亚悉尼港湾大桥

(f)美国新河谷桥

图 1-1-9

二、未来桥梁的发展趋势

桥梁作为连接城市间交通的重要纽带,在现代社会发挥着越来越重要的作用。未来桥梁建设将朝着高效化、智能化、绿色化等方向发展,需要从以下多方面做长期持续的努力。

(1)高强度建筑材料的研发和应用。传统的桥梁设计和建设通常使用混凝土和钢材等材料。随着科技的进步,新型高强度材料有望更广泛地应用于桥梁,如超高强硅类和聚合物混凝土、高强双相钢丝、钢纤维增强混凝土、纤维塑料等。这些材料具有高强度、高弹性模量和轻质的特点,可以大大提高桥梁的安全性和耐久性。

(2)大跨度桥梁防灾能力的提升。大跨度桥梁服役期可能面临强风、地震、洪水等极端自然灾害威胁,需要对桥梁的几何外形和结构体系进行优化创新,确保结构在极端灾害下的安全性和稳定性。例如,采用流线型断面来满足空气动力学的要求,采用新型结构体系增大结构刚度,研发经济、高效、适用广泛的振动控制措施等。

(3)桥梁设计和运维的数智化升级。采用成熟可靠的计算机辅助手段进行优化设计和安全验算,提升设计精度和效率。利用传感器和监测设备对结构健康状态进行实时监测,并结合大数据分析和人工智能等手段,对桥梁的结构变形、振动、应力等进行分析和评估,实现桥梁巡检、维护和修复的自动化和远程化,提高工作效率和安全性。

(4)桥梁关键施工技术的突破。完善中小桥梁装配化施工工艺,研发自动化和机械化施工装备,提高桥梁的建造质量和效率,降低施工成本。充分利用建筑信息模型技术,实现施工方案的优化和冲突检测。发展无人施工技术,破解危险环境下施工安全难题。探索深水(>100 m)、大跨(主跨>2 000 m)及远海等条件下桥梁关键施工技术。

(5)桥梁美学和环境保护。桥梁作为空间艺术品,不仅成为陆地、江河、海洋和天空的景观,也往往是一个城市的标志性建筑。因此,未来桥梁结构必将更加重视建筑艺术造型、体现人文特色、与周围环境和谐统一。此外,在桥梁建设和运营过程中,推广环保材料和技术的应用,加强生态保护、水质保护、噪音和振动控制及废弃物管理,减少对周围环境的负面影响,保护和改善自然环境的可持续性。

(6)跨海湾、海峡大桥的规划和建设。21 世纪以来,我国已建成多座超大型跨海湾、海峡大桥,如港珠澳大桥、胶州湾大桥、杭州湾大桥等。为深入推进环渤海、长三角、东南沿海、粤港澳大湾区、西南沿海五大口岸集群一体化融合发展,我国在规划和建设超大型跨海桥梁方面仍具有旺盛的需求。“一带一路”倡议和“交通强国”战略等也对跨海桥梁建设水平和创新能力提出了更高的要求。

总之,未来桥梁工程不仅注重实用性,还将更加关注创新、安全、智能、美观与环保。因此需要不断地进行技术创新和材料研发,加强计算机辅助设计,提升智能建造和智慧运维水平,同时重视桥梁的文化价值和环境保护,以实现桥梁建设的更高水平。

第二章　桥梁的总体规划设计

规划与设计是桥梁建设过程中的重要环节。桥梁的合理性与先进性在很大程度上取决于规划与设计的质量。桥梁应根据其使用任务、性质和将来的交通发展需要，按照相应的基本原则进行规划和设计。一座桥梁，特别是大、中型桥梁，是一个综合性系统工程，其规划设计涉及诸多因素。规划设计合理与否将直接影响到区域的政治、经济、文化、生活。因此，必须建立一套严格的管理体制和有序的规划设计程序。大、中桥梁应进行必要的方案比较，选择最佳的桥型方案。规划设计人员必须广泛吸取长期实践中积累的先进经验，推广各种经济效益好的技术成果，积极采用新方案、新结构、新技术、新设备、新工艺、新材料。

第一节　桥梁设计基本原则

桥梁结构形式多样，桥梁设计至关重要，需要依据因地制宜的原则，充分利用新科技成果，如新结构、新设备和新材料。认真研究国内外先进技术，在此基础上进行创新，推广节能省料的先进设计方案，淘汰过时的、低效的设计思想。方案设计应该在多种约束条件下，满足多种需求，提高我国桥梁工程的建设水平。因此，桥梁设计应遵循基本原则，以确保方案科学合理。目前，桥梁设计一般包括六个原则：安全、耐久、适用、环保、经济、美观。

一、安全

(1)桥梁结构主要受力构件在强度、刚度和稳定性方面应有足够的安全储备。

(2)防撞栏杆应具有足够的高度和强度，人与车流之间应做好防护栏，防止车辆撞坏栏杆甚至撞入人行道。

(3)对于河床易变迁的河道，应设计好导流设施，防止桥梁基础被过度冲刷。

(4)对于通行大吨位船舶的河道，除按规定加大桥孔跨径外，必要时还需设置桥墩防撞装置。

(5)对于交通量大的桥梁，应设计好照明设施和明确的交通标志。

(6)两端引桥坡度不宜过大，以利于车辆安全顺畅通行。

(7)对修建在地震区的桥梁，应按抗震设防要求采取防震措施。

(8)对于大跨度缆索承重桥梁(斜拉桥和悬索桥)，还应考虑抗风问题。

(9)确保施工期间的结构和人员安全。

二、耐久

(1)应保证桥梁主体结构和可更换构件在设计使用年限内正常使用。

(2)桥梁结构在设计荷载作用下不应出现过大的变形和过宽的裂缝。

(3)应考虑不同的环境类别对桥梁耐久性的影响，在选择材料、保护层厚度、阻锈、防腐、施工工艺等方面满足耐久性的要求。

(4)部分构件设计应满足可到达、可检查、可维修、可更换要求。

(5)注意加强桥面排水和防水层设计。

三、适用

(1)桥梁宽度应能满足当前和未来的交通流量(包括行人通道的需要)。

(2)跨河桥需要考虑泄洪和通航，立交桥尽量少占用地，并且考虑车辆的通畅。

(3)桥梁两端便于车辆进出和通行，以避免交通拥堵。

(4)桥梁设计需考虑综合利用，方便各种管线(如电力线、自来水管等)布置，使设施空间得到最大程度的利用。

四、环保

(1)桥梁设计需要综合考虑环境保护和可持续发展的要求，包括生态、水、空气、噪声等多个方面。

(2)具体设计方案需要从桥位选择、桥跨布置、基础方案、墩身外形、上部结构施工方法、施工组织设计等多个方面进行综合考虑。

(3)在必要时采取工程控制措施，建立环境监测保护体系，以确保桥梁施工期间对环境影响最小。

(4)桥梁施工完成后，需要恢复或美化桥梁周边的植被和景观，以进一步保护环境。

五、经济

(1)遵循因地制宜、就地取材、方便施工的原则。

(2)需要在造价和使用年限内养护费用综合最省的基础上，充分考虑维修的方便以及经济成本。

(3)优先选择地质条件和水文条件良好的地点，同时考虑跨度合理，避免过度追求大跨度。

(4)桥位的选择需要考虑其对区域经济发展、缩短河道两岸运距以及尽快回收投资的影响。

六、美观

(1)作为一种立体结构,桥梁在三维空间中应具有体、面、线、色、材等因素。其设计时需要同时考虑实用性和观赏性两方面的功能需求。

(2)在满足功能要求的前提下,桥梁设计需要选用最佳的结构形式,并营造出和谐良好的秩序感和韵律感。

(3)桥梁造型应与周围环境相协调,从而体现出桥梁的整体美感和完整性。

第二节 桥梁平面布置和纵、横断面设计

一、桥梁的平面布置

桥梁设计首先需要确定桥位,即桥梁的平面布置。对于小桥和涵洞,其位置和线形一般应符合路线的总体走向,为满足水文、线路弯道等要求,可以设计成斜桥和弯桥。对于特大桥、大桥、中桥的桥位,原则上应服从路线走向,尽量选在河道顺直、水流稳定、地质良好的河段上。在桥梁的平曲线半径、平曲线超高和加宽、缓和曲线、变速车道设置等方面,需要满足相应等级道路的设计规范要求。如果需要修建斜桥,其斜交的角度一般不应超过 45°,在有通航要求的河道上,斜角不应超过 5°。

二、桥梁的纵断面设计

桥梁纵断面设计是指确定桥梁总跨径、分孔、桥面高程与桥下净空、桥上和桥头引道的纵坡以及基础的埋置深度等各项参数。

1. 桥梁总跨径

桥梁总跨径的确定需根据水文计算。在使用年限内,桥梁应保证设计洪水可顺利宣泄,河流中冰块、船只和排筏等能顺畅通过,避免对河床和河岸造成不利影响和对周边区域造成危害;并且应避免因桥梁总跨径缩短而引起河床过度冲刷,进而对浅埋基础造成不利的影响。在某些情况下,为了降低工程造价,在满足桥前壅水和规范规定的允许最大冲刷深度条件下,采取增大桥下冲刷来适当缩短总跨长的措施,但必须谨慎校核,确保不会对周边农田和建筑物造成不利影响。

2. 桥梁的分孔

桥梁的分孔需要按经济性和实际需要来决定。一般而言,跨径越大,墩台造价越低,但上部结构造价越高。总体考虑,最经济的分孔方式可以使上、下部结构总造价趋于最低。具体情况需要根据使用和技术要求、地形河床地质、水文条件等综合考虑。总之,桥梁分孔是一个复杂问题,需要在技术和经济方面进行充分的权衡和比较,设计出兼具功能性与经济性的最佳方案。

3. 桥道高程的确定

合理的桥道高程必须根据设计水位、桥下通航(通车)净空的需要,并结合桥型、跨径等因素综合考虑。在确定桥面高程时,需要考虑满足流水净空的要求。对于同时具备通航及

通车功能的孔洞，还需要满足相应的净空要求。此外，桥梁两端的衔接也需要充分考虑和规划。在设计纵断面时，通常采用单向或双向坡度，综合考虑方便交通和利于桥面排水。对于公路桥梁纵坡，一般不宜大于 4%；对于桥头引道的纵坡，不宜大于 5%。对于位于市镇混合交通繁忙处的桥梁，桥上纵坡和桥头引道纵坡均不得大于 3%，并应在纵坡变更处按规定设置竖曲线。

三、桥梁的横断面设计

桥梁的横断面设计主要是设计桥面宽度和横截面形式。桥面宽度取决于行车和行人的交通需要，且应当与所在路线的路基宽度保持一致。行车道宽度主要取决于车道数和每个车道的宽度。

确定桥面净宽时，首先考虑与桥梁相连的公路路段的路面宽度，保持桥面净宽与路面同宽。多车道公路上的特大桥为整体式上部结构时，其中央分隔带宽度应根据所采用的护栏形式确定。不同等级高速公路和一般公路车道宽度不同，可查《公路路线设计规范》(JTG D20—2017)确定。

第三节 桥梁设计与建设程序

桥梁的规划设计涉及因素众多，尤其对于大、中桥梁，是一个非常复杂的综合性系统工程，需要建立一套严格的管理体制和科学的工作程序。桥梁的基本建设程序可以分为前期工作和正式设计两大步骤，相互关系如图 1-2-1 所示。

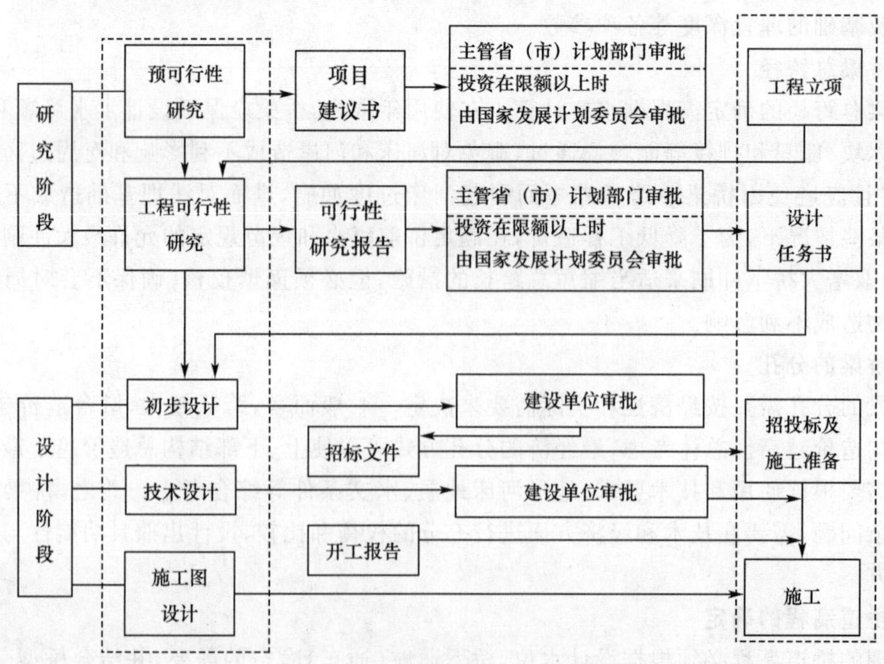

图 1-2-1 桥梁设计阶段与建设程序关系

一、预可行性研究阶段

在项目的预可行性研究阶段，需要集中研究建桥的必要性以及在宏观经济上的合理性。工程预可行性研究报告书是阶段性成果，应涵盖政治、经济、国防等各个方面，详细阐述建桥的理由和工程建设的重要性和必要性，并初步探讨技术可行性。特别对于区域性线路上的桥梁，需要依据车流量调查数据，考虑建桥地点(如渡口等)的经济增长趋势。

此阶段的主要目标是解决建设项目的上报立项问题，因此，“工程预可行性研究报告书”中应编制多个可能的桥型方案，初步估算工程造价、资金来源、投资回报等问题。设计方交付“工程预可行性研究报告书”后，业主可编制“项目建议书”并报上级主管部门审批。

二、工程可行性研究阶段

在桥梁项目的实施过程中，项目建议书审批后便可以开始“工程可行性研究”阶段的工作。该阶段主要目标是确定桥梁的规模、技术标准及科研立项等。具体内容包括桥位、桥面宽度、设计荷载标准、通航标准、设计车速、桥面最大纵坡、桥面平、纵曲线半径等方面的要求，并需进行抗震安全评价和环境评价等工作。为保证工作的顺利进行，需要与河道、航运、规划、交通运输、环保等部门共同研究，以最终制订符合标准的技术方案。此外，在该阶段还需要制订多个桥型比选方案，对资金来源和投资回报等问题应基本落实。通过以上措施，保证桥梁项目的成功实施。

三、初步设计阶段

初步设计的目的是在设计任务书的技术范围内，提交一份建桥项目设计比选文件。通过初步设计，完成以下工作：

(1)说明本桥梁工程的特点和要求。

(2)提出若干可行的比选方案。

(3)分析各方案所需的费用、工期、技术措施等。

(4)推荐准备采用的较好方案。

初步设计的内容包括：

(1)设计任务的来源和要求。

(2)桥址处自然条件的基本资料。

(3)技术条件的选定。

(4)桥位方案的比选，上、下部结构方案的分析、比较和确定。

(5)推荐方案及其理由。

(6)推荐方案的指导性施工组织，包括施工方法、进度安排、场地布置、主要机具、材料和劳力配置等。

(7)工程概算。

四、技术设计阶段

技术设计是将初步设计进行细化，解决可能存在的问题，是进一步优化设计的重要阶段。通常，常规桥梁不需要进行技术设计而直接进行施工图设计。但是，对于新型、复杂、重要、大型的桥梁结构，则需要进行技术设计，以提供详尽的结构设计图纸，包括结构断面、配筋、构造细节处理、材料清单及工程量等。

在技术设计阶段，需要借助专门的桥梁分析软件，详细分析桥梁结构在施工及运营阶段的不同工况下的静动力行为。在结构设计中，需要按照现行设计规范，对结构的安全性和适用性等进行验算。可能需要进行补充勘探，以获取更多关于土地和地基的信息，以便更好地判断土层的变化。技术设计的最后工作是调整概算(修正概算)，以便更接近实际预算。

五、施工图设计阶段

施工图设计需要根据已批准的初步设计或技术设计进行。一般情况下，施工图设计由最初编制初步设计或技术设计的单位继续负责进行，但也可以由中标的施工单位负责。施工图设计的内容主要包括结构的具体细节设计计算和能够供施工人员按图施工的施工详图的绘制。在绘制施工详图的过程中，一般情况下断面不应做较大变动，但对于细节处理和钢筋布置，则允许进行适当的变动。

第四节 桥梁设计方案的比选

桥梁项目中，桥梁方案比选是初步设计的关键内容。要科学地构思出良好的设计方案，必须根据自然和技术条件，根据实际情况，应用专业知识综合分析并掌握全球新技术、新材料和新工艺。比选和确定桥梁设计方案应按照以下步骤进行：

(1)明确各种标高的要求。在纵断面图上按比例绘制设计洪水位、通航水位、堤顶标高、桥面标高、通航净空、堤顶行车净空等位置图。

(2)绘制桥梁分孔和初拟桥型方案草图。根据泄洪总跨径的要求，草图中要尽可能多地绘制不同的基本可行的桥型方案，以免遗漏可能的设计方案。

(3)进行方案初筛。对草图方案进行技术和经济上的初步分析和判断，筛选弱势方案，并从筛选后的2-4个构思良好、各具特点的方案中，进行进一步详细研究和比较。

(4)绘制桥型方案图。根据不同桥型、不同跨度、宽度和施工方法，拟定各个桥型方案的尺寸详图。对于新结构，应进行初步的力学分析，以准确拟定各方案的主要尺寸。

(5)进行估算或概算。根据制定的详图，可以计算出上、下部结构的主要工程数量，并根据各省、市或行业桥梁工程的“估算定额”或“概算定额”，编制各方案的主要材料(钢、木、混凝土等)用量、劳动力数量、全桥总造价。

(6)确定方案并汇总文件。综合考虑因素如建设造价、养护费用、建设工期、营运适用性、美观等，从多个方案中比较综合得出推荐方案。比较过程中，发现并及时调整方案中不合理的地方，确保最后选定的方案是最优的。确定方案后，编写方案说明书，该说明书应当清楚阐述方案编制的依据和标准、各方案的主要特色、施工方法、设计概算以及方案比较的综合性评述。对于推荐方案应详细说明。同时，说明书还应包含测量资料、地质勘察和地震烈度复核资料、水文调查与计算资料等附件资料。

图1-2-1是大连星海湾大桥的桥型方案比选图，该桥位于辽宁省大连市星海广场南侧1 000 m海域。根据交通需求，该桥需要设置8个机动车道，并设置两侧人行道，桥梁宽度较大，为了减少下部桥墩数量，采用了双层桥面结构。各个桥型的主要优缺点见表1-2-1，综

合考虑桥梁安全性、经济性和该地域旅游对桥梁景观要求等多方面因素，该桥最终选择了地锚式悬索桥方案。

表 1-2-1 **各桥型主要优缺点比较**

	地锚式悬索桥方案	双塔斜拉桥方案	自锚式悬索桥方案
适用性	1.主跨径满足通航净空要求 2.对于双层桥面主梁结构受力，悬索桥在结构上具有优势 3.该地区海水较浅，便于修筑锚碇 4.海中修筑锚碇实例较少	1.主跨径满足通航净空要求 2.斜拉桥总体受力合理，不需要修建海中锚碇 3. 对于双层桥面主梁结构受力，斜拉桥在结构上不具有优势	1.主跨径满足通航净空要求 2. 对于双层桥面主梁结构受力，主梁承受巨大压力，主梁和主缆锚固区域受力复杂 3.不需要修建海中锚碇
安全性	1.跨度和高度都适中，施工方法成熟 2.地锚式悬索桥抗震性能好	1.施工工艺成熟，塔高相对较高 2.斜拉桥是柔性结构抗震性能好	1.采用先梁后缆施工，需要海中建设大量临时支架，施工风险大 2. 运营阶段如遇到火灾事故，存在导致桥梁发生破坏风险
美观性	悬索桥外形优美，与星海广场附近的环境十分协调	斜拉桥造型美观外观，具有较强现代感	悬索桥外形优美，与星海广场附近的环境十分协调
经济性	两种悬索桥方案的造价基本相当，斜拉桥方案的造价低于悬索桥方案		

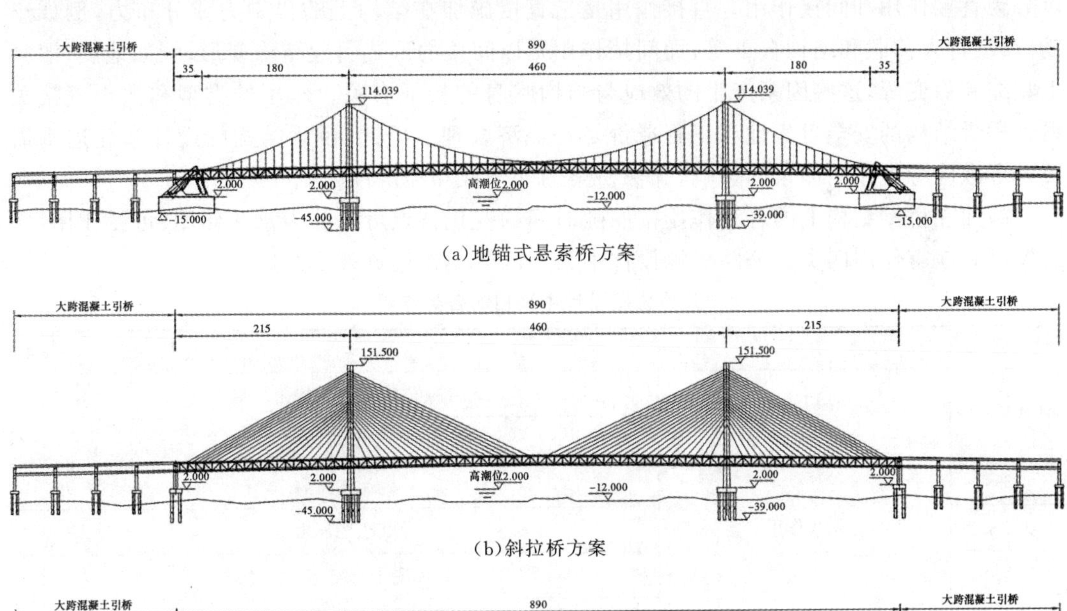

(a)地锚式悬索桥方案

(b)斜拉桥方案

(c)自锚式悬索桥方案

图 1-2-2 星海湾大桥桥型方案比较(单位:m)

第三章　桥梁上的作用

桥梁结构需要承受各种荷载和自然环境的作用，如桥梁自重、车辆荷载、人群荷载、风荷载、地震作用、基础沉降、气候和水文等复杂因素产生的作用。在我国现行的《公路桥涵设计通用规范》(JTG D60—2015)中，将引起桥涵结构反应的各种原因统称为作用，根据其性质可分为直接作用和间接作用。直接作用是指直接施加在结构上的集中力或分布力，例如车辆荷载、行人荷载和结构自重等；而间接作用则以间接的形式引起结构变形，例如地震、混凝土收缩和徐变等，这些因素产生的效应与结构本身的特征有关。作用的类型和大小直接关系到桥梁结构的安全可靠性和工程造价是否经济合理。因此，桥梁结构的设计和建造都需要合理准确考虑作用因素的影响，确保桥梁的安全性和经济性。

施加在桥梁结构上的各种作用按照随时间的变化特点可以分为永久作用、可变作用、偶然作用和地震作用四类。公路桥涵设计中采用的各类作用见表 1-3-1。

表 1-3-1　　公路桥涵设计中采用的各类作用

序号	分类	名称
1	永久作用	结构重力(包括结构附加重力)
2		预加力
3		土的重力
4		土侧压力
5		混凝土收缩、徐变作用
6		水浮力
7		基础变位作用
8	可变作用	汽车荷载
9		汽车冲击力
10		汽车离心力
11		汽车引起的土侧压力
12		汽车制动力

（续表）

序号	分类	名称
13	可变作用	人群荷载
14		疲劳荷载
15		风荷载
16		流水压力
17		冰压力
18		波浪力
19		温度（均匀温度和梯度温度）作用
20		支座摩阻力
21	偶然作用	船舶的撞击作用
22		漂流物的撞击作用
23		汽车撞击作用
24	地震作用	地震作用

作用可分为静态作用和动态作用两类。静态作用是指在结构上不产生加速度或加速度可以忽略的作用，如结构自重等；动态作用是指使结构产生不可忽略加速度的作用，比如风荷载和地震作用等。

第一节 永久作用

永久作用是指在结构使用期间，其大小、方向和位置等不会随时间变化，或者其变化值与平均值相比可以忽略不计的作用。这些作用包括结构重力、预应力、土的重力、土侧压力、混凝土收缩徐变、水的浮力和基础变位等。其中，结构重力不仅指结构本身的重量，还包括桥面铺装和其他附属设施的外加重量。计算结构重力时，可以根据实际体积或设计拟定的体积乘以材料的重度来计算。

在桥梁设计中，结构重力往往占据全部设计荷载的大部分。因此，采用高强、轻质材料来减轻结构重力，提高桥梁的跨越能力至关重要。采用高强度材料可以降低结构自重，增强桥梁的承载能力，从而减小跨度，降低工程造价。同时，采用轻质材料可以减小桥梁自重，降低永久荷载，提高桥梁的使用寿命和可靠性。因此，对于桥梁工程设计，需要充分考虑永久作用的影响，合理选用材料，减小自重，以提高桥梁的安全性和经济性。

预应力混凝土桥梁中的预加应力，在正常使用极限状态和使用阶段构件应力计算时，应被视为永久作用，计算其主效应和次效应，并计入相应阶段的预应力损失。但在进行承载能力极限状态设计时，预加力则不作为荷载，而应被视为结构抗力的一部分。不过，在连续梁等超静定结构中，预加力引起的次效应仍需考虑。

土侧压力分为静土压力和主动土压力。对于作用于墩台上的土压力，其标准值可通过墩台基础顶面土的体积乘以土的重度来计算。

超静定的混凝土结构和钢-混凝土组合结构等均应考虑混凝土收缩和徐变作用的影响，而预应力构件还需要考虑预应力损失的问题。

计算水的浮力时，需要参考以下规定：

(1)如果基础底面位于透水性地基上，在验算稳定时，应考虑设计水位的浮力；在验算地基应力时，可仅考虑低水位的浮力或不考虑水的浮力。

(2)对于嵌入不透水地基的桥梁墩台，不应考虑水的浮力。

(3)对于作用在桩基承台底面的浮力，应计算全部底面积；对于嵌入不透水地基并灌注混凝土封闭的承台，不应考虑桩的浮力。

(4)当无法确定地基是否透水时，应分别考虑透水和不透水两种情况，并与其他作用组合，取最不利情况进行计算分析。

对于超静定结构，在考虑基础压密等长期变形影响时，应根据最终位移量计算构件的效应。

可变作用是指在结构使用过程中，随着时间的推移，各种因素会导致结构受到的力的大小发生变化，且变化值与平均值相比有不可忽略的作用。这些因素包括汽车荷载、离心力、冲击力、制动力以及由此引起的土侧压力、人群荷载、风荷载、流水压力、流冰作用力、温度作用和支座摩擦力等。

一、汽车荷载

1. 汽车荷载标准及加载方式

公路桥涵设计中采用的汽车荷载分为公路-Ⅰ级和公路-Ⅱ级两个等级，且各级公路桥涵设计的汽车荷载等级应符合表 1-3-2 规定。

表 1-3-2　各级公路桥涵的汽车荷载等级

公路等级	高速公路	一级公路	二级公路	三级公路	四级公路
汽车荷载等级	公路-Ⅰ级	公路-Ⅰ级	公路-Ⅰ级	公路-Ⅱ级	公路-Ⅱ级

注：1. 二级公路作为集散公路且交通量小、重型车辆少时，其桥涵的设计可采用公路-Ⅱ级汽车荷载。

2. 对于交通组成中重载交通占比较大的公路桥涵，宜采用与该公路交通组成相适应的汽车荷载模式进行结构整体和局部验算。

(1)荷载标准值

汽车荷载由车道荷载和车辆荷载组成。车道荷载由均布荷载和集中荷载组成，计算图示如图 1-3-1 所示。

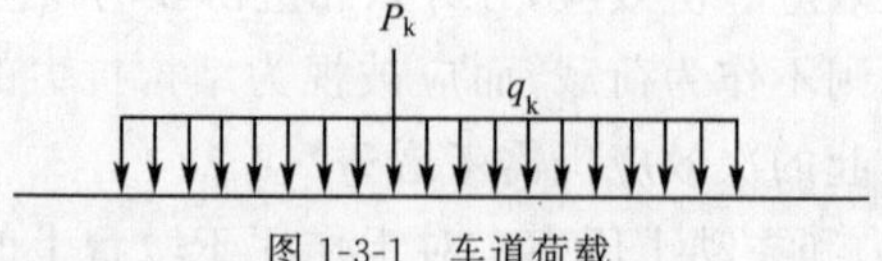

图 1-3-1　车道荷载

公路-Ⅰ级车道荷载的均布荷载标准值 q_k 为 10.5 kN/m。集中荷载的标准值 P_k 随计算跨径的不同而改变，其取值见表 1-3-3。对于多跨连续结构，P_k 以最大跨径为基准取值。当计算剪力效应时，P_k 应乘 1.2 的系数。

表 1-3-3 集中荷载 P_k 取值

计算跨径 L_0/m	$L_0 \leqslant 5$	$5 < L_0 < 50$	$L_0 \geqslant 50$
P_k/kN	270	$2(L_0+130)$	360

公路-Ⅱ级车道荷载的均布荷载标准值和集中荷载标准值按照公路-Ⅰ级车道荷载的75%采用。

车辆荷载为一辆总重 550 kN 的标准车，其立面、平面尺寸如图 1-3-2 所示。公路-Ⅰ级和公路-Ⅱ级汽车荷载采用相同的车辆荷载标准值。

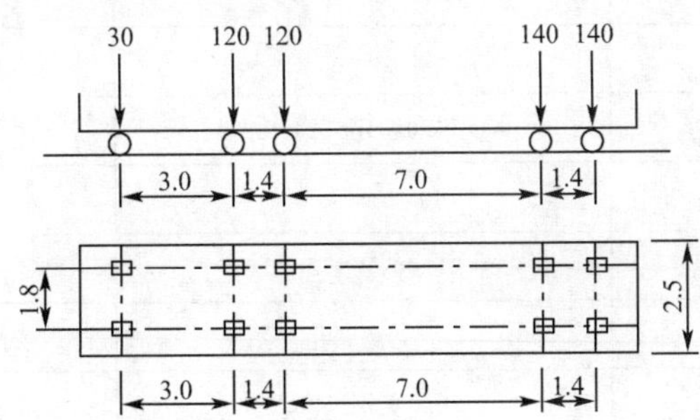

图 1-3-2 车辆荷载的立面、平面尺寸(荷载单位：kN；尺寸单位：m)

(2)加载方式

桥梁结构的整体计算采用车道荷载，桥梁结构的局部加载、涵洞、桥台和挡土墙土压力等的计算采用车辆荷载。车道荷载和车辆荷载的作用不得叠加。

对于车道荷载，其均布荷载标准值应该布于同号影响线上，以使结构产生最不利的效应；而集中荷载标准值仅作用于相应影响线中一个影响线峰值处。

横向分布计算中，车道荷载或车辆荷载(表 1-3-4)需偏心加载时，均按照设计车道数和如图 1-3-3 所示的布置方式进行计算。

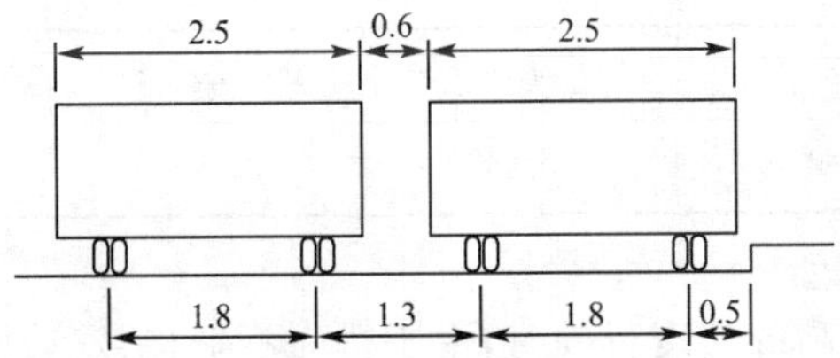

图 1-3-3 车辆荷载的横向布置(尺寸单位：m)

表 1-3-4 车辆荷载的主要技术指标

项目	单位	技术指标	项目	单位	技术指标
车辆重力标准值	kN	550	轮距	m	1.8
前轴重力标准值	kN	30	前轮着地尺寸(宽度×长度)	m	0.3×0.2
中轴重力标准值	kN	2×120	中、后轮着地(宽度×长度)	m	0.6×0.2
后轴重力标准值	kN	2×140	车辆外形尺寸(长×宽)	m	15×2.5
轴距	m	3+1.4+7+1.4			

(3)汽车荷载的折减规定

桥涵设计车道数应符合表 1-3-5 的规定。横桥向布置多车道汽车荷载时，应考虑汽车荷载的折减；布置一条车道汽车荷载时，应考虑汽车荷载的提高。横向车道布载系数应符合表 1-3-5 的规定。多车道布载的荷载效应不得小于两条车道布载的荷载效应。

表 1-3-5　　桥涵设计车道数

桥面宽度 W/m		桥涵设计车道数
车辆单向行驶	车辆双向行驶	
$W<7.0$	—	1
$7.0\leqslant W<10.5$	$6.0\leqslant W<14.0$	2
$10.5\leqslant W<14.0$	—	3
$14.0\leqslant W<17.5$	$14.0\leqslant W<21.0$	4
$17.5\leqslant W<21.0$	—	5
$21.0\leqslant W<24.5$	$21.0\leqslant W<28.0$	6
$24.5\leqslant W<28.0$	—	7
$28.0\leqslant W<31.5$	$28.0\leqslant W<35.0$	8

表 1-3-6　　横向车道布载系数

横向布载车道数/条	1	2	3	4	5	6	7	8
横向车道布载系数	1.20	1.00	0.78	0.67	0.60	0.55	0.52	0.50

大跨径桥梁上的汽车荷载应考虑纵向折减。当桥梁计算跨径 L_0 大于 150 m 时，其纵向折减系数规定见表 1-3-7。当为多跨连续结构时，最大单跨跨径作为计算跨径，进而考虑汽车荷载效应的纵向折减。

表 1-3-7　　纵向折减系数表

计算跨径 L_0/m	$150<L_0<400$	$400\leqslant L_0<600$	$600\leqslant L_0<800$	$800\leqslant L_0<1\,000$	$L_0\geqslant 1\,000$
纵向折减系数	0.97	0.96	0.95	0.94	0.93

2. 汽车冲击力

当汽车在桥梁上以较高的速度行驶时，由于桥面不平整、发动机震动、加减速等原因，会引桥梁结构的振动，从而造成桥梁内力增大，这种动力放大效应称为汽车冲击作用。因此，桥梁不仅要承受车辆荷载的重力作用，还需要考虑其冲击作用。汽车荷载的冲击力标准值为汽车荷载标准值乘以冲击系数 μ。汽车冲击系数与桥梁结构振动基频 f、支座类型等因素有关，一般在 0.05～0.45 范围内变化，具体计算方法为：

$$
\begin{aligned}
&\text{当 } f<1.5\ \text{Hz 时} && \mu=0.05 \\
&\text{当 } 1.5\ \text{Hz}\leqslant f\leqslant 14\ \text{Hz 时} && \mu=0.177\ln f-0.016 \qquad (1\text{-}3\text{-}1)\\
&\text{当 } f>1.4\ \text{Hz 时} && \mu=0.45
\end{aligned}
$$

3. 汽车离心力

对于曲线桥梁，当曲线半径等于或小于 250 m 时，应计算汽车荷载引起的离心力。汽

车荷载离心力标准值为车辆荷载(不乘冲击系数)标准值乘以离心力系数 C,离心力系数计算如下

$$C=v^2/127R \tag{1-3-2}$$

式中　v——设计速度(km/h),应根据桥梁所在公路等级确定;

R——曲线半径(m)。

计算多车道桥梁的汽车荷载离心力时,车辆荷载标准值应乘以多车道的横向折减系数。离心力的着力点在桥面以上 1.2 m 处(为计算简便也可移至桥面上,不计由此引起的竖向力和力矩等作用效应)。

4. 汽车引起的土侧压力

汽车荷载引起的土侧压力采用车辆荷载加载,并可按下列规定计算:

(1)车辆荷载在桥台或挡土墙后填土的破坏棱体上引起的土侧压力,可根据下式换算成等效均布土层厚度 h(m)计算:

$$h=\frac{\sum G}{Bl_0\gamma} \tag{1-3-3}$$

式中　$\sum G$—— 布置在 $B\times l_0$ 面积内的车轮的总重力,kN;

l_0—— 桥台或挡土墙后填土的破坏棱体长度,m;

γ—— 土的重度,kN/m^3;

B—— 桥台横向全宽或挡土墙的计算长度,m。

挡土墙的计算长度可按式 $B=13+H\tan 30°$ 计算,但计算结果不应超过挡土墙分段长度。H 为挡土墙高度,m,挡土墙分段长度小于 13 m 时,B 取分段长度,并在该长度内按不利情况布置轮重。墙顶以上若有填土,B 为 2 倍墙顶填土厚度加墙高。

(2)计算涵洞顶上车辆荷载引起的竖向土压力时,车轮按其着地面积的边缘向下做 30°分布。当几个车轮的压力扩散线相重叠时,扩散面积以最外边的扩散线为准。

5. 汽车制动力

制动力是汽车制动时为克服其惯性力而在车轮与路面之间发生的滑动摩擦力。车轮与路面间的摩擦系数可达 0.5 以上,但由于一行汽车不可能同时制动,所以制动力不等于摩擦系数乘以桥上全部车道荷载。《公路桥涵设计通用规范》(JTG D60—2015)中规定:

(1)一个设计车道上由汽车荷载产生的制动力标准值按照车道荷载标准值在加载长度上计算的总重力的 10%计算,但公路-Ⅰ级汽车荷载的制动力标准值不得小于 165 kN,公路-Ⅱ级汽车荷载的制动力标准值不得小于 90 kN;同向行驶双车道的汽车荷载制动力标准值为一个设计车道制动力标准值的 2 倍,同向行驶三车道的汽车荷载制动力标准值为一个设计车道制动力标准值的 2.34 倍,同向行驶四车道的汽车荷载制动力标准值为一个设计车道制动力标准值的 2.68 倍。

(2)制动力的方向是行车方向,其着力点在桥面以上 1.2 m 处。计算墩台时,可移至支座铰中心或支座底座面上;计算刚构桥、拱桥时,制动力的着力点可移至桥面上,但不计因此而产生的竖向力和力矩。

(3)设有板式橡胶支座的简支梁、连续桥面简支梁或连续梁排架式柔性墩台,应根据支座与墩台的抗推刚度的刚度集成情况分配和传递制动力。

(4)设有固定支座、活动支座(滚动或摆动支座、聚四氟乙烯板支座)的刚性墩台传递的制动力按相关规定采用,每个活动支座传递的制动力,其值不应大于其摩阻力,当大于摩阻力时,按摩阻力计算。

二、人群荷载

设有人行道的桥梁,应同时考虑人群荷载,其标准值按以下规定采用:

(1)当桥梁计算跨径$L_0 \leqslant 50$ m时,取为3.0 kN/m^2;当$L_0 \geqslant 150$ m时,取为2.5 kN/m^2;当50 m$<L_0<$150 m时,可由线性内插得到。对于不等跨的连续结构,以最大计算跨径为准。

①城镇郊区行人密集地区的公路桥梁,取上述规定值的1.15倍。

②专用人行桥梁,取为3.5 kN/m^2。

(2)人群荷载在横向应布置在人行道的净宽度内,在纵向应布置在使结构产生最不利荷载效应的区段内。

(3)人行道板可以一块板为单元,按标准值4.0 kN/m^2 的均布荷载计算。

(4)计算人行道栏杆时,作用在栏杆立柱顶上的水平推力标准值取0.75 kN/m;作用在栏杆扶手上的竖向力标准值取1.0 kN/m。

三、风荷载

桥梁风荷载是风与桥梁间流固耦合作用产生的作用力,其大小与风速、风向、结构尺寸、外形和刚度等多种因素有关。随着桥梁跨度的不断增大,风荷载逐渐成为关键或控制性的设计荷载,对桥梁结构的强度、刚度和稳定性起控制作用。

根据《公路桥梁抗风设计规范》(JTG/T 3360-01—2018),桥梁结构及构件的抗风性能应满足如下要求:在设计风作用水平或与其他作用效应组合下,应满足强度、刚度及静力稳定性要求,还应满足规定的耐久性、疲劳、行车及行人的安全性与舒适性要求;在设计风作用水平下,应满足规定的静风稳定性和气动稳定性要求。风荷载设计遵循如下规定:桥梁结构或构件的顺风向风荷载可按照规范规定的等效静阵风荷载计算;当判定桥梁的风致动力效应较大时,应通过必要的风洞试验、虚拟风洞试验以及相应的数值分析获取桥梁结构或构件横风向风荷载及其效应。

四、流水压力

作用于桥墩上的流水压力标准值可按下式计算:

$$F_w = 0.5KA\gamma v^2/g \tag{1-3-4}$$

式中 F_w——流水压力标准值(kN);

γ——水的重度(kN/m^3);

v——设计流速(m/s);

A——桥墩阻水面积(m^2),计算至一般冲刷线处;

g——重力加速度,$g=9.81$ m/s^2;

K——桥墩形状系数,见表1-3-8。

表 1-3-8　　**桥墩形状系数 K**

桥墩形状	K
方形桥墩	1.5
矩形桥墩(长边与水流平行)	1.3
圆形桥墩	0.8
尖端形桥墩	0.7
圆端形桥墩	0.6

五、温度作用

(1)桥梁结构应根据当地具体情况、结构物使用的材料和施工条件等因素计算由温度作用引起的结构效应。各种材料的线膨胀系数可查《公路桥涵设计通用规范》(JTG D60—2015)。

(2)计算桥梁结构因均匀温度作用引起外加变形或约束变形时,应从结构物合龙时的温度算起,考虑最高和最低有效温度的作用效应。如缺乏实际调查资料,可按表 1-3-9 取用。

表 1-3-9　　**公路桥梁结构的有效温度标准值**　　

气候分区	钢桥面板钢桥		混凝土桥面板钢桥		混凝土、石桥	
	最高	最低	最高	最低	最高	最低
严寒地区	46	−43	39	−32	34	−23
寒冷地区	46	−21	39	−15	34	−10
温热地区	46	−9(−3)	39	−6(−1)	34	−3(0)

(3)计算桥梁结构由于温度梯度作用引起的效应(太阳辐射使结构沿高度方向形成非线性的温度梯度导致结构产生次应力)时,可采用图 1-3-4 所示的竖向温度梯度曲线,其桥面板表面的最高温度 T_1 规定见表 1-3-10。

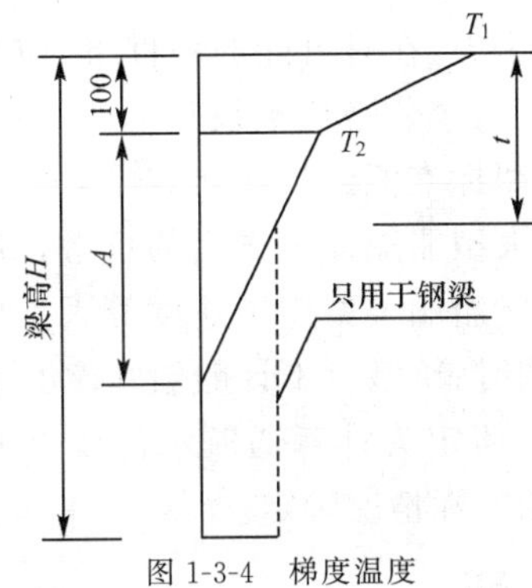

图 1-3-4　梯度温度

对于混凝土结构,当梁高 $H<400$ mm 时,图中 $A=H-100$(mm);当梁高 $H\geqslant 400$ mm 时,$A=300$ mm;对于带混凝土桥面板的钢结构,$A=300$ mm,t 为混凝土桥面板的厚度(mm)。

混凝土上部结构和带混凝土桥面板的钢结构的竖向反温差为正温差乘−0.5。

(4)对于无悬臂的宽幅箱梁,宜考虑横向温度梯度引起的效应。

(5)计算圬工拱桥考虑徐变影响引起的温差作用效应时,计算温差效应时应乘以折减系数 0.7。

(6)对于采用沥青混凝土铺装的混凝土桥面板桥梁,必要时应考虑施工阶段沥青摊铺引起的温度影响。

表 1-3-10　竖向日照正温差计算的温度基数

结构类型	T_1/℃	T_2/℃
水泥混凝土铺装	25	6.7
50 mm 沥青混凝土铺装层	20	6.7
100 mm 沥青混凝土铺装层	14	5.5

六、支座摩阻力

支座摩阻力标准值可按照下式计算:

$$F=\mu W \tag{1-3-5}$$

式中　W——作用于活动支座上由上部结构重力产生的效应;

μ——支座的摩擦系数,与支座类型有关,一般在 0.03～0.3 范围内变化,可根据规范相关规定取用。

第三节　偶然作用

在桥梁使用期间出现的概率很小,一旦出现,其值很大且持续时间很短的作用称为偶然作用,具体包括船舶、漂流物和汽车的撞击作用。偶然作用会对桥梁安全造成非常巨大的影响,甚至毁坏桥梁和中断交通。因此,对于有可能受到船只、漂流物撞击或汽车撞击的桥梁应做谨慎防撞设计。

1. 船只或漂流物的撞击作用

(1)对于船只或漂流物的撞击力,在有可能的条件下,应采用实测资料或模拟撞击试验计算,并据此进行防撞设施的设计。《公路桥涵设计通用规范》(JTG D60—2015)中根据航道等级、船舶吨位确定的撞击作用标准值。当缺乏实际调查资料时,可参考采用。

(2)在规划航道内可能遭受大型船舶撞击作用的桥墩,应根据其位置和外形、自身抗撞击能力、水流流速、水位变化、通航船舶类型撞击速度等因素做桥墩防撞设施的设计。当设有与墩台分开的防撞击防护结构时,桥墩可不计船舶的撞击作用。

(3)内河船舶的撞击作用点,假定为计算通航水位线以上 2 m 的桥墩宽度或长度的中点。海轮船舶撞击作用点需根据实际情况确定。

2. 汽车的撞击作用

汽车撞击问题在我国逐渐突出,已影响到公路桥梁结构和道路行车的安全。为防止或减少因撞击产生的破坏,对易受到汽车撞击构件的部位应采取相应的构造措施,并增设钢筋或钢筋网。对于跨线桥,不应在没有中间带的公路中央设立桥墩。

汽车撞击力标准值在行驶方向取 1 000 kN,与之垂直方向取为 500 kN,两个方向不同时考虑。其作用于行车道上 1.2 m 处,直接分布在涉及撞击的构件上。对于设有防撞设施的结构构件,可视设施的防撞能力对撞击力予以折减,但折减后不应低于上述取值的 1/6。

第四节 地震作用

地震作用是指地震时强烈的地面运动引起的结构惯性力。这是一种随机变化的动力荷载，其大小取决于地震强度和结构的动力特性（如频率和阻尼等）以及结构或杆件的质量。地震作用可分为竖直和水平方向，水平方向的地震运动是导致结构破坏的主要因素。因此，在工程设计中，主要考虑水平地震作用，简称地震作用。

抗震设防要求以地震时地面最大水平加速度，即地震动峰值加速度来确定。对于地震动峰值加速度为 $0.10g$ 及以上地区的公路桥涵，应进行抗震设计；尤其是对于大于或等于 $0.40g$ 地区的公路桥涵，应进行专门的抗震研究和设计；而对于小于或等于 $0.05g$ 地区的公路桥涵，除非有特殊要求，可采用简易设防。在计算地震作用和设计结构时，应遵守《公路桥梁抗震设计规范》(JTG/T 2231-01—2020)的规定。

第五节 作用效应组合

公路桥涵结构设计采用以可靠度理论为基础的概率极限状态设计法，包括两种极限状态：承载能力极限状态和正常使用极限状态。

极限状态是指整个结构或构件无法满足设计规定的某一功能要求的某个特定临界状态。承载能力极限状态对应安全性，而正常使用极限状态则体现适用性和耐久性。只有每项设计都符合相关规范的两类极限状态的要求，才能使结构达到其全部预定功能。

根据桥涵在施工和使用过程中可能面临的不同情况，桥涵结构的设计分为四种状况：持久状况、短暂状况、偶然状况和地震状况。持久状况指桥涵建成后承受自重、汽车荷载等持续时间很长的状况；短暂状况为桥涵在施工过程中承受临时性作用的状况；偶然状况是指桥涵使用过程中可能偶然出现的状况；地震状况是桥涵结构遭受地震时的状况，在地震区需要考虑。持久状况必须进行承载能力和正常使用两种极限状态设计；短暂状况一般只需要进行承载能力极限状态设计，必要时才进行正常使用极限状态设计；偶然状况和地震状况一般只要求进行承载能力极限状态设计，不需要考虑正常使用极限状态设计。

公路桥涵结构设计分为三个安全等级，不同的桥涵根据其功能和重要性，被赋予不同的重要性系数，各类桥涵的设计安全等级详见表 1-3-11。

表 1-3-11　桥涵结构的设计安全等级

设计安全等级	破坏后果	适用对象
一级	很严重	(1)各等级公路上的特大桥、大桥、中桥 (2)高速公路、一级公路、二级公路、国防公路及城市附近交通繁忙公路上的小桥
二级	严重	(1)三、四级公路上的小桥 (2)高速公路、一级公路、二级公路、国防公路及城市附近交通繁忙公路上的涵洞
三级	不严重	三、四级公路上的涵洞

公路桥涵结构设计应考虑结构上可能同时出现的作用，按承载能力极限状态、正常使用

极限状态进行作用组合，均应按下列原则取其最不利组合效应进行设计：

(1)只有在结构上可能同时出现的作用，才进行组合。当结构或结构构件需做不同受力方向的验算时，则应以不同方向的最不利作用组合效应进行计算。

(2)当可变作用的出现对结构或结构构件产生有利影响时，该作用不应参与组合。实际不可能同时出现的作用或同时出现概率很小的作用，按表 1-3-12 规定不考虑其参与组合。

表 1-3-12　　可变作用不同时组合表

作用名称	不与该作用同时参与组合的作用
汽车制动力	流水压力、冰压力、波浪力、支座摩阻力
流水压力	汽车制动力、冰压力、波浪力
波浪力	汽车制动力、流水压力、冰压力
冰压力	汽车制动力、流水压力、波浪力
支座摩阻力	汽车制动力

(3)施工阶段的作用组合需根据具体施工工艺确定。

(4)多个偶然作用不同时参与组合。

(5)地震作用不与偶然作用同时参与组合。

一、承载能力极限状态

承载能力极限状态设计以塑性理论为基础，其设计原则为

$$\gamma_0 S \leqslant R \tag{1-3-6}$$

式中 γ_0——结构重要性系数，按表 1-3-11 规定的结构设计安全等级采用，对应于设计安全等级一级、二级和三级分别取 1.1、1.0 和 0.9；桥涵的抗震设计不考虑结构的重要性系数；

S——作用组合的效应函数；

R——构件承载力设计值，根据构件的材料强度设计值和几何参数设计值计算。

承载能力极限状态下有三种作用效应组合：基本组合、偶然组合和地震组合。

1. 基本组合

永久作用的设计值效应与可变作用的设计值效应相组合。

(1)作用基本组合的效应设计值可按下式计算：

$$S_{\mathrm{ud}} = \gamma_0 S\left(\sum_{i=1}^{m} \gamma_{G_i} G_{i\mathrm{k}}, \gamma_{Q_1} \gamma_L Q_{1\mathrm{k}}, \psi_{\mathrm{c}} \sum_{j=2}^{n} \gamma_{\mathrm{L}j} \gamma_{Q_j} Q_{j\mathrm{k}}\right) \tag{1-3-7a}$$

或

$$S_{\mathrm{ud}} = \gamma_0 S\left(\sum_{i=1}^{m} G_{i\mathrm{d}}, Q_{1\mathrm{d}}, \sum_{j=2}^{n} Q_{j\mathrm{d}}\right) \tag{1-3-7b}$$

式中 S_{ud}——承载能力极限状态下作用基本组合的效应设计值；

γ_{G_i}——第 i 个永久作用的分项系数，按表 1-3-13 的规定采用；

$G_{i\mathrm{k}}$、$G_{i\mathrm{d}}$——第 i 个永久作用的标准值和设计值；

γ_{Q_1}——汽车荷载(含汽车冲击力、离心力)的分项系数。采用车道荷载计算时取 1.4，采用车辆荷载计算时，其分项系数取 1.8。当某个可变作用效应值超过汽车荷载效应时，则该作用取代汽车荷载，其分项系数取 1.4，对专门为承受某作用而设置的结构或装置，该作用的分项系数取 1.4；计算人行道板和人行道栏杆的局部荷载，其分项系数也取 1.4；

$Q_{1\mathrm{k}}$、$Q_{1\mathrm{d}}$——汽车荷载(含汽车冲击力、离心力)的标准值和设计值；

γ_{Q_j}——在作用组合中除汽车荷载(含汽车冲击力、离心力)、风荷载外的其他第 j 个可变作用的分项系数，取 1.4，但风荷载的分项系数取 1.1；

Q_{jk}、Q_{jd}——在作用组合中除汽车荷载(含汽车冲击力、离心力)外的其他第 j 个可变作用的标准值和设计值；

ψ_c——在作用组合中除汽车荷载(含汽车冲击力、离心力)外的其他可变作用的组合值系数，取 0.75；

$\psi_c Q_{jk}$——在作用组合中除汽车荷载(汽车冲击力、离心力)外的第 j 个可变作用的组合值；

γ_{Lj}——第 j 个可变作用的结构设计使用年限荷载调整系数。公路桥涵结构的设计使用年限按现行《公路工程技术标准》(JTG B01—2014)取值时，该系数取 1.0；否则，该系数的取值应按专题研究确定。

表 1-3-13　　永久作用的分项系数

序号	作用类别		永久作用分项系数	
			对结构承载能力不利时	对结构承载能力有利时
1	混凝土和圬工结构重力(包括结构附加重力)		1.2	1.0
	钢结构重力(包括结构附加重力)		1.1 或 1.2	1.0
2	预加力		1.2	1.0
3	土的重力		1.2	1.0
4	混凝土的收缩及徐变作用		1.0	1.0
5	土侧压力		1.4	1.0
6	水的浮力		1.0	1.0
7	基础变位作用	混凝土和圬工结构	0.5	0.5
		钢结构	1.0	1.0

(2)当作用与作用效应可按线性关系考虑时，作用基本组合的效应设计值 S_{ud} 可通过作用效应代数相加计算。

(3)设计弯桥时，当离心力与制动力同时参与组合时，考虑到车辆行驶速度相对直线桥较低，因而制动力标准值或设计值按 70%取用。

2. 偶然组合

永久作用标准值与可变作用某种代表值、一种偶然作用设计值相组合；与偶然作用同时出现的可变作用，可根据观测资料和工程经验取用频遇值或准永久值。作用偶然组合的效应设计值可按下式计算：

$$S_{ad} = S\left(\sum_{i=1}^{m} G_{ik}, A_d, (\psi_{f1} \text{ 或 } \psi_{q1}) Q_{1k}, \sum_{j=2}^{n} \psi_{qj} Q_{jk}\right) \tag{1-3-8}$$

式中　S_{ad}——承载能力极限状态下作用偶然组合的效应设计值；

A_d——偶然作用的设计值；

ψ_{f1}——汽车荷载(含汽车冲击力、离心力)的频遇值系数，取 0.7；当某个可变作用在组合中其效应值超过汽车荷载效应时，则该作用取代汽车荷载，人群荷载取 1.0，风荷载取 0.75，温度梯度作用取 0.8，其他作用取 1.0；

$\psi_{f1}Q_{1k}$——汽车荷载的频遇值；

ψ_{q1}、ψ_{qj}——第 1 个和第 j 个可变作用的准永久值系数，汽车荷载(含汽车冲击力、离心力)取 0.4，人群荷载取 0.4，风荷载取 0.75，温度梯度作用取 0.8，其他作用取 1.0；

$\psi_{q1}Q_{1k}$、$\psi_{qj}Q_{jk}$——第 1 个和第 j 个可变作用的准永久值。

当作用与作用效应可按线性关系考虑时，作用偶然组合的效应设计值 S_{ad} 可通过作用效应代数相加计算。

二、正常使用极限状态

正常使用极限状态设计以弹性理论或弹塑性理论为基础，涉及构件的抗裂、裂缝宽度和挠度三方面的验算。其作用效应组合包括：频遇组合和准永久组合。

1. 频遇组合

永久作用标准值与汽车荷载频遇值、其他可变作用准永久值相组合。作用频遇组合的效应设计值可按下式计算：

$$S_{fd}=S\left(\sum_{i=1}^{m}G_{ik},\psi_{f1}Q_{1k},\sum_{j=2}^{n}\psi_{qj}Q_{jk}\right) \tag{1-3-9}$$

式中 S_{fd}——作用频遇组合的效应设计值；

ψ_{f1}——汽车荷载(不计汽车冲击力)频遇值系数，取 0.7。

当作用与作用效应可按线性关系考虑时，作用频遇组合的效应设计值 S_{fd} 可通过作用效应代数相加计算。

2. 准永久组合

永久作用标准值与可变作用准永久值相组合。作用准永久组合的效应设计值可按下式计算：

$$S_{qd}=S\left(\sum_{i=1}^{m}G_{ik},\sum_{j=1}^{n}\psi_{qj}Q_{jk}\right) \tag{1-3-10}$$

式中 S_{qd}——作用准永久组合的效应设计值；

ψ_{qj}——汽车荷载(不计汽车冲击力)第 j 个准永久值系数，取 0.4。

当作用与作用效应可按线性关系考虑时，作用准永久组合的效应设计值 S_{qd} 可通过作用效应代数相加计算。

钢结构构件抗疲劳设计时，除特别指明外，各作用应采用标准值，作用分项系数应取为 1.0。

当结构构件需要进行弹性阶段截面应力计算时，除特别指明外，各作用应采用标准值，作用分项系数应取 1.0，各项应力限值应按各设计规范规定采用。

验算结构的抗倾覆和滑动稳定时，稳定系数、各作用的分项系数及摩擦系数，应根据不同结构按各有关桥涵设计规范确定。

构件在吊装和运输时，构件重力应乘以动力系数 1.2(对结构不利时)或 0.85(对结构有利时)，并视构件具体情况可作适当增减。

第四章　桥面布置与构造

桥面通常包括桥面铺装、伸缩缝、人行道（或安全带）、缘石、栏杆（护栏）、灯柱、防水和排水设施等构造。桥面对桥梁功能正常发挥、对车辆和行人的安全及桥梁的美观十分重要。在桥梁的总体设计中，应根据道路等级、桥梁宽度、行车要求等条件合理确定桥面布置，以满足交通需求。部分典型桥面系布置如图 1-4-1 所示。

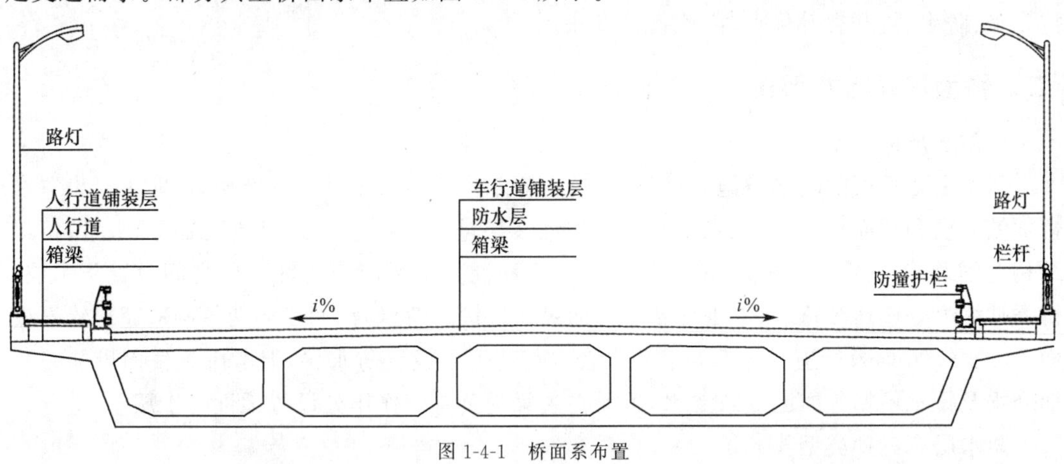

图 1-4-1　桥面系布置

第一节　桥面铺装及防水排水系统

一、桥面铺装

公路桥面铺装是一种直接接触车辆轮胎的构造，设置在桥梁的行车道范围内。其功能在于保护桥梁主梁免受轮胎直接磨耗和雨水侵蚀，以及对车辆轮重的集中荷载起到扩散作用。因此，桥面铺装材料需要具有足够的强度、耐磨、刚度，不易开裂，保证具有抗车辙、行车舒适、抗滑、降噪、防水等功能。

公路桥面铺装可采用水泥混凝土、沥青混凝土、沥青表面处治等。其中,水泥混凝土和沥青混凝土铺装能满足各项要求,使用较为广泛。水泥混凝土造价低、耐磨性能好,适合重载交通。然而,其养生期较长,且日后修补相对较麻烦。沥青混凝土铺装重量较轻,维修养护方便,通车速度快,但易于老化和变形。沥青表面处治桥面铺装的耐久性较差,仅适用于低等级的公路桥梁。

水泥混凝土桥面铺装是以水泥和水合成的水泥浆为结合料,碎(砾)石为集料,砂为细集料,经过拌和、摊铺、振捣和养护所修筑的桥面铺装。桥面铺装直接铺设在防水层或桥面板上,厚度不宜小于 80 mm(不含整平层和垫层),其混凝土强度等级应尽量与桥面板的混凝土强度等级接近,不应低于 C40,铺装时应避免两次成形。桥面铺装层内应设置直径不小于 8 mm,间距不大于 100 mm 的钢筋网。

沥青混凝土桥面铺装是通过原料合理级配并加入适量的沥青进行均匀拌和,最后通过摊铺和压实而成的桥面铺装。由粘结层、防水层、保护层及沥青面层组成,总厚度在 60～100 mm。特大桥和大桥的桥面铺装宜采用沥青混凝土桥面铺装,而在高速公路和一级公路上,铺装厚度不宜小于 70 mm,在二级及二级以下公路上铺装厚度不宜小于 50 mm。沥青混凝土桥面铺装的选材、生产和施工均需按照该规范的相关要求进行。

沥青混凝土桥面铺装维修养护方便,铺筑几个小时后即可通车,但也面临变形大、易老化问题。因此,沥青材料应采用重交通沥青和改性沥青。高性能改性沥青混凝土具有抗滑、抗车辙、防水、抗开裂等优点,因此备受青睐。

二、桥面防水排水系统

1. 防水层的设置

防水层是桥面的隔水设施,可以避免桥面雨水渗透至主梁处。一般而言,防水层设置在桥面铺装层和桥面板之间,以隔绝水分通过铺装层进入主梁。根据当地气温、降水量、桥梁结构与铺装形式等具体情况,需斟酌是否在钢筋混凝土桥面板与铺装层之间设置防水层。桥面伸缩缝处应连续覆盖,不得切断。桥面纵向应铺过桥台背,而横向两侧则应超出缘石底面 100 mm,并向人行道与缘石砌缝里叠合。即使无须设置防水层,但考虑到桥面可能因长期磨损及排水不畅等原因导致渗水,可以在主梁受负弯矩作用处设置柔性防水层。

防水层有三种类型:

(1)沥青涂胶下封层,即洒布薄层沥青或改性沥青,在其上撒布一层砂,经碾压形成沥青涂胶下封层。

(2)高分子聚合物涂胶,如聚氨酯胶泥、环氧树脂、阳离子乳化沥青、氯丁胶乳等。

(3)铺装沥青或改性沥青防水卷材,以及浸渍沥青的无纺土工布等。

无专门防水层时,应采用防水混凝土铺装,桥面加强排水与养护。

2. 桥面排水设施

(1)泄水管

当桥面纵坡大于 2%,桥长大于 50 m 时,宜每隔 12～15 m 设置一个泄水管。当桥面纵坡小于 2%时,对于普通公路桥梁,宜每隔 6～8 m 设置一个泄水管。对于高速公路和一级公路桥梁,一般采用直径为 150 mm 的泄水管,间距宜在 4～5 m。对于雨水充沛地区,泄水管的布置应适当加密。泄水管的过水面积通常是每平方米桥面不小于 2～3 cm^2。泄水管可以沿行车道两侧左右对称排列，也可交错排列，离缘石的距离为 20～50 cm。泄水管也可布置在人行道下面，为此需要在人行道块件(或缘石部分)上留出横向泄水孔，并在其周边设置相应的聚水槽，起聚水、导流和拦截作用。为防止大块垃圾堵塞泄水道，在进水的入口处设置金属栏门。当桥面纵坡大于 2%，且桥长小于 50 m 时，雨水可流至桥头，并从引道排除，桥上不必设泄水管道。为防止雨水冲刷引道路基，应在桥头引道的两侧设置流水槽。泄水管的构造如图 1-4-2 所示。

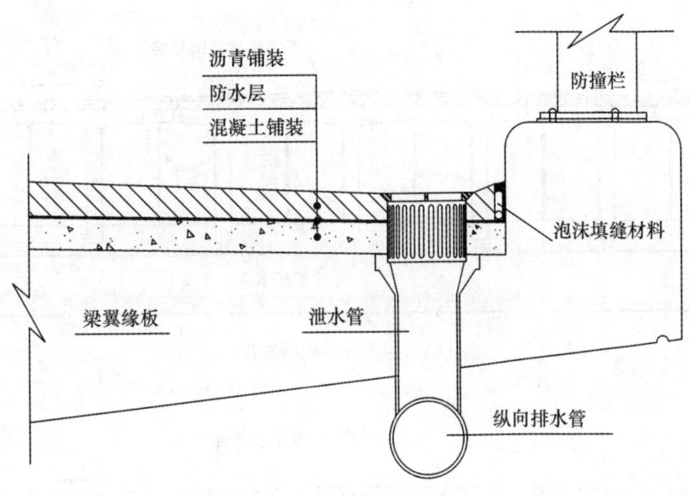

图 1-4-2 泄水管构造

(2)排水管

排水管通常采用铸铁、聚氯乙烯 PVC、聚乙烯 PE 或钢等材质，其内径不小于泄水管的内径。排水槽可以采用铝质钢质材料、水泥混凝土预制件，其横截面为矩形或 U 形，宽度或深度接近 200 mm。为了确保排水畅通，纵向排水管或排水槽的坡度不小于 0.5%。在桥梁伸缩缝处的纵向排水管或排水槽设置柔性套筒，以便于伸缩。对于竖向排水管，在寒冷地区，其末端距离地面 500 mm 以上。

(3)桥面横坡排水

桥面除了设置纵坡外，还需要设置横坡，一般在 1%～2%。对于沥青混凝土或水泥混凝土铺装，行车道桥面和人行道通常采用直线形式。

横坡的设置方法有三种，不同的桥梁采用不同方法：

①对于板桥(矩形板梁或空心板梁)或就地浇筑的肋板式梁桥，为节省铺装材料并减小恒载重力，可将横坡直接设在墩台顶部，如图 1-4-3(a)所示；也可将墩台顶部设为水平，采用变高的支承垫石使桥梁上部结构形成双向倾斜。此时，铺装层在整个桥宽上做成等厚的。

②在装配式肋板梁桥中，为使主梁构造简单且架设与拼装方便，可采用不等厚的铺装层(包括混凝土的三角垫层和等厚的路面铺装层)，如图 1-4-3(b)所示。

③在桥宽较大的桥梁(如城市桥梁)中，用三角垫层设置横坡将使混凝土用量和恒载重力增加太多。为此，可直接将行车道板做成倾斜面而形成横坡，如图 1-4-3(c)所示。

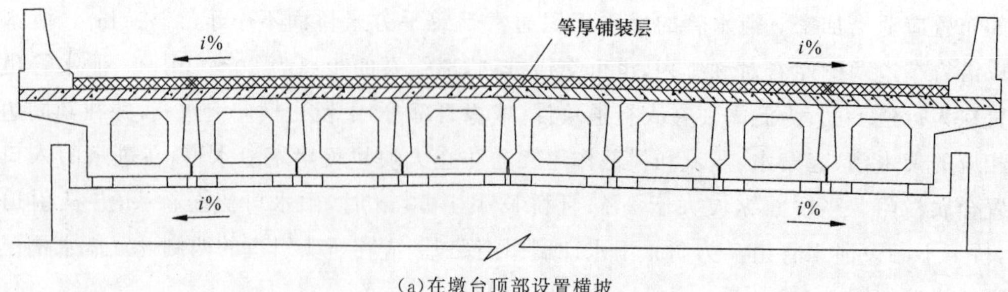

(a)在墩台顶部设置横坡

不等厚找平铺装层

i%

i%

梁底水平

(b)采用不等厚的铺装层

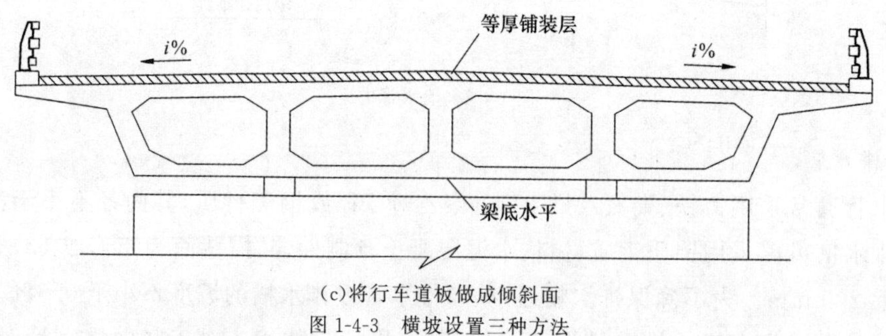

(c)将行车道板做成倾斜面

图 1-4-3　横坡设置三种方法

第二节　桥梁伸缩缝

桥梁使用过程中，会受到温度变化、混凝土收缩和徐变等诸多因素的影响，可能导致桥梁的纵向变形。同时，车辆荷载也会引起梁端的转动和纵向位移。这些变形位移都需要在桥梁的设计和建造中予以考虑。需要在梁端与桥台背墙及相邻梁端之间设置伸缩缝。在伸缩缝装置附近的栏杆和桥面铺装应该断开，以满足梁体的自由变形需要。

在桥梁的设计和施工中，桥面伸缩缝十分重要。设计时应全面考虑下述要求：

(1)能够适应桥梁温度变化所引起的伸缩，必须考虑年最高温差变化和施工时温度变化所需调整的伸缩量，以确保在全部的预期温度范围内都能够可靠地工作。

(2)伸缩缝装置与前后桥面必须取平，包括伸缩缝装置在内的前后桥面平整度，在 3 m

范围内，必须保证误差在±3 mm 内；在桥墩、桥台与桥头引道沉降结束后，上述误差应在±8 mm 内。

(3)应该具有施工安装方便，且与桥梁结构连为整体的特点。

(4)应该具有能够安全排水和防水的构造，同时能够有效防止垃圾阻塞。

(5)承担各种车辆荷载的作用，应该耐受冲击，在重型车交通量大的道路应该选择耐久性好的伸缩缝装置。

(6)应该方便养护、修理与更换。

我国公路桥梁和城市桥梁工程上使用的伸缩缝种类很多，主要包括对接式伸缩缝、钢制支承式伸缩缝、模数支承式伸缩缝、无缝式伸缩缝等类型。其选型主要与桥梁变形量和活载轮重相关，目前最大伸缩量可达 3 000 mm。

图 1-4-4 所示是几种常用的桥梁伸缩装置构造。图 1-4-4(a)所示为对接式伸缩缝，采用不同形状钢构件将不同形状橡胶条(带)嵌固，以橡胶条(带)的拉压变形吸收梁体的变形，其伸缩体既可以处于受压状态，也可以处于受拉状态。图 1-4-4(b)所示为钢制支承式伸缩缝，由面层钢板或梳齿钢板构成，这种装置以前多用于钢桥，现在也可用于混凝土桥梁。橡胶组合剪切式伸缩缝将橡胶材料与钢件组合，以橡胶的剪切变形吸收梁的伸缩变位，是一种刚柔结合的装置。图 1-4-4(c)所示为模数支承式伸缩缝，是采用强度高、刚性好的异型钢材或钢组焊件与吸震缓冲性能好的橡胶密封带组合的支承式构造。图 1-4-4(d)所示为无缝式伸缩缝，在路面施工前安装，以路面等变形吸收梁体变位，这种装置仅适用于较小的接缝部位，适用范围有限。

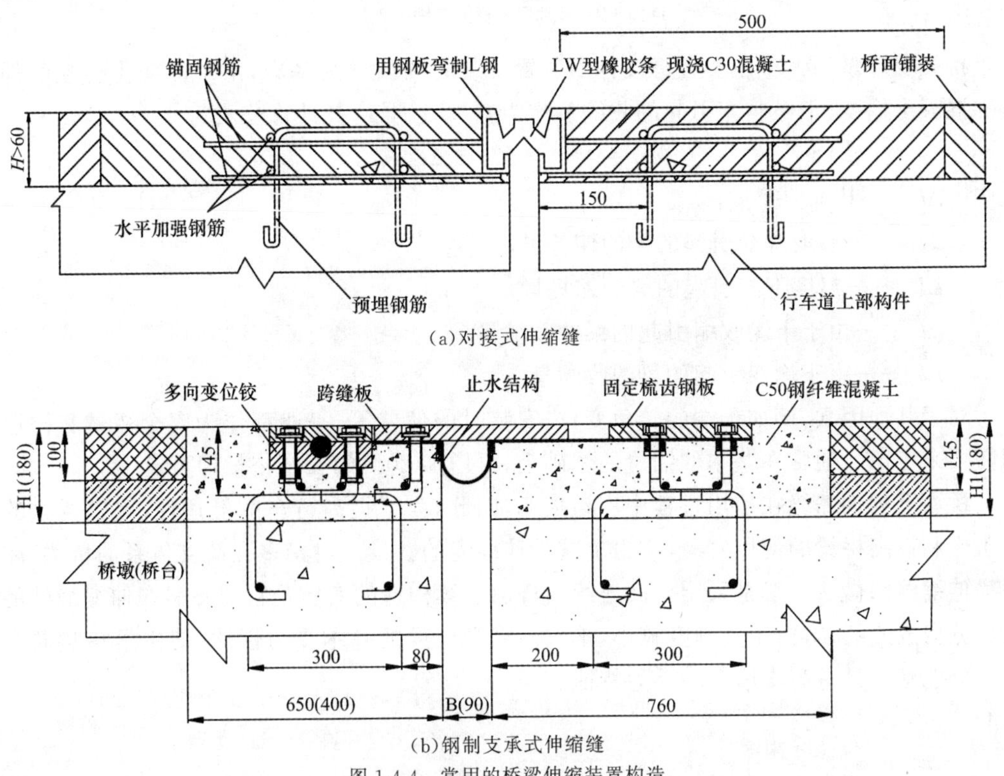

(a)对接式伸缩缝

(b)钢制支承式伸缩缝

图 1-4-4 常用的桥梁伸缩装置构造

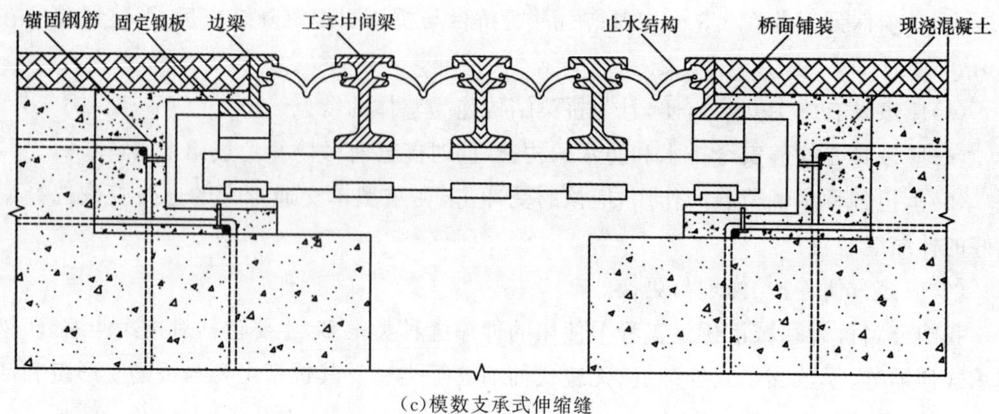

(c)模数支承式伸缩缝

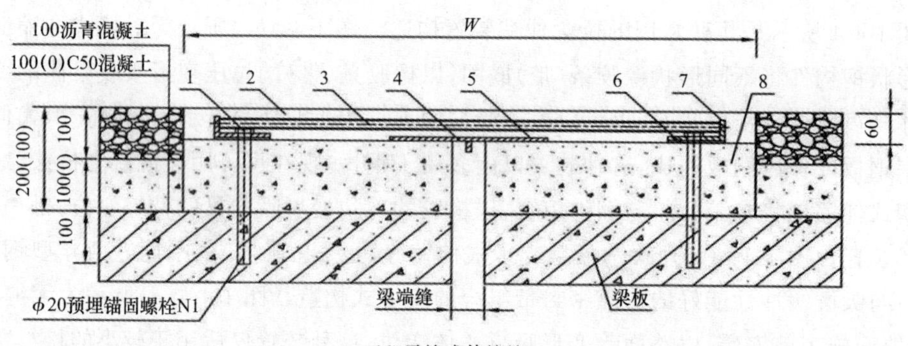

(d)无缝式伸缩缝

1—锚固螺栓;2—弹性伸缩体;3—稳定元件;4—盖板;5—隔离膜;6—垫板;7—折弯钢板;8—C50 钢纤维混凝土

续图 1-4-4　常用的桥梁伸缩装置构造

桥梁变形量的大小主要考虑以伸缩装置安装时的温度为基准,由温度变化引起的伸缩量和混凝土徐变、干燥收缩引起的收缩量作为基本收缩量,其计算公式为:

$$\Delta l=\Delta l_{t}^{+}+\Delta l_{t}^{-}+\Delta l_{s}+\Delta l_{e} \tag{1-4-1}$$

式中　Δl——基本伸缩量;

Δl_{t}^{+}——温度升高引起的梁的伸长量;

Δl_{t}^{-}——温度下降引起的梁的缩短量;

Δl_{s}——由于干燥收缩引起的梁的收缩量;

Δl_{e}——由于徐变引起的梁的收缩量。

对于其他因素,例如梁端的转角变位、安装时的偏差等,一般都作为安全裕量和构造上的需要来考虑。通常在基本伸缩量的基础上,再增加20%的安全裕量即可。

桥面上的伸缩缝在使用过程中容易损坏,因此,为了提高行车的舒适性,减轻桥梁的养护工作和提高桥梁的使用寿命,应力求减少伸缩缝的数量。对于多孔简支体系的桥梁,减少桥梁伸缩缝的做法一般是采用桥面连续。桥面连续构造的实质是将简支梁在伸缩缝处的桥面部分做成连续体,由于其刚度较小,不致影响简支梁的基本受力性质,使主梁在竖向力作用下仍能基本具有简支体系的受力特征。

第三节 人行道、栏杆、安全带、护栏

在人口密集区域建造的桥梁，应该配备人行道、栏杆以及灯柱；而在行人稀少的公路桥梁上，则可以省略人行道和灯柱，但需要设置栏杆、安全带或护栏。虽然这些设施并不直接参与桥梁结构的受力，但是它们对行人和车辆的安全以及桥梁的美观起着重要作用。

一、人行道及栏杆

人行道一般位于行车道两侧，是专供行人行走的路幅或桥面部分。人行道一般构造如图 1-4-5 所示。其宽度等于一条行人带宽度乘以带数，我国每条行人带宽度取用 0.75～1.00 m，其通行能力为 800～1 000 人/h；带数由人流量大小决定。桥梁上人行道宽度大于 1.00 m 时，按 0.50 m 的倍数增加，其高度至少高出行车道 0.25 m，以确保行人和行车的安全，人行道参考宽度见表 1-4-1。

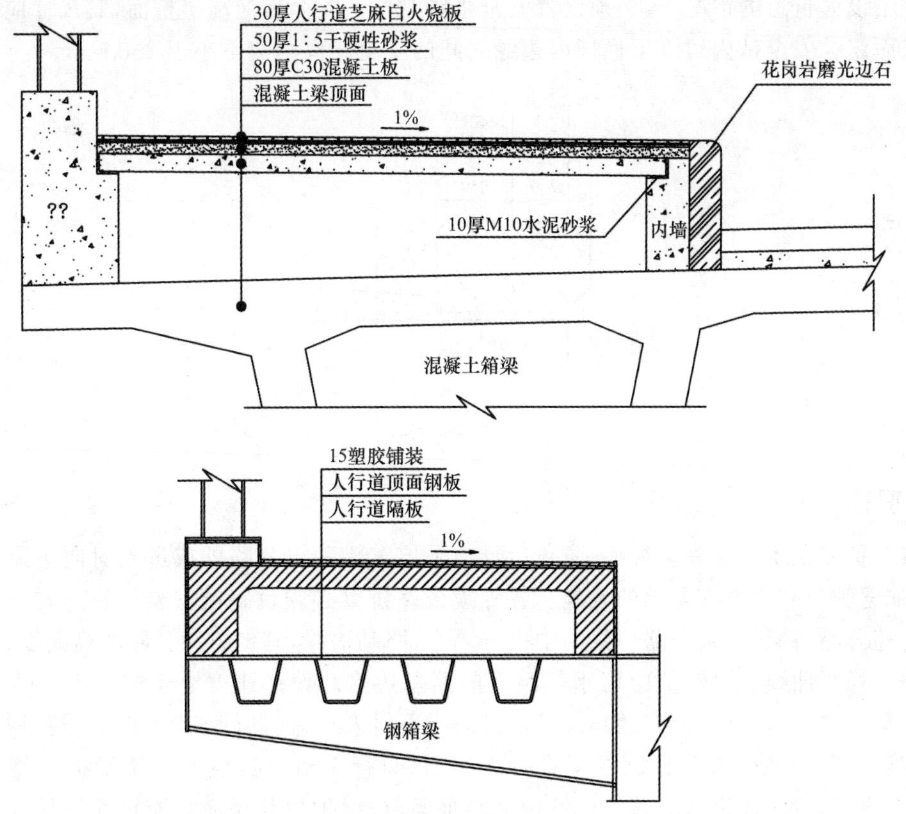

图 1-4-5 人行道一般构造

表 1-4-1 城市桥梁人行道参考宽度 m

桥梁等级及地段	人行道宽度(单侧)
火车站、码头、长途汽车站附近和其他行人聚集地段	3～5
大型商店和大型公共文化机关附近，商业闹市区	2.5～4.5

（续表）

桥梁等级及地段	人行道宽度(单侧)
一般街道地段	1.5～3
大桥、特大桥	2～3

桥梁栏杆设置在人行道上，是用来保障行人或车辆行驶安全、防止坠落的一种必备的安全设施，要求坚固耐用。栏杆节间由立柱、扶手及横档(或栏杆板)组成，扶手支承于立柱上。桥梁栏杆其造型设计直接影响整体景观，要求简洁、明快。人行道的栏杆，从人行道顶面起，最小高度为 110 cm。栏杆构件间的最大净间距不得大于 14 cm，且不宜采用横线条栏杆。采用金属网状栏杆时，网状开口不应大于 5 cm。位于桥梁自行车道的栏杆，从自行车道顶面起，其栏杆的最小高度应为 140 cm。栏杆结构设计必须安全可靠，栏杆底座应设置钢筋，其受力条件应满足现行《公路桥涵设计通用规范》(JTG D60—2015)的规定。

二、安全带

安全带是指为保证车辆在桥上靠边行驶时的安全而设置的带状构造物，如图 1-4-6 所示。在不设人行道的情况下，必须设置安全带和栏杆。安全带应高出桥面，其尺寸应根据道路等级而定。安全带内边缘至栏杆内边缘之间的安全距离一般不小于 250 mm。

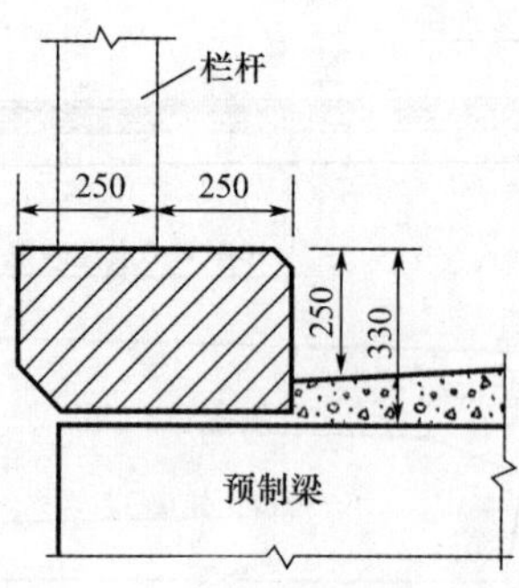

图 1-4-6　常用安全带一般构造

三、护栏

安全护栏是诱导驾驶员视线、防止运行中失控车辆驶出公路外或进入对向车道或人行道、增加驾驶员和乘客安全感的设施。各等级公路桥梁必须设路侧安全护栏。安全护栏设置在高速公路桥梁、一级公路桥梁的中央分隔带、路基边缘，其他各级公路的高路堤、桥头极限最小半径平曲线、陡坡、依山傍水等路段的路基边缘。设计速度小于或等于 60 km/h 的公路桥梁设置人行道(自行车道)时，可通过路缘石将人行道(自行车道)和车行道进行分离；设计速度大于 60 km/h 的公路桥梁设置人行道(自行车道)时，应通过桥梁护栏将人行道(自行车道)与行车道进行隔离。设置护栏的桥梁，桥梁护栏与桥面板应可靠连接。护栏可采用直接埋入、地脚螺栓和预埋钢筋的连接方式。护栏按结构和用途分为梁型(型钢或钢筋混凝土)、拉索型、刚性墙型、柱型、网型及弹性型等，如图 1-4-7 所示为常用的混凝土护栏和钢护栏。

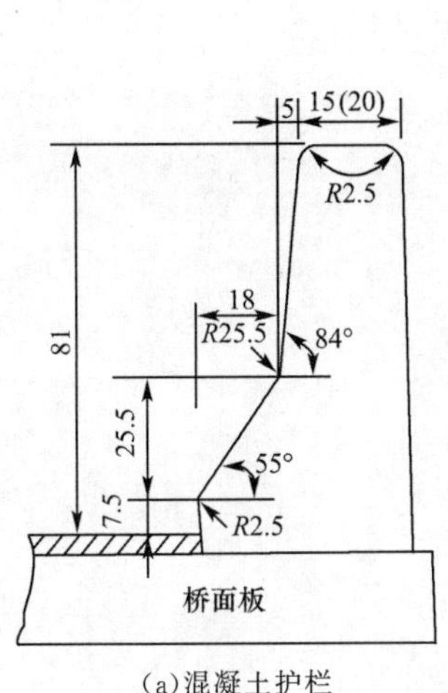

(a)混凝土护栏

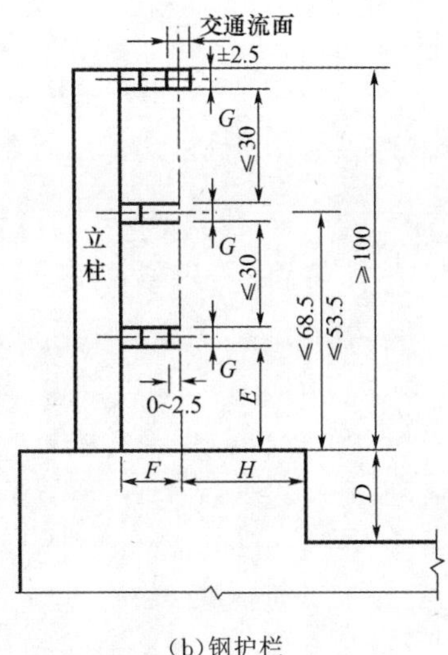

(b)钢护栏

图 1-4-7　常用护栏一般构造(单位:cm)

四、照明

照明在交通设施中占有重要地位,不仅能够提高驾驶员夜间行车的视觉能力,保证交通的高效和安全,而且能够方便居民的生活,减少路上犯罪活动、美化环境。在立交桥区域,一般采用高杆灯的照明方式,以便驾驶员能够看到与白天相似的全景。而在城市桥梁及城郊行人和车辆较多的桥梁上,适当设置灯柱式照明设备。灯柱的设计应可靠经济、合理,充分考虑其照明效果和在全桥的统一格调和谐匹配。城市桥梁除照明外,有时还进行夜景工程美化设计。

习题

1. 桥梁一般由哪几部分组成,各部分的作用是什么?
2. 桥梁按照受力体系不同可分为哪几种类型,不同体系的桥梁受力有何特点?
3. 简述大跨桥梁发展趋势。
4. 桥梁设计遵循的基本原则有哪些?
5. 桥梁设计一般分为哪几个阶段,各阶段的主要工作内容是什么?
6. 桥梁所受的作用包括哪几类?
7. 桥梁设计时需要考虑哪两种极限状态,二者有何区别?
8. 桥面构造一般包括哪几部分,各部分的作用是什么?

第二篇

混凝土梁桥

第一章　混凝土梁桥概述

第一节　混凝土梁桥的分类及体系受力特点

梁桥是指上部结构在竖向荷载作用下，支座只产生竖向反力而无水平反力的梁式体系桥的总称，在中小跨径桥梁中应用极为广泛。梁桥的主梁可以采用混凝土结构、钢结构、木结构、钢-混凝土组合结构等，其中主梁采用混凝土结构的梁桥具有建设成本低、维护费用少、耐久性好、刚度大、噪声小等优点，在已建梁桥中占据绝大多数。本书主要介绍混凝土梁桥的结构构造、施工技术和计算方法。

一、混凝土梁桥的分类

1. 按材料性能分类

根据国内工程习惯，我国对以钢材为配筋的混凝土梁桥，按其预应力度分成普通钢筋混凝土梁桥和预应力混凝土梁桥。

钢筋混凝土梁桥的设计理论和施工技术成熟，对技术水平要求较低，其主梁既可以采用现浇法施工，也可以采用预制装配法施工。钢筋混凝土结构是带裂缝工作的，为满足耐久性的要求，混凝土裂缝宽度需要小于一定的限值。当跨度较大时，由于主梁弯矩较大，主梁混凝土裂缝难以满足要求。因此，钢筋混凝土梁桥的跨径不能太大，简支梁跨径一般在 20 m 以下，悬臂梁或者连续梁一般在 60 m 以下。另外，适于钢筋混凝土主梁的施工方法较少，主要为支架现浇或整跨预制架设，支架现浇受到地形、地质、水文、桥下交通等条件限制，整跨架设对运输和吊装设备要求较高，这都限制了钢筋混凝土梁桥的应用和跨径。

预应力混凝土梁桥通过张拉预应力筋使得混凝土预先受到压力，以保证使用中无拉应力或不开裂。和普通钢筋混凝土梁相比，预应力混凝土梁的优点是：可以充分利用高强材料，有效减小截面和自重，减小跨中弯矩，增大跨径；通过预应力筋的配置可以保证梁体不出现裂缝，全截面参与工作，梁体刚度大，耐久性好；施工方法灵活，除借助支架采用现浇、预制拼装施工外，还可采用悬拼、悬浇、顶推、转体等无支架施工方法，对建设条件适应性强。在跨径方面，预应力混凝土简支梁跨径可达 50～70 m，最大跨径的连续刚构跨径已达 330 m 左右。

2. 按受力体系分类

从受力体系角度桥梁按静力特性可分为简支梁桥、连续梁桥、悬臂梁桥、T 形刚构桥及连续刚构桥五种体系。简支梁桥属于静定结构，受力和构造简单，适用于小跨径桥梁；连续梁桥和连续刚构桥属于超静定结构，在荷载作用下支点截面产生负弯矩，从而大大减小了跨中的正弯矩，跨越能力大；悬臂梁桥和 T 形刚构桥的跨越能力比简支梁桥大，但逊于连续梁桥和连续刚构桥。

3. 按截面形式分类

混凝土梁桥按截面形式可分为板桥、肋梁桥和箱形梁桥。板桥的构造简单、施工方便，截面高度小，自重大，承重能力较低，适用于小跨径桥梁；肋梁桥截面高、自重小，承载力高于板桥，跨越能力大，适于承担正弯矩；箱形梁桥截面挖空率大，可抵抗正负弯矩，抗扭性能好，适用于大跨径的梁桥。

4. 按施工方法分类

混凝土梁桥按照施工方法可分为整体式梁桥和节段式（又称预制装配式）梁桥两类。整体式梁桥是将桥梁上部结构在桥位上整体现场浇筑制造或整体预制安装就位；节段式梁桥是将桥梁上部结构分成若干节段，在桥位上分段现浇或分段预制装配连接而成。整体式梁桥具有整体性好的优势，而节段式梁桥具有施工方便、节省支架模板等优点。

二、体系与受力特点

在钢筋混凝土与预应力混凝土梁式桥体系中，简支梁、悬臂梁和连续梁是三种传统的梁式结构体系。20 世纪 50 年代后，预应力混凝土梁式桥中的悬臂体系逐步形成并发展为 T 形刚构桥，随后又出现了 T 形刚构与连续梁结合的一种新体系——连续刚构桥，该体系将传统 T 形刚构厚重的桥墩改为纤薄的柔性桥墩，由于桥墩为柔性，使得结构在垂直荷载作用下基本无推力产生。下面将逐一介绍梁式桥的五种基本体系：简支梁桥、悬臂梁桥、连续梁桥、T 形刚构桥和连续刚构桥。

1. 简支梁桥

如图 2-1-1 所示，简支梁桥是梁式桥中应用最早、使用最广泛的一种结构体系，是受力和构造最简单的桥型，容易设计成为各种标准跨径和装配式结构，施工工艺较简单、工序较少，易于标准化施工。

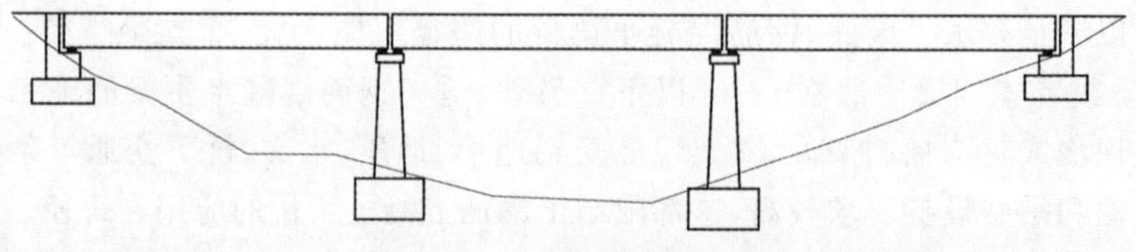

图 2-1-1　简支梁桥体系

简支梁桥属于静定结构，梁的内力不受地基变形的影响，能够适应地基较差的情况。多跨简支梁桥各孔单独受力，中间桥墩上需设置双排支座，结构设计和施工容易处理。简支梁体系梁中只有正弯矩，体系温度变化、混凝土收缩徐变、张拉预应力等均不会在梁中产生附加内力。在多孔简支梁桥中,相邻桥孔各自单独受力,便于预制、架设,简化施工管理,施工费用低,因此在城市高架、跨河大桥的引桥上被广泛采用。

简支梁的设计主要受跨中正弯矩的控制,当跨径增大时,跨中恒载和活载弯矩将急剧增大,当恒载弯矩所占的比例逐渐增大时,结构能承受活载的能力就减小。20 世纪 60—70 年代修建的简支梁桥多为钢筋混凝土结构,跨径通常不超过 20 m。为了提高简支梁的跨越能力,可以采用预应力混凝土结构。由于预应力的施加使梁全截面参加工作,可通过减小梁的截面尺寸减轻其恒载,进而增大了梁抵抗活载的能力。随着预应力技术的推广应用,简支梁桥的跨径大幅提升。1988 年建成的浙江瑞安飞云江大桥,为多跨预应力混凝土简支梁桥,其跨径组合为 18×51 m+6×62 m+14×35 m,是中国最著名的简支梁桥之一。洛阳黄河大桥、郑州黄河大桥和开封黄河大桥都是跨径 50 m 左右的预应力混凝土简支 T 梁桥,上海市虹桥综合交通枢纽高架桥为最大跨径 55 m 的装配式预应力混凝土简支 T 梁桥,昆明市南过境干道高架桥主孔为单跨 63 m 预应力混凝土简支现浇箱梁桥。目前,世界上预应力混凝土简支梁最大跨径已达 76 m(奥地利的阿尔姆桥)。在一般情况下,简支梁的跨径超过 50 m 后,桥型显得过于笨重,安装重量较大,相对地给装配式施工带来困难,实际上并不经济。桥梁建设的实践经验表明:钢筋混凝土简支梁桥的经济合理跨径不宜超过 25 m,预应力混凝土简支梁桥的经济合理跨径不宜超过 55 m,我国预应力混凝土简支梁的标准跨径在 40 m 以下。

2. 悬臂梁桥

将简支梁桥梁体加长,并越过支点就成为悬臂梁桥。仅梁的一端悬出的称为单悬臂梁,如图 2-1-2(a)所示;两端均悬出的称为双悬臂梁,图 2-1-2(b)所示。悬臂梁在桥墩支点处产生负弯矩,使主跨跨中正弯矩较同跨径简支梁的正弯矩有较大幅度的下降。图 2-1-3 所示为跨径布置相同的简支梁和悬臂梁在恒载作用下的弯矩图,假定恒载集度相同,简支梁的各跨跨中恒载弯矩均大于悬臂梁,悬臂梁在中跨跨中弯矩因支点负弯矩的卸载作用而显著减小,悬臂梁的挂梁段跨中弯矩因跨径缩短也显著减小。

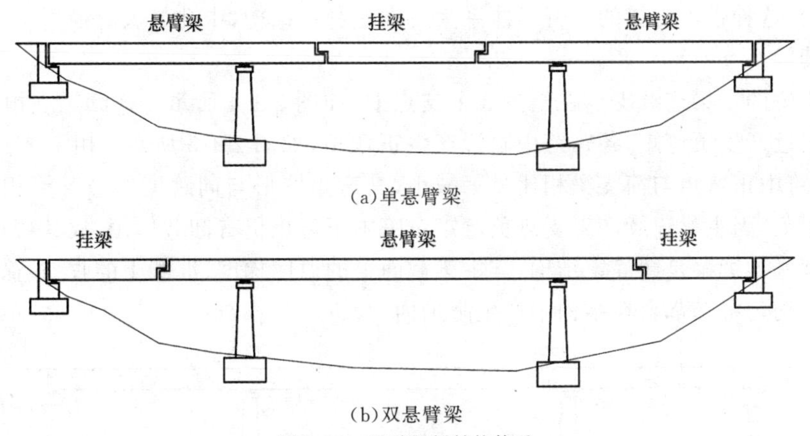

(a)单悬臂梁

(b)双悬臂梁

图 2-1-2 悬臂梁桥结构体系

悬臂梁桥一般为静定结构,可在地基较差的条件下使用。在多孔桥中,墩上均只需设置一个支座,减小了桥墩尺寸,也节省了基础工程的材料用量。悬臂梁将结构的伸缩缝移至跨内,其变形挠曲线的转折角比简支梁变形挠曲线在支点上的转折角小,对行车的平顺较有利。

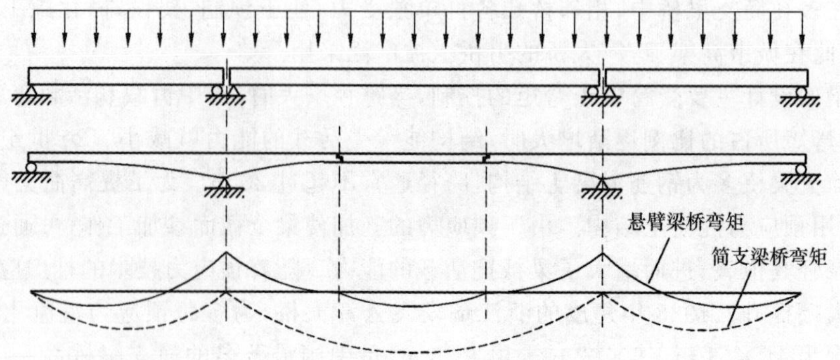

图 2-1-3　简支梁、悬臂梁弯矩比较

但是，悬臂梁桥也有一些不可避免的缺点：在悬臂梁中，同时存在正、负弯矩区段，通常采用箱形截面梁，其构造较复杂；跨径较大时，梁体自重过大不易装配化施工，往往要在支架上现浇；钢筋混凝土悬臂梁因存在支点负弯矩区段，在梁顶可能产生裂缝，桥面虽有防护措施，但仍常因雨水侵蚀而降低使用年限；预应力混凝土悬臂梁桥虽无此患，并可采用节段悬臂施工，可它同连续梁一样，支点因是简单支承，施工时必须采用临时固定措施；而与连续梁相比，跨中要增加悬臂与挂梁间的牛腿、伸缩缝的构造。因此，在使用时，行车不及连续梁平顺，而且悬臂端牛腿构造复杂，局部应力集中，在长期使用过程中容易出现裂缝，缩短结构使用寿命。鉴于以上原因，无论是钢筋混凝土或预应力混凝土悬臂梁桥，在实际桥梁工程中均较少采用。

我国仅在 20 世纪 90 年代以前修建了少数中小跨径悬臂梁桥，江苏芦墟桥（30 m＋46 m＋30 m）和天津市北安桥（24 m＋45 m＋24 m）是我国为数不多的悬臂梁桥中的两个代表。国内箱形薄壁钢筋混凝土悬臂梁桥最大跨径为 55 m，国外此类桥最大跨径一般在 70 m 以下。预应力混凝土悬臂梁桥世界上最大跨径为 240 m，一般亦在 100 m 以下。三孔预应力混凝土悬臂梁桥，在采用平衡悬臂装配施工时，中孔亦有不用中间挂梁而在跨中用剪力铰相连的，这种带剪力铰的悬臂梁体系为一次超静定结构，中孔最大跨径可达 128 m。

3. 连续梁桥

连续梁桥的主梁连续支承在至少 3 个支点上，如图 2-1-4 所示。连续梁在恒载作用下，中间支点附近产生负弯矩，各跨跨中附近产生正弯矩，如图 2-1-5 所示。由于支点负弯矩的卸载作用，跨中正弯矩与简支梁相比显著减小，其弯矩图形与同跨度的悬臂梁相差不大，而在活载作用下，因主梁连续产生支点负弯矩对跨中正弯矩仍有卸载作用，故其弯矩分布要比悬臂梁合理。连续梁是超静定结构，其主梁截面上的温度梯度、混凝土的收缩、徐变、预加应力及基础不均匀沉降都会在结构中产生附加内力。

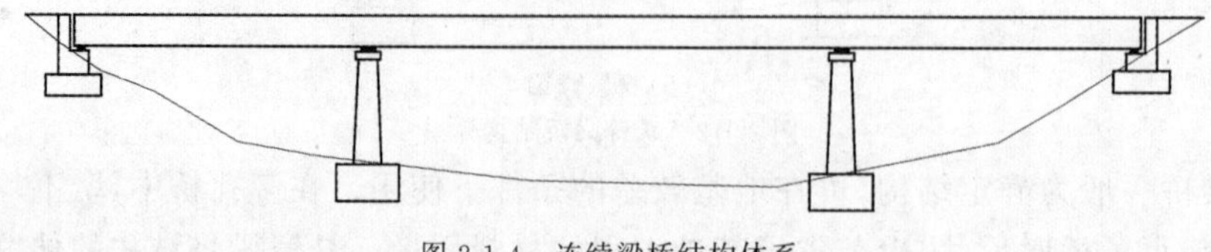

图 2-1-4　连续梁桥结构体系

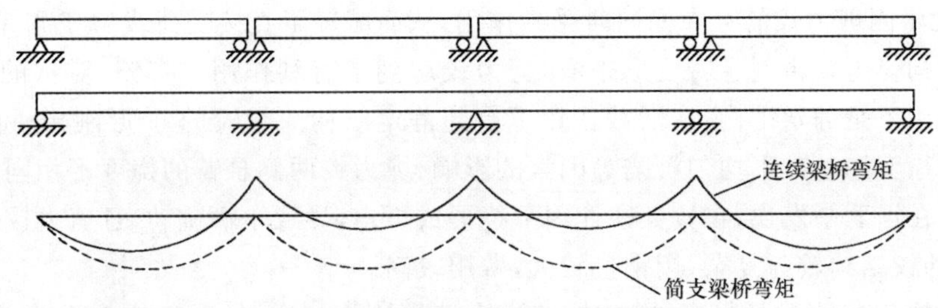

图 2-1-5 简支梁、连续梁弯矩比较

钢筋混凝土连续梁桥同悬臂梁桥一样，因在施工上和使用上有相应缺点，仅在城市高架、小半径弯桥中有少量应用，而预应力混凝土连续梁的应用则非常广泛。尤其是悬臂施工法、顶推法、逐跨施工法在连续梁桥中的应用，这种充分应用预应力技术的优点使施工设备机械化、生产工厂化，从而提高了施工质量，降低了施工费用。连续梁的突出优点是：结构刚度大、变形小、动力性能好、主梁变形挠曲线平缓，有利于高速行车。

连续梁可以做成两跨或三跨一联的，也可以做成多跨一联的。每联跨数越多，联长就要加大，受温度变化及混凝土收缩等影响产生的纵向位移也就越大，使伸缩缝及活动支座的构造复杂化；每联长度太短，则使伸缩缝的数目增多，不利于高速行车。为充分发挥连续梁高速行车平顺的优点，现代的伸缩缝及支座构造不断改进，最大伸缩缝长度已达 1 m，梁体的连续长度已达 1 000 m 以上，如杭州钱塘江二桥公路桥为 18 孔一联预应力混凝土连续梁桥，跨径布置为 45 m＋65 m＋14×80 m＋65 m＋45 m，连续长度为 1 340 m。一般情况下，连续梁中间墩上只需设置一个支座，而在相邻两联连续梁的桥墩仍需设置两个支座。

连续梁桥由于刚度大、变形小、动力性能好，主梁变形挠曲线平缓，接缝少，有利于高速行车，目前已经成为跨径 200 m 以下的主流桥型之一。

4. T 形刚构桥

T 形刚构桥是一种墩梁固接、具有悬臂受力特点的梁式桥。其墩上两侧伸出悬臂，形同“T”字，由此得名。由于悬臂梁承受负弯矩，T 形刚构桥几乎都是预应力混凝土结构。预应力混凝土 T 形刚构分为跨中带剪力铰和跨中设挂梁两种基本类型，如图 2-1-6 所示。

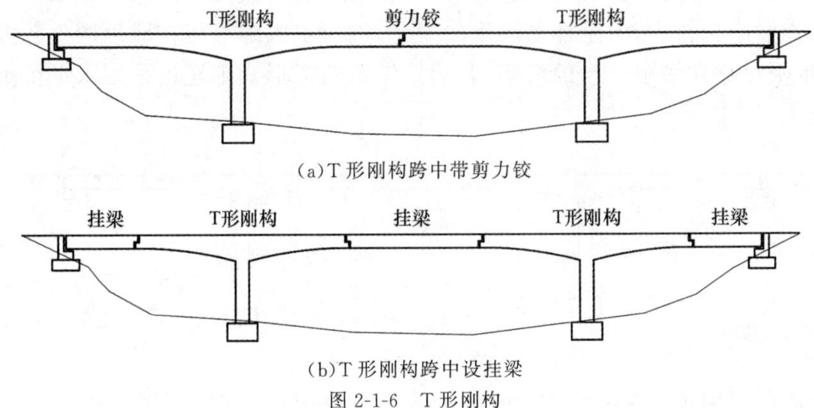

(a)T 形刚构跨中带剪力铰

(b)T 形刚构跨中设挂梁

图 2-1-6 T 形刚构

带铰的 T 形刚构桥，是国外 20 世纪 50 年代初开始采用的一种桥型，它的上部结构全部是悬臂部分，相邻两悬臂通过剪力铰相连接。所谓剪力铰，是指一种只能传递竖向剪力，但不能传递水平推力和弯矩的连接构造。当在一个 T 形结构单元上作用有竖向力时，相邻的T形单元将因剪力铰的存在而同时受到作用,从而减轻了直接受荷载的T形单元的结构内力。从结构受力与牵制悬臂变形来看,剪力铰起到了有利作用。带铰、对称的T形刚构桥在恒载作用下是静定结构;在活载作用下是超静定结构。带铰的T形刚构桥由于日照、混凝土收缩徐变和基础不均匀沉陷等因素的影响,剪力铰两侧悬臂的挠度不相同,必然产生附加内力。在运营中发现,在铰处往往因下挠形成折角,导致车辆跳动,且剪力铰也易损坏。另外,剪力的铰结构较为复杂,用钢量较大,费用较高。

带挂梁的T形刚构是静定结构,与带铰的T形刚构相比,虽由于各个T构单元单独作用而在受力和变形方面略差一些,但它受力明确,不受各种内外因素的影响。此外,带挂梁的T形刚构在跨内因有正、负弯矩分布,其总弯矩图面积要比带铰的T形刚构小一些,虽增加了牛腿构造,但免去了结构复杂的剪力铰;其主要缺点是桥面上伸缩缝增多,对于高速行车不利;其次,在施工中除了悬臂施工这道工序和机具设备外,还增加了挂梁预制、安装工序及机具设备。目前,国内的T形刚构桥主要是采用带挂梁的结构形式。

钢筋混凝土T形刚构常用跨径在40～50 m,预应力T形刚构的常用跨径可达60～200 m。

必须指出,预应力混凝土T形刚构是长悬臂体系,全跨以承受负弯矩为主,预应力束筋布置于桥的顶面。该体系可采用节段悬臂法施工,通过悬空作业机械化、装配化大大提升了施工效率,尤其对跨越深水、深谷、大河、急流的大跨径桥梁,节段悬臂施工法十分有利,并能获得满意的经济指标。

5. 连续刚构桥

继T形刚构桥之后,又出现了将T形刚构桥粗厚桥墩减薄,将主梁做成连续梁体与薄壁桥墩固结而成的连续刚构桥,它综合了连续梁和T形刚构的受力特点,是T形刚构与连续梁结合的一种新体系,如图2-1-7所示。连续刚构桥同连续梁一样,可以做成一联多孔,在长桥中,可以在若干中间孔设以剪力铰或简支挂梁相连。

随着连续刚构墩高的增大,薄壁桥墩对上部梁体的嵌固作用将越来越小,逐步转变为柔性墩的作用,使结构在垂直荷载作用下基本上属于无推力体系,上部结构则主要具有连续梁的特点,而薄壁墩底部所承受的弯矩、梁体内的轴力随着墩高的增大而急剧减小。在跨径大而墩高小的连续刚构桥中,由于体系温度的变化,混凝土收缩等将在墩顶产生较大的水平位移,为减小水平位移在墩中产生的弯矩,若为连续刚构桥形式则建议采用水平抗推刚度较小的双薄壁结构。

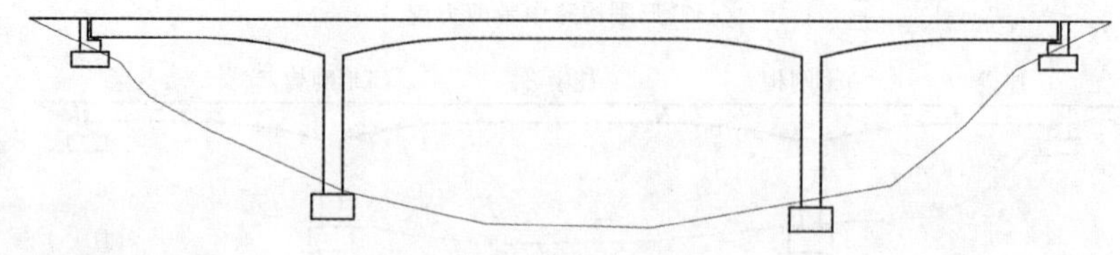

图 2-1-7　连续刚构

大跨径连续刚构桥结构的受力特点主要为梁体连续,墩、梁、基础三者固结为一个整体共同受力。典型的连续刚构体系为对称布置,多采用平衡悬臂施工方法修建。在恒载作用下,连续刚构桥与连续梁桥的跨中弯矩和竖向位移基本一致;由于墩梁固结共同参与工作,连续刚构桥由活载引起的跨中正弯矩较连续梁要小,因而可以降低跨中区域的梁高,并使恒载内力进一步降低。因此，连续刚构桥的主跨径可以比连续梁桥设计的大一些。

连续刚构体系除保持连续梁的优点外，墩梁固结节省了大型支座的昂贵费用，减少了墩及基础的工程量，并改善了结构在水平荷载(如地震荷载)作用下的受力性能，即各柔性墩可按刚度比分配水平力。应注意的是，在柔性墩的设计中必须考虑上部梁体变形(转动与纵向位移)对它的影响。目前，在大跨径的预应力混凝土梁式桥中，连续刚构桥已成为优先考虑的桥型方案，其最大跨径已达 330 m。

前文叙述了钢筋混凝土和预应力混凝土梁式桥的基本体系与受力特性，在桥梁设计中，工程师可依据各种基本体系的受力特点，通过不同的方案布置去达到更合理、经济的要求。结合我国桥梁建设情况，简支体系仍在中、小跨径桥上是首选桥型，主要原因是经济指标低、施工方便、机具先进性要求不高。连续梁与连续刚构的特点是主梁连续无缝、行车平顺，又可最大限度地应用平衡悬臂施工法。两者同是连续体系，在活载作用下，连续刚构的正弯矩比连续梁小，两者负弯矩较接近，在恒载下，两者弯矩也比较接近。但在支座发生沉降变化产生附加力方面，连续刚构比连续梁稍大。连续刚构的受力变化与墩的刚度有关，因而必须根据地形条件，选取合适的墩刚度，调整各部位的结构受力，采用双薄壁柔性墩可进一步削减支点负弯矩峰值。

第二节 梁桥主梁的截面设计

一、横截面设计原则

1. 混凝土梁式桥设计原则

梁式桥横截面的设计主要是确定横截面的布置形式，包括主梁截面形式、主梁间距、截面各部位尺寸等，还应综合考虑梁式桥体系在立面上的布置、建筑高度、施工方法、美观要求以及经济用料等因素，具体原则如下：

(1)梁式桥的主梁是以它的抗弯能力承受荷载的，同时还要保证它的抗剪(或抗主拉应力)能力。对钢筋混凝土主梁，因为受拉部分混凝土开裂后退出工作，对只承受正弯矩的简支梁桥，采用 T 形截面梁显然是合理的。对预应力混凝土梁，在张拉阶段及使用阶段，截面承受双向弯矩，通常在预张拉阶段，合力 N_y 作用在下核心(使梁截面上缘应力为零)，使用阶段施加了弯矩 M_p 后，合力 N_y 作用在上核心(使梁截面下缘应力为零)。核心距是指保证预应力混凝土结构在使用荷载作用下，截面上下缘均不出现拉应力时，预应力偏离截面中性轴的最大距离。计算方法为令预应力作用下的上、下缘应力为零即可。由于同时控制的是截面上、下缘的应力，故预应力筋在梁中的位置为一个条带。若预应力位于下核心距以外，则梁上缘可能出现拉应力；反之，下缘则可能出现拉应力。

如图 2-1-8 所示，则有

$$N_y \cdot e' = M_q \tag{2-1-1}$$

$$N_y \cdot (k_s + k_x) = M_p \tag{2-1-2}$$

式中 e'——预应力筋距截面下核心的偏心距；

k_s——截面上核心距；

k_x——截面下核心距；

M_q——自重产生的弯矩；

M_p——使用阶段荷载产生的弯矩。

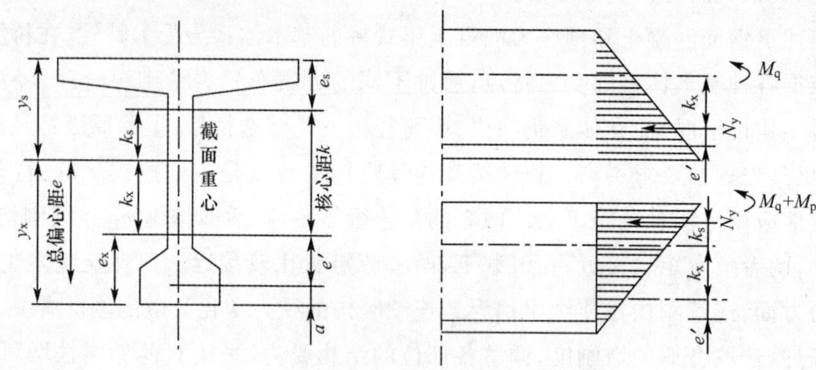

图 2-1-8　梁式桥混凝土横截面受力分析

显然，截面形式不同将影响到截面形心位置和核心距大小，在相同受力条件下，要使预应力筋少，在截面设计时应满足：

①截面上、下核心距之和(k_s+k_x)要大，排除截面梁高 h 的影响，用截面效率指标 $\rho=(k_s+k_x)/h$ 表示，使 ρ 尽可能大。

②使截面的形心 y_x 大及预应力束的合力靠近梁的下缘，使偏心距 e' 更大一些。

(2)截面细部尺寸的布置要在满足结构构造要求的前提下，尽可能减小截面尺寸，以减小梁的自重。

(3)桥面宽度、桥梁建筑高度将影响截面布置形式、主梁的片数与间距或者箱梁的形式。

(4)必须考虑施工的影响，横截面形式要有利于选定的施工方法，模板简单且制作方便，节约材料；对预制构件还须考虑运输及安装条件。

(5)要考虑各主梁之间的横向联系，保证各主梁共同参与工作，还要满足美观上的要求。

一般来说，目前钢筋混凝土与预应力混凝土梁式桥的横截面形式有板式、肋梁式和箱形三大类型。从制造工艺来说，主梁横截面又可分整体式(现浇或预制)与组合式(截面各部预制装配，现浇接头或将面板组合而成)。

2. 波形钢腹板混凝土组合梁设计原则

波形钢腹板桥梁其实也是组合结构的一种，特殊之处是用波形钢腹板代替传统箱梁混凝土腹板，上、下翼缘板还是由混凝土材料构成，如图 2-1-9(a)所示。采用波形钢腹板替代混凝土腹板可以有效降低箱梁自重，消除大跨混凝土箱梁的“腹板开裂”和“桥梁持续下挠”的病害。

波形钢腹板预应力混凝土箱梁由混凝土顶底板、波形钢腹板、横隔板、体内预应力筋、体外预应力筋等构成。波形钢腹板混凝土箱梁的截面总体尺寸与设置要求同普通混凝土箱梁。波形钢腹板预应力混凝土箱梁作为杆系结构进行抗弯受力分析时，主梁的截面特性计算仅考虑混凝土顶、底板的有效截面，如图 2-1-9(b)所示。

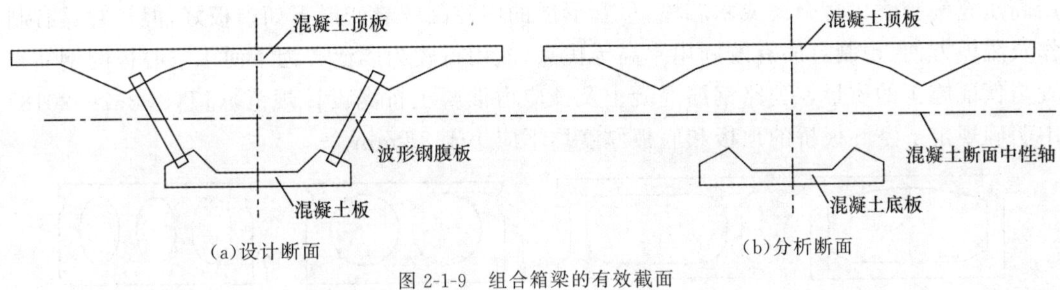

(a)设计断面 (b)分析断面

图 2-1-9 组合箱梁的有效截面

二、混凝土板式截面设计

板式截面包括整体式矩形实心板、装配式实心板、空心板及异形板。

整体式板桥的横截面一般都设计成等厚度的矩形截面[图 2-1-10(a)],有时为了减轻自重也可将受拉区稍加挖空做成矮肋式截面[图 2-1-10(b)];装配式板桥的截面形式则主要有实心板[图 2-1-10(c)]和空心板[图 2-1-10(d)]两种,通常实心板采用钢筋混凝土,而空心板大多采用预应力混凝土。

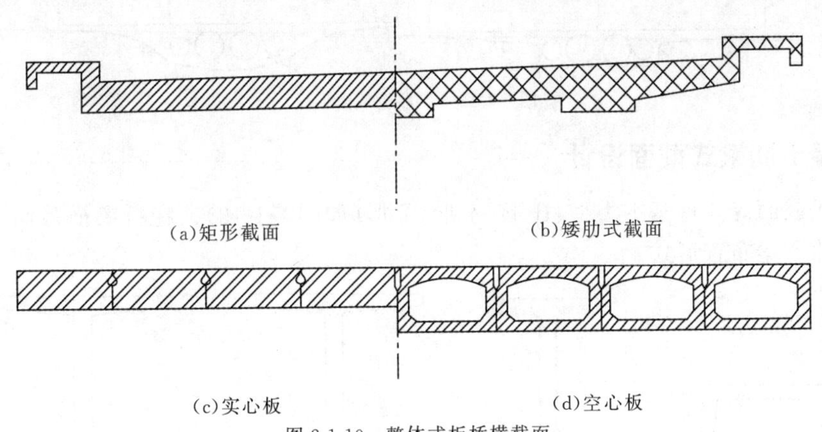

(a)矩形截面 (b)矮肋式截面

(c)实心板 (d)空心板

图 2-1-10 整体式板桥横截面

整体式矩形实心板具有形状简单、施工方便、建筑高度小、结构整体刚度大等优点,但施工时需现浇混凝土,受季节气候影响,又需模板与支架。从受力要求看,截面材料不经济、自重大,所以只在小跨度桥使用。

为了避免现场浇筑混凝土的缺点,我国交通部(现为交通运输部)制定的跨径为 1.5~8.0 m 八种跨径的钢筋混凝土板桥标准图中,采用装配式实心板截面,每块预制板的宽度为 1 m,板厚为 0.16~0.36 m。为减轻自重,在跨径为 6~13 m 的三种钢筋混凝土板桥标准图中,采用空心板截面,相应板厚为 0.4~0.8 m。在跨径为 8~16 m 的四种预应力混凝土板桥(先张法)标准图中,也采用空心板截面,相应板厚为 0.4~0.7 m。

装配式预制空心板截面中间挖空形式很多,如图 2-1-11 所示为几种常用的空心板挖洞形式。挖成单个较宽的孔洞,其挖空体积最大,块件重量也最轻,但在顶板内要布置一定数量的横向受力钢筋。图 2-1-11(a)所示顶板略呈微弯形,可以节省一些钢筋,但模板较图 2-1-11(b)复杂些。图 2-1-11(c)所示顶板挖成两个正圆孔,采用无缝钢管作芯模时施工方便,但其挖空体积较小。图 2-1-11(d)所示芯模由三个椭圆形气囊及两块侧模板组成,对不同厚度的板只要更换两块侧模板就能形成空腔,该形式挖空体积较大,适用性也较好。目前采用高压充气胶囊代替金属或木芯模，尽管形成的内腔因胶囊变形不如模板好，但是它具有制作及脱模方便、预制台座有效利用率高等优点，故用得较为广泛。为了便于空心板的钢筋布置与保证施工的质量，《公路钢筋混凝土及预应力混凝土桥涵设计规范》(JTG 3362—2018)中明确规定了空心板桥的顶板和底板厚度均不应小于 80 mm。

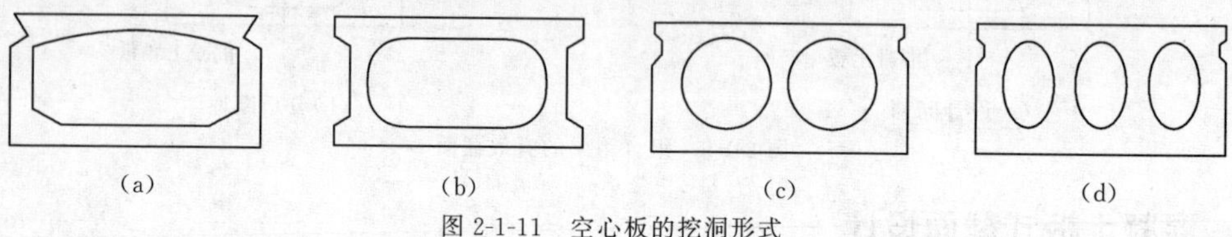

图 2-1-11　空心板的挖洞形式

异形板截面形式(图 2-1-12)在外形上保持了板的轻巧，且适用于跨径较大的城市高架桥，并尽可能减轻了截面的自重。它与柱形桥墩相配合，能获得较大的桥下净空，造型美观，但现场浇筑施工较为复杂。

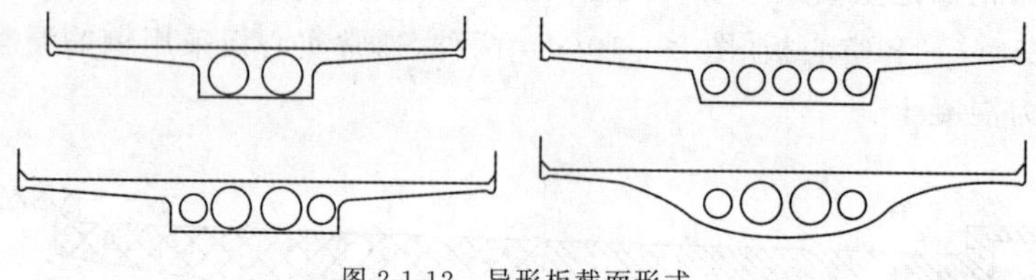
图 2-1-12　异形板截面形式

三、混凝土肋梁式截面设计

肋梁式截面有 3 种基本类型：Π 形、Ⅰ形、T 形(如图 2-1-13)。在桥梁横截面上，一般采用并列多片主梁布置形式。

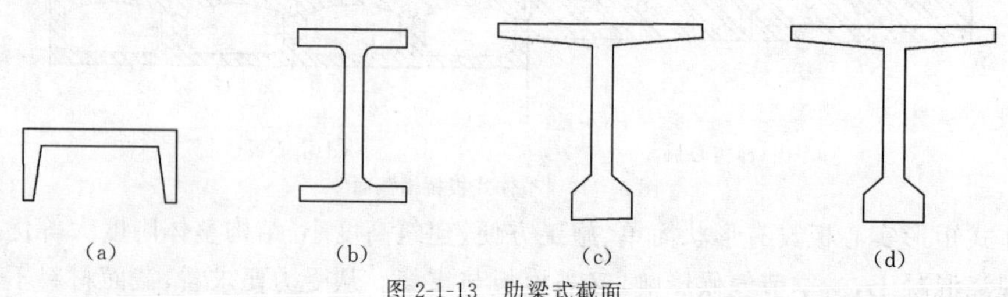

图 2-1-13　肋梁式截面

众所周知，恒载弯矩与跨径的平方成正比，而截面抵抗矩与截面高度的平方成正比。因此，当梁桥跨径增大时，在横截面设计中就要求增大主梁高度。为了既增大梁高又减轻截面重量，往往将主梁腹部大大挖空，这样就形成两种截面形式：一种是闭合薄壁箱形截面，另一种是多主梁的肋梁式截面。

从受力来看，肋梁式截面一般适用于简支梁桥。这是因为对钢筋混凝土结构而言，肋梁式截面顶板宽翼缘受压，下部开裂后不参与工作，只要能有布置钢筋的足够面积即可，有利于承受正弯矩。在承受负弯矩时，截面上翼缘处于受拉区，而肋部处于受压区，要提高抗负弯矩的能力，必须加大底部成马蹄形。无论是钢筋混凝土或预应力混凝土结构，T 形截面有利于承受单向弯矩(正弯矩)，不利于承受双向弯矩(正、负弯矩)。因而在简支梁式桥中，当跨径为 13～50 m 时，大多数的横截面形式布置成多 T 形截面形式。对跨径为 25～60 m 的悬臂梁、连续梁桥，当正负弯矩的绝对值相差不大时，也可采用肋部加宽或底部加宽的 T 形截面，主要考虑其施工较箱形截面方便。

1. 整体式横截面形式

整体式梁桥在城市立交桥中应用较广泛，具有整体性好、刚度大、易于做成复杂形状等优点，多数在桥孔支架模板上现场浇筑，个别也有整体预制、整孔架设的情况。

图 2-1-14 所示为采用现浇整体式双 T 形截面布置的横截面形式，在悬臂梁或连续梁结构中，常常采用这种布置形式。该种形式的梁肋宽度较大，在承受负弯矩区段上，肋宽及底部还可加大。在保证抗剪、稳定的条件下，主梁的肋宽通常取梁高的 1/7～1/6，但不宜小于 14 cm，以利于浇筑混凝土；当肋宽有变化时，其过渡段长度不小于 12 倍肋宽差。主梁高度通常为跨径的 1/16～1/8。整体式简支梁桥桥面板的跨中板厚不应小于 10 cm，桥面板与梁肋衔接处一般都设置承托结构，承托长高比一般不大于 3。为加强整体性，必须设置端横隔梁，而且每隔 10 m 需加设中间横隔梁。整体式截面一般肋宽取 0.6～1.2 m，T 形截面的翼缘厚度，即桥面板厚度与主梁间距有关，一般在中央的厚度为 250～350 mm，根部为 400～550 mm。在城市高架桥中，一般为获得桥下较大净空，要求做规模较小的柱式墩。此外，建筑高度限值较小，因而做成低高度的宽肋式的双 T 形截面或单 T 形截面（又称为翼结构或脊骨梁结构）。这种截面的肋宽可以做到 2～4 m，桥宽不宜过大，一般在 10～15 m，如图 2-1-15(a)、图 2-1-15(b)所示。图 2-1-15(c)所示为多主梁 T 形截面的整体式横截面布置，一般在建筑高度较小的简支梁桥中采用。

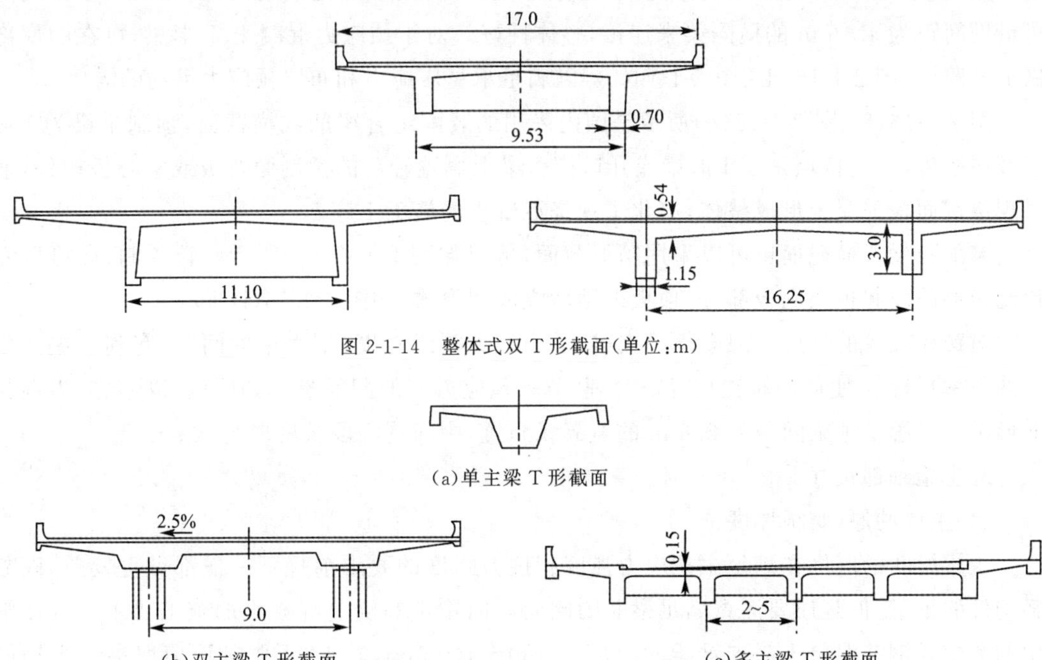

图 2-1-14　整体式双 T 形截面（单位：m）

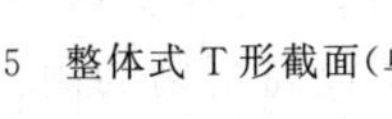

(a)单主梁 T 形截面

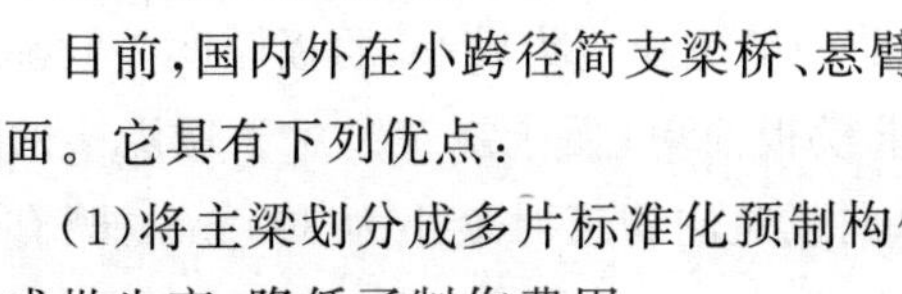

(b)双主梁 T 形截面

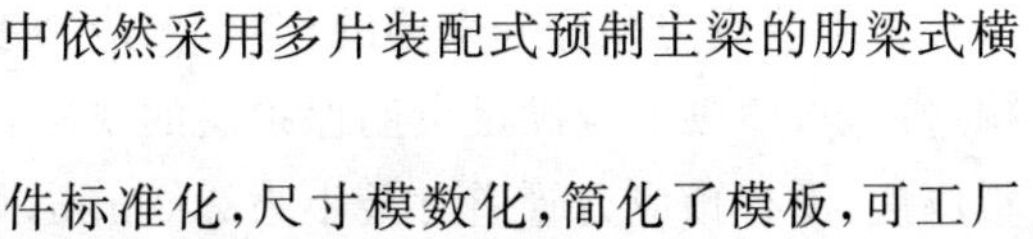

(c)多主梁 T 形截面

图 2-1-15　整体式 T 形截面（单位：m）

2. 装配式横截面形式

目前，国内外在小跨径简支梁桥、悬臂梁桥中依然采用多片装配式预制主梁的肋梁式横截面。它具有下列优点：

(1)将主梁划分成多片标准化预制构件，构件标准化，尺寸模数化，简化了模板，可工厂化成批生产，降低了制作费用。

(2)主梁采用工厂或现场预制,可提高重量,减薄主梁尺寸,从而减轻整个桥梁自重。

(3)桥梁上部预制构件与下部墩台基础可平行作业,缩短了桥梁施工工期,节省了大量支架,降低桥的造价。

(4)构件容易修复或更换。

对一定的跨径或桥宽的桥梁而言,采用何种预制主梁截面,主梁间距选多大,应从材料用量的经济性、预制工作量的多少,单片主梁的吊装重量等各方面去综合考量。显然,主梁间距小,主梁片数就多,预制工作量亦增多,而主梁吊装重量轻;反之主梁间距大,主梁片数就少,预制工作量也少,而主梁吊装重量要增大。除此之外,也有采用主梁部分预制、桥面板部分现浇的组合截面。

图 2-1-16 给出了装配肋梁式横截面的几种基本类型。图 2-1-16(a)所示预制主梁为Ⅱ形截面,横向通过穿过腹板的螺栓连接,形成密排式多主梁横截面。Ⅱ形主梁的特点是截面形状稳定,横向抗弯刚度大,构件运输、安装和堆放方便。但这种构件梁肋被分成两片薄的腹板,不便于设置钢筋骨架,构件制作复杂,且横向联系较弱,因此Ⅱ形简支梁一般只用于 6～12 m 的小跨径桥梁。

图 2-1-16(b)、图 2-1-16(c)所示是我国采用较多的装配肋梁式横截面形式,预制主梁为 T 形截面。T 形梁的特点是制作简单,制作方便,肋内便于配置刚劲的钢筋骨架,主梁之间可借助间距为 4～6 m 的横隔梁来连接,整体性好。对于预应力混凝土 T 形梁,可在肋底部做成马蹄形[图 2-1-16(d)、图 2-1-16(e)]以满足承受压应力和布置预应力钢筋的需要。

图 2-1-16(f)、图 2-1-16(g)所示是国内采用的装配组合梁肋式横截面,预制主梁为 I 形或开口槽型,它的特点是在 I 形梁或开口槽型梁上搁置轻巧的预制微弯板或实心板构件,通过现浇桥面板混凝土形成整体,简化了现浇混凝土的施工工序。

装配肋梁式横截面也可以采用箱形截面,可以如图 2-1-16(h)所示整箱预制,亦可以先预制箱形截面腹板及底板部分,顶板采用后浇成型模式,如图 2-1-16(i)所示。

对跨径较大的预应力混凝土简支梁,适当加大翼缘宽度,增大梁的间距,有利于提高截面的效率指标 ρ,使截面布置更经济合理,节省预应力筋的配筋量。如国内某些预应力混凝 T 形梁桥采用了主梁间距为 2.4 m 的宽翼缘布置,中间现浇段长度取为 0.6 m。

3. 主梁细部尺寸

(1)主梁肋厚(腹板厚度)

主梁梁肋的厚度在满足主拉应力强度和抗剪强度的要求前提下一般都做得较薄,以减轻构件的重量,但是还要注意满足梁肋的侧向屈曲稳定和浇筑混凝土的施工要求。以往常用的装配式钢筋混凝土简支梁梁肋厚度为 150～180 mm,其上、下限的取值取决于主钢筋的直径和钢筋骨架的片数。目前,为了提高结构的耐久性,应适当增大保护层的厚度,梁肋厚度已增至 160～240 mm。

由于预应力和弯起束筋的作用,预应力混凝土肋中的主拉应力较小,肋板厚度一般都由构造决定,原则上应满足束筋保护层的要求,并力求模板简单,便于浇筑。对于现浇梁的腹板厚度,没有预应力管道时最小为 200 mm,仅有纵向或竖向管道时最小为 300 mm,既有纵向又有竖向管道时需设为 380 mm 以上。对于高度超过 2 400 mm 的梁,这些尺寸尚应增

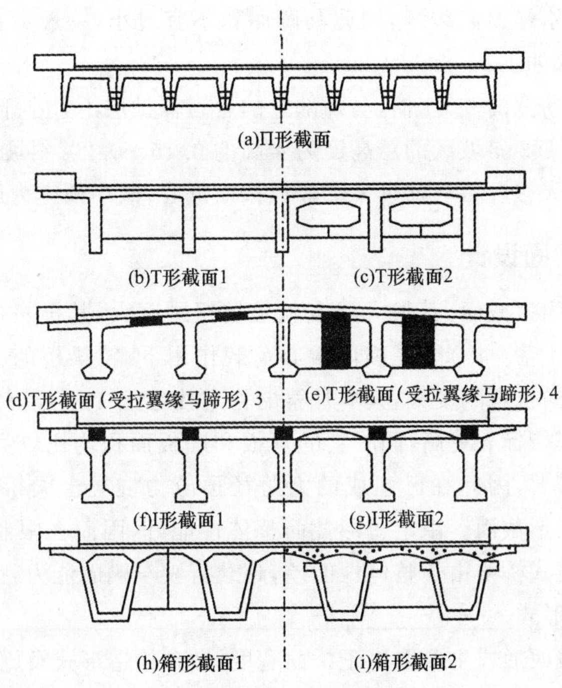

图 2-1-16　装配肋梁式横截面基本类型

大，以减少混凝土浇筑的困难。装配式梁的腹板厚度可适当减小，但不能小于 160 mm，如为先张法结构，最低值可达 125 mm。在接近梁两端的区段内，为满足抗剪强度和预应力束筋布置锚具的需要，需将肋厚逐渐扩展加厚。

《公路钢筋混凝土及预应力混凝土桥涵设计规范》(JTG 3362—2018)中规定，T 形、I 形截面梁的腹板宽度不应小于 160 mm，其上、下承托之间的腹板高度，当腹板内设有竖向预应力钢筋时，不应大于腹板厚度的 20 倍；当腹板内不设竖向预应力钢筋时，不应大于腹板厚度的 15 倍；当腹板厚度有变化时，其过渡段长度不宜小于 12 倍腹板厚度差。

(2)上翼缘厚度

T 形梁翼板厚度主要取决于桥面板承受的车辆局部荷载要求。根据受力特点，翼缘板一般都做成变厚度的，即端部较薄至根部(与梁肋衔接处)加厚，并不小于主梁高度的 1/12。《公路钢筋混凝土及预应力混凝土桥涵设计规范》(JTG 3362—2018)中规定，预制 T 形截面梁或箱形截面梁翼缘悬臂端的厚度不应小于 100 mm，当预制 T 形截面之间采用横向整体现浇连接时，其悬臂端厚度不应小于 140 mm。对于 T 形和 I 形截面梁，在与腹板相连处的翼缘厚度不应小于梁高的 1/10。当该处设有承托时，翼缘厚度可计入承托加厚部分厚度。为使翼缘板和梁肋连接平顺，在截面转角处一般均应设置钝角式承托或圆角，以减小局部应力和便于脱模。

(3)下翼缘厚度

对于钢筋混凝土简支梁 T 形截面，其下缘一般与肋板等宽。对于预应力混凝土 T 形梁，为了满足布置预应力束筋及承受张拉阶段压应力的要求，其下缘应扩大做成马蹄形，马蹄的尺寸大小应满足预施应力各个阶段的受力要求。马蹄尺寸过小可能会导致施工和使用中马蹄斜坡部分形成水平纵向裂缝，因此马蹄面积不宜过小，一般应占截面总面积的10%～20%，具体尺寸建议如下：

①马蹄总宽度为肋宽的2～4倍，马蹄部分的管道保护层不宜小于60 mm。

②下翼缘高度加1/2斜坡区的总高度为梁高的0.15～0.20，斜坡宜陡于45°。

③下翼缘不宜过大、过高，马蹄过大会降低截面形心，减小预应力筋的偏心距。

四、混凝土箱形截面设计

箱形截面是一种闭口截面，其最大优点就是抗扭刚度大，其抗扭惯性矩约为相应T形梁截面的十几倍至几十倍。因此，在横向偏心荷载作用下，箱梁桥的受力要比T形梁均匀得多。箱形截面的横向抗弯刚度大，其单片梁的稳定性也比T形梁好得多。相较于T形截面，箱形梁的截面效率指标ρ更高，同时它的顶板和底板面积均比较大，能有效地承担正负弯矩，并满足配筋的需要，因此在已建成的大跨径预应力混凝土梁桥中，当跨度超过40 m后，其横截面大多为箱形截面。由于箱形截面整体性能好，因而在限制车道数通过车辆时，可以超载通行，而装配式桥梁由于整体性能差，超载行驶车辆的能力就很有限。

1. 箱形截面基本形式

一般地讲，箱形截面形式主要取决于桥面宽度、墩台构造形式及施工方法。常见的箱形截面有单箱单室、单箱多室、多箱单室、多箱多室等(图2-1-17)。

从箱形截面的受力状态分析可知：单箱单室截面受力明确，施工方便，节省材料用量。当桥面宽度不大时适宜采用单箱单室截面。

对单箱单室和单箱双室[图2-1-17(a)、图2-1-17(b)]进一步分析可知，采用不同的截面形式，对截面底板和腹板的尺寸影响不大，但对顶板厚度的影响是非常显著的。用框架分析计算表明，双室式顶板的正、负弯矩一般比单室式顶板分别减小70%和50%。双室式施工比较困难，腹板自重弯矩所占恒载弯矩比例增大，影响了双室式截面的应用。对双箱单室截面[图2-1-17(c)]与双箱双室截面[图2-1-17(e)]进行经济比较的结果表明：前者要比后者减轻重量13%左右。在施工方面，多室箱梁比单室箱梁也更复杂。因此，在宽桥设计中工程师一般更愿意采用分离的两个单箱单室。当桥面较宽时，则采用双箱单室截面[图2-1-17(c)]、多箱单室截面[图2-1-17(f)]比单箱多室截面[图2-1-17(d)]要经济，且自重也要轻一些。在悬臂施工时，前者可采用分箱施工，可以减轻施工荷载，降低了施工费用。当桥面宽度超过18 m时，高速公路桥梁上须设置中央分隔带，此时采用分离式箱形截面[图2-1-17(g)、图2-1-17(h)]，更有利于分期施工，减小了活载偏心，使箱的受力更为有利。

箱形截面梁的外形可以是矩形、梯形或曲线形。梯形截面[图2-1-17(g)、图2-1-17(h)]造型美观，且可以减小底板宽度，既减小了梁正弯矩区段混凝土用量，又可以减小墩台尺寸，常用于高墩桥梁。为方便斜腹板中预应力束的布置，除特殊情况外，斜率一般不超过tan 30°，变截面箱梁斜率控制在1:5～1:4，不至于支点处底板宽度过于狭窄。梯形截面也有许多不足之处，对变截面箱梁，为保证斜腹板是一个平面，随梁高增大，底板宽度减小，对布置在底板中的预应力束的锚固和弯起较为复杂；支点截面因底板过窄，为满足受压面积的需要而增厚过多。此外，截面形心较之矩形截面偏高，减小了顶板预应力筋的力臂，这些情况对承受负弯矩都是不利的。故对承受负弯矩为主的T形刚构桥和连续刚构桥很少采用斜腹板箱形截面。我国修建的悬臂体系预应力混凝土桥，多数是带挂梁的，为预制安装方便，挂梁基本上采用 T 形截面，为使侧面外观上衔接平顺，悬臂部分都做成矩形箱梁。鉴于上述原因，梯形截面箱梁较多用于等高度连续梁桥。

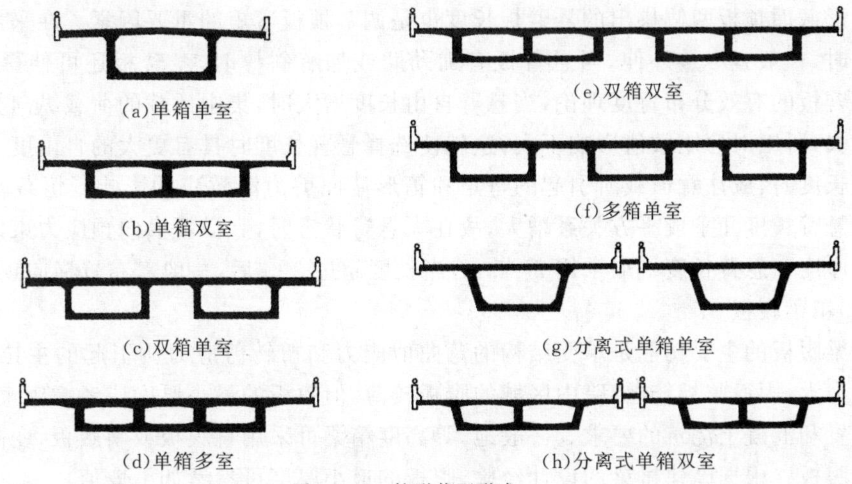

图 2-1-17　箱形截面形式

采用大悬臂斜腹板的箱形截面也是发展的一个趋势。箱形闭合截面具有很大的扭转刚度，为了减少桥墩材料用量，箱梁底部宽度可以减小，这在高桥墩中效果更显著。由于梯形截面的截面形心偏上，力臂减小，对承受负弯矩不利，应注意适当加厚底板来满足受压面积的需要。实际上，工程师在设计箱形截面时还要考虑到其他各种因素，例如：在城市高架桥中，如果建筑高度受到严格限制，又要求外形美观，可以选择扁平型的箱形截面布置形式。

2. 箱形截面细部尺寸

箱形截面由底板、顶板、腹板等几部分组成，它细部尺寸的拟定既要满足箱梁纵、横向的受力要求，又要满足结构构造及施工上的需要。如果布置不当，将会增大结构的自重及材料用量。下面给出横截面细部尺寸拟定的一些原则。

(1)箱梁底板

对于箱形梁跨中底板厚度，悬臂梁、T 形刚构因接近悬臂端的截面承受的负弯矩较小，因此底板厚度主要由构造要求决定，对 T 形刚构悬臂端，箱梁底板厚度一般为 160～180 mm；连续梁跨中区段，截面主要承受的是正弯矩，对预应力混凝土连续梁，底板中需配一定数量的预应力束与普通钢筋，底板厚度一般在 200～250 mm。

无预应力束筋的箱梁底板厚度尽可能满足 $l_1/30$(l_1 为箱梁底部内壁净距)，但不小于 120 mm。如箱梁底板上有预应力束筋管孔，其最小厚度应为 $3.3D$(D 为管孔内径)，并要加强辅助钢筋。如管孔过密，在管孔间应设置吊筋。

在 T 形刚构和连续梁墩顶附近截面，随着负弯矩的增大，底板厚度也逐步增大，以适应受压的要求。箱梁根部底板除了符合运营阶段的受压要求外，还应让截面中性轴降低，提高截面承受负弯矩的承载能力。因此，箱梁根部底板厚度一般为墩顶梁高的 1/12～1/10。

(2)箱梁顶板

箱形截面顶板厚度的确定除了满足桥面板横向弯矩的要求外，还要满足布置纵向预应力钢束的要求。对普通钢筋混凝土桥面板，其顶板厚度可参照表 2-1-1。

表 2-1-1　　　　顶板参考尺寸

腹板间距/m	3.5	5.0	7.0
顶板厚度/mm	180	200	280

箱形截面顶板两侧挑出的悬臂板长度也是调节顶板弯矩的重要因素。在采用横向预应力束筋时，一般宜尽量外伸，当悬臂板有加劲肋或加有斜撑时，悬臂板还可伸得更长一些。依据悬臂板的有效分布宽度理论，当悬臂自由长度增大时，集中活载的荷载纵向分布宽度也随着增大，所以对弯矩数值影响不大，这就使选择悬臂长度时具有更大的自由度。但在确定悬臂板长度时，应注意恒载所引起的弯矩和箱形截面剪力滞效应的影响。恒载及人群荷载弯矩随悬臂长度几乎成平方关系增大，故在大悬臂状态时，宜设置横向预应力束以减薄悬臂根部的厚度。悬臂长度一般采用 2～5 m，当长度超过 3 m 后，一般需布置横向预应力束筋。

(3)箱梁腹板

箱梁腹板的主要功能是承受结构的弯曲剪应力和扭转剪应力所引起的主拉应力，墩顶区域剪力大，因而腹板较厚，跨中区域的腹板较薄，但腹板的最小厚度应考虑钢束管道布置、钢筋布置和混凝土浇筑的要求。一般地，等高度箱梁可采用直腹板或斜腹板，变高度箱梁宜采用直腹板。根据已建桥梁的设计经验，腹板的最小厚度可参考如下取值：

①当腹板内无预应力束筋管道布置时为 200 mm。

②当腹板内有预应力束筋管道布置时为 300 mm。

③当腹板内有预应力束筋锚固头时为 380 mm。

当腹板高度大于 2.4 m 时，以上尺寸应予增大以降低混凝土浇筑的难度。

由于扭矩产生的外侧腹板剪应力大于中间腹板，一般外侧腹板设计得比中间腹板厚一些，以提高截面的效率。在预应力箱梁中，因为弯束对荷载剪力起抵消作用，所以剪应力和主拉应力比普通钢筋混凝土梁要小，故同样荷载条件下，如不考虑构造需要，其腹板比普通钢筋混凝土梁更薄一些。

大跨径预应力混凝土箱梁中，由跨中到支点剪力逐步增大，故腹板厚度一般也是变化的。根据国内外已建桥梁统计资料，对于墩顶截面高度为跨中截面高度 2 倍的变高度梁来讲，当跨径小于 70 m 时，腹板厚度基本不变；当跨径超过 200 m 时，厚度有时要相差 3 倍以上。

此外，《公路钢筋混凝土及预应力混凝土桥涵设计规范》(JTG 3362—2018)对箱形截面腹板尺寸的选择也有明确规定：箱形截面的腹板宽度不应小于 160 mm；其上、下承托之间的腹板高度，当腹板内设竖向预应力钢筋时，不应大于腹板宽度的 20 倍，当腹板内不设竖向预应力钢筋时，不应大于腹板宽度的 15 倍。当腹板宽度有变化时，其过渡段长度不宜小于 12 倍腹板宽度差。

(4)梗腋(承托)

在顶板与腹板交接处设置梗腋很有必要。梗腋一方面提高了截面的抗扭刚度和抗弯刚度，减少了扭转剪应力和畸变应力，另一方面便于脱模施工。当顶板与腹板节点的刚度加大后，可以吸收负弯矩，从而减小了桥面板的跨中正弯矩。此外，梗腋使应力线过渡比较平缓，减小了应力集中。从构造上考虑，利用梗腋所提供的空间来布置纵向预应力筋和横向预应力筋，可减薄底板和顶板的厚度。一般箱梁的上梗腋多采用如图 2-1-18(a)所示形式，腋的竖向高度不小于顶板厚度，当箱梁截面宽度较小时，也采用图 2-1-18(b)或图 2-1-18(c)所示形式。图 2-1-18(d)和图 2-1-18(e)所示形式常用于斜腹板与顶板之间的梗腋。对底板与腹板之间的下梗腋，常采用图 2-1-18(f)、图 2-1-18(g)、图 2-1-18(h)所示形式。

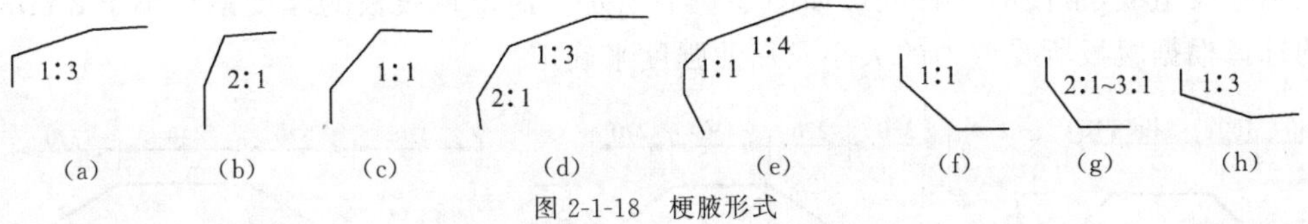

图 2-1-18　梗腋形式

五、波形钢腹板混凝土组合截面设计

1. 截面形式

波形钢腹板组合梁桥是利用波形钢腹板代替普通混凝土腹板组成的一种新型组合结构梁桥，如图 2-1-19 所示。波形腹板混凝土组合截面由混凝土顶/底板、波形腹板、横隔板等组成。这种新型结构能充分发挥各种材料性能：顶/底板混凝土抗弯、波形钢腹板抗剪，结构受力更加合理；腹板采用波形钢腹板，有效解决了传统箱梁桥腹板开裂这一常见病害，提高了腹板抗剪性能和结构耐久性。相较于传统的混凝土箱梁桥有如下几大优势：节约施工材料，减轻箱梁上部结构自重，降低工程成本，提高施工效率，加速工程施工进度。

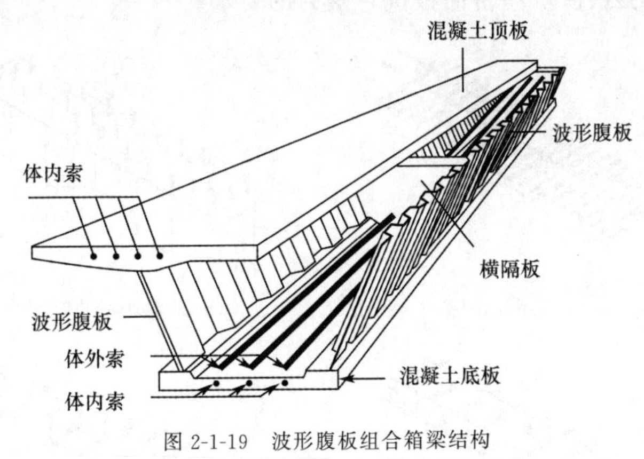

图 2-1-19　波形腹板组合箱梁结构

2. 细部构造

(1)截面

波形钢腹板预应力混凝土箱梁的截面总体尺寸与设置要求同预应力混凝土箱梁。波形钢腹板预应力混凝土箱梁梁高宜取同等跨径预应力混凝土箱梁梁高的上限。

截面顶板、底板的板厚应根据纵向和横向预应力布置情况及结构受力要求来确定。顶板厚度不宜小于 250 mm，底板厚度不宜小于 220 mm。悬臂板端部厚度按满足横向预应力钢筋和防撞护栏钢筋锚固尺寸要求取值，不宜小于 180 mm。悬臂板长度(腹板中心至悬臂板端部的长度)不宜超过腹板中心间距的 45%。根据顶底板与波形钢腹板连接形式的不同，在顶底板与腹板连接处宜采用梗腋构造。

(2)波形钢腹板

波形钢腹板桥梁的优越在于可以在工厂预制，实现工业化生产，施工质量稳定。工厂生产波纹钢腹板的程序是：经过平直板轧制、烘烤、焊接加工成型，然后运抵施工现场后再进行对接。波形钢腹板形状的选择要兼顾安全、适用、经济可行等因素，波纹形状有四大类：梯形、凸凹形、三角形、波浪形。目前,应用最广泛的是梯形波纹钢腹板,一般由斜板段、直板段以及圆弧段组成,常用的三种波形如图 2-1-20 所示。波形钢腹板的厚度不宜小于 8 mm,板厚的选择根据腹板所受剪力的大小及屈曲强度来确定。

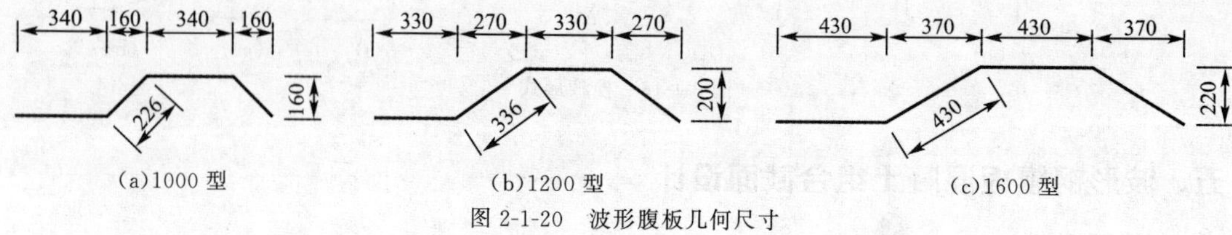

图 2-1-20 波形腹板几何尺寸

(3)连接件

波形钢腹板与混凝土顶、底板连接件形式的选取应考虑构造的合理性、施工可行性、耐久性等因素,目前常用的有波形钢腹板上缘焊接钢板的翼缘型连接形式、波形钢腹板上开孔并焊接结合筋的嵌入型连接形式(图 2-1-21)。其中,翼缘型连接件有焊钉连接件、开孔板连接件等形式。波形钢腹板与混凝土桥面顶板的连接,宜采用翼缘型连接件;当钢与混凝土间作用剪力方向不明确或作用有较大的掀起力时,宜布置焊钉连接件。连接件的设计应同时满足纵桥向的抗剪受力、横桥向桥面板抗弯受力的要求。

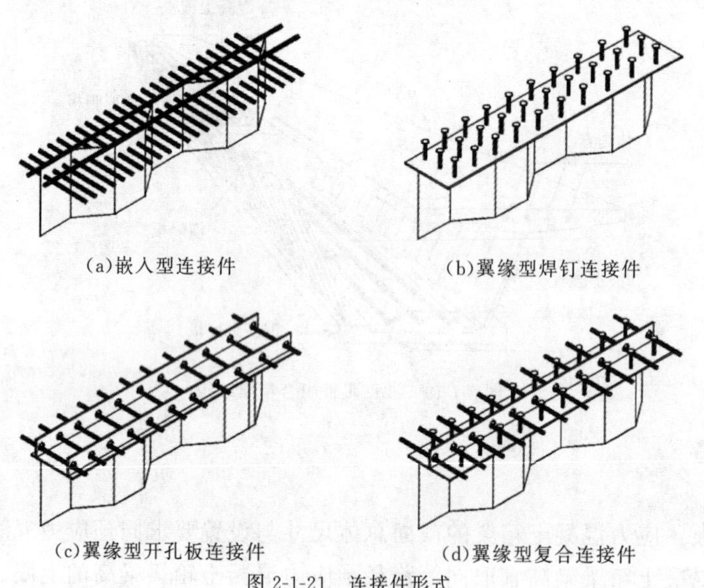

图 2-1-21 连接件形式

(4)横隔板

为保证波形钢腹板预应力混凝土箱梁的抗扭刚度,应以合适的间距设置横隔板。横隔板的间距除根据受力要求进行设置处,还应考虑体外预应力钢筋布置情况。除在主梁两端设置端横梁外,宜在跨内设置不少于 2 个横隔板,跨内横隔板的间距一般为 10～20 m,曲线桥可适当加密。如图 2-1-22 所示,折线形梁在底板折角处应设置横隔板,当横隔板兼做体外预应力钢筋的锚固或转向装置时,应对其进行验算。

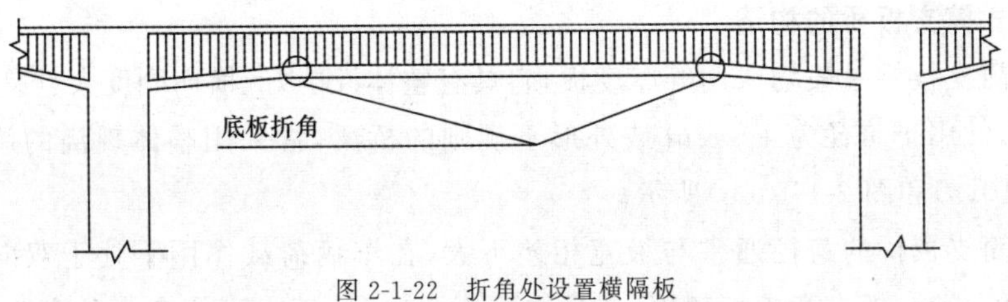

图 2-1-22 折角处设置横隔板

第三节 简支体系梁桥的构造

简支体系梁桥包括简支板桥和简支梁桥。

一、简支板桥

板桥是小跨径桥梁最常用的桥型之一,由于它在建成后外形上像一块薄板,故习惯称之为板桥。板桥一般具有以下优点:

(1)建筑高度小,适用于桥下净空受限制的桥梁。与其他类型的桥梁相比,可以降低桥头引道路堤高度和缩短引道长度。

(2)外形简单、制作方便,既便于现场整体浇筑,又便于进行工厂化成批生产。

(3)做成装配式板桥的预制构件时,重量不大,架设方便。

板桥的主要缺点是跨径不宜过大。跨径超过一定限值时,截面显著加高,从而导致自重过大,截面材料使用上不经济;此外,装配式板桥是通过铰缝传递横向荷载,整体性差。

板桥分为整体式板桥和装配式板桥,装配式板桥按截面形式来分又有实心板和空心板两种。

1. 简支板桥跨径布置

对于钢筋混凝土简支板桥,跨径一般不大于 10 m,板厚一般为跨径的 1/16～1/12。对于预应力混凝土装配式板桥,跨径一般不大于 20 m,板厚一般为跨径的 1/22～1/16。装配式板桥的立面布置尺寸可参见表 2-1-2。

表 2-1-2 装配式板桥梁高与跨径比值

结构类型	截面形式	l/m	h/m
钢筋混凝土	实心	<8	0.16～0.36
	空心	6～13	0.4～0.8
预应力混凝土	实心	—	—
	空心	8～20	0.4～0.85

为便于设计,我国公路桥梁设计中常采用标准跨径设计。钢筋混凝土简支板桥的标准跨径一般采用 8 m、10 m、13 m、16 m,可采用装配式或整体式空心板,板厚度分别为 45 cm、55 cm、70 cm 和 85 cm。装配式预应力混凝土简支板桥的标准跨径为 10 m、13 m、16 m、20 m,一般采用装配式空心板,板厚度分别为 60 cm、70 cm、80 cm 和 95 cm。

2. 整体式简支板桥的构造

整体式简支板桥一般均采用等厚度板，它具有整体性能好、横向刚度大且易于浇筑各种形状的优点，常用于跨径为 4～8 m 或外形不规则的桥梁，常采用整体现浇的施工方法，断面如图 2-1-10(a)和图 2-1-10(b)所示。

整体式简支板桥的跨径通常与板宽相差不大，在车辆荷载作用下处于双向受力状态。荷载位于桥中线时，板内产生正弯矩，荷载位于板两边时，板内可能产生负弯矩。针对这些受力特点，除了配置纵向受力钢筋，板内还设置垂直于主钢筋的横向分布钢筋，在板的顶部配置适当的横向钢筋。在板中间的 2/3 范围内按计算需要量进行配筋，在两侧各 1/6 的范围内应比中间的计算需要量增加 15%。纵向受力主筋直径应大于 10 mm，间距不大于 20 cm；横向分布钢筋直径宜大于 8 mm，间距不大于 20 cm。在整体式板的主拉应力下，按计算不需要设置弯起钢筋，但习惯上仍然将一部分主钢筋弯起。通过支点的不弯起钢筋，每米板宽内不少于 3 根，截面积不小于主筋的 1/4，弯起钢筋的弯起角度为 30°或 45°，弯起的位置为 1/6－1/4 跨径处。

图 2-1-23 所示为标准跨径为 6 m 的钢筋混凝土整体式简支板桥构造，行车道宽为 8.5 m，两边设 0.25 m 的安全带，计算跨径为 5.69 m，净跨径为 5.40 m，板厚为 32 m。板采用 C30 混凝土，所配置的纵向主钢筋为直径 20 mm 的 HRB335 钢筋，分布钢筋采用直径 10 mm 的 HPB300 钢筋。

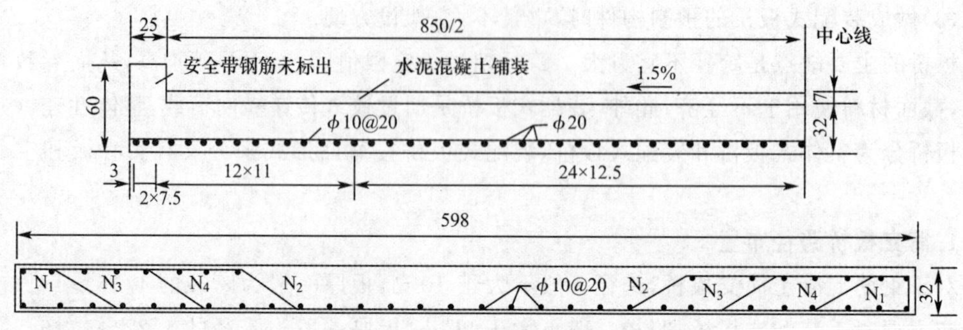

图 2-1-23　钢筋混凝土整体式简支板构造图(尺寸单位：cm)

3. 装配式简支板桥的构造

(1)实心板桥

实心板桥的特点是形状简单，施工方便，建筑高度小，施工质量易于保证。实心板桥的跨径通常不大于 8 m，一般跨度为 1.5～8 m，板高为 0.16～0.36 m。

图 2-1-24 为某跨径 6 m 的装配式矩形板桥构造图，桥面净宽为 7 m，全桥由 6 块宽度为 99 cm 的中部块件和 2 块宽度为 74 cm 的边部块件组成。预制板采用 C30 混凝土，纵向受力主筋采用直径 20 mm 的 HRB335 钢筋，其余如箍筋、横向分布筋、架立筋等采用 6～8 mm 的 HPB300 钢筋。预制板安装就位后，企口缝内填筑细石混凝土，并浇筑厚 6 cm 的混凝土铺装层使之连成整体。

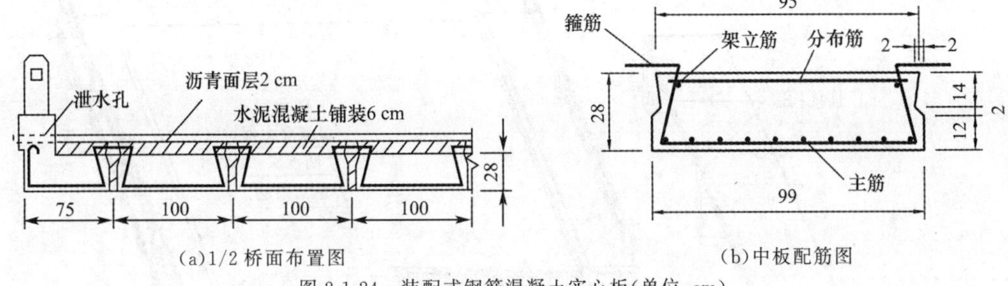

(a)1/2 桥面布置图　　(b)中板配筋图

图 2-1-24　装配式钢筋混凝土实心板(单位:cm)

(2)空心板桥

当跨径增大时,宜采用空心板桥,它不仅能减轻自重,而且能充分利用材料,断面如图 2-1-10(d)所示。钢筋混凝土空心板桥的跨径通常为 6～13 m,板厚为 40～80 cm;预应力混凝土空心板桥的跨径通常为 8～20 m,板厚 40～70 cm。预制空心板桥的开孔形式如图 2-1-11 所示。

图 2-1-25 为标准跨径 13 m 的装配式钢筋混凝土空心板的断面尺寸及配筋图,预制空心板全长 12.96 m,板宽为 99 cm,板厚 60 cm,横截面采用双孔。预制板采用 C30 混凝土,板内配有底部纵向受力主筋(直径 20 mm)、顶部纵向分布筋(直径 8 mm)、箍筋(直径 10 mm),箍筋在端部应加密布置。

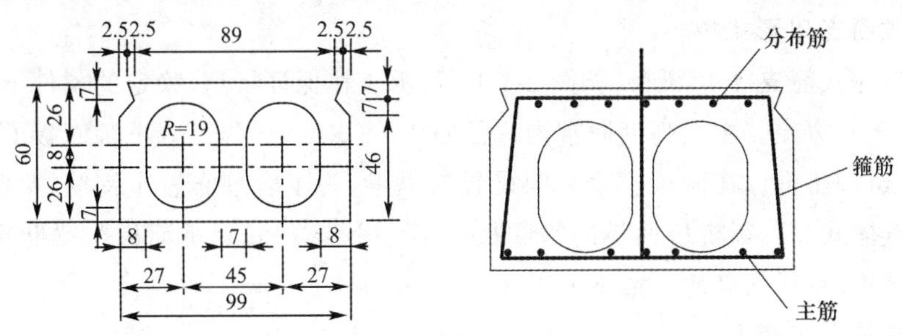

图 2-1-25　装配式钢筋混凝土空心板构造(单位:cm)

二、简支梁桥

简支肋梁桥因其受力明确,充分利用混凝土抗压和钢筋抗拉的特征,施工也方便,是中小跨径桥梁中应用最广泛的桥型。简支肋梁桥的上部构造一般由梁肋、横隔梁(板)、桥面板、桥面构造等部分组成。主梁(包括梁肋和桥面板)是桥梁的主要承重结构;横隔梁用于保证各根主梁相互结成整体,以提高桥梁的整体刚度;主梁的上翼缘构成桥面板,组成行车(人)路面,承受车辆(人群)荷载。

简支肋梁桥常用的截面形式有 T 形和 I 形(也称工字形),这类桥梁可采用整体现浇和预制装配两种不同的方式进行施工。目前,国内外所采用的钢筋混凝土和预应力混凝土简支梁,绝大部分均采用装配式结构,而整体浇筑的简支梁,由于费工、费时、费料,只在少数如异形变宽截面等场合下采用。装配式 T 梁是国内简支梁桥最常用的一种结构形式,其优点是制造简单、整体性好、接头也方便,其总体构造如图 2-1-26 所示。

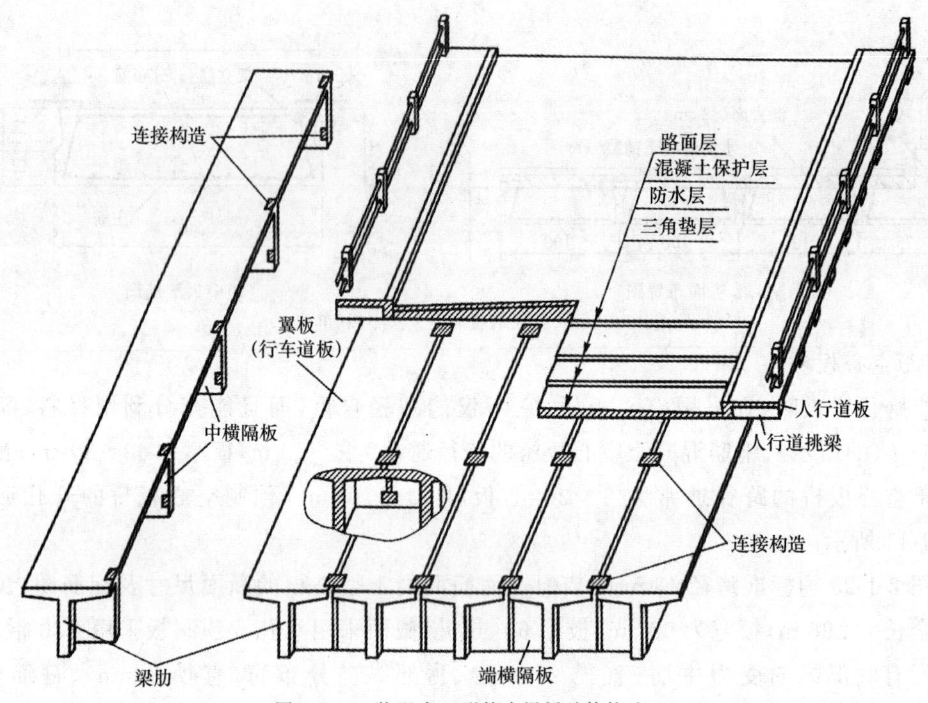

图 2-1-26 装配式 T 形简支梁桥总体构造

1. 整体式简支 T 形梁桥

常用的整体式简支 T 形梁桥，如图 2-1-14 所示。在保证抗剪、稳定的条件下，过渡段长度不小于 12 倍肋宽差。主梁高度通常为跨径的 1/16～1/8。为了减小桥面板的跨径(一般限制在 2～3 m)，还可以在两根主梁之间设置次纵梁，为了合理布置主钢筋，梁肋底部可做成马蹄形。整体式简支梁桥桥面板的跨中板厚不应小于 10 cm，桥面板与梁肋衔接处一般都设置承托结构，承托长高比一般不大于 3。

2. 装配式简支 T 形梁桥

对于装配式钢筋混凝土简支 T 形梁，其适用跨径为 8～20 m，各片主梁间距一般为 1.5～2.2 m，梁高与跨径的比值在 1/18～1/11 范围内。对于装配式预应力混凝土简支 T 形梁，其适用跨径为 20～50 m，各片主梁间距一般为 1.8～2.5 m，梁高与跨径的比值在 1/25～1/14 范围内，随跨径的增大，梁高设计取较小比值。目前，T 梁一般采用部分预制、部分现浇的形式施工，比如当主梁间距为 2.2 m 时，中间梁的预制宽度为 1.6 m，主梁之间预留宽度为 60 cm 的后浇湿接缝。

(1)钢筋混凝土 T 梁配筋

钢筋混凝土 T 梁内配置的钢筋包括肋板钢筋和翼缘板钢筋。

肋板钢筋主要包括纵向主筋、斜筋、箍筋、纵向分布筋和架立筋等几种。

简支梁承受正弯矩作用，故抵抗拉力的主筋设置在梁肋的下缘。主筋不宜在受拉区截断，如需截断时，应从按正截面抗弯承载力计算充分利用该钢筋强度的截面至少延伸(l_a+h_0)长度(l_a 为受拉钢筋最小锚固长度，h_0 为梁截面有效高度)；同时应考虑从正截面抗弯承载力计算不需要该钢筋的截面至少延伸 $20d$(d 为钢筋公称直径)。为保证主筋在梁端有足够的锚固长度和加强支承部位的强度，至少应设 2 根且不少于 20%的主钢筋伸过支承截面。两外侧钢筋，应延伸出端支点以外，并弯成直角，顺梁高延伸至顶部，与顶层纵向架立钢筋相连。两侧之间的其他未弯起钢筋，伸出支点截面以外的长度不应小于 $10d$。

斜筋的作用是增强梁体的抗剪强度，可以利用主筋弯起形成，也可根据计算需要设置专门焊于主筋和架立筋上的斜筋。斜钢筋与梁的轴线一般布置成 45°。主筋的弯起点应设在按正截面抗弯承载力计算充分利用该钢筋强度的截面以外不小于 $h_0/2$ 处；弯起钢筋可在按正截面受弯承载力计算不需要该钢筋截面面积之前弯起，但弯起钢筋与梁中心线的交点应位于按计算不需要该钢筋的截面之外。弯起钢筋的末端应留有锚固长度：受拉区不应小于 $20d$，受压区不应小于 $10d$。

箍筋的主要作用也是增强主梁的抗剪强度。钢筋混凝土梁应设置直径不小于 8 mm 且不小于 1/4 主筋直径的箍筋，其最小配筋百分率规定：对于 HPB300 钢筋不应小于 0.14%；对于 HRB400 钢筋不应小于 0.11%。

为了防止梁肋侧面因混凝土收缩等原因而导致的裂缝，肋板两侧应设置直径为 6～8 mm 的纵向分布筋。腹板内钢筋截面面积宜为(0.001～0.002)bh(b 为腹板宽度，h 为梁的高度)。钢筋间距在受拉区不应大于肋板宽度，且不应大于 20 cm；在受压区不应大于 30 cm。在支点附近剪力较大区段和预应力混凝土梁锚固区段，分布筋截面面积应予以增加，间距宜为 10～15 cm。

架立筋布置在梁肋的上缘，主要起固定箍筋和斜筋并使梁内全部钢筋形成立体或平面骨架的作用。

钢筋混凝土梁采用多层焊接钢筋时，多层焊接钢筋应采用侧面焊缝，以形成骨架，焊接骨架的钢筋层数不应多于 6 层，单根钢筋直径不应大于 32 mm。侧面焊缝设在弯起的弯折点处，并在中间直线部分适当设置短焊缝，斜钢筋与主筋之间的焊接宜用双面焊缝，其长度应为 5 倍钢筋直径，主筋之间的短焊缝应为 2.5 倍钢筋直径；当必须采用单面焊缝时，其长度应加倍。

为了防止钢筋受到大气影响而锈蚀，并保证钢筋与混凝土之间的粘着力充分发挥作用，钢筋混凝土边缘需要设置保护层。若保护层厚度太小，就不能起到以上作用；太大则混凝土表层因距离钢筋太远容易破坏，且减小了钢筋混凝土截面的有效高度，受力情况也不好。

从简支 T 梁的纵向受力来看，在主梁承受正弯矩情况下，其翼缘板受压，无需配置纵向受力钢筋，只需配置一定数量的分布筋即可。从 T 梁横向受力来看，翼缘板直接承受车轮荷载，翼缘板受较大横向弯矩，需要配置横向受力钢筋。当 T 梁翼缘板采用全预制时，翼缘板之间采用铰接连接形式，翼缘板仅受负弯矩，需要根据计算在顶面配置横向受力钢筋，底面则仅需配置分布钢筋即可。而当 T 翼缘板采用部分预制，并利用湿接缝连接时，翼缘板在肋板附近受负弯矩，在跨中部位受正弯矩，因而需要根据计算在顶、底面配置横向受力钢筋，如图 2-1-27 所示。在翼缘板之间的湿接缝处，板端一般预留出环形钢筋，以便于采用环扣式连接。翼缘板内横向受力钢筋的直径不小于 10 mm，钢筋间距不大于 20 cm。分布筋的直径不小于 8 mm，间距不大于 20 cm。在有横隔梁的部位应增加分布筋的截面面积，以承受集中轮载作用下的局部负弯矩。

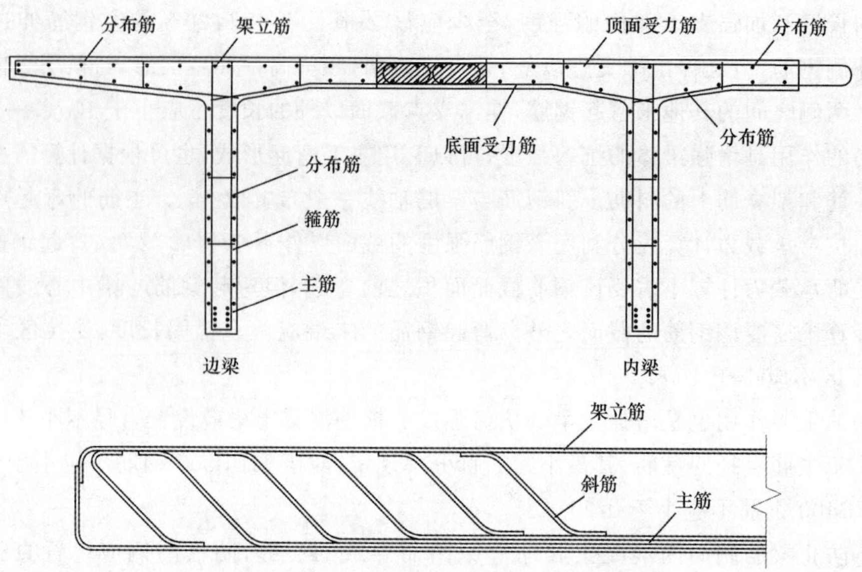

图 2-1-27 钢筋混凝土简支 T 梁肋板钢筋布置

(2)预应力混凝土 T 梁配筋

预应力混凝土 T 梁内配置的钢筋包括预应力筋、肋板普通钢筋、翼缘板钢筋。

桥梁的预应力筋布置形式与桥梁结构体系、受力情况、构造形式、施工方法等都有密切关系。图 2-1-28 给出了三种预应力混凝土简支 T 梁的预应力筋布置形式,其共同特点是预应力筋在跨中均靠近梁的下缘布置,以对混凝土施加压力来抵消荷载引起的拉应力。

图 2-1-28(a)所示的全部预应力筋均采用直线形布置,并锚固于梁端。这种布筋方式的优点是构造简单,缺点是预应力筋在支点附近产生较大的负弯矩,会使梁顶产生过高的拉应力,甚至导致梁顶严重开裂。另外,全部预应力筋集中锚固于梁端下部,会造成该处应力集中,受力不好。

对于跨度较大的 T 梁,当采用直线形预应力筋时,为了减小梁端附近的负弯矩并节省钢材,可像普通钢筋混凝土梁一样将部分预应力筋在梁的中间截面处截断,并将预应力筋在横隔梁处平缓地弯出梁体,进行张拉和锚固,如图 2-1-28(b)所示。这种布置的主要优点是预应力筋最省,张拉摩阻力也小,但预应力筋没有充分发挥抗剪作用,且梁体在锚固处的受力和构造也较复杂,施工难度大。

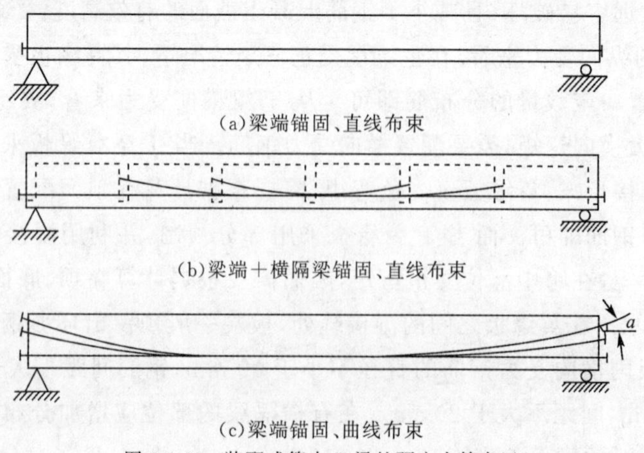

图 2-1-28 装配式简支 T 梁的预应力筋布置

目前,预应力混凝土简支梁桥上采用最多的预应力筋布置方式如图 2-1-28(c)所示,预应力筋在跨中附近布置于主梁下缘,靠近两端时逐步弯起,分散锚固于梁端。这种预应力筋布置方式不但可以避免上述两种布筋形式的缺点,而且弯起的预应力筋适应了主梁弯矩的变化,同时很好地发挥其抗剪作用。从梁体的立面上看,预应力筋一般在梁端三分点处或在第一道内横隔板附近起弯,同时考虑其在横截面内的位置及梁端的锚固位置,弯起角度不宜大于 20°。从梁体的横断面上看,预应力束筋在满足构造要求的同时,应尽量互相紧密靠拢,以减小下马蹄的尺寸,减小自重,并在保证梁底保护层厚度的前提下,重心尽量靠下,以提高效率,节约钢材。图 2-1-29 所示为某简支 T 梁的边梁在跨中位置处预应力筋布置的横断面。

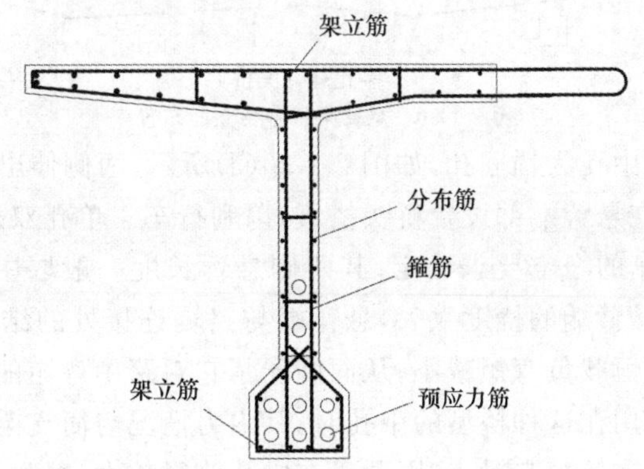

图 2-1-29 装配式简支 T 梁的预应力筋布置横断面(尺寸单位:mm)

预应力简支 T 梁的梁肋内配置的普通钢筋主要包括箍筋、纵向分布筋和架立筋,如图 2-1-29 所示,钢筋布置的具体要求与钢筋混凝土 T 梁类似。预应力简支 T 梁翼缘板的配筋与钢筋混凝土 T 梁相同。

第四节 悬臂体系梁桥的构造

一、悬臂梁桥

悬臂梁桥常用的几种立面布置如图 2-1-30 所示。图 2-1-30(a)、图 2-1-30(b)、图 2-1-30(c)分别为双悬臂梁桥、三跨布置的带挂梁的单悬臂梁桥、多孔悬臂梁桥(由单、双悬臂梁与挂梁组合而成)。其中单悬臂梁的构造体系是在简支梁一端伸出,其作用是支承一孔挂梁的体系;而双悬臂的构造体系是在简支梁两端伸出的,形成两个悬臂。

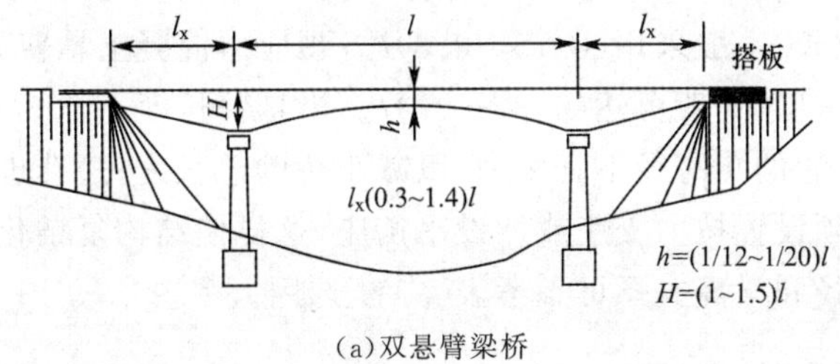

(a)双悬臂梁桥

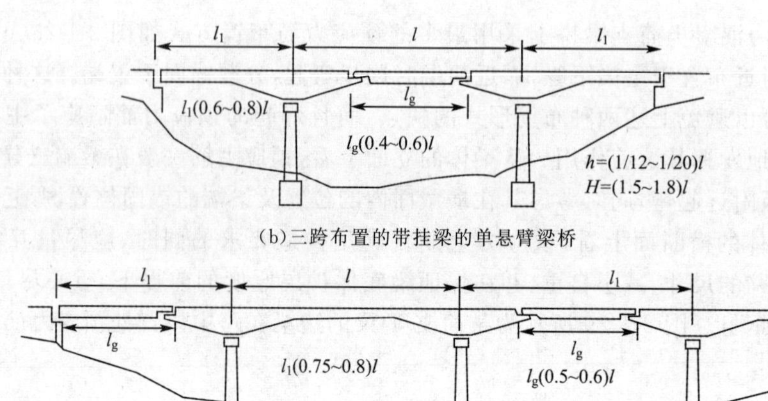

(b)三跨布置的带挂梁的单悬臂梁桥

(c)多孔悬臂梁桥

图 2-1-30 悬臂梁桥各种立面布置

单孔双悬臂梁桥的中孔为锚固孔，如图 2-1-30(a)所示，两侧伸出悬臂直接与路堤衔接，可以省去桥台，但需要在悬臂端部设置桥头搭板，以利行车。单孔双悬臂梁桥较多用于跨线桥，中孔长度由跨线行车的净空要求确定；其两侧悬臂长度一般取中孔的 30%～40%。若悬臂过长，活载作用下悬臂端的挠度太大，悬臂端与路堤连接处的结构易遭破坏，行车也不平稳；悬臂过短时，支点恒载负弯矩减小，从而削弱了它对跨中弯矩的卸载作用，其内力状况接近简支梁桥。活载作用在这种桥型的中孔时，其内力情况与简支梁没什么区别，只是跨中恒载弯矩因悬臂孔的存在较简支梁小，因此只在中孔跨径较大，恒载占的比例较大时才显得比简支梁桥经济。单孔双悬臂梁桥跨径与梁高关系见表 2-1-3。

表 2-1-3　　单孔双悬臂梁桥跨径与梁高比值

桥型	跨径	跨径与梁高关系		
钢筋混凝土双悬臂梁桥	$l_1=(0.3\sim0.4)l$	T 形截面	$h=\left(\frac{1}{12}-\frac{1}{20}\right)l$	$H=(1.0\sim1.5)h$
		箱形截面	$h=\left(\frac{1}{20}-\frac{1}{30}l\right)$	$H=(2.0\sim2.5)h$
预应力混凝土双悬臂梁桥	$l_1=(0.3\sim0.5)l$	T 形截面	$h=\left(\frac{1}{20}-\frac{1}{25}l\right)$	$H=(1.5\sim2.0)h$
		箱形截面	$h=\left(\frac{1}{20}-\frac{1}{35}l\right)$	$H=(2.0\sim2.5)h$

三跨带挂梁的单悬臂梁桥如图 2-1-30(b)所示。中孔为悬臂孔，它的跨径 l 由桥下净空要求决定，其中挂梁长度 l_g 一般为$(0.4\sim0.6)l$，最大长度由挂梁(简支梁)最大跨径及施工安装能力决定。对钢筋混凝土悬臂梁桥的悬臂长度，因承受负弯矩，在悬臂根部梁顶面受拉，故悬臂不宜做得过长，一般采用$(0.15\sim0.3)l$。预应力混凝土悬臂梁的悬臂长度可根据中孔跨径的要求更长一些，一般可达$(0.3\sim0.5)l$。当悬臂长度达 $0.5l$ 时，跨中采用剪力铰连接。边孔是锚固孔，它的孔跨径不宜太大，以减小桥的总长度；边孔也不能太小，否则因边支座出现负反力而必须设置拉力支座或加设平衡座，这样使结构复杂化，增加了造价。中跨有挂梁的单悬臂梁跨径和梁高关系可参考表 2-1-4 选用。

表 2-1-4 带挂梁的单悬臂梁桥跨径与梁高比值

桥型	跨径	跨径与梁高关系		
钢筋混凝土单悬臂梁桥	$l_1=(0.6\sim0.8)l$ $l_1=(0.4\sim0.6)l$	T 形截面	$h=\left(\frac{1}{12}\sim\frac{1}{20}\right)l$	$H=(1.5\sim1.8)h$
		箱形截面	$h=\left(\frac{1}{15}\sim\frac{1}{25}\right)l$	$H=(2.0\sim2.5)h$
预应力混凝土单悬臂梁桥	$l_1=(0.6\sim0.8)l$ $l_1=(0.2\sim0.4)l$	T 形截面	$h=\left(\frac{1}{20}\sim\frac{1}{25}\right)l$	$H=(1.5\sim2.0)h$
		箱形截面	$h=\left(\frac{1}{20}\sim\frac{1}{30}\right)l$	$H=(2.0\sim2.5)h$

当桥梁的长度较大，可以采用图 2-1-30(c)、图 2-1-30(d)方案布置悬臂梁体系。一般情况下，中孔都按等跨布置，两侧边孔跨径稍小。当钢筋混凝土多孔双悬臂梁桥为 T 形截面时，其挂梁长度为 $l_g=(0.5\sim0.6)l$，中间各孔的跨中梁高 h 为跨径的 1/20～1/12，在支点处梁高增大至$(1.5\sim2.5)h$。体系的有关尺寸可参考表 2-1-5 选用。

表 2-1-5 多跨双悬臂梁桥跨径与梁高比值

桥型	跨径	跨径与梁高的方向		
钢筋混凝土多跨双悬臂梁桥	$l_1=(0.75\sim0.8)l$ $l_g=(0.5\sim0.6)l$	T 形截面	$h=\left(\frac{1}{12}\sim\frac{1}{20}\right)l$	$H=(1.5\sim1.8)h$
		箱形截面	$h=\left(\frac{1}{20}\sim\frac{1}{30}\right)l$	$H=(2.0\sim2.5)h$
预应力混凝土多跨双悬臂梁桥	$l_1=(0.75\sim0.8)l$ $l_g=(0.5\sim0.7)l$	T 形截面	$h=\left(\frac{1}{20}\sim\frac{1}{25}\right)l$	$H=(2.0\sim2.5)h$
		箱形截面	$h=\left(\frac{1}{25}\sim\frac{1}{35}\right)l$	$H=(2.0\sim2.5)h$

二、T 形刚构

T 形刚构桥包括两种形式，即设剪力铰的 T 形刚构桥和带挂梁的 T 形刚构桥，如图 2-1-6 所示。带挂梁的 T 形刚构桥实际应用更多一些，适用的跨径范围也更宽，在 50～200 m 范围内。20 世纪 90 年代以后，主跨超过 100 m 的大跨径 T 形刚构桥逐渐被预应力混凝土连续梁桥和连续刚构桥所取代。这是由于连续梁与连续刚构的受力性能与整体刚度更好，结构构造也更简单，行车舒适性优于 T 形刚构。但中等跨径(主跨在 100 m 以下)的预应力 T 形刚构桥，应用也很广泛。

采用悬臂施工方法的预应力混凝土 T 形刚构，由于施工阶段的受力与结构使用状态下受力的一致性，常是经济的方案。

T 形刚构桥桥型分跨的选择和布置，除应注意一般桥型设计所遵循的共同原则外，对 T 形刚构桥尚应考虑以下几点：

(1)全桥的 T 形单元尺寸尽可能相同，以简化设计与施工。

(2)T 形刚构的布置应尽可能对称，以避免 T 形刚构的桥墩承受不平衡的恒载弯矩。

带挂梁的 T 形刚构桥中，适当增大挂梁长度可使悬臂长度相应地减小，从而减小悬臂施工工作量；反之增大悬臂长度可减小挂梁长度，从而减小跨中建筑高度，减少挂梁重量便于运输安装。根据资料分析，挂梁长度与主孔跨度之比在 0.25～0.5 时，弯矩图面积最小，其工程量较为经济。当主孔跨径较大时，比值宜取小值。挂梁最大跨径由同类简支梁的最大跨径及施工运输安装能力决定，一般预应力混凝土挂梁跨径不超过 35～40 m。

T 形刚构的支点、跨中梁高与跨径的关系见表 2-1-6。

表 2-1-6　带挂梁的单悬臂梁桥跨径与梁高的比值

桥型	支点梁高	跨中梁高
带铰 T 形刚构	$L<100$ m 时，$H=\left(\frac{1}{22}\sim\frac{1}{14}\right)l$	$h=(0.2\sim0.4)H\geqslant2.0$ m
带挂梁 T 形刚构	$L<100$ m 时，$H=\left(\frac{1}{21}\sim\frac{1}{17}\right)l$	$h=(0.2\sim0.4)H\geqslant1.5$ m

梁高沿桥纵向的变化曲线可以是抛物线、半立方抛物线、正弦曲线、三次曲线、圆弧线以及折线等，这些线形在国内已建成的桥梁中都曾用过。跨中设铰时采用正弦曲线的较多，带挂梁的 T 形刚构，跨径小于 100 m 时，多数采用二次抛物线及半立方抛物线；跨径超过 100 m 时，多采用三次曲线。梁高变化采用哪一种曲线对其内力影响都不大，但对各截面的应力验算影响较大。从桥梁外形的美观来看，以半立方抛物线或正弦曲线为好，从施工角度考虑，则以折线或圆弧为好。

T 形刚构桥的悬臂部分只承受负弯矩，因此将预应力筋布置在梁顶部和桥面板内，以获得最大的作用力臂，如图 2-1-31 所示。预应力筋分直筋和弯筋两类，直筋的一部分在接缝处端面上锚住，一部分直通至悬臂端部锚固在牛腿端面上。梁肋内的弯筋则随着施工的推进逐渐下弯而倾斜锚固在各安装块件(或现浇段)上，下弯的力筋能增加梁体的抗剪能力。为了使位于梁肋外承托内的预应力筋也能下弯锚固，通常还要使它们在平面内也作适当弯曲。在大跨径桥梁中还可在梁肋内设置专门的竖向预应力钢筋来增强梁的抗剪作用。

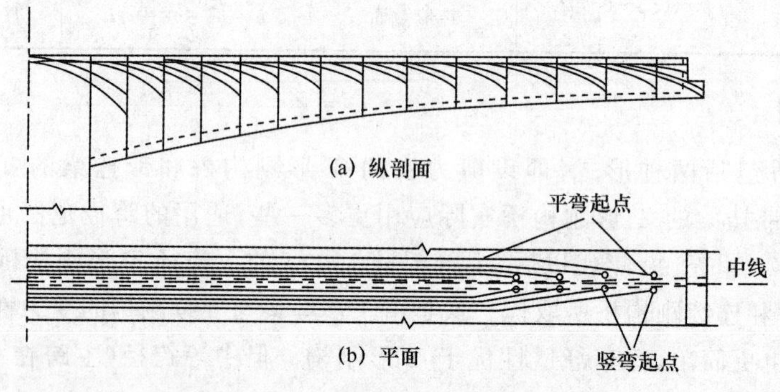

图 2-1-31　T 形刚构纵向预应力筋布置

第五节　连续体系梁桥的构造

连续体系梁桥包括连续梁桥和连续刚构桥两种形式，下面分别介绍其构造。

一、连续梁桥

1. 等截面连续梁桥

对于超静定结构的连续梁，在恒载和活载作用下，其支点截面负弯矩一般比跨中截面正弯矩大，支点截面的抗弯承载能力要求比跨中截面大。当跨径不大时，这个差值不是很大，支点和跨中可以考虑采用相等高度的截面形式，并采取一定的构造措施予以调节，从而简化主梁的构造。

①构造特点

等截面连续梁桥可选用等跨和不等跨两种布置方式，如图 2-1-32 所示。等跨布置的优点是跨径布置简单，简化桥梁设计和施工；当桥梁跨数较多时，桥梁整体协调美观。特别是桥梁采用先简支后连续、顶推施工、移动模架施工时，为了简化施工工艺和设备，优先选择等跨布置形式。等跨布置的跨径大小主要取决于经济分孔和施工的设备条件。当跨径较大时，有时为减小边跨正弯矩，取边跨跨径小于中跨，一般边跨与中跨跨径之比为 0.6～0.8。

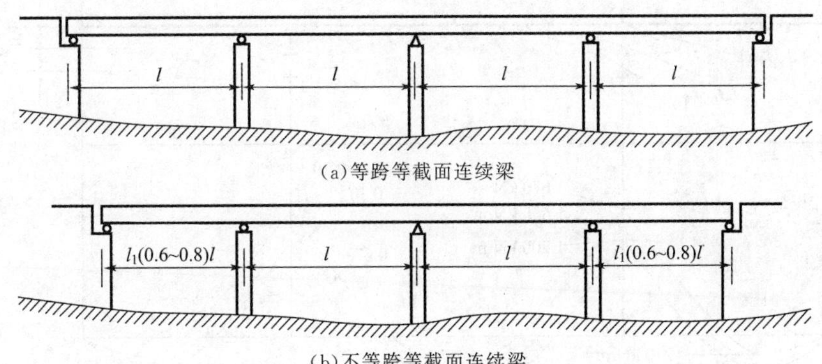

(b)不等跨等截面连续梁

图 2-1-32 等截面连续梁桥的立面布置

等截面连续梁桥的梁高与跨径之比一般为 1/25～1/15，当采用顶推施工时，梁高与顶推跨径之比一般为 1/17～1/12。当标准跨径不能满足通航或桥下交通要求而需要加大个别桥跨的跨径时，如果跨径不是很大，常常不需改变梁的截面高度，而是采用增加钢筋束和调整截面尺寸的方式予以解决，使桥梁外观仍保持等截面布置，这样做能使桥梁的立面协调一致，又能减少构件及模板的规格。

②适用范围

等截面连续梁桥一般适应以下情况：

a. 桥梁一般采用中等跨径，以 40～60 m 为宜（国外也有达到 80 m 跨径者），这样可以使主梁构造简单、施工快捷。

b. 立面布置采用等跨径为宜，也可以采用不等跨径布置。

c. 适应于有支架施工、逐孔架设施工、移动模架施工及顶推法施工。

2. 变截面连续梁桥

当连续梁的主跨跨径接近或大于 70 m 时，若主梁仍采用等截面布置，在恒载和活载作用下，主梁支点截面的负弯矩将比跨中截面的正弯矩大得多，从受力上讲就显得不太合理且不经济。这时，采用变截面连续梁桥更符合受力要求，截面高度变化基本上与内力变化相适应。

从图 2-1-33 中分析可以得知：当加大靠近支点附近的梁高（加大了截面抗弯惯矩），采用成变截面梁时，还能进一步降低跨中的设计弯矩。从图中可见，在均布荷载 $g=10$ kN/m 的作用下，三种不同的支点梁高（1.50 m、2.50 m 和 3.50 m）所对应的跨中弯矩分别为 800 kN·m，460 kN·m 和 330 kN·m，也就是说将支点梁高局部地从 1.50 m 加大至 3.50 m 时，跨中最大弯矩比等高梁降低一半多。一般地说，加大支点附近梁高是合理的，因为这样做既对恒载引起的截面内力影响不大，也与桥下通航的净空要求无甚妨碍，并且还能适应抵抗支点处剪力很大的要求。这也是连续体系梁桥比简支梁桥甚至比悬臂梁跨越能力更大的原因。可见，连续梁采用变截面结构不仅外形美观，还可节省材料并增大桥下净空高度。

同时，变截面连续梁适合采用悬臂法施工（悬臂浇筑和悬臂拼装），施工阶段主梁的刚度大，且施工阶段与运营阶段的主梁内力基本一致。

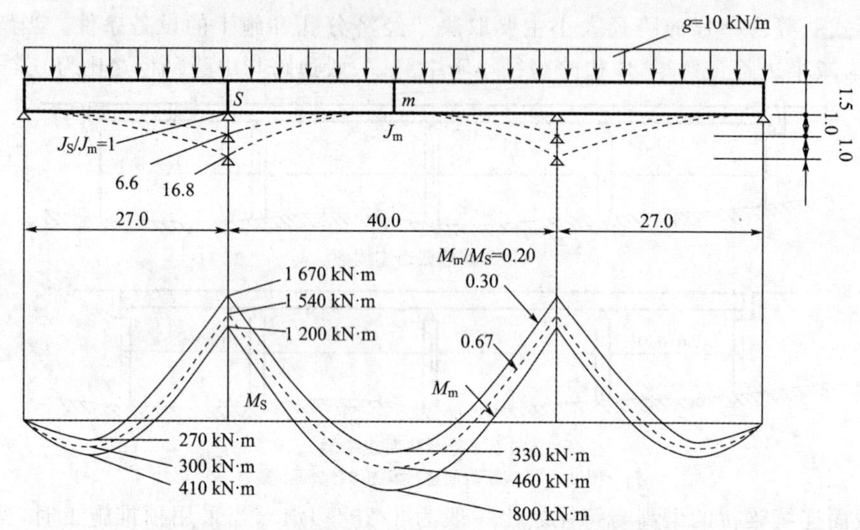

图 2-1-33　三跨连续梁弯矩变化影响的举例（尺寸单位：m）

①构造特点

变截面形式的大跨径预应力混凝土梁桥立面一般采用不等跨布置，多于三跨的连续梁桥，除边跨外，其中间各跨一般采用等跨布置，以方便悬臂施工。对于多于两跨的连续梁桥，其边跨一般为中跨的 60%～80%，如图 2-1-34(a)所示。有时为了满足城市桥梁或跨线桥的交通要求而需增大中跨跨径时，可将边跨跨径设计成仅为中跨的 50%以下，在此情况下，端支点上将出现较大的负反力，故必须在该位置设置能抵抗拉力的支座或压重以消除负反力，如图 2-1-34(b)所示。

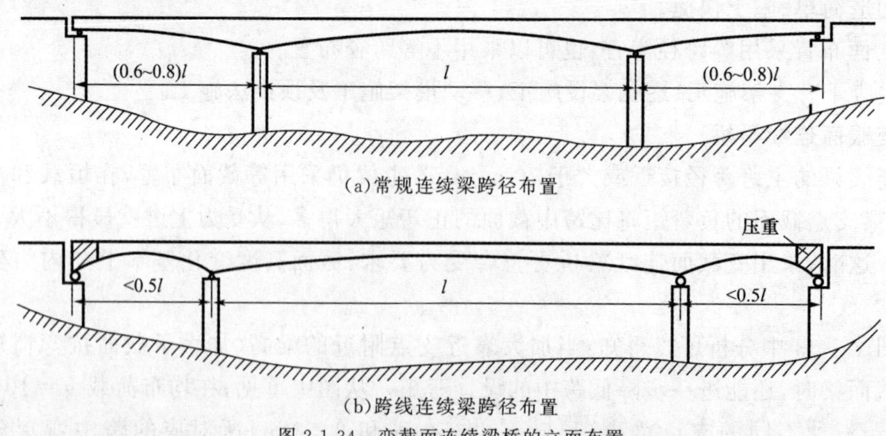

(a)常规连续梁跨径布置

(b)跨线连续梁跨径布置

图 2-1-34　变截面连续梁桥的立面布置

在不受建筑高度限制的前提下，连续箱梁的梁高宜采用变高度的，梁底曲线可采用二次抛物线、折线和介于折线与二次抛物线之间的 1.5～1.8 次抛物线变化形式，抛物线的变化规律应与连续梁的弯矩变化规律基本接近，采用折线形截面变化布置可使桥梁的构造简单，施工方便。具体的选用形式应按照各截面上、下缘受力均匀、容易布筋的原则确定。

根据已建成桥梁的资料分析，支点截面的梁高 $H_{支}$ 为（1/18～1/16）l（l 为中间跨跨长），一般不小于 $l/20$，跨中梁高 $H_{中}$ 为（1/2.5－1/1.5）$H_{支}$。在具体设计中，还要根据边跨与中跨比例、荷载等级等因素通过几个方案的分析比较确定。在大跨径预应力混凝土连续梁桥中，除截面高度变化外，还可将截面的底板、顶板和腹板做成变厚度，以满足主梁内各截面的不同受力要求。

②适用范围

变截面连续梁桥一般适应以下情况：

a. 主跨跨径达到 70 m 及其以上的连续梁。

b. 采用悬臂浇筑或悬臂拼装方法施工的连续梁。

大跨径预应力混凝土连续梁桥采用悬臂法施工时，存在墩梁临时固结和体系转换的工序，结构稳定性应予以重视，施工较为复杂；此外，主墩需要布置大型支座，存在养护和更换上的困难。

3. 连续梁桥预应力布置

主梁的内力主要有三种：纵向受弯、受剪以及横向受弯，通常所说的三向预应力就是为了抵抗上述三种内力，纵向预应力抵抗纵向受弯和部分受剪，竖向预应力抵抗受剪，横向预应力则抵抗横向受弯。

(1)纵向预应力筋

沿桥跨方向的纵向力筋是用以保证桥梁在恒、活载作用下纵向跨越能力的主要受力钢筋，可布置在顶、底板和腹板中。预应力混凝土连续梁桥中纵向预应力筋的布置方式有多种多样，与所采用的施工方法以及预应力筋的种类等有密切的关系，图 2-1-35 给出了几种典型施工方法对应的纵向预应力筋布置方式。

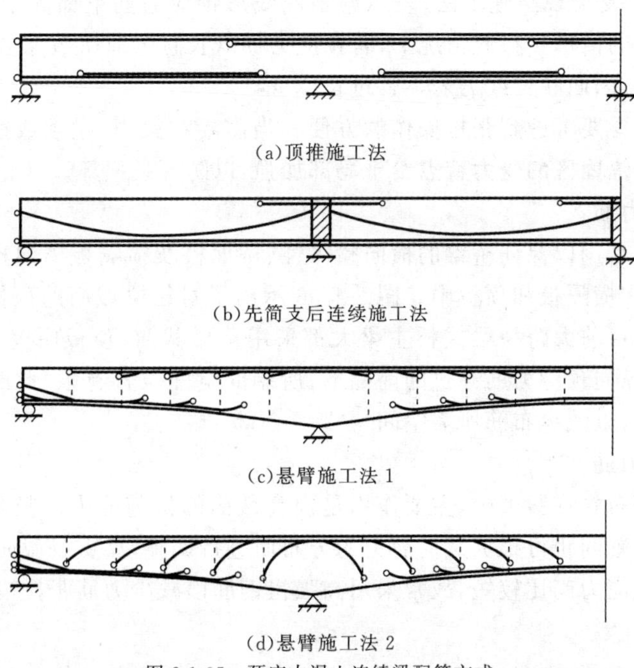

(a)顶推施工法

(b)先简支后连续施工法

(c)悬臂施工法 1

(d)悬臂施工法 2

图 2-1-35　预应力混土连续梁配筋方式

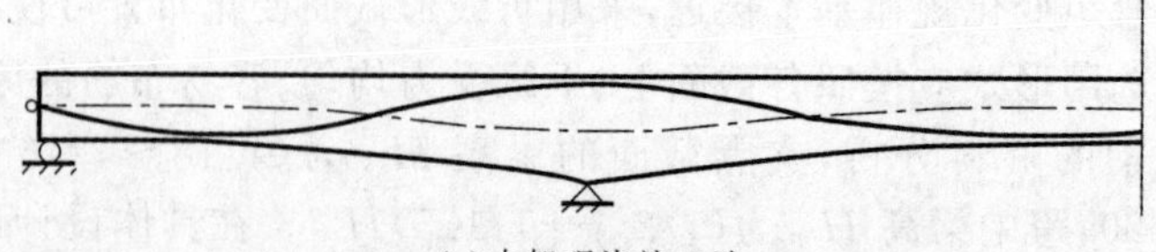

(e)支架现浇施工法

续图 2-1-35　预应力混土连续梁配筋方式

图 2-1-35(a)为采用顶推法施工的直线形预应力筋布置方式。上、下的通长力筋使截面接近轴心受压,以抵抗顶推过程中各截面承受的正负弯矩的交替变化。待顶推完成后,在跨中的底部和支点的顶部增加局部预应力筋,用来满足运营荷载下相应的内力要求。有时按设计还在跨中的顶部和支点附近的底部设置局部的施工临时钢筋束,待顶推完成后即予卸除。

图 2-1-35(b)为采用先简支后连续施工方法的预应力钢筋布置方式。待墩上接缝混凝土达到规定强度后,用设置在接缝顶部的局部预应力钢筋来建立结构的连续性。

图 2-1-35(c)和图 2-1-35(d)为采用悬臂施工方法的预应力筋布置方式,预应力筋包括主梁悬臂施工阶段的力筋、主梁合拢后的力筋。一般情况下,施工阶段的预应力筋均布置于梁顶部,随各悬臂梁段施工逐步张拉并锚固于悬臂端部,预应力筋数量同时满足施工阶段和运营阶段主梁所受的负弯矩。主梁合拢后的预应力筋布置于主梁底部,预应力筋数量满足运营阶段主梁所受的正弯矩。图 2-1-35(c)所示的悬臂施工力筋为直线布束方式,沿水平布置的预应力筋主要用于承担主梁负弯矩,主梁抗剪能力由竖向预应力筋和箍筋来提供,这种布束方式摩阻损失小,穿束方便。图 2-1-35(d)所示的悬臂施工力筋为曲线布束方式,预应力筋在腹板内弯曲后锚固在腹板上,这种布束方式可以为主梁提供抗剪能力。实际上,悬臂施工力筋可以采用上述两种方式布置,即顶板内的力筋采用直线布置方式,腹板内的力筋采用曲线布置方式。

图 2-1-35(e)为支架现浇施工法,表示整根曲线形预应力筋束锚固于梁端的布置方式,一般用于整联现浇的情形。在此情况下,若预应力筋既长且弯曲次数又多,就显著加大了预应力筋的摩阻损失,因而联长或力筋不宜过长。

预应力筋的布置要考虑到张拉操作的方便。当需要在梁内、梁顶或梁底锚固预应力筋时应根据预应力筋锚固区的受力特点给予局部加强,以防开裂损坏。

(2)横向预应力筋

横向预应力筋是用以保证桥梁的横向整体性、桥面板及横隔板横向抗弯能力的主要受力钢筋,一般布置在横隔板和顶板中。图 2-1-36 示出了对箱梁截面的顶板施加横向预应力的力筋构造。由于目前大跨径梁式桥主梁大都采用箱形截面,顶板厚度一般在 25～35 cm 左右,在保证大量纵向预应力筋穿过的前提下,所剩的空间位置有限,此时横向预应力筋趋向于采用扁锚体系,以减少布筋所需空间。

(3)竖向预应力筋

竖向预应力筋布置在腹板中,主要作用是提高截面的抗剪能力。竖向预应力筋在梁体腹板内沿纵向的布置间距可根据竖向剪力的分布而进行调整,靠支点截面位置较密,靠跨中位置较疏。竖向预应力筋比较短,故常采用高强粗钢筋以减少力筋张拉锚固时的回缩损失。

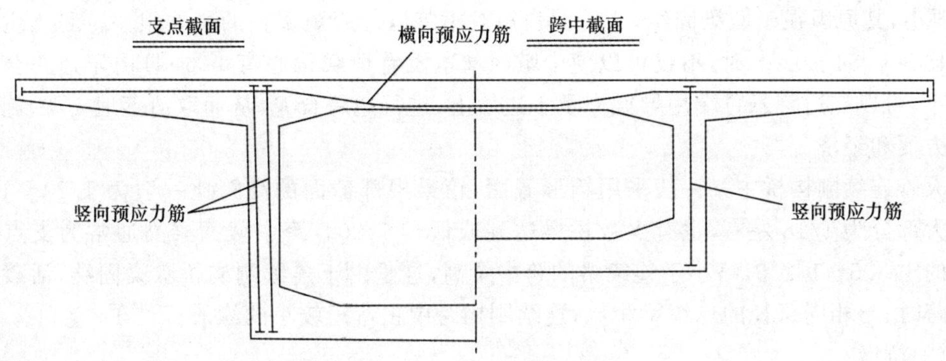

图 2-1-36　箱梁横向和竖向预应力筋布置

二、连续刚构桥

连续刚构桥是一种墩梁固结形式的连续梁桥，其受力特点主要为：梁体连续，墩、梁固结为一个整体共同受力，如图 2-1-37 所示。在恒载作用下，连续刚构桥与连续梁桥的跨中弯矩和竖向位移基本一致，但在采用双肢薄壁墩的连续刚构桥[图 2-2-37(a)]中，墩顶截面的恒载负弯矩要较相同跨径连续梁桥的小；其次，由于墩梁固结共同参与工作，连续刚构桥由活载引起的跨中正弯矩较连续梁要小，因而可以降低跨中区域的梁高，并使恒载内力进一步降低。因此，连续刚构桥的主跨径可以比连续梁桥的设计大一些。

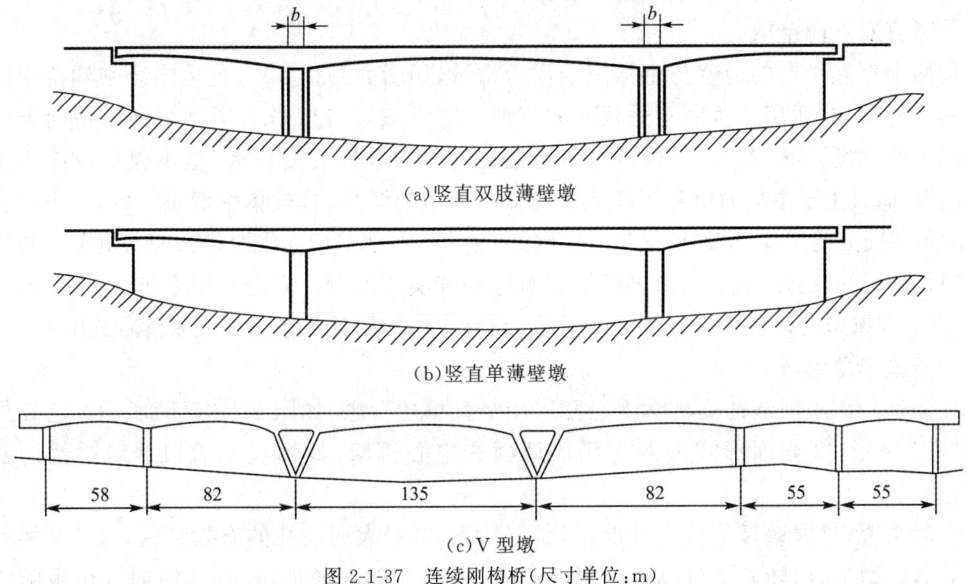

(a)竖直双肢薄壁墩

(b)竖直单薄壁墩

(c)V 型墩

图 2-1-37　连续刚构桥(尺寸单位：m)

下面介绍连续刚构桥的构造。

(1)主梁

连续刚构桥的主梁在纵桥向大都采用不等跨变截面的结构布置形式，以适应主梁内力的变化。主梁底部的线形基本上与变截面连续梁桥相类似，可以是曲线形、折线形、曲线加直线形等，具体应根据主梁内力的分布情况、美观和施工便利等确定。

国内外已建成的连续刚构桥，边跨和主跨的跨径比值为 0.5～0.692，大部分比值为 0.55～0.58。变截面连续刚构桥的边、主跨跨径比值比变截面连续梁桥的比值范围 0.6～

0.8 要小，其原因在于墩梁固结，边跨的长短对中跨恒载弯矩调整的影响很小，而边、主跨跨径之比在 0.54～0.56 时，不仅可以使中墩内基本没有恒载偏心弯矩，而且由于边跨合龙段长度小，可以在边跨悬臂端用导梁支承于边墩上，进行边跨合龙，从而取消落地支架，施工也十分方便和经济。

大跨连续刚构桥主梁一般采用箱形截面，箱梁根部截面的高跨比一般为 1/20～1/16，其中大部分为 1/18 左右，也有少数桥梁达到或低于 1/20。跨中截面梁高通常为支点截面梁高的 1/3.5～1/2.5，略小于连续梁的跨中梁高，这是由于连续刚构桥墩梁固结，活载作用于中跨时，与相同跨径的连续梁相比，连续刚构跨中正弯矩较小的缘故。

(2)桥墩

预应力混凝土连续刚构桥主要适用于高桥墩的情况。大跨度连续刚构桥的桥墩不仅应满足施工、运营等各阶段支承上部结构和保证稳定性等方面的要求，而且桥墩的柔度应适应由于温度变化、混凝土收缩、徐变以及制动力等因素引起的水平位移，以尽量减小这些因素对结构产生的次内力。如果桥墩的水平抗推刚度较大，则因主梁的预应力张拉、收缩、徐变、温度变化等因素所引起的变形受到桥墩的约束后，将会在主梁内产生较大的次内力，并对桥墩也产生较大的水平推力，使得结构设计较为困难，甚至无法实现。由此可见，连续刚构桥桥墩应采用纵向柔性墩，其水平抗推刚度宜在满足桥梁施工、运行稳定性要求的前提下尽量地小。

连续刚构桥桥墩的立面形式主要有三种：

①竖直双肢薄壁墩

用两个相互平行的薄壁与主梁固结作为桥墩，如图 2-1-37(a)。这是连续刚构桥中应用较多的一种形式，适用于桥墩不是很高的情形。竖直双肢薄壁墩可增加桥墩纵桥向竖向荷载作用下的刚度，同时其水平抗推刚度小，在桥梁纵向允许的变位大，这不仅可以减小主梁附加内力，而且由于主梁的负弯矩峰值出现在两肢墩的墩顶，且较单壁墩小一些，故可减小主梁在墩顶截面处的尺寸，增加桥梁美感。因此，竖直双肢薄壁墩在大跨径预应力混凝土连续刚构桥中是理想的墩身形式。每肢薄壁墩又有空心和实心之分。实心双壁墩施工方便、抗撞能力强，空心双壁墩可以节约混凝土 40%左右，设计中应根据具体条件通过分析后选用。

②竖直单薄壁墩

在深谷和深水河流的高桥墩上经常采用竖直单薄壁墩，如图 2-1-37(b)所示。它在外观上呈“一”字形，其截面形式一般为箱梁截面的空心桥墩，具体尺寸需根据对柔性的要求确定。

一般来说，单薄壁墩的抗扭性能好，稳定性强，能增大通航孔的有效跨径，虽然其柔性不如双肢薄壁墩大，但随着墩身高度的不断增大，其柔性逐渐增加，允许的纵向变位也随之增大。因此，对于墩身很高的大跨径连续刚构或中等跨径的连续刚构来说，箱形单薄壁墩也是理想的墩身形式。

③V 形墩(或 Y 形柱式墩)

在刚架桥中，为了减小内支点处的负弯矩峰值，可将墩柱做成 V 形墩形式，V 形托架可减小主梁跨度，有效降低负弯矩的峰值，如图 2-1-37(c)所示。

Y 形柱式墩上部为 V 形托架，下部为单柱式，两者在立面上构成 Y 字形。下部的单柱具有一定的柔性，可满足纵向变形的要求。

第六节 主梁其他构造

本节介绍梁桥中有关横隔梁、横向连接、纵向连接、牛腿和剪力铰的构造。

一、横隔梁

装配式T形梁中的横隔梁起着保证各根主梁相互连成整体的作用(图2-1-26),它的刚度越大,桥梁的整体性越好,在荷载作用下各主梁就能更好地协同工作,且可以减少翼板接缝处的纵向开裂现象。一般来说,当梁横向刚性连接时,横隔梁的间距不应大于10 m,当为铰接时,其间距可取5 m左右。对于钢筋混凝土简支梁桥,一般在梁端、跨中、四分点处各设一道横隔梁就可满足要求。跨中横隔梁的高度应保证具有足够的抗弯刚度,通常可取为主梁高度的3/4左右。端横隔梁通常与主梁同高,以利于梁体在运输和安装中的稳定,但如果端横隔梁高度低于主梁,则对安装和检查支座是有利的,具体尺寸可视工地施工情况而定。横隔梁的厚度可取12～20 cm,最常用的为15～18 cm。

针对箱梁结构,横隔梁的基本作用是增加截面的横向刚度,限制畸变应力。在支承处的横隔板还担负着承受和分布较大支承反力的作用。箱形截面由于具有很大的抗扭刚度,整体性好,所以在跨中不需要设置横隔板,仅在支点处设置横隔梁即可,如图2-1-38所示,总体来讲箱梁桥横隔板的布置可以比一般肋形的桥梁少一些。目前,大多数桥梁不设置中间横隔板,从受力角度来分析,中间横隔板对纵向应力和横向弯矩的分布影响很小,中间横隔板的作用可以用局部加强腹板或采取特殊的横向框架的办法来代替。在城市立交桥中,为了减少占地,获得桥下较大的空间,广泛采用独柱墩。这种情况下,箱梁中的横隔梁(也称墩顶横梁)又起着盖梁的作用,其受力较为复杂,它直接影响到箱梁腹板的应力分布。

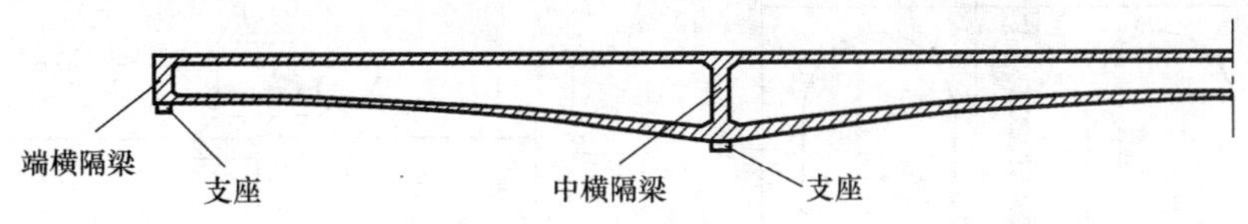

图2-1-38 箱梁桥横隔梁布置

箱梁中横隔梁的配筋形式与箱梁的支承方式有关。当箱梁在墩台处的各腹板下方均有支座支承时,横隔梁所受剪力和弯矩较小,在横梁中只要配置一定数量水平方向的普通钢筋便可。当支座不是位于主梁腹板下方时,横隔梁承受较大剪力,并且随着支承距离腹板轴线越远,横隔梁的弯矩越大,需要根据受力分析进行配筋,当受力较大时,应在横隔梁内配置预应力筋。如图2-1-39所示,支座位于箱梁中心轴线下方,此时横隔梁受力类似悬臂梁,该横隔梁中设置配置了曲线形预应力钢筋。

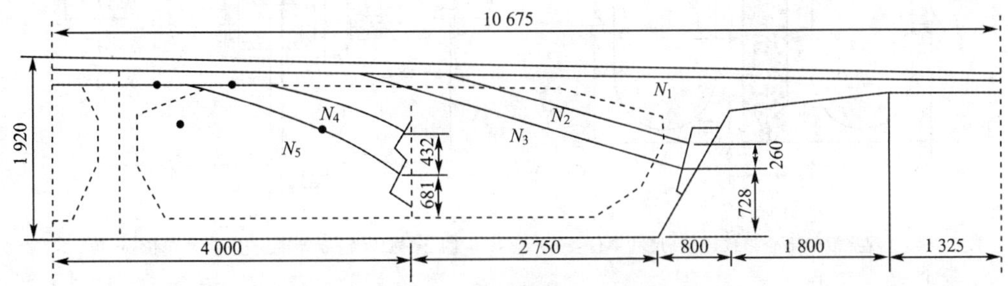

图2-1-39 箱梁横隔梁预应力筋布置

二、主梁横向连接

装配式简支板桥和装配式简支T梁桥，通常需要将纵向板块和T梁通过横向连接形成整体。

1.装配式板桥的横向连接

为了使装配式板桥组成整体，共同承受车辆荷载，在板件之间必须具有横向连接构造。在板式截面的横向连接中，常用的连接方法有企口混凝土铰连接和钢板焊接连接。

(1)企口混凝土铰连接

图2-1-40所示为现浇混凝土企口铰常用的两种铰的形式：圆形和菱形。铰缝的构造处理有两种：①装配式板梁安装就位后，用C30以上的细集料混凝土填入铰内，捣实后即形成混凝土铰；②在板梁跨中左右各一定长度内，设置铰缝内钢筋骨架，并与预制板内的伸出钢筋绑扎在一起，再经混凝土浇筑捣实后成铰。采用何种形式的铰，主要取决于所受荷载的大小，实践证明，一般混凝土均能保证传递横向剪力，使各块共同参与受力。

对于桥面铺装也参加受力的装配式板桥，可以将预制板中的钢筋伸出与相邻板的同类钢筋绑扎这些钢筋，既可作为纵向铰缝的加强钢筋，也可作为与铺装层的连接钢筋。

(2)钢板焊接连接

由于企口混凝土铰需要现场浇筑混凝土，并需待混凝土达到设计强度后才能通车，为了加快工程进度，亦可采用钢板焊接连接(图2-1-41)。它的构造是将一块钢盖板N_1焊在相邻两块板的预埋钢板N_2上。连接构造的纵向中距通常为0.80～1.50 m，跨中部分布置较密，向两端支点处逐渐减疏。

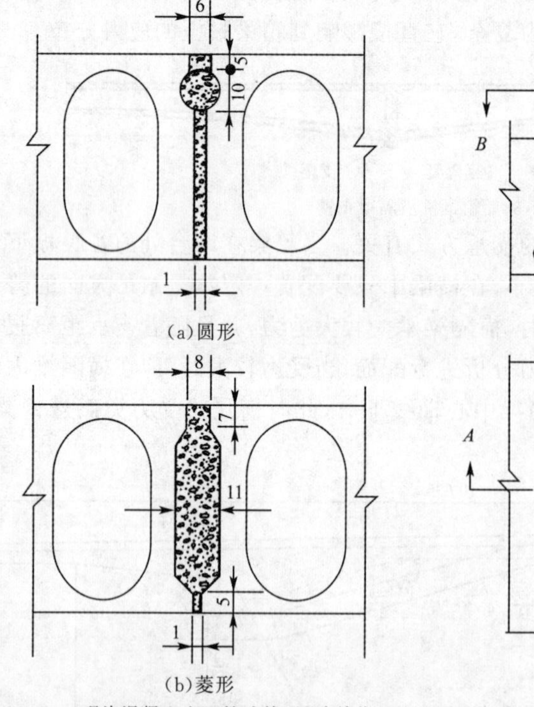

图2-1-40　现浇混凝土企口铰连接(尺寸单位：cm)

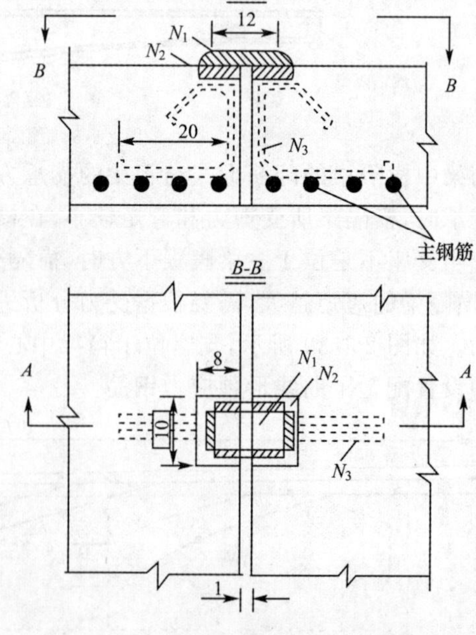

图2-1-41　钢板焊接连接(尺寸单位：cm)

2. 装配式 T 梁的横向连接

(1)钢板式连接

图 2-1-42(a)是 T 梁翼缘板和横隔梁采用钢板连接的横向连接接头构造,该连接方式适用于全断面预制的 T 梁。T 梁的上缘接头钢板设在 T 梁翼板上,下缘接头钢板设在横隔梁的梁肋两侧。焊接钢板预先与横隔梁的受力钢筋焊接在一起,做成安装骨架。当 T 梁安装就位后,即可在横隔梁的预埋钢板上再加焊钢盖板使之连成整体。端横隔梁的焊接钢板接头构造与中横隔梁相同,但由于其外侧(近墩台一侧)不好施焊,故焊接接头只设于内侧。相邻横隔梁之间的缝隙最好用水泥沙浆填满,所有外露钢板也应借水泥灰浆封盖。这种接头的强度很可靠,焊接后即可承受荷载,但现场要有焊接设备,而且有时需要在桥下进行仰焊、施工较困难,连接质量难以保证,特别在车辆周期反复作用下易发生疲劳损坏,因此目前很少采用。

(2)扣环式连接

目前,T 梁的翼缘板和横隔梁多采用现浇混凝土连接,图 2-1-42(b)所示为一种常用的扣环式连接方式,该连接方式适用于部分断面预制的 T 梁。将翼缘板和横隔梁中伸出的环状钢筋相互搭接,并用纵向钢筋销住,在相距 0.3～0.6 m 的接头部位,就地浇筑混凝土连成整体。这种连接构造与钢板式连接相比,施工复杂,但整体性及耐久性更好。

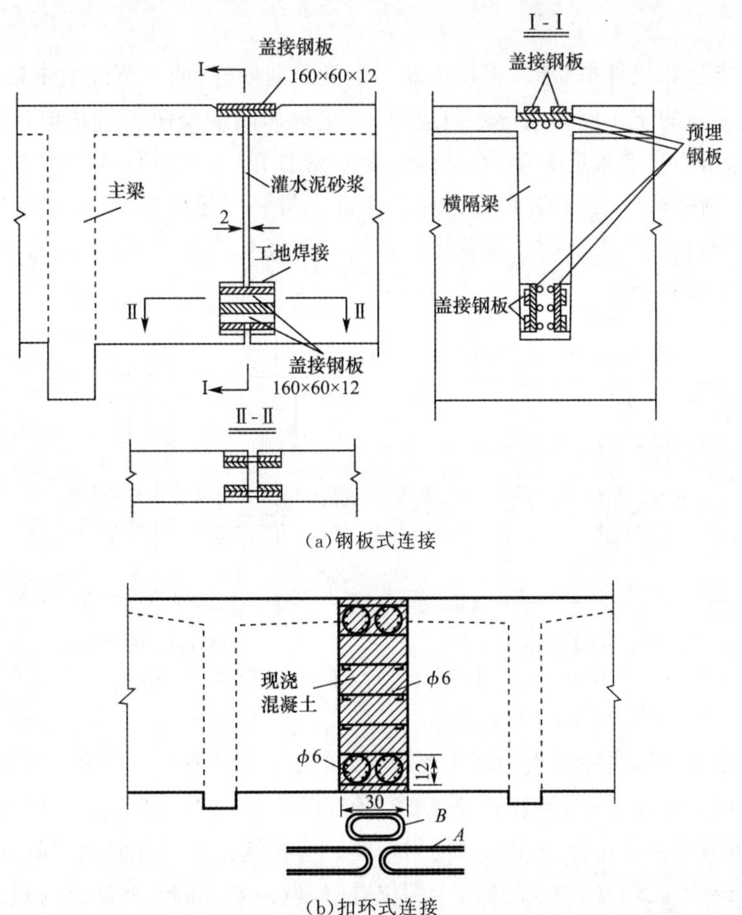

图 2-1-42 横向连接构造(尺寸单位:cm;钢件规格:mm)

(3)桥面板的企口铰连接

当装配式 T 梁翼板全宽度预制时，翼板之间除采用钢板连接外，还可以采用企口铰连接，以改善挑出翼板的受力状态。图 2-1-43 所示为装配式 T 梁设计中所采用的两种连接方式。翼板内伸出连接钢筋，交叉弯制后在接缝处再放局部的钢筋网，并将它们浇筑在桥面混凝土铺装层内，如图 2-1-43(a)所示。或者可将翼板的顶层钢筋伸出，并弯转套在一根长的钢筋上，以形成纵向铰，如图 2-1-43(b)所示。此种接头构造由于连接钢筋甚多，施工困难。

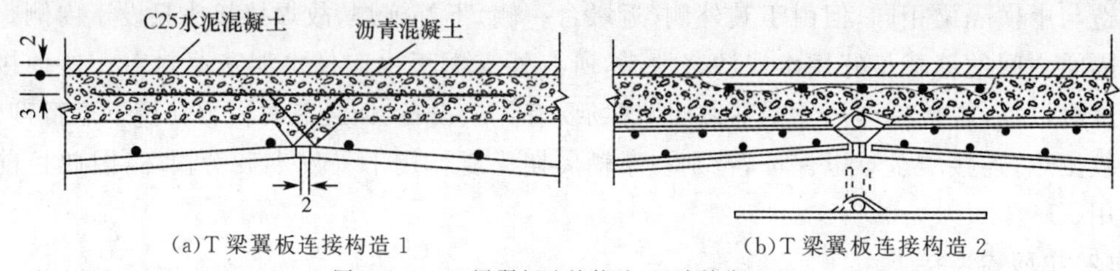

(a)T 梁翼板连接构造 1　　(b)T 梁翼板连接构造 2

图 2-1-43　T 梁翼板连接构造(尺寸单位:cm)

三、主梁纵向接缝

采用悬臂施工的节段梁，要通过纵向接缝使构件连成整体。块件间的接缝有三种方式：干接缝、湿接缝和胶接缝。

1. 干接缝

干接缝是指相邻块件拼装时，将接头断面不做其他处理，两个节段主要靠预应力筋连成整体。以预应力筋的正压应力抵抗弯曲应力，以接触面间的摩阻力抵抗剪切力。干接缝由于接触面不平整，容易产生应力集中，且因接缝不密合，易受水汽侵袭。在干接头悬臂拼装法施工中，为了增强梁段之间的抗剪力，保证块件在拼装时定位准确，在箱梁顶板上及腹板上设置定位企口，在底板上有时还设置定位角钢。顶板上的企口一般仅起导向和定位作用，而腹板上的企口可起到抗剪作用(图 2-1-44)。

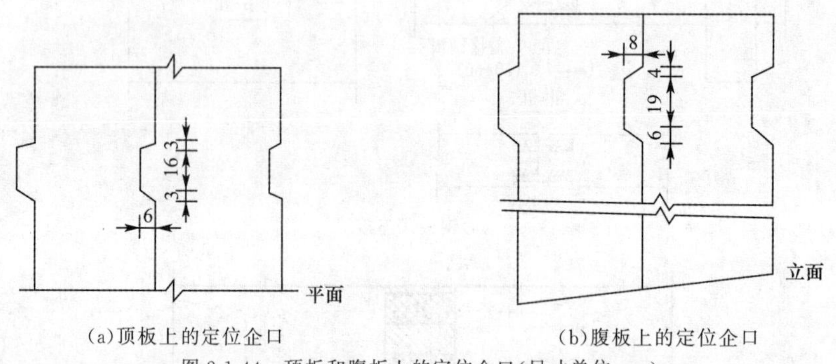

(a)顶板上的定位企口　　(b)腹板上的定位企口

图 2-1-44　顶板和腹板上的定位企口(尺寸单位:cm)

2. 湿接缝

湿接缝是指在相邻块件间现浇接头混凝土，接头宽度必须能容许进行管道连接、钢筋焊接和混凝土振捣等作业，一般为腹板厚度的 2 倍，可取 0.10～0.20 m。接头混凝土一般采用早强水泥，集料尺寸的选择应能保证捣固密实。湿接缝由于工序复杂，现浇混凝土需要养生而使工期延长，因此通常只在悬臂的个别位置(如墩顶现浇的 0 号块件与预制的 1 号悬臂块件之间)设置，以保证接缝的密合，并用以调整拼装误差。

3. 胶接缝

胶接缝是指在干接缝的基础上，在接缝端面涂一薄层环氧树脂等胶结材料，将相邻块件断面黏结成整体，与预应力筋一起共同传递内力。它既具有湿接缝的优点又不影响工期，因此国内桥梁多采用这种接缝。

四、牛腿

牛腿是指悬臂梁桥、T 形刚构等桥梁的悬臂梁与挂梁结合部位的局部构造，如图 2-1-45，图 2-1-46 所示，悬臂梁和挂梁在牛腿处互相搭接，中间还要设置传力支座，使牛腿高度被削减到不及悬臂梁和挂梁高度的一半，但其依然要承受较大的竖直和水平反力。这就使它成为上部结构中的薄弱部位。另外，牛腿处梁高突变，在凹角处会出现严重的应力集中问题，如图 2-1-47(a)所示。因此，牛腿成为结构受力的薄弱环节，设计中应对此处的构造予以足够重视。在设计牛腿时，除要将牛腿处肋梁加宽并对端横梁进行加强设置外，还需适当改变牛腿的形状，避免尖锐凹角的出现，改善应力集中程度[图 2-1-47(b)]，同时还需配置密集的钢筋网或者预应力筋。在牛腿处支座的设置上，要尽量选择高度较小的支座，尽最大可能增加牛腿的高度以改善牛腿的受力情况。

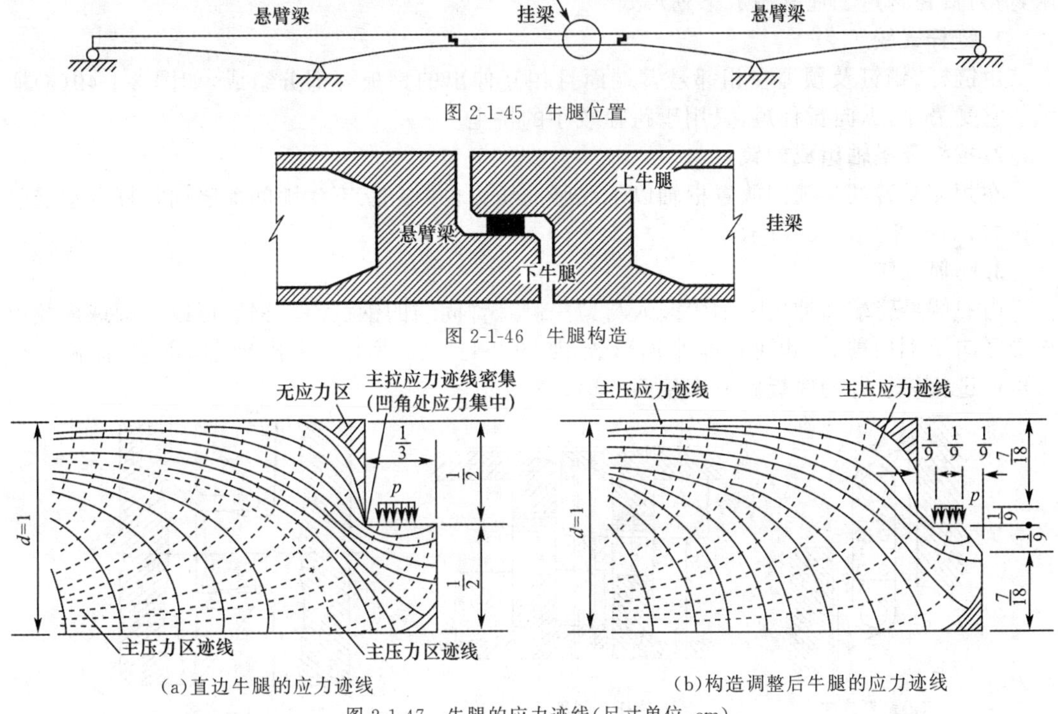

图 2-1-45 牛腿位置

图 2-1-46 牛腿构造

(a)直边牛腿的应力迹线 (b)构造调整后牛腿的应力迹线

图 2-1-47 牛腿的应力迹线(尺寸单位:cm)

图 2-1-48 所示为钢筋混凝土牛腿和预应力混凝土牛腿的配筋布置情况。根据牛腿的拉应力线的分布，钢筋混凝土牛腿需要设置水平钢筋、竖向钢筋和斜筋，以满足不同部位和不同方向的抗拉需要，如图 2-1-48(a)所示。当牛腿受力较大，为避免牛腿开裂影响结构耐久性，应尽量在牛腿内配置预应力筋，如图 2-1-48(b)所示。牛腿预应力筋包括在凹角处下弯的纵向预应力筋和竖向预应力筋。根据国外一些牛腿计算和试验资料，牛腿裂缝的方向几乎接近水平，在此情况下，设置竖向预应力筋或接近竖向的预应力斜筋更为有效。

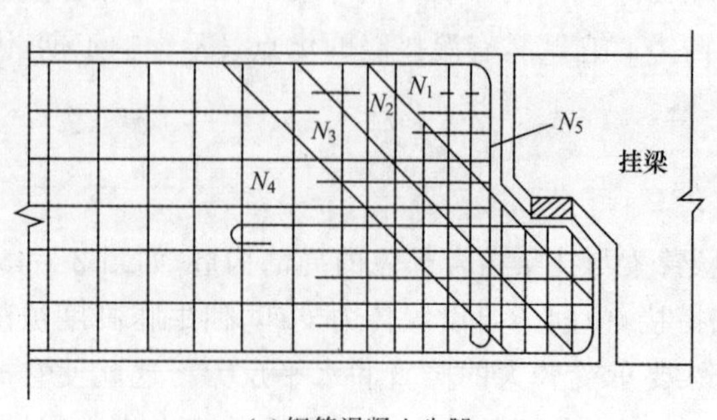

(a)钢筋混凝土牛腿

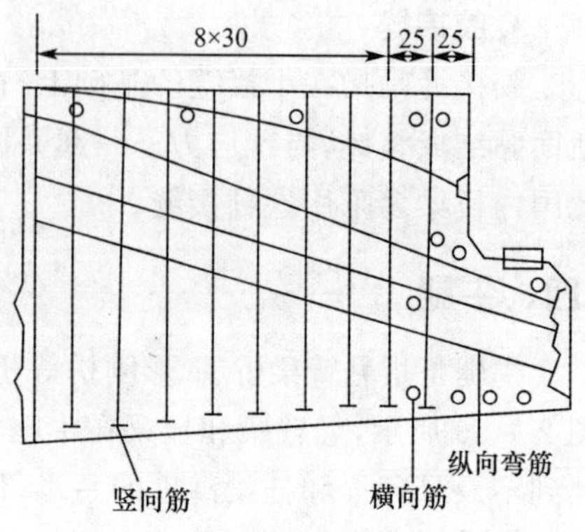

(b)预应力混凝土牛腿

图 2-1-48　牛腿配筋示意图(尺寸单位:cm)

五、剪力铰

对于带铰的悬臂梁桥和T形刚构桥,其相邻的两悬臂是通过剪力铰互相联系的,剪力铰只传递竖向剪力而不传递弯矩和纵向水平力。在竖向荷载作用下,两个悬臂共同受力,相邻悬臂的端点挠度一致;剪力铰还需保证相邻悬臂能够自由伸缩和转动。为了满足上述要求,剪力铰在构造上通常做成下列形式。

1. 链杆式铰

由链杆、销钉及预埋在相邻悬臂端面且相互伸出的钢板等部分组成,如图 2-1-49(a)所示。它受力小,纵向行程短,只用于跨径较小的桥上。

2. 拉杆及棍轴组成的铰

在相邻悬臂的牛腿间放置棍轴以承受竖向压力,并在上、下牛腿间加竖向拉杆以承受竖向拉力,如图 2-1-49(b)所示。

3. 唧筒式铰

由一侧悬臂端面伸出一钢铰嵌入与另一侧悬臂固结的钢板内。钢铰可以是圆球形铰以承受竖向及侧向剪力,也可以是平面形铰,如图 2-1-49(c)所示,只承受竖向剪力,而侧向剪力可通过相邻悬臂的底板做成榫接面传递。

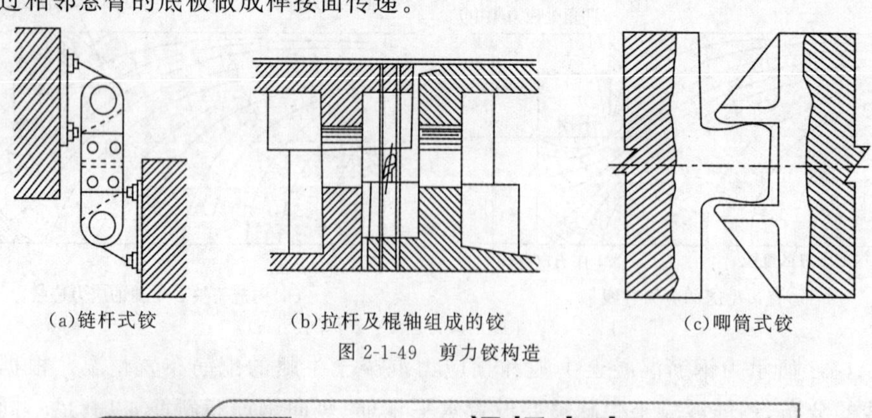

(a)链杆式铰　　(b)拉杆及棍轴组成的铰　　(c)唧筒式铰

图 2-1-49　剪力铰构造

第七节　梁桥支座

支座是设置在桥梁上部结构与下部结构之间的重要联系构件,其主要作用是将上部结构的支承反力(包括结构自重和可变作用引起的竖向力和水平力)传递到桥梁墩台,同时保证结构在汽车荷载、温度变化、混凝土收缩和徐变等因素作用下能自由变形，以使上、下部结构的实际受力情况与计算的理论图式相符合。

梁式桥的支座一般分成固定支座和活动支座两种。固定支座既要固定主梁在墩台上的位置并传递竖向压力，又要保证主梁发生挠曲时在支承处能自由转动；活动支座只传递竖向压力，但要保证主梁在支承处既能自由转动又能水平移动。

一、支座的类型

由于桥梁跨径、支座反力、支座允许的转动与位移不同，支座选用的材料不同，支座是否满足防震、减震要求不同，桥梁支座有许多类型。如果支座选型、布置不够合理会造成因结构体系受力变化带来的影响，因此支座的合理选择、合理布置在设计中至关重要。

随着桥梁结构体系的发展，支座类型也得相应更新换代，过去一般针对小跨径桥梁或加工较烦琐的支座形式已不常使用，如垫层支座、弧形钢板支座、钢筋混凝土摆柱式支座等，代之以板式橡胶支座、盆式橡胶支座、球型钢支座、减隔震支座等。下面，主要介绍现在常用的梁桥支座形式。

1. 板式橡胶支座

板式橡胶支座是由多层橡胶和薄钢板叠合而成，如图 2-1-50 所示，中间橡胶层厚度一般为 5 mm，钢板厚度一般为 2 mm。薄钢板的设置可以调整橡胶的压缩刚度，使支座具有合适的竖向刚度，同时提高橡胶的抗压强度，使支座具有足够的承载力，从而满足桥梁对支座竖向承载力和减震需要。如图 2-1-51 所示，通过橡胶的剪切变形可以满足梁体的水平变位，通过橡胶层的不均匀压缩则可以实现转角变形。板式橡胶支座可以制作为矩形或圆形。

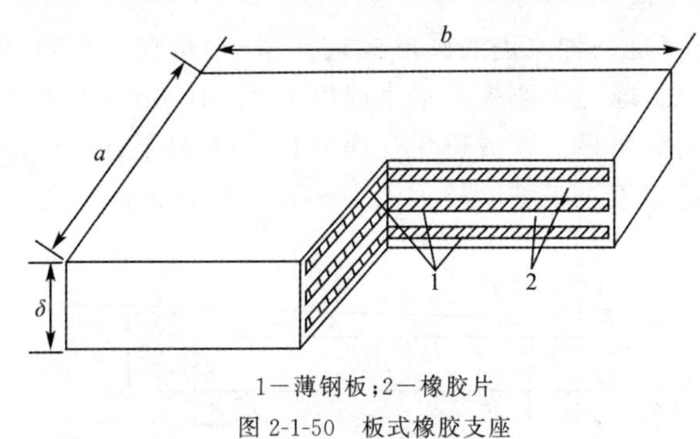

1—薄钢板；2—橡胶片

图 2-1-50　板式橡胶支座

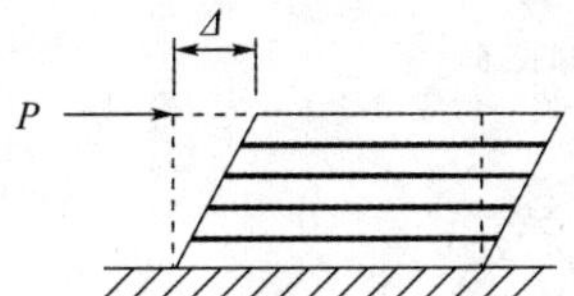

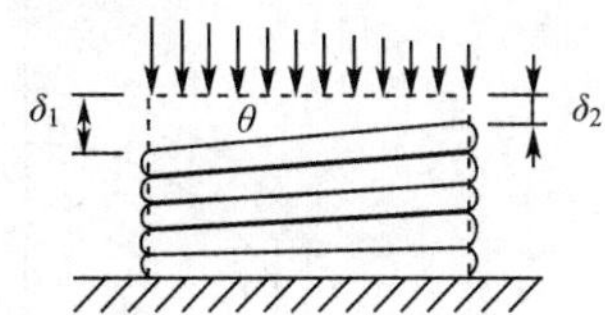

图 2-1-51　板式橡胶支座结构

板式橡胶支座的压缩弹性模量 E_e 可由下式计算

$$E_e=5.4G_eS^2$$

式中　G_e——橡胶的剪切模量，一般取值为 1.0 MPa；

S——形状系数，当支座为矩形时，$S=\dfrac{a\cdot b}{2(a+b)\delta_1}$，其中 δ_1 为中间层橡胶片厚度，a 为支座短边尺寸（顺桥向），b 为支座长边尺寸（横桥向）；当支座为圆形时，$S=\dfrac{D}{4\delta_1}$，其中 D

为支座直径。

板式橡胶支座的竖向刚度可以通过中间橡胶层的厚度进行调整，而其剪切刚度保持不变。因此，支座高度越大，其竖向刚度和水平刚度越小，能够提供的转角和水平位移越大。板式橡胶支座不分固定支座和活动支座，其对主梁提供水平弹性约束，既容许主梁和墩台顶发生相对水平位移，也会对主梁提供水平约束。因此，地震、汽车制动力等作用产生的水平力可以由主梁下方全部支座分担，并传递给墩台，使得墩台受力更合理。通过采用不同厚度的橡胶支座，可以调整不同墩台所受力水平大小。

目前，我国生产的板式橡胶支座的竖向支承反力为100～10 000 kN，可选择氯丁胶、天然胶、三元乙丙胶三种胶种，最高适宜温度为＋60 ℃，最低达－45 ℃。

安装橡胶支座时，支座中心尽可能对准上部构造的计算支点。为防止支座受力不均匀，应使上部结构底面及墩台顶面不仅保持表面清洁和粗糙，而且都能与支座接触面保持水平和紧密贴合，以增大接触面的摩阻力，进而避免相对滑动，必要时可先铺一薄层水泥砂浆垫层。

2. 聚四氟乙烯滑板式橡胶支座

当板式橡胶支座的剪切变形能力不满足要求时，可以在普通板式橡胶支座上表面粘贴一层厚2～4 mm的聚四氟乙烯板，由此形成聚四氟乙烯滑板式橡胶支座。该支座具有普通板式橡胶支座的竖向刚度与压缩变形，能承受垂直荷载及适应梁端转动。使用时，在支座顶面对应的梁底粘贴不锈钢板，聚四氟乙烯板与梁底不锈钢板间的摩擦系数较小，通常小于0.06，这样可以使主梁相对支座顶面发生不受限制的水平位移，满足上部结构对支座的大位移需求。

3. 球冠圆板式橡胶支座

球冠圆板式橡胶支座是一种改进的圆形板式支座，它是在圆形普通板式橡胶支座的顶面用纯橡胶制成球形表面，球面中心橡胶最大厚度为4～10 mm，如图2-1-52所示。球冠圆板式橡胶支座传力均匀，可明显改善或避免支座底面产生偏压、脱空等不良现象，能够满足较大的转角变形，特别适用于纵横坡度较大(3%～5%)的立交桥和高架桥。

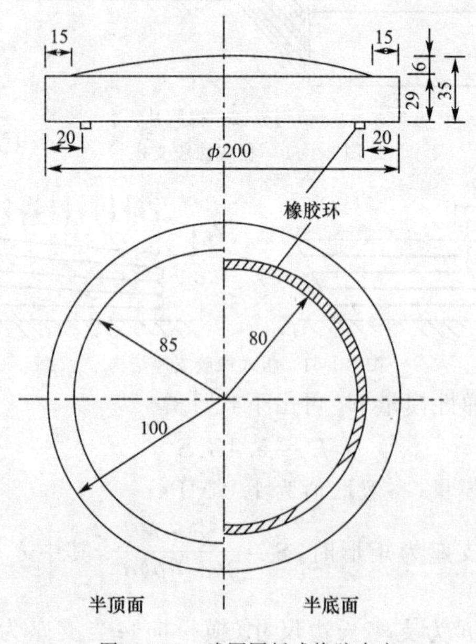

图2-1-52　球冠圆板式橡胶支座

4. 盆式橡胶支座

当竖向力较大时,应使用盆式橡胶支座。如图 2-1-53 所示,它由不锈钢滑板、聚四氟乙烯板、盆环、圆形橡胶板、钢密封圈、钢盆塞及橡胶防水圈等组成。橡胶板受到钢盆的侧向约束后,橡胶材料的抗压强度大大提高,由此可以大幅度提高橡胶板的竖向承载力。盆式橡胶支座利用聚四氟乙烯板和不锈钢板之间的平面滑动来适应主梁的水平位移要求,利用橡胶板的不均匀压缩适应主梁的转角要求。

盆式橡胶支座按其工作特征可以分为固定支座、多向活动支座和单向活动支座三种。与板式橡胶支座相比,盆式橡胶支座具有承载能力大、水平位移量大、转动灵活等优点,因此特别适宜在大跨度桥梁上使用。

我国目前生产的盆式橡胶支座竖向承载力为 1 000～50 000 kN,有效水平位移量为 ±40～±250 mm,支座的容许转角为 40′,设计摩阻系数为 0.05。支座参数可依据不同情况选购使用。

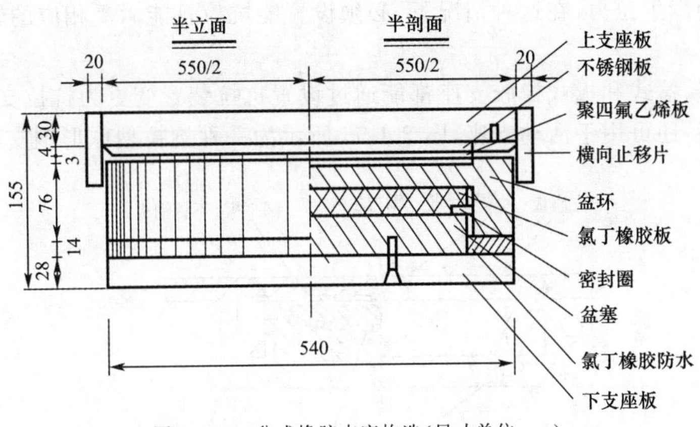

图 2-1-53　盆式橡胶支座构造(尺寸单位:cm)

二、特殊设计的支座

1. 球形钢支座

随着大跨径桥梁结构的发展,要求桥梁支座的承载能力加大,同时具备适应大位移和转角的要求。

图 2-1-54 所示为球形钢支座,主要由上支座板、不锈钢位移板、聚四氟乙烯滑板、中间球形钢芯板、聚四氟乙烯球形板、橡胶密封圈、下支座板和上下固定连接螺栓等组成。球形钢支座传力可靠,转动灵活,它不但具备盆式橡胶支座承载能力大、允许支座位移大等特点,而且能更好地适应支座大转角的需要,与盆式橡胶支座相比具有如下优点:

(1)球形钢支座通过球面传力,作用在混凝土上的反力比较均匀。

(2)球形钢支座通过球面聚四氟乙烯板的滑动实现支座的转动过程,转动力矩小,而且转动力矩只与支座球面半径及聚四氟乙烯板的摩擦系数有关,与支座转角大小无关,特别适用于大转角要求,设计转角可达 0.05 rad 以上。

(3)支座不用橡胶承压,不存在橡胶老化影响转动性能和使用寿命问题,且适用于低温地区。

球形钢支座有固定支座、单向活动支座和多向活动支座三种形式，满足桥梁不同需求。

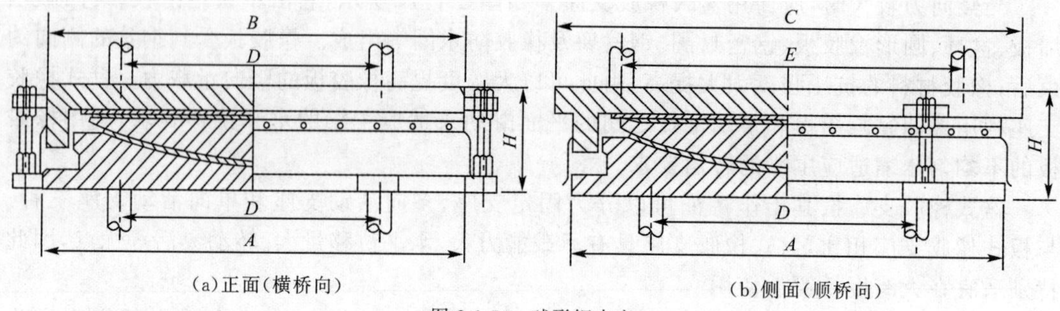

(a)正面(横桥向)　　(b)侧面(顺桥向)

图 2-1-54　球形钢支座

2. 抗拉支座

在连续梁桥、悬臂梁桥、斜桥、宽悬臂翼缘箱梁桥以及小半径曲线桥上，因荷载的作用，在某些支点上会产生拉力，在这种情况下，必须设置能抗拉且能承受相应的转动和水平位移的支座。

球形钢支座、盆式和板式橡胶支座都能通过设置抗拉装置变更为抗拉支座，这种变更既可用于固定支座，还可用于活动支座，图 2-1-55 所示为一种抗拉型球形钢支座。

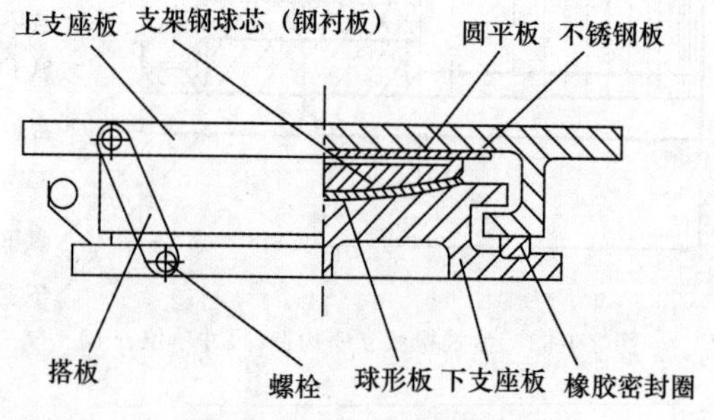

图 2-1-55　抗拉型球形钢支座

3. 抗震支座

地震地区的桥梁支座不仅应满足支承要求，同时应具有减震、防震等多种功能。

按抗震要求设计的支座必须具有抵抗地震力的能力；而减、隔震支座的作用是尽可能地将结构或部件与可能引起破坏的地震地面运动分离开来，以大大减少传递到上部结构的地震力和能量。目前，国内主要的减、隔震支座和抗震支座的类型有抗震型球形钢支座、铅芯橡胶支座和高阻尼橡胶支座。

图 2-1-56 所示为一种抗震型球形钢支座，其在侧面设置了减震弹簧，使主梁在受到墩台约束的同时能够发生一定的水平位移，从而达到减小地震力的效果。如图 2-1-57 所示为铅芯橡胶支座，其是在多层橡胶支座中插入铅芯，当多层橡胶产生剪切变形时，利用铅芯的塑性变形吸收地震能量，以到达减震的效果。高阻尼橡胶支座是将特殊配制的具有较高耗能能力的橡胶材料代替普通橡胶支座中的氯丁橡胶、天然橡胶等常用材料制作而成的。该支座的特点是滞回环面积较大，吸收地震能量的能力较强。

图 2-1-56 抗震型球形钢支座

图 2-1-57 铅芯橡胶支座

三、支座布置和要求

根据梁桥的结构体系以及桥宽，支座在纵、横桥向的布置主要包括以下方式。

对于装配式简支空心板梁和 T 梁，通常选用板式橡胶支座形成“浮动结构”体系，如图 2-1-58(a)所示；如采用严格区分活动、固定的支座体系，一般把固定支座设置在桥台上，每个桥墩上布置一个(组)活动支座与一个(组)固定支座，以便使所有墩台均匀承受纵向水平力。针对个别高墩，在上面可布置两个(组)活动支座，以减少它所受到的水平力。对于坡桥，宜将固定支座布置在高程低的墩台上。对于整体简支板桥或箱梁桥，一般可采用图 2-1-58(b)所示支座布置方式以满足结构纵横向的变位。

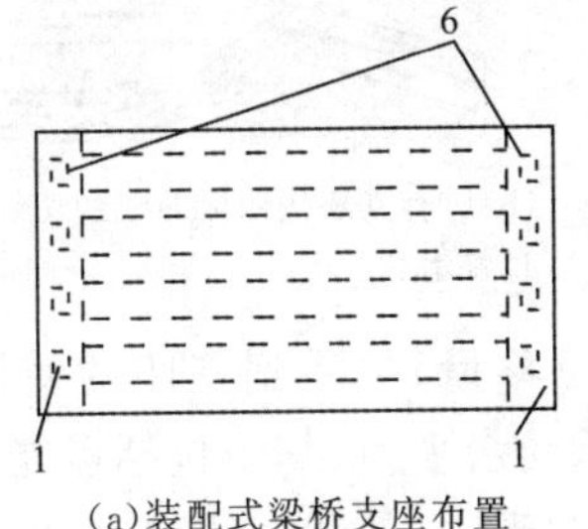

(a)装配式梁桥支座布置

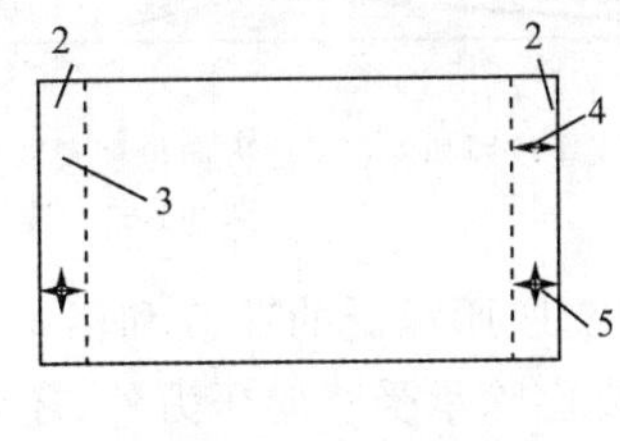

(b)整体式梁桥支座布置

1、2—桥台；3—固定支座；4—单向活动支座；5—多向活动支座；6—橡胶支座

图 2-1-58 单跨简支梁支座布置

对于连续梁桥，一般在每一联的一个墩或台上设置一个固定支座，其他墩台均设置活动支座。为减小对支座的水平位移和伸缩缝装置的伸缩量要求，一般将固定支座放置于连续梁的中间桥墩上。如果在梁体下布置有两个支座，则要根据横向位移需要布置固定支座和单向活动支座或多向活动支座，图 2-1-59 所示是一种典型的连续梁支座布置形式。

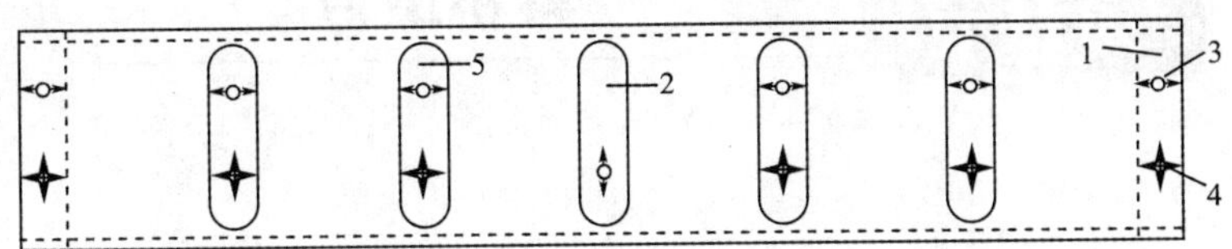

1—桥台；2—固定支座；3—单向活动支座；4—多向活动支座；5—活动墩

图 2-1-59 多跨连续结构支座布置

对于悬臂梁桥，其锚固孔一侧设置固定支座，另一侧设置活动支座。在锚固孔与挂孔结合的牛腿处设置支座，其设置方式一般与简支梁桥相同。

对于斜桥，支座布置方式一般应使支座纵向位移的方向平行于行车道中心线(图 2-1-60)。

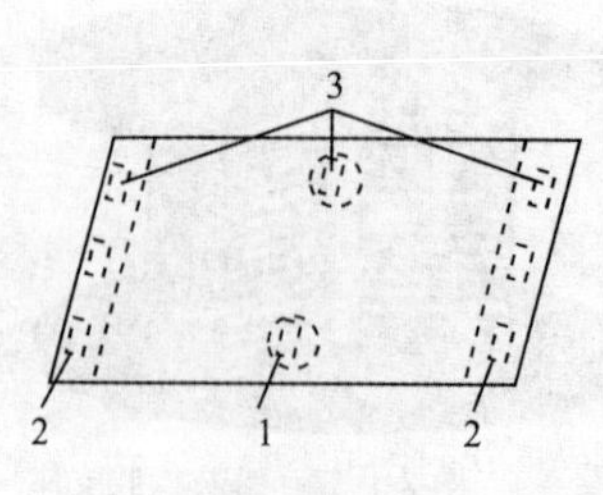

(a)橡胶支座模式

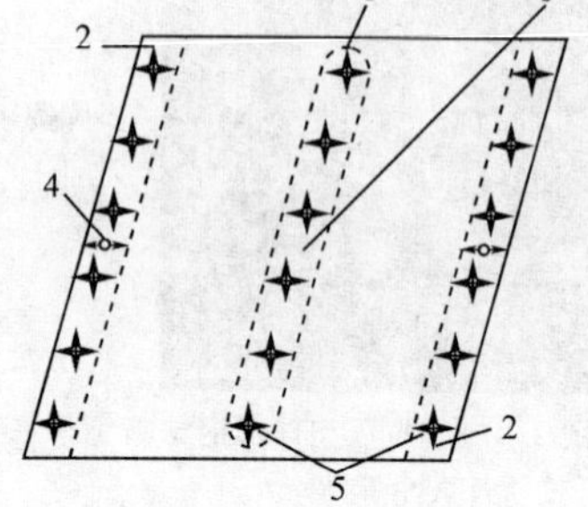

(b)固定支座+滑动支座模式

1—柱式墩;2—桥台;3—橡胶支座;4—单向活动支座;5—多向活动支座;6—固定支座

图 2-1-60　双跨连续斜桥支座布置

对于弯桥,可根据结构朝一固定点沿径向位移的概念或结构沿曲线半径的切线方向定向位移的概念确定(图 2-1-61)。

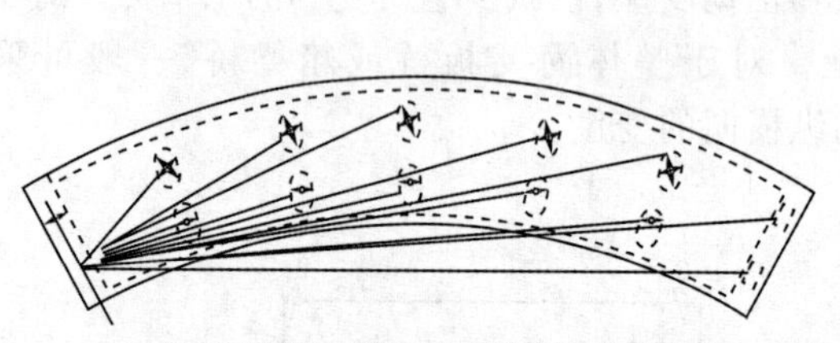

(a)所有支座按照朝固定支座方向位移安装

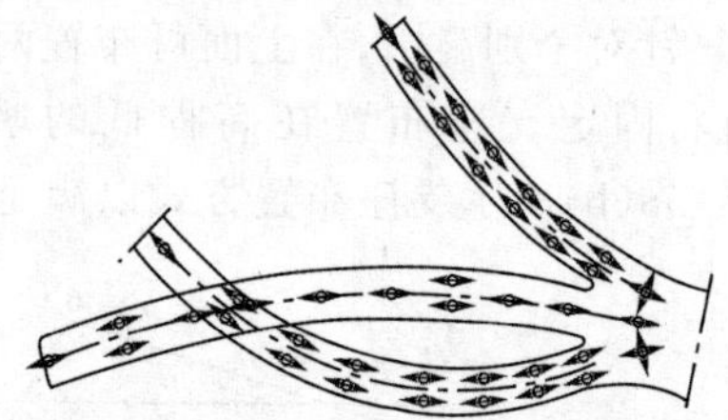

(b)所有支座按照沿曲线的切线方向位移安装

图 2-1-61　连续弯桥的支座布置示意

正确地确定支座所承受的荷载和活动支座的位移量,关系到支座的使用安全和寿命。一般而言,固定支座除承受竖向压力外,还必须能承受水平力,其中包括可能产生的制动力、风力、活动支座的摩阻力以及地震时的惯性力等。对于弯、斜和宽桥,支座的受力比较复杂,需要进行各个方向受力分析以确定支座受力状况。支座位移量的计算要考虑各种不确定因素影响,对结构温差、混凝土收缩与徐变的影响要有足够的估计,也要认识到桥梁的挠曲、基础的不均匀沉降也会产生一定的结构位移。考虑到影响因素的诸多不确定性,通常将计算的位移量乘以 1.3 左右的安全系数后作为支座位移量的设计值。

第八节　梁桥墩台

一、概述

桥梁墩台是桥梁结构的重要组成部分之一,它主要由墩(台)帽、墩(台)身和基础三部分组成。

桥墩一般系指多跨桥梁中的中间支承结构物。它除承受上部结构产生的竖向力、水平力和弯矩外,还承受风力、流水压力及可能发生的地震力、冰压力、船只和漂流物的撞击力。桥台设置在桥梁两端,除了支承桥跨结构外,它又是衔接两岸接线路堤的构筑物,既要能挡土护岸,又能承受台背填土及填土上车辆荷载所产生的附加侧压力,因此,桥梁墩台自身应有足够的强度、刚度和稳定性。同时为避免在上述荷载作用下产生危害桥梁整体结构的水平、竖向位移和转角位移对地基的承载能力、沉降量、地基与基础之间的摩阻力等也都提出一定的要求。

桥梁下部结构的设计应遵循安全耐久、造价低、维修养护少、施工方便、造型美观、与周围环境协调等原则。

二、桥墩的类型与构造

桥墩按其构造可分为实体墩、空心墩、柱式墩、框架墩、柔性排架墩等(图 2-1-62);按其受力性能可分为刚性墩和柔性墩;按施工工艺可分为就地砌筑或现场浇筑、预制安装桥墩;按其截面形状可分为矩形、圆形、圆端形、尖端形及各种截面组合而成的空心桥墩(图 2-1-63)。墩身侧面可垂直,也可以是斜坡式或台阶式。

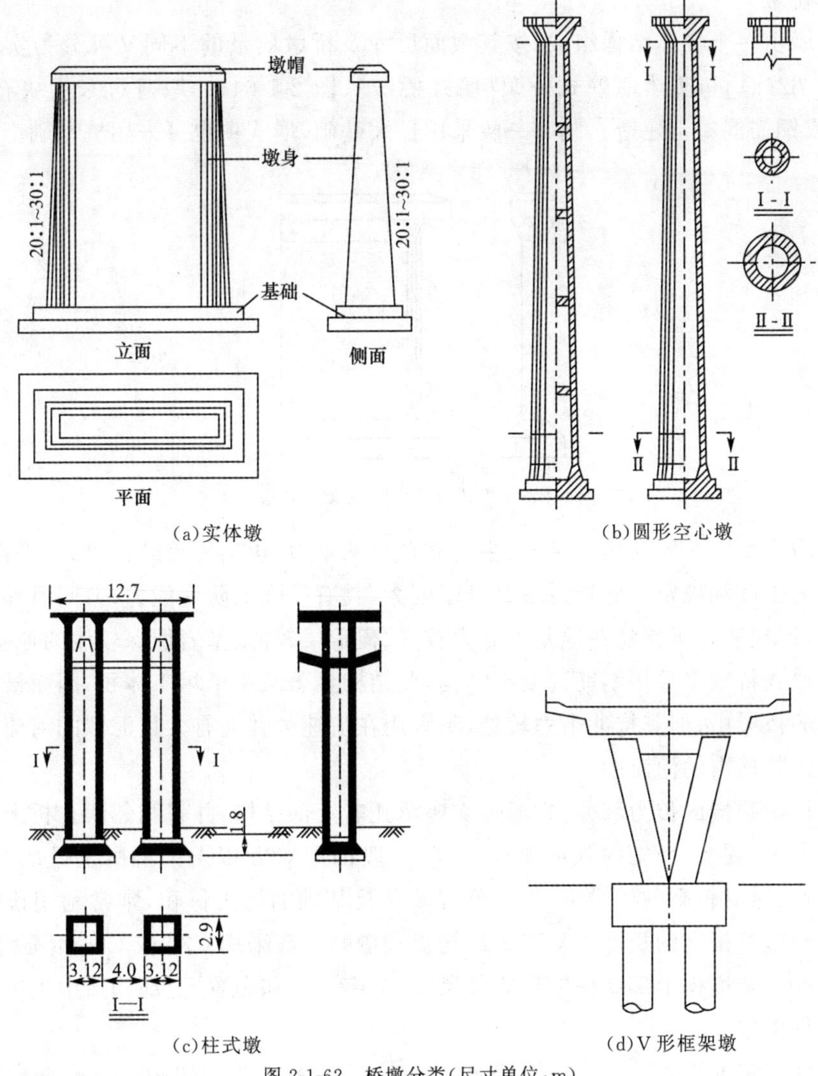

图 2-1-62 桥墩分类(尺寸单位:m)

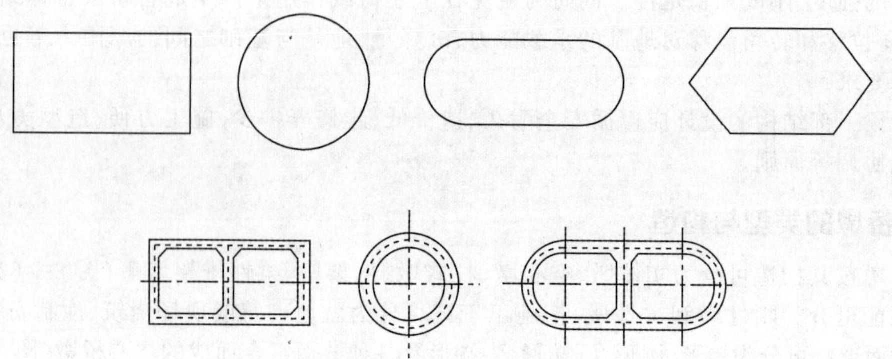

图 2-1-63　桥墩截面形式

1. 实体桥墩

实体桥墩由一个实体结构组成，按其截面尺寸及桥墩质量的不同又可分为实体重力式桥墩[图 2-1-62(a)]和实体薄壁式桥墩(墙式桥墩)(图 2-1-64)。墩身可采用块石、浆砌片石、混凝土或钢筋混凝土建造。基础一般采用扩大基础，墙式项也可采用桩基础。

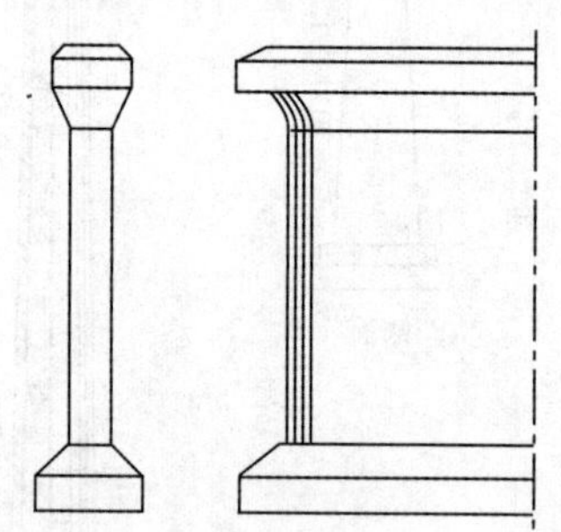

图 2-1-64　实体薄壁式桥墩(墙式桥墩)

实体重力式桥墩一般为圬工结构，主要靠自身的重力(包括桥跨结构重力)平衡外力，从而保证桥墩的强度和稳定。此种桥墩自身刚度大，具有较强的防撞能力，但同时存在阻水面积大的缺陷，比较适合于修建在地基承载力较高、覆盖层较薄、基岩埋深较浅的地基上。

实体薄壁式桥墩多采用钢筋混凝土结构，此结构显著减小了圬工体积，因而被广泛应用于中小跨径的桥梁中，但其抗冲击力较差，不宜用在流速大并夹有大量泥沙的河流或可能有船舶、冰、漂流物撞击的河流中。

墩帽是桥墩顶端的传力部分，它通过支座承托着上部结构，并将相邻两孔桥上的恒载和活载传到墩身上，因此，墩帽的强度要求较高，一般都用 C20 以上的混凝土做成。另外，在一些桥面较宽、墩身较高的桥梁中，为了节省墩身及基础的圬工体积，常常利用挑出的悬臂或托盘来缩短墩身横向的长度。悬臂式或托盘式墩帽一般采用 C20 或 C25 钢筋混凝土。

墩帽长度和宽度视上部结构的形式和尺寸、支座尺寸和布置、上部构造中主梁的施工吊装要求等条件而定。

墩帽尺寸拟定如下：

(1)顺桥向墩帽最小宽度 b

①双排支座

如图 2-1-65 所示,b 为

$$b \geqslant f+\frac{a}{2}+\frac{a'}{2}+2c_1+2c_2 \tag{2-1-3}$$

式中 f——相邻两跨支座间的中心距

$$f=e_0+e_1+e'_1 \geqslant \frac{a}{2}+\frac{a'}{2} \tag{2-1-4}$$

式中 e_0——伸缩缝宽度;

e、e'——桥跨结构过支座中心线的长度;

a、a'——桥跨结构支座顺桥向宽度;

c_1——顺桥向支座边缘至墩身边缘的最小距离,见图 2-1-65,图 2-1-66 及表 2-1-7;

c_2——檐口宽度,5～10 cm。

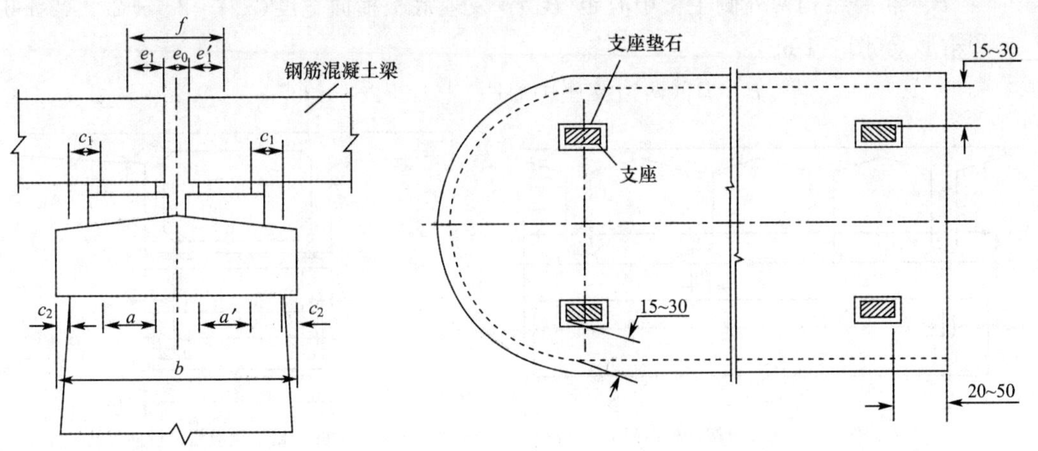

图 2-1-65 墩帽顺桥向尺寸

图 2-1-66 bc 值的确定(尺寸单位:cm)

表 2-1-7 支座边缘到台墩身边缘的最小距离 cm

跨径 l/m	桥向		
	顺桥向	横桥向	
		圆弧形端头(自支座边角量起)	矩形端头
$l \geqslant 150$	30	30	50
$50 \leqslant l < 150$	25	25	40
$20 \leqslant l < 50$	20	20	30
$5 \leqslant l < 20$	15	15	20

注:当采用钢筋混凝土或预应力混凝土悬臂墩帽时,可不受本表限制,应以便于施工、养护和更换支座而定。

②单排支座

当墩上仅有一排支座时(如连续梁桥),则 b 可由下式计算(图 2-1-67)

$$b=a+2c_1+2c_2 \tag{2-1-5}$$

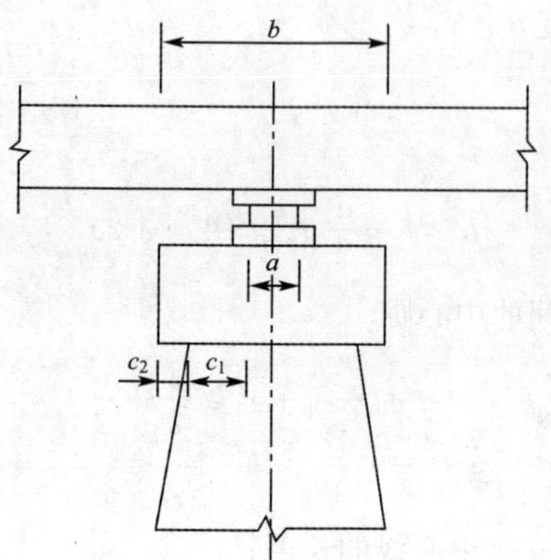

图 2-1-67 单排支座墩帽尺寸

(2)横桥向墩帽最小宽度 B

①多片主梁(图 2-1-68)

B=桥跨结构两外侧主梁中心距(B_1)+支座底板横向宽度(a_1)$+2c_2+2c_1$ (2-1-6)

②箱形梁(图 2-1-69)

$$B=B_1(\text{两边支座中心距})+a_1+2c_1+2c_2$$

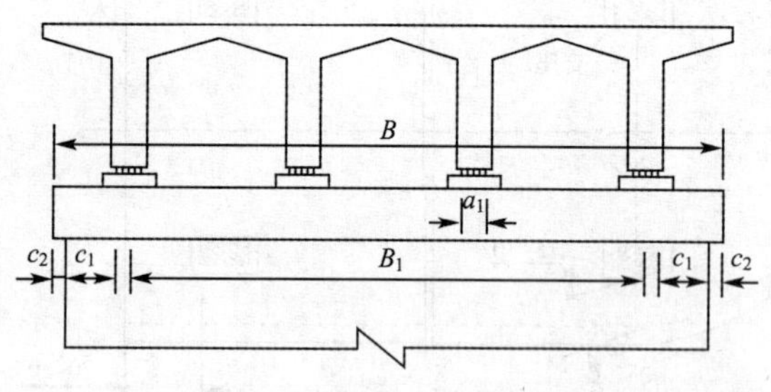

图 2-1-68 多片主梁墩帽横桥向尺寸

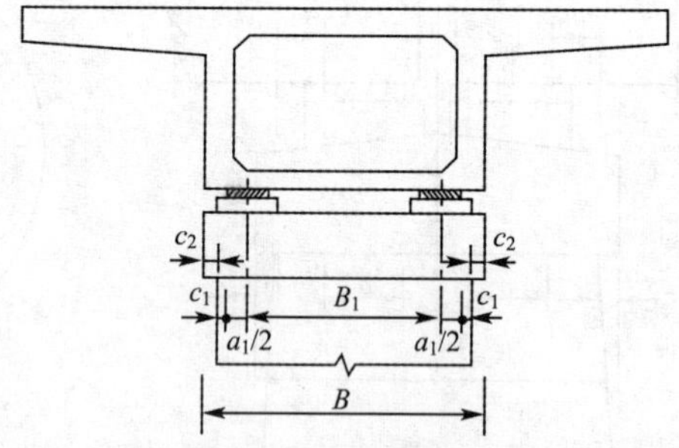

图 2-1-69 箱形梁墩帽横桥向尺寸

墩身是桥墩的主体。重力式桥墩墩身的顶宽,对小跨径桥不宜小于 80 cm(采用轻型桥墩时不宜小于 60 cm),对中跨径桥不宜小于 100 cm;对大跨径桥的墩身顶宽,则视上部构造类型而定。实体桥墩侧坡一般采用 20∶1~30∶1(竖∶横),小跨径桥的桥墩也可采用直坡。

为了便于水流和漂浮物通过,墩身平面形状可以做成圆端形[图 2-1-70(a)]或尖端形[图 2-1-70(b)];无水的岸墩或高架桥墩可以做成矩形,在水流与桥梁斜交或流向不稳定时,宜做成圆形。流冰对桥墩会产生撞击力和磨损,在有流冰的河道(一般冰厚大于 0.5 m,流冰速度大于 1 m/s)上,桥墩的迎水端应做成尖端形或圆端形破冰棱体[图 2-1-70(c)]。破冰棱的设置范围,应从最低流冰水位以下 0.5 m 到最高流冰水位以上 1 m 处;破冰棱的倾斜度一般取 3∶1~10∶1。破冰棱可由强度较高的石料砌成,也可以用高强度等级的混凝土辅之以钢板或角钢加固。

基础是介于墩身与地基之间的传力结构。基础的种类很多,这里仅简要介绍设置在天然地基上的刚性扩大基础。它一般采用强度等级不低于 C20 的片石混凝土或用 MU30 以上浆砌块石筑成。基础的平面尺寸较墩身底截面尺寸略大,四周放大的尺寸每边为 0.25~0.75 m。基础可以做成单层的,也可以做成 2~3 层台阶式的。为了保持美观和结构不被碰损，基础顶面一般应设置在最低水位以下不少于 0.5 m；在季节性河流或旱地上，不宜高出地面。另外，为了保证持力层的稳定性和不受扰动，基础的埋置深度，除岩石地基外，应在天然地面或河底以下不少于 1 m；如有冲刷，基底埋深应在设计洪水位冲刷线以下不少于 1 m；对于上部结构为超静定结构的桥涵基础，除了非冻胀土外，均应将基底埋于冻结线以下不小于 0.25 m。

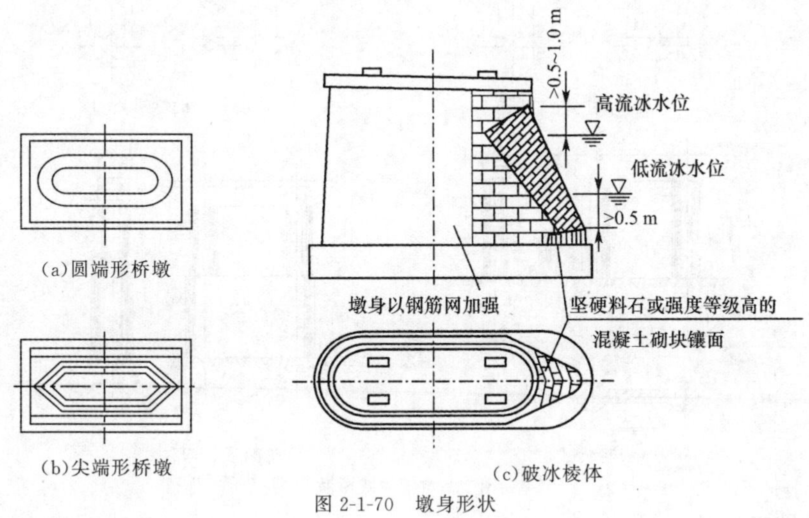

图 2-1-70 墩身形状

2. 空心桥墩

在一些高大的桥墩中，为了减小圬工体积，节约材料，减轻自重，减小软弱地基的负荷，也可将墩身内部做成空腔体，即空心桥墩。这种桥墩在外形上与实体重力式桥墩并无大的差别，只是自重较实体重力式的轻，因此，它介于重力式桥墩和轻型桥墩之间。几种常见的空心桥墩如图 2-1-63 所示。

空心桥墩在构造尺寸上应符合下列规定：①墩身最小壁厚，对于钢筋混凝土不宜小于 30 cm，对于混凝土不宜小于 50 cm；②墩身内应设横隔板或纵、横隔板，以加强墩壁的抗撞能力；③墩帽下需有一定高度的实心部分以传递墩帽的压力，墩顶实体段以下应设置带门的进入洞或相应的检查设备；④墩身周围应设置适当的通风孔或泄水孔，壁孔的直径宜为 20～30 cm，用以调节壁内外温差和平衡水压力。

3. 柱式桥墩

柱式桥墩是公路桥梁中广泛采用的桥墩形式，它具有线条简捷、明快、美观，既节省材料数量又施工方便的特点。柱式桥墩一般由基础之上的承台、柱式墩身和盖梁组成。双车道桥常用的桥墩形式有单柱式、双柱式、哑铃式以及混合双柱式四种(图 2-1-71)。

目前我国采用较多的还有钻孔灌注桩双柱式桥墩[图 2-1-71(b)]，它由钻孔灌注桩、柱与钢筋混凝土墩帽组成。柱与桩直接相连，通常在桩柱之间布置横系梁，以增加墩身的侧向刚度。钻孔桩柱式桥墩适合于许多场合和各种地质条件。通过增大桩径、桩长或用多排桩加建承台等措施，也能适用于更复杂的软弱地质条件以及较大的跨径和较高的桥墩。它的施工方式较优越，全部墩台工程都可以在水上作业，避免了繁重的水下作业，故目前应用较广泛。

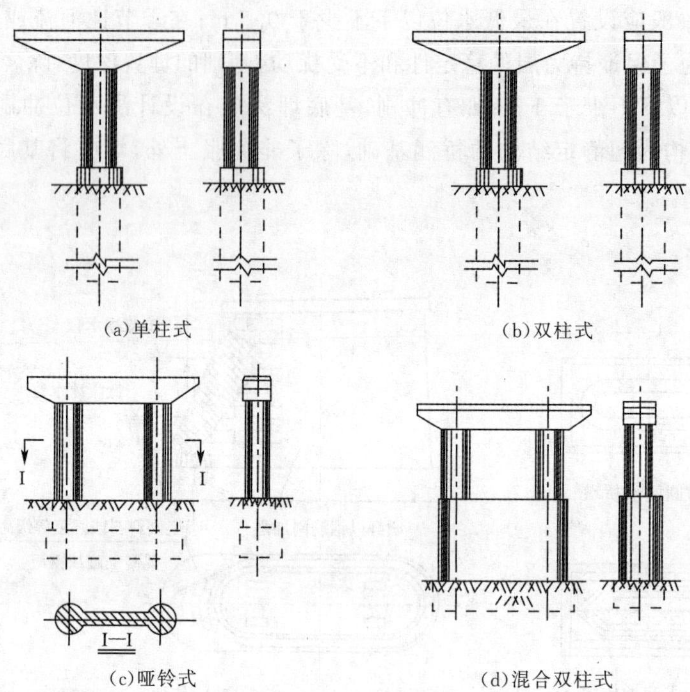

图 2-1-71 柱式桥墩

4. 柔性排架桩墩

柔性排架桩墩是由单排或双排的钢筋混凝土桩与钢筋混凝土盖梁连接而成的，如图 2-1-72 所示。其主要特点是，可以通过一些构造措施，将上部结构传来的水平力（制动力、温度影响力等）传递到全桥的各个柔性桥墩或相邻的刚性墩台上，以减小单个柔性墩所受到的水平力，从而达到减小桩墩截面的目的。

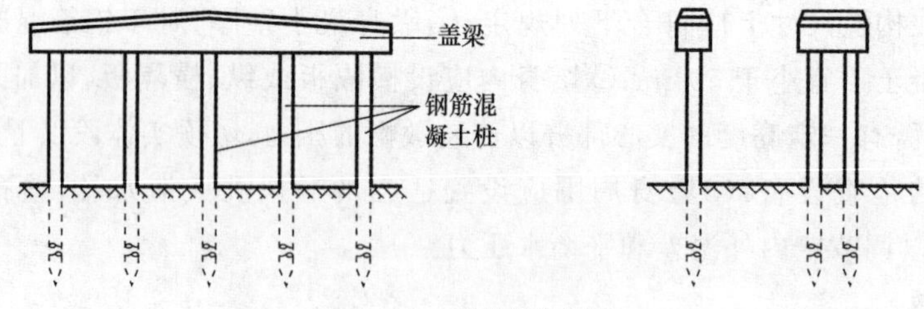

图 2-1-72 柔性排架桩墩

柔性排架桩墩一般布设在两端具有刚性较大桥台的多跨桥中，同时，在全桥除一个中墩上设置活动支座外，其余墩台均采用固定支座，如图 2-1-73 所示。由于柔性排架桩墩在布置上只设一个活动支座，当桥梁孔较多且桥较长时，设固定支座的柔性墩会因墩顶位移量过大而处于不利状态，活动支座的活动量要求也要大，刚性桥台的支座所受的水平力也越大。因此，多跨长桥采用柔性墩时宜分成若干联，两个活动支座之间或刚性桥台与第一个活动支座间称为一联，如图 2-1-74 所示，每联设置一个刚性墩，刚性墩宜布置在地基较好和地形较高的地方。

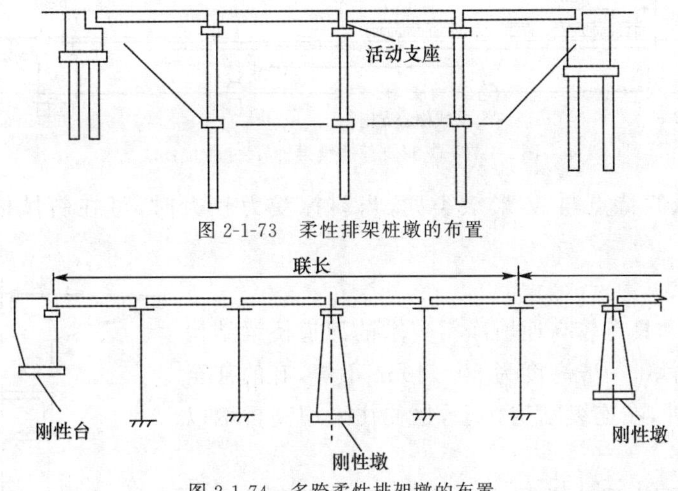

图 2-1-73　柔性排架桩墩的布置

图 2-1-74　多跨柔性排架墩的布置

5. 框架式桥墩

框架式桥墩是采用由构件组成的平面框架代替墩身，以支承上部结构，必要时可做成双层或更多层的框架支承上部结构，这类墩是较空心墩更进一步的轻型结构，通常采用钢筋混凝土和预应力混凝土建成受力体系。框架式桥墩一般采用 V 形、Y 形、X 形等平面框架作为墩身，这些桥墩在同样跨越能力情况下可缩短梁的跨径、降低梁高，使结构轻巧美观，但结构构造比较复杂、施工比较麻烦。图 2-1-75 所示为 V 形框架墩，图 2-1-76 显示出了连续梁桥采用 Y 形框架墩的构造。

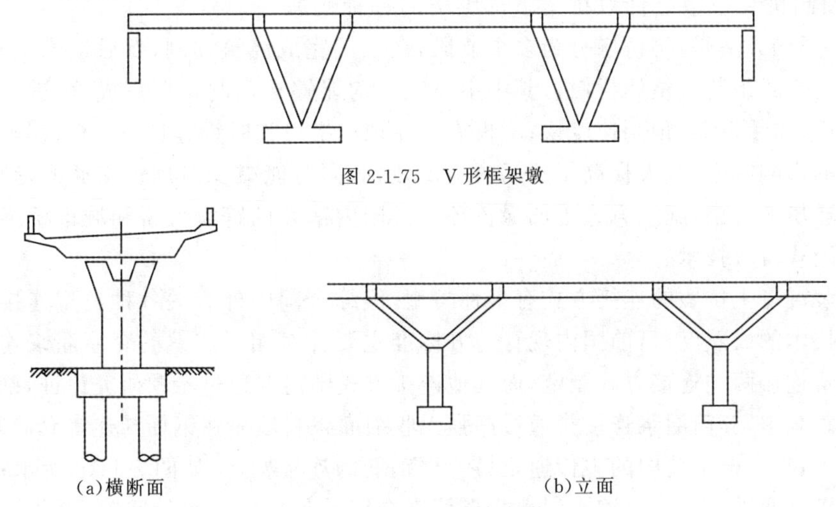

图 2-1-75　V 形框架墩

图 2-1-76　Y 形框架墩

V 形斜撑与水平面的夹角主要依靠桥下净空要求和总体布置确定，通常采用大于 45°。斜撑的截面形式可采用矩形、I 形和箱形等。

V 形墩的支座可布置在 V 形斜撑的顶部或底部。支座布置在斜撑的顶部，斜撑是桥墩的一个组成部分；支座布置在斜撑的底部或采取斜撑与承台刚接不设支座时，斜撑与主梁固结，斜撑成为上部结构的一个组成部分，斜撑的受力大小依结构的图式和主梁与斜撑的刚度比确定。如图 2-1-77 所示的桥梁就是斜撑与主梁固结的连续梁桥。

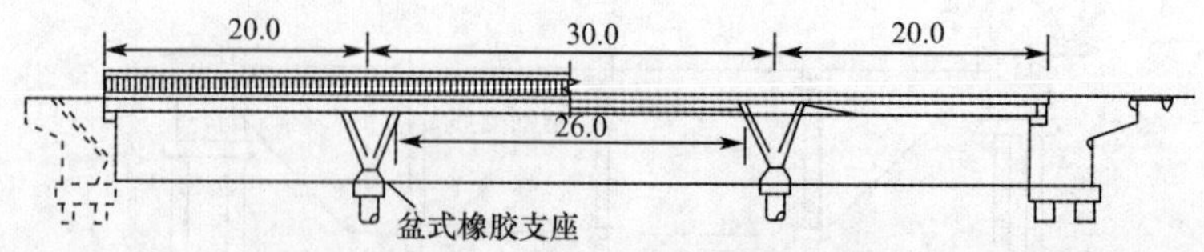

图 2-1-77　V 形支撑连续梁桥(尺寸单位:m)

X 形、Y 形墩的特点与 V 形墩类同,当斜撑受力较大时,可在斜撑构件内布置预应力筋。

6. 高桥墩

在跨越深谷和具有较高通航净空要求的河道桥梁结构上,桥墩多为高桥墩,一般高度为 30～40 m 不等,有的甚至超过 100 m。另外,在连续刚构桥上,也往往采用高桥墩以增加桥墩的柔性。

高桥墩结构可为实体墩和薄壁墩,立面布置形式有独柱墩、双柱墩或框架式墩等,图 2-1-78 所示为独柱式薄壁桥墩。独柱式桥墩占地面空间小,节省工程量;双柱式桥墩通过墩顶横系梁或盖梁加强横桥向的结构稳定,为增加美观,可由改变桥墩截面尺寸、柱间距、加设装饰线条而构筑成具有一定线形变化的桥墩。

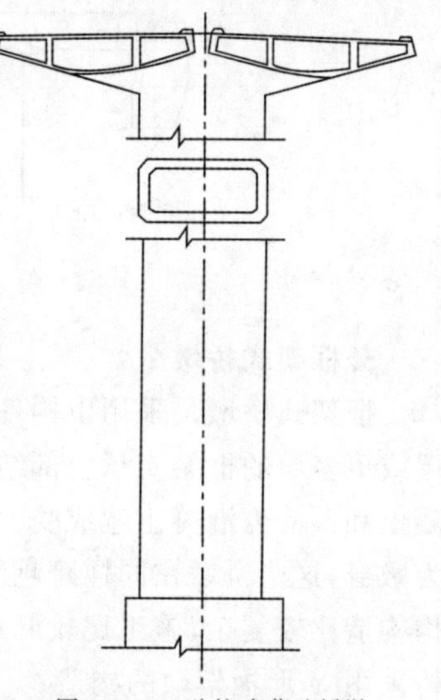
图 2-1-78　独柱式薄壁桥墩

7. 预制装配式桥墩

预制拼装施工技术的使用是解决现浇施工问题的有效方式,其中预制拼装桥墩是针对桥梁下部结构的一种快速施工技术,主要的方法是:将桥墩分为多个节段,在工厂完成浇筑预制,然后运输至现场,通过垒叠拼装的方式组装成整体桥墩。其中主要工作均能够在预制工厂完成,可进行大批量的标准化生产、质量可靠、预制速度快;不再需要在现场搭设临时设施进行支模浇筑,受到现场条件制约的影响减少,极大提高了现场的施工效率,同时能减少对周边交通的影响,降低对施工周边环境的污染,施工方式更加绿色环保。国内诸多的跨海大桥和城市桥梁已经成功应用了装配式桥墩技术。

预制拼装混凝土桥墩的连接方式有多种类型,但综合国内外有关各种类型连接方式的研究成果及技术的成熟度,目前国内现行地方标准主要针对相对成熟的套筒灌浆连接和灌浆金属波纹管连接两类连接方式制定,而其他连接方式则需要通过专项研究论证,确认可行后方可采用。其中,套筒灌浆连接是通过高强无收缩灌浆料填充在钢筋与连接套筒间隙,硬化后形成接头,将一根钢筋中的力传递至另一根钢筋的连接构造,如图 2-1-79 所示;灌浆金属波纹管连接是通过高强无收缩水泥灌浆料填充在钢筋与金属波纹管间隙,硬化后形成对钢筋的锚固作用,如图 2-1-80 所示。

抗震设防烈度为 7 度及以下地区的城市桥梁工程中,预制立柱与承台连接或预制立柱与盖梁连接时可将灌浆套筒或灌浆金属波纹管设置在立柱内;抗震设防烈度为 8 度时,预制立柱与承台连接或预制立柱与盖梁连接时宜将灌浆套筒或灌浆金属波纹管设置在承台内或盖梁中。

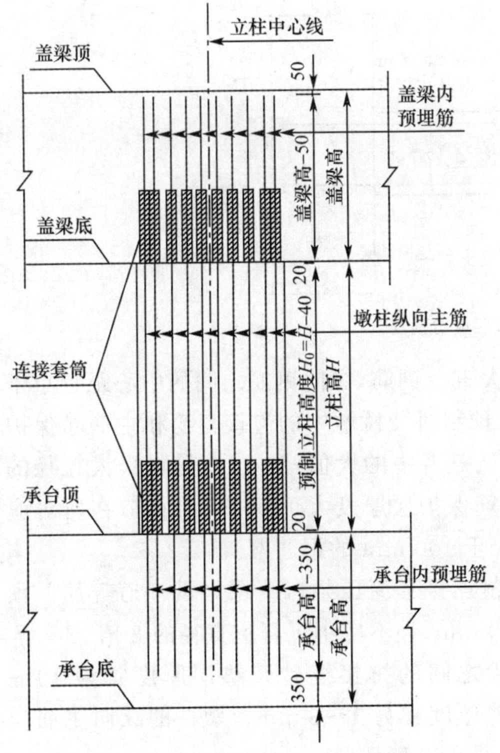

图 2-1-79 套筒连接模式下墩柱纵向主筋长度

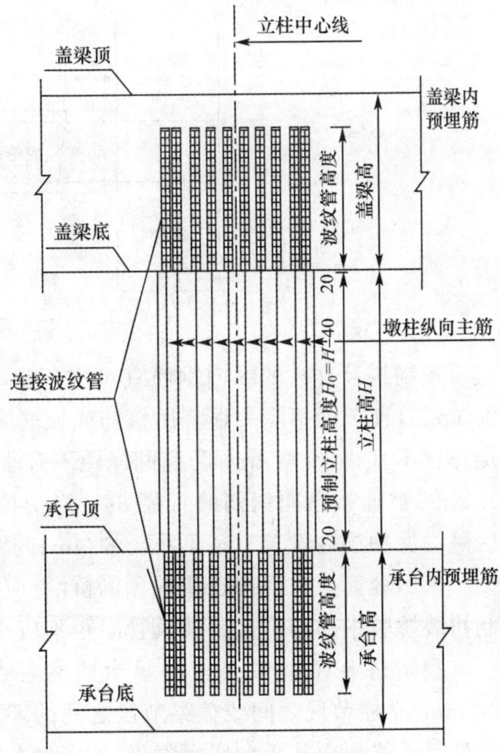

图 2-1-80 金属波纹管连接模式下墩柱纵向主筋长度

设计预制立柱时，应考虑上、下砂浆垫层厚度的影响，确定立柱预制长度。同类型预制构件拼缝处宜采用环氧黏结剂，不同类型预制构件拼缝处宜采用砂浆垫层。预制构件的拼接面设置剪力键时应采用匹配法施工，拼接面未设置剪力键时可采用非匹配法施工。

桩柱式桥墩的立柱、系梁采用预制拼装时：(1)中部系梁整体预制时，上、下应各带一段立柱，每段高度应不小于 1.5 倍柱径 D 或 1.5 倍立柱长边尺寸 A，如图 2-1-81 所示；(2)顶部系梁整体预制时，上端至立柱顶，下端带立柱预制，长度应不小于 1.5 倍柱径 D 或 1.5 倍立柱长边尺寸 A，如图 2-1-82 所示；(3)当系梁分段预制并设置预应力时，拼接缝可设置在系梁端部距离立柱不小于 0.5 m 处，接缝应采用环氧黏结剂，拼接面应如图 2-1-83 所示斜向设置。

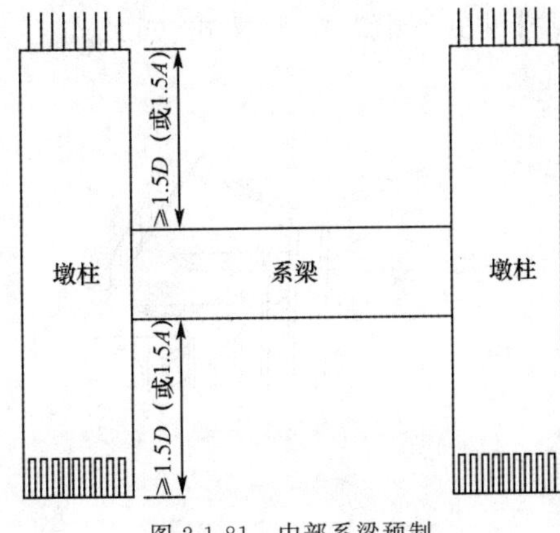

图 2-1-81 中部系梁预制

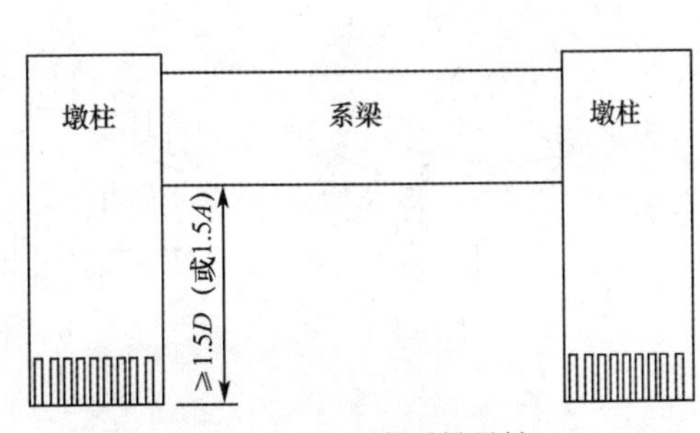

图 2-1-82 顶部系梁预制

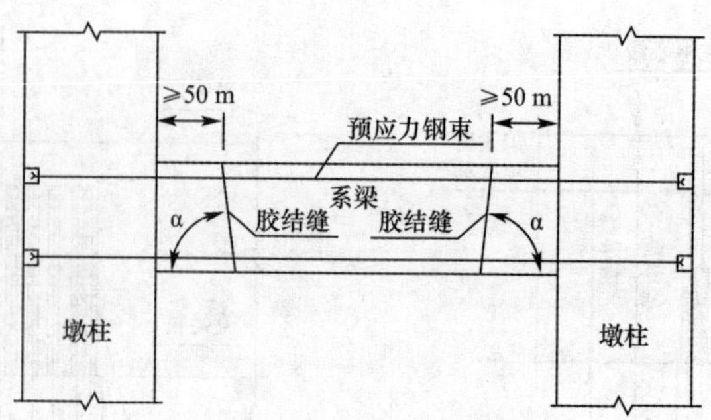

图 2-1-83　系梁设置预应力预制

预制拼装立柱的纵向钢筋宜对称布置,采用大直径钢筋,纵向钢筋之间的中心距宜小于200 mm,且至少每隔一根宜用箍筋或拉筋固定。预制拼装桥墩中的连接套筒和主筋净保护层厚度不宜小于30 mm,套筒间净距不宜小于下面三者中的大值:25 mm;骨料最大粒径的1.3倍;被连接纵向钢筋的直径ds。当受拉区主筋保护层厚度大于50 mm时,应在所对应区域的保护层内设置直径不小于6 mm、间距不大于100 mm的钢筋网。

采用套筒灌浆连接建造的预制桥墩,应在灌浆连接套筒压浆口下缘处设一道箍筋。预制拼装桥墩中的圆形金属波纹管净距不应小于50 mm,且不应小于管道直径的2倍。

预制拼装桥墩中立柱与承台或立柱与盖梁之间的拼接缝砂浆垫层厚度宜为10～30 mm,立柱节段之间或盖梁节段之间的环氧接缝厚度宜为1～3 mm。墩柱的纵向主筋应延伸至盖梁顶面和承台底面附近,如图2-1-79、图2-1-80所示。

四、桥墩造型

桥梁造型是研究以交通功能为使用目的,结构、材料、施工技术等为基本条件,并结合环境,通过形态构成的规律,对于桥跨结构和墩台进行优化组合所形成的具有艺术感染力的立体形象,创造出融合环境的尽可能完美的桥梁形体。为此,桥梁设计不但要确保安全、耐久,同时还要求桥梁下部结构的造型与周围的地形、地貌条件密切相关,使桥梁与环境和谐、匀称。

城市立交桥和高架桥均为跨线桥梁结构,常常受地形、地物的限制,因此斜桥、弯桥较多。同时,由于交通立交,要求桥墩的位置和形状要尽量多透空,保证行车有较好的视线。为了能从上面承托较宽的桥面,在下面能减小墩身和基础尺寸,在地面以上给人以艺术的享受和美化城市,常常将桥墩在桥横向做成独柱式或排柱式、倾斜式、双叉式、四叉式、T形、V形和X形等多种多样的桥墩形式(图2-1-84)。

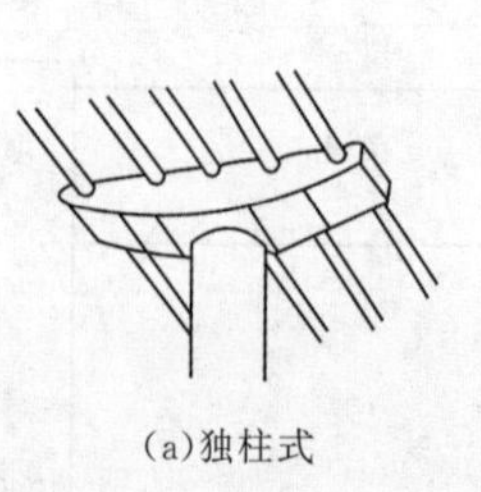
(a)独柱式

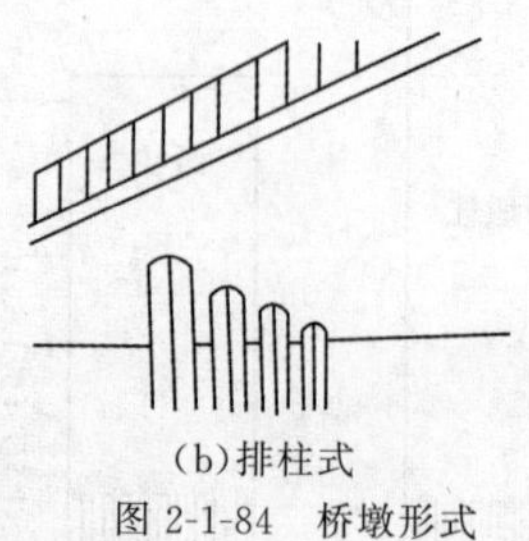
(b)排柱式

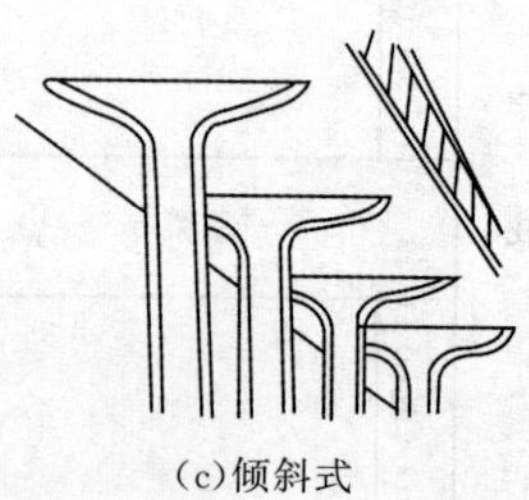
(c)倾斜式

图 2-1-84　桥墩形式

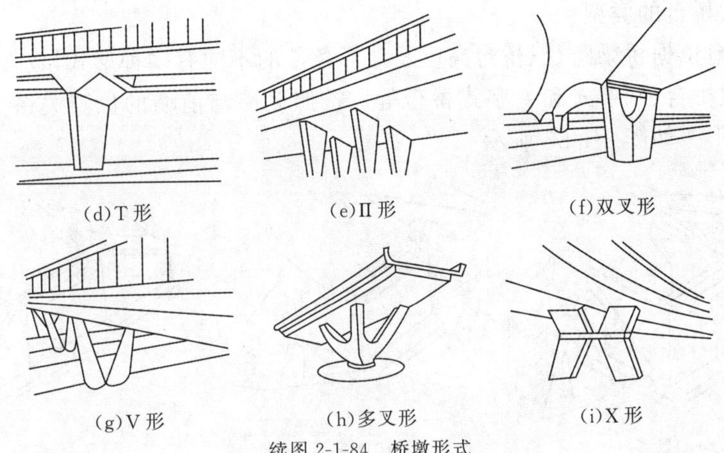

续图 2-1-84　桥墩形式

图 2-1-85 所示为立交桥常用的主梁横截面形式和桥墩的横向布置形式。

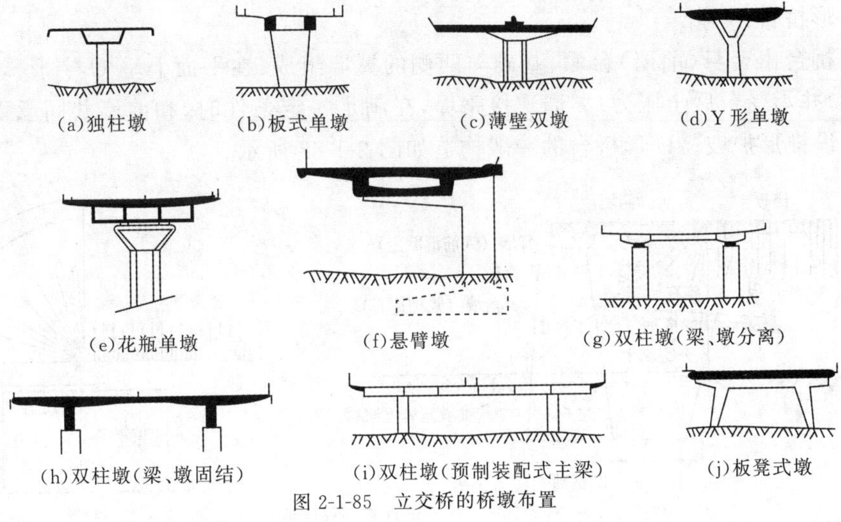

图 2-1-85　立交桥的桥墩布置

五、桥台的类型与构造

桥台按其形式可划分为重力式、轻型、组合式和承拉桥台。

1. 重力式桥台

重力式桥台也称实体式桥台，它主要靠自重来平衡台后的土压力。桥台台身多数由石砌、片石混凝土或混凝土等圬工材料建造，并采用就地建造施工方法。桥台结构包括前墙、背墙、台墙、侧墙，如图 2-1-86 所示。

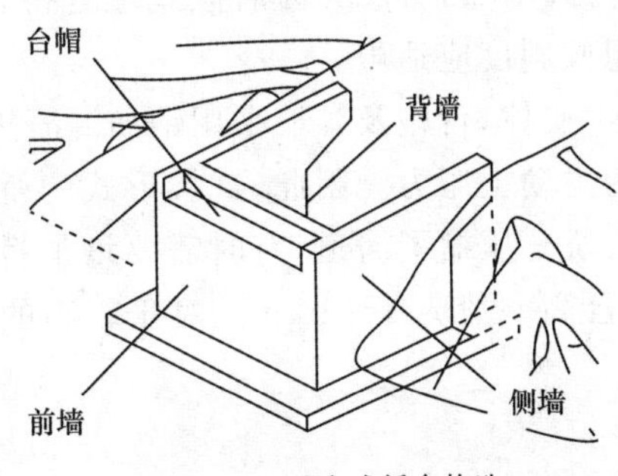

图 2-1-86　重力式桥台构造

(1)重力式桥台的类型

重力式桥台依据桥梁跨径、桥台高度及地形条件的不同有多种形式,较常用的类型有U形桥台、埋置式桥台、八字式和一字式桥台等。按照侧墙与前墙的位置关系,分为U字形、八字形和一字形。如图2-1-87所示。

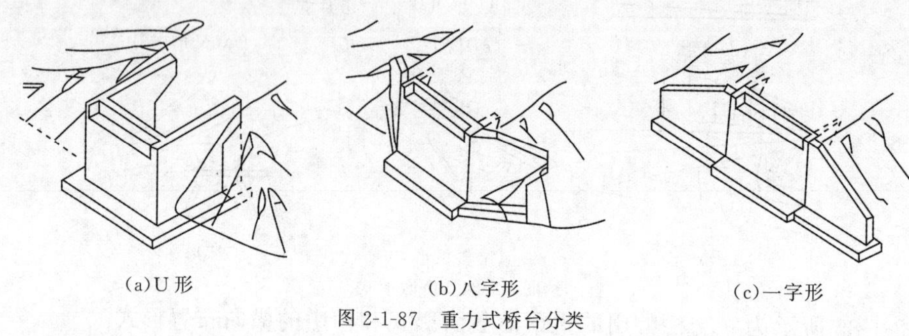

图2-1-87 重力式桥台分类

①U形桥台

U形桥台由台身(前墙)台帽、基础与两侧的翼墙组成,在平面上呈U字形。台身支承桥跨结构,并承受台后土压力;翼墙连接路堤,在满足一定条件时,和前墙共同承受土压力,侧墙外侧设锥形护坡。U形桥台的一般构造如图2-1-88所示。

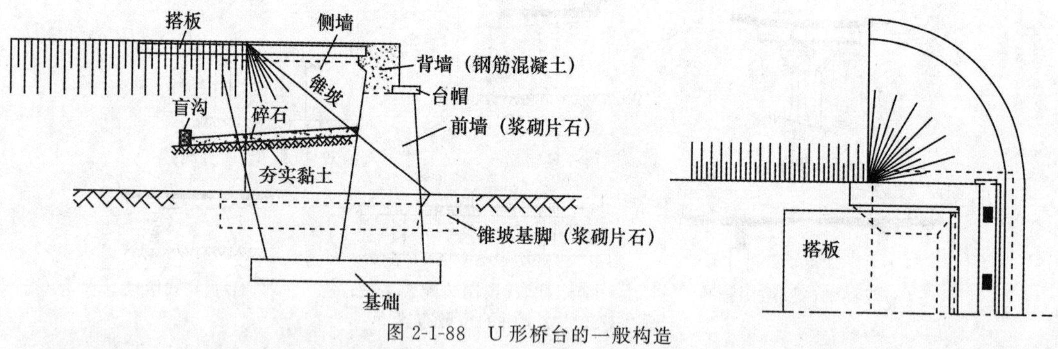

图2-1-88 U形桥台的一般构造

U形桥台构造简单,基础底承压面大,应力较小,但圬工体积大,桥台内的填土容易积水结冰后冻胀,使桥台结构产生裂缝。U形桥台适用于填土8～10 m高度的中等以上跨径的桥梁,要求桥台中间填料宜用渗水性较好的土夯填,并做好台后排水措施。

②埋置式桥台

桥台台身埋置于台前溜坡内,不需另设翼墙,仅由台帽两端的耳墙与路堤衔接。图2-1-89(a)为直立式埋置桥台;图2-1-89(b)为后倾式埋置桥台,它使台身重心向后,用以平衡台后填土的倾覆力矩,但倾斜度应适当。

埋置式桥台的台身为圬工实体,台帽及耳墙采用钢筋混凝土,当台前溜坡有适当保护不被冲毁时,可考虑溜坡填土的主动土压力。因此,这类形式的桥台圬工数量较省,并可以改善水流条件,但由于溜坡伸入桥孔压缩了河道,有时需要增加桥长。它适用于河滩宽浅、地质良好、河床稳定的多孔桥,台高一般为4～10 m。对于较高的桥台,台墙可做成分离的钢筋混凝土柱、墙。

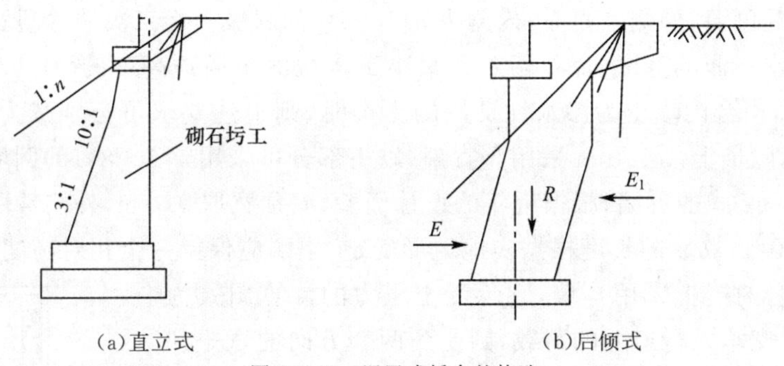

图 2-1-89 埋置式桥台的构造

③八字式和一字式桥台

台身两侧为独立的翼墙，一般将台身与翼墙分开，其间设变形缝。当台身与翼墙斜交时则为八字式桥台；台身与翼墙在同一平面则为一字式桥台。它适用于河岸稳定、桥台不高、河床压缩小的中小跨桥，跨越水利渠道、人工河道的小桥，以及不宜做溜坡的城市立体交叉的跨路桥也常采用。这两种桥台翼墙较宽，因而需要较大的圬工体积。八字式和一字式桥台的翼墙除挡住路堤填土外，还起引导河流的作用。翼墙的构造与地形、填土高度和接线均有关。

(2)结构构造与主要尺寸

①台帽与背墙

桥台顶帽由台帽和背墙两部分组成，如图 2-1-90 所示。台帽采用 C20 混凝土或钢筋混凝土，其中，台帽的构造、尺寸要求和支座边缘到台身的最小距离与桥墩墩帽有许多共同之处，不同的是台帽顶面只设单排支座，在另一侧则要砌筑挡住路堤填土的矮锥墙，或者称为背墙。实体式桥台背墙一般可不设钢筋，悬臂式桥台顶帽采用钢筋混凝土，并按计算布置受力钢筋。

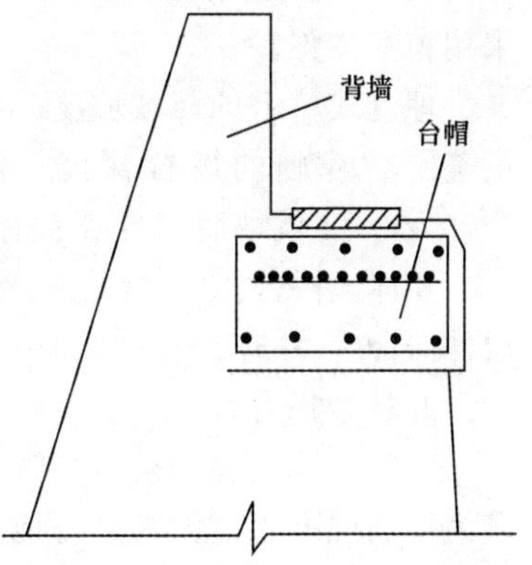

图 2-1-90 重力式桥台的台帽和背墙

②台身

台身由前墙和侧墙构成。前墙背坡一般采用 5∶1～8∶1 的斜坡，呈梯形截面，前坡为 10∶1或者直立，内侧斜坡取 8∶1～6∶1。台身顶的长度与宽度应配合台帽，当台身为圬工结构时，要求台身任一水平截面的纵向宽度不小于该截面到台顶高度的 40%，如图 2-1-91 所示。

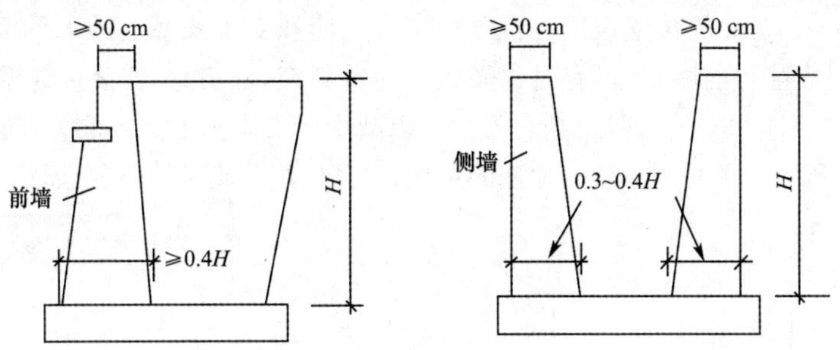

图 2-1-91 U型桥台尺寸

埋置式桥台，由于作用在桥台上的水平力较 U 形桥台小些，在拟定尺寸上，台身底部可略大于顶部尺寸，最后由应力验算确定。

U 形桥台的侧墙，外侧呈直立，内侧为 3∶1～5∶1的斜坡。圬工翼墙的顶宽不小于 0.4～0.5 m，对任一水平面的宽度，片石圬工不宜小于该截面至墙顶高度的 40%，块石及混凝土不宜小于 35%，当台内填土为渗水性良好的土类时，则上述要求可分别减为 35%和 30%。在侧墙的尾端，除最上段 1.0 m 采用竖直外，以下部分可采用 4∶1～8∶1的倒坡。

八字式和一字式的翼墙，根据近年的设计经验，墙顶宽取 0.4 m，外侧常用 10∶1斜坡，内侧可取 8∶1～10∶1，翼墙的长度根据实地地形确定，尾端应保持一个相对高度。

埋置式桥台的挡土采用耳墙，它承受土压力的计算图式为悬臂板，如需要支承人行道上的荷载，则受到两个方向的弯矩和剪力，需要配置受力钢筋，耳墙钢筋布置如图 2-1-92 所示。耳墙长度不宜太长，一般不超过 3～4 m，厚度为 0.15～0.3 m，高度为 0.5～2.5 m，耳墙应将主筋伸入台帽或背墙借以锚固。

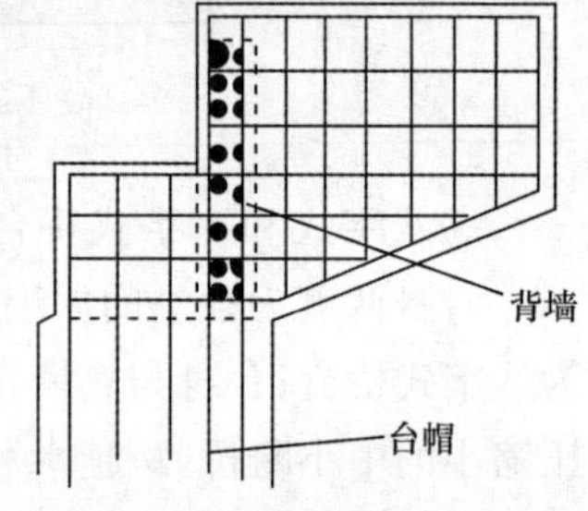

图 2-1-92　耳墙钢筋布置

③锥形护坡、溜坡及台后排水

U 形桥台的冀墙尾端墙上部应伸入路堤不小于 0.75 m，锥形护坡的坡脚不能超过桥台前沿。锥形护坡在纵桥向的坡度，路堤下方 0～6 m 处取用 1∶1，大于 6 m 的部分可取用 1∶1.5，在横向与路堤边坡相同。护坡在高出设计洪水位 0.5 m 以下的部分，应根据设计流速的不同采用块、片石砌筑，不砌部分采用植草皮保护。

埋置式桥台的溜坡坡度一般取用 1∶1.5，溜坡坡面采用砌石保护，并应根据河岸冲刷深度确定其基础的埋置深度。溜坡面距台帽后缘应不小于 0.3 m，耳墙伸入溜坡至少 0.75 m。溜坡坡面和台身前沿相交处应比设计洪水位高出 0.25 m，以避免水流渗入。

实体式桥台背后，台帽或背墙底面应设砂砾滤水层及胶泥隔水层，在隔水层上设置一碎石层伸向台后，并有 2%～3%向台后的纵坡，在碎石层的末端设置横向盲沟，排出台内渗水。

2. 轻型桥台

钢筋混凝土轻型桥台，其结构轻巧、自重小，通常依靠结构材料强度承担外力，其材料大多为钢筋混凝土。因为其对地基强度要求低，所以其应用范围较广。具体形式包括薄壁式、支撑梁式、加筋土式、埋置式。

(1)薄壁轻型桥台

薄壁轻型桥台常用的形式有悬臂式、扶壁式、撑墙式及箱式等，如图 2-1-93(a)所示。钢筋混凝土薄壁桥台是由扶壁式挡土墙和两侧的薄壁侧墙构成，如图 2-1-93(b)所示。挡土墙由前墙和间距为 2.5～3.5 m 的扶壁组成。台顶由竖直小墙和支于扶壁上的水平板构成，用以支承桥跨结构。两侧薄壁与前墙垂直，有时也做成与前墙斜交，前者称 U 字形薄壁桥台，后者称八字形薄壁桥台[图 2-1-93(c)]。这种桥台不仅可以减少圬工体积 40%～50%，同时因自重减轻而减小了对地基的压力。故适用于软弱地基的条件，但其构造和施工比较复杂，钢筋用量较多。

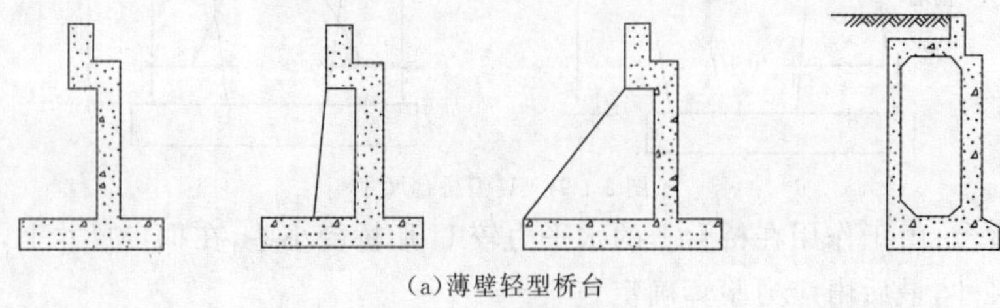
(a)薄壁轻型桥台

图 2-1-93　薄壁桥台

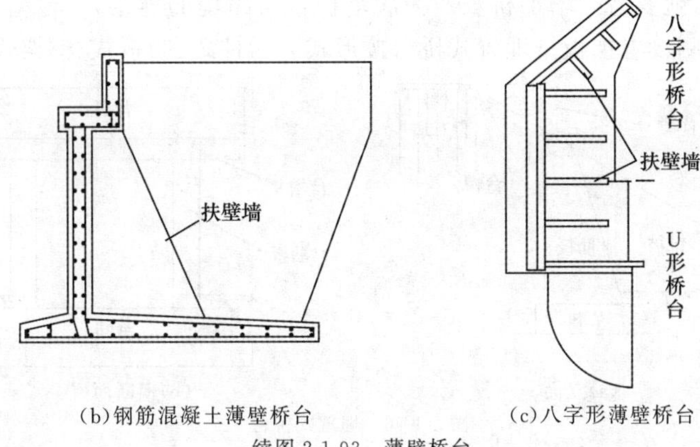

(b)钢筋混凝土薄壁桥台　　(c)八字形薄壁桥台

续图 2-1-93　薄壁桥台

(2)支撑梁轻型桥台

对于单跨或少跨的小跨径桥，在条件许可的情况下，可在轻型桥台之间或台与墩间设置3～5根支撑梁，如图 2-1-94 所示。支撑梁设在冲刷线或河床铺砌线以下。梁与桥台设置锚固栓钉，使上部结构与支撑梁共同支撑桥台，承受台后土压力。此时，桥台与支撑梁及上部结构形成四铰框架共同受力。台身通常为直立薄壁墙，在两侧设翼墙或侧墙。

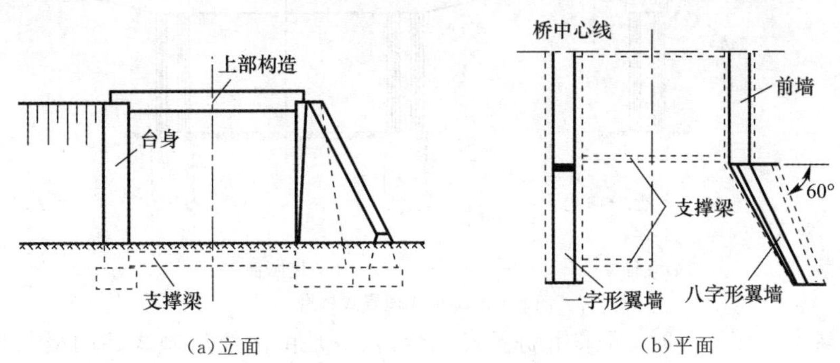

(a)立面　　(b)平面

图 2-1-94　支撑梁轻型桥台

轻型桥台可采用八字式和一字式翼墙挡土，如地形许可，也可做成耳墙形成埋置式轻型桥台并设置溜坡。

(3)加筋土式桥台

在台后路基填土不被冲刷的中小跨径桥梁中，填土高度在 3～5 m 时，可采用加筋土桥台。这类桥台一般由台帽、竖向面板、拉杆、锚定板及其间填料共同组合的台身组成，如图 2-1-95 所示。拉杆两端分别与竖向面板和锚定板连接，组成为加筋土的挡土结构。它的工作原理是：竖向面板后填料的主动土压力作用到面板上，再通过拉杆将该力传递给锚定板，而锚定板则依靠位于板前且具有一定抗剪能力的土体所产生的拉拔力来平衡拉杆拉力，使整个结构处于稳定状态。

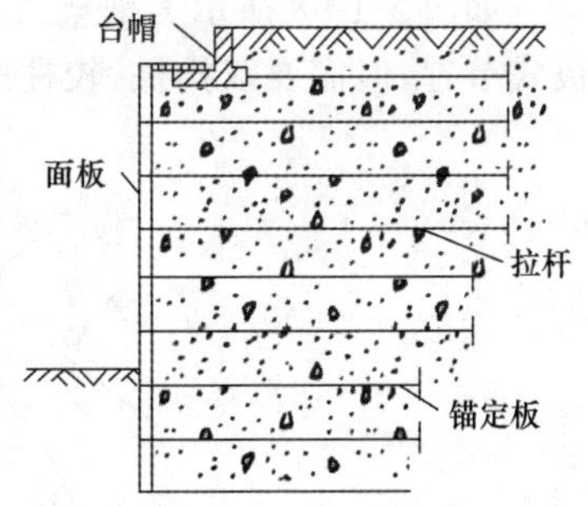

图 2-1-95　加筋土式桥台

(4)埋置式桥台

埋置式桥台台身埋在锥坡内，只露出台帽支撑上部结构，如图 2-1-96 所示。由于其采用这样的结构，所受的土压力较小，可以减少工程量。其缺点是由于锥坡深入桥孔，压缩了河道或者为了不压缩河道,就要适当增加桥长。为满足桥台与路堤的连接,在台帽上部设置耳墙,必要时在台帽前方两侧设置挡板。埋置式桥台按形式分为柱式、肋板式、框架式和后倾式。

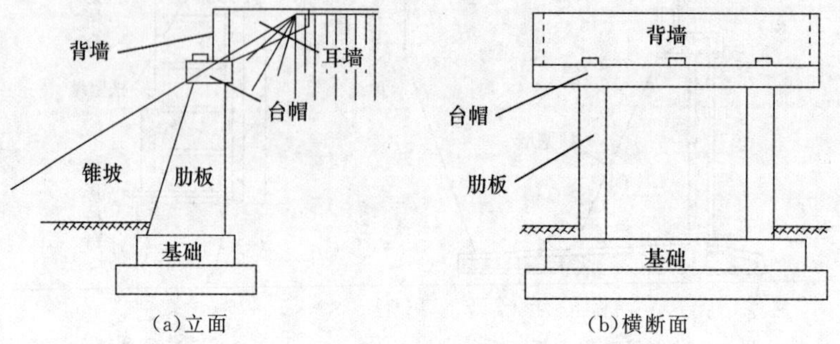

图 2-1-96　埋置式桥台

图 2-1-97 所示为柱式埋置式桥台,其利用立柱作为受力的台身,基础可采用桩基础或扩大基础。根据桥宽和地基承载能力情况,可以采用双柱、三柱或多柱的形式。为了使桥台填土密实,减少填土沉降,也为了减少桥台填土对桥台产生水平推力,往往采用先填土,然后再沉桩、浇筑台帽的施工顺序。

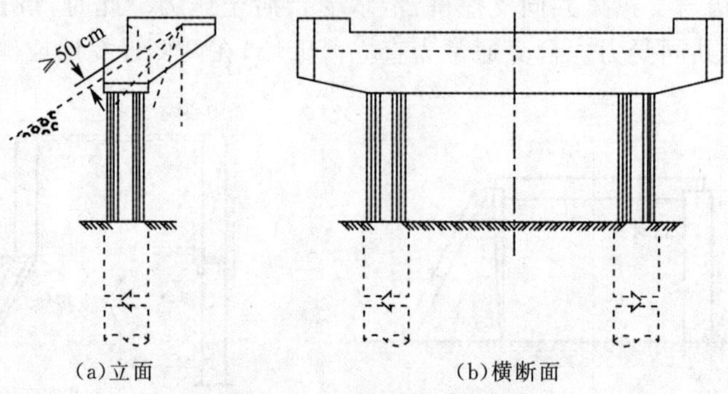

图 2-1-97　柱式埋置式桥台

当填土高度大于 5m 时,可采用肋板式桥台,台身是由两块后倾式的肋板与顶面帽梁连接而成,其利用肋作为受力的台身。当桥台较高时,肋板间应设置系梁,提高肋板侧向刚度和稳定性。肋板厚度一般为 0.4～0.8 m,设少量钢筋。台帽可做成悬臂式或简支式,需要配置受力钢筋。半重力式构造与墙式相同,墙较厚,不设钢筋。

如图 2-1-98 所示为框架式桥台,其利用框架作为受力的台身,刚度大、挖空率大、较肋板式节省,但需要双排桩,较柱式工程量大。

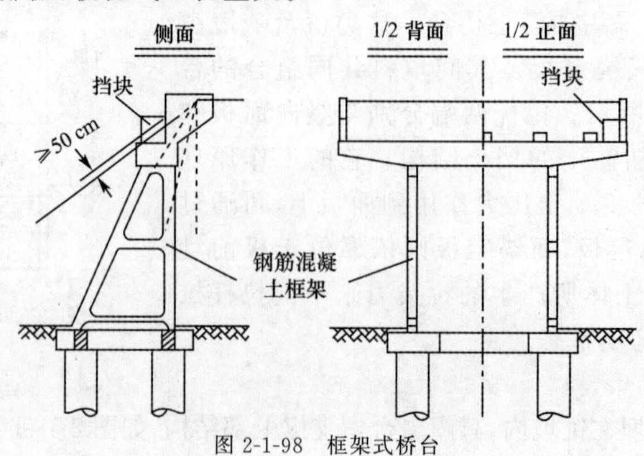

图 2-1-98　框架式桥台

图 2-1-99 所示为后倾式桥台，其实质上属于一种实体重力式桥台。它的工作原理是：靠台身后倾，使重心落在基底截面的形心之后，以平衡台后填土的倾覆力矩。

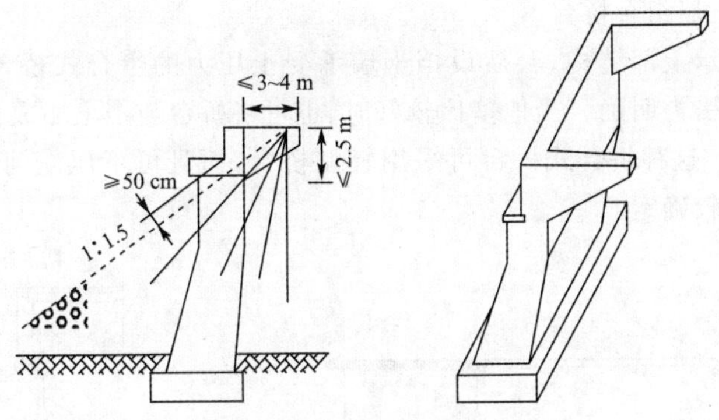

图 2-1-99 后倾式桥台

3. 组合式桥台

为使桥台轻型化，桥台本身主要承受桥跨结构传来的竖向和水平力，而台后的土压力由其他结构来承受，形成组合式的桥台。

(1)锚定板式桥台(锚拉式)

锚定板式桥台有分离式和结合式两种形式。分离式是台身与锚定板、挡土结构分开，台身主要承受上部结构传来的竖向力和水平力，锚定板结构承受土压力。锚定板结构由锚定板、立柱、拉杆和挡土板组成，如图 2-1-100(a)所示。桥台与锚定板结构预留空隙，上端做伸缩缝，桥台与锚定板结构的基础分离，互不影响，使受力明确，但结构复杂，施工不方便。结合式锚定板式桥台的构造如图 2-1-100(b)所示，它的锚定板结构与台身结合在一起，台身兼做立柱和挡土板。作用在台身的所有水平力假定均由锚定板的抗拔力来平衡，台身仅承受竖向荷载。结合式结构简单、施工方便、工程量较省，但受力不明确，若台顶位移计算不准，可能会影响施工和运营。

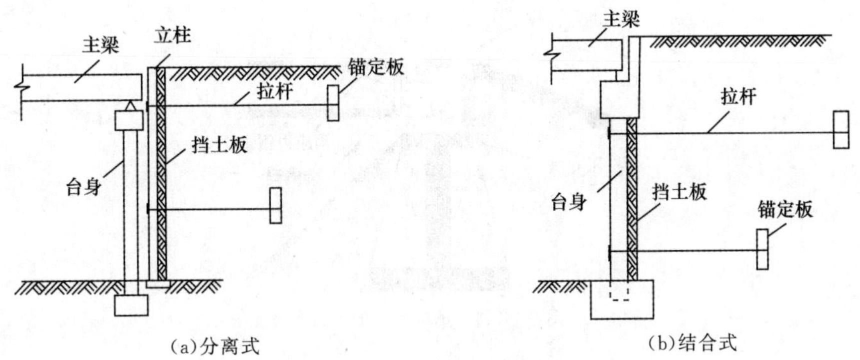

图 2-1-100 锚定板式桥台构造

锚定板可用混凝土或钢筋混凝土制作，根据试验采用矩形为佳，为便于机械化填土作业，锚定板的层数一般不宜多于两层。立柱和挡土板通常采用钢筋混凝土，锚定板的设置位置以及拉杆等结构均要通过计算确定。

(2)过梁式、框架式组合桥台

与挡土墙用梁结合在一起的桥台为过梁式组合桥台，桥台与桥墩的受力相同。当梁与桥台、挡土墙刚结，则形成框架式组合桥台，如图 2-1-101 所示。框架的长度及过梁的跨径由地形及土方工程比较确定，组合式桥台越长，梁的材料数量需要就越多，而桥台及挡土墙的材料数量相应地有所减小。

(3)桥台与挡土墙组合桥台

由轻型桥台支承上部结构，台后设挡土墙承受土压力的组合式桥台，台身与挡土墙分离，上端做伸缩缝，受力明确。当地基比较好时，也可将桥台与挡土墙放在同一个基础之上，如图 2-1-102 所示。这种组合式桥台可采用轻型桥台，而且可不压缩河床，但构造较复杂，是否经济需通过比较确定。

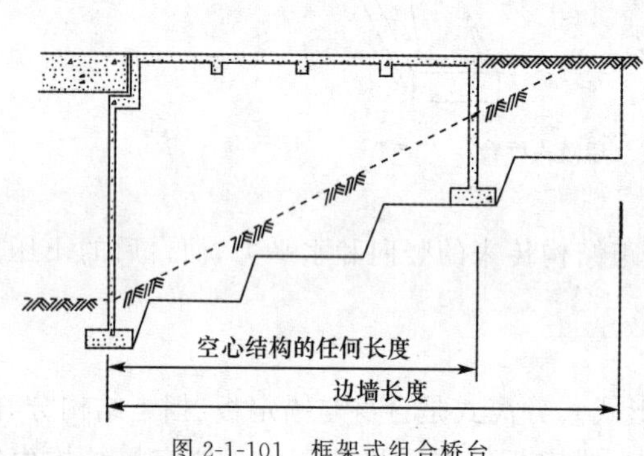

图 2-1-101　框架式组合桥台

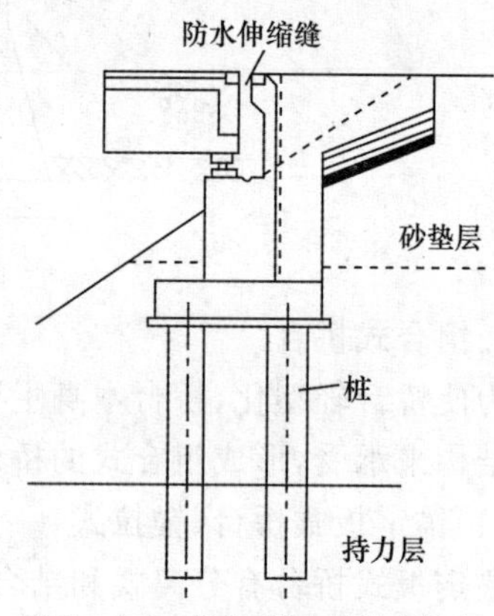

图 2-1-102　桥台、挡土墙组合桥台

4. 承拉桥台

对于连续梁、悬臂梁桥，当其边跨较小时，端支座可能会出现负反力，此时支撑梁端的桥台需要同时具有承压和承拉的功能，该类桥台为承拉桥台。承拉桥台构造应该根据主梁形式和所受拉力不同进行设计。图 2-1-103 所示为某桥的承拉桥台的构造，该桥上部结构为单箱单室截面，箱梁的两个腹板延伸至桥台形成悬臂腹板，它与桥台顶梁之间设氯丁橡胶支座以承受桥台所受的拉力，悬臂腹板与台帽之间设置氯丁橡胶支座以承受桥台所受的压力。

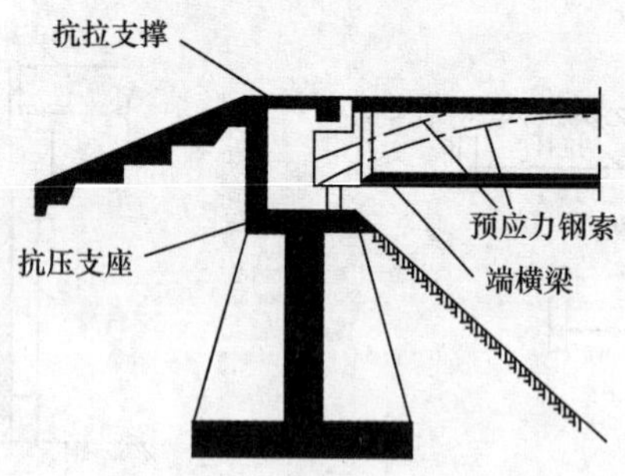

图 2-1-103　承拉桥台的构造

第二章　梁桥施工

第一节　概　述

梁桥施工主要包含主梁和桥墩的施工。其中主梁施工主要分为预制安装法、支架施工法、悬臂施工法和顶推施工法等。桥墩施工主要分为桥位现场浇筑法和预制拼装法。

主梁施工的主要方法和特点如下：

1. 预制安装法

预制安装法是在预制场进行梁体的预制工作，通过运输工具将预制梁移运到桥位后采用起重设备或专用架梁设备进行梁体安装的施工方法。预制安装法的优点为桥梁的上、下部结构可以平行施工，使工期大大缩短；无须在高空进行构件制作，质量容易控制，从而降低工程成本；成桥后收缩徐变变形较小，缺点为需要大型的起重、运输设备和较大的预制场地。

2. 支架施工法

支架施工法是在桥位处搭设支架，在支架上浇筑桥体混凝土或拼接混凝土节段梁，待梁体混凝土达到强度后拆除模板、支架的施工方法。支架施工法的优点为施工方法比较简单，不需要大型起吊、运输设备，桥梁整体性好，可适应于各种异形结构。缺点为工期长，成桥后主梁收缩、徐变变形较大；施工中的支架、模板耗用量大；搭设支架影响排洪、通航，施工期间可能受到洪水和漂流物的威胁。

3. 悬臂施工法

悬臂施工法是指以桥墩为中心，平衡地逐段向两侧悬臂浇筑或拼装梁段直至桥跨结构合龙的施工方法，分为悬臂浇筑法和悬臂拼装法。悬臂施工法的主要优点为可以不用或少用支架，施工时不影响桥下通航或通车，也适用于变截面主梁结构的施工；对于墩顶承受负弯矩的梁桥，施工阶段与成桥阶段的受力状态基本一致，因而可减少或节省施工用材。缺点为对施工技术要求较高，对于墩梁非固结的桥梁结构，需采取临时固结措施防止不对称荷载造成的梁体倾覆，因而会出现施工阶段的体系转换问题。

4. 顶推施工法

顶推施工法是指在桥头沿桥纵轴线方向将逐段预制拼装或现浇好的梁段向前推出使之就位的桥梁施工方法，是一种兼顾预制和现浇的施工方法。其优点为可节约施工场地，减少构件、材料运输；施工场地仅限于桥台附近较小范围，便于加强施工管理；桥头施工场地盖设临时工棚，有利于冬期、雨季施工；顶推过程反复操作，工人技术容易熟练，有利于促进质量提高；不需要高空作业、安全性较高。其缺点为施工面少，梁在顶推过程中正负弯矩变化频繁，受力比较复杂，需要配置临时束。

桥墩施工的主要方法和特点如下：

1. 现场浇筑法

桥墩现场浇筑法是在桥位处绑扎钢筋、安装模板、现场浇筑混凝土的施工方法，是目前最常用的施工方法。对于高墩、桥墩现场浇筑法是目前最常用的施工方法，主要包含滑模法、爬模法和翻模法。其优点为工序简便、机具较少，技术难度较低。其缺点为施工速度较慢，受环境干扰大（如温度、潮汐、风浪等），现场消耗较多的劳力和物力，工期不易保证；当桥墩数量较多时，尽管采用流水作业，但一次性投入还是比较多，仍需要投入较多的人力和模板等物力进行周转；尤其在城市桥梁施工中，现场浇筑法施工的作业面占用城市宝贵的地面空间，对交通影响较大。

2. 预制拼装法

预制拼装法的桥墩节段在预制场制作，通过运输工具运到桥位处，再用起重设备将桥墩节段拼装连接到一起。其优点为桥墩节段制作可和基础施工平行作业，因此施工速度快、效率高，预制场制作的构件质量较好。缺点为对节段接缝的处理技术难度比较高，节段的运输和安装对起重、运输等设备的依赖较大。随着施工技术的工厂化、机械化、自动化和信息化发展，预制拼装法在未来的长桥和城市桥梁建设中得到大规模应用为桥墩施工技术发展的主要方向。

第二节 主梁预制、运输与安装

预制安装法主要包含几道工序：主梁预制→场内运输、存梁→场外运输→安装及体系转换。对于连续梁来说，安装后还需要进行预制梁间的接缝施工和体系转换。本节主要介绍主梁的预制、存梁、运输和架设。

一、预制梁的制作

预制梁的制作工序主要包含制梁台座的制作、模板加工与安装、钢筋加工、混凝土浇筑和养生、预应力钢束的张拉、压浆和封锚等。

1. 制梁台座

台座是制梁的平台，需要具有足够的刚度和承载力。台座制作时考虑预制场的地质条件，采用合理的基础形式，可以采用素混凝土桩基础或者扩大基础，并设置必要的防排水措施，防止场地沉陷。场地沉陷轻则影响预制梁的线型，重则造成预制梁开裂。当预制梁的长短不一时，在制梁台座设计时，需要考虑各种长度的预制梁的通用性，尽量减少施工成本。此外，制梁台座还要根据设计提供的理论预拱值设置相应的预拱度，当后张法预应力混凝土梁预设上拱度值较大时，可考虑在台座上设置反拱。

2. 模板和钢筋

预制梁的模板一般采用钢模板，模板要有一定的刚度，避免浇筑混凝土时发生变形，而且模板设计时需要考虑其通用性，以适用于不同规格的预制梁。为了提高生产效率，预制场的模板大都采用整体模板的形式。对于箱梁、钢筋的绑扎主要分为底、腹板的钢筋绑扎和顶板钢筋的绑扎。为了加快施工速度，钢筋通常采用整体吊装的形式，图 2-2-1 为绑扎完成后的底、腹板钢筋的入模安装。在底、腹板钢筋安装完毕后，再把内模板分段或整体吊装，最后再整体吊装顶板钢筋，图 2-2-2 为内模板的安装。由于整体钢筋骨架刚度小，因此钢筋骨架的吊装要采用多点受力的形式，避免钢筋发生局部变形。另外，值得注意的是要采取有效措施，确保钢筋的混凝土保护层厚度满足施工技术精度要求。在确保钢筋安装无误后，安装端模板、浇筑混凝土、养生、脱模，待混凝土强度达到设计强度后，进行预应力钢束的张拉，再进行管道压浆和封锚施工后，完成一片预制梁的制作。

图 2-2-1　底、腹板钢筋的入模安装

图 2-2-2　内模板的安装

二、预制梁的场内运输和存梁

为了提高生产效率，提高制梁台座的使用率，在预制梁制作完成后，需将其挪至预制场内设置的存梁场存放，再根据架梁需求将预制梁运往施工现场架设。预制梁从制梁台座到存梁场之间的移动称为预制梁的场内运输。

根据场地的规划和预制梁重量的不同，所采用的运输方式也有所不同。短距离运输常采用滑移式；长距离运输常用轮轨式，有些预制场直接采用轮胎式的运梁车，有些采用龙门吊抬梁运梁。图 2-2-3 为大连星海湾大桥的预制梁在场内运输时所采用的横移梁小车，每片预制梁的两个梁端分别采用一台横移梁小车，将小车开进预制梁下部，将梁顶起，然后开动小车，驱动小车在预设好的轨道上行走，直至存梁场。杭州湾大桥 50 m 跨预制梁的场内搬运则采用轮胎式搬运车（图 2-2-4），各组轮胎可形成 90°的转向，从而实现预制梁搬运的自由纵移和横移。

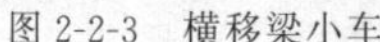
图 2-2-3　横移梁小车

图 2-2-4　轮胎式搬运车

存梁台座应坚固稳定，宜高出地面 20 cm 以上，场地应具有相应的防排水措施，保证预制梁在存放期内不致因支点沉陷而损坏。台座顶面的支点位置应采用垫木或别的合适材料支承，不能将预制梁直接支承在坚硬的存梁台座上（图 2-2-5）；当预制梁多层叠放时，层与层之间也应用垫木隔开，上、下层垫木应在同一条竖直线上。

三、预制梁的场外运输和架设

根据预制梁的重量，预制梁的场外运输主要分为陆路运输和水上运输。陆路运输适用于距离相对较近、重量比较轻的预制梁。对于重量较轻且距离较远的，可利用汽车进行运输；对于重量较重且距离较近的，可采用龙门吊短距离运输。水上运输比较适合应用于大型工程，预制梁场距离桥位较远且预制梁重量很大时比较经济。预制梁的运输过程需要采取适当措施防止预制梁的倾倒。

预制梁的架设采用适合工程现场情况的各种起重机具，如汽车吊、龙门吊、履带吊、浮吊及专用架梁设备如架桥机等，图 2-2-6 为大连星海湾大桥引桥预制梁架设，采用 1300 吨的浮吊进行架设，其中最重的预制梁达 680 吨，采用驳船海上运输将预制梁运至桥位，再进行吊装。

图 2-2-5　移梁至存梁台座上

图 2-2-6　预制梁架设

四、体系转换

对于先简支后连续的连续梁，预制梁安装后还有体系转换问题。

首先，连接预制梁之间的钢筋，包括预应力钢束的穿束等，安装永久支座。然后，湿接头梁端进行凿毛处理，浇筑湿接缝混凝土。对于预应力混凝土梁，待混凝土强度达到设计要求后，根据设计要求张拉预应力钢束、压浆、封锚。最后，适时拆除临时支座，完成体系转换。

第三节 主梁支架现浇施工

主梁支架施工法，是最古老的施工方法之一，即在桥位处搭设好的支架上安装模板、绑扎钢筋、现场浇筑混凝土，待混凝土达到设计强度后拆除模板和支架的原位施工方法，或者在支架上将预制好的梁段连接到一起的施工方法。其主要优点为施工工艺简单、不需要大型起重运输设备、桥梁整体性较好、没有体系转换或少数体系转换，特别适用于形状特殊的混凝土异形结构，如立交桥主线和匝道之间的分叉口、变宽度梁、弯梁等。其缺点主要为工期长、混凝土收缩徐变量大、支架和模板用量多、施工期桥下通航能力差等，尤其受到水中漂流物和洪水的威胁较大。

本节主要介绍支架现浇法。根据不同的支架类型，主要分为支柱式支架现浇法、梁式支架现浇法、移动支架现浇法及移动模架现浇法。

一、支柱式支架现浇法

支柱式支架现浇法也叫满堂式支架现浇法，其特点为在桥跨下满布支架立柱，模板直接支承在立柱上的方木或型钢上，而不需设置承重梁，通常用于陆地或不通航的河道桥梁施工中，如图 2-2-7 所示。支柱式支架应在一定范围内设置纵横向的剪刀斜撑以提高支架的稳定性及整体刚度。常用的支架的类型包括扣件式、碗扣式、轮扣式、重型门架、盘扣式及塔式等，从施工风险控制的角度看，盘扣式支架和塔式支架是未来发展的重点。

二、梁式支架现浇法

梁式支架是在立柱或桥梁墩台上设置简支承重梁，模板直接支承在承重梁上的支架形式，可为桥下提供一定的通航（车）能力。根据跨径的大小，承重梁可采用型钢、钢板梁或钢桁架，也可采用常备式构件中的万能杆件或贝雷梁拼装组成。立柱可采用钢管、型钢或钢桁架结构。承重梁可支承在墩旁的支柱上，也可支承在桥墩（台）上预留的托架或临时设置的横梁上，如图 2-2-8 所示。

图 2-2-7 支柱式支架

图 2-2-8 梁式支架

与梁式支架略为不同，当梁式支架跨径较大时，在跨的中间再设几个立柱，承重梁支承在多个立柱或桥墩上，将梁式支架的简支承重梁变为多跨连续承重梁的支架形式，则称为梁柱式支架。

三、移动支架现浇法

移动支架法是在可移动的支架、模板上完成一跨桥梁的全部工序，即模板工程、钢筋工程、浇筑混凝土和张拉预应力筋等工序，待混凝土有足够强度后张拉预应力筋，移动支架、模板，进行下一孔梁的施工的主梁施工法。和前述的支柱式支架和梁式支架相比，移动支架法的不同点在于现浇施工仅在一跨梁上设置支架，当一跨桥的施工完毕后，将支架移动到下一跨施工。移动支架法尽管仍需要一定数量的支架，但与前述的支柱式支架和梁式支架施工相比，所需的支架数量要少得多，而且周转次数多，利用效率高，施工速度也更快一些。

对中小跨径连续梁桥或建造在陆地上的桥跨结构，移动支架可以使用落地式或梁式移动支架。其中梁式移动支架的承重梁支承在锚固于桥墩上的横梁上，也可支承在已施工完成的梁体上。移动支架法现浇施工的接头最好设在剪力和弯矩较小的部位，常设在距离桥墩约20%跨径处。

四、移动模架现浇法

上述的移动支架法当遇到水中施工、桥墩较高、桥跨较长或桥下净空受到约束时，可采用非落地支承的移动支架现浇施工，这种施工法称为移动模架法。由于此法是在桥位上现浇施工，可免去大型运输和吊装设备，桥梁整体性好，同时它又具有在桥梁预制厂的生产特点，可提高机械设备的利用率和生产效率。

移动模架法采用的施工设备为造桥机（图2-2-9），主要由支腿机构、支承桁梁、内外模板、主梁提升机构等组成。

图2-2-9　移动模架

移动模架法的施工特点为：

（1）不需要地面支架，不影响通航或桥下交通。

（2）有良好的施工环境，受气候和外界干扰少，能够保证施工质量、施工周期进行，一套模板可多次周转使用。

（3）机械化、自动化程度高，节省劳力，降低劳动强度，施工速度快，可缩短工期。

（4）由于是在桥位上现浇施工，可免去大型运输和吊装设备，使桥梁整体性好，同时它又具有在桥梁预制厂的生产特点，可提高机械设备的利用率和生产效率。

（5）需要一整套设备与配件，包括机械动力设备和自动化装置，一次性投入大，设备投资大。施工准备和操作比较复杂，需要专业队伍固定操作。

(6)必须解决装配化和科学管理问题，使设备适用于不同桥宽、不同跨径和不同形状，扩大设备的适用面以降低施工成本。

支架的安全是主梁支架施工的最关键因素。对支架的设计和施工主要注意以下问题：

(1)要对支架的强度、刚度和稳定性进行计算，确保支架结构受力满足要求。

(2)要设置合理的预拱度，满足主梁混凝土结构的线形要求。

(3)要对支架基础进行计算，满足受力要求，并充分考虑基础沉降对结构的影响。

(4)在河中搭设支架时，要考虑漂流物及洪水的影响。

(5)根据施工技术规范要求，在混凝土浇筑前支架要进行预压，预压的作用为在消除支架的非弹性变形的同时，对支架结构的安全性进行检验和评估。

第四节 主梁悬臂施工

悬臂施工法是从已建成的桥墩开始，沿桥梁跨径方向两侧对称进行逐段现浇梁段或将预制节段对称进行拼装的施工方法，前者称为悬臂浇筑法，后者称为悬臂拼装法。

悬臂施工法的基本施工顺序为：墩顶 0 号块的施工、悬臂阶段的对称挂篮现浇或对称节段拼装、各桥跨间合拢段的施工及相应的结构体系转换等，如图 2-2-10 所示。其工作原理可归纳为工作平台移位(挂篮或吊机)、施工梁段就位(浇筑或拼装)和施工梁段连接(张拉预应力)等三个主要工作环节。

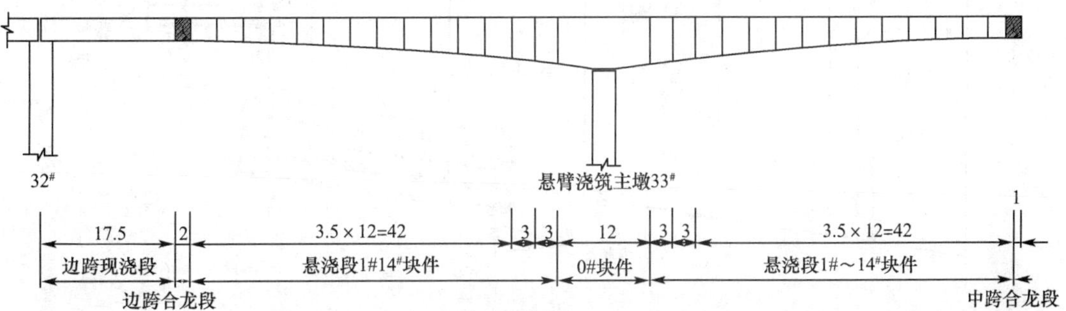

图 2-2-10 某三跨连续梁悬臂施工 1/2 立面(单位：m)

悬臂施工法主要适用于下列情况：(1)桥梁位于大江大河之上，桥下水深流急，有通航要求；深山峡谷之间不可能采用支架或采用支架施工法很不经济时；(2)施工中不能中断桥下交通，即不能妨碍桥下净空的使用时；(3)桥梁的上部结构形式有利于悬臂施工时，即悬臂施工的受力与桥梁建成后受力较接近，如悬臂梁桥、连续梁桥、连续刚构桥、斜拉桥等。

一、悬臂浇筑法

悬臂浇筑施工采用移动式挂篮作为主要施工工具，以桥墩为中心，对称向两岸利用挂篮逐段浇筑梁段混凝土，待混凝土达到设计要求强度后，再移动挂篮，进行下一节段的施工。悬臂浇筑每个节段长度一般为 2～6 m，节段过长，将增加混凝土自重及挂篮结构重力，而且要增加平衡重及挂篮后锚设施；节段过短则会影响施工进度。施工时应根据设备情况及工期选择合适的节段长度。

悬臂浇筑施工法的主要特点包含:(1)施工方便,结构整体性好,施工中可不断调整标高,提高施工精度。(2)使用少量机具设备,免去或少用支架,方便跨越深谷、大河等,不影响通航。(3)重复操作,有利于提高效率。然而由于需要在现场浇筑施工,因此现场作业较多,需要对混凝土进行养护,需要解决如何有效提高施工速度的问题。

1. 挂篮的形式和构造

挂篮是悬臂浇筑法施工中的主要设备,它是一个能够沿梁顶面纵向滑动或滚动的承重钢制结构,锚固在已施工的梁段上。承重钢制结构一部分悬出前端,用于悬挂梁段施工模板结构,在上面进行下一段梁的钢筋、预应力管道的安设,进行下一节段的悬臂浇注,不断循环直到悬臂浇注完成。

挂篮按构造形式可分为平行桁架式、弓弦式、菱形桁架式、三角组合梁式等;按挂篮的行走方式可分为滚动式、滑动式和组合式等;按挂篮的平衡方式可分为压重式、锚固式和半压重半锚固式等。图 2-2-11～图 2-2-14 为几种常见的挂篮形式。挂篮主要由承重系统、行走及锚固系统、提吊系统、底篮及模板系统、操作平台等六大部分组成。

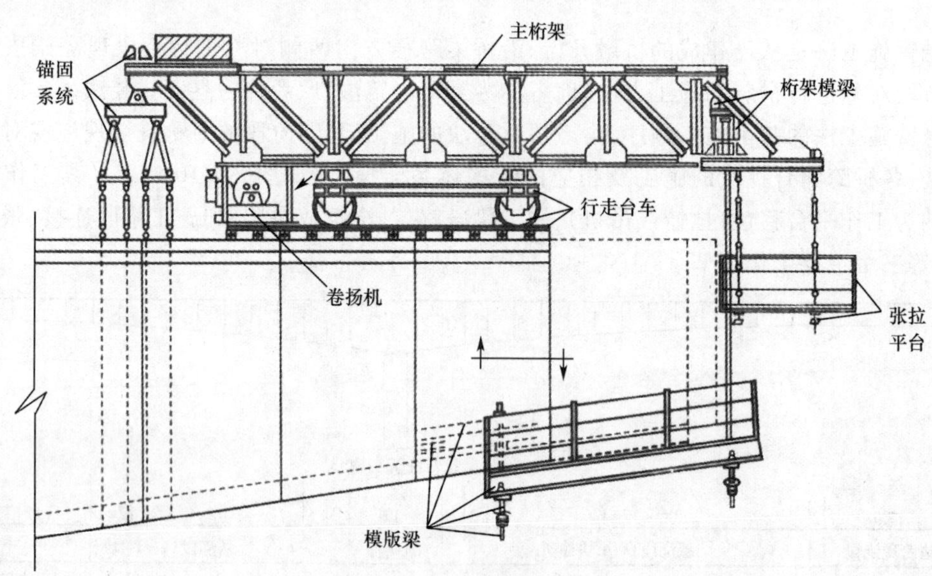

图 2-2-11　平行桁架梁式挂篮

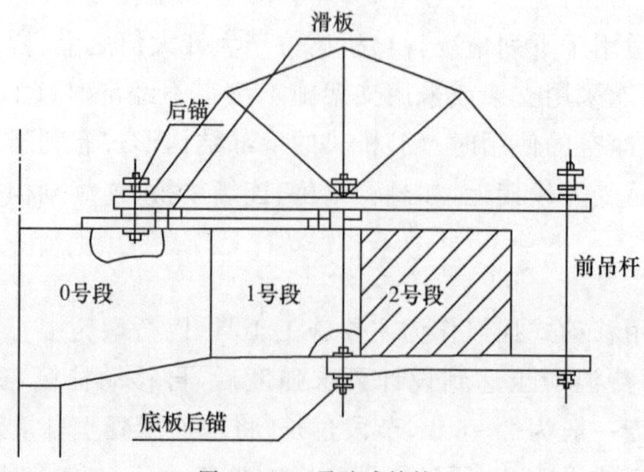

图 2-2-12　弓弦式挂篮

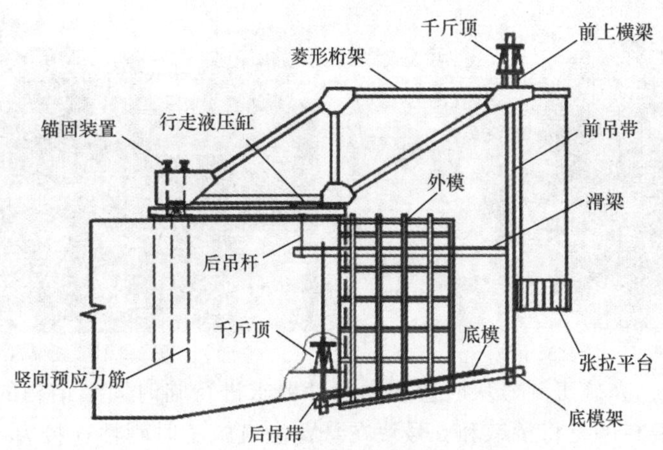

图 2-2-13 菱形桁架式挂篮

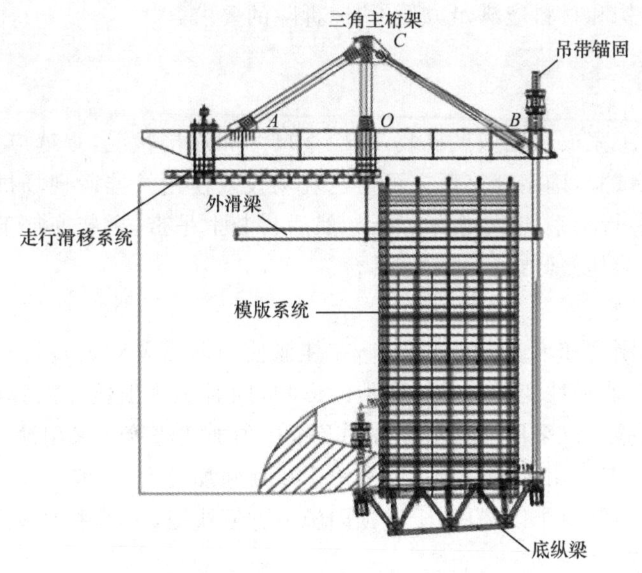

图 2-2-14 三角组合梁式挂篮

2.0 号块施工

在梁桥的施工中，桥墩顶部的主梁梁段通常称为 0 号块。0 号块施工完成后，挂篮方可安装在 0 号块上对称向两侧悬臂施工。

0 号块混凝土浇筑一般采用支架现场浇筑，支架形式可根据现场情况确定。对于桥墩不高的桥位，可采用满堂支架施工形式(图 2-2-15)；对于桥墩较高，采用满堂支架、梁柱支架需要材料过多或支架稳定性不能保证时，可采用在墩顶适当位置设置预埋件，利用预埋件和型钢形成三角形墩旁托架施工(图 2-2-16)。托架可采用万能杆件、贝雷架、型钢等构件拼装。由于托架变形对梁体施工质量影响很大，因此除托架的强度要满足要求外，在刚度和稳定性方面也必须保证施工的质量和安全。0 号块施工支架或托架都应采用预压等措施消除其非弹性变形及检验其安全性。

0 号块宜全断面一次浇筑完成，当梁段过高一次浇筑完成难以保证质量时，可沿高度方向分两次浇筑，但宜将两次浇筑混凝土的龄期差控制在 7 天之内。

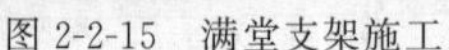
图 2-2-15 满堂支架施工

图 2-2-16 托架施工

对于连续梁桥，在施工 0 号块时应根据设计要求进行临时固结结构的施工。0 号块设置临时固结的主要目的是将桥墩和 0 号块在悬臂浇筑施工时刚性连接为一体，让临时固结承受施工过程中可能产生的不平衡弯矩或扭矩(对平面曲线桥而言)，确保结构施工安全。临时固结装置的结构和材料应满足方便、快速拆除的要求。

3. 悬臂浇筑施工

(1)挂篮拼装

挂篮在工厂加工完成后应做试拼装，以检查尺寸和连接状况，焊缝应做超声探伤检查，并应进行模拟荷载试验，确定合格后方可运达现场投入使用。挂篮现场拼装要按照设计拼装顺序进行，先拼装行走系统、主桁架、后锚，然后拼装上吊带、拼装底篮下横梁、纵梁、分配梁、底模板，最后拼装挂篮侧模板和工作平台。

(2)挂篮加载试验

为保证挂篮的刚度和承载力满足要求，在挂篮使用前需要对其进行加载试验。利用加载试验，可消除挂篮非弹性变形对结构线形的影响，同时实测出挂篮的弹性变形，用于模板高程设置。加载试验可以采用沙袋堆码方法及千斤顶加载法等。采用沙袋堆码模拟实际施工状态非常吻合，缺点是用工用时较多。采用千斤顶施加反力，一般要在承台上或墩身上设置锚固钢筋或预应力钢束予以锚固，千斤顶因施力方便快捷，工程中常被采用。

(3)梁段循环施工

梁段施工包括钢筋和预应力筋安装、混凝土浇筑、混凝土养护和预应力筋张拉插入等。预应力管道的安装定位应准确，备用管道和长束的管道应采取措施保证其在使用时的有效性。悬臂浇筑施工应对称、平衡地进行，目的为不产生或产生较小的不平衡扭矩或力矩。但施工时不可能做到绝对平衡，要求两端悬臂上荷载的实际不平衡偏差不得超过设计规定值，当设计未规定时，不宜超过梁段重的 1/4。悬臂梁段应全断面一次浇筑完成，并应从悬臂端开始向已完成梁段推进。纵向预应力筋一般遵循自上到下、左右对称的原则进行张拉。横向预应力采用一端张拉时，其张拉端宜在梁两侧交错设置。竖向预应力由于相对较短，张拉后预应力筋的回缩足以抵消其拉出的量，从而造成回缩的损失，因此可采用反复张拉的方式予以解决。

4. 边跨现浇段施工

悬浇梁的边跨现浇段一般采用落地支架法施工，部分高墩和水中墩可采用在墩身上设置托架进行施工，施工方法和 0 号段的支架法和托架法类似。值得注意的是，采用托架法施工时，要充分考虑到托架法施工对边墩产生不平衡的弯矩；此外，考虑到边跨合龙施工阶段悬臂段对支架的影响,支架应尽量采用大刚度的梁式支架结构。

5.合龙及体系转换

以三跨连续梁的悬臂浇筑施工为例,一般先在边跨合龙,然后释放梁墩的临时锚固,结构由双悬臂状态变成单悬臂状态,最后在跨中合龙,形成连续梁受力状态,这样有利于保证施工阶段的稳定。此过程中存在体系转换问题,施工时应注意以下几点:

(1)结构由双悬臂状态转换成单悬臂受力状态时,梁体某些部位的弯矩方向发生转换。所以在拆除梁墩锚固前,应按设计要求,张拉一部分或全部布置在梁体下部的正弯矩预应力束。对设置活动支座的结构,还需保证解除临时固结后的结构稳定,采取措施限制单悬臂梁发生过大纵向水平位移。

(2)梁墩临时锚固的放松应对称进行,坚持均衡原则。在放松前应测量各梁段高程,在放松过程中,注意各梁段的高程变化,如有异常情况,应立即停止作业,找出其中原因,研究应对措施,以确保施工安全。

(3)对超静定结构,需考虑钢束张拉、支座变形、温度变化等因素引起的结构次内力。若按设计要求,需进行内力调整时,应以高程、反力等多因素控制,相互校核;如出入较大时应分析原因。

(4)在结构体系转换中,临时固结解除后,将梁落于正式支座上,并按高程调整反力。支座反力的调整,应以高程控制为主、反力作为校核。

合龙段施工时由两个挂篮向一个挂篮过渡,所以需先拆除一个挂篮,将另一个挂篮跨过合龙段并移至另一端悬臂施工梁段上,形成合龙段施工支架;也可采用吊架的形式形成支架。在合龙段施工过程中,工程的质量与昼夜温差、现浇混凝土的早期收缩和水化热、已完成梁段混凝土的收缩和徐变、结构体系的转换及施工荷载等因素有关。因此,为保证合龙段的质量,需采取必要措施:

(1)合龙段长度在满足施工操作要求的前提下,应尽量缩短,一般采用1.5~2.0 m。

(2)一般宜选择在低温环境下合龙,夏季应在晚上合龙,加强合龙段混凝土的养护,使混凝土早期结硬过程中处于升温受压状态。

(3)合龙段混凝土中宜加入减水剂、早强剂以便及早达到设计要求强度,及时张拉预应力筋,防止合龙段混凝土出现裂缝。

(4)为保证结构按设计要求合龙,保证合龙前、后结构变形协调,在合拢段处需要设置临时劲性支撑锁定已完成的两侧梁端。锁定措施分为体内支撑法、体外支撑法和混合法。体内劲性支撑是在箱梁的顶、底板及腹板内沿纵向设置刚性支撑来锁定合龙口,而体外劲性支撑是在箱梁顶、底板预埋钢板,将外刚性支撑与之焊接或栓接。

(5)为保证合龙段施工时混凝土始终处于稳定状态,在浇筑之前各悬臂端可附加与混凝土质量相等的配重(或称压重),加配重量依桥轴线对称加载,按浇筑重量分级卸载。

二、悬臂拼装法

悬臂拼装法将主梁沿梁纵轴划分为若干个节段,将节段在预制场预制,然后将预制完成的节段运至桥位,采用吊机(一般采用架桥机或桥面吊机)将节段安装到位,节段间可以采用湿接缝、胶接缝、干接缝或干湿交替接缝,然后通过纵向预应力钢束将节段连接为整体。悬臂拼装的节段梁间设置剪力键,节段间剪力通过镶合的剪力键和预应力钢束传递。悬臂拼装法的主要优点为将大跨桥梁施工化整为零，预制和拼装方便，可以上、下部结构平行施工，拼装周期短、施工速度快、收缩徐变小。其缺点是需要较大预制场地，要求一定的起重运输能力，并且预制精度要求高。

1. 梁段预制

主梁节段的预制方法有长线法和短线法。长线预制施工方法是在工厂或施工现场按梁底曲线形状制作固定台座，在台座上安装模板进行节段混凝土浇筑工作，如图 2-2-17 所示。台座可用土胎或石砌形成梁底形状，底模长度可取桥跨的一半或从桥墩对称取桥跨的长度。浇注时常采用间隔浇注法，即先浇注奇数节段，然后让先浇注的节段端面成为浇注偶数节段的端模，也可按照奇偶交替的方式浇注。长线预制方法的优点是预制的梁体端面完全吻合，易于拼接，且成桥线形较好。其缺点是预制施工场地较大，施工设备需能在预制场地内移动，该法较适于具有相同外形的多跨桥梁采用。

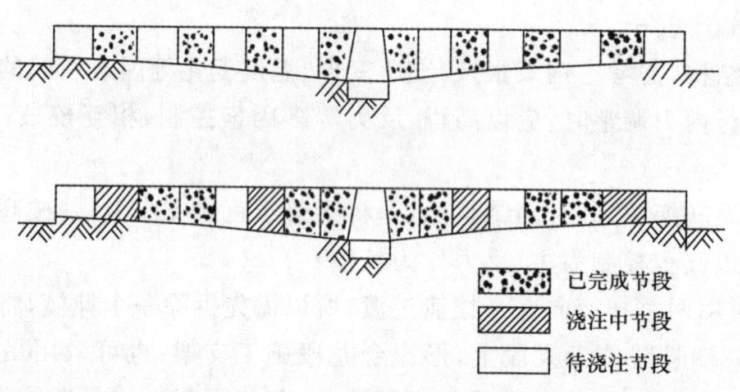

图 2-2-17 长线预制施工方法

短线预制施工方法是利用可调整外部及内部模板的台车和端模架来逐段浇注梁段，如图 2-2-18 所示。首先利用台车浇注第一个梁段混凝土，待混凝土达到规定强度后，拆除模板，然后在其一侧安装相邻梁段的模板，并利用第一个梁段的端面作为下一梁段的端模，用于混凝土的浇注。如此周而复始，完成梁段的预制工作。短线预制方法的优点是场地相对较小，台座仅需三个梁段长度，且浇注模板及设备基本不需移动。其缺点是施工精度要求高、预制工期相对较长、曲线桥梁的线形不易控制。

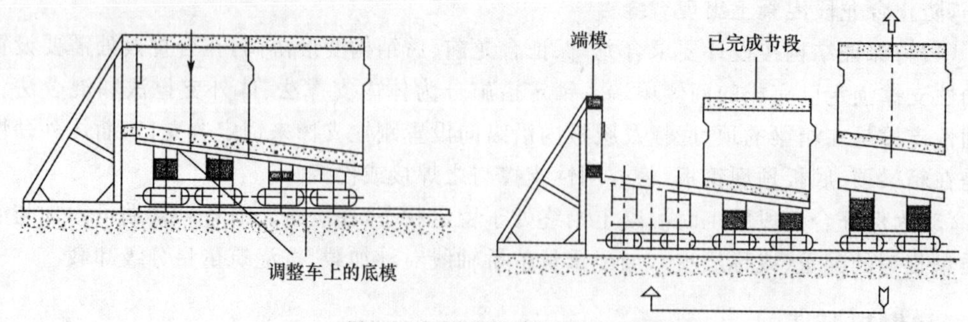

图 2-2-18 短线预制施工方法

2. 梁段运输

预制梁段从预制厂运至施工现场称场外运输，可采用驳船或大车运至桥位现场。预制梁段在施工现场内的运输称场内运输，可采用吊车或滚筒拖拽法，也可以采用运输轨道平板车运输或轨道龙门架运输等方法。

3. 梁段拼装施工

悬臂拼装施工的施工工艺和悬臂浇筑法类似，也需要先进行 0 号块的施工、墩顶临时固结、边跨墩顶段的施工等。0 号块和边跨墩顶段可采用支架现浇施工，也可以采用预制节段吊装施工。

1 号块是紧临 0 号块两侧的第一个主梁节段，对于采用 0 号块现浇的工程来说，1 号块也是悬拼的基准梁段，是全跨安装质量的关键。1 号块提升到设计高程进行初步定位后，应立即进行测量、调整 1 号块的纵轴线，使之与 0 号块的纵轴线延伸线重合，并使两块件的间距和 1 号块前端高程符合设计要求。

1 号块拼装完成后，将吊机移动就位，对称拼装 2 号节段，调整梁段各方向的位置，使梁段初对位，测量中线、高程符合设计要求后，移开梁段约 40 cm，涂胶、穿束、正式定位、张拉临时束，等强度达到设计要求后，按设计要求张拉永久预应力筋。应先张拉 2 号节段的纵向预应力钢束，再张拉 2 号节段的竖向预应力粗钢筋，待全部预应力束张拉完毕进行压浆后，再移动起吊设备，拼装下一节段。重复以上步骤，对称拼装其余节段，并张拉锚固主梁相应各节段的纵向预应力钢束及张拉横向预应力钢束等，直至全部节段悬臂拼装完毕。

在相邻悬臂合龙前，检查、调整两悬臂端相对高差，在箱梁顶面和底板上用劲性骨架将两悬臂连接、固定。吊机将预制合龙段吊至桥面高度，浇筑湿接缝混凝土，湿接缝混凝土强度达到 80%设计强度后，张拉体内永久结构合龙预应力，最后拆除劲性骨架和型钢连接装置，完成合龙。

主梁合龙后，拆除墩顶临时固结结构，完成体系转换。

第五节 主梁顶推施工

顶推施工法是指梁体在桥台背后路堤上逐段浇筑或拼装，并用顶推装置纵向顶推，使梁体通过各墩顶临时滑移装置而就位的施工方法，其主要施工流程如图 2-2-19 所示。

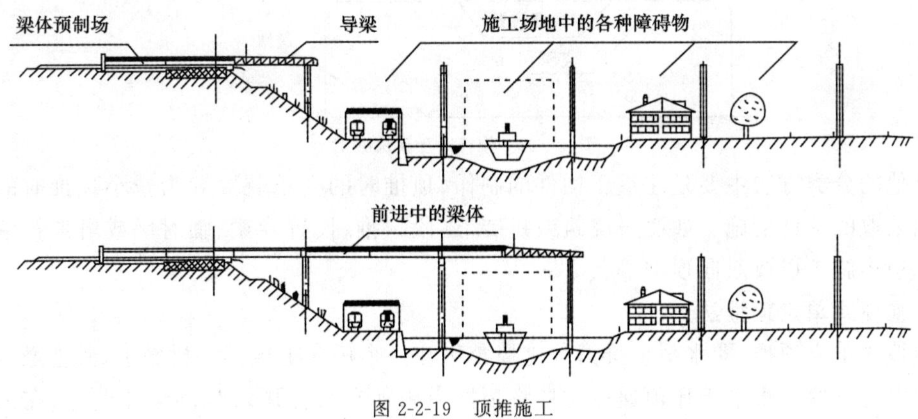

图 2-2-19　顶推施工

一、顶推施工法的分类

顶推施工法的分类方式很多，一般按顶推力的施加位置和顶推装置的类型进行划分。

即顶推装置集中设置在桥台或某一桥墩上时称为单点顶推；在多个墩(台)顶上设置顶推装置的称为多点顶推。按典型的顶推装置类型，则有水平-竖向千斤顶法和拉杆千斤顶法之分。

水平-竖向千斤顶法是由水平千斤顶和竖向千斤顶交互使用而产生顶推力，如图 2-2-20 所示。

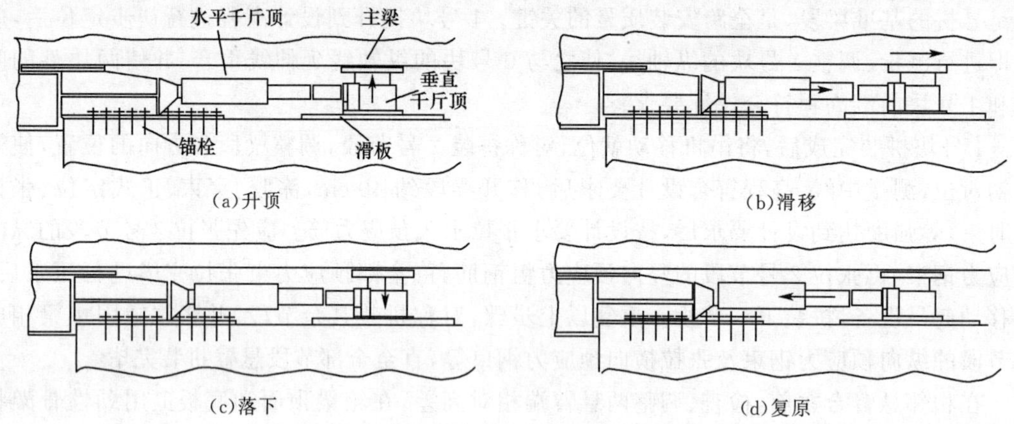

图 2-2-20　水平-竖直千斤顶法施工流程

拉杆千斤顶法则由固定在墩台上的水平张拉千斤顶，通过张拉锚固在主梁上的拉杆而使梁体前移，如图 2-2-21 所示。

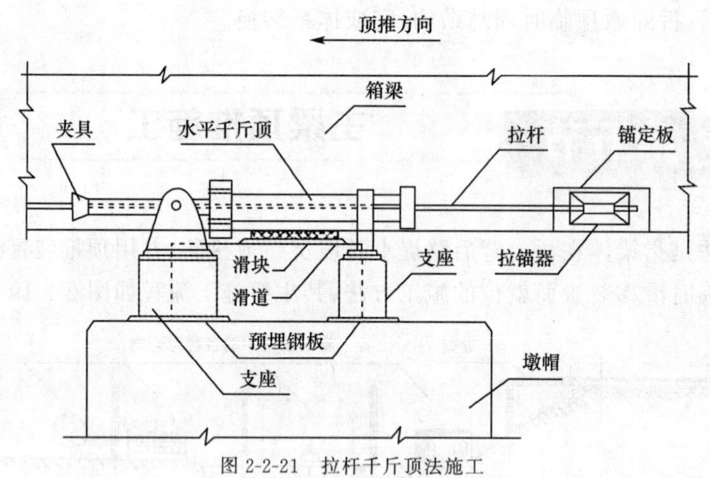

图 2-2-21　拉杆千斤顶法施工

其他的分类方法主要是注重于构件的制作、顶推时的支承装置和为减小顶推时的主梁内力而采取的辅助措施。如逐段浇筑或拼装，逐段顶推；设置导梁、临时墩或塔架拉索加劲体系的顶推施工以及双向顶推等。

1. 拖拽式单点顶推法

拖拽式单点顶推，即水平顶推力的支撑集中在一个桥台上或某一桥墩上，其他墩台上则只设置滑道支撑。水平千斤顶通过拉杆将顶推力施加在梁体尾端带动梁体前进，在顶推过程中只有一个纵向施力点，如图 2-2-22 所示。国内外多在滑道上通过滑块的循环增进来代替传统的竖向千斤顶作用，极大增加了顶推效率。为减少梁体和滑道之间的摩擦力，通常采用四氟乙烯滑块和不锈钢钢板的摩擦副，两者之间涂抹硅脂。由于工程塑料合金 MGE 滑块具有更好的耐磨性和自润滑性，目前已有逐步替代四氟乙烯板的趋势。顶推过程中由设置在顶推方向最前端的桥墩上的横向千斤顶进行方向纠偏。

该方法对顶推力要求较大，适合用于桥台（墩）刚度较大而梁体较轻的条件。

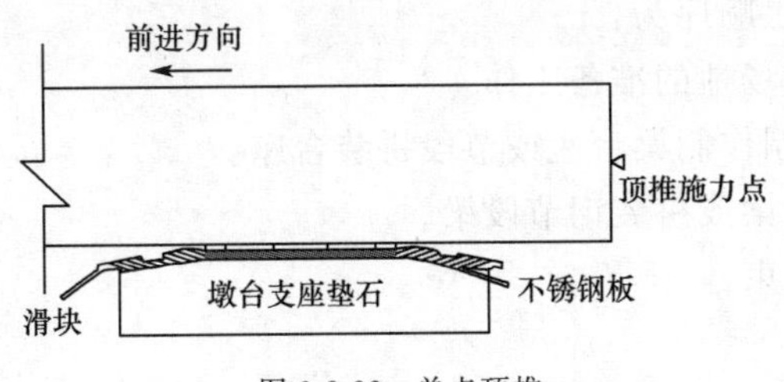

图 2-2-22 单点顶推

2. 步履式多点顶推法

步履式多点顶推即在每个桥墩上都设置三向千斤顶，顶推时通过竖向千斤顶抬高梁体，通过水平千斤顶向前推进。该顶推系统由滑移系统、水平顶推油缸、竖向顶升油缸、横向调整油缸、下支撑架和上支撑架等部分组成。设备"顶""推"的两个步骤交替进行，即经历"竖向顶升油缸先将梁托起（升高）→水平顶推油缸将梁向前托送（顶推）→顶升油缸回油将梁置于桥墩临时结构上（降低）→顶推油缸回油（回位）"的循环过程，将梁不断向前顶推，其工作原理如图 2-2-20 所示。顶推过程中由横向千斤顶进行方向纠偏。步履式多点连续顶推施工法集顶升、平移、横向调整于一体，很好地实现钢梁的顺桥向、竖向、横桥向的移动和调整。

该方法将顶推力分散到各个桥墩上，要求多点顶推同步运行，每个墩上水平千斤顶的施力大小根据桥墩所受滑动摩擦力的大小确定。水平千斤顶施力和摩擦力基本平衡，桥墩基本不受水平力或所受水平力极小，以减小对桥墩的反复冲击，适用于桥墩较高、截面尺寸较小的柔性墩。

二、顶推施工法的特点

1. 顶推施工法的优点

(1)由于顶推施工是在桥头固定的场地上工厂化制作或拼装，构件质量更有质量保证。

(2)预制场设在桥轴线上，施工占地小。

(3)高空作业时间短，对桥下泄洪通航、行车交通干扰小，利于跨越公路、铁路、防洪大堤及城市繁华街道。

(4)预制场设在岸上，减少材料的运输和劳动强度，无须大型起吊设备，施工设备相对简单。

2. 顶推施工法的缺点

(1)由于顶推过程中梁的支撑条件是变化的，因此梁的正、负弯矩交替变化。为了满足梁顶推过程内力变化，整个梁体纵向预应力基本按中性轴中心配束，即箱梁的顶板、底板都配纵向通长束。通长束在顶推到位以后，在成桥营运阶段是多余的。

(2)由于顶推法施工梁的施工内力与成桥后营运状态的内力相差太大，顶推法施工适应较多跨，跨数太少不经济。

(3)顶推法更适应于等截面梁的施工，对变高度的梁来说增加了顶推施工的难度，比较难以实现。

(4)顶推法施工工作面少，若施工出现事故或质量出现问题，则全桥施工受阻。

(5)对于多孔长桥，因工作面所限，顶推长度过长，则施工工期相对较长。

三、顶推施工法的施工工艺

顶推施工的主要施工顺序为：

(1)在桥头进行预制场地的准备工作。

(2)安装顶推设备、制作制梁台座或节段拼装台座。

(3)制作混凝土节段梁或拼装钢节段梁。

(4)张拉纵向预应力束。

(5)顶推预制节段。

(6)重复步骤(3)～(5)，根据顶推内力情况适时调整纵向预应力钢束并进行横向纠偏，直至全梁顶推到位。

(7)更换支座，落梁。

(8)根据永久性结构受力情况张拉或去除预应力束。

在实际操作过程中为减少顶推施工时主梁和桥墩的内力，可采取的主要措施有：

(1)主梁前端设导梁。

(2)跨中设临时墩以缩小顶推跨径。

(3)设置临时塔架和斜拉索加劲主梁，减小悬臂梁弯矩。

(4)当中孔跨径较大，又无法设临时墩时，可将单向顶推为双向顶推。

(5)尽量减小顶推时墩顶的摩擦力。

四、顶推系统的构成

1. 导梁

导梁是顶推法施工的主要设施之一，导梁设置在梁段的前端，以减小主梁的悬臂长度。导梁的长度一般为顶推跨径的60％～80％，可采用钢板导梁或钢桁架导梁制作。导梁与梁体连接处的刚度应协调，预埋件的连接强度应满足梁体顶推时的受力要求，导梁前端的最大挠度应不大于设计规定。

(1)钢板导梁

钢板导梁多为变高度工字形实腹钢板梁，由主梁和横、竖向联系杆组成(图2-2-23)，为适应顶推需要，导梁前端一般做成曲线形。主梁的片数应与箱梁腹板数相对应。为便于运输，通常纵向分成多块，在现场通过螺栓或焊接组拼成整体。钢板导梁具有刚度大、变形小等优点，适用于较大跨径的顶推施工；缺点是重量大、投资较大、运输不方便。

(2)钢桁架导梁

钢桁架导梁一般可用贝雷桁架、万能杆件或专门加工的钢桁结构，由上弦杆、下弦杆、立杆、斜腹杆和横向联系腹杆等组成，各节点用螺栓连接，便于周转使用，且运输保存方便，如图2-2-24所示。由于钢桁架导梁非弹性变形挠度较大，可在导梁底部采用加劲弦杆或型钢分段加劲，在导梁端部设置横梁，用中心预应力束进行张拉，以消除非弹性变形，满足使用要求。钢桁架导梁具有重量轻、便于施工等特点，但因其刚度较小，导梁前端挠度大，一般用于跨径不大的顶推桥梁。

图 2-2-23 钢板梁导梁(图片源自 Wikipedia)

图 2-2-24 钢桁梁导梁(图片源自 Wikipedia)

2. 临时墩

为减小顶推时跨径,避免主梁受力过大,可在跨内设置临时墩,如图 2-2-25 所示。应根据桥下交通要求、临时墩的工程量、施工的难易程度及拆除方案,经过综合技术经济比较,决定临时墩的设置。

临时墩应能承受顶推时所产生的最大竖向荷载和最大水平摩阻力,且变形应满足规范要求。临时墩的基础在陆上可采用混凝土浅基础或桩基础,在水中可采用打入桩基础。墩身通常设计为能重复使用的构件,水中临时墩一般采用钢管桩墩身,陆上临时墩可采用装配式空心钢筋混凝土柱或者钢管桩。为提高临时墩抵抗水平推力的能力,钢管墩身通常做成斜钢管,并采用缆风索进行锚固。

3. 顶推动力装置

顶推动力装置由千斤顶、高压油泵、拉杆、顶推锚具等组成(图 2-2-26),顶推动力一般使用水平千斤顶或自动连续千斤顶及其配套的普通高压油泵或专用的液压站作为动力装置。顶推装置分为两种,一种是由水平千斤顶通过于箱梁两侧的牵动钢杆给预制梁一个顶推力;另一种是由水平千斤顶与竖直千斤顶梁联合使用,顶推预制梁前进。根据顶推方法的不同,采用不同的千斤顶,单点顶推可以采用水平千斤顶与竖直千斤顶联用,多点顶推可采用穿心式千斤顶。

图 2-2-25 临时墩(图片源自 Wikipedia)

图 2-2-26 顶推动力装置(图片源自 Wikipedia)

4. 墩(台)顶滑动装置

滑道一般采用单滑道板形式,滑动装置设置在墩上的混凝土临时垫块上,由光滑的不锈钢板与聚四氟乙烯滑块组成,其中的滑块由四氟板与具有加劲钢板的橡胶块构成。顶推时,组合的聚四氟乙烯滑块在不锈钢板上滑动,并在前方滑出,通过在滑道后方不断喂入滑块,带动梁身前进,连续滑道板形式如图 2-2-27 所示。该种形式的滑道,能很好地承受各向作用力,而且标高容易控制,拆除也非常方便。

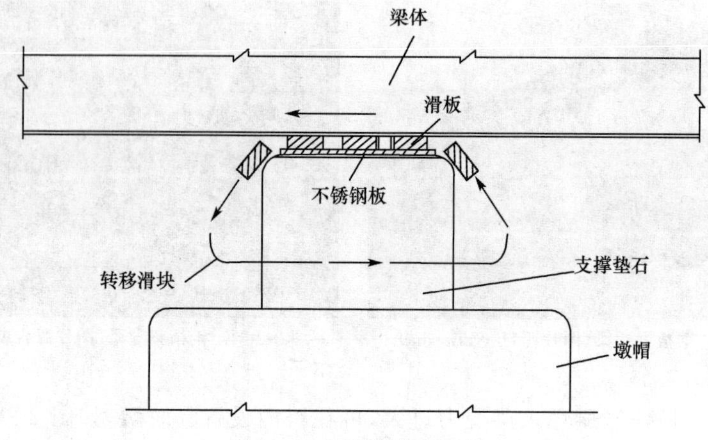

图 2-2-27　连续滑道板形式

5. 横向导向装置

在顶推过程中，为防止梁体在前进过程中出现较大的横向偏位，在预制梁段刚离开预制场的部位，以及在顶推施工最前端的桥墩上均需安装限位及横向纠偏装置，滚轮式横向导向装置如图 2-2-28 所示。

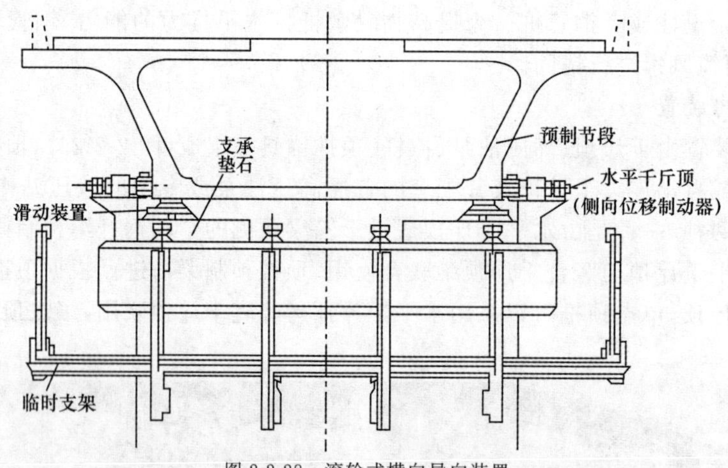

图 2-2-28　滚轮式横向导向装置

6. 拉索、塔架及斜拉索

为了减少施工中的结构内力，扩大顶推法施工的使用范围，同时从安全施工和施工方便出发，在施工过程中常使用一些临时拉索、塔架及斜拉索等。

临时拉索用来加劲主梁以抵消顶推时的悬臂弯矩，保证结构安全。拉索系统由钢制塔架、连接构件、竖向千斤顶和钢索组成(图 2-2-29)，牵拉的范围一般为两倍顶推跨径。在顶推过程中，主梁内力不断变化，需要根据不同阶段的受力状态调节索力。

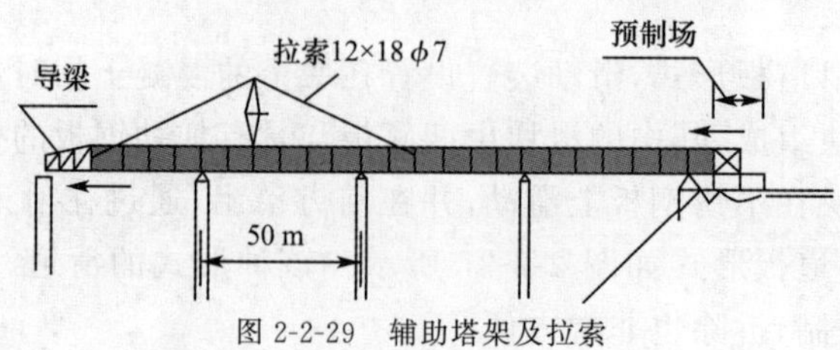

图 2-2-29　辅助塔架及拉索

斜拉索用于在顶推时加固桥墩，特别是在有较大的纵坡和较高桥墩的情况下，采用斜拉索可以减少桥墩所受的水平力，如图 2-2-30 所示。当采用向上坡方向顶推时，顶推力大于摩擦力，需要在墩后设拉索。当采用下坡方向顶推时，顶推力很小甚至需要制动装置控制梁体向前滑移，此时摩擦力使桥墩产生向后的水平力，需要在墩前设置拉索。

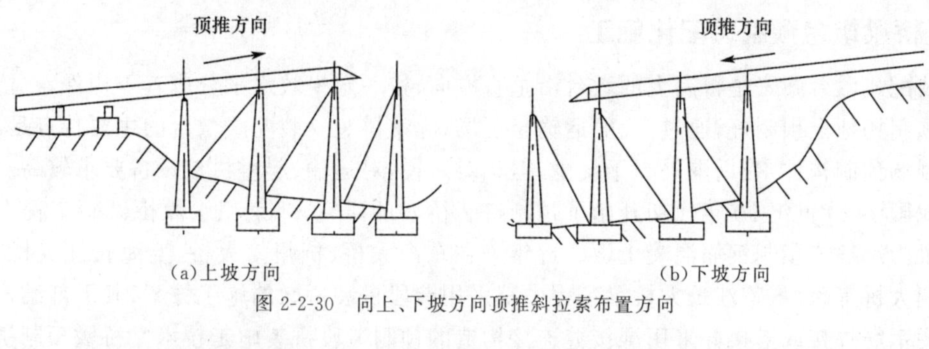

图 2-2-30　向上、下坡方向顶推斜拉索布置方向

第六节　桥梁墩台施工

桥梁墩台按其施工方法分为整体式墩台和装配式墩台两大类，相应的施工方法也分为两大类：一类是整体式墩台的现场就地浇筑与砌筑；一类是装配式墩台的预制装配施工。

一、桥梁墩台现浇施工

墩、台身在施工前应对其施工范围内基础顶面的混凝土进行凿毛处理，并将表面的松散层、石屑等清理干净；对分节段施工的墩、台身，其接缝应做相同的凿毛和清洁处理，利于新老混凝土之间的结合。当墩、台身高度超过 10 m 时，可分节段施工，节段的高度要根据混凝土施工条件和钢筋定尺长度等因素综合确定。

墩、台身的竖向钢筋，应在基础施工时预埋好，并准确定位。在模板安装前，应在基础顶面放出墩、台身的轴线及边缘线。对于分节段施工的墩、台身，其首节模板安装的平面位置及垂直度控制尤为关键，如首节模板定位不准确，将会给后续节段的模板安装造成困难，且不易保证墩台身的外形尺寸和垂直度。

桥墩施工常采用钢模板，其优点为拆模后混凝土浇筑质量较好、表面光滑、美观性好，在高墩施工中钢模板更加方便滑模、翻模或爬模，模板可多次使用，利用率高。

承台基础上的首节墩、台身，如不采取有效措施，该处极易产生裂缝，尤其对于薄壁墩身。对于分段浇筑的墩身，后浇段也容易出现竖直的裂缝。其原因为先期浇筑的混凝土阻碍了新浇段混凝土的收缩变形所致。因此，《公路桥涵施工技术规范》(JTG/T 3650—2020)要求应采取措施，尽量缩短墩、台身与承台之间浇筑混凝土的时间间隔，间歇期不宜大于 10 天，以避免因混凝土龄期相差过大而产生裂缝。

墩、台帽和盖梁的现浇施工，和前述的主梁 0 号块施工类似，一般采用落地支架或附着于墩、台身的托架等作为支承结构。其所采用的托架、支架或抱箍等临时结构，应进行受力分析计算。支架直接支承在承台顶部的好处是可以避免沉降，但在承台平面尺寸较小或下部结构没有承台的情况下，支架不可避免地要支承在地基上，而此处的地基因为是开挖后再回填的，往往比较软弱，有时候可能还会出现一部分支架支承在刚性的承台顶部，另一部分支架则支承在回填土上，使得地基软硬不均，容易产生不均匀沉降。因此，出现这种情况时，应对回填部分的地基进行加固处理，还应对支架进行预压。当然，采用膺架结构或者抱箍可避免支架支承在软弱回填土上的问题，施工时综合考虑选用。

二、桥梁墩台预制装配化施工

装配式墩台施工是将高大的墩台沿垂直方向，按一定模数水平分成若干构件，在桥址周围的预制场地上预制好，通过车、船运输至现场，起吊拼装。装配式墩台的主要特点是：可以在预制场预制构件，受周围外界干扰少，但相对来说，对运输、起重机械设备要求较高。

我国于 20 世纪 90 年代初开始了预制拼装桥墩的研究，北京积水潭桥试验工程中的五座桥梁为承插式预制钢筋混凝土墩。近年来在东海大桥、杭州湾大桥、上海长江大桥工程、港珠澳大桥等跨海、跨江长大桥梁工程中都采用节段拼装桥墩的施工方案，其下部结构墩身为采用钢筋焊接或搭接并采用湿接缝连接构造的预制节段拼装施工技术。桥墩预制拼装技术主要类型有：(1)承插式预制钢筋混凝土墩；(2)预制桥墩配合湿接缝；(3)预制桥墩通过预应力钢筋或钢绞线实现连接；(4)整体桥墩、承台预制配合插槽式与桩基础实现连接。

装配式柱式墩系将桥墩分解成若干构件，如承台，柱、盖梁等，在工厂或现场集中预制，再运送到现场装配成桥墩。施工工序主要包括预制构件安装、连接与混凝土接缝处理，其中拼装接头是关键工序，既要牢固、安全，又要结构简单，便于施工。装配式桥墩现场拼装如图 2-2-31 所示。

预制盖梁有钢盖梁和混凝土盖梁。钢盖梁采用工厂整体组装，现场一次性吊装的施工方式。钢盖梁与墩柱间的连接方式有后浇混凝土连接、焊接和高强螺栓连接。钢盖梁的优势在于结构重量轻、运输和吊装方便、施工支架少、对交通影响小、工期短；不足之处在于钢结构对防腐要求高，钢盖梁与其他混凝土结构差异化大、美观性略差。混凝土盖梁为便于施工需分节段预制及吊装，通过后浇带及张拉预应力束使其形成整体，混凝土盖梁与墩柱间的连接采用套筒连接，混凝土盖梁的优点是和混凝土墩柱的整体美观性好；缺点是混凝土盖梁体量大，运输困难，对吊装设备要求高；套筒和钢筋需对应预埋及连接，对施工精度控制要求高，后浇带的施工影响工期，装配式盖梁现场拼装如图 2-2-32 所示。

图 2-2-31　桥墩拼装施工

图 2-2-32　盖梁拼装施工

第三章 梁桥的设计计算

第一节 概 述

梁桥是以主梁抗弯为主承担荷载的桥梁结构，包括简支梁（板）桥、悬臂梁桥、连续梁桥、T形刚构桥、连续刚构桥等不同体系。对于简支梁（板）桥、悬臂梁桥和连续梁桥，主梁通过支座支承于桥梁墩台上，上部结构与下部结构之间传力比较明确，上、下部结构设计时可以分开计算，一般采取先进行上部结构主梁设计计算，后进行下部结构墩台和支座设计计算；在进行主梁设计计算时，应考虑墩台变形的影响；墩台设计应满足上部结构受力需要。在进行主梁设计时，一般先设计计算主要承重构件（如主梁），后设计计算次要受力构件（如桥面板、横梁），但是当桥面板厚度受车轮局部受力控制时，应先进行桥面板计算，避免桥面板厚度变化影响主梁计算。对于T形刚构桥和连续刚构桥，主梁与墩台固结，上部结构与下部结构受力相互影响，难以分开计算，一般需要作为整体进行设计计算。由于桥梁结构和施工方法不同，设计人员要根据桥梁的受力特点和施工程序确定合理的设计计算顺序。

梁桥设计计算内容包括结构内力和变形计算，并根据内力和变形计算结果进行构件配筋，并对结构强度、刚度进行验算。其中，上部结构计算包括主梁、横梁、桥面板、支座以及其他构造细部（如悬臂梁的牛腿等），同时还要考虑结构变形、施工验算或其他特殊项目的验算；下部结构计算则包括墩、台和基础。

第二节 桥面板计算

一、桥面板的受力特点和分类

对于采用肋梁式截面或箱形截面的钢筋混凝土和预应力混凝土梁桥，其桥面板（也称行车道板)与主梁的梁肋和横隔梁(或横隔板)相连,形成整体结构。车辆行驶在桥面上时,桥面板直接承受着车辆的局部轮压,并将轮压荷载传递给与之相连接的梁肋和横隔板;同时,桥面板作为主梁截面的组成部分,参与主梁的整体受力。

对于整体现浇的肋梁或翼缘板接缝采用现浇缝的预制装配 T 梁桥,如图 2-3-1(a)所示,梁肋与横隔板形成梁格系,桥面板与梁肋或横隔板连接,受梁肋和横隔板支承。梁肋外侧的桥面板一侧与梁肋固结,仅受梁肋单侧支承,其受力类似于端部自由的悬臂板;梁肋之间的桥面板四边分别与梁肋和横隔板固结,其受力类似于四边支承板。对于翼缘板采用钢板连接或铰缝连接的预制装配 T 梁桥,如图 2-3-1(b)、图 2-3-1(c)所示,梁肋之间的两翼缘板在连接处不能相互传递弯矩,连接处受力类似铰接,该处的翼缘板受三边支承,即一侧受梁肋支承,两侧受横隔板支承。因此,T 梁的桥面板的支承形式可分为单边支承、三边支承和四边支承三种。

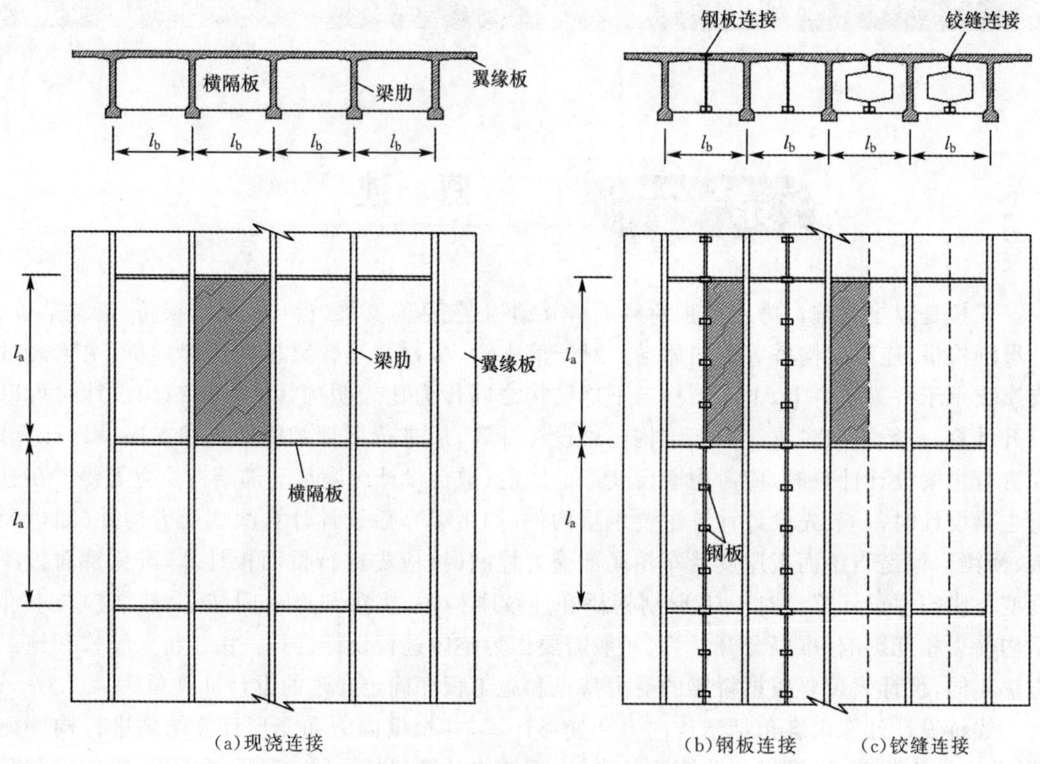

(a)现浇连接 (b)钢板连接 (c)铰缝连接

图 2-3-1 梁格体系及桥面板支承形式

对于四边支承的桥面板,如图 2-3-2 所示,当板中央作用一竖向集中力荷载 P 时,此荷载会向相互垂直的两对支承边传递。当支承跨径 l_a 和 l_b 相等时,每对支承边所承担的荷载相同,即各承担 $0.5P$。当支承跨径 l_a 和 l_b 不相等时,由于板沿跨径 l_a 和 l_b 的相对刚度不同,向两个方向所传递的荷载也不相等,由于短跨径方向刚度比长跨径方向大,短跨径方向传递的荷载比长跨径方向大。根据弹性薄板理论的研究,对于四边简支的板,当板的长跨径 l_a 与短跨径 l_b 之比(l_a/l_b)接近 2 时,荷载值的绝大部分将沿板的短跨方向传递,沿长跨方向传递的荷载将不足 6%。l_a/l_b 越大,向跨径 l_a 方向传递的荷载就越少。因此,当四边支承桥面板的长宽比≥2 时,可将其视为短跨承受荷载的单向受力板(单向板)来设计,如图 2-3-3 所示。此时,桥面板内的受力钢筋需沿短边方向配置,在长边方向只要适当配置一些分布钢筋即可。对于长宽比<2 的四边支承桥面板，需要考虑两个方向均传力，桥面板应作为双向受力板（或称双向板）进行设计，需要沿两个相互垂直方向均配置受力钢筋。

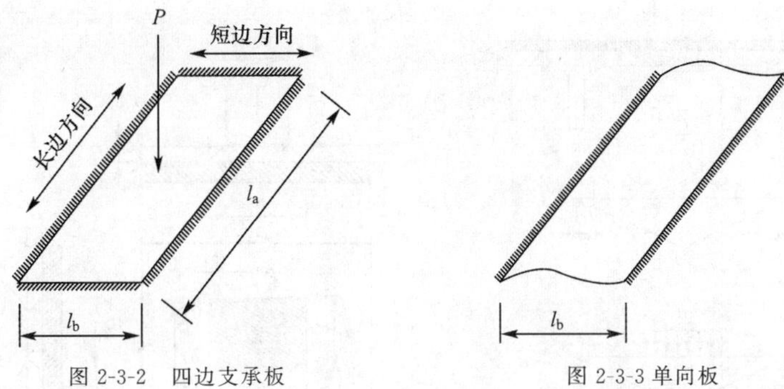

图 2-3-2　四边支承板　　　图 2-3-3 单向板

对于图 2-3-4 所示的三边支承板，当跨径比 $l_a/l_b>2$ 时（常用的 T 梁桥的桥面板一般均满足该条件），可以忽略横梁的支承作用，认为恒载只沿横隔梁方向传递，此时可以将三边支承板简化为只在梁肋侧具有支承的单边支承板。因此，从受力来看，T 梁桥中的三边支承板和单边支承板均可以视为如图 2-3-5 所示的悬臂板。但是，这里需要注意的是二者受力又有区别，单边支承板是一端嵌固一端为自由端的悬臂板，而三边支承板是一端嵌固一端铰接的铰接悬臂板。

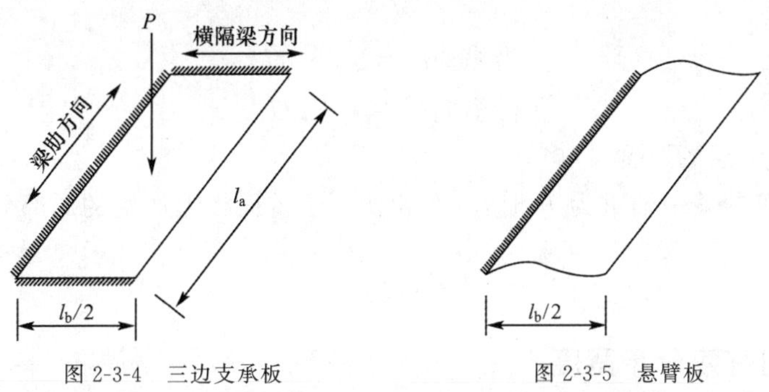

图 2-3-4　三边支承板　　　图 2-3-5　悬臂板

综上所述，在实际桥梁设计中，桥面板受力图示可简化为单向板、悬臂板、铰接悬臂板和双向板，第三节将给出单向板、悬臂板、铰接悬臂板的内力计算方法。由于双向板受力复杂，其内力除可按弹性理论进行分析外，在工程实践中常用简化的计算方法或现成的图表来计算。

二、车轮荷载在桥面板上的分布

汽车行驶在桥面上时，由于轮胎与桥面铺装之间是面接触，车轮荷载对桥面的实际作用为分布在接触面上的面压力荷载。由于板的计算跨径相对于轮压的分布宽度来说，相差不是很大，如图 2-3-6 所示，如果将车轮荷载视为集中力，则计算的桥面板内力比实际情况偏大。为了桥面板设计更为经济合理，故桥面板受力计算时应将车轮荷载作为分布荷载来处理。

轮胎与桥面的实际接触面接近于椭圆形，为了计算方便，通常近似地看作是边长分别为 a_2 和 b_2 的矩形，其中 a_2 是车轮沿行车方向的着地长度，b_2 为车轮的着地宽度，如图 2-3-7 所示。

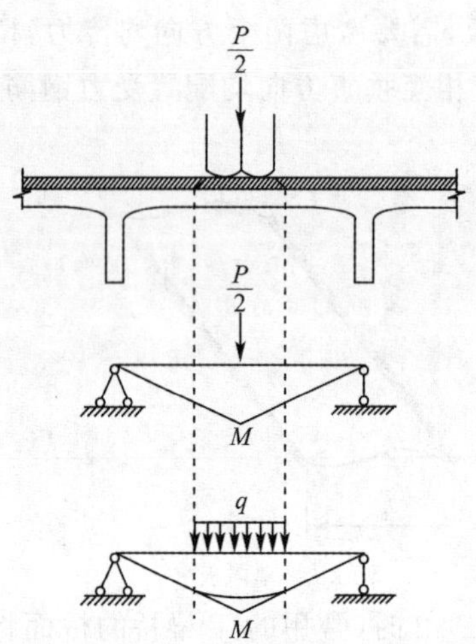

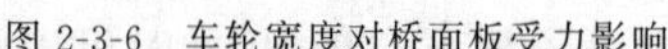
图 2-3-6 车轮宽度对桥面板受力影响

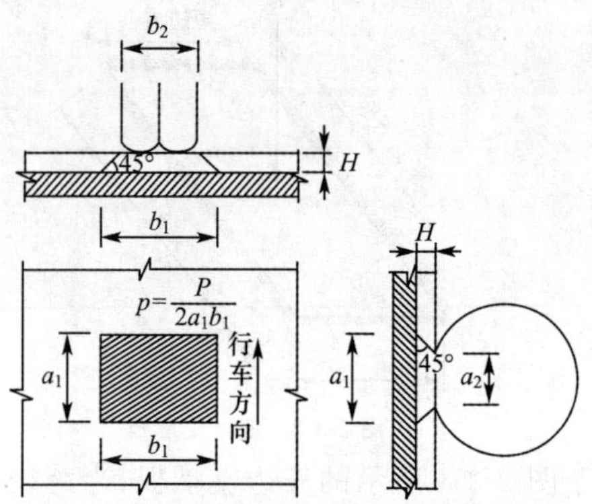

图 2-3-7 车轮荷载在桥面上的分布

车轮荷载并非直接作用在钢筋混凝土桥面板上，而是通过桥面铺装层传递分布后间接作用在钢筋混凝土板面上。根据实验研究，对于混凝土或沥青面层，车轮荷载可以偏安全地假定呈45°自铺装层上表面扩散至桥面板上表面。因此，《公路钢筋混凝土及预应力混凝土桥涵设计规范》(JTG 3362—2018)规定，作用于钢筋混凝土桥面板上的车轮荷载压力面的边长为：

$$\left.\begin{aligned}&\text{沿纵向}\,a_1=a_2+2H\\&\text{沿横向}\,b_1=b_2+2H\end{aligned}\right\} \tag{2-3-1}$$

式中 H——铺装层的厚度。

因此，当汽车的某一轴重为 P 时，其车轮作用于桥面板上产生的局部分布荷载强度为

$$p=\frac{P}{2a_1b_1} \tag{2-3-2}$$

三、桥面板的有效分布宽度

1. 单向板的有效分布宽度

图 2-3-8 所示为支承边间距为 l 的单向板，板中央作用着局部分布荷载，其分布面积为 $a_1\times b_1$。板在荷载作用下发生如图 2-3-8(a)所示向下挠曲变形，从变形图可知，板除了沿计算跨径 x 方向产生挠曲变形 ω_x 外，在 y 方向也必然发生挠曲变形 ω_y。这说明，在荷载作用下，不仅宽度 a_1 的板条受力，其邻近的板也参与工作，共同承受车轮荷载所产生的弯矩。图 2-3-8(b)所示为桥面板受到的 x 方向弯矩集度 m_x（单位板宽的弯矩值）沿 y 轴的分布图形，在荷载中心 $y=0$ 处，桥面板所受弯矩集度最大，达到 $m_{x\max}$，离荷载中心越远的桥面板所承受的弯矩集度就越小。若以 M 来表示桥面板跨中处总弯矩，则有

$$\int m_x\,\mathrm{d}y=M \tag{2-3-3}$$

由于车轮可以沿 y 轴移动，沿 y 轴方向的任意位置桥面板均会出现最大弯矩集度 $m_{x\max}$。为了保证安全，沿 y 轴方向的桥面板配筋均需满足承受最大弯矩集度 $m_{x\max}$ 要求，因此桥面板设计时需要先计算 $m_{x\max}$。

如图 2-3-8(b)所示，假定在荷载作用位置处存在某一宽度 a，如果该宽度范围的桥面板所受弯矩集度均为 $m_{x\max}$，且该宽度范围内桥面板所受总弯矩 $a \times m_{x\max}$ 与全部桥面板所受的实际总弯矩 M 相同，则有

$$a \times m_{x\max} = \int m_x \, \mathrm{d}y = M \tag{2-3-4}$$

$$a = \frac{M}{m_{x\max}} \tag{2-3-5}$$

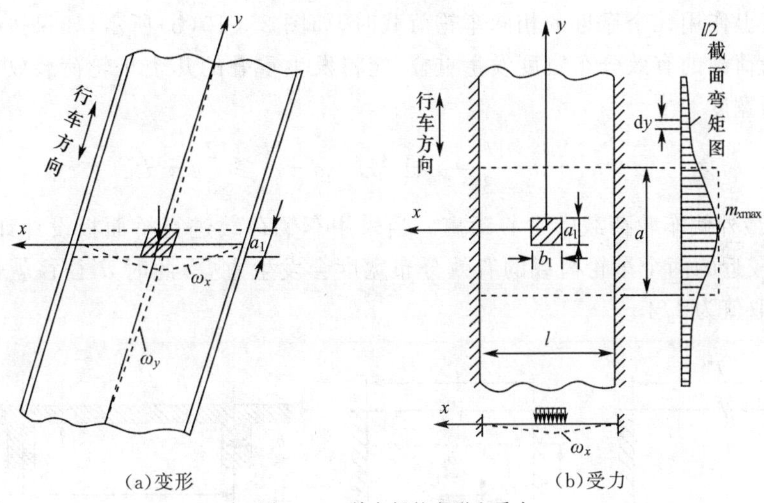

图 2-3-8 单向板的变形和受力

上式中的 a 定义为桥面板的有效分布宽度。用图 2-3-9 可以更好地理解有效分布宽度的概念，当沿 y 方向无限宽度的桥面板跨中作用宽度为 a_1 的局部分布荷载强度 p 时，为了计算最大弯矩集度 $m_{x\max}$，我们可以将无限宽度的板简化为具有有限宽度为 a 的板，将荷载转换为分布荷载 p'，作用于整个板宽范围，则此有限宽度板跨中的弯矩集度即为 $m_{x\max}$，从而使得桥面板受力计算大大简化。

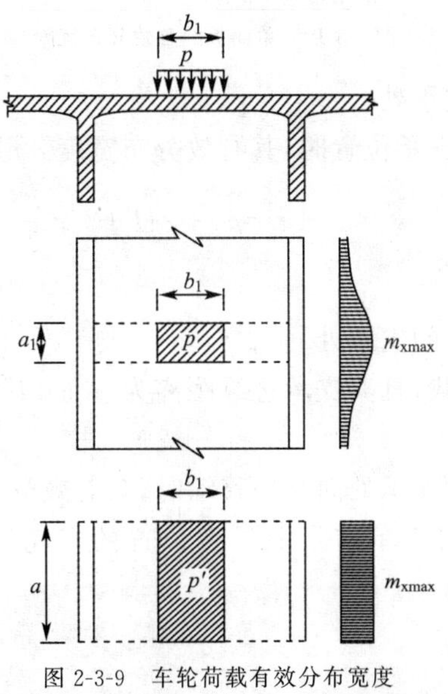

图 2-3-9 车轮荷载有效分布宽度

单向板的有效分布宽度 a 的取值主要与板的跨度 l、荷载作用位置有关，l 越大，a 越大；荷载越靠近支承边，其有效分布宽度越小。根据《公路钢筋混凝土及预应力混凝土桥涵设计规范》(JTG 3362—2018)给出了单向板的车轮荷载有效分布宽度的计算方法。

(1)车轮荷载位于板的跨中位置

当桥面板上仅作用一个车轮荷载时，如图 2-3-10(a)所示，其有效分布宽度为

$$a=a_1+\frac{l}{3}=a_2+2H+\frac{l}{3}\geqslant\frac{2}{3}l \tag{2-3-6}$$

当桥面板上作用几个靠近的相同车轮荷载时，如图 2-3-10(b)所示，如果按上式计算所得各相邻车轮荷载的有效分布宽度发生重叠，应将发生重叠的几个车轮荷载放在一起来计算其有效分布宽度

$$a=a_1+d+\frac{l}{3}=a_2+2H+d+\frac{l}{3}\geqslant\frac{2}{3}l+d \tag{2-3-7}$$

式中　d——最外侧车轮荷载的中心距离。当采用车辆荷载进行桥面板设计计算时，一般情况下，只有较近的两个车轮荷载的有效分布宽度会发生重叠，此时 d 往往就是汽车的两个后轴间距，取值为 1.4 m。

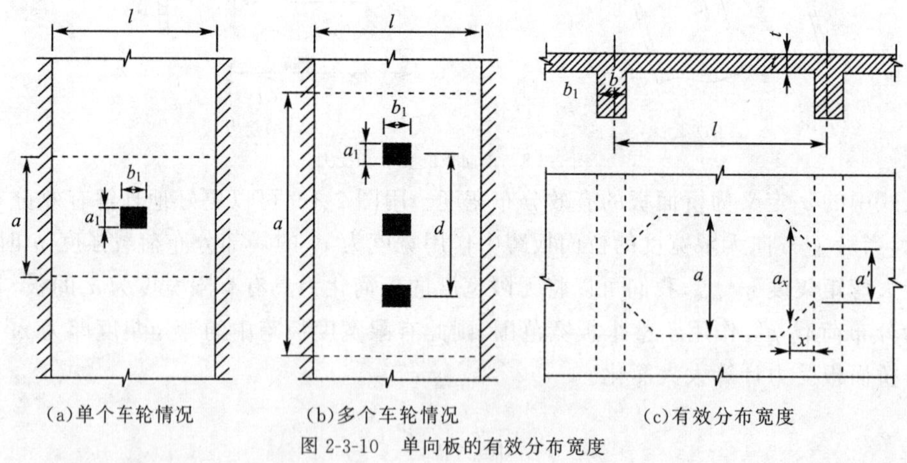

图 2-3-10　单向板的有效分布宽度

(2)车轮荷载位于板的支承处

当车轮荷载作用于板的支承位置时，其有效分布宽度 a' 由式(2-3-8)计算

$$a'=a_1+t=a_2+2H+t\geqslant\frac{l}{3} \tag{2-3-8}$$

式中　t——板的跨中厚度。

(3)车轮荷载位于靠近板的支承处

对于靠近板支承处的荷载，且离支承边缘距离为 x 时，其有效分布宽度 a_x 为

$$a_x=a'+2x \tag{2-3-9}$$

也就是说，当车轮荷载从板的支承处向跨中移动时，其有效分布宽度近似地按 45°线过渡。

根据以上规定，对于作用于单向板上任意位置的车轮荷载，其有效分布宽度可按照图 2-3-10(c)所示图形计算。

2. 悬臂板的有效分布宽度

图 2-3-11 为悬臂板在车轮荷载强度 p 作用下变形和受力情况，从图中可以看出，除了直接承受荷载的板条(宽度为 a_1)外，其余板条也发生挠曲变形，即全部宽度的悬臂板均承受弯矩。图 2-3-11(a)所示为悬臂板根部受到的 x 方向弯矩集度 m_x 沿 y 轴的分布图形，在荷载中心 $y=0$ 处，桥面板所受负弯矩集度最大，达到 $m_{x\min}$，离荷载中心越远的桥面板所承受的弯矩集度就越小。根据理论分析可知，当悬臂板端部作用集中力 P 时，悬臂板根部最大负弯矩集度为 $m_{x\min}=-0.465P$，悬臂板根部所受总弯矩为 $M_0=-Pl_0$。因此，该集中力的有效分布宽度可由下式计算

$$a=\frac{M_0}{m_{x\min}}=\frac{-Pl_0}{-0.465P}=2.15l_0 \tag{2-3-10}$$

式(2-3-10)表明，作用于悬臂板端部集中力荷载的有效分布宽度略大于 2 倍悬臂长度，一般偏安全取 2 倍悬臂长度，即荷载近似地按 45°向悬臂板支承处分布，如图 2-3-11(a)所示。

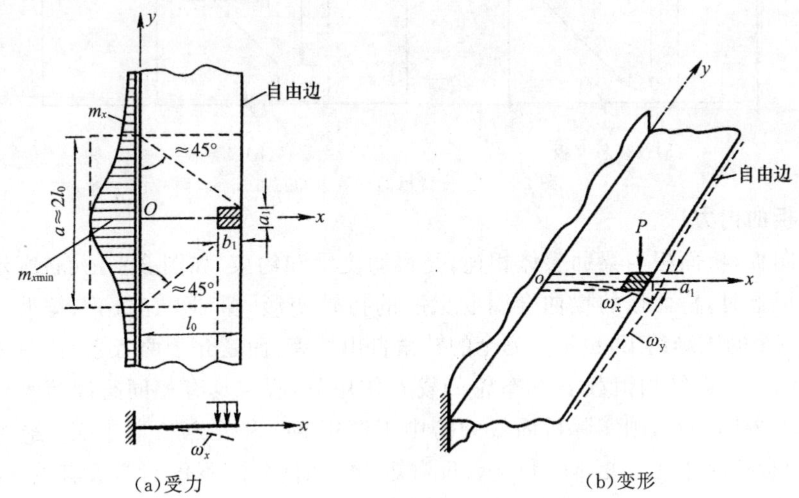

图 2-3-11 悬臂板的受力与变形

《公路钢筋混凝土及预应力混凝土桥涵设计规范》(JTG 3362-2018)中对悬臂板的车轮荷载有效分布宽度规定为

$$a=a_1+2b'=a_2+2H+2b' \tag{2-3-11}$$

式中 b'——车轮荷载压力面外侧边缘至悬臂板根部的距离，对于铰接悬臂板，b'与悬臂长度 l_0 相同，如图 2-3-12(a)所示；对于悬臂板，b'的取值应根据车轮与路缘石的最小距离确定，如图 2-3-12(b)所示。

这里需要注意的是上述悬臂板的有效分布宽度计算方法一般适用于悬臂长度不超过 2.5 m 的情况，当悬臂长度过大时，板的受力较为复杂，利用上面的简化方法误差较大，此时应利用更为可靠的方法进行计算。

四、桥面板内力的计算

对于单向板和悬臂板，如车轮可作用于沿支承边方向的任意位置，则各处的桥面板受力基本相同，桥面板内配筋也相同。为了计算方便，在桥面板设计时，通常取 1 m 板条来计算其内力，并进行配筋计算。利用板的有效分布宽度可以计算得到作用于 1 m 宽板条上的荷

载，进而可以计算板的弯矩和剪力。

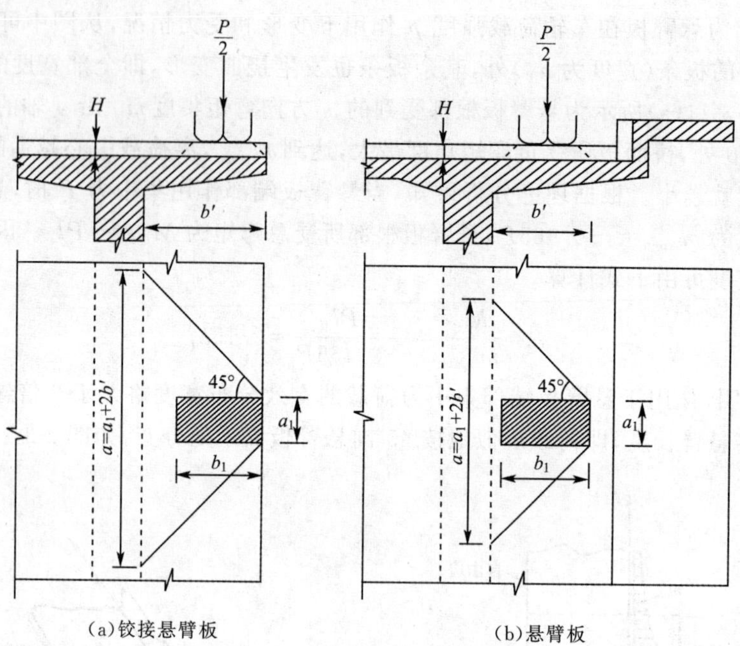

图 2-3-12　悬臂板的有效分布宽度

1. 单向板的内力

对于单向板，桥面板与梁肋整体相连，受梁肋支承和约束，如图 2-3-13(a)所示。当荷载作用于桥面板上时，桥面板的挠曲会引起梁肋的扭转变形[图 2-3-13(b)]，梁肋对桥面板的约束既不是完全的固结约束，也不是完全的转角自由约束，而是介于两者之间[图 2-3-13(c)]，类似于弹性约束。在结构恒载 g 和车轮荷载 p 作用下，假定具有相同跨度简支板的跨中弯矩为 M_0[图 2-3-13(d)]，则实际桥面板的跨中正弯矩 M_c 和支点负弯矩 M_s 绝对值之和等于 M_0。桥面板的跨中正弯矩 M_c 和支点负弯矩 M_s 如何分配不仅与荷载有关，还与梁肋对桥面板的弹性约束刚度有关，桥面板的实际受力情况比较复杂。研究表明，梁肋对桥面板的弹性约束刚度与比值 t/h(t 为板厚，h 为梁肋高度)有关，比值越大，梁肋对桥面板提供的扭转约束刚度越小，则支点分配到的负弯矩越小，而跨中分配到的正弯矩越大。在大量研究的基础上，并考虑到结构设计安全，《公路钢筋混凝土及预应力混凝土桥涵设计规范》(JTG 3362-2018)给出了偏安全的分配系数，用于计算桥面板跨中和支点的设计弯矩。

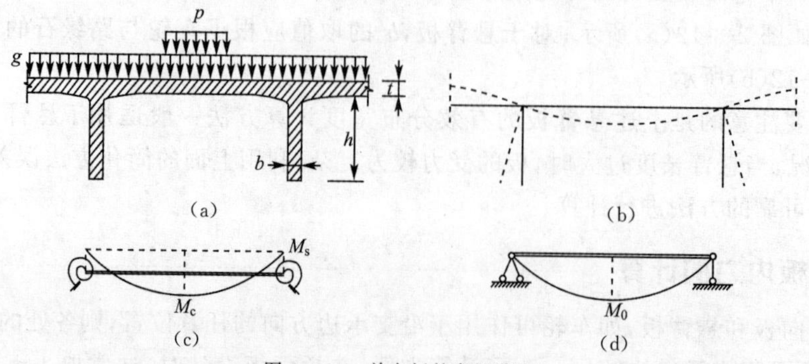

图 2-3-13　单向板的弯矩分配

当 $t/h<1/4$ 时(梁肋抗扭能力较大)

$$\left.\begin{array}{r}\text{跨中弯矩 } M_c=+0.5M_0 \\ \text{支点弯矩 } M_s=-0.7M_0\end{array}\right\} \tag{2-3-12}$$

当 $t/h \geqslant 1/4$ 时（梁肋抗扭能力较小）

$$\left.\begin{array}{r}\text{跨中弯矩 } M_c=+0.7M_0 \\ \text{支点弯矩 } M_s=-0.7M_0\end{array}\right\} \tag{2-3-13}$$

式中 M_0——按简支板计算而得的荷载组合内力，当按照承载能力极限状态组合时

$$M_0=1.2M_{0g}+1.8M_{0p} \tag{2-3-14}$$

当按照正常使用极限状态组合时

$$M_0=M_{0g}+0.7M_{0p}/(1+\mu) \tag{2-3-15}$$

M_{0g} 和 M_{0p} 分别为恒载和车轮荷载作用下简支板的跨中弯矩，μ 为汽车冲击系数。

恒载和车轮荷载作用下的简支板内力可以利用图 2-3-14 所示计算，当计算板的弯矩时，简支板的计算跨径为 l；当计算板的剪力时，简支板的计算跨径为 l_0。其中，l_0 为板的净跨径，l 取 l_0+t 和 l_0+b 二者的较小值，t 为板的厚度，b 为梁肋宽度。

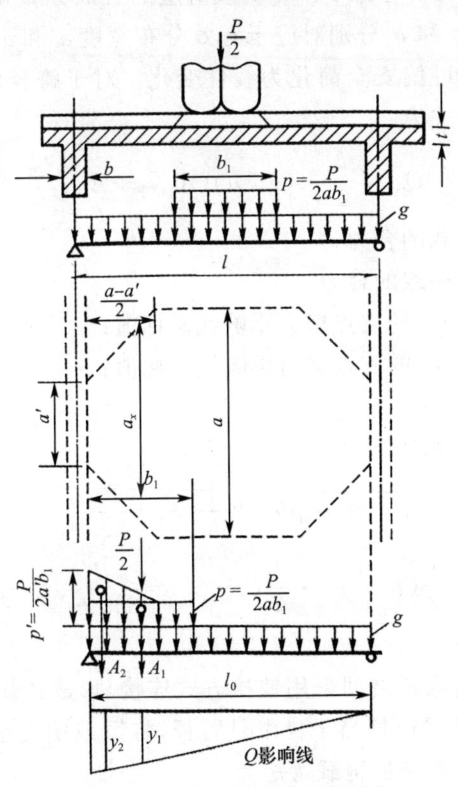

图 2-3-14 单向板的受力计算图式

恒载包括桥面板自重和铺装重量，一般可以简化为均布荷载。若 1 m 宽板条上每延米的恒载为 g，则 1 m 板宽的简支板跨中恒载弯矩可由下式计算

$$M_{0g}=\frac{1}{8}gl^2 \tag{2-3-16}$$

为了得到简支板跨中最大弯矩，车轮荷载需要布置在跨中，利用单向板的有效分布宽度 a 可以计算得到 1 m 宽板条每延米的车轮荷载 p

$$p=\frac{P}{2ab_1} \tag{2-3-17}$$

其中，P 为汽车轴重。车轮荷载的分布范围为 b_1，若车轮荷载范围未进入有效分布宽度变化范围，则车轮荷载在 1 m 宽简支板条中所产生的跨中弯矩可用下式计算

$$M_{0p}=(1+\mu)\frac{P}{8a}\left(l-\frac{b_1}{2}\right) \tag{2-3-18}$$

式中 μ——冲击系数，对于桥面板取 0.3。当板的跨径较大时，可能会有第二个车轮进入跨径内，此时可利用结构力学所学影响线布置荷载使跨中弯矩最大，并且考虑有效分布宽度变化导致车轮分布荷载 p' 的变化。

当计算单向板的支点剪力时，车轮荷载需按照图 2-3-14 所示尽量靠近梁肋边缘布置，该图所示为跨径内只有一个车轮荷载的情况，当不止一个车轮可以布置在跨径内时，需要计及其他车轮荷载产生的剪力。考虑了车轮荷载对应的有效分布宽度后，每米板宽承受的分布荷载如图 2-3-14 所示，p 和 p' 分别对应于有效分布宽度 a 和 a' 处的荷载强度，有效分布宽度变化范围的分布荷载可偏安全简化为线性变化。对于跨径内只有一个车轮荷载的情况，支点剪力 Q_s 的计算公式为

$$Q_s=\frac{gl_0}{2}+(1+\mu)(A_1y_1+A_2y_2) \tag{2-3-19}$$

式中 A_1——矩形部分荷载的合力；

A_2——三角形部分荷载的合力；

y_1——对应于合力 A_1 的支点剪力影响线竖标值；

y_2——对应于合力 A_2 的支点剪力影响线竖标值；

l_0——板的净跨径。

合力 A_1 和 A_2 可按下式计算

$$A_1=pb_1=\frac{P}{2ab_1}b_1=\frac{P}{2a} \tag{2-3-20}$$

$$A_2=\frac{1}{2}(p'-p)\cdot\frac{1}{2}(a-a')=\frac{P}{8aa'b_1}(a-a')^2 \tag{2-3-21}$$

2. 铰接悬臂板的内力

图 2-3-15 所示 T 梁翼缘板之间采用铰接方式连接，形成铰接悬臂板，悬臂板的净跨径为 l_0。恒载作用下，两侧悬臂板相当于自由悬臂板，将恒载偏安全简化为强度为 g 的均布荷载，则悬臂板根部每米宽板条的恒载弯矩为

$$M_{sg}=-\frac{1}{2}gl_0^2 \tag{2-3-22}$$

在计算车轮荷载产生的悬臂根部最大负弯矩时，最不利的荷载位置是把车轮荷载对中布置在铰接处，此时两侧悬臂板受力与自由悬臂板相同，则悬臂板根部每米宽板条的活载弯矩为

$$M_{sp}=-(1+\mu)\frac{P}{4a}\left(l_0-\frac{b_1}{4}\right) \tag{2-3-23}$$

悬臂根部的剪力可以偏安全地将车轮荷载布置于悬臂根部，并仍然简化为自由悬臂板的图式来计算，此处从略。

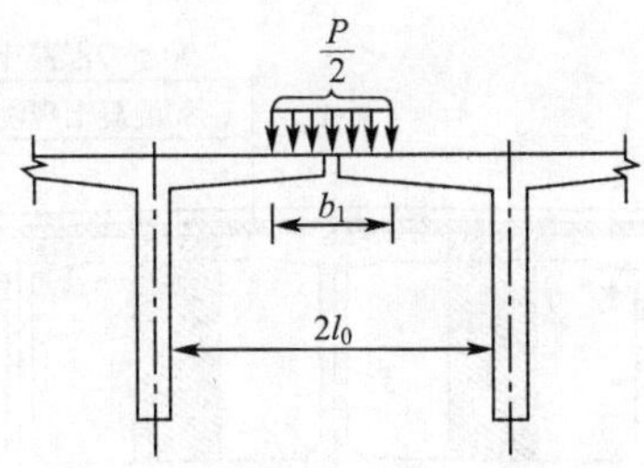

图 2-3-15 铰接悬臂板的内力计算图式

4. 悬臂板的内力

对于端部自由的悬臂板，由于其端部一般设有人行道、防撞护栏等附属构造，计算恒载内力时，除考虑悬臂板自重和铺装重量荷载外，应考虑这部分附属构造的重量产生的悬臂板弯矩。在计算车轮荷载产生的悬臂根部最大负弯矩时，应将车轮荷载尽量靠板的边缘布置，并满足车轮中心距离路缘不小于 0.5 m 的要求，如图 2-3-16 所示。悬臂板根部每米宽板条的活载弯矩可按照下式计算

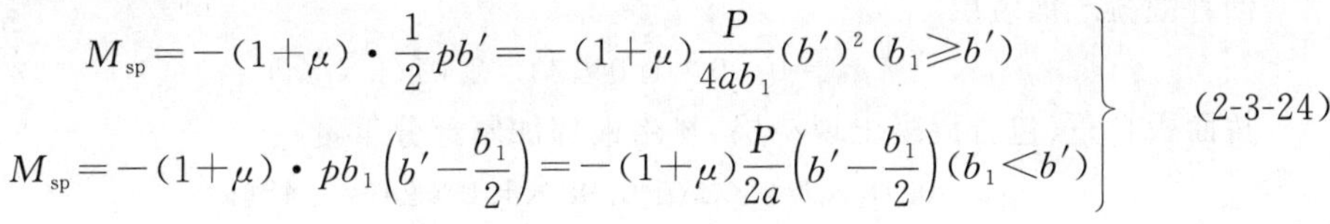

$$\left.\begin{aligned} M_{sp}&=-(1+\mu)\cdot\frac{1}{2}pb'=-(1+\mu)\frac{P}{4ab_1}(b')^2\ (b_1\geqslant b') \\ M_{sp}&=-(1+\mu)\cdot pb_1\left(b'-\frac{b_1}{2}\right)=-(1+\mu)\frac{P}{2a}\left(b'-\frac{b_1}{2}\right)(b_1<b') \end{aligned}\right\} \tag{2-3-24}$$

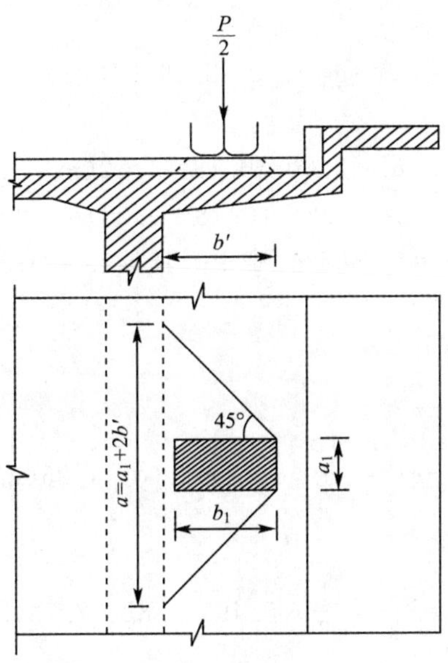

图 2-3-16 自由悬臂板的内力计算图式

五、桥面板内力计算举例

【例 2-3-1】 某先简支后连续预应力混凝土 T 梁桥单孔跨径 25 m，桥梁横向由 5 片 T 梁组成，横隔梁间距为 4.75 m＋3×5 m＋4.75 m，跨中横断面构造尺寸如图 2-3-17 所示。计算中间板的设计内力。沥青混凝土铺装容重为 23 kN/m^3，混凝土浇层容重为 24 kN/m^3，

T 梁桥面板的容重为 25 kN/m³。

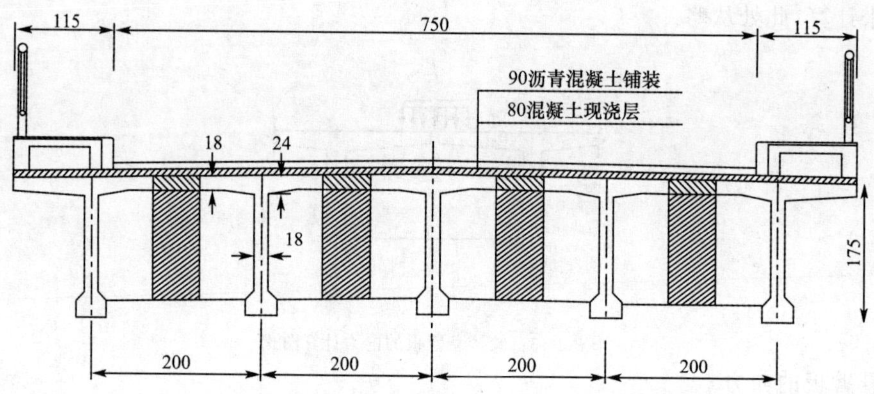

图 2-3-17　跨中横断面(尺寸单位:cm)

【解】　横隔板最小间距为 4.75 m,即 $l_a=4.75$ m,T 梁间距 $l_b=2.0$ m,$l_a/l_b>2$,故中间板可按单向板进行计算。

1. 恒载内力(以纵向 1 m 宽的板条进行计算)

(1)每延米板上的恒载 g

沥青混凝土铺装层

$$g_1=0.09\times1.0\times23=2.07(\text{kN/m})$$

桥面板自重(包含混凝土现浇层,忽略根部加厚部分重量)

$$g_2=0.18\times1.0\times25+0.08\times1.0\times24=6.42(\text{kN/m})$$

合计

$$g=g_1+g_2=8.49(\text{kN/m})$$

(2)计算跨径的选取

$$l_0=2.00-0.18=1.82(\text{m})$$

$$l=l_0+t=1.82+(0.18+0.08)=2.08(\text{m})$$

$$l=l_0+b=1.82+0.18=2.00(\text{m})$$

取计算跨径 l 为 2.0 m。

(3)每米宽板条的恒载内力

弯矩

$$M_{sg}=\frac{1}{8}gl^2=\frac{1}{8}\times8.49\times2.0^2=4.25(\text{kN}\cdot\text{m})$$

剪力

$$Q_{sg}=\frac{gl_0}{2}=\frac{1}{2}\times8.49\times1.82=7.73(\text{kN})$$

2. 活载内力

根据《公路桥涵设计通用规范》(JTG D60-2015)规定,对于汽车荷载,局部加载采用车辆荷载,车辆荷载的立面、平面尺寸以及车轮着地尺寸见第一篇第三章。桥面板的受力一般由重量最大的后轴控制,后轴重为 $P=140$ kN,后轴车轮着地尺寸为 0.2 m×0.6 m。

桥面板上面的车轮荷载分布尺寸为

$$a_1=a_2+2H=0.20+2\times0.09=0.38(\text{m})$$

$$b_1=b_2+2H=0.60+2\times0.09=0.78(\mathrm{m})$$

当车轮荷载位于板的中央时，其有效分布宽度为

$$a=a_1+\frac{l}{3}=0.38+\frac{2.0}{3}=1.05(\mathrm{m})$$

$$a=\frac{2}{3}l=\frac{2}{3}\times2.0=1.33(\mathrm{m})，取\ a=1.33(\mathrm{m})<1.4(\mathrm{m})$$

由此可知，即使距离最近的前后两个车轮的有效分布宽度也不发生重叠。

当车轮荷载位于板的支承处时，其有效分布宽度为

$$a'=a_1+t=0.38+(0.18+0.08)=0.64(\mathrm{m})$$

(1)单向板弯矩计算

为了计算单向板跨中最大弯矩，应将后轴车轮作用于单向板中央，如图 2-3-18 所示。横向相邻的车轮与该车轮最小中心距为 1.3 m，相邻车轮荷载边缘距离单向板跨中的距离 d 为

$$d=1.3-0.5b_1=1.3-0.5\times0.78=0.91<\frac{l}{2}=1.0(\mathrm{m})$$

即相邻车轮荷载进入了单向板的计算跨径内，进入宽度为 1.0－0.91＝0.09 m。考虑到 T 梁肋板厚度为 0.18 m，进入计算跨径内的荷载恰好作用在肋板范围内，故忽略其对单向板跨中弯矩的影响。所以，在单向板的弯矩计算中，横向最近的两个车轮不发生叠加。

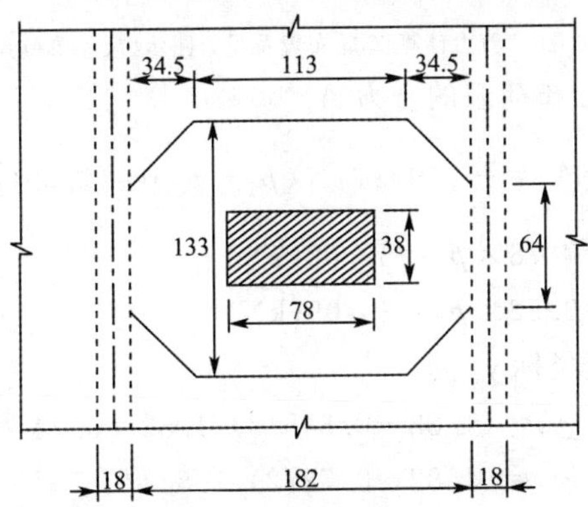

图 2-3-18 弯矩计算一车轮布置(尺寸单位:cm)

每米宽板条上车辆荷载作用于跨中的弯矩标准值为

$$M_{\mathrm{sp1k}}=\frac{P}{8a}\left(l-\frac{b_1}{2}\right)=\frac{140}{8\times1.33}\times\left(2.0-\frac{0.78}{2}\right)=21.18(\mathrm{kN\cdot m})$$

车辆荷载冲击作用产生的弯矩标准值为

$$M_{\mathrm{sp2k}}=\mu M_{\mathrm{sp1k}}=0.3\times21.18=6.35(\mathrm{kN\cdot m})$$

(2)单向板剪力计算

计算单向板剪力时，布置在单向板净跨径内的两车轮中心距 1.3 m，小于净跨径 1.82 m，且进入单向板净跨径内的荷载宽度为

$$\Delta d=1.82-1.3=0.52(\mathrm{m})$$

所以，在单向板的剪力计算中，应考虑车轮作用在横向上产生的叠加效应。

计算单向板左侧支承处的最大剪力时，最不利布载如图 2-3-19 所示，车轮荷载分布集

度 p_i 为

$$p_1=\frac{P}{2a'b_1}=\frac{140}{2\times0.64\times0.78}=140.22(\text{kN/m})$$

$$p_2=\frac{P}{2ab_1}=\frac{140}{2\times1.33\times0.78}=67.48(\text{kN/m})$$

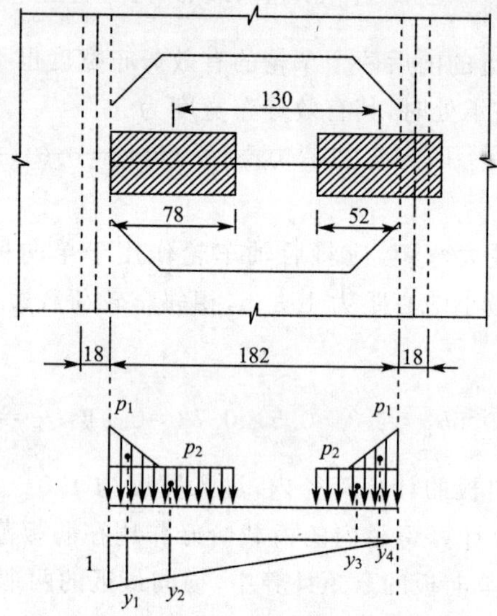

图 2-3-19　剪力计算-车轮布置及受力图示(尺寸单位:cm)

每米宽板条上各部分分布荷载的合力 A_i 为

$$A_1=A_4=\frac{1}{2}\times0.345\times(p_1-p_2)=12.55(\text{kN})$$

$$A_2=0.78\times p_2=52.63(\text{kN})$$

$$A_3=0.52\times p_2=35.09(\text{kN})$$

合力 A_i 对应的影响线竖标 y_i 为

$$y_1=(1.82-0.345/3)/1.82=0.94$$

$$y_2=(1.82-0.78/2)/1.82=0.79$$

$$y_3=(0.52/2)/1.82=0.14$$

$$y_4=(0.345/3)/1.82=0.06$$

由此可计算车轮荷载作用下的单向板左侧支承处每米宽板条上的剪力标准值为

$$Q_{\text{sp1k}}=\sum_{i=1}^{n}A_i y_i=59.04(\text{kN})$$

车轮荷载冲击作用产生的每米宽板条上的剪力标准值为

$$Q_{\text{sp2k}}=\mu Q_{\text{sp1k}}=0.3\times59.04=17.71(\text{kN})$$

3. 荷载组合

根据《公路桥涵设计通用规范》(JTG D60-2015)的规定,分别对桥面板进行承载能力极限状态设计和正常使用极限状态设计,并进行不同的作用效应组合。

(1)承载能力极限状态设计

承载能力极限状态设计时需采用基本组合,其中结构重要性系数取 1.1,永久作用效应

分项系数取 1.2,对于车辆荷载,汽车荷载效应分项系数取 1.8,则有

简支板跨中弯矩组合

$$\begin{aligned}M_{0ud}&=\gamma_0[\gamma_{G1}M_{sg}+\gamma_{Q1}(M_{sp1k}+M_{sp2k})]\\&=1.1\times[1.2\times4.25+1.8\times(21.18+6.35)]\\&=60.12(\text{kN}\cdot\text{m})\end{aligned}$$

由于单向板 $t/h=(0.18+0.08)/(1.75-0.24)=0.17<0.25$,即主梁抗扭能力较大,则单向板跨中弯矩为

$$M_{跨中ud}=+0.5M_{0ud}=0.5\times60.12=30.06(\text{kN}\cdot\text{m})$$

单向板支点弯矩为

$$M_{支点ud}=-0.7M_{0ud}=-0.7\times60.12=-42.08(\text{kN}\cdot\text{m})$$

单向板支点剪力组合

$$\begin{aligned}Q_{ud}&=\gamma_0[\gamma_{G1}Q_{sg}+\gamma_{Q1}(Q_{sp1k}+Q_{sp2k})]\\&=1.1\times[1.2\times7.73+1.8\times(59.04+17.71)]\\&=162.17(\text{kN})\end{aligned}$$

(2)正常使用极限状态设计

正常使用极限状态设计时选用频遇组合,其中汽车荷载(不计冲击力)的频遇值系数 ψ_{f1} 取 0.7,则有:

简支板跨中弯矩组合

$$M_{0sd}=M_{sg}+\psi_{f1}M_{sp1k}=4.25+0.7\times21.18=19.08(\text{kN}\cdot\text{m})$$

单向板跨中弯矩为

$$M_{跨中sd}=+0.5M_{0sd}=0.5\times19.08=9.54(\text{kN}\cdot\text{m})$$

单向板支点弯矩为

$$M_{支点sd}=-0.7M_{0ud}=-0.7\times19.08=-13.36(\text{kN}\cdot\text{m})$$

单向板支点剪力组合

$$Q_{sd}=Q_{sg}+\psi_{f1}Q_{sp1k}=7.73+0.7\times59.04=49.06(\text{kN})$$

第三节 主梁恒载内力计算

桥梁所受的作用种类较多,为了保证桥梁结构安全,需要将各种作用产生的结构内力进行计算,并按照规范的规定进行组合,从中挑选出最大的设计内力,进行配筋设计和应力验算。对于简支梁桥、带挂孔的悬臂梁桥等静定结构,其主梁内力主要包括自重、预应力产生的恒载内力,汽车、人群产生的活载内力以及离心力、制动力等产生的附加内力;对于连续梁桥、连续刚构桥等超静定结构,其主梁内力除上述内力外,还包括预加力、混凝土徐变、收缩、基础沉降和温度变化等引起的次内力。在这几部分内力中,恒载、活载内力是主要的,本节主要叙述恒载内力的计算,活载内力的计算见第四节。

一、恒载内力计算特点

对于混凝土梁桥,主梁的恒载内力包括一期恒载(主梁自重、预应力)引起的一期恒载内

力 S_{G1} 和二期恒载（桥面铺装、人行道、栏杆、灯柱等）引起的二期恒载内力 S_{G2}。主梁一期恒载内力是在桥梁结构逐步形成的过程中作用于主梁结构的，这部分内力应根据所采用的施工方法来确定计算图式进行计算。如果桥面铺装等二期恒载是在主梁结构形成后施工的，其产生的主梁内力可按照整桥结构（最终体系）的图式进行计算，否则，也应按其相应施工阶段的计算图式单独地计算，然后进行内力或应力叠加。

主梁恒载内力的计算方法可归纳为两大类，一是在施工过程中结构不发生体系转换，如所有静定结构（简支梁、悬臂梁、带挂孔的 T 形刚构）及整体浇筑一次落架的超静定结构，主梁恒载作用于桥上时，结构已是最终体系，可按成桥结构进行分析；二是在施工过程中结构发生体系转换，则主梁恒载内力计算必须根据不同的施工方法（逐跨施工法、悬臂施工法、顶推施工法等）分阶段计算，采用不同的施工方法，主梁的恒载内力不同。

以下着重介绍如何结合施工方法确定计算图式、进行内力分析和内力叠加等问题。

二、静定结构及一次落架超静定结构恒载内力计算

如图 2-3-20 所示，主梁沿跨长分布的恒载集度为 $g(x)$，则主梁任意截面的恒载内力 S_G 可按式（2-3-25）计算

$$S_G=\int_L g(x)y(x)\mathrm{d}x \tag{2-3-25}$$

式中 $g(x)$——主梁恒载集度，如图 2-3-20(a)所示；

$y(x)$——主梁某截面的内力影响线坐标，图 2-3-20(b)为 A 截面的弯矩影响线；

S_G——主梁的恒载内力[弯矩或剪力，图 2-3-20(c)中为弯矩图]。

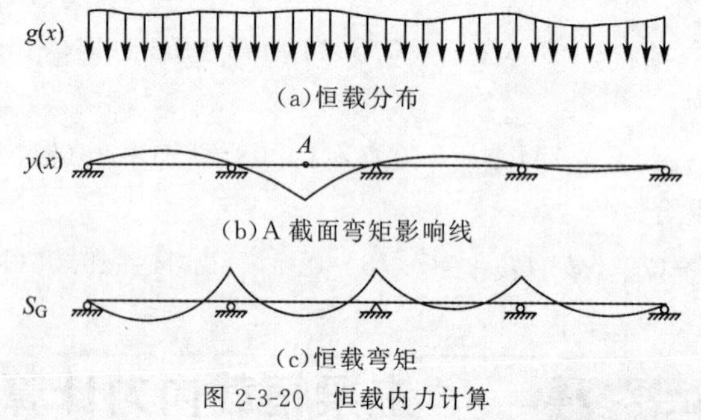

图 2-3-20 恒载内力计算

在计算主梁恒载集度 $g(x)$时，为了简化计算，通常将横梁（横隔梁）、桥面铺装、人行道和栏杆等重量均匀分摊给各主梁承受。因此，对于等截面梁桥的主梁，其恒载一般简化为均布荷载。对于较宽的板式主梁或者桥面荷载分布不对称的主梁，应考虑主梁横向受力的不均匀性。

三、逐跨施工时连续梁桥恒载内力计算

连续梁桥的逐跨施工法主要包括先简支后连续、逐跨浇筑施工两种形式。

先简支后连续施工方法多用于 T 形梁或箱形梁，每跨采用横向分片或整体预制安装。各跨主梁安装时处于简支梁受力状态，此时主梁自重内力 M_{g1} 即为简支梁内力，各跨主梁的自重由自身承担，对其他各跨的内力没有影响。各跨主梁通过梁端之间的现浇接缝连接，形成连续梁体系，梁间接缝可以在所有主梁安装完毕后浇筑，也可以在部分主梁安装后即浇筑。若在逐跨安装施工的同时，桥面铺装等二期恒载就在已架好的主梁上进行施工，则在计

算二期恒载内力 M_{g2} 时，应按当时实际的结构体系进行计算，如图 2-3-21 所示。

逐跨浇筑施工一般用于箱形梁桥，主梁采用移动支架浇筑，为了减小主梁间接缝对桥梁受力安全性的影响，接缝一般设在距离支点 1/5 跨附近的成桥弯矩较小的位置，第一跨主梁施工后形成一带悬臂的简支梁体系，后续各跨主梁施工后形成一带悬臂的连续梁体系，最后一跨主梁施工后形成完整的连续梁。每次施工的主梁自重实际作用在该段主梁和前面已施工主梁形成的结构体系上，其产生的自重内力应按此时的结构体系计算，前面施工的主梁自重对后面施工的主梁内力没有影响，而后面施工的主梁自重对前面施工的主梁内力有影响，如图 2-3-22 所示。桥面铺装等产生的主梁二期恒载内力 M_{g2} 也应按其施工当时实际的结构体系进行计算。

对于非一次落架施工的超静定桥梁结构，需要按照实际施工步骤，将每个施工步新增加的一期恒载和二期恒载作用于当时的实际结构体系，计算该步施工所产生的主梁内力，该施工步结束时已完成主梁的总内力可以由前面每个施工步分别产生的内力叠加得到。由此不但可以得到全桥施工结束时主梁的最终恒载内力，用于成桥受力安全验算，也可得到整个施工过程中主梁的内力状态，用于施工过程桥梁受力安全验算。目前，能够模拟桥梁逐步施工过程的有限元软件较多，可以很方便地完成上述计算。

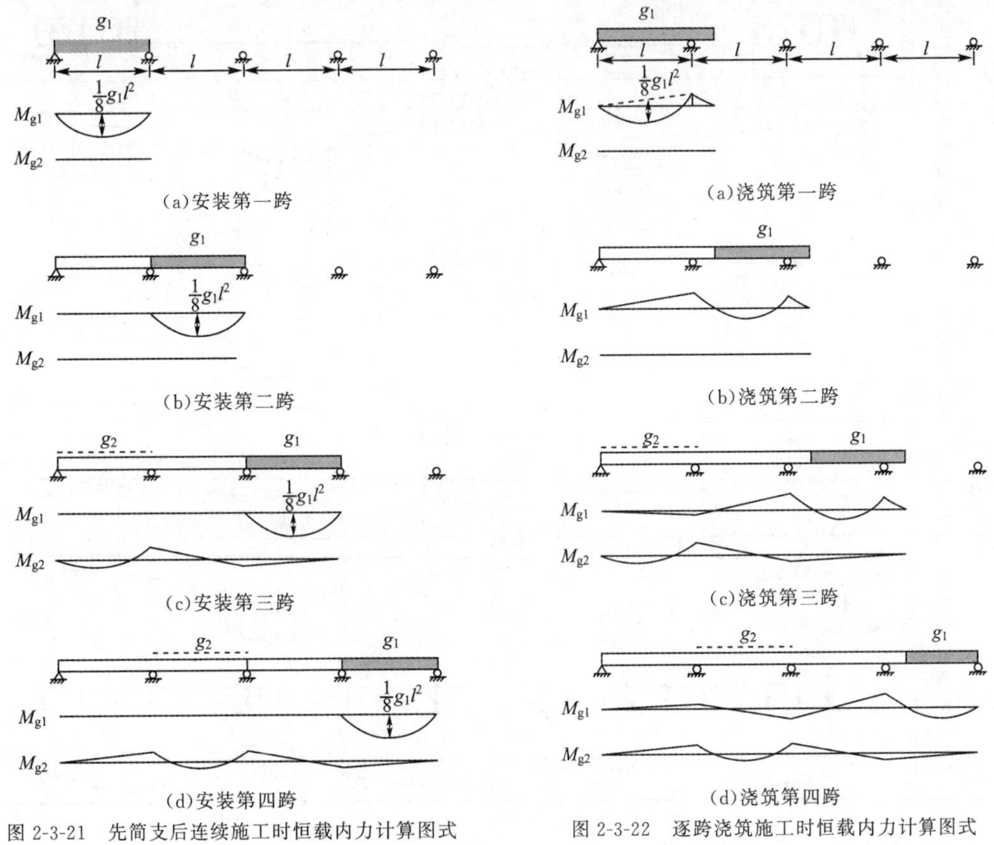

图 2-3-21 先简支后连续施工时恒载内力计算图式

图 2-3-22 逐跨浇筑施工时恒载内力计算图式

四、悬臂施工时连续梁桥恒载内力计算

悬臂施工方法包括悬臂浇筑和悬臂拼装两种方式，主要用于大跨度变截面连续梁桥和连续刚构桥的主梁施工。悬臂施工过程中，结构不断变化，其内力也在不断变化，需要按照

实际施工程序和荷载(包括结构自重、预应力和施工临时荷载)对整个施工过程进行受力计算,才能得到最终主梁的真实恒载内力。对于采用悬臂浇筑施工的连续梁桥,其主梁恒载内力可按照图 2-3-23 所示的图式计算,具体计算包括以下五个过程:

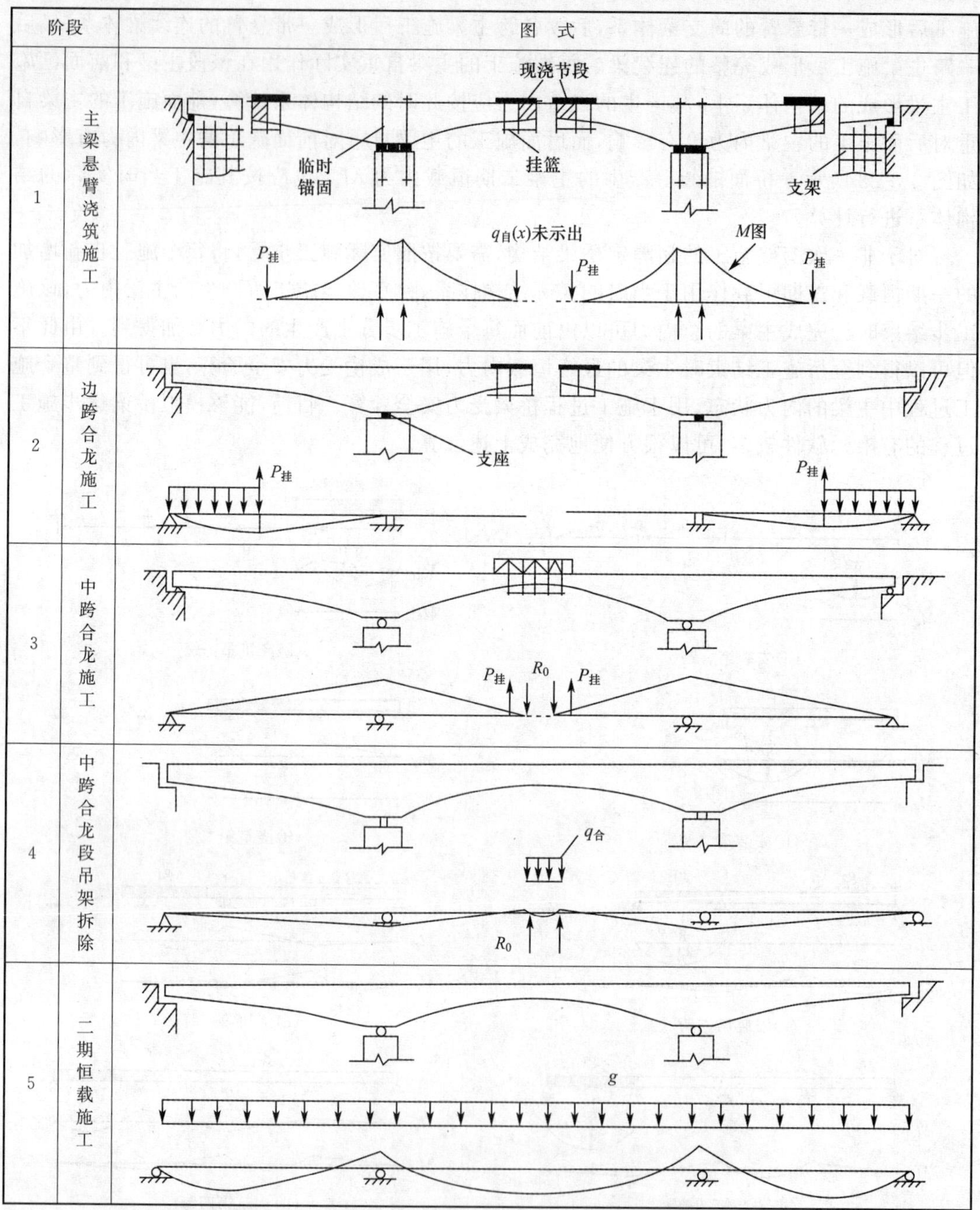

图 2-3-23　悬臂浇筑法施工时连续梁恒载内力计算图式

(1)主梁悬臂浇筑施工

首先利用支架在已施工的中墩顶上浇筑墩顶上面的梁体节段(称为 0 号块),并用预应力筋及临时垫块将 0 号块梁体与墩身临时固结,墩顶的支座处于不受力状态。然后利用挂篮在桥墩两侧逐段对称浇筑主梁,此时结构犹如 T 形刚构,主梁受力处于悬臂受力状态,各节段浇筑后的主梁内力计算考虑的荷载包括主梁自重 $q_{自}(x)$ 和挂篮重量 $P_{挂}$。

(2)边跨合龙施工

边跨主梁合龙段混凝土一般采用支架浇筑，当边跨梁体合龙后，应先拆除中墩临时锚固，然后拆除支架和边跨的挂篮。此时，结构体系和所受荷载均发生变化，边跨主梁端部受支座支承，主梁由双悬臂 T 形刚构体系变为单悬臂梁体系，原来由支架承担的合龙段梁体重量转移到边跨梁体上，边跨挂篮的拆除相当于主梁相应位置施加一个向上的集中力 $P_{挂}$。

(3)中跨合龙施工

中跨主梁合龙段混凝土采用吊架浇筑，吊架可由挂篮改装而成，或拆除挂篮并安装吊架，合龙段混凝土重量由吊架承担并传递到两侧悬臂梁端部。在混凝土达到设计强度前，合龙段主梁自重 $q_{合}$ 及吊架重力 $P_{吊}$ 以 2 个集中力 R_0 的形式分别作用于两侧悬臂梁端部，挂篮的拆除等效为在主梁相应位置施加一个向上的集中力 $P_{挂}$。

(4)中跨合龙段吊架拆除

中跨主梁合龙段混凝土在达到设计强度后，拆除吊架，主梁整体施工完成，形成最终的连续梁体系。此时，在原来集中力 R_0 作用位置再施加一个向上的集中力 R_0，并将原先由吊架承担的合龙段主梁自重 $q_{合}$ 转而作用于主梁合龙段上，即可计算主梁的内力。

(5)二期恒载施工

将桥面铺装等二期恒载 g_2 直接作用于已形成的连续梁结构上，可计算得到主梁的二期恒载内力。

以上是对每个阶段受力体系的剖析，若需知道某个阶段的累计内力时，则将该阶段及其之前各阶段的内力进行叠加即可。将上述五个阶段内力叠加的总和即为成桥后的总恒载内力。

对悬臂拼装施工，主梁恒载内力的计算过程与悬臂浇筑施工计算过程类似，这里就不再赘述。

五、顶推施工时连续梁桥恒载内力计算

顶推施工方法一般用于采用等跨度和等高度截面的连续梁桥，当全桥顶推就位后，安放与调整各支点的支座位置，此时其恒载内力的计算与有支架施工法的连续梁完全相同。但是，在主梁顶推过程中，梁体内力不断发生改变，各截面在经过支点附近时承受负弯矩[图 2-3-24(a)]中 A 截面，在经过跨中区段时承受正弯矩[图 2-3-5(b)中 A 截面]，即主梁每个截面都要承受正负弯矩，这种变化幅度较大的主梁自重内力要比桥梁在使用状况下的主梁自重内力状态还不利。因此，需要对整个顶推过程的主梁自重内力进行计算，以保证施工过程中主梁受力安全。

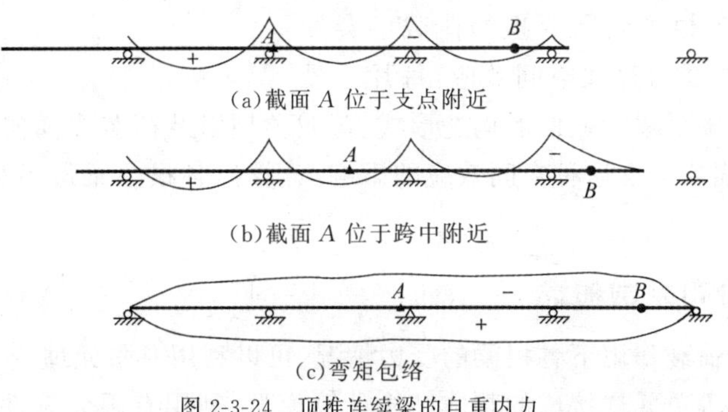

图 2-3-24 顶推连续梁的自重内力

为了验算主梁顶推过程中的受力安全性，需要知道顶推过程中主梁各个截面所受的最不利内力（如最大正弯矩和最小负弯矩）。一般采用有限元程序计算顶推过程的主梁内力，把整个顶推过程分成许多阶段，每一阶段的顶推长度可取桥梁跨径的 1/10 左右，求出每个顶推阶段的主梁自重内力，把各个截面在整个顶推过程中内力的最大正值和最小负值找到，即可得到相应内力的包络图，如图 2-3-24(c)所示。

为了减小顶推过程中的主梁内力变化幅度，可采取以下措施：

(1)在顶推梁的最前端设置自重较轻且具有一定刚度的临时钢导梁（又称鼻梁），以降低前端主梁的悬臂负弯矩。

(2)当桥梁跨径较大（一般≥60 m）时，可在每个桥跨的中部设置临时墩，以减小顶推过程中主梁跨径。

(3)根据顶推过程中的主梁受力安全需要，配置适量的临时预应力钢束，以提高主梁的抗弯能力。

第四节　主梁活载内力计算

汽车荷载和人群荷载作为桥梁使用阶段的主要荷载，直接作用于最终形成的桥梁结构体系上，可以利用主梁各截面内力影响线，计算得到主梁的活载内力包络图。由于桥梁具有一定宽度，而实际汽车和人群荷载并非均匀作用于桥面上，桥梁横向受力可能存在不均匀性，上述计算得到的活载内力不能反映桥梁的实际受力。

梁式桥的主梁一般是由主梁、横梁和桥面板组成，多片主梁（截面形式有板、I 形、T 形或箱型）依靠铰缝、横梁或桥面板连成空间整体结构。对于如图 2-3-25 所示的主梁变形，当桥面上作用竖向集中荷载 P 时，各片 T 梁因横梁和桥面板的联系而同时发生竖向挠曲变形，共同承担荷载。当荷载并非作用于桥梁中轴线上时，各根 T 梁的挠曲变形必然不同；即使荷载作用于桥梁中轴线上，各 T 梁的变形也会因为横梁和桥面板发生变形而不同，因而所承担的荷载也就不同。另外，随着荷载作用位置不同，各根主梁所分担的荷载也会发生变化。因此，主梁受力存在空间效应，每片主梁分担到的荷载大小随桥梁横截面的构造形式、荷载类型以及荷载在横向作用位置的不同而不同，桥梁设计时需要考虑这种空间效应的影响，计算出各根主梁最不利的受力状态，用于桥梁设计。

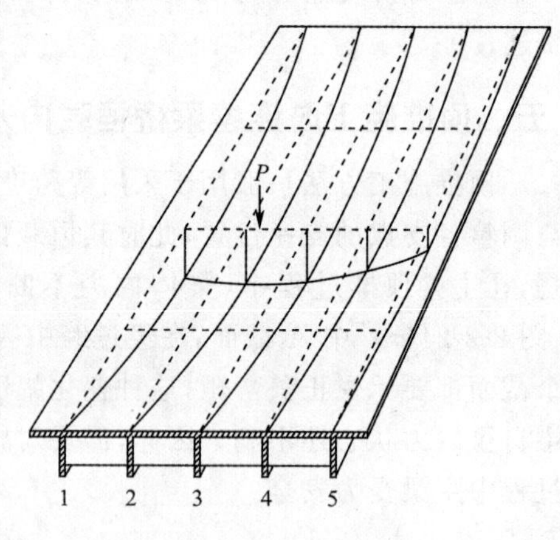

图 2-3-25　主梁变形

一、荷载横向分布系数概念

为了计算任意荷载作用下各根梁的受力情况，可以利用有限元理论，将主梁空间结构划分成由板、壳、实体等单元连接成的整体结构计算模型，利用有限元软件进行受力分析。对于作用位置确定的荷载,上述方法容易获得计算结果。但是,对桥梁结构而言,由于车轮荷载数量和在桥面上的作用位置并不确定,而又要获得各片主梁的最不利受力状态,其计算过程较为烦琐。为了获得某根主梁某一位置 M 处的作用效应 S(可以是变形、内力或应力等),可以利用空间有限元模型计算出 M 处作用效应 S 的影响面 $\eta(x,y)$,表示当桥面位置 (x,y) 处作用单位力 $P=1$ 时,主梁 M 处产生的作用效应 S 值为 $\eta(x,y)$。利用影响面 $\eta(x,y)$ 可以计算布置于桥面的车轮荷载在主梁 M 处所产生的作用效应 S,即

$$S=\sum_{i=1}^{2n}\frac{P_i}{2}\eta(x_i,y_i) \tag{2-3-26}$$

其中,P_i 为汽车轴重,n 为桥面上所能布置的车轴数量。通过改变车轮荷载的布置位置,可以得到作用效应的最大值 S_{max}。影响面法是获得空间结构最不利状态的一种有效且常用的方法,所得结果较为精确,但是计算过程比较麻烦。如果影响面表达式 $\eta(x,y)$ 可以进行如下变量分离,也就是影响面为 x 方向和 y 方向影响线的乘积,则有

$$\eta(x,y)=\eta_1(x)\eta_2(y) \tag{2-3-27}$$

这样,我们就可以将二维布载问题简化为一维布载问题,大大简化了计算过程。

图 2-3-26 为由 5 片 T 形梁构成的简支梁桥桥跨结构,我们想要计算汽车荷载作用下 2 号梁 M 点处的作用效应 S(可以是变形、内力或应力等),作用效应 S 的影响面 $\eta(x,y)$ 可以表示为 x 方向(纵桥向)影响线 $\eta_1(x)$ 和 y 方向(横桥向)影响线 $\eta_2(y)$ 的乘积。

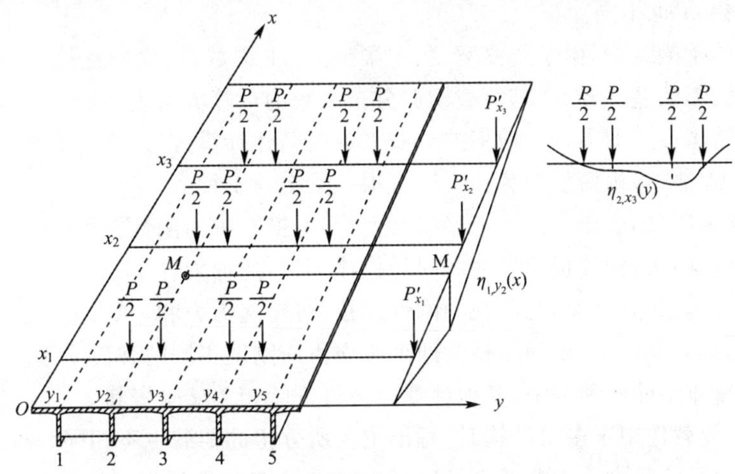

图 2-3-26 荷载横向分布

若用 $\eta_{2,xi}(y_i)$ 表示单位竖向荷载 $P=1$ 作用于桥面上 (x_i,y_i) 位置处时 2 号梁所分担的荷载,则 $\eta_{2,xi}(y)$ 可视为 2 号梁在 x_i 位置处的荷载横向影响线。车辆可以在桥面车行道上任意移动,在 x 方向的任意位置 x_i 处,若沿 y 方向布置了 n 个车轴,则有 $2n$ 个车轮荷载 $P_{xi,k}(k=1,2\cdots 2n)$,此时可以利用影响线 $\eta_{2,xi}(y)$ 计算 2 号梁在 x_i 处能够分担到的最大荷载值 P'_{xi},即

$$P'_{xi}=\sum_{i=1}^{2n}P_{xi,k}\eta_{2,xi}(y_k) \tag{2-3-28}$$

若沿纵桥向有 l 个位置 $x_i(i=1,2\cdots l)$ 处的横桥向均布置有车轴荷载,利用上式可计算出 2 号梁在各位置 x_i 处所分担到的荷载最大值 $P'_{xi}(i=1,2\cdots l)$。由此,将所求的荷载最大值 $P'_{xi}(i=1,2\cdots l)$ 施加于 2 号梁的 x 方向影响线 $\eta_{1,y2}(x)$ 上,通过寻找最不利加载位置,即可

获得 2 号梁 M 处的作用效应 S 的最大值 S_{max}，即

$$S_{M,max}=\sum_{i=1}^{l}P'_{xi}\eta_{1,y2}(x_i) \tag{2-3-29}$$

前面给出了计算 2 号梁 M 处由汽车荷载产生的作用效应最大值的方法，其实质是首先利用横向影响线计算荷载作用于桥面时 2 号梁所分担的荷载最大值，然后利用纵向影响线计算 2 号梁截面 M 位置处的最大效应值。将式(2-3-28)中车轮荷载 $P_{xi,k}(k=1,2\cdots 2n)$ 均用汽车轴重 P 表示，则

$$P'_{xi}=\sum_{i=1}^{2n}P_{xi,k}\eta_{2,xi}(y_k)=\frac{P}{2}\sum_{i=1}^{2n}\eta_{2,xi}(y_k)=mP \tag{2-3-30}$$

式中　m——汽车荷载横向分布系数，表示桥面 x_i 断面处的横向布置车辆荷载时，2 号主梁所能分担到的最大荷载系数，即单车道荷载 P 的倍数。有了荷载横向分布系数 m，各片主梁的内力就可以按承受外荷载为 mP 的单梁进行设计计算，即在单梁纵向影响线上按最不利位置进行布载，计算主梁的作用效应最大值，用于各片主梁设计。利用这种方法计算主梁的受力，实际上是将空间计算问题简化为平面计算问题的一种近似方法。

需要指出的是，当桥面荷载作用于桥面时，该荷载由全部主梁共同承担，但并非平均分担，各根主梁所分担的荷载不同，甚至差异很大，即各根主梁的荷载横向分布系数 m 不同。即使对于同一根主梁，由于沿纵向不同位置的荷载横向影响线不同，计算得到不同位置的荷载横向分布系数 m 也不同。

对于不同的桥梁结构，由于桥梁宽度、主梁形式、主梁数量、横向连接等具有差异，其荷载横向影响线的形状差异较大，其荷载横向分布系数的计算方法也不同。目前，已形成了适用于不同桥梁结构形式的多种荷载横向分布系数的简化计算方法，常用的计算方法包括：

(1)杠杆原理法：将桥面板视为简支于各根主梁上简支梁。

(2)刚性横梁法(偏心压力法)：忽略横梁变形，将横梁视为刚性梁。

(3)铰接板(梁)法：相邻板(梁)之间视为铰接，只传递剪力。

(4)刚接梁法：相邻板(梁)之间视为刚性连接，可传递剪力和弯矩。

(5)比拟正交异性板法：桥面系视为两个正交方向刚度不同的弹性平板。

本书将着重介绍前两种方法，其他计算方法可查阅相关文献资料。

同样，人群荷载作用于多梁结构时，每根主梁所分担的荷载也不相同，与汽车荷载类似，各根主梁所能分担的最大人群荷载也可以利用横向分布系数计算。一般情况下，人群荷载的横向分布系数 m 表示某根主梁所能分担到的荷载为单侧人行道满布人群荷载的倍数。为了叙述方便，人群荷载的横向分布系数用 m_r 表示，而汽车荷载的横向分布系数用 m_q 表示。

二、杠杆原理法

按杠杆原理法进行荷载横向分布计算的基本假定是忽略主梁之间横向结构的连接作用，如图 2-3-27(a)所示的装配式梁桥，桥面板直接搁置在Ⅰ字形主梁上，桥面板横向之间以及桥面板与主梁之间没有连接，桥面板相当于简支在主梁上，形成简支板或悬臂板。当桥上有车辆荷载作用时，作用在左边悬臂板上的轮重 $P_1/2$ 只传递至 1 号和 2 号梁，作用在中间简支板上的轮重 $P_1/2$ 只传给 2 号和 3 号梁，也就是板上的轮重 $P_1/2$ 各按简支梁反力的方

式分配给左右两片主梁，而反力 R_i 的大小只要利用简支板的静力平衡条件即可求得，这就是通常所谓的“杠杆原理法”。如果主梁所支承的相邻两块板上都有荷载，则该梁所受的荷载是两个支承反力之和，如图 2-3-27(a)中 2 号梁所受的荷载为 $R_2=R_2'+R_2''$。

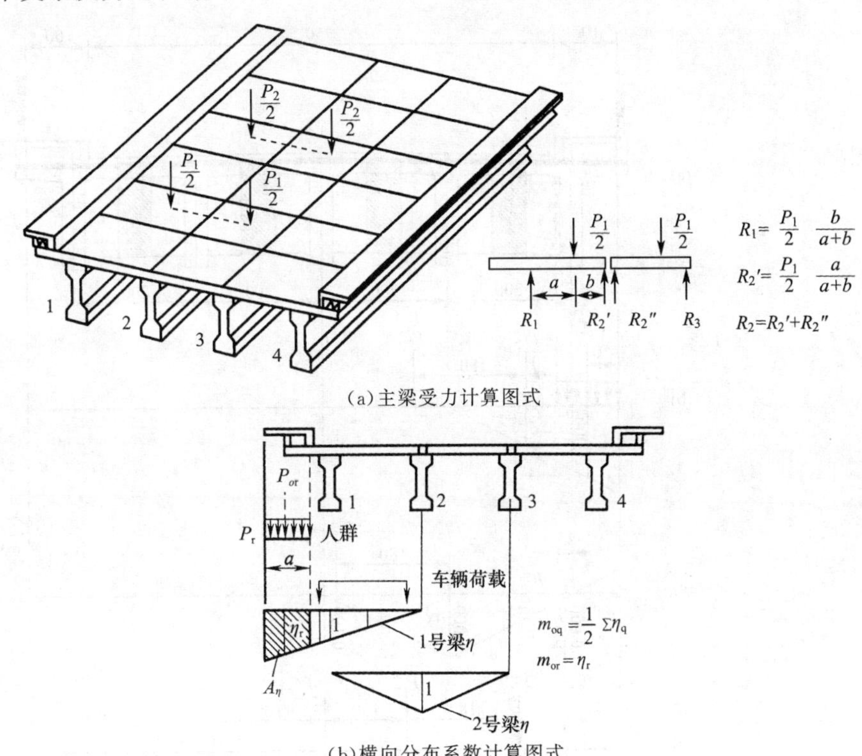

(a)主梁受力计算图式

(b)横向分布系数计算图式

图 2-3-27　杠杆原理法的受力图示和横向分布系数

为了求得桥面活载作用下各片主梁分配到的最大荷载，首先应求得各片主梁承担荷载的横向影响线，也就是简支梁反力影响线，如图 2-3-27(b)所示。有了各片主梁的荷载横向影响线，就可根据不同活载按横向最不利位置排列，求得各片主梁分配到的横向荷载最大值 $R_{\max}$。对于汽车荷载

$$R_{\max}=P/2\sum_{i=1}^{n}\eta_i=m_{0q}P\ ,m_{0q}=1/2\sum_{i=1}^{n}\eta_i \tag{2-3-31}$$

m_{0q} 即为汽车荷载横向分布系数，脚码 0 表示该系数是用杠杆原理法计算。对于人群荷载

$$R_{\max}=P_{0r}\eta_r=m_{0r}P_{0r},m_{0r}=\eta_r \tag{2-3-32}$$

m_{0r} 即为人群荷载横向分布系数，P_{0r} 为表示纵向每延米人行道上人群荷载的强度，$P_{0r}=p_r\cdot a$，p_r 为每平方米人行道上人群荷载的强度，a 为人行道有效宽度。

对于桥面板直接搁置在主梁上的装配式梁桥，横向传力系统的构造在全跨是相同的。对于某一片主梁而言，由于全跨范围内的横向影响线相同，因此其荷载横向分布系数的值在全跨范围内也相同。

对于一般多梁式结构，桥面板为整体且与主梁固结，当桥上荷载作用在靠近支点处时，由于主梁由支座直接支承，且支座刚度远大于主梁间横向联系的刚度，因此荷载将主要由临近荷载的两根主梁承担，可以近似认为横梁为支承于主梁上的多跨简支梁。此时，各主梁的位于支点处的荷载横向分布系数即可近似采用杠杆原理法计算。

【例 2-3-2】 某先简支后连续预应力混凝土 T 梁桥单孔跨径 25 m，桥梁横向由 5 片 T 梁组成，支点横断面构造尺寸如图 2-3-28(a)所示，试求荷载位于支点处时各梁的汽车荷载和人群荷载横向分布系数。

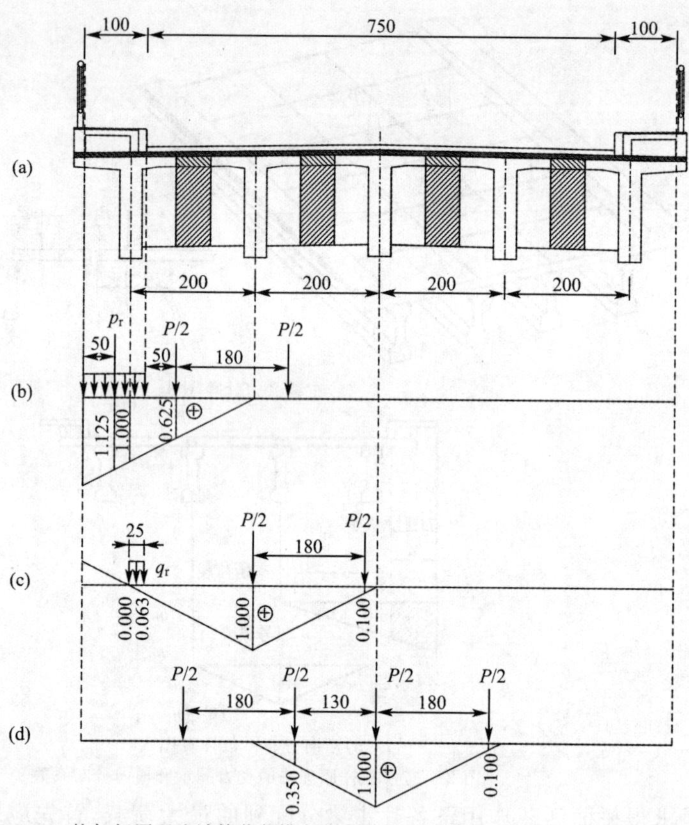

图 2-3-28 按杠杆原理法计算荷载横向分布系数(尺寸单位:cm)

【解】 由于本例题要求计算支点处荷载横向分布系数，故可以用杠杆原理法进行计算。

首先绘制 1 号梁、2 号梁和 3 号梁的荷载横向影响线，如图 2-3-28(b)、图 2-3-28(c)、图 2-3-28(d)所示。

根据《公路桥涵设计通用规范》(JTG D60-2015)规定，在横向影响线上确定荷载沿横向最不利的布置位置。例如：对于汽车荷载，汽车横向轮距为 1.8 m，两列汽车车轮的横向最小间距为 1.3 m，车轮距离人行道缘石最小为 0.5 m。由此，求出相应于各车轮荷载位置的影响线竖标值后，按式(2-3-31)可得各主梁的汽车荷载横向分布系数。同理，可在横向影响线上布置人群荷载，按式(2-3-29)计算各主梁的人群荷载横向分布系数。汽车荷载和人群荷载的布置情况如图 2-3-28(b)、图 2-3-28(c)、图 2-3-28(d)所示。

(1)1 号梁的荷载横向分布系数

汽车荷载

$$m_{0q}=\sum\frac{\eta_q}{2}=\frac{0.625}{2}=0.313$$

人群荷载

$$m_{0r}=\eta_r=1.125$$

(2)2 号梁的荷载横向分布系数

汽车荷载

$$m_{0q}=\sum\frac{\eta_q}{2}=\frac{1.000}{2}+\frac{0.100}{2}=0.550$$

人群荷载

$$m_{0r}=0.25\eta_r=0.25\times0.063=0.016$$

这里计算人群荷载的横向分布系数时，人行道位于影响线正值范围宽度仅为 0.25 m，占人行道总宽度的 25%，在该范围布置人群荷载，其中心对应的影响线数值为 0.063。

(3)3 号梁的荷载横向分布影响线

汽车荷载

$$m_{0q}=\sum\frac{\eta_q}{2}=\frac{0.350}{2}+\frac{1.000}{2}+\frac{0.100}{2}=0.725$$

人群荷载

$$m_{0r}=0.000$$

根据对称性，4 号梁和 5 号梁的荷载横向分布系数分别与 2 号梁和 1 号梁相同。

三、刚性横梁法(偏心压力法)

由多根主梁构成的桥梁一般跨内都设置有横梁，横梁对主梁起到加强横向联系的作用，同时主梁又对横梁起弹性支承的作用。由于横梁具有一定的竖向抗弯刚度，使得荷载作用下主梁横截面内竖向挠曲变形减小，有利于主梁共同承担荷载。根据试验观测结果和理论分析，在具有可靠横向连接的桥上，当桥的宽跨比 B/l 小于或接近于 0.5 时(一般称为窄桥)，车辆荷载作用下中间横梁的挠曲变形同主梁竖向挠曲变形相比较小，可以忽略不计，即中间横梁好像一片抗弯刚度无穷大的刚性梁一样保持直线形状，如图 2-3-29 所示。这种把横梁当作支承在各片主梁上的连续刚性体来计算荷载横向分布系数的方法，称为“刚性横梁法”，亦称“偏心受压法”。按计算中是否考虑纵向主梁的抗扭刚度，又可分为“刚性横梁法”和“考虑主梁抗扭刚度的修正刚性横梁法”两种，下面分别予以介绍。

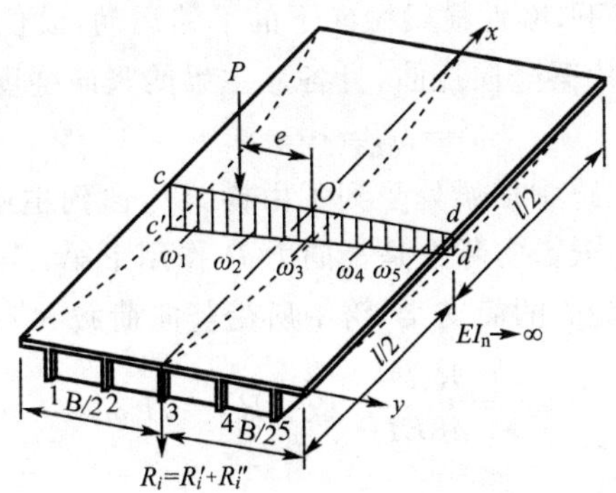

图 2-3-29 梁桥挠曲变形(刚性横梁法)

1. 刚性横梁法

图 2-3-30(a)所示为一座由 5 片 T 梁组成的简支梁桥的跨中截面，各片主梁的竖向抗弯刚度 I_i、主梁的间距 a_i 都各不相等，该桥计算跨径为 l，桥宽为 B，且宽跨比 B/l 不大于

0.5。下面分析当竖向集中荷载 P 作用在离截面扭转中心 O 的距离为 e 处时各片主梁所分担的荷载,如桥梁的横截面设计为左右对称结构,则扭转中心位于桥梁中轴线处。由于该桥横梁可以假定为刚体,截面在荷载作用下发生刚体位移,按刚体力学中力的平移原理,偏心作用力 P 可以用一个作用在扭转中心 O 上的中心竖向力 P 和一个作用于扭转中心 O 的扭矩 $M=Pe$ 代替,如图 2-3-30(b)所示。

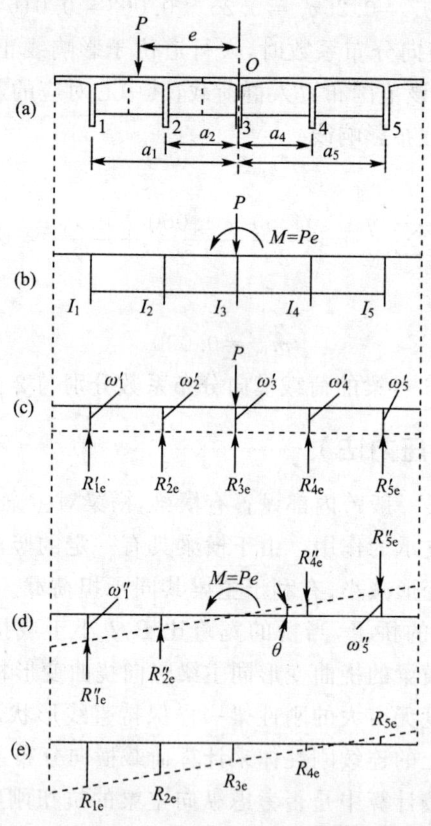

图 2-3-30 偏心荷载作用下各片主梁的荷载分布

(1)中心竖向力 P 作用下,刚性横梁做向下的平移运动,设位移为 ω',如图 2-3-30(c)所示,中横梁向下平移带动各片梁竖向挠曲,且各片主梁的竖向挠度 ω'_i 均相等,即

$$\omega'_1=\omega'_2=\cdots=\omega'_n=\omega' \tag{2-3-33}$$

主梁发生竖向挠曲是因为在跨中横梁处受到了由横梁传递到主梁上的竖向力作用,设由横梁传递到各主梁的竖向力为 R'_i,实际上是竖向力 P 作用下第 i 号梁所承担的荷载。根据材料力学所学知识,对于跨径为 l 的简支梁,跨中所受竖向荷载 R'_i 与跨中挠度 ω'_i 的关系为

$$\omega'_i=\frac{R'_i l^3}{48EI} \quad \text{或} \quad R'_i=aI_i\omega'_i \tag{2-3-34}$$

式中 $a=\dfrac{48E}{l^3}$;

E——主梁混凝土的弹性模量。

由静力平衡条件,各主梁所受竖向荷载 R'_i 之和与横梁所受竖向力 P 相等,即

$$\sum_{i=1}^{n} R'_i = a\omega'_i \sum_{i=1}^{n} I_i = P$$

$$a\omega'_i = \frac{P}{\sum_{i=1}^{n} I_i} \tag{2-3-35}$$

将上式代入式(2-3-34)即得

$$R'_i = \frac{I_i}{\sum_{i=1}^{n} I_i} \cdot P \tag{2-3-36}$$

即在中心荷载 P 作用下,各片主梁承担的荷载由各片主梁的抗弯惯性矩占比决定。

(2)在偏心力矩 $M=Pe$ 的作用下,刚性横梁绕扭转中心 O 发生转动运动,设转角为 θ,如图 2-3-30(d)所示。此时各片主梁产生的竖向挠度 ω''_i 仅由梁体刚性扭转产生,梁中心 O 不产生竖向挠度,ω''_i 可表示为

$$\omega''_i = a_i \tan\theta \tag{2-3-37}$$

由式(2-3-34)可知,主梁所受竖向荷载 R''_i 与竖向挠度 ω_i''的关系为

$$R''_i = aI_i\omega''_i \tag{2-3-38}$$

将式(2-3-37)代入上式即得

$$R''_i = aI_ia_i\tan\theta = \beta a_iI_i, \beta = a\tan\theta \tag{2-3-39}$$

由力矩的平衡条件可知,各主梁所受竖向荷载 R''_i 对扭转中心 O 形成的力矩之和与横梁所受扭矩 M 相等,即

$$\sum_{i=1}^{n} R''_i a_i = \beta \sum_{i=1}^{n} a_i^2 I_i = Pe \tag{2-3-40}$$

从式(2-3-39)得出 $\beta = \frac{R''_i}{I_ia_i}$。

将 β 代入式(2-3-40)得

$$\frac{\sum_{i=1}^{n} a_i^2 I_i}{a_iI_i} R''_i = Pe$$

$$R''_i = \frac{Pea_iI_i}{\sum_{i=1}^{n} a_i^2 I_i} \tag{2-3-41}$$

(3)偏心距离为 e 的荷载 P 对各主梁产生的总的作用力,即第 i 号主梁所分担到的荷载 R_{ie},等于上述两种情况的叠加,即

$$R_{ie} = R'_{ie} + R''_{ie} = \frac{I_i}{\sum_{i=1}^{n} I_i} P + \frac{a_iI_i}{\sum_{i=1}^{n} a_i^2 I_i} Pe \tag{2-3-42}$$

式(2-3-42)是针对各片主梁间距及抗弯刚度均不相同的情况推导出来的,对于实际应用的大多数的梁桥,为了设计、施工简单,各片主梁一般采用相同断面,即主梁的间距和刚度均相同,此时式(2-3-42)可以简化为

$$R_{ie}=R'_{ie}+R''_{ie}=\frac{P}{n}+\frac{Pe}{\sum_{i=1}^{n}a_i^2}a_i \tag{2-3-43}$$

上式给出了在桥面上偏离中心轴距离为 e 处作用集中力 P 时各片主梁所分担的荷载。根据结构力学中影响线的概念，取 $P=1$，利用上式可以计算出荷载作用于横向任意位置 e 时第 i 号主梁所承担的荷载值，记为 η_{ie}，则

$$\eta_{ie}=R_{ie}=\frac{1}{n}\pm\frac{ea_i}{\sum_{i=1}^{n}a_i^2} \tag{2-3-44}$$

当上式中的荷载位置 e 和 i 号主梁位于中心轴同侧时，取正号，反之应取负号。

从式(2-3-44)可以看出，影响线数值 η_{ie} 与作用位置 e 呈线性关系，即影响线为直线，如图 2-3-31 所示 1 号梁和 2 号梁的影响线。因此，绘制影响线时只需计算任意两个位置对应的数值。例如，若要绘制 k 号梁的影响线，可将 $P=1$ 放置于任意两片梁位置处，计算 k 号梁的影响线坐标值，一般取第一片 1 号梁和最后一片 n 号梁位置对应的数值，如图 2-3-31 所示 3 号梁、4 号梁和 5 号梁的影响线。

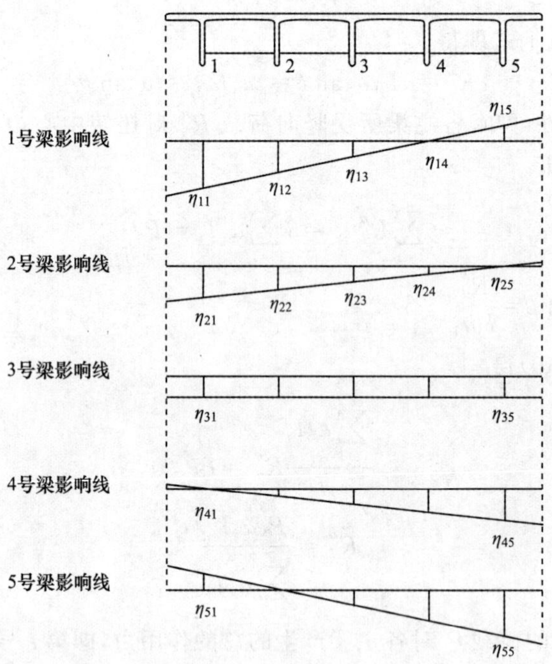

图 2-3-31　主梁横向分布影响线

(4)按刚性横梁法求荷载横向分布系数

有了主梁的荷载横向分布影响线，就可以在桥的横向按照最不利加载布置车辆，从而得到该主梁所能分担的荷载 R_i 的最大值为

$$\max R_i=\frac{P}{2}(\eta_1+\eta_2+\cdots+\eta_n)=\frac{P}{2}\sum\eta_i=m_{cq}P \tag{2-3-45}$$

式中　$m_{cq}=\frac{1}{2}\sum\eta_i$，即为汽车荷载作用时第 i 号主梁的荷载横向分布系数，脚码 c 表示该

系数是用刚性横梁法计算。

按“刚性横梁”假定计算所得主梁横向影响线是直线，所以就没有必要按式(2-3-45)去求每个轮重下的影响线纵标 η_i，而只需要把所有轮重的合力 R 求出来，再乘以合力作用位置下影响线纵标 $\overline{\eta}$ 即可。若桥上布置的汽车轴重数量为 n，即车轮数量为 $2n$，轮重的合力 $R=nP$，则有

$$\max R_i = R\overline{\eta} = nP\overline{\eta} = m_{cq}P$$
$$m_{cq} = n\overline{\eta} \tag{2-3-46}$$

需要注意的是，上述利用合力影响线的计算方法仅适用于影响线为直线的方法，如本节的刚性横梁法和考虑主梁抗扭刚度的修正刚性横梁法，当影响线为曲线时，则不能利用合力影响线代替。

【例 2-3-3】 某先简支后连续预应力混凝土 T 梁桥单孔标准跨径 25 m，桥梁横向由 5 片 T 梁组成，跨中横断面构造尺寸如图 2-3-32(a)所示，试求荷载位于跨中处时各梁的汽车荷载和人群荷载横向分布系数 m_c。

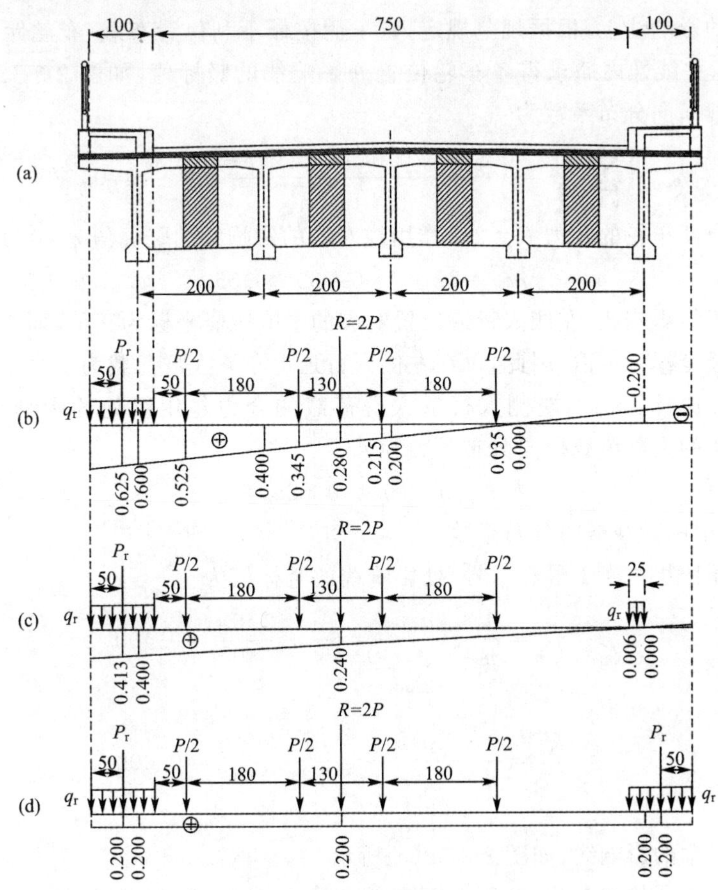

图 2-3-32 荷载横向分布系数计算(单位尺寸:cm)

【解】 跨中位置用刚度较大的横隔梁连接，且桥梁的跨宽比为

$$\frac{l}{B} = \frac{25}{9.5} = 2.63 > 2$$

因此，可以采用刚性横梁法计算荷载横向分布系数 m_c。其计算步骤如下

本桥各根主梁的横截面均相等,梁数 $n=5$,梁间距为 2.0 m,则

$$\sum a_i^2 = a_1^2 + a_2^2 + a_3^2 + a_4^2 + a_5^2$$
$$= (2\times 2)^2 + 2^2 + 0 + (-2)^2 + (-2\times 2)^2$$
$$= 40(\mathrm{m}^2)$$

(1)求 1 号梁的荷载横向分布系数

1 号梁在两个边主梁(1 号和 5 号)处影响线的竖标值为

$$\eta_{11} = \frac{1}{n} + \frac{a_1 a_1}{\sum_{i=1}^{n} a_i^2} = \frac{1}{5} + \frac{4\times 4}{40} = 0.600$$

$$\eta_{15} = \frac{1}{n} - \frac{a_1 a_5}{\sum_{i=1}^{n} a_i^2} = \frac{1}{5} - \frac{4\times 4}{40} = -0.200$$

绘制出 1 号梁的影响线,如图 2-3-32(b)所示。

在 1 号梁的影响线上,根据规范规定,将车辆按最不利位置布载(车轮距离路缘石最小距离为 0.5 m),并线性内插求得各车轮位置处影响线的竖标值,如图 2-3-32(b)所示,则 1 号梁的汽车荷载横向分布系数为

$$m_{\mathrm{cq}} = \sum_{n=1}^{4} \frac{\eta_{\mathrm{q}}}{2} = \frac{0.525+0.345+0.215+0.035}{2} = 0.560$$

也可计算全部车轮的合力 $R=2P$ 作用线对应的影响线的竖标值 $\bar{\eta}=0.280$,则

$$m_{\mathrm{cq}} = 2\bar{\eta} = 2\times 0.280 = 0.560$$

根据 1 号梁的影响线,左侧人行道位置对应的影响线竖坐标为正值,而右侧人行道位置对应的影响线竖坐标为负值,因此,仅在左侧人行道上布置人群荷载为 1 号梁受力最不利情况。通过线性插值计算得到左侧人行道人群荷载的合力作用线处的影响线坐标为 $\eta_{\mathrm{r}}=0.625$,则 1 号梁的人群荷载横向分布系数为

$$m_{\mathrm{cr}} = \eta_{\mathrm{r}} = 0.625$$

(2)求 2 号梁的荷载横向分布系数

2 号梁在两个边主梁(1 号和 5 号)处影响线的竖标值为

$$\eta_{21} = \frac{1}{n} + \frac{a_2 a_1}{\sum_{i=1}^{n} a_i^2} = \frac{1}{5} + \frac{2\times 4}{40} = 0.400$$

$$\eta_{25} = \frac{1}{n} - \frac{a_2 a_5}{\sum_{i=1}^{n} a_i^2} = \frac{1}{5} - \frac{2\times 4}{40} = 0.000$$

绘制出 2 号梁的影响线,如图 2-3-32(c)所示。

将车辆按最不利位置布载,计算全部车轮的合力 $R=2P$ 作用线对应的影响线的竖标值 $\bar{\eta}=0.24$,则 2 号梁的汽车荷载横向分布系数为

$$m_{\mathrm{cq}} = 2\times 0.240 = 0.480$$

左侧人行道人群荷载的合力作用线处的影响线坐标为 $\eta_{\mathrm{r1}}=0.413$,右侧布置人群荷载范围 0.25 m,为人行道宽度的 25%,合力作用线处的影响线坐标为 $\eta_{\mathrm{r2}}=0.006$,则 2 号梁的

人群荷载横向分布系数为

$$m_{cr}=\eta_{r1}+0.25\eta_{r2}=0.413+0.25\times0.006=0.414$$

(3)求3号梁的荷载横向分布系数

3号梁在两个边主梁(1号和5号)处影响线的竖标值为：

$$\eta_{31}=\frac{1}{n}+\frac{a_3a_1}{\sum_{i=1}^{n}a_i^2}=\frac{1}{5}+\frac{0\times4}{40}=0.200$$

$$\eta_{35}=\frac{1}{n}-\frac{a_3a_5}{\sum_{i=1}^{n}a_i^2}=\frac{1}{5}-\frac{0\times4}{40}=0.200$$

绘制出3号梁的影响线，如图2-3-32(d)所示。

将车辆按最不利位置布载，计算全部车轮的合力 $R=2P$ 作用线对应的影响线的竖标值 $\bar{\eta}=0.20$，则3号梁的汽车荷载横向分布系数为

$$m_{cq}=2\times0.200=0.400$$

左右两侧人行道人群荷载的合力作用线处的影响线坐标为 $\eta_r=0.20$，则3号梁的人群荷载横向分布系数为

$$m_{cr}=2\eta_r=2\times0.400$$

由于结构对称，4号梁和5号梁的荷载横向分布系数分别与2号梁和1号梁相同。

2.考虑主梁抗扭刚度的修正刚性横梁法

前述的刚性横梁法概念明确，计算简捷，是工程设计中较常用的一种计算荷载横向分布系数的方法。然而，由于在推演中忽略了主梁的抗扭刚度，这将导致计算得到横向分布系数存在偏差，下面介绍考虑主梁抗扭刚度的修正刚性横梁法，以提高计算结果的准确性。

对于第 k 号梁，由公式(2-3-42)可知，荷载横向分布影响线竖标为

$$R_{ke}=\frac{I_k}{\sum I_i}\pm\frac{ea_kI_k}{\sum a_i^2I_i} \tag{2-3-47}$$

式(2-3-47)中，等号右边第一项是由中心荷载 $P=1$ 所引起，此时，各主梁只产生挠度而无转动[图2-3-30(c)]，显然它与主梁的抗扭无关。等号右边的第二项是由力偶矩 $M=1\cdot e$ 的作用引起各片主梁的竖向位移，很明显由于截面的转动，各片主梁不仅会产生竖向挠度，而且还必然同时引起扭转，可是在式(2-3-47)中没有计入主梁的抗扭作用，由此可见，要计入主梁的抗扭影响，只需对式(2-3-47)的第二项给予修正即可。

下面就研究在力偶矩 $M=1\cdot e$ 作用下桥梁的变形和受力情况。

如图2-3-33所示，还是取跨中截面来分析，在力偶矩 M 作用下每片主梁除产生不相同的竖向挠度 ω_i'' 外，尚转动一个相同的 θ 角，如图2-3-33(b)所示，各片主梁对横梁产生的反作用包含竖向力 R_i'' 和抵抗扭矩 M_{Ti} 两部分，如图2-3-33(c)所示。

根据力偶平衡条件

$$\sum R_i''\cdot a_i+\sum M_{Ti}=1\cdot e \tag{2-3-48}$$

由材料力学，对于简支梁跨中截面，抵抗扭矩与扭转角以及竖向力与竖向挠度的关系为

$$\theta=\frac{lM_{Ti}}{4GI_{Ti}}\quad \omega_i''=\frac{R_i''l^3}{48EI_i} \tag{2-3-49}$$

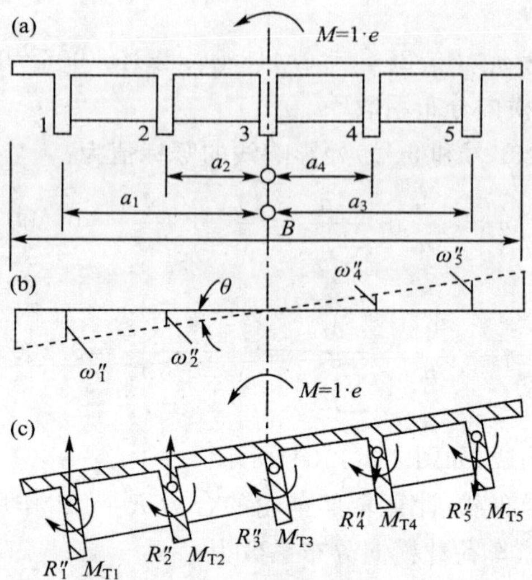

图 2-3-33 考虑主梁抗扭的计算图式

由于扭转角 θ 较小，则有几何关系(图 2-3-33)

$$\theta \approx \tan\theta = \frac{\omega''_i}{a_i} \tag{2-3-50}$$

将式(2-3-49)代入式(2-3-50)，则

$$\theta = \frac{R''_i l^3}{48 a_i E I_i} \tag{2-3-51}$$

将上式代入式(2-3-49)，得

$$M_{\mathrm{T}i} = R''_i \frac{l^2 G I_{\mathrm{T}i}}{12 a_i E I_i} \tag{2-3-52}$$

根据各主梁几何和刚度的比例关系，将任意第 i 梁的荷载 R''_i 用第 1 号梁 R''_1 表示，得

$$\frac{R''_i}{a_i I_i} = \frac{R''_1}{a_1 I_1}$$

即

$$R''_i = R''_1 \frac{a_i I_i}{a_1 I_1} \tag{2-3-53}$$

再将式(2-3-52)和式(2-3-53)代入平衡条件(2-3-48)，则得

$$\sum R''_1 \frac{a_i^2 I_i}{a_1 I_1} + \sum R''_1 \frac{a_i I_i}{a_1 I_1} \cdot \frac{l^2 G I_{\mathrm{T}i}}{12 a_i E I_i} = e$$

或

$$R''_1 \cdot \frac{1}{a_1 I_1}\left(\sum a_i^2 I_i + \frac{G l^2}{12E}\sum I_{\mathrm{T}i}\right) = e$$

于是

$$R''_1 = \frac{e a_1 I_1}{\sum a_i^2 I_i + \frac{G l^2}{12E}\sum I_{\mathrm{T}i}} = \frac{e a_1 I_1}{\sum a_i^2 I_i}\left(\frac{1}{1 + \frac{G l^2 \sum I_{\mathrm{T}i}}{12E \sum a_i^2 I_i}}\right) = \beta \frac{e a_1 I_1}{\sum a_i^2 I_i} \tag{2-3-54}$$

最后，可得到考虑主梁抗扭刚度后 k 号梁的荷载横向分布影响线竖标为

$$R_k=\frac{I_k}{\sum I_i}\pm\beta\frac{ea_kI_k}{\sum a_i^2I_i} \tag{2-3-55}$$

式中系数

$$\beta=\frac{1}{1+\dfrac{Gl^2\sum I_{\mathrm{T}i}}{12E\sum a_i^2I_i}}<1$$

称为抗扭修正系数。它与梁号无关，纯粹取决于结构的几何尺寸和材料特性。由于 β 是常数，利用修正后的公式计算的主梁荷载横向分布影响线仍然会是直线，只是影响线的斜率变小了(β 小于 1)，因而与未考虑抗扭刚度的刚性横梁法计算结果相比，计算所得各根主梁的荷载横向分布系数更趋于均匀，使除中心梁外的其他梁的荷载横向分布系数变小。

另外，当主梁的片数增多，桥宽增加，横梁与主梁相对弯曲刚度比值降低，当横梁不再看作是无限刚性时，这个修正公式所计算的结果仍然会带来较大的误差。

四、横向分布系数沿桥跨的变化

荷载横向分布系数沿桥跨的分布并不是均匀的，主梁纵向不同位置的荷载横向分布系数不同，需采用不同的方法计算。位于支点处的横向分布系数采用杠杆原理法计算，以 m_0 表示，位于跨中的荷载横向分布系数可以采用刚性横梁法计算，以 m_c 表示，其他位置的荷载横向分布系数 m_x 一般采用如下近似处理方法来确定：

(1)对于无中间横隔梁或仅有一根中横隔梁的情况，支点处取用 m_0，跨中 $l/2$ 范围内取用 m_c，离支点 $l/4$ 处至支点的区段内的 m_x 由 m_c 线性过渡至 m_0，如图 2-3-34(a)所示。

(2)对于跨中有多根内横隔梁的情况，支点处取用 m_0，以距离支点最近的横隔梁为分界点，从该横隔梁起至支点的区段内的 m_x 由 m_c 线性过渡至 m_0，其余跨中部分区段均采用 m_c，如图 2-3-34(b)所示。

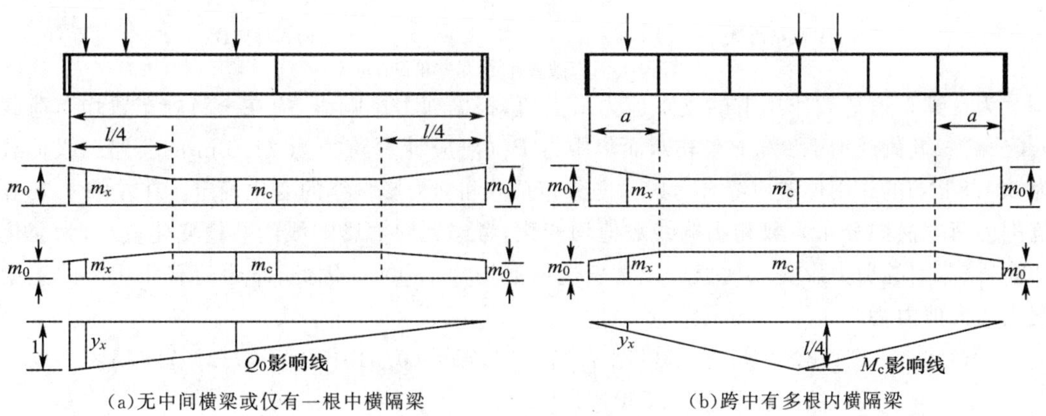

(a)无中间横梁或仅有一根中横隔梁　　(b)跨中有多根内横隔梁

图 2-3-34　m 沿跨长变化图

这样，主梁上的汽车荷载和人群荷载因其纵向位置不同，就应有不同的横向分布系数。

在实际应用中，当求简支梁跨内各截面的最大弯矩时，为了简化起见，通常均可按不变化的 m_c 来计算。只有在计算主梁端部截面的最大剪力时，才考虑计算剪力的对应梁端侧的荷载横向分布系数变化的影响，而另一端则仍采用 m_c，如图 2-3-35 所示。对于跨内其他

截面的主梁剪力，也可视具体情况计及 m 沿桥跨变化的影响。

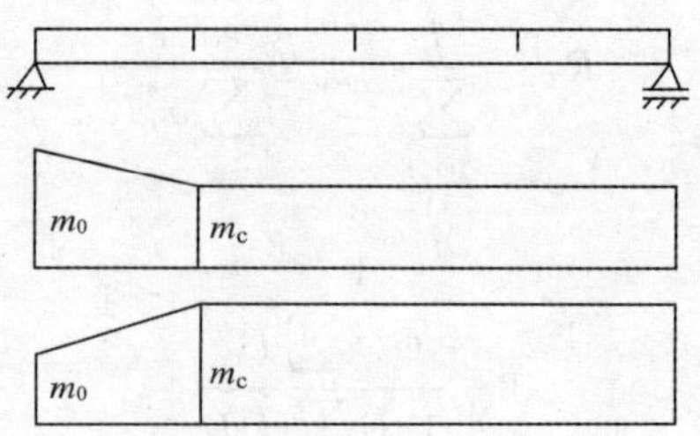

图 2-3-35　计算梁端剪力时荷载横向分布系数沿跨长分布

【例 2-3-4】　某桥预应力混凝土简支 T 梁桥，计算跨径为 24.5 m，跨中横断面如图 2-3-17 所示，共设 6 道横梁（包括端横梁和中间横梁）。求右边梁在汽车和人群荷载作用下支点的最大剪力。汽车荷载等级为公路-Ⅱ级。

由【例 2-3-2】和【例 2-3-3】可知，汽车荷载和人群荷载在边梁支点处的荷载横向分布系数分别为 $m_{0q}=0.313$ 和 $m_{0r}=1.125$，在边梁跨中处的荷载横向分布系数分别为 $m_{cq}=0.560$ 和 $m_{cr}=0.625$，按照图 2-3-35 所示方式可以得到图 2-3-36 所示的荷载横向分布系数沿跨长分布，图中同时给出了主梁左端支点处的剪力影响线。

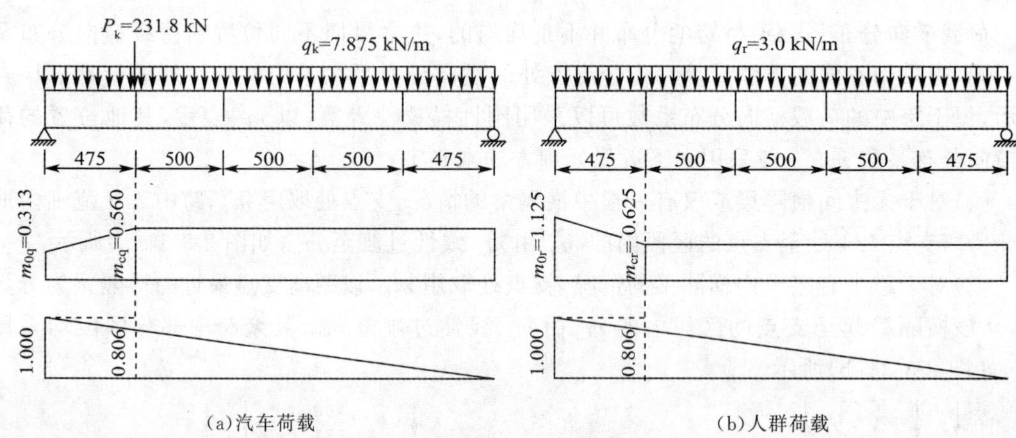

图 2-3-36　支点剪力计算（尺寸单位：cm）

为计算车道荷载作用下的支点剪力最大值，根据剪力影响线，应在全跨内布置均布荷载 q_k（公路二级荷载为 7.875 kN/m），而集中力 P_k（对应计算跨径为 24.5 m 的公路二级荷载为 231.8 kN）的作用位置应综合考虑横向分布系数和剪力影响线的变化确定。在左端 4.75 m 范围内荷载横向分布系数和影响线数值均变化，考虑到剪力影响线的数值变化较小，为简化计算，该范围的剪力影响线数值可以偏安全取值均为 1.000。因此，车道荷载作用下的主梁支点最大剪力为

$$\begin{aligned}Q_{q,\max} &= 231.8\times0.56\times0.806+7.875\times4.75\times(0.313+0.560)/2+7.875\times\\&\quad(24.5-4.75)\times0.560\times0.806/2\\&=156.05\ \text{kN}\end{aligned}$$

同理，可计算得到人群荷载作用下的主梁支点最大剪力为

$$\begin{aligned}Q_{r,\max} &= 3.0\times4.75\times(1.125+0.625)/2+3.0\times(24.5-4.75)\times0.625\times0.806/2\\&=27.39\ \text{kN}\end{aligned}$$

第五节 主梁次内力计算

在预加力、温度变化、墩台基础沉降、混凝土徐变与收缩等各种内、外因素的作用下，桥梁的主梁可能会发生挠曲变形或伸缩变形。对于静定结构，主梁可以自由变形且不受约束，其内力不会发生变化；而对于超静定结构，主梁变形会受到约束，在多余约束处产生约束力，从而引起主梁产生附加内力，该附加内力一般被称为次内力(或称二次力)。

例如，对于一简支梁，如果上缘温度 t_1 高于下缘 t_2，则上缘纤维伸长多，梁体会自由向上挠曲，此时主梁只有变形，内力没有变化，如图 2-3-37(a)所示。如果中间加一个竖向约束，变为两跨连续梁，则由于中支点的约束，该点不能向上位移，变形受到约束，也相当于中支点对该点施加了向下的拉力 R_2[图 2-3-37(b)]，从而使主梁产生弯矩和剪力，上述温度产生的连续梁次内力情况如图 2-3-38 所示。

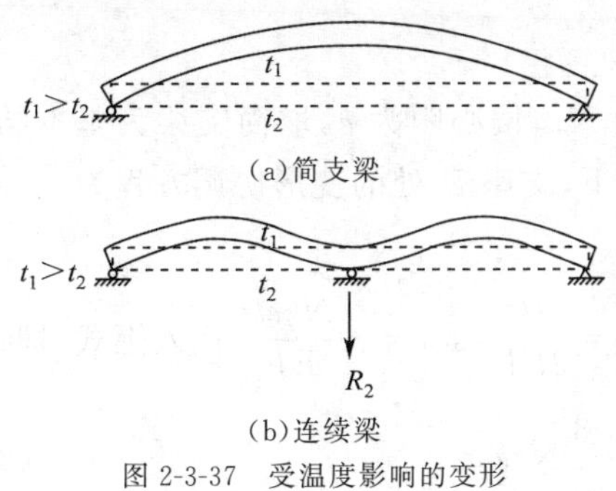

图 2-3-37 受温度影响的变形

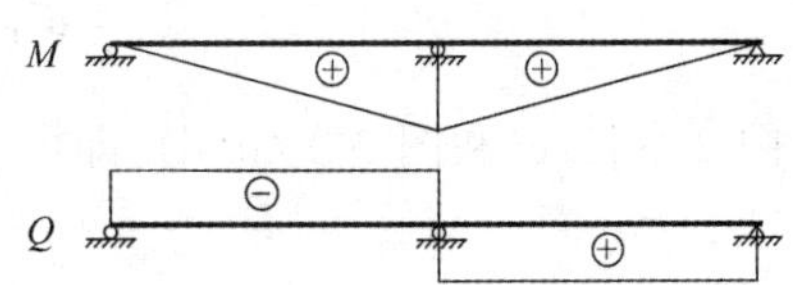

图 2-3-38 连续梁受温度影响的次内力

一、预加力引起的次内力计算

为了阐明预加力产生次内力的原因，首先需要比较预应力混凝土简支梁和连续梁在预加力作用下的区别。在预加力作用下，预应力混凝土简支梁会自由地产生弯曲变形，不会在支座上产生反力，因此不会引起梁的内力变化，预应力只会影响梁的内部应力，如图 2-3-39(a)所示。此时，预应力在梁的任何截面上产生的弯矩 M_0 为

$$M_0 = N_y \cdot e \tag{2-3-56}$$

式中 N_y——梁内有效预加力值；e 表示偏心距，M_0 表示预加力的偏心作用在梁内产生的力矩，称为初预矩。

在简支梁跨中施加竖向约束，可以使其转化为预应力混凝土连续梁。在预应力作用下，多余约束的存在使得梁无法自由弯曲，如图 2-3-39(b)所示，中间支座产生次反力 R，并在梁内产生次力矩 M'。此时，预应力在梁的任何截面上产生的弯矩 M_N 为

$$M_N = M_0 + M' \tag{2-3-57}$$

M_N 为初预矩和次力矩之和，称为总预矩。

由于次力矩是由支座次反力产生的，因而任意两个相邻支座间的次力矩变化是线性的，求解预加力次力矩可用力法或等效荷载法。

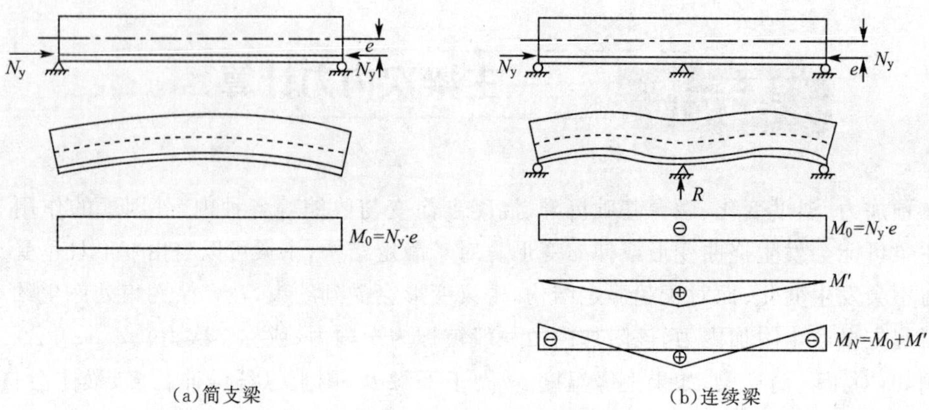

(a)简支梁　　(b)连续梁

图 2-3-39　预应力引起的挠曲变形和次内力

1.利用力法求解预加力次力矩

用力法求解预加力次力矩时一般选取支点弯矩作为赘余力，通过变形协调方程求出该赘余力，之后求解出预加力次力矩和总预矩。下面通过连续直线配筋和连续曲线配筋两种情况讲解利用力法求解次内力。

(1)连续直线配筋

如图 2-3-40 所示，预应力束筋有效预加力为 N_y，偏心距为 e，取简支梁为基本结构，取中间支点截面弯矩 x_1 为赘余力。在预加力作用下，支座 B 处的变形协调方程为

$$\delta_{11}x_1+\Delta_{1N}=0 \tag{2-3-58}$$

由图 2-3-40(c)和图 2-3-40(d)，即可求得 $\delta_{11}=\dfrac{2l}{3EI}$，$\Delta_{1N}=-\dfrac{N_y el}{EI}$，代入上式，即得

$$x_1=-\frac{\Delta_{1N}}{\delta_{11}}=\frac{3}{2}N_y e \tag{2-3-59}$$

预加力次力矩 $M_1'=x_1\overline{M}_1$，梁内各截面的总预矩为

$$M_N=M_0+M_1'=-N_y e+\frac{3}{2}N_y e\overline{M}_1=N_y\left(-e+\frac{3}{2}e\overline{M}_1\right) \tag{2-3-60}$$

支点 B 处 $\overline{M}_1=1$，得 $M_N^B=N_y\cdot e/2$；支点 A 和 C 处 $\overline{M}_1=0$，得 $M_N^A=M_N^C=-N_y e$；中间为线性变化，最后得总预矩如图 2-3-40(e)所示。

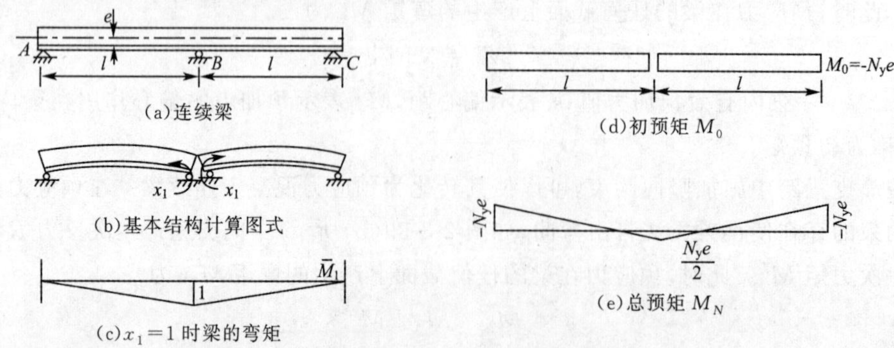

(a)连续梁　　(b)基本结构计算图式　　(c)$x_1=1$ 时梁的弯矩　　(d)初预矩 M_0　　(e)总预矩 M_N

图 2-3-40　采用直线配筋的两跨连续梁的次力矩及总预矩

(2)连续曲线配筋

图 2-3-41 所示为采用曲线配筋(抛物线形)的两跨连续梁。预应力束筋两端都通过截

面重心，在中支点处预应力束筋的偏心距为 e，在两跨中间，束筋的矢高分别为 f_1 和 f_2。

取两跨简支梁作为基本结构，取支点 B 的弯矩 x_1 为赘余力，可写出支点 B 处在预加力作用下的变形协调方程

$$x_1=-\frac{\Delta_{1N}}{\delta_{11}} \tag{2-3-61}$$

其中，$\delta_{11}=(l_1+l_2)/3EI$，$\Delta_{1N}=-\frac{N_y}{3EI}[f_1l_1+f_2l_2-e(l_1+l_2)]$，解得

$$x_1=N_y\left(\frac{f_1l_1+f_2l_2}{l_1+l_2}-e\right) \tag{2-3-62}$$

当 $l_1=l_2=l$，$f_1=f_2=f$ 时，则

$$x_1=N_y(f-e) \tag{2-3-63}$$

预加力在梁内各截面产生的总预矩为

$$M_N=M_0+M_1'=M_0+N_y(f-e)\overline{M}_1 \tag{2-3-64}$$

由图 2-3-41(d)所示，在支点 B 处，$M_N^B=N_y\cdot e+N_y(f-e)\times 1=N_y\cdot f$，在支点 A 和 C 处，$M_N^A=M_N^C=0$。

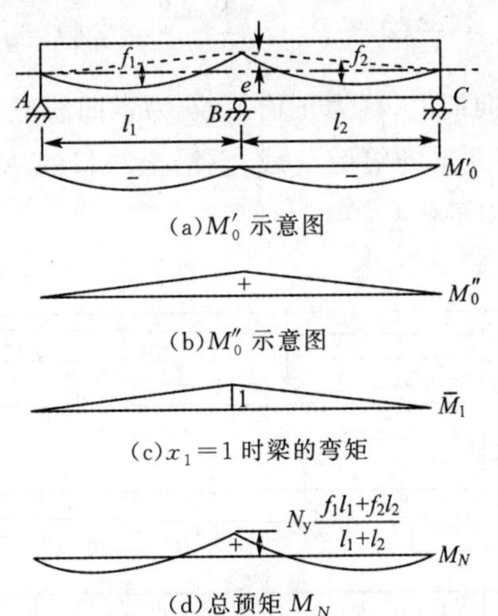

图 2-3-41 采用曲线配筋的两跨连续梁的次力矩及总预矩

2. 利用等效荷载法求解预加力次力矩

在分析预应力混凝土结构的预应力效应时，可以将预应力钢束和混凝土视为相互独立的单独构件，通过将预加力对混凝土的作用以等效荷载的形式进行代替。只要求解出不同配筋情况下的等效荷载，就可以计算出由预应力产生的内力，从而解决超静定梁的问题。

图 2-3-42 给出的是曲线索的预应力混凝土简支梁，其左端锚头的倾角为 θ_A 且偏离中轴线的距离为 e_A，其右端锚头的倾角为 θ_B 偏心距为 e_B，索曲线在跨中的垂度为 f。图中的符号规定是：索力的偏心距 e_i 以向上为正，向下为负；荷载以向上者为正，反之为负。

基于上述符号规定，则此索曲线的表达式为

$$e(x)=\frac{4f}{l^2}x^2+\frac{e_B-e_A-4f}{l}x+e_A \tag{2-3-65}$$

预应力筋对中性轴的偏心力矩 $M(x)$ 为

$$M(x)\approx N_{y}e(x)=N_{y}\left(\frac{4f}{l^{2}}x^{2}+\frac{e_{B}-e_{A}-4f}{l}x+e_{A}\right)\tag{2-3-66}$$

由"材料力学"课程知识可知

$$q(x)=\frac{d^{2}M(x)}{dx^{2}}=\frac{8f}{l^{2}}N_{y}=常数\tag{2-3-67}$$

$$\theta(x)=e'(x)=\frac{8f}{l^{2}}x+\frac{e_{B}-e_{A}-4f}{l}\tag{2-3-68}$$

$$\theta_{A}=e'(0)=\frac{e_{B}-e_{A}-4f}{l}\tag{2-3-69}$$

$$\theta_{B}=e'(l)=\frac{1}{l}(e_{B}-e_{A}+4f)\tag{2-3-70}$$

将式(2-3-70)减式(2-3-69)，可以得到

$$\theta_{B}-\theta_{A}=\frac{8f}{l}\tag{2-3-71}$$

比较式(2-3-67)与式(2-3-71)，可以得到

$$q(x)=\frac{N_{y}}{l}(\theta_{B}-\theta_{A})=\frac{N_{y}\Delta\theta}{l}=常数=q_{效}\tag{2-3-72}$$

上式表示荷载集度 q 的方向向上，且为正值。$\Delta\theta$ 为索曲线倾角的改变量，如图 2-3-42(a)所示。均布荷载 q 为预加力对此梁的等效荷载，它沿全跨长的总荷载 $q_{效}l$ 恰与两端预加力的垂直向下分力 $N_{y}(\theta_{B}-\theta_{A})$ 相平衡。

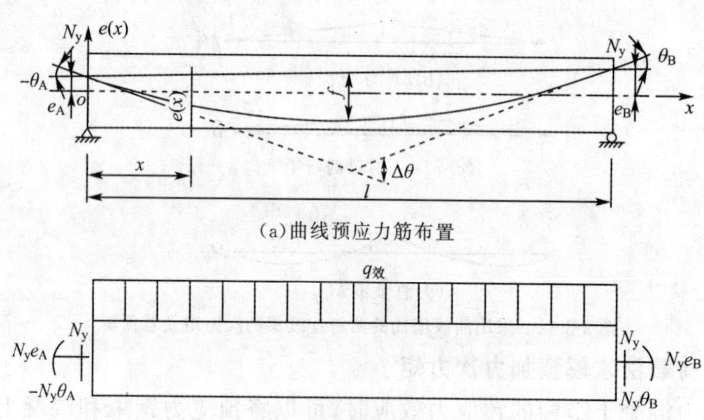

图 2-3-42 配置曲线索的等效荷载

按照同样的原理，可以写出如图 2-3-43 所示的折线索的索力线方程，可以表示为

AC 段
$$e_{1}(x)=e_{A}-\left(\frac{e_{A}+d}{a}\right)x\tag{2-3-73}$$

CB 段
$$e_{2}(x)=-d+\left(\frac{d+e_{B}}{b}\right)(x-a)\tag{2-3-74}$$

由此可以得到

AC 段
$$Q_{1}(x)=M'_{1}(x)=-N_{y}\left(\frac{e_{A}+d}{a}\right)=-N_{y}\theta_{A}\tag{2-3-75}$$

CB 段 $$Q_2(x)=M_2'(x)=N_y\left(\frac{e_B+d}{b}\right)=N_y\theta_B \tag{2-3-76}$$

按式(2-3-75)和式(2-3-76)可绘出此简支梁的剪力内力分布图，如图 2-3-43(b)所示。而此剪力分布图又恰与在梁截面处作用一个垂直向上的集中力 $P_{效}$ 的结果相吻合，此折线形预加力的等效荷载 $P_{效}$ 为

$$P_{效}=N_y(\theta_B-\theta_A) \tag{2-3-77}$$

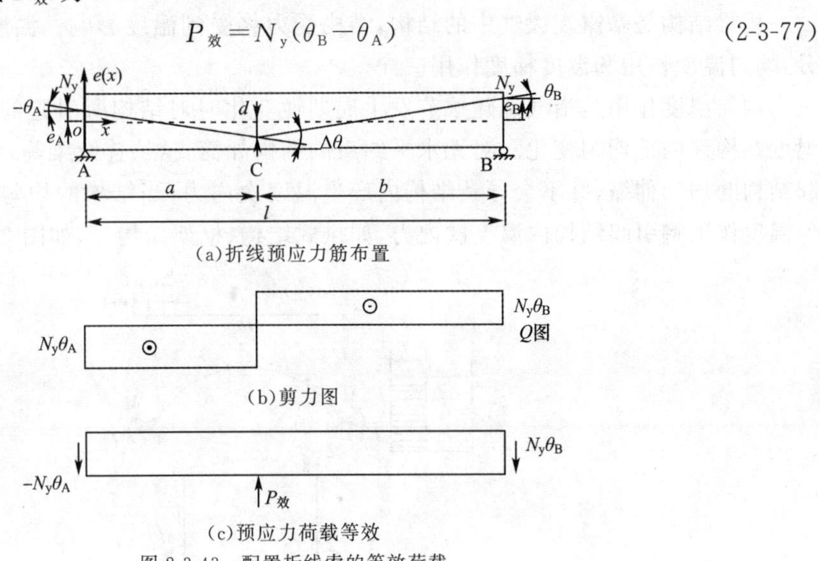

图 2-3-43 配置折线索的等效荷载

利用上述等效荷载计算预加力次内力的计算步骤如下：

(1)两跨连续梁按预应力索曲线的偏心距 e_i 及预加力 N_y 绘制初预矩 $M_0=N_ye_i$ 图，不考虑所有支座对梁体的约束影响，如图 2-3-44(b)所示。

(2)按布索形式分别应用式(2-3-72)和式(2-3-77)确定等效荷载值，如图 2-3-44(c)所示。

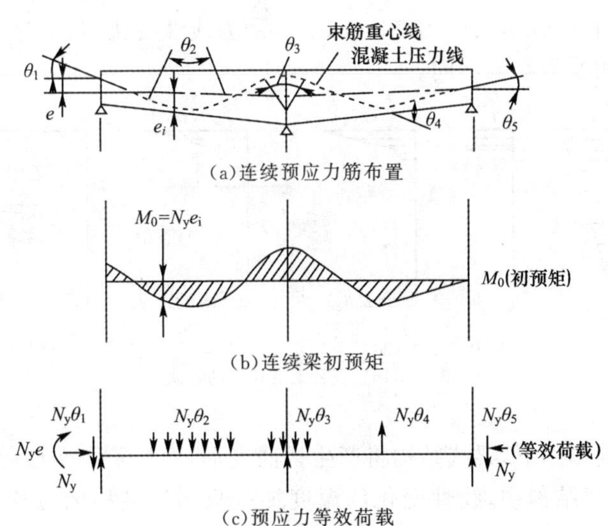

图 2-3-44 与预应力筋对应的初预矩及等效荷载

(3)用力法或有限单元法程序求解连续梁在等效荷载作用下的截面内力，得出总弯矩 $M_{总}(M_N)$，其中包含了初预矩 M_0 和次力矩 M' 在内。

(4)根据式(2-3-60)求解截面的次力矩。

$$M_{次}=M_{总}-M_0 \tag{2-3-78}$$

二、温度次内力

1. 温度对结构的影响

桥梁结构是暴露在大气中的结构，结构受力将受到温度影响。温度影响一般包括两部分：均匀温度作用和温度梯度作用。

均匀温度作用是指气温随季节发生周期性变化时对结构所引起的作用，一般假定结构温度在构件内部均匀变化。对无水平约束的结构如简支梁、连续梁等，均匀温度作用只会引起结构的均匀伸缩，并不会导致结构内产生温度次内力；当结构的均匀伸缩受到约束时，均匀温度作用将引起结构内温度次内力，如拱式结构、框架结构等，如图 2-3-45 所示。

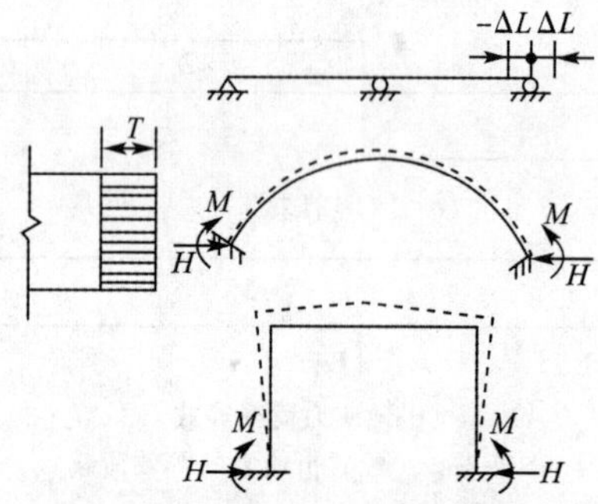

图 2-3-45　年温差对不同结构的影响

温度梯度作用是指日照引起的构件沿截面方向的不均匀温度分布由于结构温度梯度作用因桥梁结构、桥梁方位、日辐射强度、日照时间、地理位置、地形地貌等因素影响，不同截面的桥梁，其温度在截面上的分布差异较大，各国桥梁规范对梁式结构沿梁高方向的温度梯度有各种不同形式的规定，如图 2-3-46 所示。图中列举出的各种温度梯度形式可归纳为线性变化和非线性变化两种情况，其中图 2-3-46(a)所示为线性变化，其余为非线性变化，这两种情况对于桥梁结构的受力影响不同。

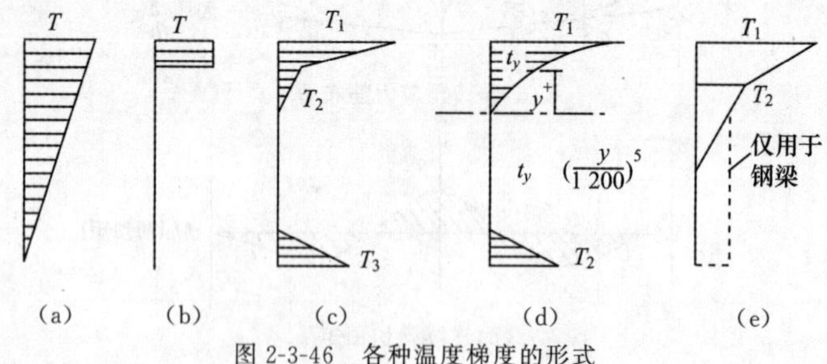

图 2-3-46　各种温度梯度的形式

(1)线性变化

在线性温度梯度作用下，梁式结构将产生挠曲变形，而且梁在变形后仍然服从平截面假定。因此，在静定梁式结构中，线性变化的温度梯度只引起结构的位移而不产生温度次内力，而在超静定梁式结构中，它不但引起结构的位移，而且因多余约束的存在，从而产生结构内温度次内力，如图 2-3-47 所示。

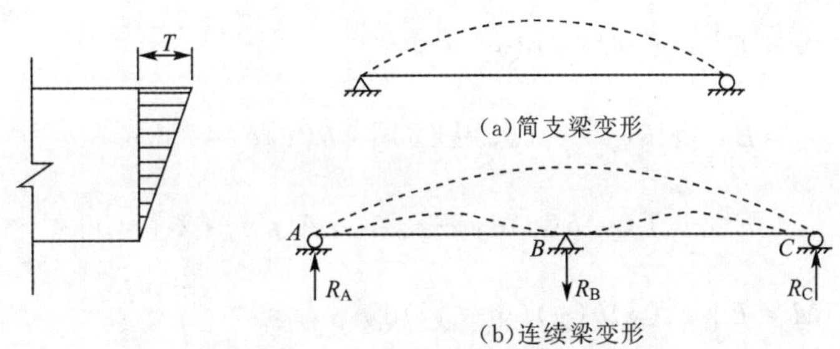

图 2-3-47　线性温度梯度对结构的影响

(2)非线性变化

在非线性温度梯度作用下，即使是静定梁式结构，梁在挠曲变形时，因梁要服从平截面假定，截面上的纵向纤维因温差的伸缩将受到约束，从而产生纵向约束应力，这部分在截面上自相平衡的约束应力称为温度自应力 σ_s^0，同时，还应考虑多余约束阻止结构挠曲产生的温度次内力引起的温度次应力 σ_s'。非线性温度梯度作用下结构总的温度应力为 $\sigma_s=\sigma_s^0+\sigma_s'$。以下将以连续梁为例，介绍非线性温度梯度引起梁内温度应力的计算方法。

2. 基本结构上温度自应力计算

设温度梯度沿梁高按任意曲线 $T(y)$ 分布，如图 2-3-48 所示。取一单元梁段，对于高度位置 y 处的纵向纤维不受约束而能自由伸缩时，该位置纤维的自由变形引起的应变为

$$\varepsilon_T(y)=\alpha T(y) \tag{2-3-79}$$

式中　α——材料的线膨胀系数。

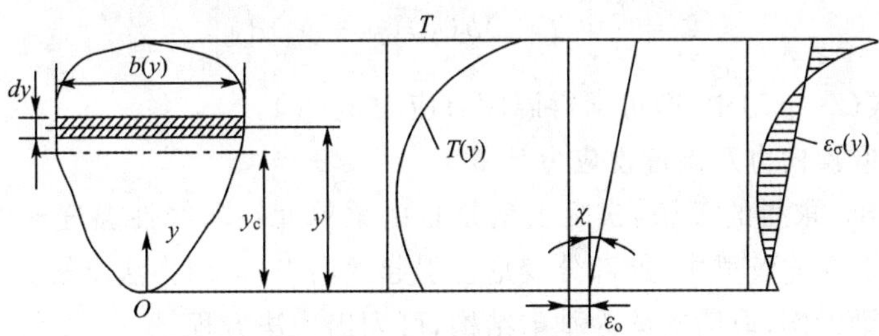

图 2-3-48　温度自应力计算

一般情况下，梁的变形服从平截面假定，所以截面变形前后应在图 2-3-48 所示的直线位置，则截面上任意高度 y 处的应变 $\varepsilon_\alpha(y)$ 为

$$\varepsilon_\alpha(y)=\varepsilon_0+\chi y \tag{2-3-80}$$

式中　ε_0——$y=0$ 处的应变值；

　　χ——单元梁段挠曲变形曲率。

图 2-3-48 中阴影部分的应变 $\varepsilon_\sigma(y)$ 是由纵向纤维之间的相互约束产生的，称为温度自应变，即

$$\varepsilon_\sigma(y)=\varepsilon_T(y)-\varepsilon_\alpha(y)=\alpha T(y)-(\varepsilon_0+\chi y) \tag{2-3-81}$$

由 $\varepsilon_\sigma(y)$ 产生的应力 $\sigma_s^0(y)$ 称为温度自应力，其值为

$$\sigma_s^0(y)=E\varepsilon_\sigma(y)=E[\alpha T(y)-(\varepsilon_0+\chi y)] \tag{2-3-82}$$

式(2-3-82)中 ε_0 和 χ 一旦被确定，就可方便地计算温度自应变和温度自应力。由于在单元梁段上无外荷载作用，因此自应力在截面上是自平衡状态，可以利用截面上应力总和为零和对截面中性轴的力矩为零的条件，求出 ε_0 和 χ 的值，即

$$\left.\begin{aligned}N&=E\int_h \varepsilon_\sigma(y)b(y)\mathrm{d}y\\&=E\int_h[\alpha T(y)-(\varepsilon_0+\chi y)]\cdot b(y)\mathrm{d}y\\&=E[\alpha\int_h T(y)b(y)\mathrm{d}y-\varepsilon_0 A-A\cdot y_c\cdot\chi]=0\\M&=E\int_h \varepsilon_\sigma(y)b(y)(y-y_c)\mathrm{d}y\\&=E\int_h[\alpha T(y)-(\varepsilon_0+\chi y)]\cdot b(y)(y-y_c)\mathrm{d}y\\&=E[\alpha\int_h T(y)b(y)(y-y_c)\mathrm{d}y-\chi I]=0\end{aligned}\right\}\tag{2-3-83}$$

式中 $A=\int_h b(y)\mathrm{d}y$；

$y_c=\frac{1}{A}\int_h yb(y)\mathrm{d}y$；

$I=\int_h b(y)y(y-y_c)\mathrm{d}y$

根据式(2-3-83)可解得

$$\left.\begin{aligned}\varepsilon_0&=\frac{\alpha}{A}\int_h T(y)b(y)\mathrm{d}y-y_c\chi\\\chi&=\frac{\alpha}{I}\int_h T(y)b(y)(y-y_c)\mathrm{d}y\end{aligned}\right\}\tag{2-3-84}$$

将 ε_0 和 χ 代入式(2-3-82)中，即可求得温度自应力 $\sigma_s^0(y)$。

3. 连续梁温度次内力及温度次应力计算

利用式(2-3-84)求得的 χ 值，实际上就是自由梁单元在非线性温度梯度变化时产生的挠曲变形的曲率。在连续梁中，这部分变形会引起次内力，可用力法求解。

以两跨连续梁为例，取简支梁为基本结构，可列出力法方程

$$\delta_{11}x_{1T}+\Delta_{1T}=0\tag{2-3-85}$$

式中 δ_{11}——$x_{1T}=1$ 时在赘余力矩方向上引起的变形；

Δ_{1T}——因温度变化在赘余力方向上引起的变形，图 2-3-49 给出的 Δ_{1T} 为连续梁中间支座上截面的相对转角。

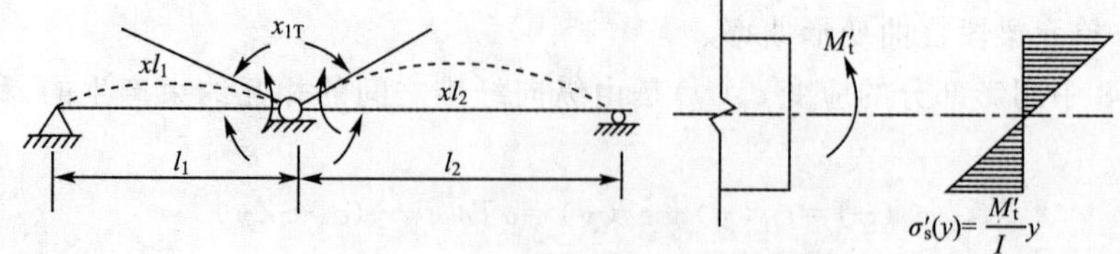

图 2-3-49 连续梁在温差作用下的挠曲变形

$\Delta_{1T}=xl_1+xl_2$ 将其代入式(2-3-85)中，即解得 x_{1T}，梁上作用的温度次内力矩为 $M_t=x_{1T}M_1$。由温度次内力矩产生的梁截面上温度应力为

$$\sigma_s'=\frac{M_t'y}{I}\tag{2-3-86}$$

综合考虑温度自应力和温度次力矩，可以得到连续梁内总的温度应力为

$$\sigma_s(y)=E[\alpha T(y)-(\varepsilon_0+\chi y)]+\frac{M'_t y}{I} \tag{2-3-87}$$

三、混凝土徐变与收缩引起的次内力

徐变和收缩是混凝土的两种与时间有关的变形性质，与混凝土的组成材料及配合比、周围环境的温度与湿度、构件截面形式与养护条件以及混凝土的龄期都有关系。

1. 徐变次内力

对于某长度为 l 的混凝土棱柱体，在龄期 τ 时刻施加轴向荷载 P，棱柱体会发生瞬时变形 Δ_e（也称为弹性变形）。若保持棱柱体所受荷载不变，则之后随着时间 t 的增长，棱柱体会产生一部分持续的变形量 Δ_c，称之为徐变变形。图 2-3-50 展示了棱柱体变形情况和徐变变形的变化趋势。

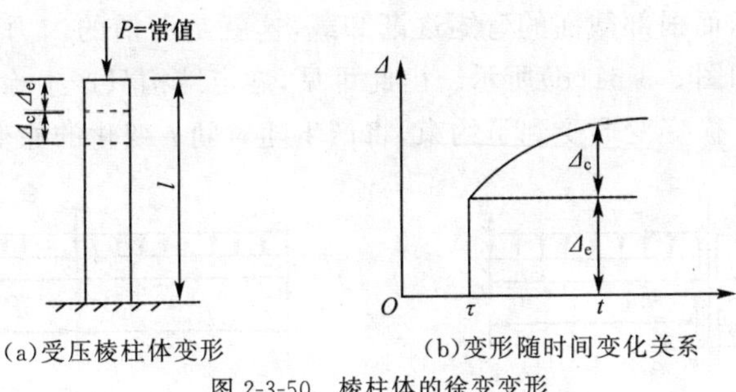

(a)受压棱柱体变形　(b)变形随时间变化关系

图 2-3-50　棱柱体的徐变变形

瞬时应变 ε_e 又称弹性应变，它是指初始加载的瞬间所产生的变形量 Δ_e 与棱柱体长度 l 之比，可表示为

$$\varepsilon_e=\frac{\Delta_e}{l} \tag{2-3-88}$$

也可表示为

$$\varepsilon_e=\frac{\sigma}{E}$$

式中　σ——混凝土应力；

　　　E——弹性模量。

单位长度的徐变变形量称为徐变应变 ε_c，即徐变变形量 Δ_c 与棱柱体长度 l 之比，可表示为

$$\varepsilon_c=\frac{\Delta_c}{l} \tag{2-3-89}$$

定义徐变系数为 $\varphi(t,\tau_0)$ 表示自加载龄期 τ 时刻后至某个 t 时刻棱柱体内的徐变应变值 ε_c 与瞬时应变值 ε_e 之比，可表示为

$$\varphi(t,\tau_0)=\frac{\varepsilon_c}{\varepsilon_e} \tag{2-3-90}$$

则有

$$\varepsilon_c=\varepsilon_e\cdot\varphi(t,\tau_0)=\frac{\sigma}{E}\cdot\varphi(t,\tau_0) \tag{2-3-91}$$

式(2-3-91)表明对于任意时刻 t,徐变应变与混凝土应力 σ 呈线性关系,称为线性徐变理论。

混凝土结构会因徐变发生变形,当徐变变形不受约束时,结构不会产生内力变化,如果超静定混凝土结构的徐变变形受到多余约束时,其变形将受到限制,从而在结构截面内产生附加内力,这种内力被称为徐变次内力。

如图 2-3-51(a)和图 2-3-51(b)所示,两个对称于中线的混凝土悬臂梁,悬臂长度为 l,在荷载均布 q 作用下,悬臂梁根部的弯矩为 $M=\frac{1}{2}ql^2$。随着时间的推移,在混凝土徐变影响下,两个悬臂梁不断向下挠曲,端部将会出现随时间 t 而变化的下挠量 Δ_t 和转角 θ_t。由于两个悬臂梁自由变形,在徐变变形发生过程中梁的内力沿跨长方向始终不会发生改变。如果两个悬臂梁在均布荷载作用下发生瞬时变形后立即合龙,即将两个端部通过钢筋焊接并浇筑接缝混凝土连接为整体,则以后虽然在接缝处仍产生随时间变化的下挠量 Δ_t,但转角 θ_t 始终为零,如图 2-3-51(c)所示。这意味着两侧悬臂梁相互约束着角位移,从而使结合截面上的弯矩从 $0\rightarrow M_t$,而根部截面的弯矩逐渐卸载,这就是所谓的内力重分布,即此时徐变产生了结构次内力,如图 2-3-51(d)所示。由此可见,静定结构只产生徐变变形,而不产生次内力,超静定结构由于徐变变形受到了约束,将产生随时间 t 变化的徐变次内力。

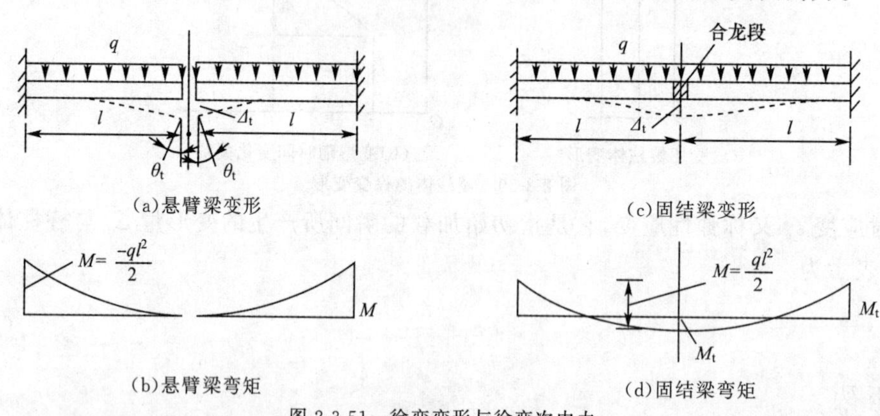

图 2-3-51 徐变变形与徐变次内力

针对一座连续梁桥,可以按照一次现浇成桥,也可以采用先简支后连续或者悬臂浇筑法等多种施工方式成桥。施工方法不同,各节段的加载龄期就不相同,计算模式也不同,因而其徐变次内力也就不相同。关于徐变引起的结构次内力计算,可以参照相关文献学习,这里不再赘述。

2. 收缩次内力

混凝土结构的收缩不是由于外力作用而产生的,而是由于结构材料本身的特性引起的,混凝土的收缩应变 ε_s 也会随着时间的推移而发生变化,混凝土收缩应变在初期增长较快,在后期增长变慢并逐渐趋于稳定。混凝土收缩对于结构的影响与结构受到均匀温度降低类似,例如,对于连续梁桥结构,一般只考虑结构的收缩位移量对伸缩缝、支座等变形的影响;而对于墩梁固结的连续刚构体系桥梁,则必须考虑由于收缩引起的结构次内力。在计算混凝土收缩产生的桥梁结构次内力时,可将结构的收缩应变 ε_s 等效为结构降温 T,即

$$T=\frac{\varepsilon_s}{\alpha}$$

式中 α——混凝土的线膨胀系数。

四、基础沉降次内力计算

如图 2-3-52 所示，当桥梁墩台基础坐落于非岩石地基上时，地基土会因持续荷载作用而压密，导致基础下沉，基础沉降量Δ_d随时间增长逐渐趋于稳定。当基础沉降引起的结构变形受到约束时，结构将产生附加内力；对于混凝土结构，该附加内力还会进一步产生徐变变形和徐变次内力。

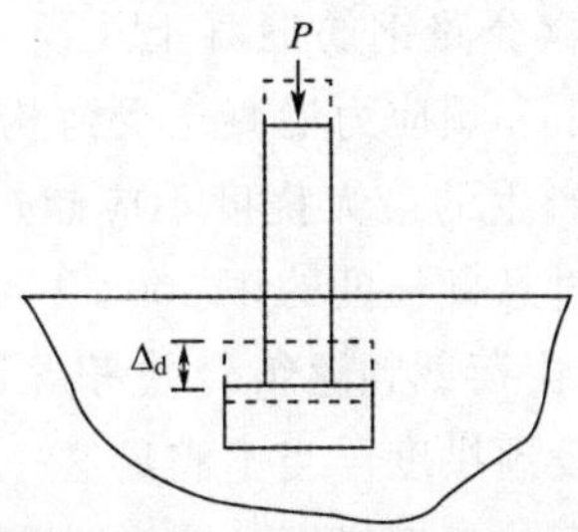

图 2-3-52　桥梁墩台基础坐落于非岩石地基沉降

对于图 2-3-53(a)给出的三跨连续梁，当两个中墩基础分别产生不等的地基沉降$\Delta_{1\Delta}$和$\Delta_{2\Delta}$时，可取图 2-3-53(b)给出的基本结构计算地基沉降产生的次内力，以中间两个支座的竖向约束力X_1和X_2作为未知量，其力法方程为

$$\begin{aligned}\delta_{11}X_1+\delta_{12}X_2+\Delta_{1\Delta}=0\\ \delta_{21}X_1+\delta_{22}X_2+\Delta_{2\Delta}=0\end{aligned} \tag{2-3-92}$$

求解上述方程组，得到未知量X_1和X_2，即可求得地基沉降$\Delta_{1\Delta}$和$\Delta_{2\Delta}$产生的连续梁的次内力。

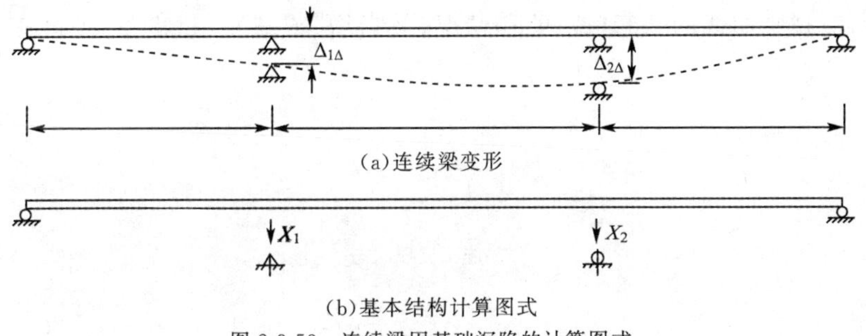

图 2-3-53　连续梁因基础沉陷的计算图式

第六节　主梁挠度及预拱度计算

主梁在恒载(包括结构自重、桥面铺装和附属设备的重力、预应力、混凝土徐变和收缩作用等)和活载(汽车荷载、人群荷载)作用下均会产生竖向变形(也称挠度)，如果挠度过大，会改变桥梁竖向线形，这不但会给人一种不安全的感观，还会影响高速行车平稳性，使桥面铺装层、护栏等辅助结构损坏，甚至危及桥梁的安全。

对于混凝土桥梁，恒载是恒久存在的，其产生挠度会随着时间发生变化，可分为短期挠度和长期挠度。如果恒载作用挠度过大，可以通过施工时预设的反向挠度（又称预拱度）来加以全部或部分抵消，减小对桥梁设计线形的影响。

活载产生的挠度是临时出现的，随着活载的移动，挠度大小发生变化，在最不利的荷载位置下，挠度达到最大值，一旦汽车或人群离开桥梁，挠度即会消失。活载挠度与桥梁抗弯刚度有关，挠度过大会引起桥梁振动，不利于桥梁行车和结构安全；增大主梁刚度可以减小挠度不利影响，但是会增加桥梁造价。因此，主梁的刚度应选择合理，既满足控制活载挠度需要，也具有良好的经济性。根据《公路钢筋混凝土及预应力混凝土桥涵设计规范》(JTG 3362—2018)规定，对于钢筋混凝土和预应力混凝土受弯构件，由汽车荷载（不计冲击力）和人群荷载频遇组合在梁式桥主梁产生的最大挠度不应超过计算跨径的 1/600，在梁式桥主梁悬臂端产生的最大挠度不应超过悬臂长度的 1/300。

对于钢筋混凝土受弯构件，当由荷载频遇组合并考虑长期效应影响产生的长期挠度不超过计算跨径的 1/1600 时，可不设预拱度。当不满足这一条件时，需设预拱度，其值可按结构自重和 1/2 可变荷载频遇值计算的长期挠度值之和选取，这就意味着在使用阶段常遇荷载情况下桥面基本上接近设计线形。如图 2-3-54 所示的现浇简支梁，施工时主梁模板线形设置预拱度值 $\Delta = f_{恒} + f_{活}/2$，使主梁施工线形比设计线形高，成桥恒载状态时桥梁线形比设计线形高出 1/2 活载挠度 $f_{活}$，在常遇荷载作用状态时桥梁线形接近设计线形，而在活载较大时则桥梁线形低于设计线形约 1/2 的活载挠度 $f_{活}$。对于预应力混凝土受弯构件，当预加应力产生的长期反拱值大于按荷载频遇组合计算的长期挠度时，可不设预拱度。当不满足这一条件时，需设预拱度，其值应按上述长期挠度值与预加应力长期反拱值之差选取。若自重相对于活载较小，还应考虑预加应力反拱值过大可能造成的不利影响，必要时采取反预拱或设计和施工上的其他措施，避免桥面隆起甚至开裂破坏。同时需注意，对于位于竖曲线上的桥梁，应视竖曲线的凸起（或凹下）情况，适当增（或减）预拱度值，使竣工后的线形与竖曲线接近一致。

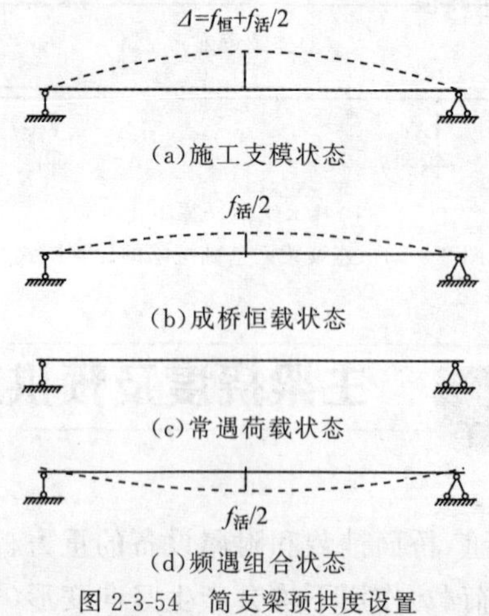

图 2-3-54　简支梁预拱度设置

由上述可知，无论是结构的刚度验算或是预拱度的计算都要求计算结构的变形。下面针对三种常见情况阐明其变形的计算原理及预拱度的设置方法。

一、钢筋混凝土梁桥的挠度及预拱度计算

下面以简支梁为例，讲解主梁挠度和预拱度的计算方法。

对于计算跨径为 l 的等截面钢筋混凝土简支梁，恒载和活载作用下的主梁跨中挠度 f 可以通过下式计算

$$f=\frac{5}{48}\cdot\frac{Ml^2}{B} \tag{2-3-93}$$

$$B=\frac{B_0}{\left(\frac{M_{cr}}{M_s}\right)^2+\left[1-\left(\frac{M_{cr}}{M_s}\right)^2\right]\frac{B_0}{B_{cr}}} \tag{2-3-94}$$

$$M_{cr}=\gamma f_{tk}W_0 \tag{2-3-95}$$

$$\gamma=\frac{2S_0}{W_0} \tag{2-3-96}$$

式中 M——跨中弯矩值，当计算恒载挠度时，取为恒载弯矩标准值；当计算活载挠度时，取为活载弯矩频遇值；

B——开裂构件等效截面的抗弯刚度；

B_0——全截面的抗弯刚度，$B_0=0.95E_cI_0$；

B_{cr}——开裂截面的抗弯刚度，$B_{cr}=E_cI_{cr}$；

M_{cr}——开裂弯矩；

γ——构件受拉区混凝土塑性影响系数；

I_0——全截面换算截面惯性矩；

I_{cr}——开裂截面换算截面惯性矩；

f_{tk}——混凝土轴心抗拉强度标准值；

S_0——全截面换算截面重心轴以上（或以下）部分面积对重心轴的面积矩；

W_0——换算截面抗裂边缘的弹性抵抗矩。

由于混凝土存在徐变效应，在荷载长期作用下混凝土主梁的挠度会不断增大，主梁预拱度设置应考虑这一长期效应的影响，一般可通过长期增长系数计算。因此，跨径中点的预拱度取

$$\Delta=-\eta_\theta\left(f_g+\frac{1}{2}f_s\right) \tag{2-3-97}$$

式中 f_g——恒载产生的跨中挠度；

f_s——活载产生的跨中挠度；

η_θ——挠度长期增长系数，当采用 C40 以下混凝土时，取为 1.60；当采用 C40～C80 混凝土时，取为 1.45～1.35，中间强度等级可按直线内插法取用。

对于简支梁，常常用矢高为 Δ 的二次抛物线来设置全梁的预拱度，以使曲线平顺。

对钢筋混凝土悬臂梁桥和连续梁桥，因为是变截面梁或是超静定梁，用手工计算挠度比较烦琐，目前均采用有限元程序计算，但上面简支梁挠度计算的原理及截面刚度的取用原则仍然适用。

二、预应力混凝土梁桥的挠度及预拱度计算

对于预应力混凝土梁桥，一般跨径较大，截面相对纤细，在恒载（包括自重和预应力）作用下主梁往往引起向上的挠度，或称上挠度，而且挠度会由于混凝土徐变作用而不断增大。特别是跨度较大的装配式预应力混凝土 T 梁，预张拉阶段梁自重很小，而预应力值很大，可产生很大的上挠度，而且上挠值随张拉龄期不同有较大的差异，这里有徐变的影响，更有混凝土弹性模量随时间变化的影响。因此，设计和施工中必须慎重地确定梁的反挠度和控制各片梁的初张拉龄期，否则，仅依靠桥面铺装层是无法调整的，由此而造成桥面纵横断面不平顺，将影响到车辆高速行驶及桥面排水。故设计者应结合荷载产生的向下挠度和合理控制预加应力来避免产生过大的上拱量。

结构自重和其他恒载以及活载所产生的挠度，可像其他受弯构件一样来计算。这里要指出的是，对于预应力混凝土受弯构件，当为全预应力混凝土和 A 类预应力混凝土构件时，截面刚度采用 B_0，即 $0.95E_cI_0$；当为允许开裂的 B 类预应力混凝土构件时，在开裂弯矩 M_{cr} 作用下，截面刚度采用 B_0，在 (M_s-M_{cr}) 作用下，截面刚度采用 B_{cr}，即 E_cI_{cr}。其中 $M_{cr}=(\sigma_{pc}+\gamma f_{tk})W_0$，$\sigma_{pc}$ 表示扣除全部预应力损失预应力筋和普通钢筋合力在构件抗裂边缘产生的混凝土预压应力。

下面着重阐明预应力所引起挠度的计算原理和近似计算方法。

对于预应力混凝土主梁，预应力张拉时混凝土龄期为 τ，初始拉力为 P_i，则由预应力导致的任意时刻 t 时的挠度可以表示成

$$f_{P_t}=-f_{P_i}+\Delta f_{1t}-\Delta f_{2t} \tag{2-3-98}$$

式中 f_{P_i}——由初始拉力 P_i 作用引起的短期挠度；

Δf_{1t}——从时刻 τ 至时刻 t 时段内的预应力损失所导致的挠度改变；

Δf_{2t}——从时刻 τ 至时刻 t 时段内在预应力作用下由于混凝土徐变产生的挠度改变。

对于 Δf_{1t}，假定从时刻 τ 至时刻 t 时段内初始拉力 P_i 因发生损失而减小至拉力 P_e，则可按照下式近似计算

$$\Delta f_{1t}=f_{P_i}\left(1-\frac{P_e}{P_i}\right) \tag{2-3-99}$$

对于 Δf_{2t}，可以按照下式近似计算

$$\Delta f_{2t}=\left(f_{P_i}+\frac{1}{2}\Delta f_{1t}\right)\varphi(t,\tau) \tag{2-3-100}$$

式中 $\varphi(t,\tau)$——加载龄期为 τ、计算变形时龄期为 t 的徐变系数，其值可按规范计算。

式(2-3-100)近似假定徐变是在不变的预应力筋拉力作用下发生的，该力等于初始值 P_i 与最终值 P_e 的平均值，即采用了近似的方式处理了与时间相关的挠度变化，对于大多数情况，其计算结果具有足够的精度。

如果要得到更高的挠度计算精度，就需要考虑徐变是在由于预应力筋松弛、混凝土收缩、徐变的组合作用而逐渐减小的预应力筋拉力作用下发展的。一般将整个历经的时间划分成一系列时段 Δt，计算各时段内发生的挠度变化值，并用逐步累加的方式来求得任意历经时间 t 时的预应力挠度。这种逐步逼近的方法虽然仍是近似的，但它能够通过减小所考虑时段的步长，从而增加时段的数量，来提高精度至任意所期望的程度。

由于受混凝土收缩、徐变以及预应力损失等影响，预应力混凝土梁在恒载（包括结构自重、二期恒载、预应力）作用下的受力和变形随时间不断变化，且受施工过程影响。特别是对于采用分段施工的主梁，由于各段的龄期和加载时间不同以及存在体系转换，混凝土徐变对变形和受力的影响则更为复杂。因此，预应力混凝土梁的受力和变形通常利用有限元程序并按照施工过程进行逐步计算，可以得到施工和运营过程中任意时刻的主梁恒载挠度，由此可用于计算主梁的预拱度值。虽然成桥后主梁恒载挠度随时间发生变化，但是最终会趋于稳定。因此，主梁恒载预拱度可以根据成桥恒载挠度的变化幅度予以确定，一般情况下将总变化值作为预拱度值，如果总变化值过大，也可将总变化值的一部分作为预拱度值，以使桥梁线形更利于行车平顺。

三、悬臂施工时挠度及预拱度计算

采用悬臂施工的T形刚构桥和连续体系梁桥，其施工阶段的变形计算较整体浇筑施工梁桥复杂得多。以下主要介绍悬臂施工时主梁挠度的计算要考虑哪些因素，如何在悬臂施工中对每个节段设置预拱度，使成桥以后的桥面高程符合设计要求。

1. 悬臂施工阶段的变形

悬臂法施工中的一期恒载主要包括结构自重和预应力两大部分，前者的计算比较容易，后者可应用等效荷载法等进行计算。悬臂施工一般采用悬臂拼装和悬臂浇筑两种方法，为了分清悬臂施工与有支架施工在挠度计算和设置预拱度方面的差别，先介绍有支架整体浇筑悬臂梁的预拱度设置，再介绍悬臂施工方法的预拱度设置。

（1）有支架整体浇筑悬臂梁

现取由4个节段组成的悬臂梁为例，如图2-3-55所示。为了消除主梁恒载产生的挠度对线形的影响，则每个节点的预拱度Δ_i可用下式计算

$$\begin{aligned}\Delta_1&=\Delta_{11}+\Delta_{12}+\Delta_{13}+\Delta_{14}\\ \Delta_2&=\Delta_{21}+\Delta_{22}+\Delta_{23}+\Delta_{24}\\ \Delta_3&=\Delta_{31}+\Delta_{32}+\Delta_{33}+\Delta_{34}\\ \Delta_4&=\Delta_{41}+\Delta_{42}+\Delta_{43}+\Delta_{44}\end{aligned}\tag{2-3-101}$$

式中　$\Delta_i(i=1,2,3,4)$——悬臂梁上4个节点在拆架后由主梁恒载引起的总变形；

$\Delta_{ij}(i,j=1,2,3,4)$——第j节段主梁自重（G_1、G_2、G_3、G_4）及预应力对第i节点产生的弹性变形。

如果不考虑支架变形，只需将主梁的底模高度在每个节段端部处抬高对应的预拱度Δ_i，则拆除支架后，主梁的高度即可到达悬臂状态的预期线形。上述计算未考虑混凝土浇筑时支架的变形，实际施工时，模板的预拱度设置还应计入支架变形。

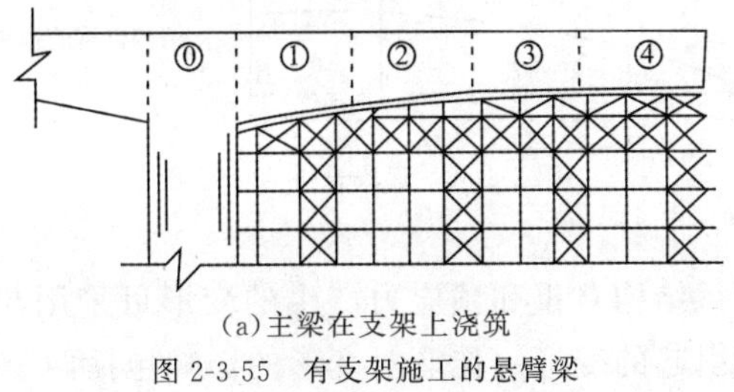

(a)主梁在支架上浇筑

图2-3-55　有支架施工的悬臂梁

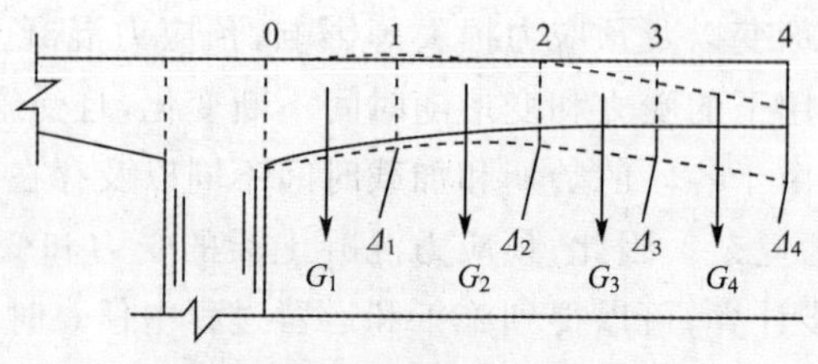

(b)支架拆除后主梁变形

续图 2-3-55 有支架施工的悬臂梁

(2)逐段悬拼施工

如果图 2-3-56 中的悬臂梁是由 4 个预制节段采用悬臂拼装法逐段拼装而成,因为悬臂结构是逐段拼装而成的,后拼节段的恒载对先拼节段会产生弹性变形,而先拼的节段已完成了本身恒载的变形,不再对后续节段产生影响,这可用图 2-3-56 的分析加以说明。因此,悬臂拼装法由于结构恒载而应设置的预拱度 Δ_i 可按下式计算

$$\begin{aligned} \Delta_1 &= \Delta_{11} + \Delta_{12} + \Delta_{13} + \Delta_{14} \\ \Delta_2 &= \Delta_{22} + \Delta_{23} + \Delta_{24} \\ \Delta_3 &= \Delta_{33} + \Delta_{34} \\ \Delta_4 &= \Delta_{44} \end{aligned} \tag{2-3-102}$$

在每一节段主梁拼装时,该梁段的前端高度应比预期线形高出相应的预拱度 Δ_i,则全部节段拼装完毕后,主梁的高度即可到达悬臂状态的预期线形。

如果悬臂拼装施工时梁端有吊装设备,各节段的变形还应计入吊装设备产生的影响,此时各节段施工时主梁安装预拱度需要考虑这部分变形。

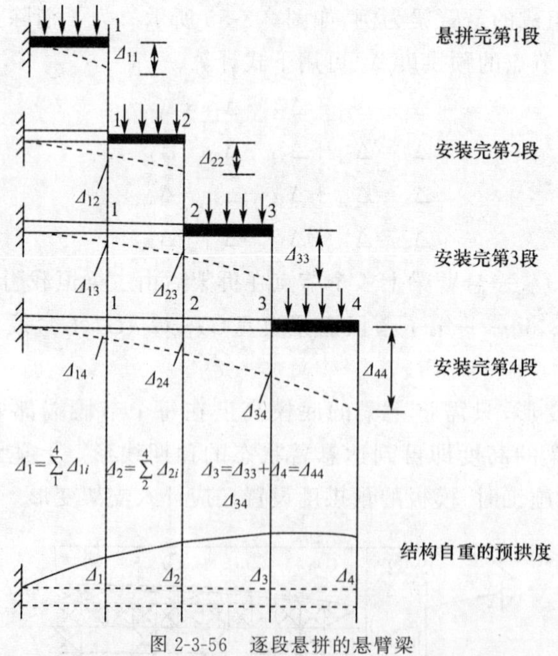

图 2-3-56 逐段悬拼的悬臂梁

(3)逐段悬浇结构

利用挂篮悬臂浇筑时,结构自重和预应力产生的变形可采用与悬臂拼装类似的方法计算,但需要另外考虑挂篮引起的变形。挂篮对变形的影响包括两个方面:

①挂篮自重引起的悬臂梁变形

挂篮在施工过程中固定在已完成的悬臂梁的前端，在其自重作用下，悬臂梁结构产生向下的挠曲变形。如图 2-3-57 所示，当浇筑 4 号梁段时，Δ_{1G}、Δ_{2G}、Δ_{3G} 即为由挂篮自重作用引起的已完成的 1 号、2 号、3 号梁段端部的竖向变形，主梁的变形也会引起挂篮下垂。考虑混凝土徐变的影响，即使挂篮前移和拆除后这部分主梁变形也不会完全得到恢复，但是大部分会得到恢复，一般情况可以忽略徐变的影响。挂篮自重引起的悬臂梁变形虽然对最终的结构预拱度设置影响较小，但是，在悬臂浇筑施工过程中确定待浇筑梁段高程时，应计入其影响。

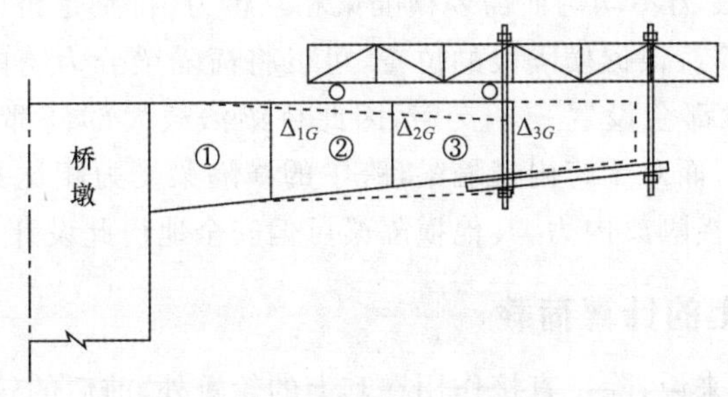

图 2-3-57 挂篮自重引起的悬臂梁变形

②混凝土浇筑引起的挂篮自身变形

挂篮设备需要承受新浇筑主梁节段混凝土的重量，混凝土重量会导致挂篮自身产生挠曲变形。如图 2-3-58 所示，当浇筑 4 号梁段时，Δ_G 即为该段混凝土重量引起的挂篮前端竖向变形。挂篮自身变形会导致该主梁节段相对于已完成的相邻节段之间发生同样的相对变形，待混凝土达到强度后，这部分变形将永久保留下来。类似的变形会发生在每一个悬浇节段的施工中，因此，在各节段的预拱度中，均应分别计入这个影响。为了避免挂篮自身变形对主梁线形的影响，需要在混凝土浇筑前，通过调整挂篮的吊带，使挂篮底模高度预先抬高同样的变形，即可消除其影响。

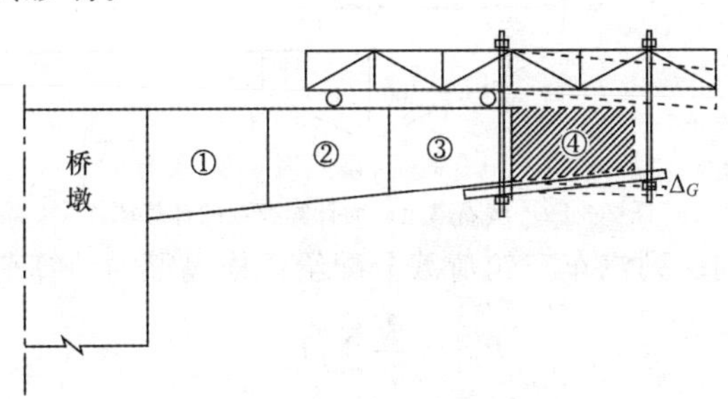

图 2-3-58 4 号节段浇筑时挂篮变形

2. 预拱度设置

上面仅讨论了悬臂施工过程中的变形，当悬臂梁合龙转换成连续体系以后，还有二期恒载、次内力（二次预应力、徐变、收缩影响）和 1/2 活载（汽车、人群）的影响。

对于悬臂施工阶段的主梁自重、预应力和挂篮自重引起的主梁变形和挂篮变形，均应该采用与变形相反的预拱度予以消除；桥梁合龙时，主梁线形预拱度仅考虑此后二期恒载施加、预应力张拉、混凝土收缩徐变以及活载的影响。

对于跨径较小桥梁，为了施工的简化，通常可以将合龙后主梁跨中变形总和作为跨中预拱度的最大值，以桥墩支点处为零、其余各点近似地按二次抛物线进行分配。

第七节 横隔梁计算

对于由多片T梁构成的钢筋混凝土和预应力混凝土桥，需要设置多道横隔梁将各片T梁连接为整体，保证结构受力的整体性。因此，横隔梁应具有足够的刚度和强度。在恒载作用下，各片T梁之间基本无须横隔梁相互传力，横隔梁受力较小，可以忽略不计；但是，在活载作用下，各片T梁因受力不均匀而需要横隔梁相互传力，特别是桥面较宽时，横隔梁受力较大，需要进行受力验算。根据横隔梁的位置，可以将横隔梁分为跨内横隔梁和端横隔梁。由于每个T梁端部一般都会设置一个支座，因此桥梁活载大部分都由腹板直接传递给支座，端横隔梁受力较小。而对于跨内横隔梁，跨中的横隔梁受力相比其他横隔梁大。因此，设计时一般仅计算跨中横隔梁内力，其他横隔梁可偏安全地仿此设计。

一、作用在横隔梁上的计算荷载

对于跨中的横隔梁来说，除了直接作用在其上的轮重外，前后的轮重对它也有影响。在计算中可假设荷载在相邻横隔梁之间按杠杆原理法传递，并利用按杠杆原理计算的纵向荷载影响线加载，计算横隔梁所受的最不利荷载，计算如图2-3-59所示。

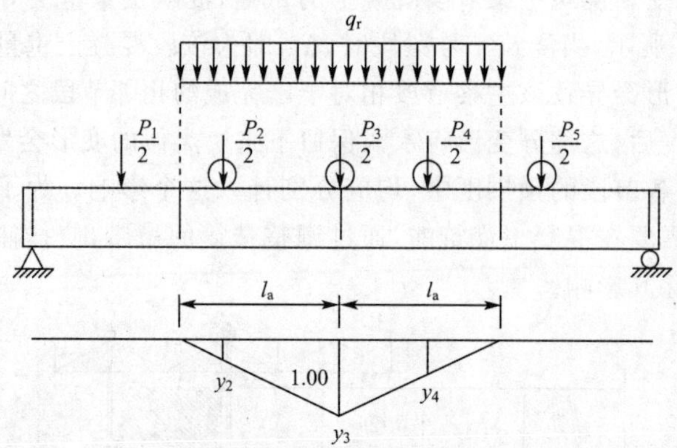

图2-3-59 横隔梁上纵向计算荷载的计算图式

对于汽车荷载，纵向一列汽车车轮荷载分配给该横隔梁的计算荷载为

$$P_{0q}=\frac{1}{2}\sum P_i y_i \tag{2-3-103}$$

对于人群荷载，纵向分配给该横隔梁的计算荷载为

$$P_{0r}=q_r l_a \tag{2-3-104}$$

式中 P_i——第i个轴重；

y_i——第i个车轮荷载$P_i/2$作用位置所对应影响线竖坐标值；

q_r——人群荷载分布集度；

l_a——横隔梁的间距。

二、横隔梁的内力影响线

将桥梁的中横隔梁近似地视作竖向支承在多根弹性主梁上的多跨弹性支承连续梁，如

图 2-3-60 所示。当桥梁在跨中有单位荷载 $P=1$ 作用时，各主梁所受的荷载将为 R_1、R_2、…、R_n，这也就是横隔梁的弹性支承反力。因此，取 r 截面左侧为隔离体，如图 2-3-60(c)所示，由力的平衡条件就可写出横隔梁任意截面 r 的内力计算公式。

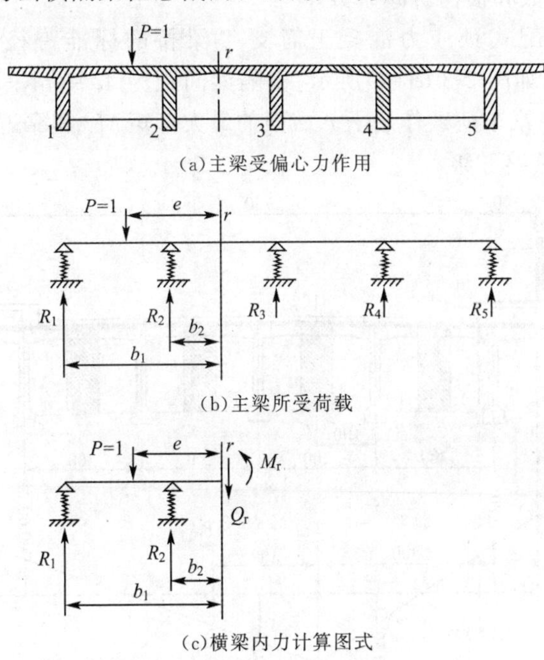

图 2-3-60 横隔梁横向计算图式

荷载 $P=1$ 位于截面 r 的左侧时

$$\left.\begin{aligned} M_r &= R_1 \cdot b_1 + R_2 \cdot b_2 - 1 \cdot e = \sum^{\text{左}} R_i b_i - e \\ Q_r &= R_1 + R_2 - 1 = \sum^{\text{左}} R_i - 1 \end{aligned}\right\} \tag{2-3-105}$$

荷载 $P=1$ 位于截面 r 的右侧时

$$\left.\begin{aligned} M_r &= R_1 \cdot b_1 + R_2 \cdot b_2 = \sum^{\text{左}} R_i b_i \\ Q_r &= R_1 + R_2 = \sum^{\text{左}} R_i \end{aligned}\right\} \tag{2-3-106}$$

式中 M_r、Q_r——横隔梁任意截面 r 的弯矩和剪力；

e——荷载 $P=1$ 至所求截面的距离；

b_i——支承反力 R_i 至所求截面的距离；

$\sum^{\text{左}} R_i$——涉及所求截面以左的全部支承反力 R_i 的总和。

由此可以直接利用已经求得的 R_i 的横向分布影响线来绘制横隔梁上某个截面的内力影响线。

三、横隔梁内力计算

用上述的计算荷载在横隔梁某截面的内力影响线上按最不利位置加载，就可求得横隔梁在该截面上的最大(或最小)内力值。

$$S=(1+\mu)\cdot\xi\cdot P_{0q}\sum\eta \tag{2-3-107}$$

式中　η——横隔梁内力影响线竖标；

μ、ξ——冲击系数和横向折减系数。

【例 2-3-5】 某装配式预应力混凝土简支 T 梁桥的标准跨径为 25 m，计算跨径为 24.5 m，其跨中横截面如图 2-3-61(a)所示，横隔梁间距为 4.75 m+3×5 m+4.75 m。试计算跨内中间横隔梁在汽车荷载作用下 r 截面的最大弯矩 M_r 和靠近 1 号梁处截面的最大剪力 $Q_1^{右}$，荷载等级为公路Ⅱ级。

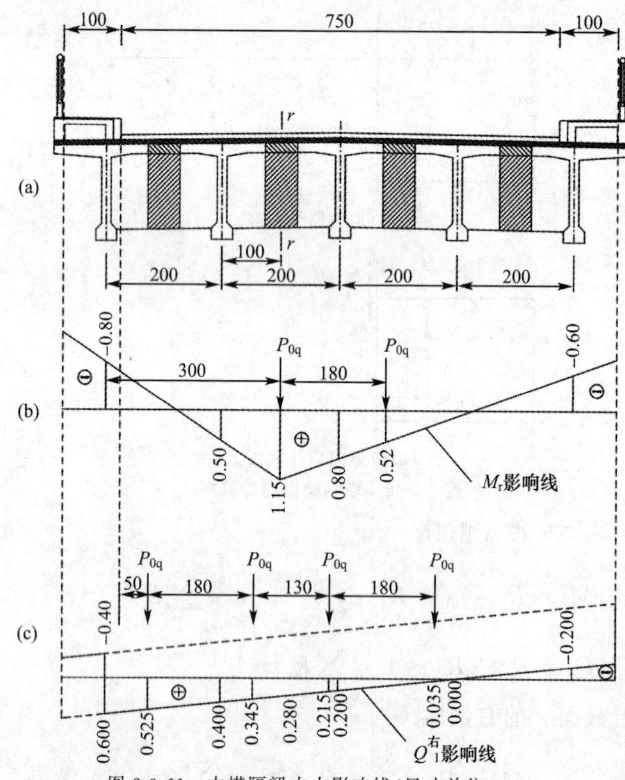

图 2-3-61　中横隔梁内力影响线(尺寸单位：cm)

1. 计算作用于中间横隔梁上的汽车计算荷载

对于中间横隔梁，纵向一列车轮的最不利荷载作用位置如图 2-3-62 所示，则汽车的计算荷载为

$$P_{oq}=\frac{1}{2}\sum P_i y_i=\frac{1}{2}\times(140\times1.000+140\times0.720)=120.40\ \text{kN}$$

2. 绘制中间横隔梁的内力影响线

在【例 2-3-3】中已计算给出了各根梁的横向分布影响线，可以直接用于中间横梁的内力影响线的计算。

(1)绘制弯矩 M_r 影响线

对于 r 截面弯矩 M_r 影响线，计算如下：

$P=1$ 作用在 1 号梁轴上时

$$\eta_{r1}^{M}=\eta_{11}\times1.5d+\eta_{21}\times0.5d-1\times1.5d=0.6\times1.5\times2.0+0.4\times0.5\times2.0-1\times1.5\times2.0=-0.80$$

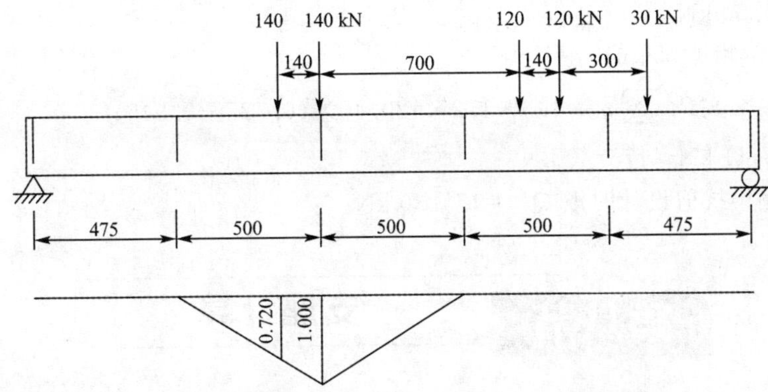

图 2-3-62 中间横隔梁的受载图示(尺寸单位:cm;轴重单位:kN)

$P=1$ 作用在 2 号梁轴上时

$$\eta_{r2}^{M}=\eta_{12}\times1.5d+\eta_{22}\times0.5d-1\times0.5d=0.4\times1.5\times2.0+0.3\times0.5\times2.0-1\times0.5\times2.0=0.5$$

$P=1$ 作用在 3 号梁轴上时

$$\eta_{r3}^{M}=\eta_{13}\times1.5d+\eta_{23}\times0.5d=0.2\times1.5\times2.0+0.2\times0.5\times2.0=0.80$$

$P=1$ 作用在 4 号梁轴上时

$$\eta_{r4}^{M}=\eta_{14}\times1.5d+\eta_{24}\times0.5d=0.0\times1.5\times2.0+0.1\times0.5\times2.0=0.10$$

$P=1$ 作用在 5 号梁轴上时

$$\eta_{r5}^{M}=\eta_{15}\times1.5d+\eta_{25}\times0.5d=(-0.2)\times1.5\times2.0+0\times0.5\times2.0=-0.60$$

取其中三个竖坐标值和已知影响线折点位置(所计算的 r 截面位置),就可绘出 M_r 影响线,如图 2-3-61(b)所示。

(2)绘制剪力影响线

对于 1 号主梁处截面的 $Q_1^{右}$ 影响线,计算如下

$P=1$ 作用在计算截面以右时:$Q_1^{右}=R_1$,即 $\eta_{1i}^{Q_{右}}$(就是 1 号梁荷载横向影响线)。

$P=1$ 作用在计算截面以左时:$Q_1^{右}=R_1-1$,即 $\eta_{1i}^{Q_{右}}=\eta_{1i}-1$。

绘成的 $Q_1^{右}$ 影响线如图 2-3-61(c)所示。

3.截面内力计算

将求得的汽车计算荷载 P_{oq} 在相应的内力影响线上按最不利荷载位置加载,可计算相应内力的最大值。汽车荷载应计入冲击影响,其中汽车荷载冲击力系数 μ 取为 0.3,同时需考虑多车道折减系数。

根据 M_r 影响线,最不利加载情况为只布置 1 列车,则横隔梁 r 截面的最大弯矩 M_r 计算如下

$$M_r=(1+\mu)\xi P_{oq}\sum\eta=1.3\times1.2\times120.40\times(1.15+0.52)=313.67\ \text{kN}\cdot\text{m}$$

根据 $Q_1^{右}$ 影响线,最不利加载情况为布置 2 列车,考虑到右侧 1 列车对应的影响线数值较小,而布置 2 列车的车道折减系数小于布置 1 列车的车道折减系数,因而需要对比计算两种情况,取其中较大值作为计算结果。靠近 1 号梁处截面的最大剪力 $Q_1^{右}$ 计算如下

当布置 2 列车时

$$Q_1^{右}=(1+\mu)\xi P_{oq}\sum\eta=1.3\times1.0\times120.40\times(0.525+0.345+0.215+0.035)$$

$=175.30\ \text{kN}$

当仅布置左侧 1 列车时

$$Q_1^{右}=(1+\mu)\xi P_{oq}\sum\eta=1.3\times1.2\times120.40\times(0.525+0.345)$$
$$=163.41\ \text{kN}<175.30\ \text{kN}$$

因此，横隔梁抗剪设计时取 $Q_1^{右}=175.30\ \text{kN}$。

第八节 支座计算

一、支座受力与位移的确定

桥梁支座设计应该满足其支承的上部结构所需的支承力和位移需求，因此支座设计计算应首先确定支座所承受的力和所需满足的位移。支座承受的力包括竖向力和水平力，支座的位移包括水平位移和转角。

对于梁式桥，产生支座竖向力的作用包括结构自重、预应力、汽车、温度等，产生支座水平力的作用包括结构汽车制动力、温度、风、地震。在支座设计时，首先根据主梁纵横向的变形需要，合理布置支座类型，其次计算各种作用下支座所受的最大竖向力和水平力的标准值，最后按照规范要求进行组合，计算支座的竖向力和水平力的设计值。计算支座水平力时，应充分考虑柔性桥墩变形和板式橡胶支座对支座所受水平力的影响，同时考虑支座抗水平力的能力，比如四氟乙烯滑板橡胶支座和活动盆式橡胶支座所受最大水平力不得大于其滑动摩阻力。

产生梁式桥支座水平位移的作用主要有预应力、混凝土收缩徐变、汽车制动力、温度、地震等，应分别计算各种作用产生的水平位移，并进行合理组合，计算各个方向的位移设计值。支座的转角与其支承处梁体的转角相同，可将各种作用下梁体的最大转角作为支座的转角设计值。考虑到计算模型误差作用具有不确定性以及施工误差，支座的实际变形能力应大于上述计算的设计值，并且应留有足够的富余量，避免出现变形能力不足、约束主梁变形、导致结构损坏。

二、板式橡胶支座的设计计算

板式橡胶支座的设计与计算包括确定支座尺寸、验算支座受压偏转情况以及验算支座的抗滑稳定性。

1. 支座的平面尺寸确定

板式橡胶支座的有效承压面积 A_e 要同时满足支座本身抗压强度以及与之接触的梁底部、墩台顶部混凝土的局部承压强度，在一般情况下，由橡胶支座的强度控制。因此，板式橡胶支座平面尺寸可由下式确定

$$\sigma=\frac{R_{ck}}{A_e}\leqslant[\sigma_c]$$

即
$$A_e\leqslant\frac{R_{ck}}{[\sigma_c]}\tag{2-3-108}$$

式中 σ——橡胶支座使用阶段的平均压应力；

R_{ck}——支座压力标准值，汽车荷载应计入冲击系数；

A_e——支座有效承压面积(承压加劲钢板面积)，常用支座侧面橡胶保护层厚度要求大于 5 mm；

$[\sigma_c]$——橡胶支座使用阶段的平均压应力限值，与形状系数有关，当支座形状系数 S 小于 7 时，取 8 MPa，否则取 10 MPa。

2. 支座的厚度确定

板式橡胶支座的水平位移是通过全部橡胶层的剪切变形来实现，在容许剪切角一定的情况下，橡胶层总厚度越大，其水平位移能力越大，如图 2-3-63 所示。因此，橡胶层的总厚度 t_e 可由下式确定

$$\tan\gamma=\frac{\Delta}{t_e}\leqslant[\tan\gamma]$$

即

$$t_e\geqslant\frac{\Delta}{[\tan\gamma]} \tag{2-3-109}$$

式中 Δ——梁体水平位移，由上部结构温度变化、混凝土收缩和徐变等作用标准值引起的支座剪切变形和纵向力标准值(计入制动力标准值)产生的支座剪切变形以及支座直接设置于不大于 1%纵坡的梁底面下、在支座顶面由支座反力设计值顺纵坡方向分力产生的剪切变形之和；支座在横桥向平行于不大于 2%的墩台帽或盖梁顶横坡上设置，还应考虑由支座反力设计值平行于横坡方向分力产生的剪切变形 Δ_t；

t_e——支座橡胶层总厚度；

$[\tan\gamma]$——橡胶层的容许剪切角正切值，当不计汽车荷载制动力作用时采用 0.5，计及汽车荷载制动力时可采用 0.7。

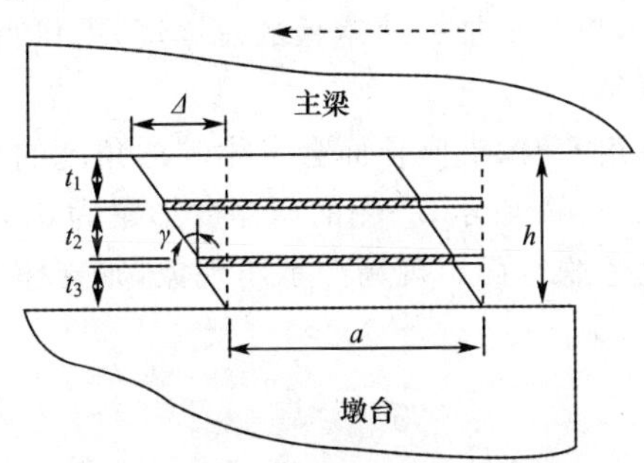

图 2-3-63 橡胶支座厚度计算图式

在一般情况下，即板式橡胶支座设置在无横坡的墩台帽或盖梁顶时，支座橡胶层总厚度应符合下列条件：

不计汽车荷载制动力 $$t_e\geqslant 2\Delta_g \tag{2-3-110}$$

计入汽车荷载制动力 $$t_e\geqslant 1.43(\Delta_g+\Delta_p) \tag{2-3-111}$$

当板式橡胶支座在横桥向平行于墩台帽或盖梁顶横坡设置时，支座橡胶层总厚度应符合下列条件：

不计汽车荷载制动力 $$t_e\geqslant 2\sqrt{\Delta_g^2+\Delta_t^2} \tag{2-3-112}$$

计入汽车荷载制动力 $$t_e\geqslant 2\sqrt{(\Delta_g+\Delta_p)^2+\Delta_t^2} \tag{2-3-113}$$

式中 Δ_g——上部结构在结构自重作用下由温度变化等因素引起作用于一个支座上的水

平位移，当跨径为 l 的简支梁桥两端采用等厚橡胶支座时，如果温度变化 Δ_t，每个支座承担的水平位移 Δ_g 可取简支梁纵向温度变形的一半，即 $\Delta_g=0.5\alpha\Delta tl$；

Δ_p——由汽车荷载制动力引起的一个支座上的水平位移，$\Delta_p=\dfrac{F_{bk}t_e}{G_eA_g}$；

F_{bk}——作用于一个支座上的汽车制动力；

G_e——橡胶的剪切模量，与环境温度有关，常温取 1.0 MPa，寒冷地区取 1.2 MPa，严寒地区取 1.5 MPa，温度低于－25 ℃取 2.0 MPa；

A_g——支座平面毛面积。

同时，考虑到橡胶支座工作的稳定性，橡胶层总厚度还需满足

矩形支座

$$\frac{l_a}{10}\leqslant t_e\leqslant\frac{l_a}{5} \tag{2-3-114}$$

圆形支座

$$\frac{d}{10}\leqslant t_e\leqslant\frac{d}{5} \tag{2-3-115}$$

式中 l_a——矩形支座短边尺寸；

d——圆形支座直径。

板式橡胶支座内部加劲薄钢板的厚度 t_s 不应小于 2 mm，且需满足

$$t_s>=\frac{1.3R_{ck}(t_{es,u}+t_{es,l})}{A_e\sigma_s} \tag{2-3-116}$$

式中 $t_{es,u}$，$t_{es,l}$——一块加劲薄钢板上、下橡胶基层厚度；

σ_s——加劲薄钢板轴向拉应力限值，可取钢材屈服强度的 65%。

加劲钢板与支座边缘的最小距离不应小于 5 mm，上、下保护层厚度不应小于 2.5 mm，加劲薄钢板之间的橡胶层厚度不应小于 5 mm。

确定了橡胶层总厚度 t_e，再加上加劲薄钢板的总厚度，就可得到所需支座的总厚度 h。

3. 支座的偏转情况验算

支座支承处梁体发生转角 θ 时，支座顶面会发生同样角度的偏转，使得支座受到线性变化的不均匀压缩变形，如图 2-3-64 所示，一侧的压缩变形量为 δ_1，另一侧的为 δ_2。为了确保支座偏转时支座与梁底不发生脱空而出现局部承压现象，则支座变形必须满足如下条件

$$\delta_1\geqslant 0$$

即

$$\delta_{c,m}\geqslant\frac{a\theta}{2} \tag{2-3-117}$$

式中 $\delta_{c,m}$——平均压缩变形（忽略薄钢板的变形），$\delta_{c,m}=\dfrac{R_{ck}t_e}{A_eE_e}+\dfrac{R_{ck}t_e}{A_eE_b}$；

θ——支座中心处主梁转角，如支座安装时主梁底面与墩台顶面不平行，应计入其夹角的影响；

a——主梁跨径方向支座尺寸；

E_b——橡胶弹性体体积模量，取 2 000 MPa；

E_e——支座抗压弹性模量，按 $E_e=5.4G_eS^2$ 计算。

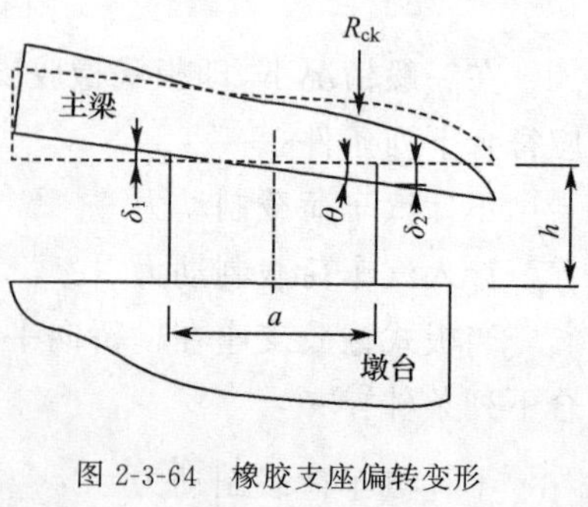

图 2-3-64　橡胶支座偏转变形

此外，橡胶支座的竖向平均压缩变形 $\delta_{c,m}$ 应不超过 $0.07t_e$。当采用矩形板式橡胶支座时，通常使短边长度较小，并将短边沿桥梁纵向放置，使偏转验算更易于满足要求。

4. 支座的抗滑稳定性验算

为了保证板式橡胶支座与梁底或墩台顶面之间不发生相对滑动，应满足以下条件：

不计入汽车制动力时

$$\mu R_{GK} \geqslant 1.4 G_e A_g \frac{\Delta}{t_e} \tag{2-3-118}$$

计入汽车制动力时

$$\mu R_{ck} \geqslant 1.4 G_e A_g \frac{\Delta}{t_e} + F_{bk} \tag{2-3-119}$$

式中 R_{GK}——由结构自重引起的支座反力标准值；

R_{ck}——由结构自重标准值和 50% 汽车荷载标准值（计入冲击系数）引起的支座反力；

μ——支座与接触面的摩擦系数，与混凝土接触取 0.3，与钢板接触取 0.2，如有实测值可按实测值考虑；

F_{bk}——由汽车荷载引起的制动力标准值。

5. 成品板式橡胶支座的选配

板式橡胶支座的产品都已经相对比较成熟，有系列成品可供选择。除特殊情况外，设计人员一般不需要自行设计板式橡胶支座，只需根据支座受力和变形需求、桥墩和梁体尺寸，从标准成品目录中选择合适的产品即可。

《公路桥梁板式橡胶支座》(JT/T 4—2019)标准规定了公路板式橡胶支座的型号表达方式，型号中包含了支座的形状、支座尺寸和橡胶类型，矩形代号为 J，圆形代号为 Y，滑板橡胶支座为 JH 或 YH；常温型橡胶支座采用氯丁橡胶生产，代号为 CR，耐寒型橡胶支座采用天然橡胶生产，代号为 NR。例如 GBZJ300×400×47(CR)表示公路桥梁普通矩形橡胶支座，常温型，采用氯丁橡胶，支座平面尺寸为 300 mm×400 mm、总厚度为 47 mm；GBZYH300×54(NR)表示公路桥梁圆形滑板橡胶支座，耐寒型，采用天然橡胶，支座直径为 300 mm、总厚度为 54 mm。

初步选出支座型号后，需要再通过偏转验算和抗滑性能的验算，最终确定支座型号。

三、盆式橡胶支座设计计算

盆式橡胶支座相对于板式橡胶支座来说构造要复杂一些，其设计验算内容也更烦琐一些。盆式橡胶支座的设计验算内容主要有：确定聚四氟乙烯板和氯丁橡胶板的尺寸，确定钢盆环的直径，盆塞的计算（包括底面积尺寸、盆塞厚度、盆塞的抗滑验算等），钢密封环的设计，橡胶密封圈的设计，盆环顶偏转的控制，钢盆环与顶板之间的焊缝应力验算等。限于篇幅限制，本书对盆式橡胶支座的设计验算不再讲解，相关内容可参照文献。

目前，已有诸多支座厂家根据相关盆式橡胶支座的技术标准和我国桥梁工程建设的需求，开发和生产了满足各种需求的支座系列产品。产品系列主要有中交公路规划设计院设计的 GPZ 系列，原铁道部科学研究院设计的 TPZ-1 系列等。为了满足不同需要，开发了常温型和耐寒型盆式橡胶支座以适应不同地区温度，开发了各种抗震型支座以适应不同地区地震烈度。《公路桥梁盆式支座》(JT/T 391-2019)标准中规定支座竖向承载力为 1 000～80 000 kN，分为近 33 个级；有双向活动支座、纵向活动支座、横向活动支座及固定支座之分，分别以代号 SX、ZX、HX 及 GD（固定）来表示；水平位移量范围为±50 mm～±250 mm，分为5级，如有特殊需求可以根据需要调整位移量；支座的容许转角不小于0.02 rad。

因此，在实际桥梁设计时，设计人员无须自己设计所用支座，可根据支座反力和变形直接在成品目录上选配适合的支座，同时考虑温度和地震两个因素，以确定适配常温型和耐寒型支座和采用何种抗震型支座或抗震措施。选择支座型号时，其变形能力应满足结构变形的需要，其最大竖向支反力一般不超出支座容许承载能力的5%，最小竖向支反力不低于容许承载力的80%。

四、其他支座设计计算

为满足桥梁结构性能要求，常用的其他支座类型包括球形支座、拉压支座、高阻尼橡胶支座、摩擦摆支座、可调平支座等。可参照常规支座的设计计算方法，考虑特殊需求对这些支座进行设计和计算，并满足相关技术标准、规范的具体要求。

第九节 墩台计算

墩台是支撑上部结构的重要结构，需要对其受力和变形进行验算。本节首先介绍墩台所受作用及其效应组合，然后对重力式墩台、柔性墩以及轻型桥台计算进行介绍。

一、作用及其效应组合

1. 墩台计算中的作用

墩台不仅要承受直接作用其自身的作用，还要承担上部结构传递下来的荷载，墩台的受力需要根据实际情况全面考虑其所受作用，包括永久作用、可变作用、偶然作用及地震作用。其中，永久作用包括：①结构重力，包括墩台自重和上部结构自重传递给墩台的荷载；②土的重力及土侧压力；③预加力，施加预应力的桥墩需要考虑；④混凝土收缩及徐变作用；⑤水的浮力；⑥基础变位作用。可变作用包括：①汽车荷载，指汽车荷载作用于上部结构时通过上部结构传递给墩台的荷载；②汽车制动力、汽车冲击力及汽车离心力；③汽车引起的侧向土压力；④人群荷载；⑤流水压力；⑥冰压力；⑦支座摩阻力；⑧温度变化影响力。偶然作用包括：①汽车撞击作用；②船舶或漂浮物的撞击作用。

2. 作用效应组合

在桥梁墩台设计计算过程中，应根据桥梁墩台的受力与工作阶段，给出可能同时作用荷载的组合效应，以确定出最不利的受力状态。为找到控制设计的最不利组合，通常需要对各种可能的组合分别进行计算，并且对汽车荷载作用效应计算时还需按纵向及横向的最不利位置进行布置荷载。在桥梁墩台计算中，一般需验算墩台身截面的承载能力、墩台身截面上的合力偏心距及其稳定性。为此需根据不同的验算内容选择各种可能的最不利作用效应组合。下面以梁桥为例叙述桥墩可能出现的组合。

(1)第一种组合：按照桥墩各截面上可能产生的最大竖向力的情况进行组合。

在该种组合下，将汽车荷载沿纵向布置在相邻的两跨桥面上，并且将重轴布置在计算桥墩处,这时得到桥墩上最大的汽车竖向荷载,但偏心较小。这种荷载布置方式是用来验算墩身承载力和基底最大应力的,因此,除了有关的永久荷载外,应在相邻两跨满布可变荷载的一种或者几种,如图 2-3-65(a)所示。

(2)第二种组合:按照桥墩各截面在顺桥向上可能产生的最大偏心和最大弯矩的情况进行组合。

当汽车荷载只在桥梁的一跨上布置时,同时有其他水平荷载,如风荷载、船撞荷载、水流荷载和冰荷载等作用在桥墩上,这时竖向荷载最小,而水平荷载引起的弯矩作用最大,可能使墩身截面产生很大的合力偏心距,这对桥墩的稳定性也是非常不利的。这种荷载布置方式是用来验算墩身承载力、基底应力、偏心以及桥墩的稳定性的,属于这一组合的除了有关的永久作用外,应在相邻两跨的一跨上布置可变作用的一种或几种。例如纵向风力、汽车制动力和支座摩阻力等,如图 2-3-65(b)所示。

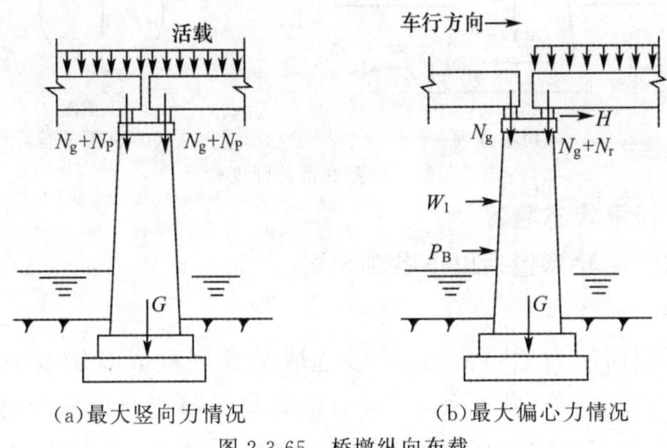

(a)最大竖向力情况　　(b)最大偏心力情况

图 2-3-65　桥墩纵向布载

(3)第三种组合:按照桥墩各截面在横桥向可能产生最大偏心和最大弯矩的情况进行组合。

在进行横桥向的计算时,桥跨上的汽车荷载可能是一列或几列靠最外侧道路行驶,这时会产生最大的横向偏心距;也可能是由于多列满载导致竖向力较大,而横向偏心较小。这种荷载布置方式是用来验算在横桥向上的墩身承载力、基底应力、偏心以及桥墩稳定性的,属于这一组合的除了有关的永久作用外,要注意将汽车车道荷载和人群荷载偏于桥面的一侧布置。此外,还应考虑其他可变作用,如横风力、流水压力、冰压力等。还应考虑偶然作用中船只或漂浮物的撞击力等,如图 2-3-66 所示。

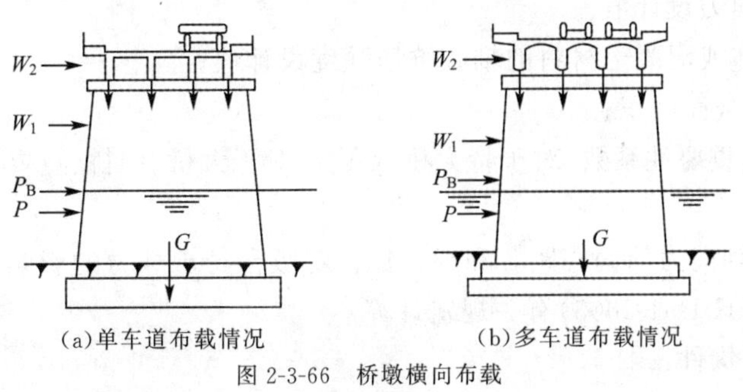

(a)单车道布载情况　　(b)多车道布载情况

图 2-3-66　桥墩横向布载

二、重力式墩台计算

对于重力式墩台的任意水平截面而言，作用组合的外力都可以合成为竖向和水平方向的合力以及绕截面 $x-x$ 轴和 $y-y$ 轴的弯矩，如图 2-3-67 所示。其中包括：纵桥向或横桥向布载时竖向作用 N_{xd} 或 N_{yd}；垂直于截面 $x-x$ 轴或 $y-y$ 轴的水平作用 H_{xd} 或 H_{yd}；绕截面 $x-x$ 轴或 $y-y$ 轴的弯矩作用 M_{xd} 或 M_{yd}。

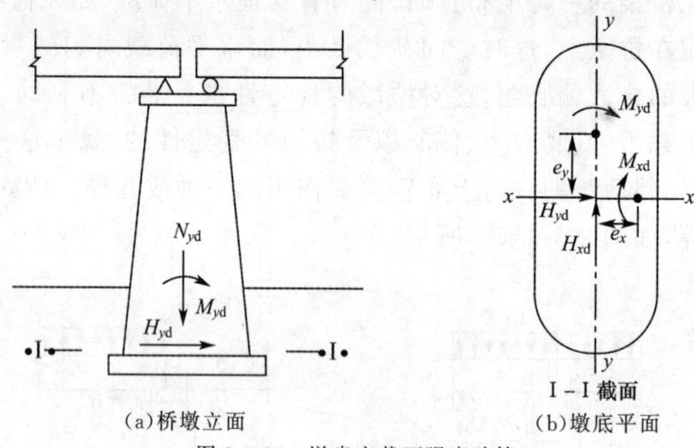

(a)桥墩立面　(b)墩底平面

图 2-3-67　墩身底截面强度验算

1.截面承载能力极限状态验算

桥梁墩台截面的强度验算包括以下各项内容：

(1)选取验算截面

桥墩承载力验算截面应为危险截面，一般选取墩身底截面及墩身有突变的截面。如悬臂式墩帽的桥墩，除选取墩身底截面外，还应对墩帽与墩身交接的突变截面进行验算。当桥墩较高时，由于危险截面不一定在墩身底部，需沿墩身每隔 2～3 m 选取一个验算截面。

(2)截面作用组合设计值计算

根据桥墩具体受到的作用组成情况和效应组合要求，分别对选取的验算截面所受到的纵、横桥向的外力进行相应作用效应组合设计值计算，以求得该截面上承受的 N_{xd} 和 N_{yd}，H_{xd} 和 H_{yd}，M_{xd} 和 M_{yd} 的值。

(3)截面强度验算

根据《公路圬工桥涵设计规范》(JTG D61-2005)规定：

①砌体(包括砌体与混凝土组合)受压构件：

$$\gamma_0 N_d < \varphi A f_{cd} \tag{2-3-120}$$

式中　N_d——轴向力设计值；

f_{cd}——砌体或混凝土材料的轴心抗压强度设计值；

A——验算截面面积；

γ_0——结构重要性系数；对于特大桥取 1.1，对于大桥、中桥、重要小桥取 1.0，对于小桥、涵洞取 0.9；

φ——截面轴向力的偏心距 e 和细长比 β 对墩台身承载力的影响系数，按《公路圬工桥涵设计规范》(JTG D61-2005)有关规定计算。

②混凝土受压构件：

$$\gamma_0 N_d < \varphi A_c f_{cd} \tag{2-3-121}$$

式中 A_c——验算截面混凝土受压区面积；

φ——对于混凝土构件，为弯曲平面内轴心受压构件弯曲系数，按《公路圬工桥涵设计规范》(JTG D61-2005)有关规定取值；其余符号意义同前。

(4)截面偏心距验算

墩台截面承受偏心受压作用时，其偏心距较小的情况下，全截面受压。而当偏心距较大时，截面上离较远一侧边缘的压应力较小，可能出现拉应力，甚至产生裂缝。因此，应对验算截面在相应作用组合设计值下产生的偏心距加以限值。

偏心距的计算应分为：

①纵桥向布载时，$e_x = M_{yd}/H_{xd}$。

②横桥向布载时，$e_y = M_{xd}/H_{yd}$。

以上所计算的截面偏心距应满足下列规定：

①对于基本组合，e_x 或 $e_y < 0.6s$。

②对于偶然组合，e_x 或 $e_y < 0.7s$。

式中 s——截面重心至偏心方向截面边缘的距离。

如果偏心距不满足上述规定时，应按下式重新拟定截面尺寸

$$\gamma_0 N_{xd} \leqslant \varphi \frac{A f_{tmd}}{\frac{Ae_x}{W} - 1} \tag{2-3-122}$$

$$\gamma_0 N_{yd} \leqslant \varphi \frac{A f_{tmd}}{\frac{Ae_y}{W} - 1} \tag{2-3-123}$$

式中 A——截面所需的承载面积；

W——受拉边缘的弹性抵抗矩；

f_{tmd}——圬工材料的弯曲抗拉强度设计值；

N_{xd} 和 N_{yd}——分别表示轴向力在 x 方向和 y 方向的设计值；

e_x 和 e_y——分别表示轴向力在 x 方向和 y 方向的偏心距；

φ——偏心受压承载力影响系数，根据《公路圬工桥涵设计规范》(JTG D61—2005)有关规定取值。

(5)截面抗剪验算

桥墩抗剪强度按照下式验算

$$\gamma_0 V_d \leqslant A f_{vd} + \frac{1}{1.4}\mu_f N_k \tag{2-3-124}$$

式中 V_d——剪力设计值；

F_{vd}——砌体或混凝土材料的抗剪强度设计值；

A——受剪截面面积；

μ_f——摩擦系数，采用 0.7；

N_k——与受剪截面垂直的压力标准值。

2. 墩台的稳定性验算

桥梁墩台的整体稳定性验算包括抗倾覆稳定性验算和抗滑动稳定性验算两方面内容，

可按照《公路桥涵地基与基础设计规范》(JTG 3363—2019)进行计算。

(1)抗倾覆稳定性验算

对于如图 2-3-68 所示的采用扩大基础的墩台,其抗倾覆稳定性验算可按照式(2-3-125)进行计算

$$K_1=\frac{M_{稳}}{M_{倾}}\geqslant K_{01} \tag{2-3-125}$$

式中 K_1——抗倾覆稳定安全系数;

$M_{稳}$——稳定力矩,$M_{稳}=s\sum P_i$;

$\sum P_i$——作用在墩台上的竖向力组合;

s——墩台基础底面重心至偏心方向外缘(A 点)的距离;

$M_{倾}$——倾覆力矩,当车辆荷载布置在台后破坏棱体时产生的最大倾覆力矩,则 $M_{倾}=\sum P_ie_i+\sum H_ih_i$;

e_i——各竖向力到底面重心的距离;

h_i——各水平力到基础底面的力臂;

H_i——作用在墩台上的水平力;

K_{01}——抗倾覆稳定系数,具体取值见表 2-3-1。

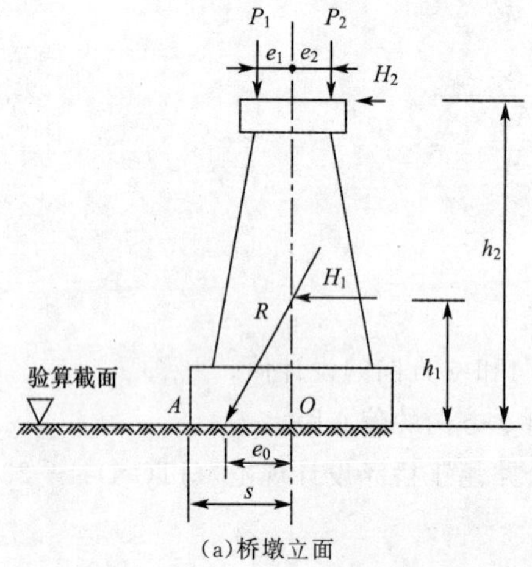

(a)桥墩立面

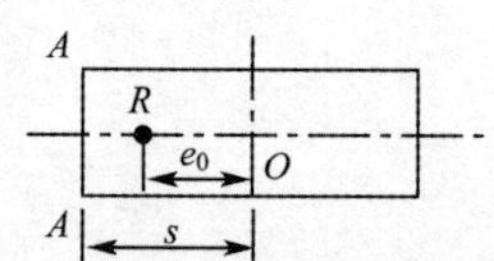

(b)偏心力作用点位于墩底截面轴线上

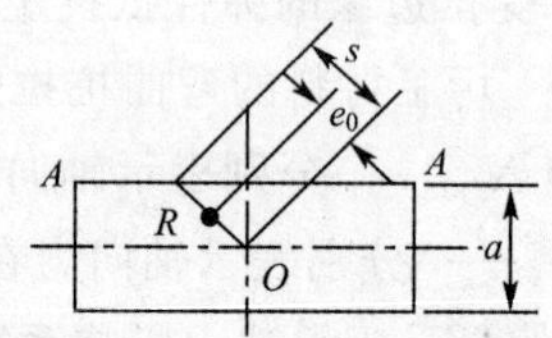

(c)偏心力作用点不在墩底截面轴线上

图 2-3-68 重力式墩台的抗倾覆稳定验算

表 2-3-1 **抗倾覆和抗滑动稳定系数 K_{01} 和 K_{02}**

作用组合		验算项目	稳定系数值
使用阶段	永久作用(不计混凝土收缩及徐变、浮力)和汽车、人群的标准效应组合	抗倾覆(K_{01})	1.5
		抗滑动(K_{02})	1.3
	各种作用(不包括地震作用)的标准效应组合	抗倾覆(K_{01})	1.3
		抗滑动(K_{02})	1.2
施工阶段作用的标准效应组合		抗倾覆(K_{01})	1.2
		抗滑动(K_{02})	

(2)抗滑动稳定性验算

墩台的抗滑动稳定性验算可按照下式进行计算

$$K_c=\frac{\mu\sum P_i+\sum H_{ip}}{\sum H_{ia}}\geqslant K_{02} \tag{2-3-126}$$

式中　μ—— 基础底面与地基土之间的摩擦系数,该值通过试验确定;当无实际资料时,参照表 2-3-2;

$\sum P_i$—— 竖向力总和;

$\sum H_{iP}$—— 抗滑稳定水平力总和;

$\sum H_{ia}$—— 滑动水平力总和;

K_{02}—— 抗滑动稳定系数,具体取值见表 2-3-1。

表 2-3-2　基底摩阻系数 μ

地基土分类	μ	地基土分类	μ
黏土(流塑～坚硬)、粉土	0.25	软岩(极软岩～较软岩)	0.40～0.60
砂土(粉砂～砾砂)	0.30～0.40	硬岩(较硬岩～坚硬岩)	0.60～0.70
碎石土(松散～密实)	0.40～0.50		

(3)墩台顶水平位移计算

对于高度超过 20 m 的重力式墩台及轻型墩台,应验算顶端水平方向的弹性位移,并使其符合规定要求。墩台顶面水平位移的容许极限值为

$$\Delta_y\leqslant 0.5\sqrt{L} \tag{2-3-127}$$

式中　L——相邻墩台间的最小跨径(m),跨径小于 25 m 时仍以 25 m 计算;Δ_y 表示墩台顶水平位移值(mm),其数值应包括墩台水平方向的弹性位移和由于地基不均匀沉降而产生的水平位移值的总和;地基不均匀沉降所产生的水平位移值,可通过计算不均匀沉降引起的倾斜角求得。

三、柔性墩计算

柔性墩的受力特性是能将纵桥向水平力传递到联内各柔性桩墩上。由此可知,柔性墩的计算应从桥梁结构整体分析着手,对各桩墩沿纵桥向水平力的分配进行计算,从而确定各桩墩的受力。

1.计算图式

目前,柔性墩多用于桥面连续的多跨简支梁(板)桥,且支座一般为能够实现微小水平位移的板式橡胶支座。在这种工况下,桥梁结构可按在梁与墩的节点处设置水平弹簧支承的框架图式计算,如图 2-3-69 所示。

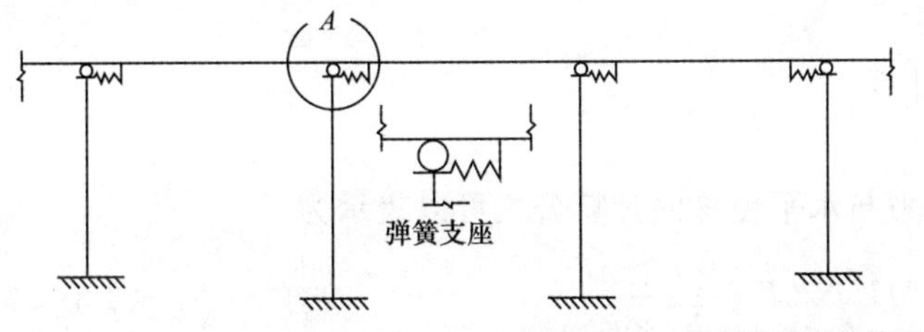

图 2-3-69　梁桥柔性墩计算图式

2. 基本假定

(1)柔性桩墩可视为下端固支,上端节点具有水平弹性变形铰支的超静定体系。

(2)作用于墩顶的作用力包括竖向力、不平衡弯矩以及由温度、制动力等引起的水平力,必要时还包括桩墩身受到的风荷载。对于梁体的混凝土收缩、徐变等次要因素引起的水平力可忽略不计。

(3)计算制动力时,各桩墩受力按墩的集成抗推刚度分配,并假定此时各桩墩顶与上部结构之间不发生相对位移。

(4)计算温度变形时,桩墩对梁产生的弹性拉伸或压缩影响忽略不计,而只计桩墩顶部水平力对桩墩所引起的弯矩的影响。

(5)在计算墩顶板式橡胶支座的抗推刚度时,只计水平方向剪切变形的影响,而忽略梁端偏转角的影响。

3. 计算步骤

(1)柔性墩抗推刚度计算

柔性墩的总抗推刚度 K_{ji},应由柔性桩墩抗推刚度 K_{di} 和支座抗推刚度 K_{zi} 所集成。柔性墩的抗推刚度是指使墩顶产生单位水平位移所需施加的水平反力,因此柔性桩墩的总抗推刚度 K_{ji} 应为使墩顶和支座共同产生单位水平位移所需的水平力,即

$$K_{ji}=\frac{1}{\delta_{ji}} \tag{2-3-128}$$

$$K_{ji}=\frac{1}{\delta_{di}+\delta_{zi}}=\frac{K_{di}\cdot K_{zi}}{K_{di}+K_{zi}} \tag{2-3-129}$$

式中 δ_{di}——单位水平力作用在第 i 个柔性桩墩墩顶的水平位移;

δ_{zi}——支座产生的水平位移。

当桩墩下端固定在基础或承台顶面时

$$K_{di}=\frac{1}{\delta_{di}}=\frac{3EI}{l_i^3} \tag{2-3-130}$$

式中 E——混凝土的弹性模量(kPa);

I——单根桩横截面对形心轴的惯性矩(m^4);

l_i——第 i 个桥墩的下端固结处到墩顶支座底面的高度(m)。

柔性墩的支座抗推刚度为

$$K_{zi}=\frac{1}{\delta_{zi}}=\frac{GA}{h} \tag{2-3-131}$$

式中 G——橡胶支座剪切弹性模量(kPa);

A——单个支座的平面面积(m^2);

h——单个支座中橡胶片的总厚度(m),可取支座厚度的 71%~78%,小型板式橡胶支座取低值,大型支座取高值。

(2)墩顶水平位移与水平力的计算

①汽车制动力作用

汽车制动力对墩顶产生的水平力与水平位移的计算公式可以表示为

$$H_{Ti}=T\cdot\frac{K_{ji}}{\sum K_{ji}} \tag{2-3-132}$$

式中 H_{Ti}——作用在第 i 个桥墩的汽车制动力(kN);

T——全桥(或每联内)承受的汽车制动力(kN)。

由汽车制动力在墩顶产生的水平位移 ΔT_i 可以表示为

$$\Delta T_i = \frac{H_{Ti}}{K_{ji}} \tag{2-3-133}$$

③主梁温度作用

桥梁结构会经历高于或低于其桥面连续施工或梁(板)制作时的温度。当温度高于制作施工温度时称为温度上升,否则称温度下降。当温度下降时,桥梁上部结构将缩短,纵桥向两端各柔性桩墩向桥跨内偏移;当温度上升时柔性桩墩两端向路堤偏移。因此,无论温度升高或降低,必然存在一个温度变化时偏移值为零的位置点且距 0 号墩或 0 号台的距离为 x_0,如图 2-3-70 所示。

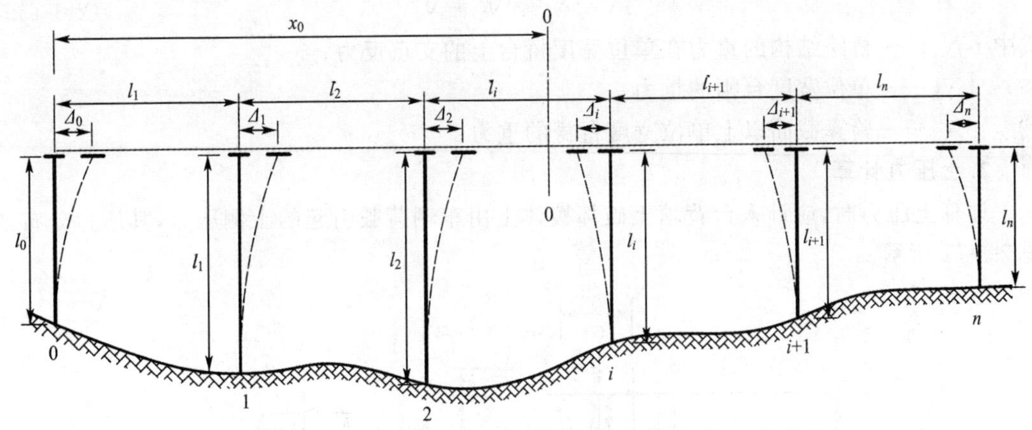

图 2-3-70 温度变化时柔性墩的偏移

图 2-3-70 中:x_0 表示 0—0 点线至 0 号柔性墩的距离;

i 表示柔性墩的序号,$i=0,1,2,\cdots$;

l_i 表示单孔跨径。

如果用 x_i 表示自 0—0 点线至 i 号柔性墩的距离,则各墩顶由温度变化引起的水平位移为

$$\Delta_{ti} = \alpha \cdot t \cdot x_i \tag{2-3-134}$$

式中 a——上部结构的线膨胀系数;

t——温度上升值或下降值与施工温度的差值。

$$x_i = x_0 - (l_1 + l_2 + \cdots + l_i) = x_0 - \sum l_i \tag{2-3-135}$$

各柔性墩顶所受温度引起的水平力为

$$H_{ti} = K_{ji} \cdot \Delta_{ti} = K_{ji} \cdot \alpha \cdot t \cdot x_i \tag{2-3-136}$$

在温度作用下,各墩顶水平力之和必为零,可得

$$\sum H_{ti} = 0 \tag{2-3-137}$$

可以计算出偏移值为零的位置为

$$x_0 = \frac{i \cdot K_{ji}}{\sum K_{ji}} \cdot l_i \tag{2-3-138}$$

计算得到 x_0 后，即可用于计算各墩所受的水平力和位移。

四、轻型桥台计算

设有支撑梁的梁桥薄壁轻型桥台的受力特点是利用桥跨结构和底部支撑梁作为桥台与桥台或桥台与桥墩之间的支撑，以防止桥台受路堤的土侧压力而向桥孔方向移动，从而使得结构成为四铰框架的受力体系。对于这种桥台（例如一字形桥台）的计算主要包括：桥台台身承载力、桥台在其水平面内的弯曲以及地基承载力验算三项内容。

台身承载力计算时的作用组合是桥跨上布置车道荷载，只在台身背后填土破坏棱体上布车辆荷载，如图 2-3-71 所示。在这种作用效应组合下，作为竖梁的台身截面上有较大的弯矩。这一计算通常取单位桥台宽度进行验算，其步骤如下：

1. 验算截面处的竖向力 N，它包括以下三项

$$N=N_1+N_2+N_3 \tag{2-3-139}$$

式中 N_1——桥跨结构的重力在单位宽度桥台上的支点反力；

N_2——单位宽度台帽的重力；

N_3——验算截面以上单位宽度台身的重力。

2. 土压力计算

计算土压力时，应计入台背填土破坏棱体上由车辆荷载引起的土侧压力，其压力分布如图 2-3-71 所示。

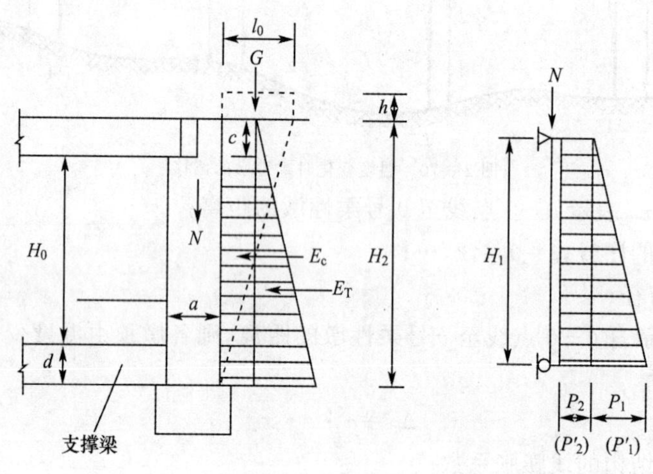

(a)台身立面　　(b)台身受力计算简

图 2-3-71　土压力及计算图示

由填土本身引起的单位台宽土压力 E_T 呈三角形分布，其计算公式为

$$E_T=\frac{1}{2}\gamma H_2^2\tan\left(45°-\frac{\varphi}{2}\right)^2 \tag{2-3-140}$$

由车辆荷载引起的单位台宽土压力 E_c 呈均匀分布，其计算公式为

$$E_c=\gamma H_2 h\cdot\tan\left(45°-\frac{\varphi}{2}\right)^2 \tag{2-3-141}$$

单位台宽的总土压力 E 为

$$E=E_T+E_c \tag{2-3-142}$$

等代土层厚度 h 为

$$h=\frac{\sum G}{Bl_0\gamma} \tag{2-3-143}$$

式中 γ——台后填土重力密度；

φ——土的内摩擦角；

G——车辆荷载；

B——桥台计算宽度；

l_0——台后填土的破坏棱体长度。

$$l_0=H_2\tan\left(45°-\frac{\varphi}{2}\right) \tag{2-3-144}$$

3. 台身内力计算

如图 2-3-71 所示，台身按上、下铰接的简支梁计算。这是由于上部结构和背墙间的缝隙已用砂浆或小石子混凝土填实，保证了有牢靠的支撑作用。因此，台身受弯的计算跨径为：

$$H_1=H_0+\frac{1}{2}d+\frac{1}{2}c \tag{2-3-145}$$

式中 H_0——上部结构与支撑梁间的净距；

d——支撑梁的高度；

c——桥台背墙的高度；计算受剪时，计算跨径取 H_0。

在计算截面弯矩 M 时，轴力 N 的影响可忽略不计，仅在强度验算中考虑。台身跨中截面的弯矩为

$$M=\frac{1}{8}P_2H_1^2+\frac{1}{16}P_1H_1^2 \tag{2-3-146}$$

台帽顶部截面的剪力为

$$Q=\frac{1}{2}P'_2H_0+\frac{1}{6}P'_1H_0 \tag{2-3-147}$$

支撑梁顶面处的剪力为

$$Q=\frac{1}{2}P'_2H_0+\frac{1}{3}P'_1H_0 \tag{2-3-148}$$

式中 P_1 和 P_2——受弯计算跨径 H_1 两端点处的土压力强度；

P'_1 和 P'_2——受剪计算跨径 H_0 两端点处的土压力强度。

4. 截面承载力验算

(1)桥台在水平面内弯曲时最大弯矩计算

轻型桥台是一较长的竖直薄墙，在竖向荷载作用下，台身水平面内将发生弯曲，弯曲的程度与地基的变形系数有关。在一般情况下，轻型桥台可当作支承在弹性地基上的短梁计算。对于这一计算应指出的是，为求得最大弯矩值，需在桥跨上布置车辆荷载(用于局部验算)。设桥台承受的桥跨均布重力为 q_1，横桥向换算的车辆荷载在桥面上的均布压力为 q_2。所以，可设短梁上作用有对称的均布荷载 $q=q_1+q_2$，如图 2-3-72 所示，短梁的最大弯矩产生在中点部位，计算公式为：

$$M=\frac{q}{2\beta^2}\left[\frac{\mathrm{ch}\,\beta l-1}{\mathrm{sh}\,\beta l+\sin\beta l}\mathrm{ch}\,\beta\alpha\cdot\sin\beta\alpha+\frac{1-\cos\beta l}{\mathrm{sh}\,\beta l+\sin\beta l}\mathrm{sh}\,\beta\alpha\cdot\cos\beta\alpha-\mathrm{sh}\,\beta\alpha\cdot\sin\beta\alpha\right] \tag{2-3-149}$$

式中 l——基础长度；

a——桥台中心线至相应分布荷载边缘的距离；

β——特征系数，其公式为：$\beta=(k/4EI)^{1/4}$。其中，k 为土的弹性抗力系数；E、I 分别为桥台的弹性模量和截面惯性矩。

q_1 和 q_2 的取值：当计算桥跨重力引起的弯矩时，q_1 包括台身承受的上部结构重力（连同支撑梁及其上土重），此时荷载均布宽度 $2a$ 为横桥向桥跨结构的宽度。当计算车辆荷载引起的弯矩时，q_2 的宽度 $2a$ 为外轮外边缘的间距。当设有人行道时，应另外考虑均布在两侧的人群荷载所产生的影响。

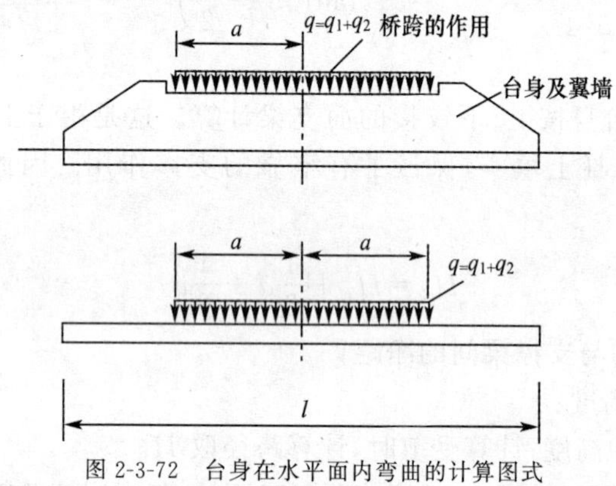

图 2-3-72 台身在水平面内弯曲的计算图式

（2）基底最大应力计算

轻型桥台的基底应力为桥台作用引起的应力和桥跨的作用引起的应力之和，如图 2-3-73 所示。桥台的作用包括：台帽、台身、基础的结构重力和基础上土的重力。桥跨的作用有桥跨结构的重力和桥面可变作用的竖向力。

①桥台作用引起的基底应力按平均压应力计算

$$\sigma_1=\frac{N_{台d}}{A} \tag{2-3-150}$$

式中 $N_{台d}$——桥台本身内作用组合值；

A——基底面积(bl)，其中 b 为基础宽度。

②桥跨作用引起的最大应力按弹性地基上的短梁计算

$$\sigma_2=\frac{q}{b}\left[\frac{\operatorname{ch}\beta l+1}{\operatorname{sh}\beta l+\sin\beta l}\operatorname{sh}\beta\alpha\cdot\cos\beta\alpha+\frac{1+\cos\beta l}{\operatorname{sh}\beta l+\sin\beta l}\operatorname{ch}\beta\alpha+1-\operatorname{ch}\beta\alpha\cdot\cos\beta\alpha\right] \tag{2-3-151}$$

式中各符号含义同式(2-3-149)。

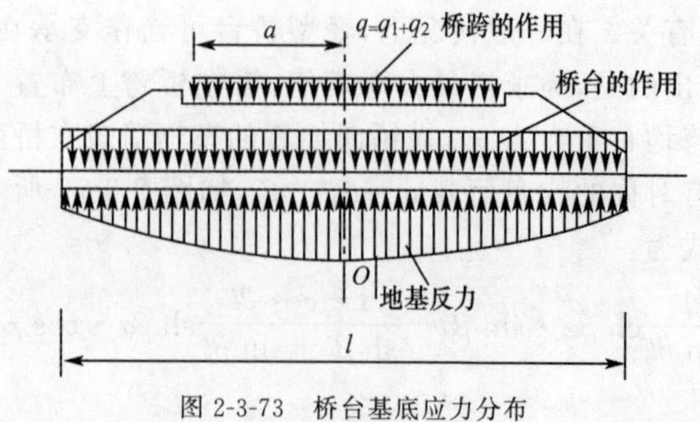

图 2-3-73 桥台基底应力分布

第四章 斜桥设计

在桥梁结构中，当上部结构的轴线与桥台、桥墩的支承线不垂直时，则称之为斜桥。上部结构为板式结构时称为斜板桥，上部结构为梁式结构时为斜梁桥。与正桥相比，斜桥有着自己的特点：在设计上，斜桥的非对称性使其很难与周围环境协调搭配；在计算上，斜桥的计算复杂度高于直桥，且其计算方法还需要进一步研究完善；在施工上，斜桥的配筋及构造也更复杂。

第一节 斜板桥受力特点

斜板桥是一种常用的小跨径斜桥结构，其施工模板简单且建筑高度相对较小，力的传递路线也较短。根据截面形式的不同，斜板可以分为实心板和空心板两种类型。

弹性斜交板的分析理论相较于正交板理论更加复杂。许多国内外学者曾从不同的角度对斜板进行了理论和实验研究，并提出了一些实用的计算方法。尤其值得一提的是，随着计算机技术的发展，现在已经有大量的辅助工具和方法可供斜板的计算。这些工具和方法为斜板桥的计算提供了便利，并增强了精确性。

一、影响斜板桥受力的因素

1. 宽跨比 b/l

设 b 为垂直于桥纵轴线的桥宽，l 为垂直于支承线的跨径(图 2-4-1)。当宽跨比增大时，斜板的相对宽度也增大，进而更凸显了斜桥的特点。相反，宽跨比较小的斜桥在跨中的受力行为方面接近于正桥，在支承线附近的断面才会呈现出斜桥的特性。

2. 斜交角 φ

用桥梁轴线与支承边垂线之间的夹角 φ 来表示斜交角(图 2-4-1)。斜交角的大小直接影响着斜桥的受力特性。当斜交角 φ 增大时，斜桥的斜交程度也就更加明显。根据规范的规定，当 $\varphi \leqslant 15°$时，整体式斜板桥的斜交板可以按照正交板进行计算。假设 l_φ 是桥梁轴线方向上的跨径，即斜跨径，当 $l_\varphi/b \leqslant 1.3$ 时，其计算跨径取两支承轴线间的垂直距离；当 $l_\varphi/b > 1.3$ 时，其计算跨径取斜跨径长度。

3. 支承形式

斜板的内力分布会受到多种因素的影响，如支座个数、支承形式的变化以及横桥是否可以转动或移动，同时还包括是否采取弹性支承等。这些因素的改变都会对斜板的内力分布产生重要的影响。

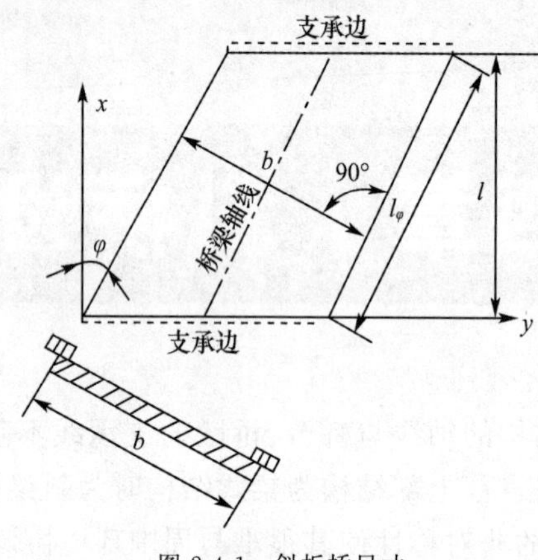

图 2-4-1　斜板桥尺寸

二、斜板桥受力特点

斜板的受力行为可以用图 2-4-2(a)所示的以 ABCD 为支点的 Z 字形连续梁来比拟，其受力特点如下：

1. 跨中主弯矩

一般来说，斜板的荷载会沿最短距离传递至支承边。对于宽跨比较大的斜板来说，在中心位置，主弯矩方向接近于与支承边垂直[图 2-4-2(e)]。而在斜板的两侧，无论宽跨比大小如何，主弯矩方向都接近于与自由边平行[图 2-4-2(d)、图 2-4-2(e)]；此外，弯矩值在板宽方向上的分布也是不均匀的，对于均布荷载来说，中部弯矩值大于两侧；对于集中荷载，荷载作用点处为最大值。

2. 横向弯矩

尽管斜板的最大纵向弯矩相对于同等跨径的直桥来说较小，但横向弯矩却显著增大，并且在自由边上还产生反向的横向弯矩。具体而言，在锐角附近为正值，在钝角附近为负值[图 2-4-2(e)]。

3. 钝角负弯矩

在钝角 B、C 处产生负主弯矩，其绝对值有时大于跨中主弯矩，并且方向接近于与钝角的二等分线相正交，这一现象类似于连续梁中支点截面的情况。

4. 支承边反力

斜板支承边的反力分布不均匀，其中钝角 B、C 处的反力达到最大值，而锐角 A、D 处的反力则最小，甚至可能存在负反力，导致锐角向上翘起[图 2-4-2(c)]。与正板桥不同的是，在斜板桥中，支座数量增多并不意味着各支座反力减小，反而使得反力更加集中于钝角位置。

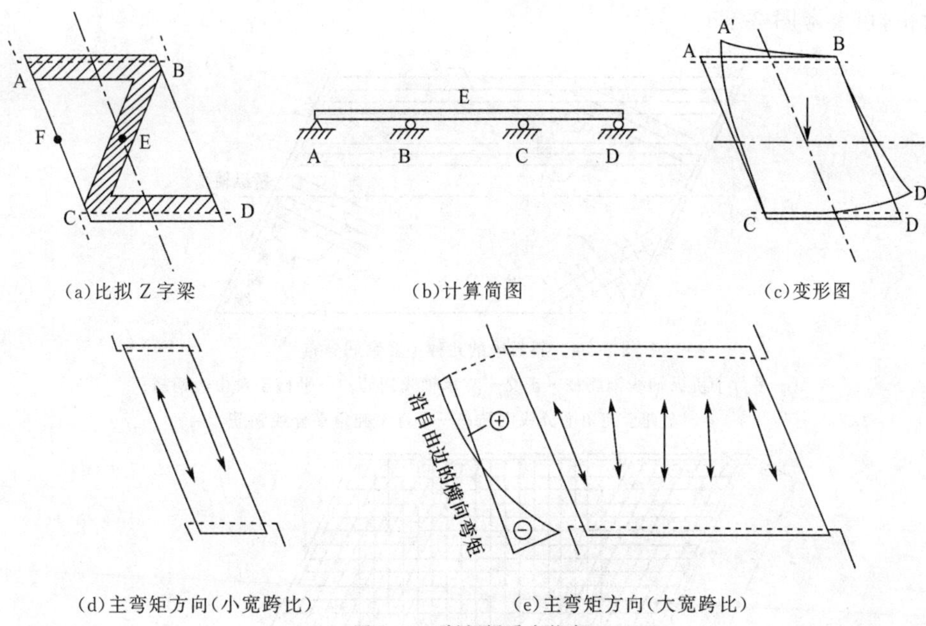

图 2-4-2 斜板桥受力状态

5. 扭矩

A、D 点处在图 2-4-2(c)中呈现起翘的趋势。如果固定 A、D 两点,斜板将会承受来自两个方向上的扭矩,这是斜板的一个重要特征,其扭矩分布非常复杂。图 2-4-3 展示了斜交角为 45°的简支斜板在满布均布荷载情况下的扭矩分布。

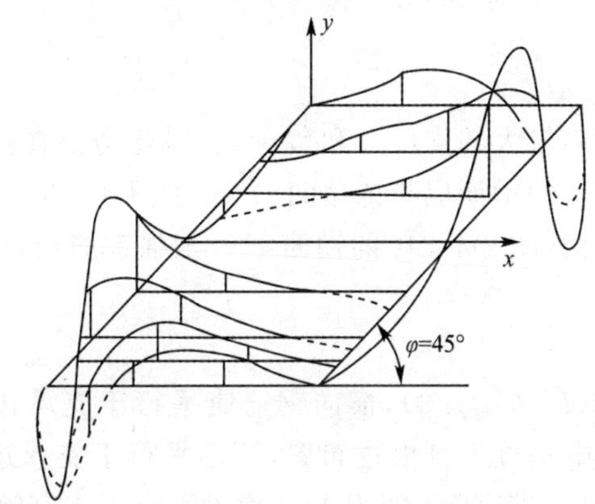

图 2-4-3 斜交角为 45°的简支斜板在满布均布荷载下的扭矩分布

三、斜板桥钢筋构造

1. 主钢筋

根据斜交角的大小,主钢筋有以下两种布置方式。

(1)当斜交角 φ 不超过 15°时,斜交板的受力特性与正交板相似。主钢筋可以沿桥的纵轴线方向布置,如图 2-4-4 中的钢筋 1 所示。

(2)若斜交角 φ 大于 15°,则需要根据斜板的受力性能进行配筋计算。在两个钝角之间,底层主钢筋垂直于支承边,如图 2-4-4 中的钢筋 2 所示。而在靠近两侧自由边的位置处,则应将主钢筋平行于自由边布置(图 2-4-4 中的钢筋 3),直至与中间部分的主钢筋完全衔接为止,可参考图 2-4-5。

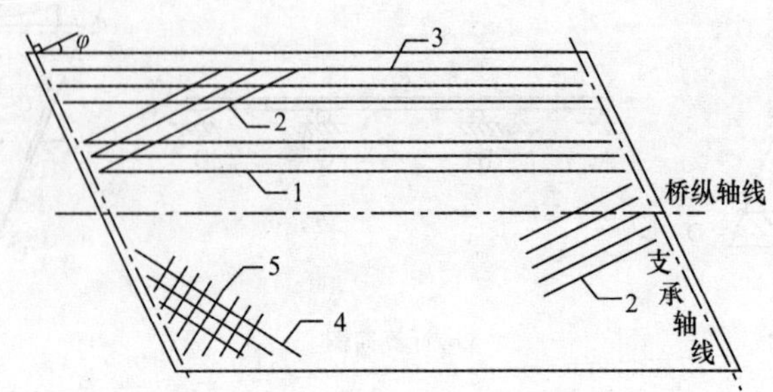

图 2-4-4　斜板中的几种主要钢筋分布

1－平行于桥纵轴线钢筋;2－正交于支承轴线钢筋;3－平行于自由边钢筋;
4－垂直于钝角平分线钢筋;5－平行于钝角平分线钢筋

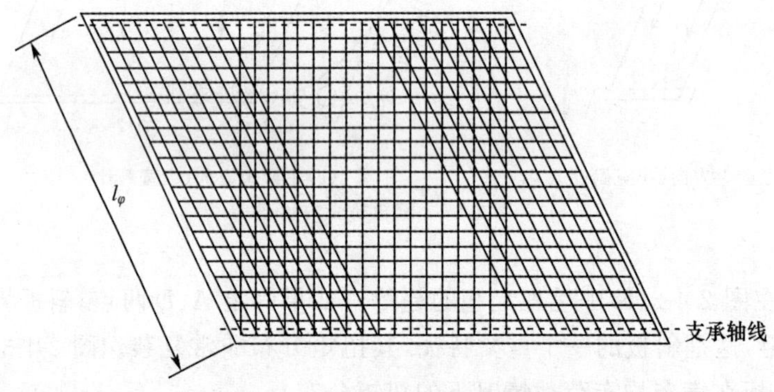

图 2-4-5　$\varphi>15°$时斜板底层钢筋构造

2. 其他钢筋

(1)钝角处的钢筋加强

在两个钝角位置处存在着较大的支反力和负弯矩,因此需要在钝角附近约 1/5 跨径范围内布置局部加强钢筋。底层的钢筋应与钝角的二等分线平行(图 2-4-4 中的钢筋 5),而上层的钢筋则应垂直于二等分线(图 2-4-4 中的钢筋 4)。加强钢筋的直径不得小于 12 mm,间距 10～15 cm。

(2)横向钢筋

当桥梁的宽跨比较大时($l_\varphi/b\leqslant1.3$),横向钢筋应平行于支承边布置。对于窄斜板桥($l_\varphi/b>1.3$),横向钢筋在跨中垂直于自由边布置,两端平行于支承边布置。在靠近钝角区域处存在横向负弯矩的影响,在支座附近的顶层应增设平行于支座轴线的分布钢筋。

(3)顶层边缘的纵向钢筋

考虑到靠近自由边的区域存在较大的扭矩(图 2-4-3),应在顶层的两侧约 $l_\varphi/5$ 的范围内布置与自由边平行的纵向钢筋(图 2-4-4 中的钢筋 3)。

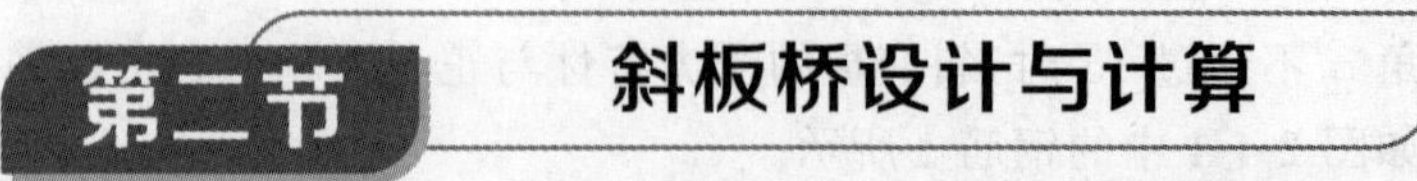

第二节　斜板桥设计与计算

我们目前常使用的整体式斜板计算方法主要是基于对各向同性斜板进行的分析得出的。在国内外,众多学者采用差分法、有限元法以及模型试验对斜板进行了广泛的分析,提供了多种实用的计算方法并得到相应的数值，从而使得工程设计计算变得简单快捷，并且具备一定的精度。本节内容将简要介绍一些国内外简支斜板桥的实用计算方法。

一、恒载内力计算

将桥面构造（包括斜板自重）的重力视作均匀分布于整个桥面上，然后按照下面的一般表达式计算斜板中央点、自由边中点和钝角位置处在两个正交方向上单位板宽的主弯矩 M_1，M_2（图 2-4-6），即

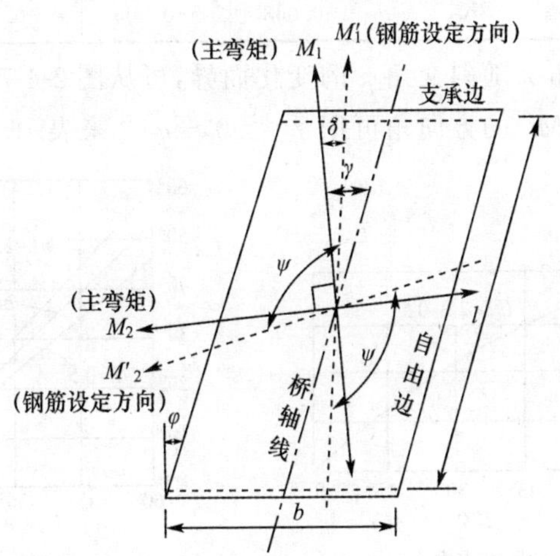

图 2-4-6　斜板的主弯矩与钢筋的方向

$$M_1=k_1ql^2 \tag{2-4-1}$$

$$M_2=k_2ql^2 \tag{2-4-2}$$

式中　q——斜板在单位面积上的荷载集度；

l——斜板的斜跨跨长；

k_1——M_1 方向的弯矩系数；

k_2——M_2 方向的弯矩系数，它与斜交角 φ 及宽跨比有关（表 2-4-1）。

表 2-4-1　　**M_1、M_2 方向的弯矩系数 k_1、k_2**

位置	b/l	弯矩系数	斜交角 φ				
			0°	15°	30°	45°	60°
板跨中央	0.5	K_1	0.125	0.118	0.096	0.068	0.040
		K_2	0	−0.003	−0.011	−0.015	−0.009
	1.0	K_1	0.125	0.118	0.095	0.067	0.039
		K_2	0	−0.002	−0.004	−0.006	−0.003
	2.0	K_1	0.125	0.117	0.094	0.065	0.036
		K_2	0	0	−0.001	−0.001	−0.001
自由边中央	0.5～2.0	K_1	0.125	0.118	0.095	0.067	0.035
		K_2	0	−0.006	−0.018	−0.024	−0.019
钝角部分	0.5	K_1	0.016	0.029	0.034	0.028	0.018
		K_2	−0.016	−0.049	−0.101	−0.159	−0.249

（续表）

位置	b/l	弯矩系数	斜交角 φ				
			0°	15°	30°	45°	60°
钝角部分	1.0	K_1	0.031	0.040	0.040	0.031	0.019
		K_2	−0.031	−0.067	−0.120	−0.173	−0.250
	2.0	K_1	0.063	0.063	0.053	0.038	0.021
		K_2	−0.063	−0.105	−0.160	−0.214	−0.268

主弯矩 M_1 的方向角 γ 随斜交角 φ 的变化而异，可从图 2-4-7 的相应图中查得。对于斜梁桥钝角位置的主弯矩 M_1 的方向角可用 $\gamma = 90° - \varphi/2$ 来表示。

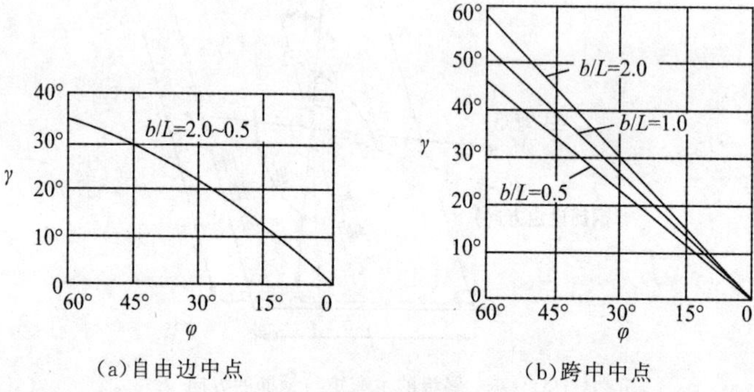

(a)自由边中点　　(b)跨中中点

图 2-4-7　主弯矩 M_1 的方向

任意位置钢筋方向的弯矩 M_1' 和 M_2' 可根据主弯矩值按下式求算

$$M_1' = \frac{1}{\sin\psi}\{M_1\cos\delta\sin(\psi-\delta) + M_2\cos^2(\psi-\delta) + [M_1\sin\delta\cos\delta - M_2\cos\delta\cos(\psi-\delta)]\} \tag{2-4-3}$$

$$M_2' = \frac{1}{\sin\psi}\{M_1\sin^2\delta + M_2\cos\delta\sin(\psi-\delta) + [M_1\sin\delta\sin(\psi-\delta) - M_2\sin(\psi-\delta)\cos(\psi-\delta)]\} \tag{2-4-4}$$

当 $\psi = 90°$时，即纵横向钢筋配置互相垂直时

$$M_1' = M_1\cos^2\delta + M_2\sin^2\delta + (M_1 - M_2)\sin\delta\cos\delta \tag{2-4-5}$$

$$M_2' = M_1\sin^2\delta + M_2\cos^2\delta + (M_1 - M_2)\sin\delta\cos\delta \tag{2-4-6}$$

式中　δ——钢筋配置方向与主弯矩方向之间的夹角；

ψ——纵横两个方向钢筋之间的夹角(图 2-4-6)。

二、活载内力计算

当前常见的计算活载内力的做法是进行模型试验或使用有限元法计算分析，以寻找斜板和正板关键截面内力差异的规律，并确定与斜交角有关的修正系数。随后，将按照正板计算得到的内力乘以修正系数，得出斜桥的内力。下面介绍根据我国公路-Ⅰ级汽车荷载编制的简支斜板计算表格，对如图 2-4-8 所示的斜板桥的计算步骤如下

(1)将斜跨长作为正桥跨径进行板的内力分析，求出跨中最大弯矩 M_y^0。

(2)斜交板桥弯矩及扭矩折减系数 K_y、K_x、K_{xy}，计算相应弯矩及扭矩值，即

$$M_y^\alpha = K_y \times M_y^0 \tag{2-4-7}$$

$$M_x^\alpha = K_x \times M_y^0 \tag{2-4-8}$$

$$M_{xy}^\alpha = K_{xy} \times M_y^0 \tag{2-4-9}$$

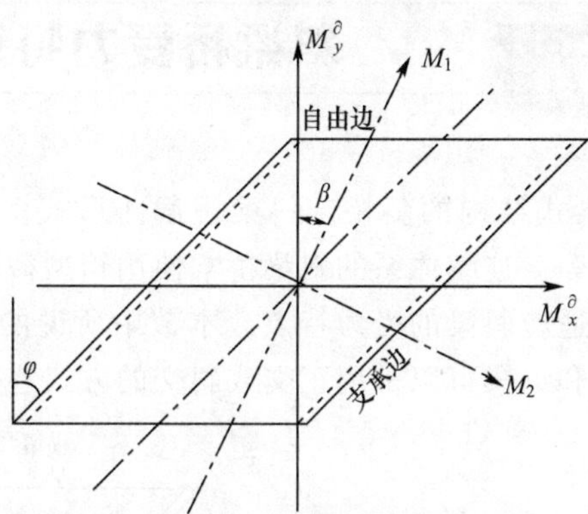

图 2-4-8 活载计算时斜板的计算弯矩方向

(3)斜板主弯矩可由斜弯矩、横向弯矩及扭矩合成得到

$$M_{1,2} = \frac{M_x^\alpha + M_y^\alpha}{2} \pm \sqrt{\left(\frac{M_x^\alpha - M_y^\alpha}{2}\right)^2 + (M_{xy}^\alpha)^2} \tag{2-4-10}$$

主弯矩的方向角由下式确定

$$\tan 2\beta = \frac{-2M_{xy}^\alpha}{M_x^\alpha - M_y^\alpha} \tag{2-4-11}$$

(4)按式(2-4-3)、式(2-4-4)或式(2-4-5)、式(2-4-6)计算钢筋方向的弯矩。

(5)恒载在钢筋方向的弯矩叠加后进行配筋计算。

式中 M_y^α、M_x^α、M_{xy}^α——斜跨向跨中弯矩、垂直于斜跨向的弯矩、扭矩；

M_y^0——以斜跨长为正交板跨径的跨中弯矩；

K_y、K_x、K_{xy}——斜跨向跨中弯矩、垂直于斜跨向的弯矩及扭矩的折减系数，由表 2-4-2 可查；

M_1、M_2——斜板主弯矩；

β——从 M_y^α 至主弯矩 M_1 之间的夹角，逆时针为正。

表 2-4-2　　斜板桥内力折减系数表

位置	角度	公路-Ⅰ级			位置	角度	公路-Ⅰ级		
		K_y	K_x	K_{xy}			K_y	K_x	K_{xy}
板跨中央	0°	1.014	0.027	0.065	自由中点	0°	1.000	0.430	0.025
	15°	0.961	0.018	0.140		15°	0.966	0.441	0.040
	20°	0.92	0.027	0.184		20°	0.937	0.439	0.040
	30°	0.805	0.057	0.251		30°	0.859	0.432	0.039
	40°	0.652	0.097	0.280		40°	0.756	0.422	0.032
	45°	0.564	0.118	0.276		45°	0.697	0.41	0.027
	50°	0.47	0.133	0.259		50°	0.635	0.392	0.021
	60°	0.287	0.143	0.193		60°	0.501	0.328	0.012

目前可用于整体斜板桥的计算方法除上述的近似计算方法外，还可利用平面梁格模拟斜板，然后进行有限元程序计算分析。

第三节 斜梁桥受力特点

斜梁桥是上部结构为梁式结构的斜桥。斜梁桥截面形式多样，包括 T 形梁、I 形组合梁、槽型组合梁以及小箱梁等。连续体系的斜梁桥常使用箱型截面，这是因为该截面具有更大的抗扭刚度，能够更好地适应斜梁的受力特点。本节中所说的斜梁桥是由多根纵梁和横梁组成的斜格子梁桥，横梁和纵梁可以采用正交或斜交的方式连接(图 2-4-9)。

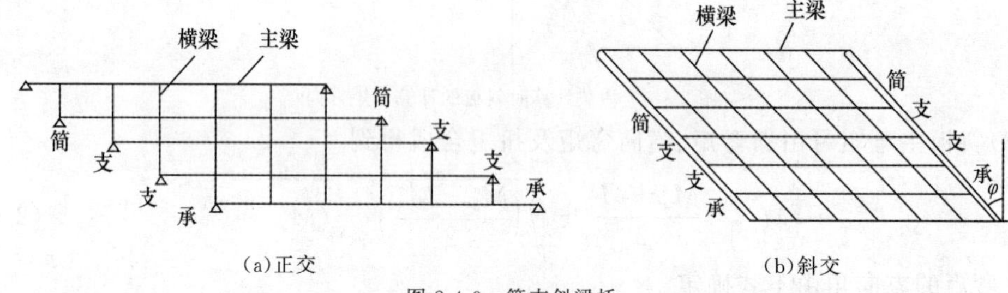

图 2-4-9 简支斜梁桥

对于由纵梁与横梁组成的斜梁桥而言，虽然形成格子形的离散结构，但在梁距不大且设有一定数量的横梁的情况下，斜梁桥仍然展现出类似于斜板的受力特点，主要表现在以下方面：

(1)随着斜交角的增大，斜梁桥的纵梁弯矩减小，而横梁的弯矩增大。特别是边梁的弯矩减小程度明显，在均布荷载作用下比集中荷载作用下更为明显。

(2)正交横梁斜梁桥的横向分布性能优于斜交横梁斜梁桥，并且横向刚度越大，其横向分布性能越好。

(3)在对称荷载作用下，同一根主梁上的弯矩不对称，弯矩峰值更偏向钝角方向，且边梁的表现得更加明显。

(4)横梁和桥面的刚度越大，斜交作用的影响就越显著，使得斜桥的特征更加明显。

第四节 斜梁桥设计与计算

在本节中，我们将对斜交铰接斜梁(板)法进行简要介绍。

铰接斜板梁活载内力的实用计算方法和整体式板的计算方法相似，即采用斜交角折减系数法，将斜桥中第 i 号梁的设计弯矩与相应正桥第 i 号梁的设计弯矩比值定义为斜交角折减系数 k_φ，即式(2-4-12)。

$$M_{i\varphi}=k_\varphi M_{i0} \tag{2-4-12}$$

式中 $M_{i\varphi}$——斜桥中第 i 号梁的设计弯矩；

M_{i0}——相应正桥中第 i 号梁的设计弯矩；

k_φ——由《公路桥涵设计手册》查表得到。与斜交角、主梁片数、梁位及弯扭参数 γ 有关。

$$\gamma = 5.8 \times \frac{I}{J} \times \left(\frac{b}{l}\right)^2 \tag{2-4-13}$$

式中 l—梁的斜向计算跨径；

b—单片梁的宽度；

I—单片梁的竖向抗弯惯性矩；

J—单片梁的抗扭惯性矩；

需要说明的是，在斜梁桥中，最大弯矩值并不出现在梁的跨中截面，而是随着斜交角的增大偏向钝角方向，如图 2-4-10 所示。因此，弯矩包络图并不对称于梁的跨中截面。

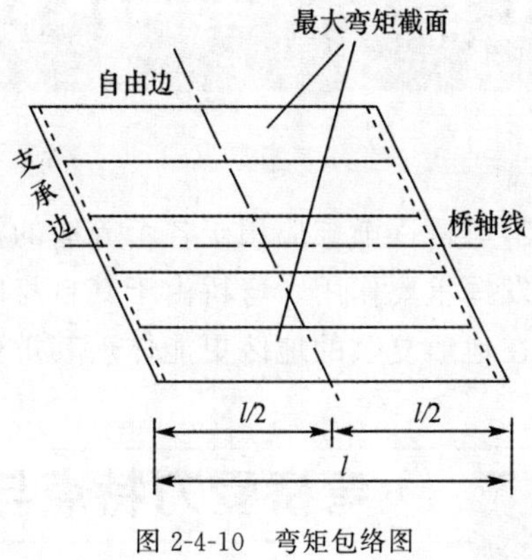

图 2-4-10 弯矩包络图

习题

1. 什么叫斜桥：斜交角是如何定义的？什么叫“斜桥正作”？
2. 与正桥相比，斜板桥的受力有何特点？其钢筋布置有何特点？
3. 什么叫斜桥的爬移？实际工程中该如何解决爬移问题？

第五章 弯桥设计

随着我国桥梁建设的发展，弯桥逐渐被应用于各个等级的桥梁工程中，尤其在高速公路匝道，城市大型立交等工程中发挥重要作用。弯桥由于其自身的构造特点，能够很好地适应公路建设中的各种路线布置，在地形复杂的地区更能体现其重要作用。

第一节 弯桥受力特点与构造

弯桥由于构造特点，天然存在曲率的影响，导致主梁即使在自重作用下也会产生扭矩，使得桥梁的弯扭耦合问题突出。对于主梁为薄壁箱梁的弯桥，同时也伴随着箱梁的畸变扭转效应突出，主梁的受力非常复杂。

一、弯桥的受力特点

弯桥一般指在平面内弯曲的桥梁，它的受力特点主要有以下四点：

1. 主梁的弯扭耦合效应

在自重作用下，由于曲率的影响，梁截面在产生弯矩的同时，会伴随产生“耦合扭矩”，即“弯扭耦合作用”。弯扭耦合作用下相同跨径的弯桥和直桥相比，弯桥的变形要明显大于直桥，这是弯桥最主要的受力特点。

2. 主梁的内外受力不均

在结构自重作用下，除支点截面以外，由于弯扭耦合作用，弯梁桥外侧的挠度一般大于内侧的挠度，而且曲线半径越小，这种差异越显著。对弯桥而言，若任选两个支座的连线作为倾覆轴，可以发现外侧梁质量大于内侧梁，且为了行车转向需求，需要设置路面超高，这将进一步导致外侧质量加重，使梁有向外倾覆的趋势，由此产生外梁超载、内梁卸载的情况。

3. 内外侧支座受力复杂

对于两端均有抗扭支座的弯梁桥，由于扭矩作用，其外侧的支座反力一般大于内侧，当曲率半径较小时，内侧还可能出现支座脱空或负反力。

4. 桥墩受力复杂

除了与直桥桥墩所受水平力相同的部分外，弯桥桥墩所受的水平力还包括汽车产生的离心力，混凝土收缩徐变、预应力张拉和温度变化产生的径向力等，且内外侧桥墩竖向力不同，因此在设计计算时需要考虑结构的空间特性，进行全面的分析。

影响弯桥受力特点的主要因素有以下四点：

(1)圆心角

圆心角一定程度上反映了主梁的弯曲程度，它是跨长与半径的比值，如图 2-5-1 所示。在桥梁跨长相同的情况下，圆心角就代表了主梁的曲梁，此时圆心角越大，曲率半径就越小，弯桥的受力特点就越突出。

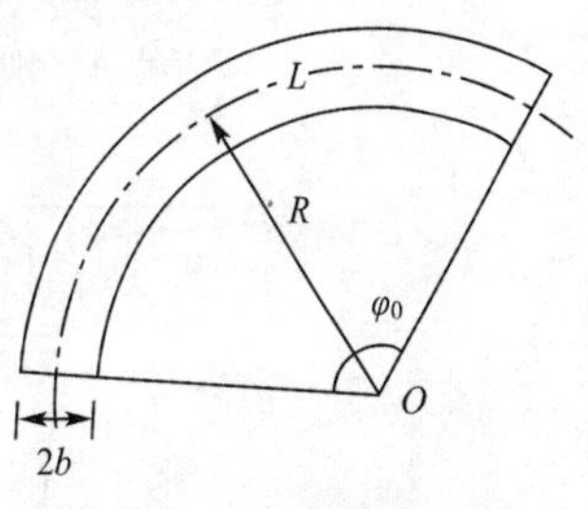

图 2-5-1 弯桥参数

(2)桥梁宽度与曲率半径之比

由于弯扭耦合作用，偏心荷载作用在桥面上产生的扭矩将带来额外的弯矩，这对弯桥的内力有较大影响，因此应充分考虑桥梁宽度对结构受力的影响。加拿大安大略省公路桥梁设计规范 OHBDC 中，采用 $L^2/(b \cdot R)<1.0$ 作为判别是否可以弯桥直算的条件，其中 L 为桥梁轴线弧长，R 为桥梁中线半径，b 为桥梁半宽，如图 2-5-1 所示。

(3)弯扭刚度比

弯扭刚度比定义为 $k=EI/GI_d$，在抗弯刚度 EI 满足要求的前提下，应尽量增大抗扭刚度 GI_d，以减小扭转变形。因此在弯桥设计中，一般采用抗扭惯性矩大的箱形截面。

(4)扇性惯性矩

扇性惯性矩定义为 EI_w，对于薄壁截面，在扭转变形时可能会不满足平截面假定，因此需要考虑薄壁效应。一般来说，混凝土结构的薄壁效应不明显，如果 $k=L\sqrt{EI/GI_d}\geqslant 30$，则不用考虑薄壁效应。

二、弯桥的构造

1. 截面形式

因弯桥所受的扭矩较大，通常采用箱形截面，常用的单箱室截面包括单箱单室、单箱双室、双箱单室和单箱多室等，如图 2-5-2(a)～图 2-5-2(d)所示，多箱室截面包括多箱单室、多箱多室等，如图 2-5-2(e)、图 2-5-2(f)所示。在混凝土箱梁的顶板和腹板接头处设置的梗腋能够提高截面的抗扭刚度，减小扭转剪应力和畸变应力。

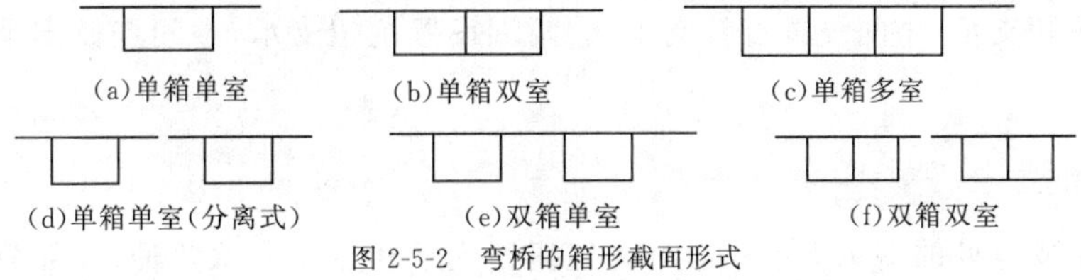

图 2-5-2 弯桥的箱形截面形式

2. 桥墩形式

以主梁采用箱梁为例，弯桥桥墩的布置可以选用图 2-5-3 的形式。

对于桥面较窄和曲率半径小的弯桥，桥墩宜采用独柱墩的形式，能够增加桥下空间，如图 2-5-3(a)所示。对于桥面较宽和曲率半径较大的弯桥，为了保证抗倾覆稳定，可以适当设置抗扭双支座，如图 2-5-3(b)、图 2-5-3(c)、图 2-5-3(d)所示，桥墩的形式可以采用上宽下窄式，上窄下宽式或分离式，具体根据地基承载力和桥下空间要求确定。当桥面太宽，需要采用分离式双箱时，桥墩也可以采用分离式桥墩，如图 2-5-3(e)、图 2-5-3(f)所示。

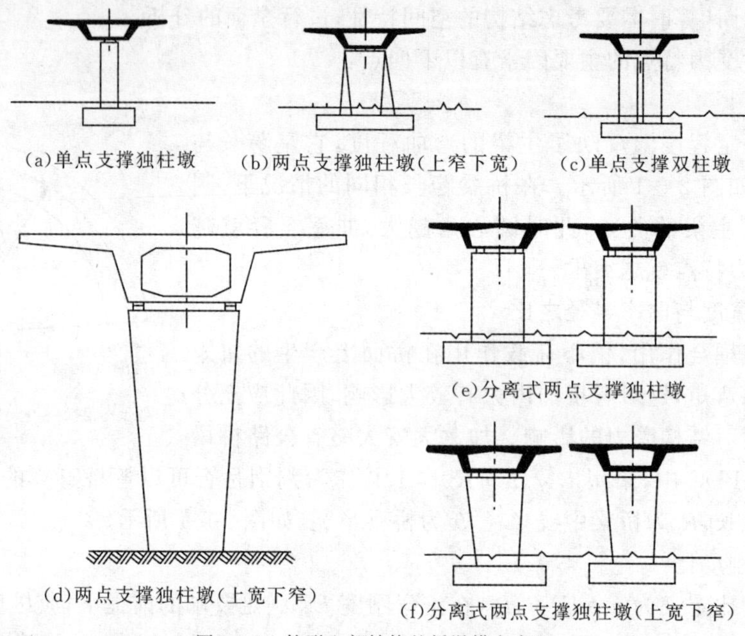

图 2-5-3　箱形上部结构的桥墩横向布置

3. 横隔板设计

弯梁桥普遍采用箱梁作为主梁截面，设计中主要通过设置横隔板的厚度和间距来控制箱梁的畸变效应。内半径小于 240 m 的弯箱梁应设跨间横隔板，其间距对于钢筋混凝土箱形截面梁不应大于 10 m；对于预应力箱形截面梁则应经结构分析确定。条件许可时，箱形截面梁桥的横隔板应设检查用人孔。

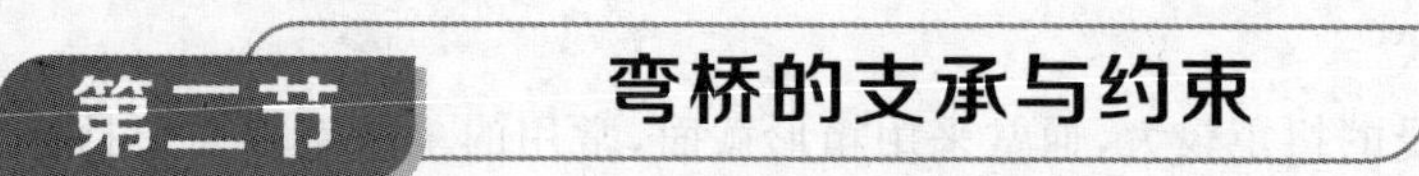

第二节　弯桥的支承与约束

对单跨弯桥，支座的布置形式主要有两种：①两端分别采用抗扭支承和点铰支承；②全部采用抗扭支承。对于多跨连续弯桥，支座的布置形式主要有三种：①全部采用抗扭支承；②两端设置抗扭支承，中间设置点铰支承；③两端设置抗扭支承，中间点铰支承和抗扭支承混合布置。

一、支承布置

弯桥单个支点处的支承类型一般分为抗扭型支承和点铰支承两种，大部分都是沿着梁的径向布置。对单跨弯桥来说，当两侧梁端分别为抗扭支承和点铰支承时，形成静定支承布置形式；当两侧梁端均为抗扭支承时，形成超静定支承布置形式，如图 2-5-4 所示，在此基础上通过支承点横向位置的变化又分为中心布置和偏心布置。

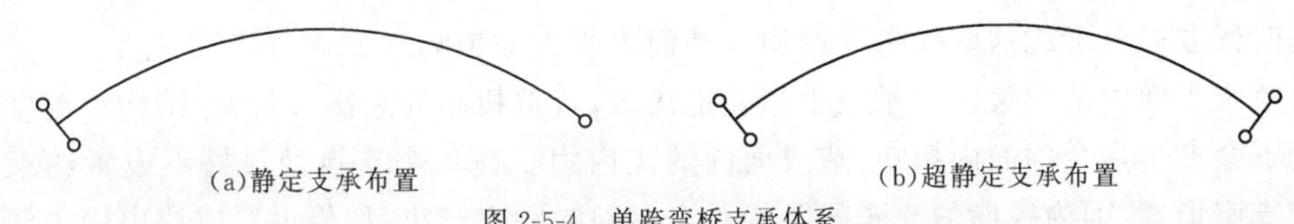

图 2-5-4 单跨弯桥支承体系

对多跨弯桥来说,两侧梁端一般均布置抗扭支承,中间部分的支承形式有全抗扭支承、全点铰支承以及抗扭支承与点铰支承混合使用三种常用形式,如图 2-5-5 所示。其中全抗扭支承形式为弯桥所有墩台上均设置抗扭支承,采用该支承布置形式时,固定支座一般布置在中墩内弧侧,对于桥孔不多或总长不太长的弯桥,也可将固定支座设置在一侧的桥台上,这种支承布置形式能够较好地限制截面的扭转变形,但是由于过多的约束,在温度变化等作用下,可能会产生额外的次内力。中间点铰支承形式是指弯桥两侧梁端设置抗扭支承,中间桥墩处均设置点铰支承,这类支承形式常见于城市高架桥,可将点铰支承放在独柱墩上,为了使结构所承受的扭矩分布更合理,可以在铰支座处给以一定的预偏心,达到人为调整结构扭矩分布的目的,使得连续弯梁沿梁长方向的扭矩峰值得到控制。抗扭支承与点铰支承混合使用的形式指的是在弯桥的中间桥墩上抗扭支承和点铰支承兼而有之,需注意的是中间设置抗扭支承的桥墩必须验算其横向抗弯刚度。

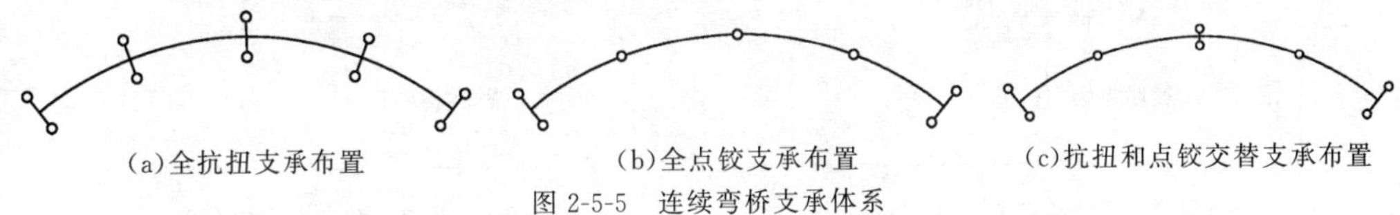

图 2-5-5 连续弯桥支承体系

一般来说,主梁的扭矩只能通过抗扭支承传递给下部结构,对于中间全部采用点铰支承的布置形式,扭矩将全部由两侧的墩台承担。虽然点铰支承设置一定的横向偏心可以调整弯扭矩的分布,但也加大了梁的抗扭长度,降低桥梁的安全性,在设计时应综合考虑。

二、水平约束布置

当弯桥所需横向限制力不大时,水平位移控制一般通过固定支座和单向支座来实现,其布置形式如图 2-5-6 所示。当所需横向限制力较大时,可以采用双向活动+侧向弹性支承的方法解决,此时横桥向的限位措施会对弯桥结构体系产生“强制力”影响,势必会使主梁承担一定的横向弯矩,同时也会增加下部结构的内力,这些在设计时需充分考虑。

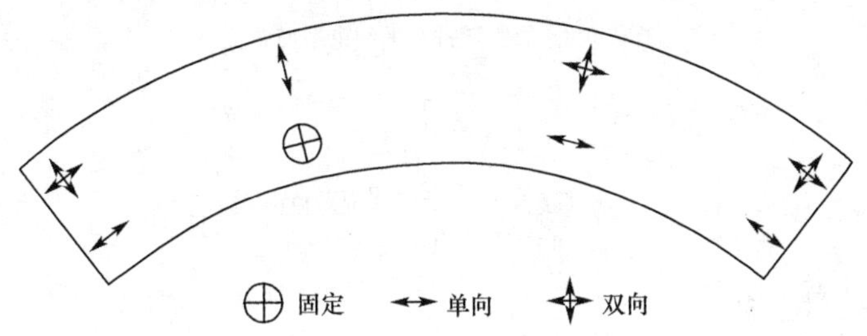

图 2-5-6 连续弯桥的支座设置

此外,温度变化和混凝土收缩会让弯桥产生弧段的膨胀或收缩变形,这类变形会导致弧段的半径变化而圆心角不变;预应力和徐变仅会产生切向位移。在进行弯桥水平面内约束设计的时候要充分考虑这些作用对结构水平面内受力的影响。

弯桥水平面内的约束应尽量减少超静定次数,若抗扭超静定次数过大,结构在温度变化等作用下会产生多余的面内扭矩,造成面内的次内力。在每个支点处最好不设置约束面内转角的支座形式,因为径向的支座间距相对支点间的距离较小,如果设置成约束面内转角的支座形式,由于径向支承间的距离较大,在扭矩自平衡时切向约束的支座就需要提供较大的切向水平力,这种现象对于宽桥来说尤其严重。

若仅采用一个支座对切向进行约束导致该方向支座承载力不足时,可以在约束位置增加销轴装置,放松该位置的支座水平约束,采用销轴作为水平面内的铰约束,代替支座承担该位置水平约束的作用。销轴约束和活动方向立面布置如图 2-5-7 和图 2-5-8 所示。

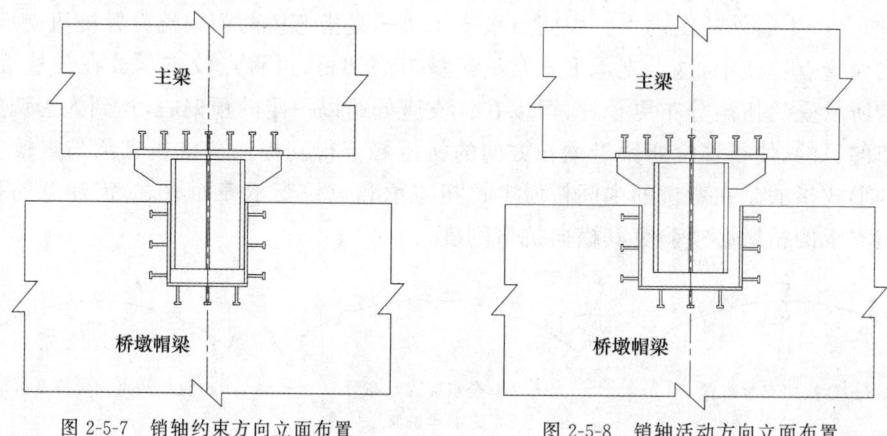

图 2-5-7　销轴约束方向立面布置

图 2-5-8　销轴活动方向立面布置

保证弯桥的纵向自由伸缩变形非常重要,因为一旦纵向伸缩被限制,弯桥的受力模式将类似于平面内的拱桥,产生很大的水平推力,造成桥梁损坏。弯桥水平约束形式采取切向约束最靠近跨中某一支点的位移,其余支点放松,径向约束两端位移,其余支点放松的形式。弯桥销轴式约束体系平面布置图如图 2-5-9、图 2-5-10、图 2-5-11 所示。

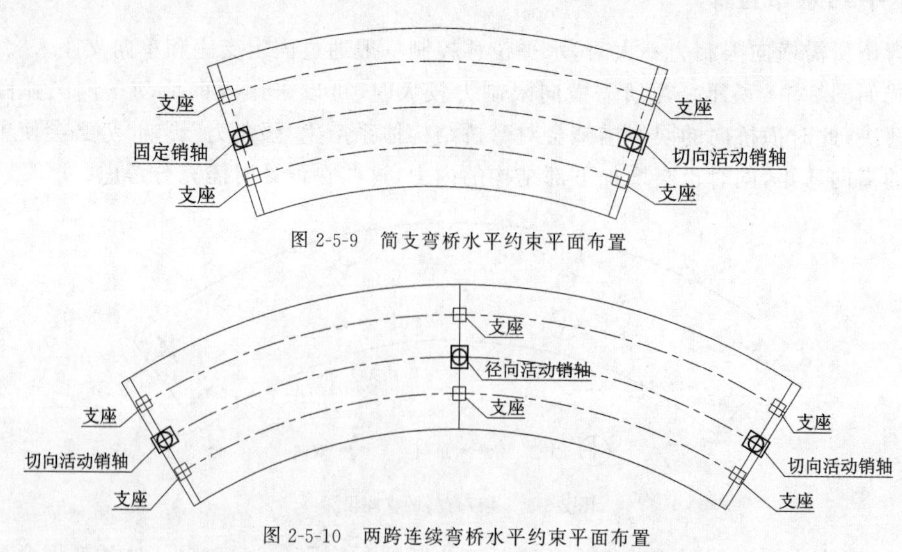

图 2-5-9　简支弯桥水平约束平面布置

图 2-5-10　两跨连续弯桥水平约束平面布置

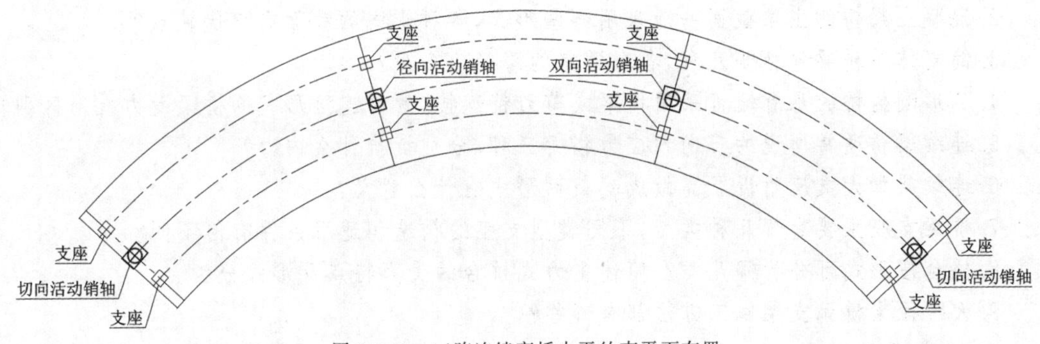

图 2-5-11　三跨连续弯桥水平约束平面布置

第三节　弯桥的内力计算方法

弯桥常见的设计计算方法包括以下几类：

1. 结构力学方法

结构力学方法将弯桥简化为一根单曲梁，把抗扭支座以赘余扭矩代替，然后根据变形协调条件求解未知力。这种方法较简单，比较适用于分析简支弯梁和等截面且跨内为圆弧的窄桥，对于变截面、变半径弯桥的分析有较大困难。

2. 有限单元法

(1)梁格法

梁格法是目前最常用的分析弯梁桥的方法。梁格法是一种以梁单元为基本单元的有限元方法，它采用等效的梁格来代替桥梁的上部结构，等效梁格指的是在相同的荷载作用下，能够产生与原结构相等内力和变形的结构。这种方法概念清晰，容易理解和使用，操作容易且计算速度较快，比较适合用于设计计算。

(2)空间梁单元法

空间梁单元法将结构剖分为一维空间梁单元，这种方法能直接给出计算截面的内力和变形。根据结构受载后截面是否保持平截面，可分为自由扭转和翘曲扭转。对于钢箱梁，需要考虑薄壁结构翘曲和畸变的影响；对于混凝土箱梁，仅依据自由扭转理论来计算，便可达到工程设计所规定的精度。

(3)板壳单元法/实体单元法

这种方法主要采用板壳单元或实体单元模拟桥梁结构，该方法的优势在于能模拟弯桥在三维空间中的复杂受力状态，并且对于特殊形状的弯桥也有很好的适用性，这是前三种方法无法做到的。此外，采用板壳单元或实体单元模拟还能分析弯桥的稳定性、动力特性等特性，适用于研究分析。这种方法的缺点在于对桥梁施工过程的模拟和运行阶段最不利工况的模拟较为烦琐，计算量大，耗时长。

习题

1. 梁桥按照受力体系可以分为哪几种体系，各种体系桥梁有何受力特点？

2. 混凝土梁桥的主梁截面一般采用哪些形式，各种形式的截面有何优缺点？

3. 简支体系桥梁包括哪几种，各自适宜的跨径为多少？

4. T形刚构桥的悬臂端可采用挂梁或剪力铰连接，两种连接形式的桥梁受力有何区别？

5. 连续梁桥通常所说的三向预应力指哪三种，分别抵抗什么内力？

6. 连续梁加大支座附近梁高做成变截面形式有什么意义？

7. 桥梁支座主要有哪几种类型，不同类型支座的构造和适用条件有何不同？

8. 桥台按形式可分为哪几类？简述重力式桥台的受力特点及形式分类。

9. 大跨径梁桥无支架施工方法都有哪些？

10. 主梁悬臂浇筑施工合龙时需要注意哪些问题？

11. 为减小顶推施工过程中主梁和桥墩的内力，可采用哪些方法？

12. 解释桥面板有效分布宽度的概念。

13. 举例说明超静定体系梁桥的成桥恒载内力状态与所采用的施工方法有关。

14. 解释荷载横向分布系数的概念，并给出几种荷载横向分布系数的计算方法及其适用条件。

15. 解释次内力的概念，引起超静定体系梁桥次内力的因素有哪些？

16. 桥梁设置预拱度的目的是什么？对于大跨度连续梁桥，当主梁采用悬臂浇筑方法施工时，主梁的预拱度设置需要考虑哪些变形？

17. 板式橡胶支座设计时需要验算哪些内容？

18. 连续梁桥柔性墩的抗推刚度如何计算？如何利用抗推刚度计算汽车制动力作用下桥墩所受水平力？

19. 与正桥相比，斜板桥的受力有何特点？

20. 与直桥相比，弯桥的受力有何特点？

第三篇

拱　桥

第一章　拱桥概述

第一节　拱桥的组成与受力特点

一、拱桥的主要组成

拱桥由上部结构和下部结构两部分组成。以上承式实腹式拱桥为例，拱桥的主要组成部分如图 3-1-1 所示。

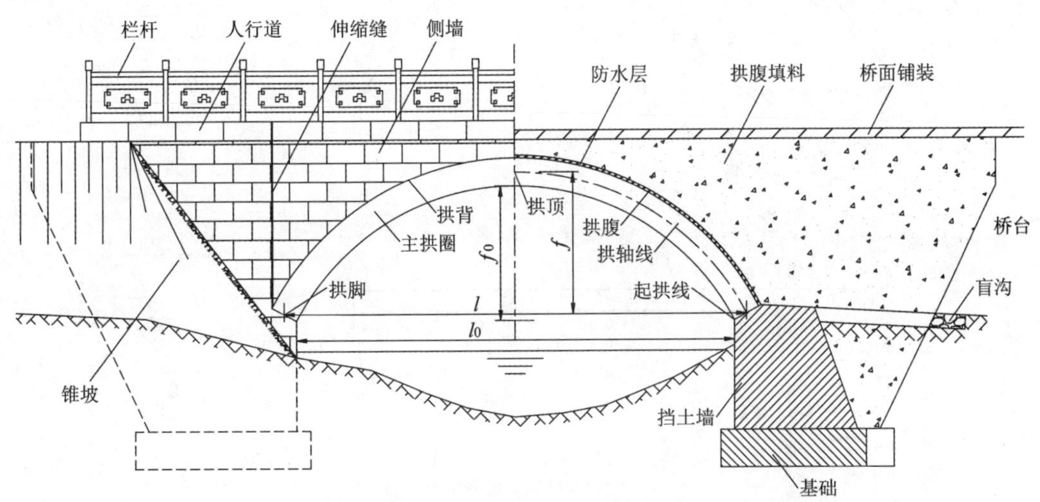

图 3-1-1　实腹式拱桥的主要组成

拱桥上部结构由主拱圈和拱上建筑组成，拱桥下部结构由桥墩、桥台和基础等组成。主拱圈是主要承重结构，承受桥上的全部荷载，荷载由桥面系传至主拱圈，再传递给墩台及基础。

主拱圈是曲线形的，车辆无法直接在主拱圈上行驶，所以在桥面系与主拱圈之间需要有传递荷载的构件或填充物，桥面系和传载构件或填充物统称为拱上建筑。拱上建筑可做成实腹式或空腹式，相应地称为实腹拱桥和空腹拱桥。

拱圈的最高处称为拱顶；拱圈与墩台连接处称为拱脚（或起拱面）；拱圈各横截面（或换算截面）的形心连线称为拱轴线；拱圈的上曲面称为拱背；拱圈的下曲面称为拱腹；起拱面与拱腹相交的直线称为起拱线。

拱桥的几个主要技术名称如下：

净跨径（l_0）——每孔拱跨的两个起拱线之间的水平距离。

计算跨径（l）——相邻两拱脚截面形心点之间的水平距离。

净矢高（f_0）——拱顶截面下缘至起拱线连线的垂直距离。

计算矢高（f）——拱顶截面形心至相邻两拱脚截面形心连线的垂直距离。

矢跨比（f/l 或 f_0/l_0）——计算矢高与计算跨径之比或净矢高与净跨径之比。一般将矢跨比大于等于 1/5 的拱称为陡拱；矢跨比小于 1/5 的拱称为坦拱。

中、下承式拱桥结构的组成参阅本篇第二章。

二、拱桥的受力特点

拱桥与梁桥在受力性能方面有较大差别。拱桥在竖向荷载作用下，两端支承处除产生竖向反力外，还将产生水平推力。正是这个水平推力的存在大大减小了拱圈截面弯矩，使主拱截面成为以轴向压力为主的偏心受压构件，拱截面上的应力分布与受弯梁的应力相比较为均匀（图 3-1-2）。因此，可以充分利用主拱截面材料强度，使跨越能力增大。

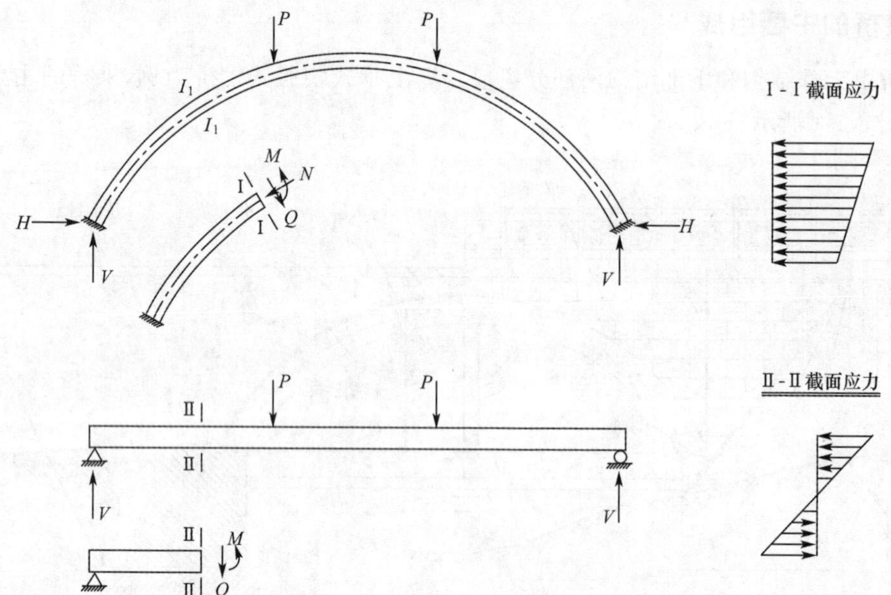

图 3-1-2 拱和梁的受力特点

拱桥的主要优点：跨越能力较大；与混凝土梁式桥相比，可以节省大量的钢材和水泥；耐久性能好，维修、养护费用少；外形美观；构造较简单。

拱桥的主要缺点是：下部结构的工程量较大，施工风险较大；在连续多孔的大、中桥梁中，为防止一孔破坏而影响全桥的安全，需要采用较复杂的措施，例如设置单向推力墩，也会增加造价；不适应于软土地基。

三、拱桥的发展和现状

拱桥历史悠久，是最古老的桥梁结构形式之一。对于现代桥梁，尽管结构形式日益丰富，可供选择桥型众多，但是在峡谷、海岛等地形、地质条件适合的桥位处，拱桥仍是具有很强竞争力的桥型。在对美观要求较高的桥梁中，尤其是景观桥和人行桥中，拱桥也备受青睐。另外，在活载比重较大、动力问题较为突出的高速铁路桥梁中，拱桥刚度大，应用优势也非常突出。21 世纪以来，伴随着拱桥技术的不断创新与发展，其仍以造型优美、形式多样、造价经济和结构独特等优势保持着极强的竞争力，在世界各地的工程建设中被广泛应用。

圬工拱桥在我国早期修建得比较多，具有就地取材、构造简单、养护费用少等优点。拱是主要承受压力的结构，可以充分利用圬工材料（石料、混凝土、砖等）抗拉性能差而抗压性能较好的材料特性。古代拱桥多为石拱桥，我国最具代表性的石拱桥是建于公元 606 年的赵州桥（图 3-1-3）。截至 2024 年，世界上最大跨径的石拱桥是跨径为 146 m 的山西晋城丹河大桥（图 3-1-4）。

图 3-1-3 赵州桥

图 3-1-4 山西晋城丹河大桥

钢筋混凝土拱桥相对于圬工拱桥自重小，跨越能力大，充分利用了混凝土与钢材的受力优势。改革开放以后，随着基础建设的大力发展，我国拱桥建造技术开始跨越式地大发展，修建了许多大跨径的钢筋混凝土箱形拱桥。

为了适应软土地基，克服拱桥水平推力大的缺点，通过拱结构的约束条件，由系梁承担水平推力，形成了梁拱组合体系桥。同时，新型材料或材料的组合应用、截面形式的应用与新的施工方法相互制约又相互促进。在实践中先后出现了预应力混凝土组合桁架拱桥、钢管混凝土拱桥、劲性骨架混凝土拱桥和刚架拱桥（V 形、Y 形和三角形刚构等）等新型拱桥，例如主跨 420 m 的重庆菜园坝长江大桥采用的就是 Y 形刚构与提篮式钢箱系杆拱的组合体系。自 1990 年以来，全国已相继建成 400 多座钢管混凝土拱桥。钢管混凝土拱桥先安装钢管拱后填充管内混凝土，使得安装重量大大减小，施工十分方便。2020 年建成的广西平南三桥主跨达 575 m，超越 2013 年建成的主跨 530 m 的合江长江一桥，成为新的钢管混凝土拱桥跨径世界纪录。

钢拱桥由于钢材轻质高强的优良性能使其能够适应大跨径的要求。2009 年建成的跨径为 552 m 的重庆朝天门大桥（图 3-1-5）和 2003 年建成的跨径为 550 m 的上海卢浦大桥（图 3-1-6），是截至 2024 年世界上第一、二大跨径的钢拱桥。

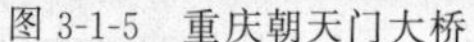
图 3-1-5 重庆朝天门大桥

图 3-1-6 上海卢浦大桥

表 3-1-1 列出了国内外目前已建跨径排名前十位的拱桥。

表 3-1-1 **已建成跨径排名前十位的拱桥**

序号	桥名	国家	竣工年份	跨径/m	结构类型
1	平南三桥	中国	2020	575	中承式钢管混凝土拱
2	朝天门大桥	中国	2009	552	三跨连续钢桁系杆拱
3	卢浦大桥	中国	2003	550	中承式提篮系杆拱
4	秭归长江大桥	中国	2019	531	中承式钢桁架拱
5	合江长江一桥	中国	2013	530	中承式钢管混凝土拱
6	新河峡谷大桥	美国	1977	518	上承式钢桁架拱
7	合江长江公路桥	中国	2021	507	钢管混凝土系杆飞燕拱
8	贝永大桥	美国	1931	504	中承式钢桁架拱
9	悉尼海湾大桥	澳大利亚	1932	503	中承式钢桁架拱
10	巫山长江大桥	中国	2005	492	中承式钢管混凝土拱

拱桥的发展与建筑材料、结构体系、截面形式和施工方法的发展息息相关，而这几个因素也是相互促进、相互制约的。新型材料的出现使拱桥的跨径不断增大，拱桥跨径可能受到施工方法的制约，而新型材料或材料的组合应用和截面形式的应用也可能促进新的施工方法出现，使拱桥跨径得以进一步提高。拱桥由于水平推力较大而不适应软土地基，为了克服这个缺点，促使拱桥从简单体系拱到组合体系拱的发展，提高了大跨度拱桥的竞争力，扩大了拱桥的应用范围。将来，为了解决修建拱桥中存在的问题和矛盾，也会出现新的拱桥形式和先进的施工方法。

第二节 拱桥的分类

拱桥的形式多种多样，构造各有差异，可以按照不同的方式来进行分类。

按照主拱圈（肋、箱）所使用的建筑材料可以分为圬工拱桥、钢筋混凝土拱桥、钢拱桥和钢-混凝土组合拱桥等。

按照拱上建筑的形式可以分为实腹式拱桥和空腹式拱桥。

按照拱轴线的形式可将拱桥分为圆弧拱桥、抛物线拱桥、悬链线拱桥等。

按照矢跨比的大小可分为陡拱桥($f/l \geqslant 1/5$)、坦拱桥($f/l < 1/5$)。

按照桥面的位置可分为上承式拱桥、中承式拱桥和下承式拱桥(图 3-1-7)。

按照拱圈截面形成可分为板拱桥、板肋拱桥、肋拱桥、双曲拱桥和箱形拱桥等。

按照基础是否承受水平推力可分为有推力拱桥和无推力拱桥。

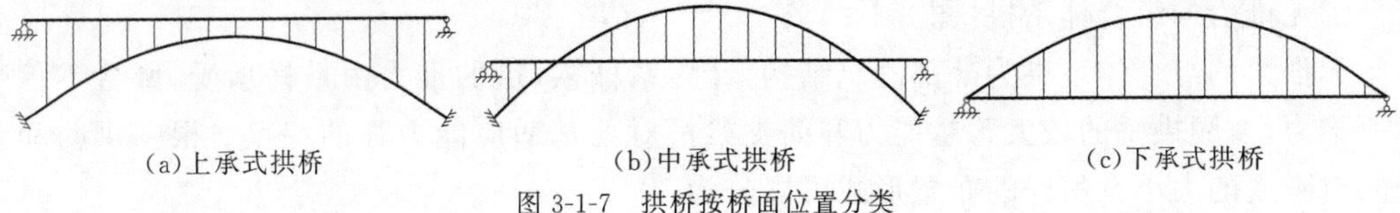

(a)上承式拱桥　(b)中承式拱桥　(c)下承式拱桥

图 3-1-7　拱桥按桥面位置分类

一、按照结构受力图式分类

拱桥按照结构受力图式可分为简单体系拱桥、组合体系拱桥和拱片桥三种类型。

1. 简单体系拱桥

简单体系拱桥可以做成上承式、中承式或下承式,均为有推力拱桥。在简单体系拱桥中,主拱圈是主要承重结构,承受桥上的全部荷载,荷载由桥面系传至主拱圈,再传递给墩台及基础,拱的水平推力直接由墩台或基础承受。拱上建筑或拱下悬吊结构不参与受力。

按照主拱的受力特点,简单体系拱又可以分成三铰拱、两铰拱和无铰拱三种,拱圈(肋)的静力图式如图 3-1-8 所示。

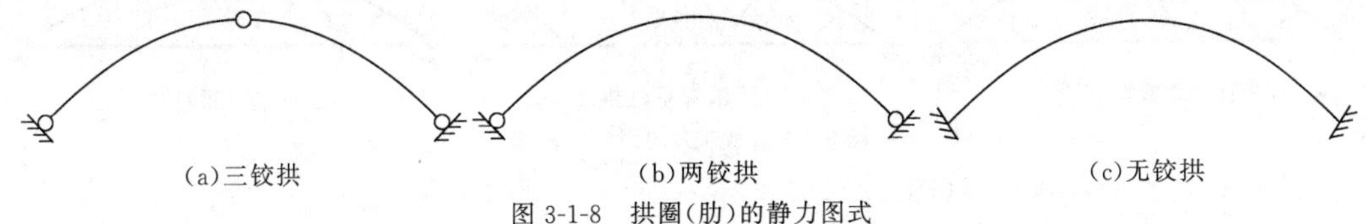

(a)三铰拱　(b)两铰拱　(c)无铰拱

图 3-1-8　拱圈(肋)的静力图式

(1)三铰拱

三铰拱属于外部静定结构。温度变化、支座沉降等引起的变形不会在拱内产生附加内力,计算时无须考虑体系变形对内力的影响,适合在地基条件差的地区修建。但铰的存在,使其构造复杂,施工较困难,维护费用增高,而且减小了结构的整体刚度,降低了抗震能力,并且拱的挠度曲线在拱顶存在转折,对行车不利。因此,三铰拱仅在小跨径拱桥上有所采用。

(2)两铰拱

两铰拱属于外部一次超静定结构。两铰拱的结构整体刚度介于三铰拱和无铰拱之间。附加内力比无铰拱小,故可在地基条件较差或坦拱中采用。

(3)无铰拱

无铰拱属于外部三次超静定结构。在自重及外荷载作用下,拱内的弯矩分布比两铰拱均匀,材料用量省。结构的整体刚度大,构造简单,施工方便,维护费用少,因此在实际中使用最广泛。但由于无铰拱的超静定次数高,温度变化、材料收缩、结构变形和墩台位移会在拱内产生较大的附加内力。不过,随着跨径的增大,附加内力的影响相对减小,因而钢筋混凝土无铰拱桥仍是采用较多的一种构造形式。

2. 组合体系拱桥

在拱式桥跨结构中,行车道系的行车道梁(板)与拱组合,或拱、梁、刚架多种结构体系组合，共同受力，称为组合体系拱桥。拱式组合体系桥一般由拱肋、系杆、吊杆（或立柱）、行车道梁（板）及桥面系等组成。

(1)按桥墩是否承受水平推力分类

按桥墩是否承受水平推力，组合体系拱可分成无推力的和有推力的两类。

①无推力的组合体系拱(图 3-1-9)

无推力的组合体系拱为外部静定结构，又称系杆拱，拱的推力由系杆承受，墩台不承受水平推力，兼顾拱桥的较大跨越能力和简支梁桥对地基适应能力强的特点。根据拱肋和系杆相对刚度的大小及吊杆的布置形式可以分为：

具有竖直吊杆的柔性系杆刚性拱——系杆拱[图 3-1-9(a)]；

具有竖直吊杆的刚性系杆柔性拱——蓝格尔拱[图 3-1-9(b)]；

具有竖直吊杆的刚性系杆刚性拱——洛泽拱[图 3-1-9(c)]。

以上三种拱，当用斜吊杆来代替竖直吊杆时，称为尼尔森拱[图 3-1-9(d)、图 3-1-9(e)、图 3-1-9(f)]。

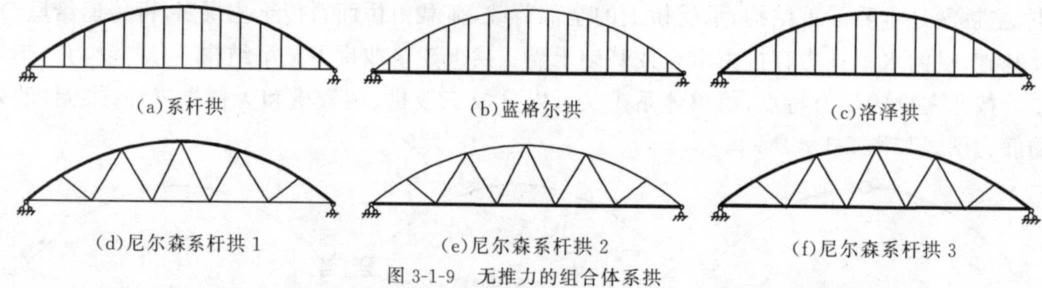
(a)系杆拱　(b)蓝格尔拱　(c)洛泽拱

(d)尼尔森系杆拱 1　(e)尼尔森系杆拱 2　(f)尼尔森系杆拱 3

图 3-1-9　无推力的组合体系拱

②有推力的组合体系拱(图 3-1-10)

有推力的组合体系拱由梁和拱共同受力，拱的推力仍由墩台承受。有推力的组合体系拱可分为刚性梁柔性拱(倒蓝格尔拱)和刚性梁刚性拱(倒洛泽拱)。此种组合体系拱虽然没有系杆，但梁具有一定刚度，可分担部分荷载，而在上承式简单体系拱中，桥面系刚度较小、不参与受力、计算时仅作为荷载传递至主拱上。

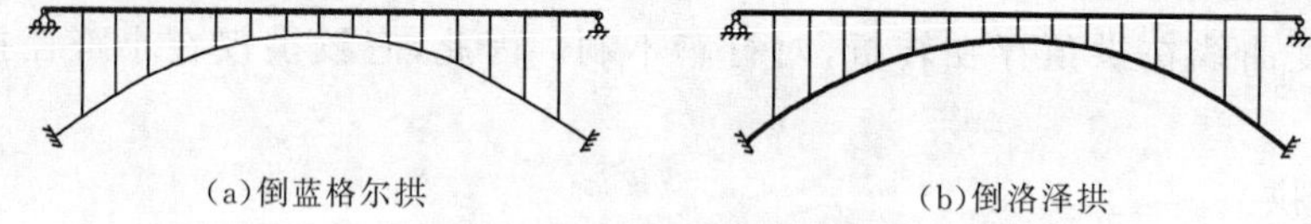
(a)倒蓝格尔拱　(b)倒洛泽拱

图 3-1-10　有推力的组合体系拱

(2)按静力特性分类

参照梁桥的分类方法，按照静力特性，组合体系拱可分为简支梁拱组合体系桥、悬臂梁拱组合体系桥、连续梁拱组合体系桥、刚架系杆拱桥和拱、刚架、梁组合体系桥等。简支梁拱组合体系桥只用于下承式[图 3-1-11(a)]。悬臂梁拱组合体系桥只用于上承式，常采用转体施工[图 3-1-11(b)]。连续梁拱组合体系桥可以是上承式、中承式或下承式(图 3-1-12)。

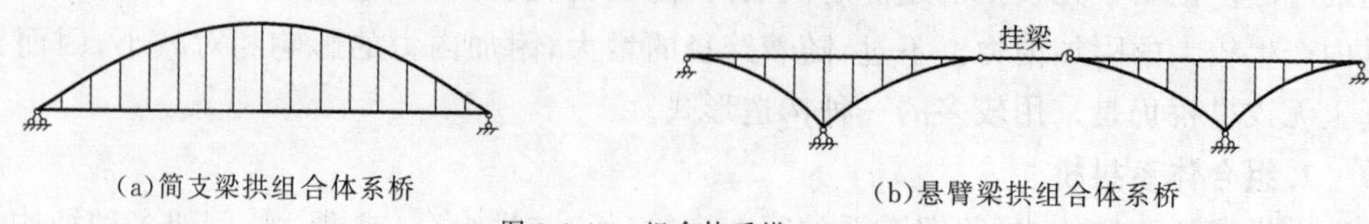

(a)简支梁拱组合体系桥　(b)悬臂梁拱组合体系桥

图 3-1-11　组合体系拱

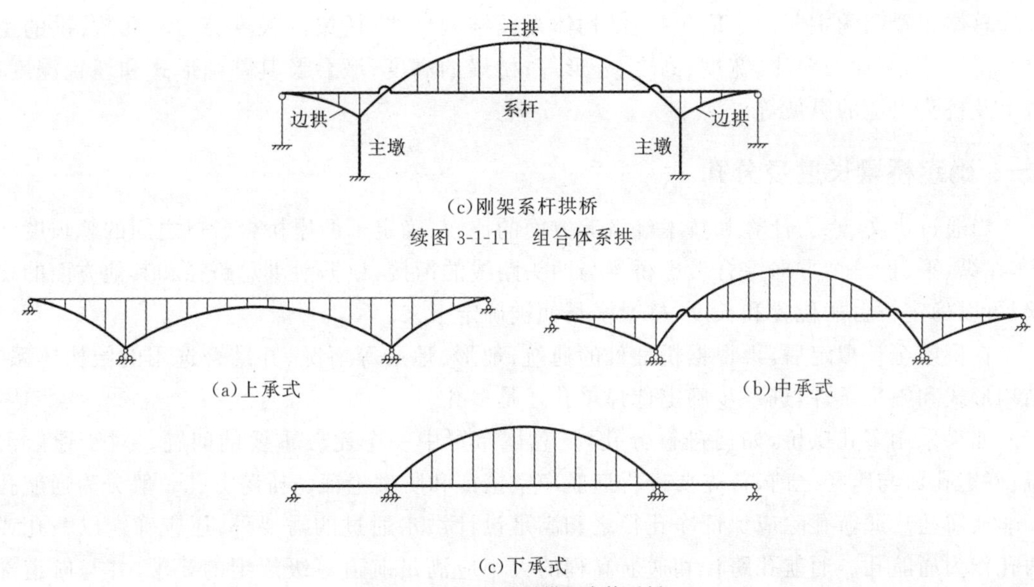

(c)刚架系杆拱桥

续图 3-1-11 组合体系拱

(a)上承式

(b)中承式

(c)下承式

图 3-1-12 连续梁拱组合体系桥

目前拱、刚架和梁的组合体系桥主要有预应力混凝土连续刚构与钢管混凝土拱组合在一起形成连续刚构柔性拱组合桥、Y 形刚构组合体系拱桥和 V 形刚构组合体系拱桥等。

3. 拱片桥

上边缘与桥面纵向平行、下边缘是拱形的有推力结构桥，称为拱片桥(图 3-1-13)。在拱片桥中，行车道系与拱肋刚性连成一整体，共同承受荷载，故它仅能用于上承式桥梁。拱片的立面可以做成实体拱片，也可以挖空做成桁架式拱片[图 3-1-13(a)]和刚架式拱片[图 3-1-13(b)]。根据桥梁宽度的不同，拱片桥由两片以上的拱片组成，并用横向联结系将各拱片连成整体，行车道板支承在拱片上。拱片桥可以做成无铰、两铰或三铰三种形式，它的推力由墩台承受。

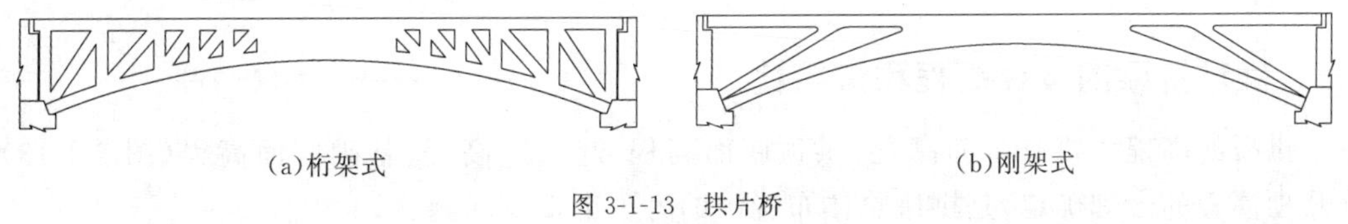

(a)桁架式

(b)刚架式

图 3-1-13 拱片桥

二、按照主拱圈截面形式分类

主拱的横截面形式很多，通常可分为以下几种类型：板拱桥、板肋拱桥、肋拱桥、双曲拱桥、箱形拱桥、钢管混凝土拱桥、劲性骨架混凝土拱桥，具体将在第三篇第二章进行详细介绍。

第三节 拱桥的总体布置

在选定了桥位，进行了必要的水文、水力计算，掌握了桥址处的地质、地形等资料后，即可进行拱桥的总体布置。拱桥的总体布置应按照适用、安全、经济和适当照顾美观的原则进行。

总体布置图的主要内容应包括：结构体系及结构形式；桥梁的长度、跨径、孔数；拱的主要几何尺寸，例如矢跨比、宽度、高度、外形等；桥梁的高度；墩台及其基础形式和埋置深度；桥上及桥头引道的纵坡等。

一、确定桥梁长度及分孔

当通过水文、水力计算和技术经济等方面的比较，确定了两岸桥台台口之间的总长度之后，在纵、平、横三个方向综合考虑桥梁与两头路线的衔接，根据泄洪总跨径和其他方面的要求，可以确定桥台的位置和长度，桥梁全长便被确定下来。

在桥梁全长拟定后，再根据桥址处的通航、地形、地质等情况，并结合选用的结构体系、结构形式和施工条件，进一步确定选择单孔还是多孔。

如果采用多孔拱桥，如何进行分孔，是总体布置中一个比较重要的问题。对于通航河流，确定孔数与跨径之前，首先要进行通航净空论证和防洪论证。桥跨分孔一般分为通航孔和非通航孔。通航孔除应保证净孔径之和满足设计洪水通过的需要外，还应确定以一孔或两孔作为通航孔。通航孔跨径和通航高程的大小应满足航道等级规定的要求，并与航道部门协商。对于不通航孔或非通航河段，桥孔划分可按经济原则考虑，尽量使上、下部应结构的总造价最低。

多孔拱桥中，连孔数量大于或等于 4 孔时，设置单向推力墩，以防止一孔坍垮而引起全桥坍垮。所谓的单向推力墩，指的是多孔拱桥中，可承受单向恒载推力的桥墩。在多孔拱桥中如果一孔毁坏往往引起其他桥孔的破坏。为了防止这种情况，每隔几孔设置制动墩以承受单向水平推力，保证一孔毁坏而不致影响全桥的安全。在多孔连续梁中常将固定支座设在某一桥墩上，使上部结构水平力主要由该墩承受。此外，分孔时还需注重整座桥的造型和美观，有时这可能成为一个主要因素加以考虑。

对于跨河桥梁，分孔完成后，应再次检查泄洪总跨径是否满足要求，否则应适当调整墩台位置。

二、确定桥梁的设计高程和矢跨比

拱桥的高程主要有桥面高程、拱顶底面高程、起拱线高程、基础底面高程(图 3-1-13)。这几项高程的合理确定，是拱桥总体布置中的另一个重要问题。

拱桥的桥面高程代表着建桥的高度，特别在平原区，在相同纵坡情况下，桥高会使两端的引桥或引道工程量显著增加，将提高桥梁的总造价。反之，桥矮不但有遭受洪水冲毁的危险，而且往往影响桥下通航的正常运行，致使桥梁建成后带来难以挽救的缺陷，故必须综合考虑有关因素，正确、合理地确定桥面高程。

对于建在山区河流上的拱桥，由于两岸公路路线的位置一般较高，桥面高程一般由两岸线路的纵断面设计所控制。

对于跨越平原区河流的拱桥，其桥面最小高度一般由桥下净空所控制。为了保证桥梁的安全，桥下必须留有足够的排泄设计洪水流量的净空。

对于有淤积的河床，桥下净空尚应适当加高。

对于通航河流，通航孔的最小桥面高度除满足以上要求外，还应满足对不同航道等级所规定的桥下净空界限的要求(图 3-1-14)。设计通航水位，一般应按照一定的设计洪水频率

(1/20)进行计算,并与航运部门具体协商决定。

拱顶底面的高程可由桥面高程减去拱顶处的建筑高度得到。起拱线高程由矢跨比的要求确定。拟定起拱线高程时,为了减小墩台基础底面的弯矩,节省墩台的工程数量,一般宜选择低拱脚的设计方案。对于无铰拱桥,可以将拱脚置于设计水位以下,但通常淹没深度不得超过矢高的 2/3。为了保证漂浮物能通过,在任何情况下,拱顶底面应高出设计洪水位 1.0 m。但对于有铰拱桥,拱脚需高出设计洪水位以上 0.25 m。为了防止病害,有铰拱或无铰拱拱脚均应高出最高流冰位 0.25 m。

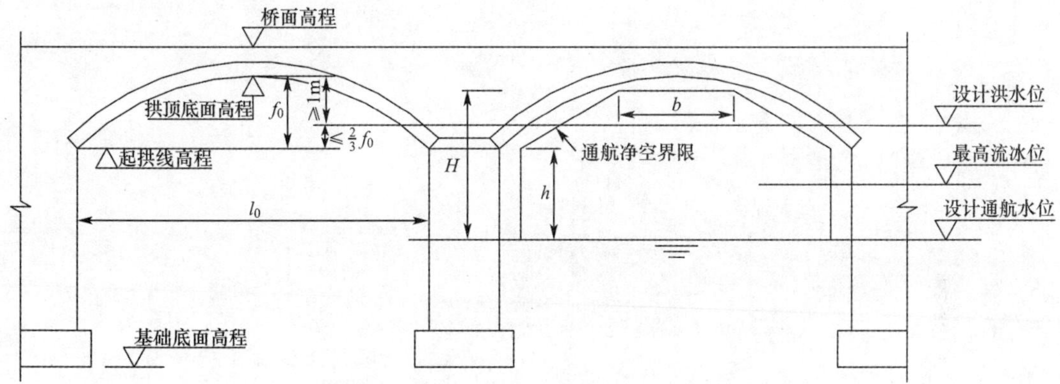

图 3-1-14 拱桥的主要高程

基础底面的高程主要根据冲刷深度、地基承载能力等因素确定。

矢跨比是拱桥的一个非常重要的参数,它对主拱圈内力、拱桥的构造形式、施工方法和拱桥的外形都有很大影响,应从上、下部受力、通航、泄洪、外观等因素综合考虑确定。

拱的恒载水平推力 H_g 与垂直反力 V_g 的比值随矢跨比的减小而增大。当矢跨比减小时,拱的推力增大,反之则推力减小。通常,对于砖、石、混凝土拱桥和双曲拱桥,矢跨比一般为 1/8～1/4,不宜小于 1/10,钢筋混凝土拱桥的矢跨比一般为 1/10～1/5,但拱桥最小矢跨比不宜小于 1/12。

三、拱桥体系、结构类型和拱轴线的选择

1. 拱桥体系的选择

如前所述,拱桥可分为两大体系,即简单体系拱桥与组合体系拱桥。总体设计应在已知桥位自然条件、通航要求、分孔及道路等级等情况下,从经济合理性、技术可行性、耐久适用性等方面进行分析选择。

2. 结构类型的选择

对于简单体系拱桥,一般情况下应首选无铰拱结构,因其刚度大、受力好;当遇到不良地基时,可考虑采用两铰拱结构来适应不良地基引起的墩台不均匀沉降、水平位移及转动;三铰拱结构由于拱顶铰构造复杂、施工困难及整体刚度差,极少被采用。对于多跨结构式拱桥,当遇到不良地基时,不仅可考虑拱脚设铰,也可将桥墩处拱座与承台间的水平约束释放,使其成为连续梁一样的外部静力结构。

拱桥立面构造分为上承式、中承式和下承式三种。对于给定的设计跨径,由于上述三个控制高程和合理的矢跨比,可判断采用上承式结构的可能性。当桥面与拱脚高差较小,矢跨比不能满足上承式结构要求时,可考虑中、下承式结构。对于平原地区尤其是城市桥梁,由于受到地面建筑物、纵坡等影响,桥面高程是严格控制的,同时桥下净空则受到通航等级、排

洪及地面行车等要求的限制，跨中结构底面高程也被控制，采用中承式或下承式拱桥可降低建筑高度，提供较大的桥下净空。

3. 拱轴线的选择

一般来说，拱桥拱轴线的选择应满足以下要求：尽量减小主拱截面的弯矩，并使其在温度、混凝土收缩、徐变等影响下各主要截面的应力相差不大；对于无支架施工的拱桥，应能满足各施工阶段的应力要求，并尽可能减少或不用临时性施工措施；线形美观，且便于施工。

目前，我国拱桥常用的拱轴线形有圆弧线、抛物线和悬链线。

第二章　拱桥的构造

第一节　上承式拱桥的构造

一、普通型上承式拱桥

1. 主拱圈

普通型上承式拱根据主拱截面形式不同分为板拱、板肋拱、肋拱、箱形拱等，对于现在较少采用的双曲拱等形式不再进行详细介绍。

(1)板拱

按照主拱所用建筑材料不同，板拱又分为石板拱、混凝土板拱和钢筋混凝土板拱等。

①石板拱

石板拱具有悠久的历史，由于其构造简单，施工方便，造价低，是盛产石料地区中、小型桥梁的主要桥型。石料按规格不同，分为料石、块石和砖石等。用粗料石砌筑拱圈时，拱石需要随拱轴线和截面形式不同而分别编号，以便加工。

用于拱圈砌筑的石料要求石料石质均匀，不易风化，无裂纹。石料强度等级不得低于MU50，拱石形状根据桥梁跨径大小和当地石料供应情况采用。砌筑拱石用的砂浆，对大、中跨径拱桥不得低于M10，对于小跨径拱桥不得低于M7.5。

②混凝土板拱

在缺乏合格天然石料的地区，可采用混凝土板拱，既可以整体现浇，也可以预制砌筑。

整体现浇混凝土拱圈时，拱内收缩应力大，受力不利，同时拱架、模板材料用量大，费工多，工期长，但其整体性好，被广泛采用。拱圈混凝土强度等级不得低于C25。

预制混凝土砌筑拱圈则是将混凝土板拱划分成若干块件，先预制混凝土块件，然后砌筑块件成拱。预制混凝土块的强度等级不得低于C30，砌筑块件所用砂浆不得低于M10。预制混凝土块在砌筑前应有足够的养生期，以消除或减少混凝土收缩的影响。

③钢筋混凝土板拱

与石板拱相比，钢筋混凝土板拱具有构造简单、外表整齐、板厚随需要而定、轻巧美观等特点。与混凝土板拱相比，厚度可以做得更小。钢筋混凝土板拱根据桥宽需要可做成单条整体拱圈或多条平行板(肋)拱圈，施工时反复利用一套较窄的拱架与模板来完成施工，能够大大节省材料。

钢筋混凝土等截面板拱的拱圈高度初拟时可取跨径的1/70～1/60，跨径大时取小值。

拱桥的主拱圈主要承受压力，所以钢筋混凝土拱桥一般按圬工构件进行设计计算，但仍按构造要求进行配筋。按钢筋混凝土构件进行设计计算时，钢筋应满足受力计算要求。拱圈纵向应上下缘对称布置通长的拱形受力主筋，以适应沿拱圈各截面弯矩的变化，最小配筋率一般为0.2%～0.4%，无铰拱的纵向主筋应锚入墩台帽中，长度不应小于拱脚截面高度的1.5倍；拱圈横向配置与受力钢筋相垂直的分布钢筋及箍筋，分布钢筋设在纵向主筋的内侧，箍筋沿半径方向布置，拱背处箍筋的间距不大于15 cm，箍筋可防止主筋在受压时发生屈曲和在拱腹受拉时发生外崩。

(2)板肋拱

板肋拱是由板和肋组成整体拱圈截面的拱(图3-2-1)，是在板拱基础上增加突出的纵向肋，使拱圈在相同材料用量时获得更大的抗弯刚度，材料用量比板拱桥经济，但构造相对复杂。

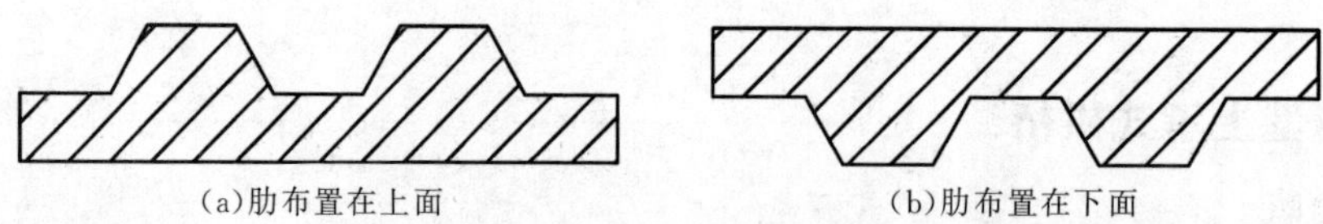

(a)肋布置在上面　　(b)肋布置在下面

图3-2-1　板肋拱横截面

石砌板肋拱在截面下缘全宽板的基础上另外砌筑石肋，使拱圈具有更大的抗弯刚度，常采用小石子混凝土砌块、片石砌筑，其构造要求与石板拱相同。与石板拱一样，石砌板肋拱施工时应注意肋拱石与板拱石之间的交错。

钢筋混凝土板肋拱为了充分利用混凝土的强度、节省材料，根据主拱圈弯矩的分布情况，应将跨径中部的肋布置在下面而拱脚区段的肋布置在上面较为合理。但实际上为了简化模板和钢筋工作，往往沿整个拱跨将肋布置在主拱圈截面的上面或下面。

(3)肋拱

肋拱桥是由两条或多条分离的拱肋(实体或空心)作为主拱圈的拱桥，拱肋是肋拱桥的主要承重结构，为保证各拱肋的横向稳定性和整体性，需在肋间设置足够数量和刚度的横系梁。肋拱质量轻、恒载内力小、相应活载内力的占比增大，可充分发挥钢筋等材料的性能，具有较好的经济性，在大中型拱桥中广泛使用。

肋拱桥由拱肋、横系梁、立柱和由横梁支承的行车道系组成，如图3-2-2所示。

拱肋的数量和间距以及截面形式主要根据桥梁宽度、所用材料、施工方法与经济性等方面综合考虑决定。为了简化构造，一般在吊装能力满足要求的情况下宜采用少肋形式。通常，桥宽在20 m以内时考虑采用双肋式，桥宽在20 m以上时可采用分离的双肋拱，避免由于肋中距增大而导致肋间横系梁、拱上结构横向跨度与尺寸增大太多。拱肋最外缘的间距一般不宜小于跨径的1/15，以保证肋拱的横向整体稳定性。

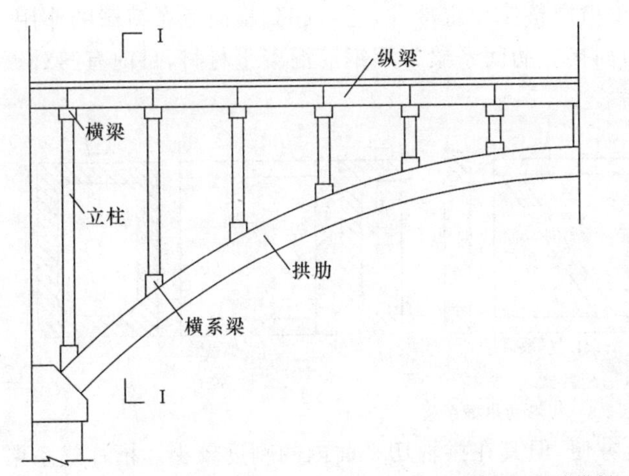

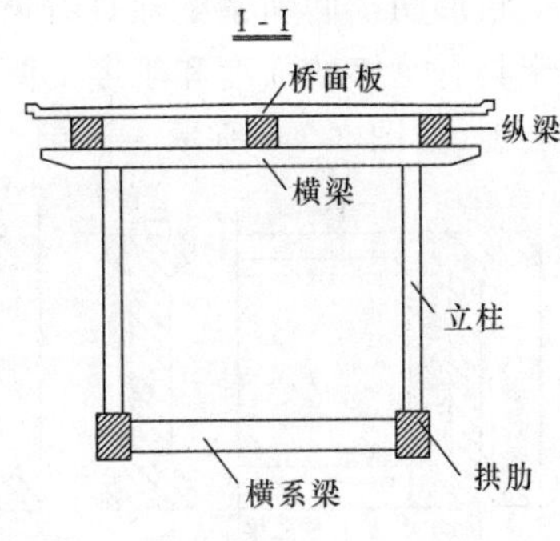

图 3-2-2 肋拱桥

拱肋的截面形式分为矩形、工字形、箱形、管形等，如图 3-2-3 所示。

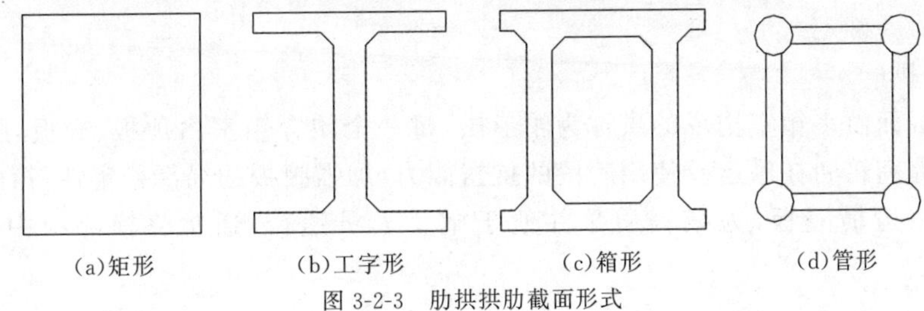

图 3-2-3 肋拱拱肋截面形式

矩形截面一般仅用于中小跨径的肋拱，具有构造简单、施工方便等优点。初拟尺寸时，肋高可取跨径的 1/60～1/40，肋宽可取肋高的 50%～2.0 倍。

工字形截面常用于大、中跨径的肋拱桥，工字形拱肋肋高一般为跨径的 1/35～1/25，肋宽为肋高的 40%～50%，腹板厚度为 30～50 cm。与矩形截面相比，工字形截面的截面核心距大、抗弯能力强、用料经济，但也存在构造复杂、施工麻烦以及拱肋横向刚度小等问题。

箱形肋拱是拱肋截面采用箱形截面的肋拱。箱形肋拱由单肋、双肋或多肋组成，肋间设置系梁使之形成整体，如图 3-2-4 所示。箱形肋拱拱肋尺寸根据受力需要确定，包括拱肋在施工过程中的吊运、悬臂扣挂、成拱和使用阶段的强度和稳定性。初拟时肋高一般取为跨径的 1/70～1/50，或按经验公式估算。肋宽取肋高的 1.0～2.0 倍。箱形肋拱通常采用等截面形式以方便施工。但对于特大跨径的箱肋拱，也可采用更为合理的变截面拱肋，通常采用变高度形式，也可根据其需要同时变化高度和宽度。

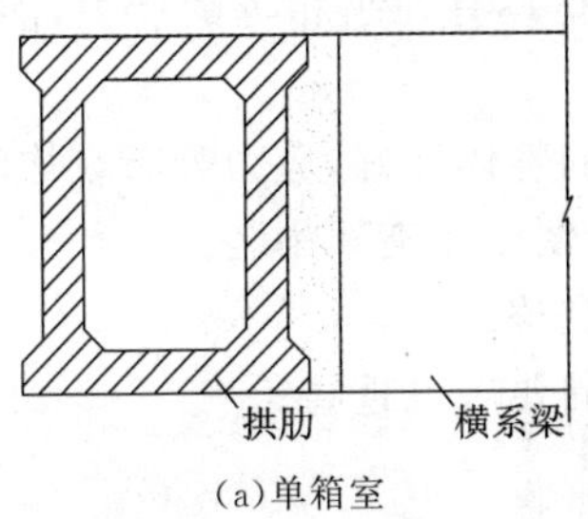

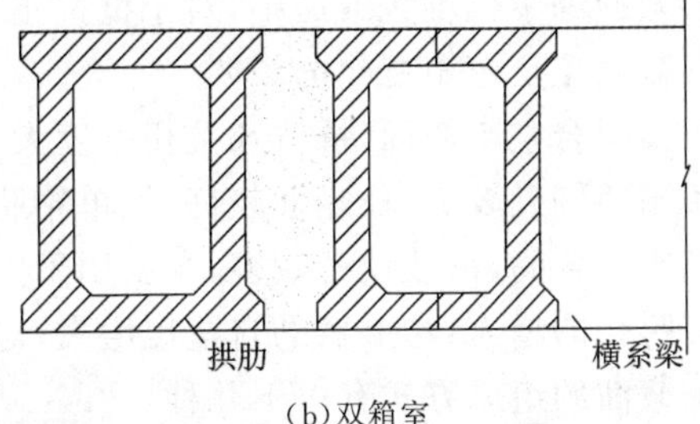

图 3-2-4 箱形肋拱截面

箱形肋拱的横隔板构造与拱肋构造参见箱形拱部分。

箱形肋拱肋间系梁除具有增强肋拱横向整体稳定性外，还可起到横向分布荷载的作用，要求具有足够的强度和刚度，并与拱肋固接。肋间系梁常用钢筋混凝土材料，目前有三种断面类型，如图 3-2-5 所示。

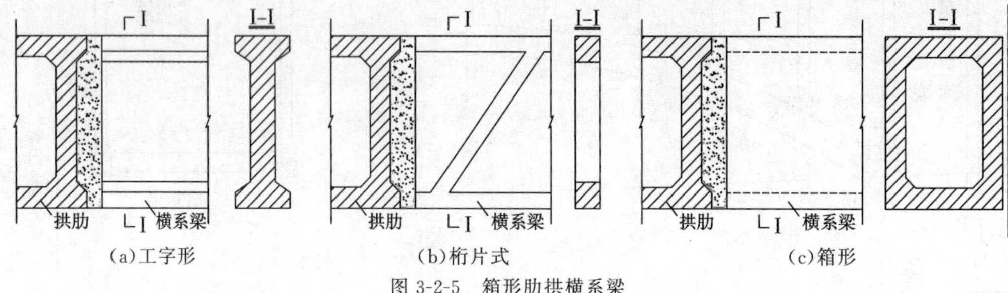

图 3-2-5　箱形肋拱横系梁

工字形断面系梁质量轻，预制安装方便，但其在拱轴切平面内的刚度较小。桁片式系梁质量轻，安装方便，但预制较复杂，在拱轴切平面内的刚度也较小。箱形系梁在拱轴切平面、法平面内的刚度均较大，对提高肋拱横向稳定性很有利。肋间系梁截面尺寸根据构造与拱的横向稳定需要确定。

(4)箱形拱

主拱圈截面由多箱室构成的拱称为箱形拱，每一个闭合箱室由顶板、底板、腹板和横隔板组成。为提高箱肋在吊运及使用阶段的抗扭能力，加强腹板的局部稳定性，箱内应每隔一定距离设置一道横隔板，为减轻质量并便于施工人员通行，通常将横隔板中间挖空，如图 3-2-6 所示。

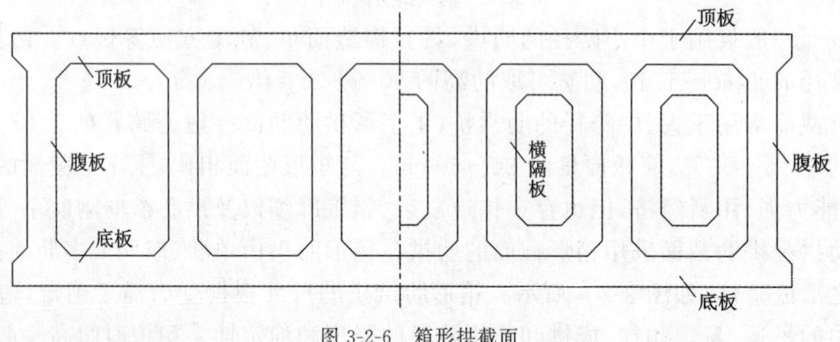

图 3-2-6　箱形拱截面

箱形拱具有如下特点：

①截面挖空率大，挖空率可达全截面的 50%～70%，与板拱相比，可节省大量混凝土体积，减轻结构自重。

②箱形截面的中性轴大致居中，对于抵抗正、负弯矩具有几乎相等的能力，能较好地适应主拱圈各截面正负弯矩变化的需要。

③由于是闭合空心截面，抗弯和抗扭刚度大，拱圈的整体性好，应力分布较均匀。

④单条箱肋刚度较大，稳定性较好，能单箱肋成拱，便于无支架吊装。

⑤制作要求较高，吊装设备较多，主要用于大跨径拱桥。

⑥随着跨径的增大，箱形拱的自重也增大，对施工的要求也越高。

箱板拱截面的组成方式有以下几种：

①由多条 U 形肋组成多室箱形截面，如图 3-2-7(a)所示。将底板和腹板预制成 U 形拱肋，分段预制，吊装合龙后再安装预制好的盖板，最后以盖板作为底模现浇顶板和填缝混凝

土，从而形成箱形板拱截面。但由于U形肋吊装以及单肋合龙的稳定不易满足，目前已较少采用。

②由多条工字形肋组成多室箱形截面，如图3-2-7(b)所示。在工字形预制拱肋段吊装合龙后，相邻工字形肋翼缘板直接对接形成的拱圈截面，其缺点是横向刚度小，吊装与单肋合龙的稳定性较差，下翼缘和横隔板的连接钢板焊接工作条件差，质量难以保证，耐久性不佳，一般较少采用。

③由多条闭合箱肋组成多室箱形截面，如图3-2-7(c)所示。首先预制箱侧板、横隔板，然后在拱胎上安装箱底板侧模，组拼预制的箱侧板和横隔板，然后现浇箱底板及侧板与横隔板之接头，从而形成开口箱肋段，最后立模现浇箱顶板形成预制的闭合箱肋段。各闭合箱肋吊装成拱后，浇筑肋间填缝混凝土形成多室箱形截面。闭合箱肋抗弯和抗扭刚度大，吊装稳定性好，已成为箱形拱主要采用截面形式。

④整体式单箱多室截面，如图3-2-7(d)所示。由于整体式单箱多室截面自重较大，单箱多室截面拱主要用于不能预制吊装的特大型拱桥。采用支架施工时，箱形拱圈则在满堂支架或拱形拱架上分段分环现浇形成；当采用转体施工时，截面可在拱胎(支架)上组装或现浇形成，在成拱和承载前箱形拱已经形成；当采用悬臂施工时，与悬臂浇筑梁桥相似，在空中逐块浇筑并合龙，也可采用预制拼装成拱。当采用劲性骨架施工时，拱箱则是在劲性骨架上分段分环逐步形成的。

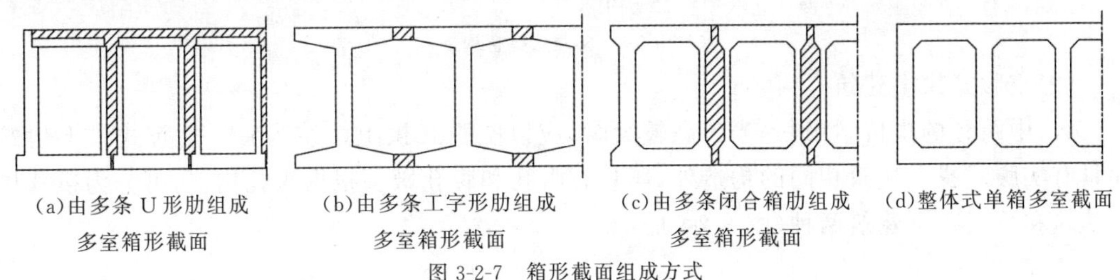

(a)由多条U形肋组成多室箱形截面　(b)由多条工字形肋组成多室箱形截面　(c)由多条闭合箱肋组成多室箱形截面　(d)整体式单箱多室截面

图3-2-7　箱形截面组成方式

拟定箱形拱截面尺寸主要包括拱圈的高度、宽度、箱肋的宽度、顶底板及腹板尺寸。拱圈的高度主要取决于拱的跨度、桥梁设计荷载等级等，同时还与拱圈所用混凝土强度有很大关系，在初拟时可取拱圈高度为跨径的1/75～1/55。拱圈宽度一般为桥宽的60%～1.0倍，桥面悬挑可达到4.0 m，但为保证其横向稳定性，拱宽不宜小于跨径的1/20，而特大跨径拱圈宽度通常难以满足该条件，只要横向稳定性能得到保证即可。

2.拱上建筑

对于普通上承式拱桥，拱上建筑是拱桥的重要组成部分。按照拱上建筑构造方式不同，可将拱桥分为实腹式和空腹式两种。

(1)实腹式拱上建筑

实腹式拱上建筑构造简单，施工方便，填料数量较多，恒载较重，一般用于小跨径的板拱桥。受力特点是拱上建筑与拱圈共同受力。实腹式拱上建筑由拱腹填料、侧墙、护拱、变形缝、防水层、泄水管以及桥面系组成(图3-2-8)。

拱腹填料分为填充式和砌筑式两种。填充式拱腹填料应尽量做到就地取材，通常采用透水性好、土侧压力小的砾石、碎石、粗砂或卵石类黏土等材料，分层夯实。当地质条件较差时，为减小拱上建筑重量以减小水平推力，可采用其他轻质填料，如炉渣与黏土的混合物、陶粒混凝土等。砌筑式拱腹是在散粒料不易取得时采用的一种干砌圬工方式。侧墙设置在拱圈两侧，用来围护拱腹上的散粒填料，通常采用浆砌块、片石，若有特殊的美观要求，可用料石镶面。侧墙一般承受填料土侧压力和车辆作用下的土侧压力，故按挡土墙进行设计。对浆砌圬工侧墙，顶面厚度一般为 50～70 cm，向下逐渐增厚，墙脚厚度取该处墙高的 40%。对混凝土或钢筋混凝土板拱，可采用钢筋混凝土护壁式侧墙，可与主拱整体浇筑。为加强拱脚段的拱圈，常于拱脚段设置护拱，护拱通常采用浆砌块、片石结构，以便在多孔拱桥上设置防水层和泄水管。

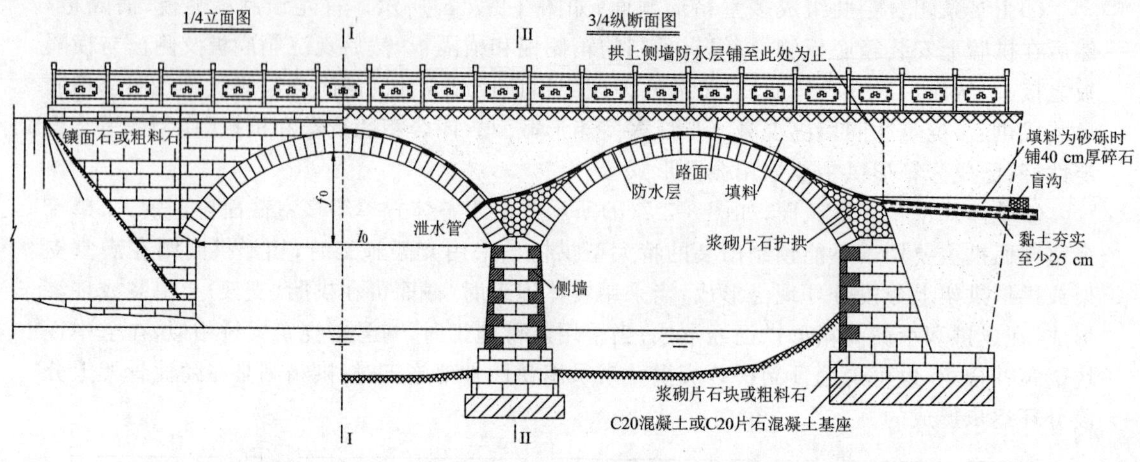

图 3-2-8　实腹式拱桥构造

(2)空腹式拱上建筑

大、中跨径的拱桥，特别是当矢高较大时，应以空腹式拱上建筑为宜。空腹式拱上建筑除具有实腹式拱上建筑相同的构造外，还具有腹孔和腹孔墩。根据腹孔构造，可分为拱式拱上建筑和梁式拱上建筑两种(图 3-2-9)。

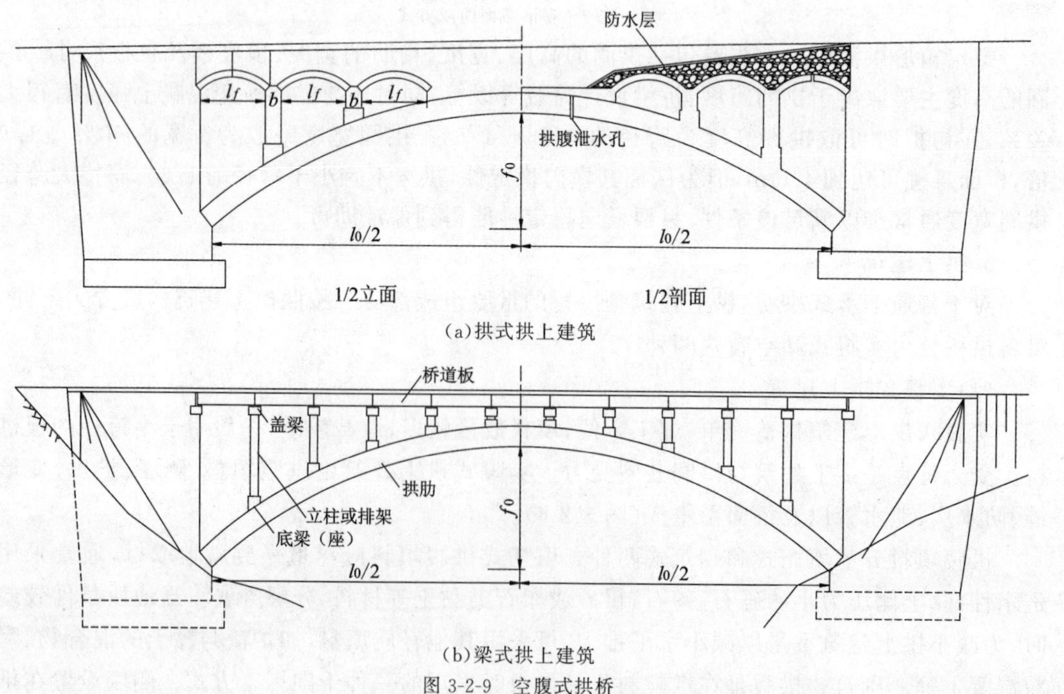

(a)拱式拱上建筑

(b)梁式拱上建筑

图 3-2-9　空腹式拱桥

①拱式拱上建筑

拱式拱上建筑构造简单，外形美观，但重量较大，一般用于圬工拱桥。腹孔的形式和跨径的选择，既要能减轻拱上建筑的重量，又不致因荷载过分集中于腹孔墩处，给主拱圈受力造成不利影响，同时还要使拱桥外形协调美观。

根据腹孔布置方式，拱式拱上建筑的空腹式拱可分为两种：带实腹段的空腹式拱和全空腹式拱。带实腹段的空腹式拱，腹孔一般对称布置在靠拱脚侧的一定区段内，其长度为跨径的 1/4～1/3，跨中存在一实腹段[图 3-2-10(a)]。对于中小跨径拱桥，腹孔跨数以 3～6 孔为宜。全空腹式拱的腹孔跨数以奇数为宜[图 3-2-10(b)]。腹孔跨径，对中小跨径拱桥一般选用 2.5～5.5 m，对大跨径拱桥一般为主拱跨径的 1/15～1/8。腹孔构造宜统一，以便于施工和有利于腹孔墩的受力。

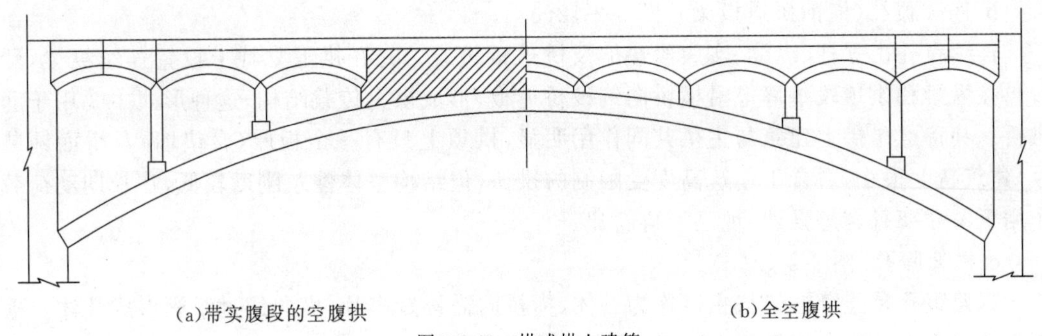

(a)带实腹段的空腹拱　　(b)全空腹拱

图 3-2-10　拱式拱上建筑

腹拱圈一般采用矢跨比为 1/5～1/2 的圆弧线板式结构、矢跨比为 1/12～1/10 的微弯板或扁壳结构。腹拱圈的厚度根据腹孔跨径和受力需要确定，当跨径小于 4 m 时，石板拱为 30 cm，混凝土板拱为 15 cm，微弯板为 14 cm(其中预制 6 cm、现浇 8 cm)；当跨径大于 4 m 时，腹拱圈厚度则可按板拱厚度经验公式拟定或参考已成桥的资料确定。腹拱的拱腹填料与实腹拱填料要求相同。

紧靠桥墩(台)的第一个腹拱，目前较多的有以下做法，一种是将腹拱的拱脚直接支承在墩(台)上[图 3-2-11(a)、图 3-2-11(b)]；一种是跨越桥墩，使桥墩两侧的腹拱圈相连[图 3-2-11(c)]。由于拱圈受力后变形较大，而墩台变形较小，容易造成第一个腹拱因拱脚变位而开裂，因而靠近墩台的第一个腹拱应做成三铰拱。

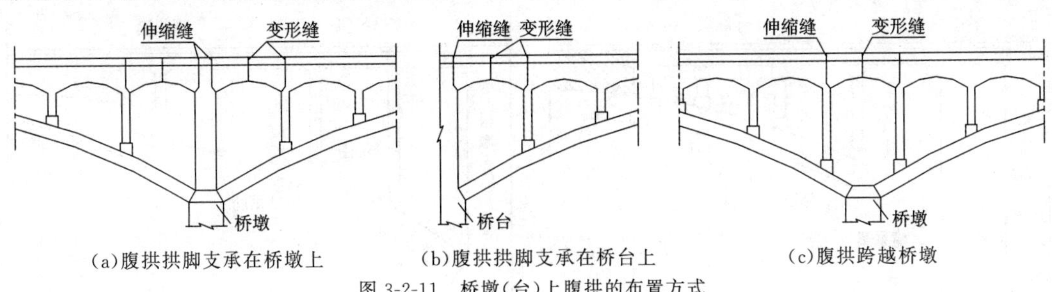

(a)腹拱拱脚支承在桥墩上　　(b)腹拱拱脚支承在桥台上　　(c)腹拱跨越桥墩

图 3-2-11　桥墩(台)上腹拱的布置方式

②梁式拱上建筑

与拱式拱上建筑相比，梁式腹孔拱上建筑可减轻拱上质量，使拱上建筑的恒载分布接近于均布荷载，降低拱轴系数，改善拱圈在施工过程中的受力状况，获得更好的经济效果。腹孔的布置与上述拱式拱上建筑的腹拱布置要求基本相同。

梁式腹孔结构有简支、连续和框架等多种形式。

a. 简支腹孔(纵铺桥道板梁)[图 3-2-12(a)、图 3-2-12(b)]

简支腹孔由底梁(座)、立柱、盖梁和纵向简支桥道板(梁)组成。这种形式的结构体系简单,基本上不存在拱与拱上结构的联合作用,受力明确,是大跨径拱桥拱上建筑主要采用的形式。

根据腹孔布置方式,梁式拱上建筑的空腹式拱同样可分为带实腹段的空腹式和全空腹式两种,前者的腹孔布置的范围及实腹段的构造与拱式腹拱相同[图 3-2-10(a)]。由于拱顶段上面全部被覆盖,空腹、实腹段拱上荷载差异较大,温度变化等因素对拱圈受力不利。目前,大跨径拱桥的梁式拱上建筑一般都取消拱顶实腹段,而采用全空腹式拱上建筑[图 3-2-10(b)]。全空腹式腹孔数宜采用奇数,避免拱顶设有立柱,使拱顶受力不利。

b. 连续腹孔(横铺桥道板梁)[图 3-2-12(c)]

连续腹孔由立柱、纵梁、实腹段垫墙及桥道板组成。先在拱上立柱上设置连续纵梁,然后再在纵梁和拱顶段垫墙上沿横桥向铺设桥道板,形成拱上传载结构,这种形式主要用于肋拱桥。其特点是拱上建筑与主拱共同作用明显,拱顶上只有一个板厚(含垫墙)及桥面铺装厚,建筑高度很小,适合于建筑高度受限制的拱桥,但结构整体性及刚度较低,在长期动荷载作用下易开裂且震感强烈,现已不再新建。

c. 框架腹孔[图 3-2-12(d)]

框架腹孔是连续框架与主拱连为一体,横桥向需设置多片,横向通过系梁形成整体。框架腹孔与主拱的联合作用特别明显,受力不够明确,目前已很少采用。

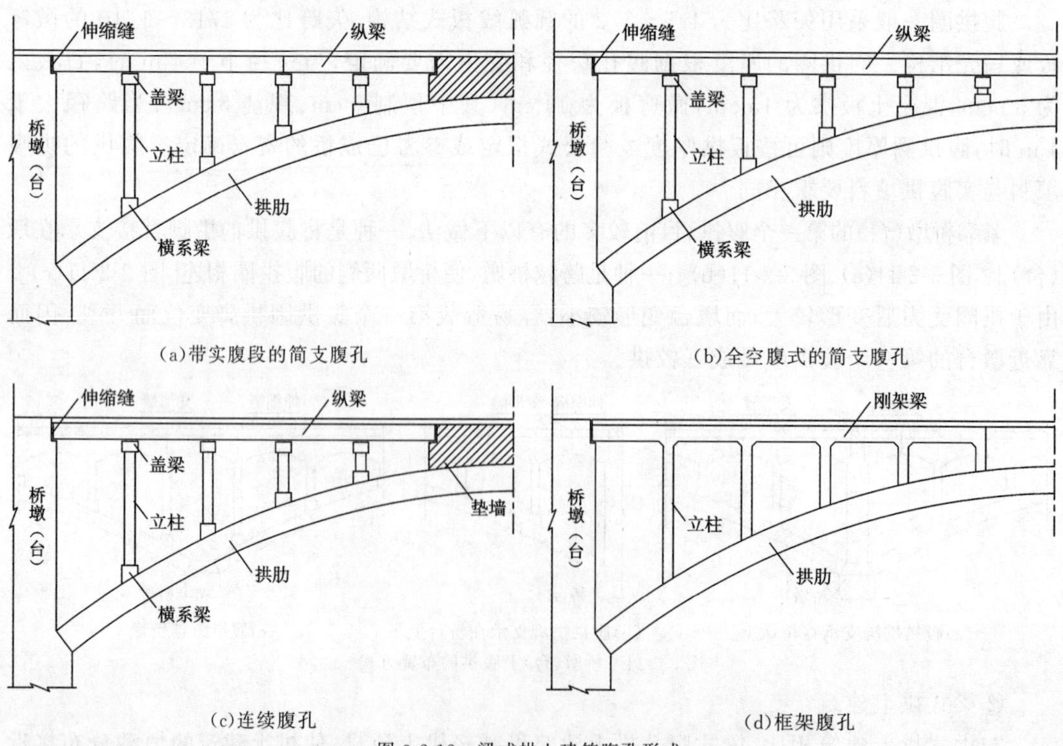

图 3-2-12 梁式拱上建筑腹孔形式

3. 腹孔墩

腹孔墩由底梁、墩身和墩帽组成。根据墩身结构形式,腹孔墩分为横墙式或排架式两种。

(1)横墙式[图 3-2-13(a)]

横墙式腹孔墩采用横墙式墩身,一般用圬工材料砌筑或现浇混凝土形成,主要用于圬工拱桥,施工简便、节省钢材,但自重较大。为了便于维修、减轻质量,可在横向挖一个或几个孔。腹孔墩采用浆砌片、块石时,厚度不宜小于 0.60 m;腹孔墩采用混凝土时,厚度一般应大于腹拱圈厚度。底梁的作用是将横墙传下来的压力较均匀地分散到主拱圈全宽上,其每边尺寸较横墙宽 5 cm,其高度则以使较矮一侧为 5~10 cm 为原则来确定,常采用素混凝土结构。墩帽宽度宜大于墙宽 5 cm,也采用素混凝土。

(2)排架式[图 3-2-13(b)]

排架式腹孔墩是采用钢筋混凝土立柱作为墩身、以钢筋混凝土盖梁作为墩帽的排架结构。为了使立柱传递给主拱圈的压力不至于过分集中,通常在立柱下面设置底梁。立柱和盖梁常采用矩形截面。截面尺寸及钢筋配置除了满足结构受力需要外,还应考虑和拱桥的外形及构造相协调。腹孔墩的立面一般做成竖直的,以方便施工。

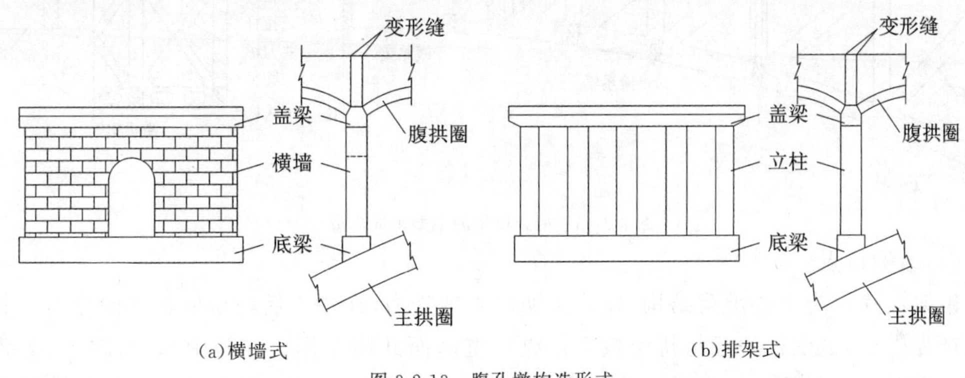

图 3-2-13 腹孔墩构造形式

对于拱上结构与主拱连接成整体的钢筋混凝土空腹式拱桥,在活载或温度变化等因素作用下将引起拱上结构变形,在腹孔墩中产生附加弯矩,从而导致节点附近产生裂缝。当腹孔墩的截面尺寸相同时,矮腹孔墩的相对刚度比高度较大的腹孔墩大,因此附加内力的影响也较大。为了改善矮腹孔墩的受力状态,可以将矮腹孔墩的上、下端设铰,使拱上结构不参与主拱受力,使它成为仅受轴向压力的受力构件。为了简化构造和方便施工,一般高立柱采用固结形式,而只将靠近拱顶处的 1~2 根高度较小的矮立柱上、下端设铰(图 3-2-14)。

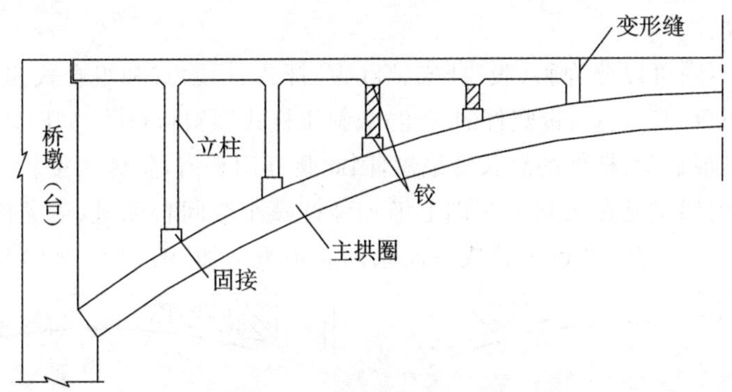

图 3-2-14 立柱与主拱圈、盖梁的连接方式

二、整体型上承式拱桥

为了进一步减轻拱桥自重，增强桥梁结构的整体性，充分发挥装配式施工的优势及扩大使用范围，整体型上承式钢筋混凝土拱桥在我国推广应用。与普通上承式拱桥不同，整体型上承式拱桥不能分成主拱圈和拱上结构。整体型上承式拱桥主要包括桁架拱桥和刚架拱桥。

1. 桁架拱桥

桁架拱桥又称拱形桁架桥。桁架拱桥是一种有水平推力的桁架结构，其上部结构由桁架拱片、横向联结系和桥面组成。桁架拱片是主要承重结构，由上、下弦杆，腹杆和实腹段组成，其立面布置如图 3-2-15 所示。

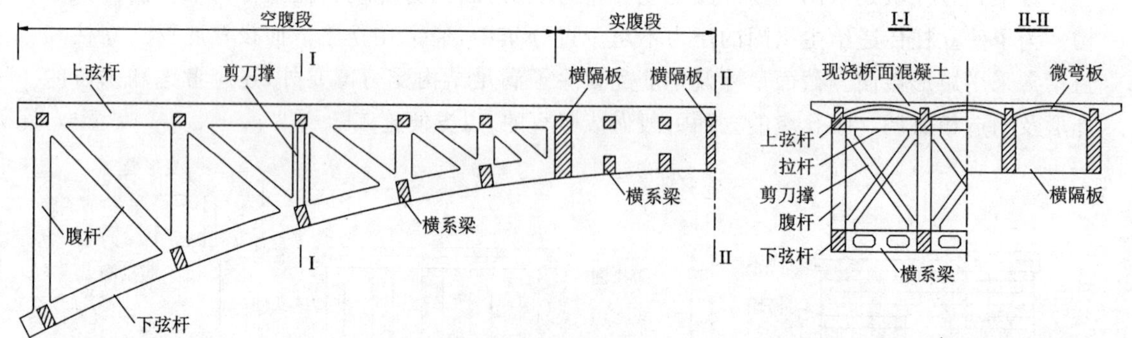

图 3-2-15　桁架拱桥的主要组成部分

(1)结构特点

桁架拱片作为主要承重结构，在施工期间单独受力，在竣工后与桥面板共同受力。其中下弦杆为拱形，上弦杆一般与桥面板组合成一整体而共同工作。在跨中部分，因上、下弦杆很靠近而做成实腹段。桁架拱在荷载作用下具有水平推力，使跨间弯矩减小，跨中实腹段在荷载作用下以受压为主，弯矩较小，为偏心受压构件，具有拱的受力特点。同时，由于它相当于把普通型上承式拱的传载构件(拱上结构)与拱肋连成整体共同受力，各杆件主要承受轴力，所以又具有桁架的受力特点。由于桁架拱兼备了桁架和拱式结构的有利因素，因此能充分发挥材料的受力性能。桁架拱外部通常采用两铰结构，因而基础位移、温度变化等产生的附加内力较小，适合软弱地基需要。钢筋混凝土普通桁架拱宜应用于 20～50 m 的中等跨径拱桥。

(2)结构形式

根据其构造不同可以分为斜(腹)杆式、竖(腹)杆式、桁肋式和组合式四种。

斜(腹)杆式可分为三角式、带竖杆的三角式、斜压杆式和斜拉杆式，如图 3-2-16 所示。三角式桁架拱片的腹杆根数少，杆件的总长度最短，因此腹杆用料省，整体刚度较大[图 3-2-16(a)]。带竖杆的三角式桁架拱是在三角式基础上增加竖杆减小节间长度，以避免拱跨较大、矢高较高时，三角式桁架拱节间长度过大造成桥面系钢筋用量增加[图 3-2-16(b)]。

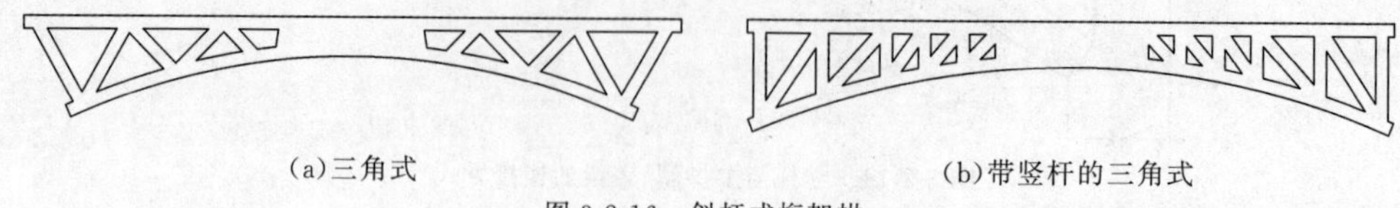

(a)三角式　　(b)带竖杆的三角式

图 3-2-16　斜杆式桁架拱

竖杆式桁架拱片[图 3-2-17(a)]外形美观、节点构造简单、施工较方便，但整体刚度较小，竖杆与上、下弦杆连接的节点处易开裂，故适用于荷载小、跨径较小的桥梁。

桁肋式拱桥[图 3-2-17(b)]实质上为普通型上承式拱桥，仅是将主拱圈改为桁架结构。桁肋自重轻，吊装方便，适宜于无支架施工。但由于桁架在拱脚处固结，基础变位、温度变化和混凝土收缩徐变引起的附加内力较大，拱脚上弦杆易开裂。

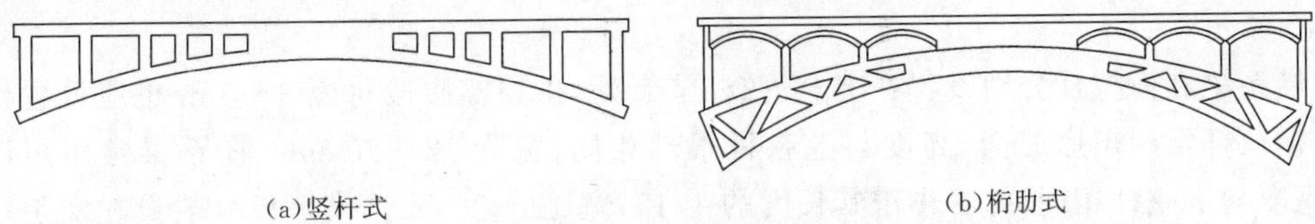

(a)竖杆式　　(b)桁肋式

图 3-2-17　竖杆式和桁肋式拱

桁式组合拱是我国首创的一种新桥型，一般为三跨预应力结构。桁式组合拱与前面三种桁架拱的主要区别在于上弦杆断点位置不同。前面三种桁架拱的上弦杆简支于墩(台)上，上弦杆在墩(台)之间没有断缝，而桁式组合拱上弦杆却是在墩(台)顶部至拱顶之间适当位置断开，形成一条断缝，从断点至墩(台)顶部形成一个与墩(台)固结的悬臂桁架，跨间两断点之间为一普通桁架拱，下弦杆保持连续，如图 3-2-18 所示。

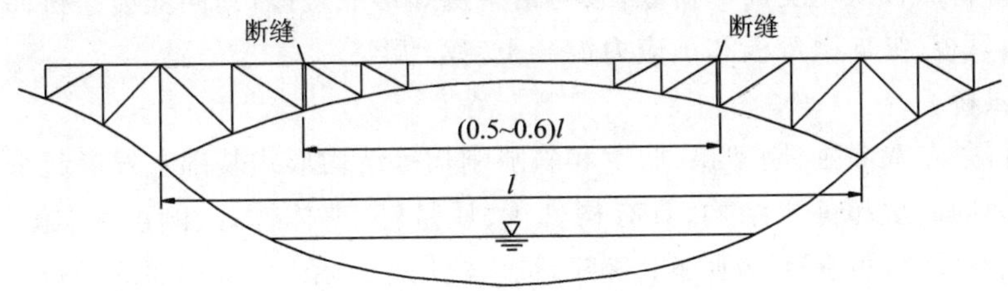

图 3-2-18　桁式组合桥的组成

(3)结构构造

①桁架拱片

考虑到桥面板参与受力，上弦杆和实腹段轴线应是包括桥面板在内的截面重心之连线。下弦杆相当于桁架拱的拱肋，其轴线可以采用圆弧线、二次抛物线和悬链线等。由于桁架拱为有推力体系，腹杆内力与桁架拱下弦杆轴线有关，通常是结构恒载压力线越接近下弦轴线，腹杆内力越小。桁架拱片各杆件的轴线应于节点处相交于一点，以免产生附加弯矩。

a. 矢跨比

矢跨比是对桁架拱片造型和受力都有重大影响的一个结构参数，当矢跨比小时，立面外形轻巧美观，腹杆较短，刚度大，吊装质量轻，节省材料。但矢跨比越小水平推力就越大，造成墩台负担增大。当矢跨比大时，则情况相反。一般其净矢跨比取值 1/10～1/6。

b. 节间长度

桁架拱片的节间长度与上弦杆局部受力有关。节间长度大，节点就少，结构简化，但上弦杆截面需增大，自重增大，所以节间长度一般不大于计算跨径的 1/12～1/8。对斜杆式桁架拱，为避免产生过大的内力和变形，还应使斜杆与上弦杆的夹角为 30°～50°，这就要求节间长度自端部向拱顶递减。

②片数及间距

桁架拱片的片数及间距与桥宽、跨径、荷载、材料、施工以及桥面板构造及经济性有关。一般来说，片数越多，材料越多，但桥面板跨径减小。反之，桁片用材减少，但桥面板跨度增大。在跨径较大时，采用较少片数较为经济，且外形美观，同时可减少预制安装工程量，但需考虑到桥面板的跨越能力。跨径为 20～50 m 的桁架拱桥，拱片间距宜为 2～3.5 m。

③横向联系

为把数片桁架拱片连成整体，使之共同受力，并增强其横向稳定性，需在桁架拱片之间设置横向联系。横向联系根据设置部位不同，分为横拉杆、横系梁、横隔板和剪刀撑等，如图 3-2-19 所示。

横系梁和横拉杆分别设置在上、下弦杆节点处，拱顶实腹段每隔 3～5 m 也应设置横系梁。横拉杆常用矩形截面，高度与上弦杆根部相同，宽为 12～20 cm。横系梁常用矩形截面，高度与下弦杆相同，并不小于其长度的 1/15，宽 12～20 cm。横隔板一般设在实腹段与桁架部分连接处及跨中，它在高度方向直抵桥面板，与横系梁同厚。横桥向的剪刀撑一般设在四分之一跨径附近的上、下节点之间及跨径端部，剪刀撑杆件常用边长为 10～18 cm 的正方形截面。对大跨径桁架拱，还可在下弦杆平面内设置横向联结系杆件，以加强桥梁横向刚度。

④桥面系

桁架拱桥桥面板既承受局部荷载，又与桁架拱片形成整体，共同受力。桥面结构形式很多，有横向微弯板、纵向微弯板和预应力混凝土空心板等。

2. 刚架拱桥

刚架拱桥是在双曲拱、刚架拱、肋拱和斜腿刚构等结构形式基础上发展起来的。刚架拱桥属于有推力的高次超静定结构，具有构件少、质量轻、整体性好、刚度大、施工简便、造价低、造型美观等优点，可在软土地基上修建，被广泛用于跨径为 25～70 m 的桥梁。

刚架拱桥的上部结构由刚架拱片、横向联结系和桥面等部分组成(图 3-2-19)。刚架拱片是刚架拱桥的主要承重结构，一般由跨中实腹段的主梁、空腹段的次梁、主拱腿(主斜撑)、次拱腿(次斜撑)等构成，与桥面板一起形成刚架拱的主拱片。

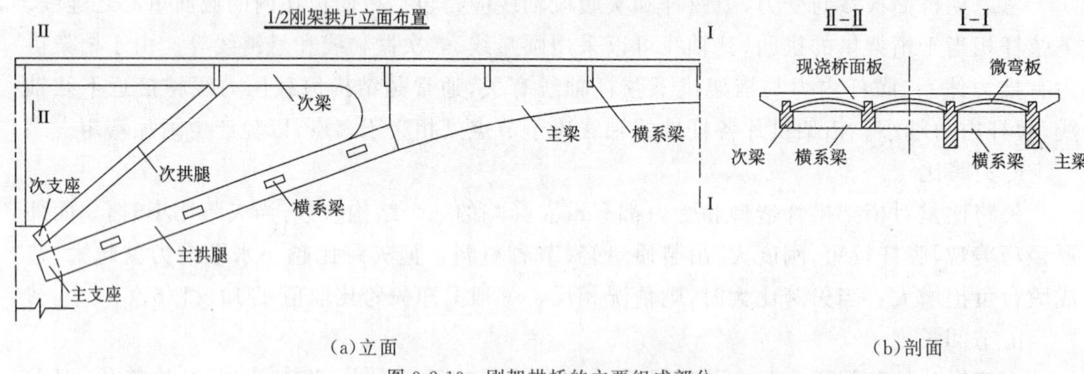

(a)立面　　　　(b)剖面

图 3-2-19　刚架拱桥的主要组成部分

主梁和主拱腿的交接处称为主节点，次梁和次拱腿的交接处称为次节点，节点构造一般均按固结设计。主节点位置由实腹段长度和拱腿斜度确定，一般来说，实腹段长度为桥梁跨径的 40%～50%，拱腿与水平夹角为 30°左右，主节点位于跨径的 25%～30%。次节点位置与主节点位置和空腹段纵梁跨度有关，当仅设一根斜撑时，宜将次节点布置在纵梁中点。

主梁和主拱腿构成的拱形结构的几何形状是否合理，对全桥结构的受力有显著的影响，设计原则是在恒载作用下弯矩最小。主梁和次梁的梁肋上缘线一般与桥面纵向平行，主梁下边缘线一般可采用矢跨比为 1/20～1/16 的二次抛物线、圆弧线或悬链线。主拱腿可根据跨径大小和施工方法等不同，设计成等截面直杆或微曲杆。

刚架拱片可以采用现浇或预制安装的方法施工，应根据运输条件和安装能力具体确定，目前大多数采用后者。为了减小吊装质量，可将主梁和次梁、斜撑等分别预制，用现浇混凝土接头连接。当跨径较大时，次梁还可分段预制。

第二节 中、下承式拱桥的构造

一、适用场合及总体布置

1. 适用场合

中、下承式拱桥因造型灵活、曲线优美、刚柔并济，在实际工程建设中被广泛应用：当桥梁的建筑高度受到严格限制，采用上承式拱桥有困难或矢跨比过小时，采用中、下承式拱桥可满足桥下净空要求；在不等跨的多孔连续拱桥中，为了平衡左右桥墩的水平推力，将较大跨径的桥孔矢跨比加大，做成中承式拱桥以减小大跨的水平推力；在平坦地形的河流上，采用中、下承式拱桥可以降低桥面高度，有利于改善桥梁两端引道的纵面线形，减少引道的工程数量；有时为了满足当地景观和美学需要而采用中、下承式拱桥。

2. 总体布置

中、下承式拱桥的桥跨结构由拱肋、横向联结系和悬挂结构三部分组成。拱肋是主要的承重构件；横向联结系设置在两片拱肋之间，用以增强分离式拱肋的横向刚度和稳定性；悬挂结构包括立柱（或吊杆）和桥面系等，桥面荷载通过它们将作用力传递到拱肋上。

中承式钢筋混凝土拱桥的总体布置如图 3-2-20 所示，中承式拱桥的行车道位于拱肋的中部，桥面系（行车道、人行道、栏杆等）一部分用吊杆悬挂在拱肋上，一部分用立柱支承在拱肋上。

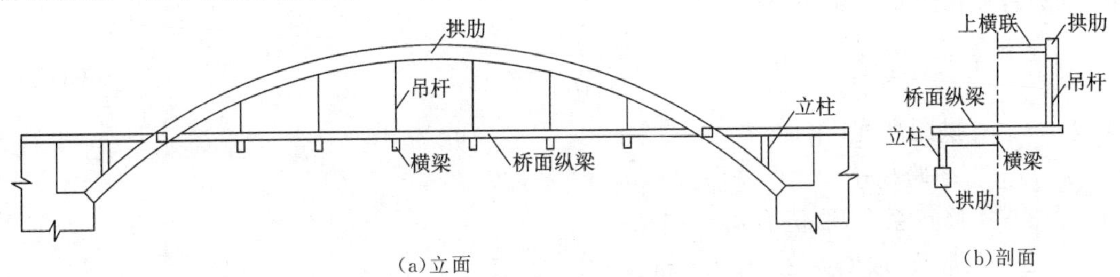

(a)立面 (b)剖面

图 3-2-20 中承式钢筋混凝土拱桥的总体布置

下承式拱桥的总体布置如图 3-2-21 所示，下承式拱桥的行车道位于拱肋以下，桥面系（行车道、人行道、栏杆等）用吊杆悬挂在拱肋上。

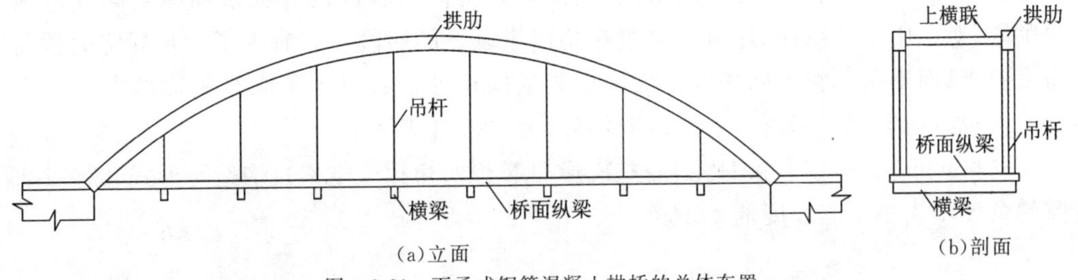

(a)立面 (b)剖面

图 3-2-21 下承式钢筋混凝土拱桥的总体布置

二、中、下承式拱桥的基本组成和构造

1. 拱肋

拱肋可采用混凝土、钢管混凝土、劲性骨架混凝土或钢材。两片拱肋一般在两个相互平行的平面内，为提高拱肋的横向稳定性，也可使两拱肋平面内倾，使之在水平面上的投影呈“X”形（提篮式拱），如图 3-2-22 所示。

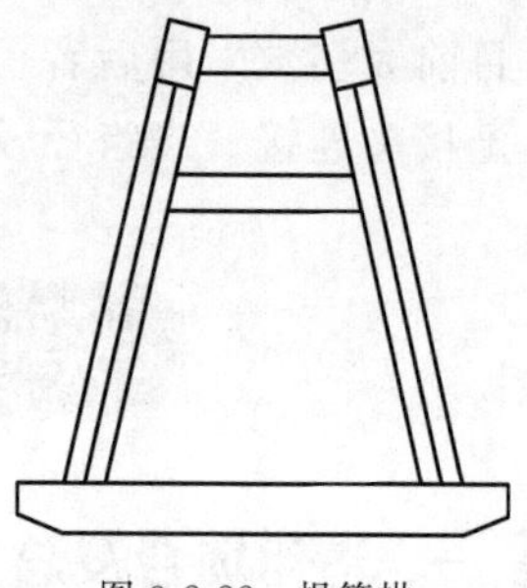

图 3-2-22　提篮拱

中、下承式拱桥一般采用无铰拱形式，以保证其刚度。在中、下承式拱桥中，通常采用较大的矢跨比来减小水平推力，常用矢跨比为 1/7～1/4。其恒载分布比较均匀，因此拱轴线形可采用二次抛物线，也可采用悬链线。

钢筋混凝土拱肋的截面形状根据跨径的大小、荷载等级和结构的总体尺寸，可以选用矩形、工字形、箱形或管形（构成钢管混凝土拱肋），可以为等截面或变截面。有时为了增强肋拱的横向刚度和稳定，可将拱脚段的肋宽增大。

矩形截面的拱肋施工简单，一般用于中、小跨径的拱桥，拱肋的高度为跨径的 1/70～1/40，肋宽为肋高的 50%～1.0 倍；工字形和箱形截面常用于大跨径的拱肋。拱顶截面高度拟定采用下列经验公式：

（1）跨径≤100 m 时

$$h=\frac{l_0}{100}+\Delta \tag{3-2-1}$$

式中　h——拱圈高度；

l_0——净跨径；

Δ——常数，取值为 0.6～1.0 m，跨径大时，选用上限。

（2）跨径在 100～300 m 时

$$h=\frac{l_0}{100}+\alpha\Delta \tag{3-2-2}$$

式中　h——拱圈高度；

l_0——净跨径；

α——修正系数，取值为 0.6～1.0；

Δ——常数，取值为 2.0～2.5 m。

2. 横向联结系

为了保证两片拱肋的横向刚度和稳定性，一般须在分离的拱肋间设置横向联系。横向联系的设置往往受桥面净空高度的限制，横向联系构件只容许设置在桥面净空高度范围之外的拱段（对于中承式拱肋，还可以设置在桥面系以下的肋段），有时为了满足规定的桥面净空高度要求，而不得不将拱肋矢高加大来设置横向构件。有时为了满足桥面净空要求和改善桥上的视野而取消行车道以上的横向构件，做成敞口式拱桥。

横向联系可做成一字形和 H 形横撑、K 形和 X 形对角撑或空格式构造等形式（图 3-2-23），横撑的宽度不应小于其长度的 1/15。

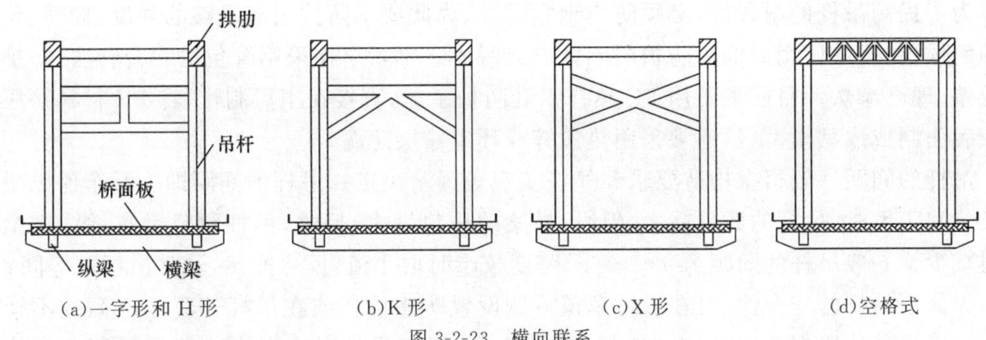

(a)一字形和 H 形　(b)K 形　(c)X 形　(d)空格式

图 3-2-23　横向联系

无横向风撑的中、下承式拱桥主要依赖以下几个主要因素来保证横向稳定：

(1)拱脚具有牢靠的刚性固结。

(2)对于中承式拱桥，要加强在桥面以下至拱脚区段的拱肋间固结横梁的刚度，并设置 K 撑或 X 撑。

(3)对于下承式拱桥，可采用半框架式的结构，即采用刚性吊杆，并与整体式桥面结构或横梁固结，给拱肋提供足够刚度的侧向弹性支承，以承受拱肋上的横向水平力。

(4)加大拱肋的宽度，使其本身具有足够的横向刚度和稳定性。

3. 吊杆

桥面系悬挂在吊杆上，吊杆的作用是将桥面荷载传递到拱肋上。吊杆根据其构造分为刚性吊杆和柔性吊杆两类。

刚性吊杆是用钢筋混凝土或预应力混凝土制作，刚性吊杆可以增强拱肋的横向刚度，但用钢量较大、施工程序多、工艺复杂。采用刚性吊杆时，吊杆两端的钢筋应扣牢在拱肋与横梁中。刚性吊杆一般采用矩形截面，主要承受轴向拉力和上、下节点处的局部弯矩。为了减小刚性吊杆承受的弯矩，其截面尺寸在顺桥向应设计得小一些，但为了增强拱肋面外的稳定性，横桥向尺寸应该设计得大一些。

柔性吊杆一般用高强钢丝或钢绞线等高强钢材制作。高强钢丝吊杆通常采用冷铸锚(图 3-2-24)或热铸锚，钢绞线吊杆采用整束挤压方式锚固。

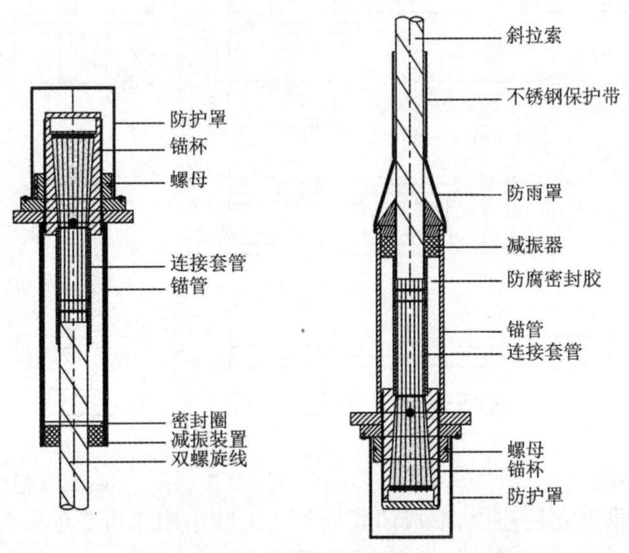

图 3-2-24　高强钢丝吊杆构造

为了提高吊杆的耐久性，必须防止钢索锈蚀，为此要求防护层有足够的强度、韧性、附着性和耐候性，确保使用周期内防护层不开裂或脱落。钢索早期采用缠包法和套管法，防护效果较差，现已淘汰。目前主要用PE热挤索套防护工艺，直接在工厂制作，将PE材料挤压在钢束表面制成成品索，钢丝通常采用热镀锌或环氧涂层防腐。

吊杆的间距一般根据构造要求和经济美观等因素决定。吊杆的间距即为行车道纵梁的跨长。间距大时，吊杆的数目减少，但纵、横梁的用料增多；反之，吊杆数目增多，纵、横梁的用料减少。一般吊杆的间距为4～10 m，跨度较小时取小值，反之亦然，通常吊杆取等间距。

为保证吊杆的安全性，可在靠行车道一侧设置防撞护栏或在吊杆外套2 m高的不锈钢管。吊杆设计使用寿命比主体结构短，需要更换吊杆，设计时应考虑便于吊杆更换的构造措施。

4. 桥面系

(1)横梁

中承式拱桥的横梁可以分为固定横梁、吊杆横梁和刚架横梁三类。桥面系与拱肋相交处的横梁一般与拱肋刚性连接，其截面尺寸与刚度比其他横梁大，通常称为固定横梁（又称桥面横梁或肋间横梁）；通过吊杆悬挂在拱肋下面的横梁称为吊杆横梁（又称立柱横梁）；通过立柱支承在拱肋之上的横梁称为立柱横梁，因常与立柱形成刚架，又称刚架横梁。

固定横梁由于其位置特殊，它既要能传递垂直荷载和水平横向荷载，有时还要传递纵向制动力以及从拱肋和桥面传来的弯矩、扭矩和剪力，因此必须与拱肋刚性连接，且其外形须与拱肋和桥面系相适应。桥面与拱肋相交处附近，主拱占去了一定宽度的桥面，为了保证人行道宽度不在此处颈缩，故固定横梁一般比吊杆横梁要长，常用的截面形式有工字形、不对称工字形和三角形等。

吊杆横梁如图3-2-25所示，其截面形式常用的有矩形、工字形和土字形。大型横梁也可以采用箱形截面，其尺寸取决于横梁的跨度（拱肋中距）和承担桥面荷载的长度（吊杆间距），一般为钢筋混凝土构件，跨度较大时，也可以采用预应力混凝土构件或钢构件。

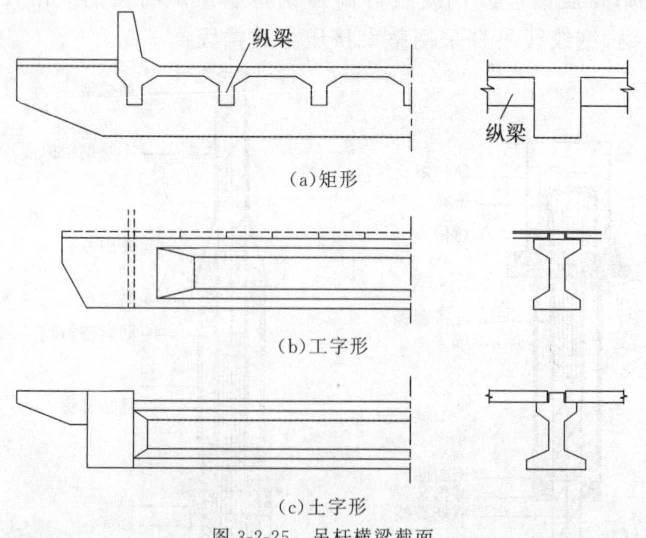

图3-2-25　吊杆横梁截面

刚架横梁常与拱上立柱连接，形成门式框架。为减小刚架所受的纵向水平力，中承式拱桥桥面纵梁的固定支座一般不设在拱上门式刚架上。

根据横梁间距的不同,横梁高度可取拱肋间距(横梁跨径)的 1/15～1/10,为满足搁置和连接桥面板的需要,横梁上缘宽度不宜小于 60 cm。

(2)纵梁

中、下承式钢筋混凝土拱桥跨度一般不大,横梁的间距一般在 4～10 m 范围内,纵梁多采用 T 形、Ⅱ形小梁,形成简支梁结构或连续梁结构(图 3-2-26),或直接在横梁上满铺空心板、实心板。

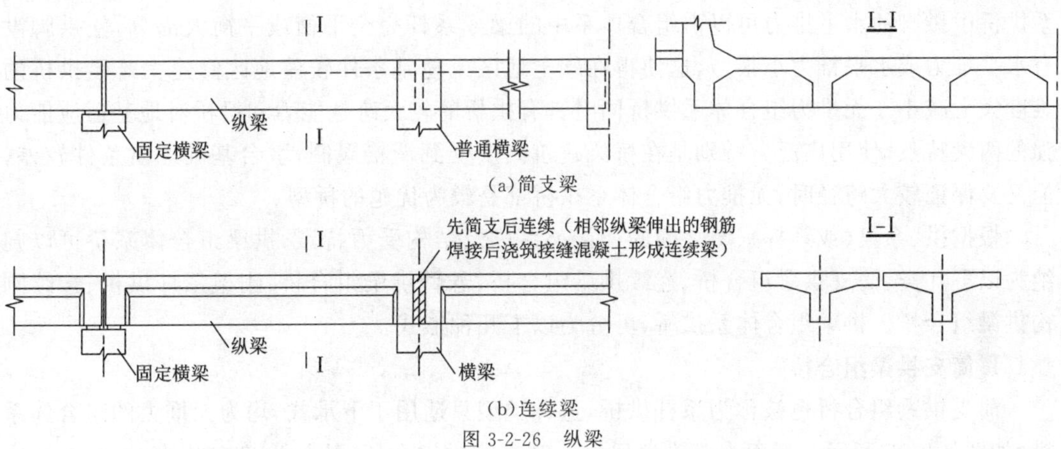

图 3-2-26 纵梁

简支梁结构构造简单,受力明确,一旦吊杆失效就会导致桥面垮塌,已较少采用。现常采用连续梁结构。根据纵梁与吊杆横梁的连接方式,又分为两种:一种是纵梁连续,下设支座,与吊杆横梁分离;另一种是纵梁与横梁固结。为方便施工,大多采用先简支后连续结构。

对于特大跨径的中、下承式拱桥,还可在纵、横梁形成的梁格体系上现浇桥面板形成组合梁。由于钢筋混凝土梁格体系施工复杂,故多采用钢结构制作纵、横梁形成梁格体系,桥面板预制安装,再现浇桥面板湿接缝。

(3)行车道系

行车道系由纵、横梁和车道板组成。车道板上铺桥面铺装,安设人行道和栏杆等。桥面板一般为普通钢筋混凝土结构,也可采用预应力或部分预应力结构。桥面板可与纵梁连成整体,形成 T 梁或 H 梁,也可在预制的纵梁上现浇桥面板形成组合梁。另一种方案是采用在横梁上密铺预制空心板或实心板,取消纵梁和桥面板。为减小横梁和横向联系的跨度,通常将人行道布置在吊杆的外侧。为确保安全,须在吊杆位于行车道一侧的桥面上设置防撞栏杆,以避免吊杆遭到车辆碰撞破坏,导致桥面垮塌的严重事故。

第三节 组合体系拱桥的构造

一、概述

组合体系拱桥是将拱与其他基本结构相组合而形成的。组合体系拱桥具有多种不同形式,如拱梁组合体系桥、斜拉拱桥和悬索拱桥等。在组合体系拱桥中,以拱梁组合体系桥数量最多、应用最为广泛。拱梁组合体系拱桥是指将梁或系杆和拱两种基本结构组合后形成的组合体系桥梁,两者共同工作,传递荷载。拱主要受压,具有结构刚度大、材料利用率高的优点，缺点是水平推力大，对地基条件要求高；梁的优势在于能够直接承担活载，并能承担较大的弯矩和轴向力。两者合理组合形成的组合体系能够充分发挥各自的结构优点，克服缺点。由于拱梁组合体系桥的诸多优势，近年来得以长足发展。近年来修建的拱式桥梁中，拱梁组合体系桥占了相当大的比例。

按照拱脚是否产生推力，组合体系拱桥一般可划分为有推力和无推力两种类型。无推力组合体系拱桥也称为系杆拱桥，属于外部静定结构。与简单体系拱桥相比，无推力组合体系拱桥中拱脚的水平推力可以由组合体系中的梁或系杆完全平衡或平衡大部分，使拱脚没有水平推力或水平推力小很多，这使得在软土地区或地基条件较差地区修建大跨径拱桥的难度大大减小。无推力组合体系拱桥同时具有拱桥的较大跨越能力和梁桥对地基适应能力强的两大特点，使用广泛。特别是在桥梁建筑高度受到严格限制，墩台基础地质条件较差，但又要保证较大跨径时，无推力组合体系拱桥都是较为优越的桥型。

根据拱、系梁（或系杆）、墩之间的连接关系以及结构受力特点，拱梁组合体系桥可以归纳为以下几类：简支拱梁组合桥、连续拱梁组合桥、悬臂拱梁组合桥、刚架系杆拱桥、连续刚构拱梁组合桥。拱梁组合体系拱桥，可分为以下几种形式：

1. 简支拱梁组合桥

简支拱梁组合桥也被称为系杆拱桥，这种类型只适用于下承式，均为无推力的组合体系拱，如图 3-2-27 所示。桥面上常设置风撑。简支梁拱组合桥，外部为静定结构，内部为高次超静定结构。其主要承重构件除拱肋外，还有梁（或系杆），拱肋和梁之间由吊杆连接，以达到共同受力的目的。

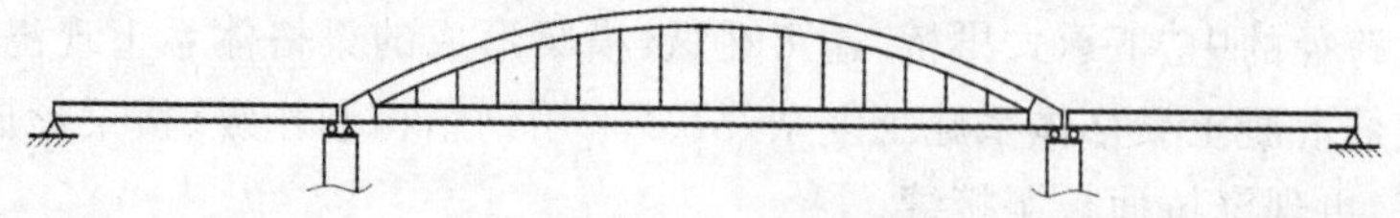

图 3-2-27　简支梁拱组合桥

根据拱肋和系梁相对刚度的大小，无推力拱式组合体系可划分为：柔性系杆刚性拱、刚性系杆柔性拱和刚性系杆刚性拱三种基本组合体系。一般认为，满足 $(EI)_{拱}/(EI)_{系}>100$ 时为柔性系杆刚性拱，满足 $(EI)_{拱}/(EI)_{系}<100$ 时为刚性系杆柔性拱，满足 $1/100<(EI)_{拱}/(EI)_{系}<100$ 为刚性系杆刚性拱。

刚拱柔梁是组合体系拱桥中较早使用的一种形式，曾得到较多应用。其柔性系梁主要用来平衡拱脚的水平拉力，分担的竖向荷载很小，所受的弯矩也相对较小，竖向荷载一般由桥面板传递到横梁上，然后再通过吊杆传递到拱肋上。

柔拱刚梁实际上以梁为受力主体，拱肋借助吊杆对主梁提供弹性支撑，在跨径较大时，可以显著减小梁的高度，并在较小的梁高下获得较大的整体竖向刚度。这种形式常采用先梁后拱施工方法，当跨径较大且梁高较小时，须采用支架施工，在有些场合不便采用。

2. 连续拱梁组合桥

连续拱梁组合桥可以是上承式、中承式及下承式（图 3-2-28），也可以是单肋拱、双肋拱或多肋拱与加劲梁组合。多肋拱及双肋拱中加劲梁的截面形式可类似于简支拱梁组合桥的布置；单肋拱必须配置有箱形截面加劲梁，以加劲梁强大的抗扭刚度抵消偏载的影响。这种桥型造型美观，本身刚度大，跨越能力强。

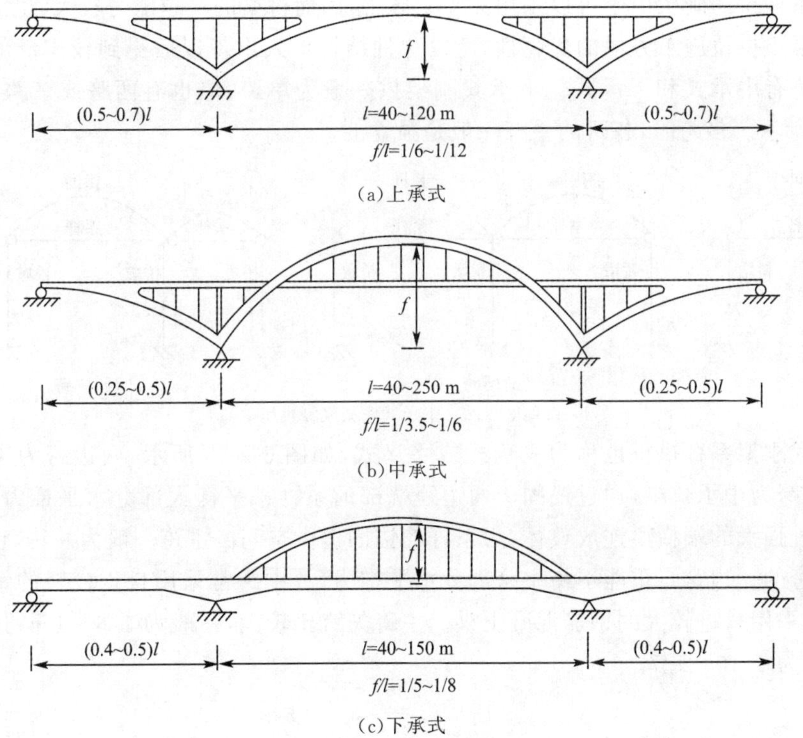

图 3-2-28 连续拱梁组合桥

上承式连续拱梁组合桥上部结构的主要受力构件包括上弦加劲梁和下弦拱肋，上弦加劲梁受拉弯作用，下弦拱肋受压弯作用。跨数一般为三跨，中跨拱肋为一完整拱，两边跨拱肋各有半拱，每跨沿纵向布置分实腹段与空腹段，加劲梁与拱肋在拱顶合为一体，刚性连接属超静定结构。恒载作用下的水平推力主要由加劲梁承担，与桥墩上的推力相互平衡而对桥墩不产生推力，活载作用下中间墩有较小的水平推力。

下承式连续拱梁组合桥实际上为 3 跨或多跨连续梁桥，拱通过吊杆对中孔主梁进行加强，可有效减小中孔主梁的弯矩，提高中孔的竖向刚度，降低中孔主梁的建筑高度，并通过主梁承担拱圈的水平推力。在一些特殊场合，如平原地区跨线或跨越有通航要求的河流时，既需要保证桥下净空，又不希望桥面高程太高，且要求桥梁竖向刚度大、整体性好时，下承式连续拱梁组合桥就显出了其优越性。

3. 悬臂拱梁组合桥

悬臂拱梁组合桥只适用于上承式，一般为三跨布置。其基本组成包括拱肋、立柱、纵梁、挂孔、横向联系等。由于结构整体上为一个悬臂结构加简支挂梁，活载作用下悬臂梁的变形与简支梁的变形不连续，存在转折点，导致桥面不平顺，容易跳车。由于这种结构体系的先天不足，总体上修建数量很少，现在已经较少采用。

4. 刚架系杆拱桥

刚架系杆拱桥是随着钢管混凝土拱桥的发展而发展起来的一种桥型。其特点是拱肋与桥墩固接，不设支座，采用预应力钢绞线作为系杆平衡拱的推力。桥面系为局部受力构件，系杆独立于桥面系之外，不参与桥面系受力。这种结构由于拱和墩连接处为刚节点，属刚架结构，又带有系杆，故称之为刚架系杆拱。

刚架系杆拱的施工由于可以采用无支架施工，因而桥梁的跨越能力较大，也能够充分发挥钢管混凝土拱桥施工方便的优越性，所以这种结构形式出现以后得到较广泛的应用。刚架系杆拱桥有中承式和下承式。下承式刚架拱一般为单跨，但也有两跨或三跨连续的，如图 3-2-29 所示。多跨时，各跨的系杆一般是独立的。

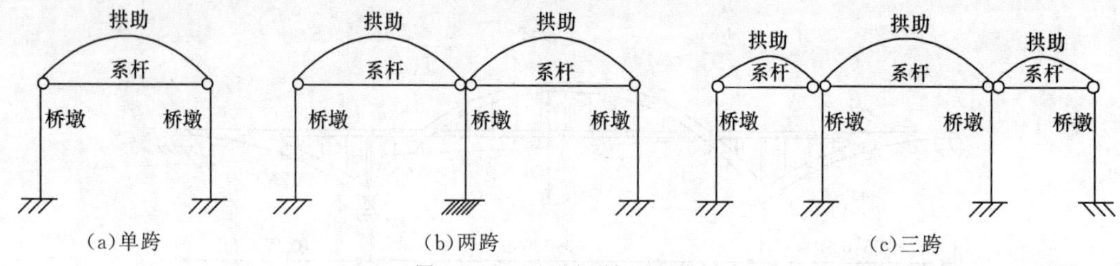

图 3-2-29　下承式刚架系杆拱桥

中承式刚架系杆拱桥也称为飞燕式或飞鸟式，如图 3-2-30 所示，两边跨为半跨悬臂上承式拱，主跨为中承式拱，通过锚固于两边跨端部的系杆来平衡大部分水平推力，边跨的拱肋之间通过强大的端横梁连成整体，为系杆的锚固提供空间。主跨一般为一跨，也有主跨为两跨或三跨的。边跨自重能平衡主跨部分水平推力，故中跨常采用自重较轻的钢管混凝土拱，而边跨采用自重较大的钢筋混凝土拱。主跨矢跨比较大，一般为 1/6～1/4；边跨矢跨比较小，一般为 1/10～1/7。

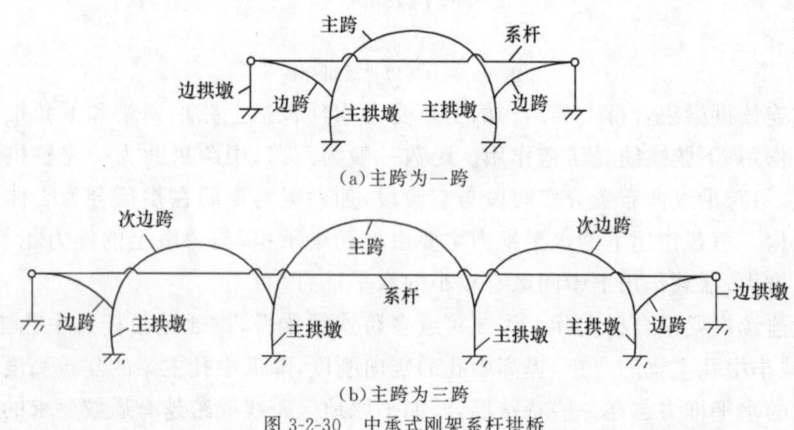

图 3-2-30　中承式刚架系杆拱桥

5. 连续刚构拱梁组合体系桥

连续刚构拱梁组合体系桥的特点是梁与墩固接，拱与梁刚性连接，梁为刚性梁。连续刚构拱梁组合结构具有预应力混凝土连续刚构桥和拱桥两者的受力特点，竖向荷载由梁、拱共同承担，各自承担荷载的大小受梁、拱刚度和吊杆轴向刚度大小的影响。连续刚构拱梁组合体系桥的结构内力受温度、收缩徐变影响较大，同时还受到拱梁上部结构施工方法的影响，结构受力比较复杂。

二、组合体系拱桥的基本组成和构造

组合体系拱桥类型很多，不同类型的组合体系拱桥，其基本组成和构造也不同。这里重点介绍拱梁组合体系桥的基本组成和构造。拱梁组合体系桥一般由拱肋、系梁（或系杆）、吊杆（或立柱）、横向联系、行车道梁（板）及桥面系等组成，其中吊杆和横向联系的构造与中、下承式拱桥类似。

1. 拱肋

对于柔性系杆刚性拱，拱肋的构造和截面形式基本上可参考普通的下承式肋拱桥，矢跨比一般在1/5～1/4范围内取值。拱肋截面根据跨径的大小和荷载等级可选用矩形、工字形或箱形。拱肋高度对于公路桥 $h=(1/50\sim1/30)l$（l 为主拱跨径），宽度 $b=(0.4\sim0.5)h$。一般矩形截面用于较小跨径，当肋高超过1.5～3.5 m时，采用工字形或箱形截面较为合理。

刚性系杆柔性拱以梁为受力主体，拱肋高度 h 通常取 $(1/120\sim1/100)l$，拱肋宽度一般采用 $b=(1.5\sim2.5)h$。对公路桥，刚性系杆高度为 $h=(1/35\sim1/25)l$，跨度较大时，还可做成变截面。拱肋截面常采用宽矮实心矩形断面，拱肋截面内的钢筋可采用普通钢筋、型钢或钢管，以缩小拱肋面积。

在刚性系杆刚性拱中，为了方便端部节点处的构造连接，常将拱肋和系杆设计成相同的截面形式，中小跨径拱桥多采用工字形截面，当跨径较大时，常采用箱形截面。拱肋高度 $h=(1/80\sim1/50)l$，拱肋宽度 $b=(0.8\sim2.5)h$。

2. 系梁及系杆

在拱梁组合桥中，拱肋产生的推力全部或大部分由系梁或系杆承担，它们是拱梁组合桥的关键构件之一。系杆只承担拱肋的水平推力，为轴心受拉构件，不承担桥面局部荷载，也不参与拱肋抗弯作用，系杆与横梁、吊杆或立柱之间没有相互作用。系杆多采用配夹片群锚的平行钢绞线索，其面积根据所受拉力大小及材料强度确定。目前系杆常采用的布置方式有三种，如图3-2-31所示：一是在横梁顶面设置纵向可自由滑动的系杆箱，箱内分割成多室，穿入高强钢丝或钢绞线成品索；二是在横梁上预设纵向可自由滑动的系杆孔，内穿高强钢丝或钢绞线成品索；三是在横梁顶面设置滚轮，其上放置高强钢丝或钢绞线成品索。系杆承担了拱的全部或大部分推力，其耐久性对全桥的安全至关重要，其防腐问题应得到充分重视。系杆防腐通常采用PE防护，系杆箱中可以填充防腐密封材料，如石蜡、黄油、沥青麻絮等，暴露于大气中的系杆应采用多层防护体系。

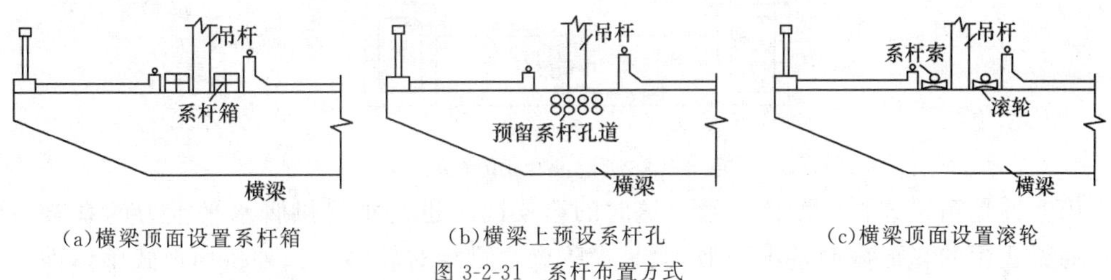

(a)横梁顶面设置系杆箱　(b)横梁上预设系杆孔　(c)横梁顶面设置滚轮

图3-2-31　系杆布置方式

系梁受拉弯作用，构造上与拱肋、横梁及吊杆或立柱连接在一起。系梁可以是有黏结预应力混凝土系梁、无黏结预应力混凝土系梁和钢系梁，一般多采用有黏结预应力混凝土系梁。预应力混凝土纵系梁多采用矩形、工字形或箱形截面，如图3-2-32所示，可根据跨径、梁高、拱肋截面形式等情况选用系梁截面形式。系梁的轴力通常远大于弯矩，故系梁中的预应力钢筋一般可直线配置，基本上下对称分布，同时沿截面高度应布置一定数量的分布钢筋，防止裂缝的扩展。系梁采用箱形截面时，对应于横梁及吊杆位置处要设置横隔板。

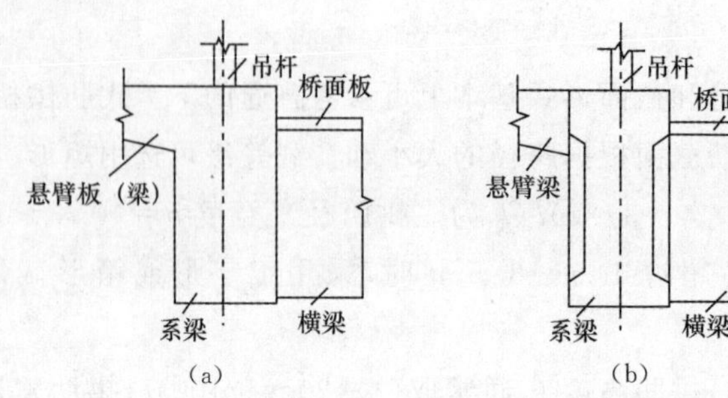

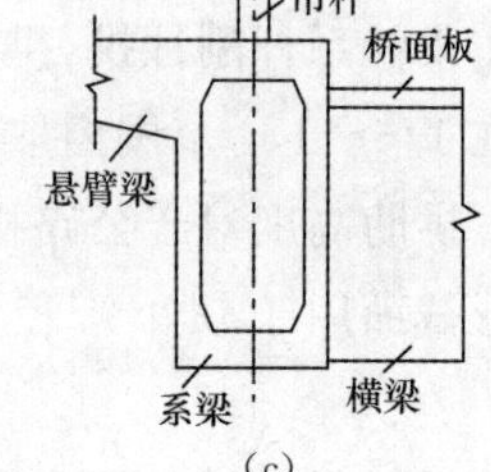

图 3-2-32　预应力混凝土系梁

3. 桥面系

拱梁组合体系拱桥中常见的桥面系形式可以大致分成三种类型，分别是格构式桥面系、箱梁式整体型桥面系和飘浮桥面系。

最常见的桥面系形式是格构式桥面系。如图 3-2-33 所示，格构式桥面系由连续纵向系梁和端横梁、中横梁刚性连接，形成平面框架结构，预制的桥面板沿纵向放置在横梁上。桥面板根据其跨径大小可选用实心板、空心板、π 形板、T 形板等。桥面板与横梁之间可以设置支座，也可现浇连接。设置支座时，为减少伸缩缝，桥面板可做成结构简支、桥面连续的形式，也可形成结构连续（先简支后连续）。由于桥面板较轻，在汽车荷载作用下，桥面板和支座之间易发生相对变形，引起桥面的不平整，进而加剧车辆振动。为加强桥面系整体性，桥面板可直接搁置在横梁上，并通过现浇混凝土相互连接。如果条件许可，为增强桥面系整体性，桥面板也可全部现浇。这种形式的桥面系施工相对简便，桥面系的整体性也好。

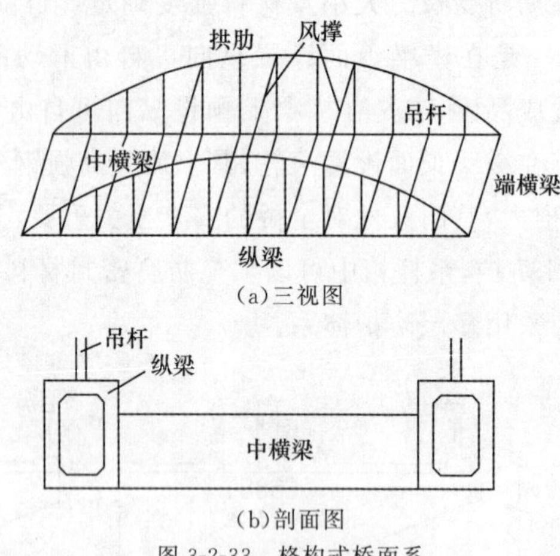

图 3-2-33　格构式桥面系

第二种是箱梁式整体型桥面系。这时的箱梁同时也是承受拱脚水平推力的系梁，箱梁与普通梁式桥的箱形截面基本类似，只是横隔梁数量相对较多。这种桥面形式整体性好、刚度大、抗扭能力强、后期养护成本低。另外，单肋拱式拱梁组合体系桥为抵抗偏心荷载，必须采用箱梁式整体型桥面系。

第三种桥面系是适用于柔性系杆的桥面系，这种桥面系是一种飘浮桥面系，桥面板支承于横梁上，如图 3-2-34 所示，横梁通过吊杆吊挂到拱肋上，其构造与一般中下承式拱桥的基本相同。通常用于系杆为钢绞线系杆的情况，一般不设置跨内连续的加劲纵梁，为保护系杆和装饰，有时设置边纵梁，边纵梁为不连续的节间简支梁。这种桥面系的优点是施工方便，但整体性及耐久性差。

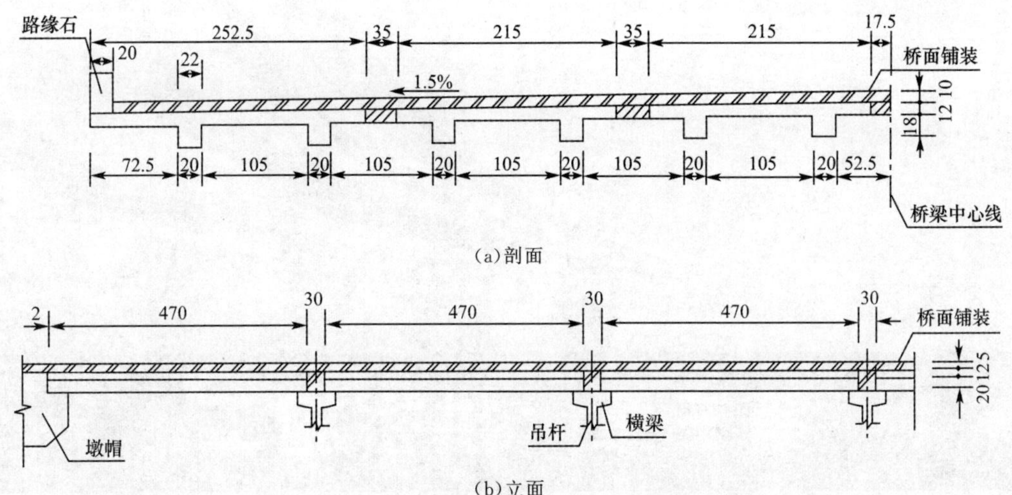

图 3-2-34 飘浮式桥面系(单位尺寸:cm)

第三章　拱桥施工

第一节　概　述

由于拱桥的结构形式较多,对应的拱桥的施工方法也比较多,因此难以将所有的拱桥类型及其施工方法完全覆盖。传统的拱桥施工方法是搭设拱架,在拱架上现浇或组拼拱圈,该方法主要应用于常规中小跨径的拱桥,但随着跨径的增大,拱架的成本也显著增加。与此同时,随着拱桥材料及结构体系的不断发展,其施工技术同样不断创新,基于结构精确计算分析、机具设备、测试与施工控制技术的进步,无支架施工技术推陈出新,大大促进了拱桥的发展。本章主要介绍几种典型的拱桥施工方法,主要包括拱架施工法、转体施工法、悬臂施工法、缆索吊装施工法及劲性骨架施工法。

由于拱桥结构的复杂性,施工前应根据拱桥的结构特点和受力特性进行施工设计和计算,对危险性较大的分部分项工程,还应制订专项的施工方案。

第二节　拱架施工法

拱架施工法是采用临时支架(拱架),支承全部或部分主拱及拱上结构,并保证主拱结构线形满足设计要求的施工方法。和梁桥的支架施工类似,拱桥也可以在拱架上支立模板,绑扎钢筋,浇筑混凝土等,待拱肋达到设计强度后拆除拱架,再进行拱桥后续工序的施工。和梁式支架的受力模式不同,作为拱肋的承重结构,拱架还要承受较大的水平力。

1. 拱架

拱架类型主要分为满布式拱架(图 3-3-1)、墩柱式拱架(图 3-3-2)和钢梁拱架等。对于钢梁式拱架,一般采用型钢、贝雷梁或军用梁等常备式结构拼装而成,当桥梁跨径较大时,可做成两层拱架，如图 3-3-3 和图 3-3-4 所示。钢拱架优先采用标准化、通用化的常备式构件组成。

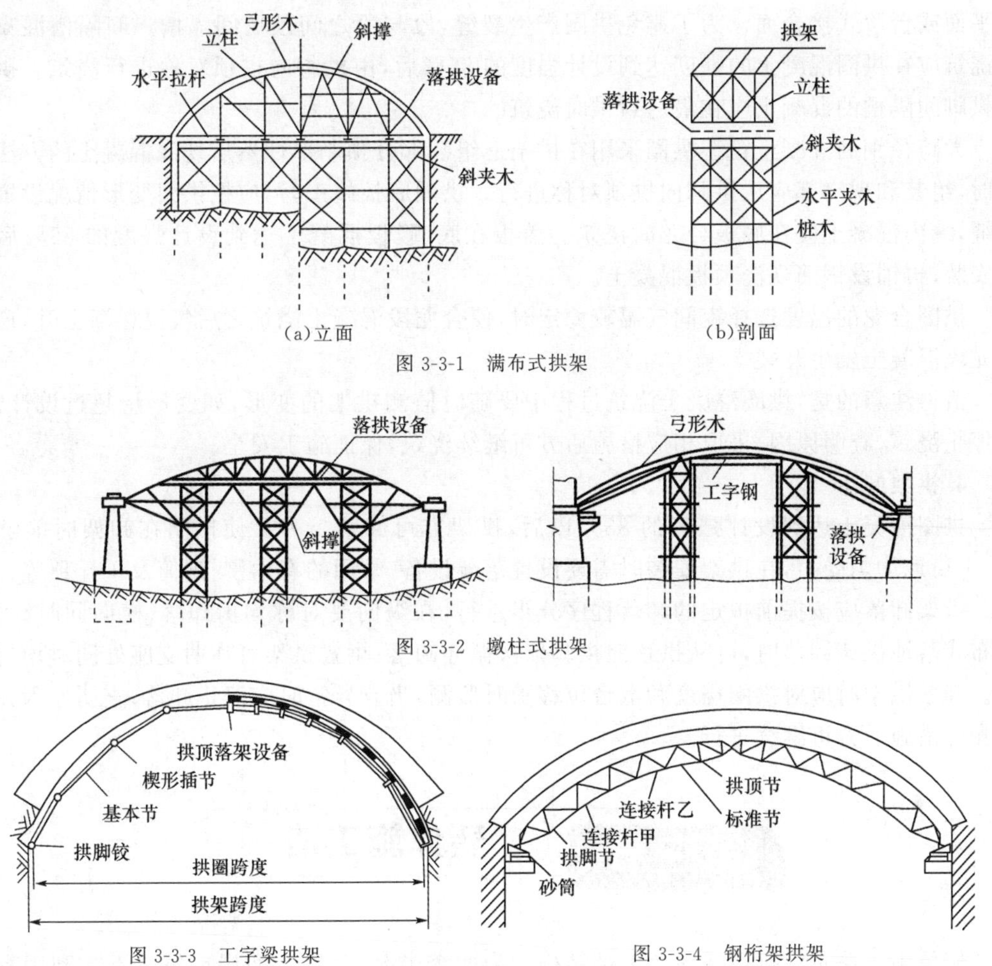

(a)立面　(b)剖面

图 3-3-1　满布式拱架

图 3-3-2　墩柱式拱架

图 3-3-3　工字梁拱架

图 3-3-4　钢桁架拱架

2. 拱架安装

拱架安装前应对桥轴线、拱轴线、跨径和高程等进行校核，确认无误后方可进行拼装。拼装应根据拱架的构造确定合适的方法，由于拱架在拼装过程中的横向稳定性较差，采用分片或分段的方法拼装应设有保证拱架稳定的临时措施，必要时应设置缆风绳固定。拱架拼装时还应设置足够的平联、斜撑和剪刀撑，以确保其横向稳定。

拱架应设置施工预拱度和卸落装置，应考虑拱架受载后产生水平位移所引起的拱圈挠度。拱架的顶部高程应符合拱圈下缘加预拱度后的几何线形要求。拱架安装完成后也需要按设计荷载进行预压，并对拱架各控制点的平面位置、高程、节点连接和纵横向的稳定性进行全面检查，符合要求后方可进行下一工序的施工。

3. 拱圈混凝土浇筑

对于跨径较小的拱圈或拱肋，应按拱圈的全宽从两端拱脚向拱顶对称、连续浇筑混凝土，并在拱脚混凝土初凝前全部完成浇筑。浇筑应按预先制订的程序对称于拱顶进行，控制好两端的浇筑速度，避免产生较大的偏差。

对于跨径较大的拱圈或拱肋，为了避免先浇混凝土因拱架下沉而开裂，应沿拱跨方向分段对称浇筑，分段的位置以拱架受力对称、均匀和变形小为原则，一般常设在拱顶、1/4 跨部位及拱架节点处。各段的接缝面与拱轴线垂直，若已浇成斜面，应将斜面凿成垂直于拱轴线的平面或台阶式接合面。为了避免拱圈产生裂缝，段与段之间预留间隔槽。间隔槽混凝土的浇筑应在拱圈混凝土的强度达到设计强度的 85%后，由拱脚向拱顶对称进行浇筑。拱顶及拱脚间隔槽的混凝土应在最后封拱时浇筑。

大跨径钢筋混凝土箱型拱圈采用在拱架上组装部分预制部件然后现浇混凝土的方法施工时，组装和现浇都应从拱脚向拱顶对称进行。拱圈底板施工时，应按拱架变形情况设置间隔缝，缝内混凝土应在底板合龙时浇筑。盖板在底、腹板混凝土达到设计强度的 85%后方可安装，再铺设钢筋现浇顶板混凝土。

拱圈合龙的温度选择夜间气温较稳定时，使合龙段混凝土浇筑之后气温逐渐上升，避免合龙段混凝土发生开裂。

值得注意的是，拱圈混凝土浇筑过程中要随时监测拱架的变形，如变形量超过设计值，应停止浇筑，查明原因，采取相应措施后方可继续浇筑，保证施工安全。

4. 拱架卸落

拱圈混凝土达到设计强度的 85%以后，拱架方可卸落。为了使拱圈在卸架时能够逐渐、平稳地均匀受力，在拱架安装时需要设置落架设备，常用的有木楔、砂筒及千斤顶等。

拱架卸落应按提前拟定的卸落程序分步进行，在纵向要对称均衡卸落、横向同时卸落。满布式落地拱架卸落时，可从拱顶向拱脚依次循环卸落；拱式拱架可在两支座处同时均匀卸落。卸落拱架时应对拱圈挠度和墩台位移随时监测，当有异常时应停止卸落，查明原因并采取相应措施后方可继续进行。

第三节 转体施工法

转体施工法是将拱圈或整个上部结构分为两个半跨，分别在两岸或桥孔下方利用有利地形做简单支架浇筑或装配半拱结构，并预先设置好旋转装置，然后将两半跨拱体转动至桥轴线位置或设计标高，合龙成拱。转体法施工可减少大量的高空作业，施工安全、质量可靠，能够节省较多的临时支架，并可大幅度地减少对桥下交通的干扰，是具有明显技术、经济效益的一种桥梁施工方法。

一、转体施工法的分类

根据桥梁结构的转动方向，可将桥梁转体施工方法分为竖转施工法、平转施工法以及平转竖转结合施工法，其中以平转法施工应用最广泛，近年来更大跨径的桥梁转体则更多地考虑竖转和平转相结合的方法。竖转法按其转动方向分为向上转动和向下转动两种。平转施工法可分为平衡转动体系转体施工法和无平衡重转体施工法，其中平衡转动体施工又分为结构自平衡转体施工与需专门配重的转体施工。转体施工法的分类如图 3-3-5 所示。

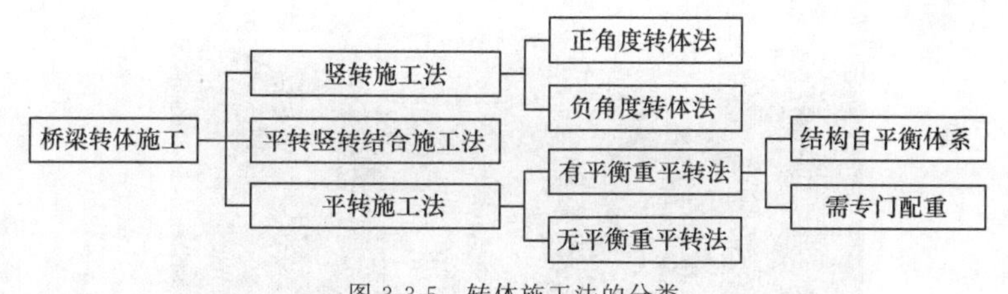

图 3-3-5 转体施工法的分类

1. 竖转施工法

竖转施工法是将桥梁跨中两侧的拱肋，在桥轴线上利用地形搭设的支架上拼装或者浇筑拱肋，在拱脚处安装转动铰，利用扣索牵引将结构竖转（上提或下放）至设计标高，跨中合拢完成结构的施工方法。通常分为正角度转体（向上转动）法和负角度转体（向下转动）法。

正角度转体法施工时拱肋通常在低位浇筑或拼装，然后向上拉升达到设计位置，再合拢，如图 3-3-6 所示。竖转体系一般由牵引系统、索塔、拉索组成。竖转的拉索索力在脱架时最大，因为此时拉索的水平角最小，产生的竖向分力也最小，而且拱肋要实现从多跨支承到铰支承和扣点处索支承的过渡，脱架时要完成结构自身的变形与受力的转化。为使竖转脱架顺利，有时需在提升索点安置助升千斤顶。

负角度转体法通常为先采用竖向浇筑拱肋结构，在后方浇筑转向索鞍支架及锚碇，安装锚固系统，最后将结构向下竖转至设计高程后合拢的施工方式，如图 3-3-7 所示。

图 3-3-6 正角度转体法施工

图 3-3-7 负角度转体法施工

2. 平转施工法

平转施工法是指在偏离设计桥位的位置预先浇注或拼装一半桥体，待其形成整体并具有相应承载力后，借助于转动支座平转就位的一种施工方法。根据转体时有无平衡重可以分为平衡转动体系施工法和无平衡重转动体系施工法。

平衡转动体系施工法是分别在两岸利用支架拼装或浇筑拱圈，利用结构自身及结构上安装的锚扣体系，张拉扣索使拱圈脱架，拱圈、平衡重、转盘及扣索组成转动系统（整体结构重心通过转轴中心），利用转盘系统的滑道，通过千斤顶张拉牵引，将拱圈转至桥轴线位置后合拢。有平衡重时，上部结构与桥台一起作为转体结构，上部结构悬臂长、重量轻；桥台则相反，在设置转轴中心时，尽可能远离上部结构方向，以求得平衡，如果还不平衡，则需在台后加平衡重，如图 3-3-8 所示。

图 3-3-8　有平衡重平衡体系平转施工

无平衡重转动体系施工法是采用锚固体系代替有平衡重平转法施工，利用锚固体系、转动体系和位控体系构成平衡的转体系统。无平衡重转体施工只转动上部结构部分，利用背索平衡，使结构转体过程中被转体部分始终为索和转铰处两点支承的简支结构。无平衡重平转法体系施工如图 3-3-9 所示。

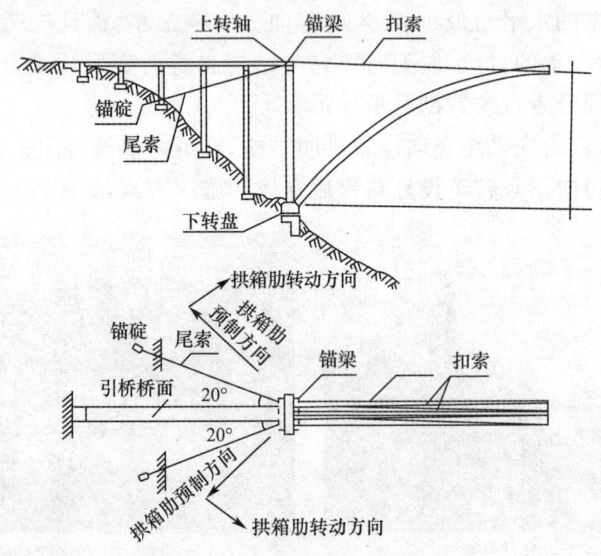

图 3-3-9　无平衡重平转法体系施工

采用有平衡重平转法施工修建拱桥，转动体系中的平衡重一般选用桥台背墙，但随着桥梁跨径的增大，需要的平衡重量急剧增大，不但桥台不需要如此巨大圬工，而且转体重量太大也增加了转体困难。因此，与有平衡重平转法施工相比，无平衡重平转法施工是把有平衡重平转法施工中的拱圈扣索拉力锚在两岸岩体中，从而节省了庞大的平衡重。锚碇拉力是由尾索预加应力传给引桥桥面板（或平撑、斜撑），以压力的形式储备。这样不仅使转体重量大大减轻，而且设备简单，施工工艺得到简化。虽然施工所需钢材略有增加，但全桥圬工数量大为减少。该施工方法更加安全可靠、操作简洁、实施快速、降低造价，曾在桥梁建设工程中发挥了巨大作用，如四川涪陵乌江大桥等。

3. 平转竖转结合施工法

对于山区的深谷高桥、两岸陡峻及预制场地狭窄的桥位，利用两岸地形搭设简单支架，采用平转施工法具有较大的优越性。当跨越宽阔河流及桥位地形较平坦时，由于采用平转施工法难以有效利用地形，常采用竖转与平转相结合的施工方法，竖转及平转时都属于有平衡重转动。先在河岸边低矮支架上拼装拱肋，然后通过竖转使拱肋脱离支架至正常拱轴线高度后，再通过平转完成航道或障碍物的跨越。平转竖转相结合转体施工综合了平转法与竖转法的特点，此种工艺适用于大跨度拱桥的转体施工中，如广东佛山东平大桥、广州丫髻沙大桥(图 3-3-10)等均采用此法进行桥梁建设。

图 3-3-10 平转竖转结合转体施工

二、平转施工法

平衡转动体系的转体桥是指转动体系的重心基本落在下盘转动磨心球铰上的转体桥。主要分为两种类型：

第一种类型的平衡转动体系转体桥是利用桥梁结构本身的对称性，在对称轴上设置转动磨心形成转动体系实现转体。

第二种类型的平衡转动体系转体桥(有平衡重的平转施工)是需要专门配置平衡重的转体桥。它一般适用于桥梁两岸地形狭窄、岸坡陡峻、深山峡谷的山区单孔大跨度拱桥或者是桥位两岸地形虽然相对开阔、桥位布置需要设岸边边跨，但是两岸地形不宜按转体要求将边跨作为平衡重来布设的桥位。这种需要专门增加的平衡重可以设计成桥梁永久荷载的一部分，也可只作为转体施工临时施加的平衡重。

1. 有平衡重平转法

平转法的转动体系主要由转动支承系统、转动牵引系统和平衡系统等组成。

转动支承系统是平转法施工的关键设备，由上转盘和下转盘构成。上转盘支承转动结构，下转盘与基础相连。通过上转盘相对于下转盘转动，达到转体目的。转动支承系统必须兼顾转体、承重及平衡等多种功能。按转动支承时的平衡条件，转动支承可分为磨心支承(中心支承)、撑脚支承(环道支承)和磨心与撑脚共同支承(环道与中心支承相结合)三种类型。

磨心支承由中心撑压面承受全部转动重量，通常在磨心插有定位转轴。对于中、小跨径的拱桥，可采用这种中心支承的转盘结构。为了保证安全，通常在支承转盘周围设有支重轮或支撑脚。正常转动时，支重轮或支撑脚不与滑道面接触，一旦有倾覆倾向才起支承作用。在已转体施工的桥梁中，一般要求此间隙为 2～20 mm，间隙越小对滑道面的高差要求越高。磨心支承有钢结构和钢筋混凝土结构，在我国以钢筋混凝土结构为主。上下转盘弧形接触面的混凝土均应打磨光滑，再涂以二硫化铜、黄油或四氟粉等润滑剂，以减小摩擦系数(一般在 0.03～0.06)。近几年几座大吨位的桥梁平转施工常采用平铰的形式，即不采用弧形接触面,而改用平面接触面。

撑脚支撑形式的下转盘为一环道,上转盘的撑脚有 4 个或 4 个以上以保持平转时的稳定。转动过程支撑范围大,抗倾覆稳定性能好,但阻力力矩也随之增大,而且环道与撑脚的施工精度要求较高,撑脚形式有采用滚轮,也有采用支撑脚的。滚轮平转时为滚动摩擦,摩阻力小,但加工困难,而且常因加工精度不够或变形使滚轮不能滚动。采用撑脚平转时为滑动摩擦,通常用不锈钢板加四氟板再涂黄油等润滑剂,其加工精度比滚轮容易保证。

第三类支承为磨心与撑脚共同支承。这种形式采用支撑脚与磨心共同承担转体重量的转动体系,在撑脚与磨心连线的垂直方向设有保护撑脚。如果撑脚多于一个,则支承点多于两个,上转盘类似于超静定结构,在施工工艺上保证各支撑点受力基本符合设计要求比较困难。

平衡体系转体使用的锚扣体系主要分为内锚扣体系和外锚扣体系。外锚扣体系是指扣索在结构物之外临时锚固于结构物上,如图 3-3-11(a)所示;而内锚扣体系指扣索从结构物内部穿过以临时锚固在结构物之上,如图 3-3-11(b)所示结构物内设置拉杆。不管采用何种锚扣体系,扣索一般都采用钢绞线或者带镦头锚的高强钢丝等高强材料,其安全系数应大于 2。扣点设置在拱肋的前端,锚点设置在桥台或者立柱上。拱桥的扣点应设在拱顶附近,如因大跨径拱桥单点扣索力太大或其他原因需采用多扣点时,应控制好扣索的同步张拉,使拱桥的截面应力处于允许的受力状态。此外,当设置后锚索时,扣索和锚索之间宜通过置于扣、锚支承(桥台或立柱)的顶部交换梁相连接,使扣索和锚索之间受力平衡。扣索的锚点高程不宜低于扣点,宜与通过锚点的水平线形成 0°~5°的角度。无法满足时,可采用图 3-3-11(a)中增设支点 1 和支点 2 的方式形成角度。

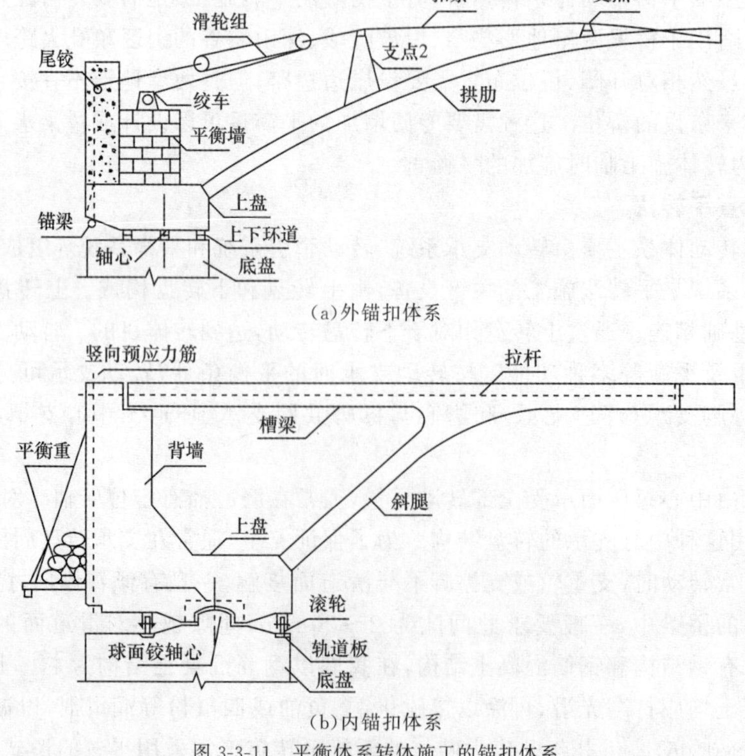

图 3-3-11 平衡体系转体施工的锚扣体系

平转体施工中,能否转动是整个施工的关键技术问题。一般情况下可把启动摩擦系数设在0.06～0.08,有时为保证有足够的启动力,按0.1配置启动力。因此减小摩阻力,提高转动力矩是保证平转顺利实施的两个关键。转动力通常安排在上转盘的外侧,以获得较大的力臂。转动力可以是推力,也可以是拉力。推力由千斤顶施加,但千斤顶行程短,转动过程中千斤顶安装的工作量又很大,为保证平转过程的连续性,所以单独采用千斤顶顶推平转的较少。转动力通常为拉力,转动重量小时,采用卷扬机,转体重量大时采用牵引千斤顶,有时还辅以助推千斤顶,用于克服启动时静摩阻力与动摩阻力之间的增量。转体的牵引索可采用钢绞线或者高强钢丝束,转动时的速度宜控制在角速度不大于0.01～0.02 rad/min,或悬臂端的线速度不宜超过1.5～2.0 m/min。采用钢丝绳牵引转动时,应在千斤顶直接顶推启动后再进行。

转体的牵引力应有一定的富余,转体牵引力可通过式(3-3-1)计算

$$T=\frac{2fGR}{3D} \tag{3-3-1}$$

式中 T——牵引力(kN);

G——转体总重力(kN);

R——铰柱半径(m);

D——牵引力偶臂(m);

f——摩擦系数,无试验数据时,可取静摩擦系数为0.1～0.12,动摩擦系数为0.06～0.09。

实际施工时,可按计算牵引力的1.5～2.0倍配置牵引设备。

平转过程中的平衡问题也是一个关键问题。对于单跨拱桥,平转施工分为有平衡重与无平衡重转体两种。

平衡体系转体施工的主要施工工艺流程:基础及下转盘的施工→环道及磨心的施工→上转盘的施工→试转→支架上现浇拱桥的拱肋→张拉扣索,脱架,观测24 h以检验锚固、支承体系的可靠程度→张拉牵引索转体→转体就位后封固转盘→调高合拢→后续各构件的施工。

2.无平衡重平转法

无平衡重转体施工是把有平衡重转体施工中的拱圈扣索拉力铺在两岸岩体中,从而节省了庞大的平衡重,锚碇拉力由尾索预加应力传给引桥桥面板,以压力形式储备。

无平衡重转体,只转动上部结构部分,利用背索平衡,使结构转体过程中被转体部分始终为索和转铰处两点支承的简支结构。无平衡重转体施工与平衡转体施工在施工工序、施工机具上基本相同,以下以图3-3-9为例主要介绍其转体系统三大体系(锚固体系、转动体系和位控体系)。转体系统的尾索张拉、扣索张拉、拱体平转及合拢卸扣等工序,施工时应进行索力、轴线及高程等的监测。

(1)锚固体系

锚固体系由锚碇、锚索、平撑、锚梁(或锚块)及立柱组成。锚碇设置在引道及边坡岩层中,锚梁支撑于立柱上,两个方向的平撑及锚索形成三角形稳定结构,使锚块和上转轴为一确定的固定点。拱箱转至任意角度,由锚固体系平衡拱箱和扣索力,从而节省了大量的圬工数量。设计时应对锚碇处岩体的抗剪抗滑分别进行计算,计算值应大于使用值。条件允许

时还应对实际锚碇处的岩层情况进行详细的地质测绘，通过岩层抗滑试验对锚碇的承载能力进行充分验证。

尾索一般用精轧螺纹钢筋，一端锚固于锚碇中，另一端锚固在锚块(或锚梁)处；在锚块外侧张拉预应力，使两个方向的平撑和锚块形成三角稳定结构以固定转轴位置。当张拉拱肋扣索时，混凝土平撑与尾索随着拱肋转出的角度变化，自动调节各自的内力，使整个力系在任意转角均达到平衡状态，设计中平撑及尾索预加应力的大小及锚块位移大小的确定是极为关键的问题，设计原则是应满足上转轴交点的内力平衡与平撑的变形协调条件。

张拉尾索时，两组尾索应按照上下左右对称均衡的原则，对桥轴向和斜向的尾索进行分次、分组交叉张拉，并应使各尾索的内力均衡。张拉达到设计规定的荷载后，应对其内力进行量测。如果不符合要求，则应重新进行张拉。

(2)转动体系

转动体系的组成包括上转轴、下转盘、拱箱及扣索。上转轴由埋于锚梁(或锚块)中的轴套、转轴和环套组成。扣索一端与环套相连，另一端与拱箱顶端连接。转轴在轴套与环套间均可转动。下转盘为一个马蹄形钢环。马蹄形两端各有一个走板，两个走板在固定的环道上滑动。马蹄形转盘卡于下转轴外。下转盘与滑道、下转轴间均有摩阻系数很小的滑道材料，从而可以滑动。扣索采用精螺纹钢筋，扣索将拱箱顶部与上转轴环套连接，从而构成转动体系。

(3)位控体系

位控体系由系在拱肋顶端扣点的缆风索与无级调速自控卷扬机、光电测角装置、控制台等组成，用以控制在转体过程中转动体的转动速度和位置。风缆的走速在启动和就位阶段控制在 0.5～0.6 m/min，中间阶段控制在 0.8～1.0 m/min。

三、竖转施工法

竖转施工法中拱肋的施工，对于季节性河流或者河流水深较浅搭设支架较为容易的地方，常采用直接在水中搭设支架拼装或者现浇拱肋的施工方法；对于通航河流或者搭设支架较为困难的深水，常采用工厂制造拱肋，浮船运至桥位，最后将拱肋自下而上竖转至设计标高的施工方法；对于需要跨越深谷的地形，常采用利用桥台或台后背墙竖向拼接或现场逐段浇筑拱肋，最后将拱肋由上而下竖转至设计标高的施工方法。竖转施工法的优点主要有：

(1)索塔、拱肋同时施工，可提高施工速度。

(2)竖向转体施工不需大量的施工场地，对河流的通航影响不大；对于钢结构拱，由于拱肋主要在工厂内焊接，焊接质量得到保证，较好地解决了钢拱的安装线形问题。

(3)在施工过程可以采用计算机控制的液压同步提升装置，施工设备自动化程度高，操作方便灵活，无高空作业，安全性好。

1.竖转体系的构成及技术要求

竖转体系的转动系统由转动铰、提升系统、锚固系统等组成，如图 3-3-12 和图 3-3-13 所示。竖转施工宜采用横向连接成整体的双肋为一个单元转动。

(1)拱肋。拱肋要有足够的强度和刚度及稳定性，以保证在竖转过程中拱肋的安全，同时要求尽量轻型化，以降低竖转的技术难度。

(2)竖转。可根据竖转铰的受力大小选用钢制销轴铰、钢板包裹混凝土的弧形柱面铰或球面铰等。转动铰要求灵活,接触面须满足局部承压的要求。

(3)扣索。扣索应根据竖转重量及牵引设备,选用钢丝绳或钢绞线。扣索系统应经计算确定,应考虑到结构冲击,风、温度以及扣索在转向处的弯折影响,钢丝绳的安全系数应不小于6,钢绞线的安全系数应不小于2。

(4)索塔。宜优先选用贝雷架、64军用梁、万能杆件等定型材料拼装索塔,也可采用钢管混凝土等高强材料。索塔的设计应充分考虑偏载、荷载变化和风力等因素的不利影响,应保证其强度、刚度及稳定性满足拱肋竖转施工的需要。

(5)锚碇。锚碇宜采用钢筋混凝土锚。可通过边跨及边跨桥墩设置扣索锚碇,无边跨时应设置专用锚碇,并在竖转前进行试拉以检验其可靠性。锚碇的抗拔、抗滑安全系数应不小于2。

(6)缆风索。由于在竖转过程中拱肋的内力不断变化,拱肋的横向稳定性主要依靠拱肋自身的强度及横向刚度,缆风索主要控制竖转过程中拱肋的横向偏移。当两侧拱肋不能同时施工时,其中一孔拱肋在空中放置较长时间,这期间缆风索起到抵抗横向风力的影响,保证结构的安全。

(7)转动前应进行试转,检验转动系统的可靠性。竖转速度宜控制在0.005～0.01 rad/min范围内,提升重量大宜采用较低转速,转动过程应保持平稳。

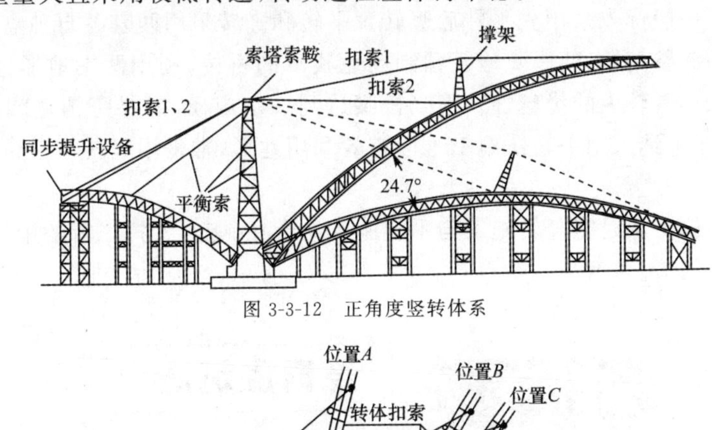

图 3-3-12 正角度竖转体系

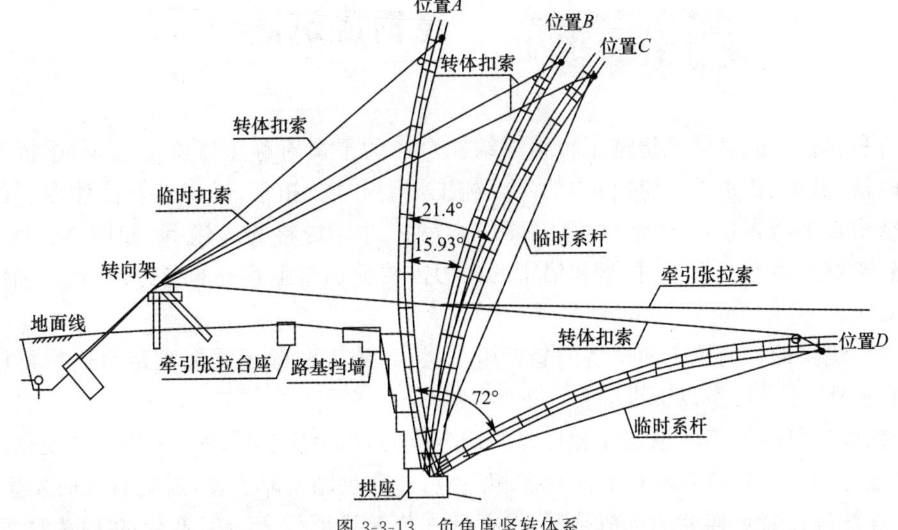

图 3-3-13 负角度竖转体系

2. 竖转施工法的施工流程

以拱桥的正角度竖转施工为例,竖转施工法的主要施工流程如下:

(1)首先进行主拱基础、承台、拱座等的施工,同时预埋施工所用的活动铰和索塔预埋件等。

(2)索塔安装,索塔在施工中一般采用分段接长。与此同时,在大桥设计桥位投影下方搭建支架及拼装工作平台,并修建安全防护设施,之后利用吊运或浮运设备,或者现场浇筑混凝土,进行两个半跨的浇筑、就位拼装和活动铰安装定位。

(3)完成半跨主拱肋拼装后,安装扣索和主拱肋锚固点,张拉扣索,竖转主拱肋到设计高程。竖转施工时应启动竖转施工观测系统,控制好竖转速度,半拱到位后进行临时锁定。

(4)另一半拱转体完成后,调整高程,并安装合龙段吊装或现浇的施工设备。

(5)调整拱肋线形并完成瞬时合龙。

(6)焊接合拢段或浇筑合龙段现浇混凝土,完成全桥合龙。体表转换可在步骤(6)的前后完成。

(7)进行桥上建筑等后续工序的施工。

四、平转竖转结合施工法

平竖转结合施工是先将拱肋平转到桥轴线位置,然后再竖转到设计高程。或者反之,先竖转将两岸岸边低矮支架上拼装的拱肋提升至空中,再通过平转完成障碍物的跨越,转动到设计轴线位置。一般优先采用先平转后竖转。平转和竖转采用两套各自独立的转动系统。

对于山区的深谷高桥、两岸陡峻及预制场地狭窄的桥位,利用两岸地形搭设简单支架,采用平转施工法具有较大的优越性。但当桥梁达到一定规模,需要跨越宽阔河流及桥位地形较平坦时,由于单纯采用平转法施工难以有效利用地形,常采用竖转与平转相结合的施工方法。

由于平竖转施工法是将竖转施工与平转施工结合在一起,发挥二者的施工优点,本节不再赘述其中施工细节。

第四节 悬臂浇筑法

梁桥和斜拉桥的悬臂现浇施工可根据结构自身的平衡对称悬臂施工,而与梁桥和斜拉桥不同的是,拱桥(特别是单跨拱桥)的悬臂施工需要扣塔、扣索、锚索甚至修建专门的锚碇等临时结构来平衡半拱的重量,甚至需要缆索吊机进行材料的运输等,如图 3-3-14 所示。为平衡悬臂施工拱圈的重量,扣索和锚索的索力需要根据整个系统的受力来调整,确保施工过程的安全。

悬臂浇筑拱的挂篮施工和梁桥的悬臂施工类似,施工时除了需要满足前述梁桥施工对挂篮的要求外,还需注意以下事项:

(1)挂篮应具有可靠的稳定性和良好的调节能力,以适应各拱段倾斜角度的变化。

(2)挂篮的行走轨道要和拱圈的弧度相适应,要和拱圈可靠连接,避免行走时发生下滑。

(3)挂篮应设置可伸缩的抗剪装置,以抵抗在浇筑拱圈混凝土时产生的下滑力,而且不要影响挂篮的正常行走。

(4)挂篮底模应设计成可调节式的弧形模板,以满足拱圈弧度不断变化的要求。

图 3-3-14 悬臂浇筑拱

悬臂浇筑拱圈的扣索和锚索应采用钢绞线或带镦头锚的高强钢丝，其安全系数应大于2；锚碇应采用钢筋混凝土锚碇，其抗拔、抗滑安全系数应不小于2；扣塔应具有足够的强度、刚度和稳定性，扣塔塔顶的最大偏位不得大于10 mm。

扣塔宜采用常备式定型钢构件来拼装，其基础应牢固可靠，周围应设置防排水设施。塔的纵横向应设置风缆，塔顶应设置可靠的避雷装置。扣塔上扣索锚固点的高程应高于拱肋上扣点高程。

在悬臂浇筑拱圈的施工过程中，应对扣索和锚索系统、拱圈和扣塔的应力和变形等进行监控，并应确定适当的扣索张拉次数，保证拱圈混凝土在悬臂施工过程中不出现拉应力。大跨度拱桥悬浇拱圈时，应对拱肋在悬臂状态下的控制工况进行压屈分析计算，其压屈稳定系数应大于4。由于施工中扣塔的安全至关重要，因此对扣塔塔顶的最大偏位控制比较严格，目前的工程应用中已开发出塔架智能化调载偏位控制系统，扣索和锚索的张拉采用自动连续预紧千斤顶，提高收紧钢绞线的作业效率，同时通过控制程序，实现扣索和锚索的同步自平衡张拉。此外，应用压力传感器、激光测距传感器及碳纤维绳的修正手段等对扣索、锚索索力和扣塔的偏移实时监测，控制精度达到毫米级，已成功应用于多座大跨度拱桥的施工中。

第五节 斜拉扣挂缆索吊装施工法

缆索吊装主要用于将预制好的拱肋(箱)节段起吊、在空中逐段接长的一种起重运输方式，一般和斜拉扣挂施工法联合使用，如图3-3-15所示。缆索吊装系统主要由主索、塔架、锚固装置和工作索等四个基本部分组成，各部分联合实现拱肋节段的纵向、横向和竖向的运输。缆索吊装主要构件包括主索、塔架及索鞍、地锚、起重索、牵引索、结索、扣索、缆风索、滑车、电动卷扬机等设备和机具。其中，缆索吊车由塔架、主索、牵引索、起重索、起重小车(行车)和风缆等构成。塔架立于桥台上或桥头高地，四面用风缆固定。主索即起重小车的轨索，由数根粗钢索构成，支承于塔架顶部的索鞍上，并用地垄锚固。一般用两组主索，如塔架可移动，也可用一组主索。牵引索牵引起重小车，使其能沿主索移动，起重索用于起重小车的动滑轮组升降，牵引和起重均用绞车。此外还有结索，用于悬挂分索器和使主索、起重索和牵引索不至相互干扰和下垂，如图 3-3-16 所示。

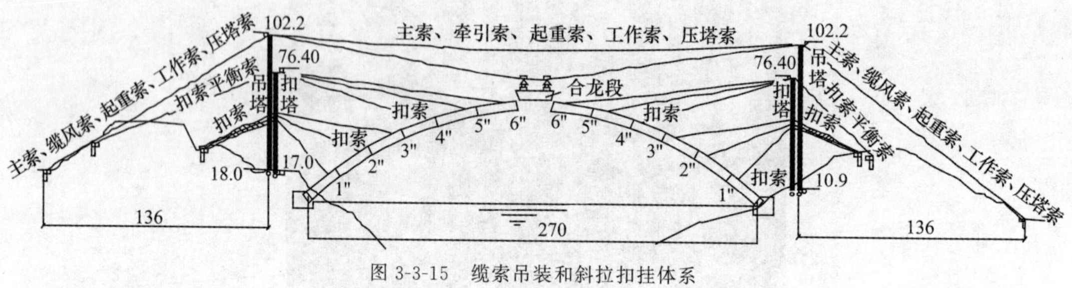

图 3-3-15　缆索吊装和斜拉扣挂体系

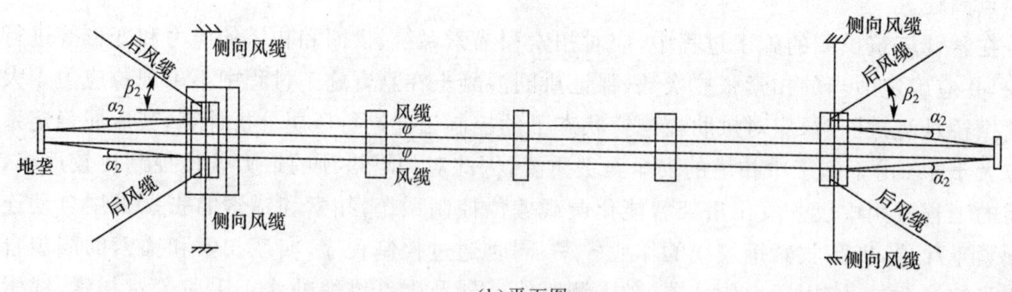

图 3-3-16　缆索吊装系统

缆索吊装法的主要施工工艺包括：

(1)在预制场预制拱肋(箱)节段。

(2)将预制拱肋节段通过运输设备移运至缆索吊装位置。

(3)将预制拱肋节段吊运至安装位置，利用扣索对分段拱肋进行临时固定，对应调整扣索平衡索索力；从拱脚往拱顶方向逐段拼装。

(4)对各段拱肋进行轴线调整，主拱圈合龙。

(5)拱上结构施工。

缆索吊装系统一般为非定型产品，多由施工单位自行设计，因此必须要进行专门设计。吊装前应对缆索吊装系统的各种工况进行强度、刚度和稳定性验算，并按设计荷载进行试吊，检验其安全性和可靠性，检验合格后方可使用。

扣塔常采用常备式定型钢构件在墩、台顶上拼装，要保证基础的牢靠。塔的纵横向根据需要设置风缆，塔顶还要设置可靠的避雷装置。塔顶分配梁应与塔身结构可靠连接，主索鞍在横向应设置支撑装置以防止倾倒，如果索鞍需要移动，则需要专项设计并采取有效措施后方可进行。扣塔索鞍顶面高程应高于拱肋的扣点高程。

缆索吊装的主索一般采用钢丝绳，其直径和数量根据吊装构件的重量通过计算确定，安全系数应不小于 3，且每根主索要受力均匀。起吊绳的安全系数应不小于 5，牵引绳的安全系数应不小于 3。地锚的设置要满足主索可靠锚固的要求，主索与地锚的连接处水平夹角在 25°～35°。

扣索设置在扣塔和吊装的拱肋节段之间，扣索采用钢丝绳时安全系数应不小于 3，采用钢绞线时应大于 2。吊装施工时，各扣索的位置必须与所吊挂的拱肋在同一竖直面内。扣索平衡索用于控制扣塔的偏位，扣塔塔顶的最大偏位应根据扣塔和拱肋的强度、刚度和稳定性等经计算确定。扣塔塔底为固结时，一般扣塔塔顶的最大偏位不得大于塔高的 1/400；塔底为铰接时，一般扣塔塔顶的最大偏位不大于塔高的 1/150。

除拱顶段外，每段拱肋应各设一组扣索和一组风缆。风缆的安全系数应不小于 2，风缆的设置与安装应符合下列规定：

(1)风缆系统及地锚应进行专门设计，风缆的抗拉、抗风及地锚的抗拔受力应满足拱肋稳定的要求，并应有足够的安全系数。

(2)固定的风缆应待全孔合龙、横向连接构件混凝土的强度满足设计要求后方可撤除。

(3)在河流中设置风缆时，必须采取可靠的防护措施，防止风缆和地锚受到碰撞和冲刷。

拱桥的构件在河滩或桥头岸边预制或预拼后运送至缆索下面，由起重小车起吊送至桥位安装。吊装应自一孔桥的两端向中间对称进行。在最后一节构件吊装就位，并将各接头位置调整到规定标高后，才能放松吊索并将各接头接整合龙，最后才将所有扣索撤去。

吊装施工的成败关键在于保证拱肋有足够的强度和稳定性，不仅要按单根构件在运输和吊装时情况复核其强度和稳定性，更重要的是还要按拱肋合龙时及合龙后所承担的荷载检算其强度和稳定性。

第六节 劲性骨架施工法

劲性骨架施工法(也称埋置式拱架法或米兰法)是利用先安装的拱形劲性钢桁架(骨架)作为拱圈的施工支架，并将劲性骨架各片竖、横桁架包以混凝土，形成拱圈整个截面构造的施工方法，这种施工方法是用劲性材料(如型钢、钢管等)在桥位上先用无支架方法架设以形成钢骨架拱，然后围绕骨架浇筑混凝土，即把劲性骨架作为混凝土的钢筋骨架埋入混凝土中。劲性骨架不仅在施工中起到支架作用，同时它又是主拱圈结构的组成部分。

采用钢管混凝土作为劲性骨架，其特点是刚度大、用钢量省、经济、安全。因钢管混凝土在施工中先后施工空钢管拱架设与钢管内混凝土压注，两者的施工难度均不大，而形成钢管混凝土之后，其刚度有很大的提高，并可以解决钢管局部稳定的问题，整体刚度比单纯的型钢骨架有很大的提高，才使得这一方法得到了真正的发展。采用高强、经济的钢管混凝土作为骨架材料，使得劲性骨架整体性能好、刚度大、拱轴线形较易控制等，且整体用钢量并不是特别大。目前，很多大跨径钢筋混凝土拱桥均采用此施工方法施工，如主跨 600 m 的广西天峨龙滩特大桥等，如图 3-3-17 所示。

图 3-3-17　广西天峨龙滩特大桥施工过程

劲性骨架法的主要施工步骤：首先在工厂或现场按设计进行劲性骨架钢材的放样、下料、加工以及分段预拼装成型；经过预拼装后，再将各节段依次拆下并运输至现场吊装处；采用斜拉扣挂缆索吊装法、悬臂拼装等方法进行骨架的安装、成拱。对钢管混凝土骨架，在钢管骨架合龙后还需采用泵送法浇筑管内混凝土，以形成最终的劲性骨架结构；然后在骨架上悬挂模板、绑扎钢筋、浇筑混凝土拱圈，浇筑时可分环、分段、多工作面进行。

劲性骨架法施工的主要特点：

(1)劲性骨架刚度和承载力大，可在劲性骨架上外包模板、绑扎钢筋及浇筑混凝土，施工期和成桥阶段都起重要承载作用。

(2)采用斜拉扣挂法，可在拱圈适当位置选取扣点，采用钢绞线作为拉索，在混凝土施工过程中根据各断面的应力情况进行张拉或放松，从而实现从拱脚到拱顶连续浇筑混凝土施工。

(3)形成劲性骨架后，可采用分环、分段浇筑混凝土，工作面多，提高了施工速度。

(4)存在空中浇筑拱圈混凝土工序多、时间长、混凝土质量控制较难等不足，还需在今后做进一步改进。

劲性骨架的施工按前述的斜拉扣挂缆索吊装法或其他悬臂拼装方法组拼完成。混凝土的施工主要采用分环浇筑。施工时主要需要注意以下事项：

(1)混凝土的浇筑顺序应根据对劲性骨架或劲性骨架与混凝土组合结构的受力行为计算分析基础上进行浇筑程序设计，施工过程中应对结构的应力和变形进行监控。

(2)采用分环多工作面均衡浇筑法施工时，各工作面的工作长度根据模板长度划分，其浇筑进度差不超过一个工作段。

(3)由于施工中拱的变形在 1/4 跨附近比较大，采用水箱压载分环浇筑法施工时，应严格控制 1/4 跨截面附近的劲性骨架的变形，防止混凝土开裂。必要时可在浇筑该处第一环混凝土时设置变形缝，待浇完第一环后再填实。

(4)采用斜拉扣挂分环连续浇筑法施工时，应选用可靠且操作方便的扣索系统，确定好扣索的索力、位移和张拉程序，以控制连续浇筑混凝土过程中拱圈(肋)的变形。

(5)分阶段浇筑拱圈混凝土时，应严格控制每一施工阶段劲性骨架及劲性骨架与混凝土形成组合结构的变形形态、拱圈高程和拱轴线横向偏位，有必要时及时采取纠正措施。

第四章　拱桥的设计计算

第一节　概　述

在拱桥总体布置、细部尺寸、施工方案等确定后，需要进行计算。拱桥计算包括成桥状态受力分析和强度、刚度、稳定验算以及必要的动力分析，施工阶段受力分析和验算。

拱桥计算是在结构尺寸确定后按照一定顺序进行的，例如，对不计联合作用的拱桥，应先对拱上结构进行受力分析与验算，在拱上结构计算通过后方能进行主拱或墩台计算，否则可能会由于拱上结构的尺寸改变而需对主拱圈进行重新计算。拱桥计算方法包括解析法和有限元法。

一、拱上建筑与拱圈联合作用的考虑

拱桥通常为多次超静定的空间结构，如果拱上建筑与拱刚性连接成一体，拱上建筑与主拱圈共同承受荷载的作用，这种现象称为“拱上建筑与主拱的联合作用”或简称“联合作用”。

普通型上承式拱桥的联合作用程度大小与拱上建筑的形式和构造以及施工过程有关。通常拱式拱上建筑的联合作用较大，梁式拱上建筑的联合作用较小。在拱式拱上建筑中，联合作用程度大小又与许多因素有关，例如腹拱圈和腹孔墩对主拱圈的相对刚度越大联合作用就越显著。腹拱全部采用无铰结构时，其联合作用较有铰结构大得多。梁式拱上建筑联合作用程度大小则与其构造形式及刚度有关。联合作用与施工过程也有关，因此对于不是一次落架的施工方式应该进行施工阶段验算。对于简支梁式拱上建筑可选择不计联合作用的裸拱圈作为计算图示；而对于其他形式的拱上建筑，应选择拱圈与拱上结构整体受力的图示。多孔连续拱桥计算时还应计入连拱的影响。

由于主拱计算时不计入拱上建筑的联合作用时是偏安全的，所以多数情况下都以单拱为计算对象。但是拱上结构的计算则不同，不考虑主拱变形对其产生的影响则是不合理不安全的，必须以共同受力的图示进行拱上结构分析。

二、活载的横向分布

在横桥向，不论荷载是否作用在桥面中心，在桥梁的横断面上都会出现应力(内力)的不均匀分布，这种现象称为“活载的横向分布”。

活载的横向分布也与许多因素有关，主要与桥梁横向构造形式有直接关系，例如对石(混凝土)板拱或者箱(板)拱，一般可以忽略活载横向分布的影响，认为活载由主拱圈全宽均匀承担。事实上，不同位置的主拱截面活载横向分布的影响也不一样，拱脚、1/8、1/4 截面附近不计横向分布影响一般是偏安全的，而对拱顶截面则偏于不安全，在设计时应予以注意。对横向由多个构件组成的拱肋、桁架拱、刚架拱等，必须考虑活载的横向分布影响，一般简化为平面结构进行计算，或进行横向整体分析。桥梁恒载横向分布不均匀时，有必要考虑其横向分布的影响。

三、内力叠加与应力叠加

大跨径拱桥拱肋截面一般都是分次形成的，因而各部分根据施工工序不同而受力先后不一。通常用于强度验算有两种方法，即内力叠加法和应力叠加法，这两种方法计算的结果差距较大。

应力叠加法是考虑拱圈的形成过程计算各个阶段的截面特性及荷载情况，分别计算其内力和应力增量，然后累计截面上各点的应力。内力叠加法则不考虑应力的累计历史，只累计各截面的内力，再按当前计算阶段的复合截面计算各构件应力。

对于大跨径拱桥来说一般都是由多道施工工序完成的结构，是存在应力累积过程的，因此应力叠加法(尤其是考虑非线性的应力叠加)比内力叠加法更能反映结构的实际应力变化过程，是进行结构分析时应该采用的方法。但是在一些精度要求不高的分析中，内力叠加法可以用来预计弹性稳定安全系数以及成桥后的承载能力。

四、非线性影响的考虑

以线弹性理论为基础的主拱内力分析中存在以下两个问题：一是没有考虑拱脚推力与拱肋挠度相互作用对拱内力的影响，当拱在荷载作用下产生挠度时，拱脚推力与挠度相互作用对拱的内力产生一定影响，使拱的内力增大，不考虑这一影响会有不安全的一面。二是简单地将轴力从变位微分方程中分离出来即单独考虑弹性压缩的影响，但拱的各种变形是同时发生的，不可单独分离独立计算。线弹性理论的不足之处表现在：单独考虑弹性压缩的影响，未考虑轴力对转角变位的影响。将线弹性理论计算方法应用于中小跨径的拱桥是可行的，不会引起太大的偏差，但是对于大跨径拱桥，这些影响引起的误差可达 20%以上，是偏于不安全的。尤其是大跨径混凝土拱桥还应计入收缩徐变等非线性因素引起的影响。除此之外，材料非线性也可能会对大跨径拱桥产生较大影响。因此，对于大跨度拱桥，几何非线性和材料非线性的影响就成为拱桥承载力计算不可忽视的因素。

五、稳定分析

拱桥的稳定分析，主要是针对以受压为主的拱圈或拱肋进行的。若拱的长细比较大，则当其承受的荷载大到某一临界值时，拱的稳定平衡状态将不能保持，在立面内轴线可能离开原来的稳定位置发生面内失稳，或者轴线可能侧倾离开原竖直平面产生面外失稳，结果导致拱的承载能力丧失。这两种离开原先稳定平衡状态而丧失承载能力的现象，称为第一类稳定问题。对于偏心受压的拱，当承受的荷载逐步增大时，其变形将沿着初始方向从几乎线性到非线性的规律逐步发展，直到最后丧失承载能力。这种平衡状态不发生变化的承载能力丧失问题，称为第二类稳定问题。事实上，一般拱的失稳都属于第二类稳定问题，因为纯轴心受压的拱是不存在的。但从实用角度看，拱桥失稳的事故多发生在施工阶段，第一类失稳往往先于第二类失稳发生。所以一般在所有的拱桥设计中都需要进行第一类稳定验算，在大跨度的拱桥设计时应进行第二类稳定的验算。

第二节　拱轴线的设计

在拱桥的设计过程中，拱轴线的确定会直接影响到拱圈各截面内力的分布与大小，并且还与结构的耐久性、经济合理性和施工安全性等密切相关。选择拱轴线的原则就是要尽可能降低荷载作用产生的弯矩值，最理想的拱轴线就是拱轴线与拱上各种荷载的压力线吻合，在理论上拱圈面上只有轴向压力，而无弯矩作用，应力均匀，能充分利用材料强度和材料良好的抗压性能。但实际上拱肋受恒载、活载、温度变化、材料收缩和地基沉降等各种作用，除恒载外，其余的荷载和作用均是不确定的，因此理想的拱轴线是无法唯一确定的。一般认为，拱轴线的合理性取决于其与拱圈特定荷载下（一般取恒载或恒载加一半活载）压力线的接近程度，接近程度越好越合理。与特定压力线接近程度最佳的那条拱轴线即为最优拱轴线。

一般来说，在拱桥拱轴线选择时应遵循以下四个原则：尽量减小主拱圈截面的弯矩，并最大限度控制截面的拉应力，最好不出现拉应力；满足各施工阶段的受力要求，并尽量减少甚至不用临时性施工措施，计算方法简便，外形美观，便于施工。

拱桥常用的拱轴线主要包括圆弧线、抛物线、悬链线。

一、圆弧线

圆弧线是对应于均布径向荷载作用下的压力线，如图所示，线形较为简单，全拱曲率相同，施工较为方便。其拱轴线方程为：

$$\left.\begin{aligned} &x^2+y^2-2Ry_1=0\\ &x=R\sin\varphi\\ &y_1=R(1-\cos\varphi)\\ &R=\frac{1}{2}\left(\frac{l}{4f/l}+f/l\right)\end{aligned}\right\}\tag{3-4-1}$$

当计算矢高 f 和计算跨径 l 确定时，根据上述关系可计算得到其他各几何参数，其中 R 为圆弧线半径，φ 为任意截面拱轴切线的水平倾角，如图 3-4-1 所示。

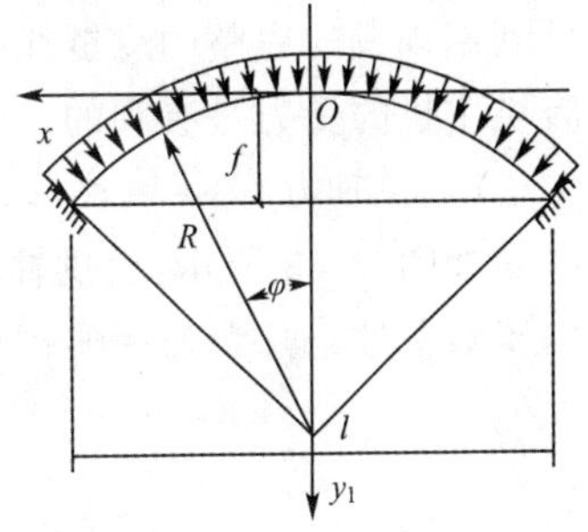

图 3-4-1　圆弧线拱轴线及对应理想荷载

圆弧形拱轴线是对应于同一深度静水压力下的压力线，与实际的恒载压力线有偏离。当矢跨比 f/l 较小时，两者出入还不算大，但随着矢跨比的增大，偏离逐渐增大，当矢跨比接近 1/2 时，恒载压力线的两端将位于拱脚截面中心以上相当远，因此圆弧形拱轴线一般常用于跨径 20 m 以下的小跨径拱桥和空腹式拱桥的拱式腹拱中。有些采用预制拼装施工的大跨径钢筋混凝土拱桥，为了方便各节段的预制拼装，简化施工，也会采用圆弧线作为拱轴线。

二、抛物线

二次抛物线对应于竖向均布荷载作用下拱的压力线，如图 3-4-2 所示。对于恒载分布比较接近均布的拱桥，例如矢跨比较小的空腹式钢筋混凝土拱桥、钢筋混凝土桁架拱和刚架拱等轻型拱桥，往往都可以采用二次抛物线作为拱轴线，其拱轴线方程为

$$y_1=\frac{4f}{l^2}x^2 \tag{3-4-2}$$

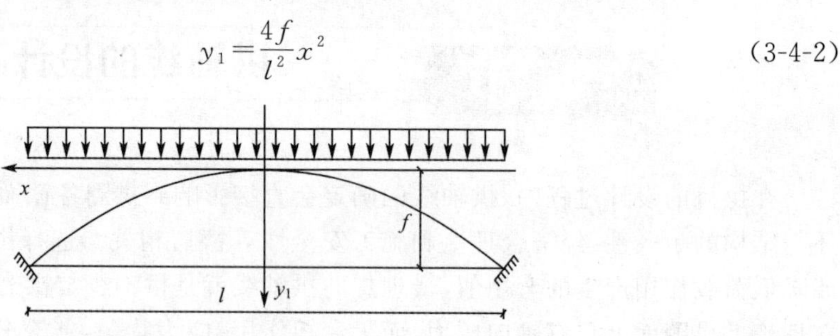

图 3-4-2　抛物线拱轴线及对应理想荷载

在某些大跨径拱桥中，也会采用高次抛物线（如三次、四次甚至六次抛物线）作为拱轴线。例如主跨 390 m 的南斯拉夫的 KRK 桥，拱轴线为三次抛物线。

三、悬链线

对于恒载集度自拱顶向拱脚连续分布、逐渐增大的拱。当不计主拱圈由恒载弹性压缩产生的影响时，其与恒载压力线重合，拱圈中仅有轴力，不存在弯矩与剪力。在普通型上承式拱桥中，实腹式拱桥就属于上述情况，一般认为悬链线就是实腹式拱桥在恒载作用下的合理拱轴线。

空腹式拱桥的恒载集度从拱顶到拱脚不再是连续的，它既承受拱圈自重的分布荷载，又承受拱上立柱传来的集中荷载，其恒载压力线可采用数解法或者图解法来确定，它是一条不光滑的曲线，难于采用连续函数来表达。某些桥就直接采用此压力线作为拱轴线，或采用与恒载压力线逼近的连续曲线作为拱轴线。目前最普遍的还是采用悬链线作为空腹拱的拱轴线，仅需使拱轴线与恒载压力线在拱顶、跨径四分之一点和拱脚五个点相重合即可。这样就可利用现成的完整的悬链线拱计算用表来计算各项内力。计算表明，采用悬链线拱轴对空腹拱主拱的受力是有利的。因此，悬链线是目前大、中跨径拱桥采用最普遍的拱轴线形。

(1)拱轴方程

如图 3-4-3 所示，设拱轴线即为恒载压力线，故在恒载作用下，拱顶截面的弯矩 $M_d=0$，由于对称性，剪力 $Q_d=0$，拱顶截面仅有恒载推力 H_g。对拱脚截面取矩，则有：

$$H_g=\frac{\sum M_j}{f} \tag{3-4-3}$$

式中　$\sum M_j$——半拱恒载对拱脚截面的弯矩；

H_g——拱的恒载水平推力（不考虑弹性压缩）；

f——拱的计算矢高。

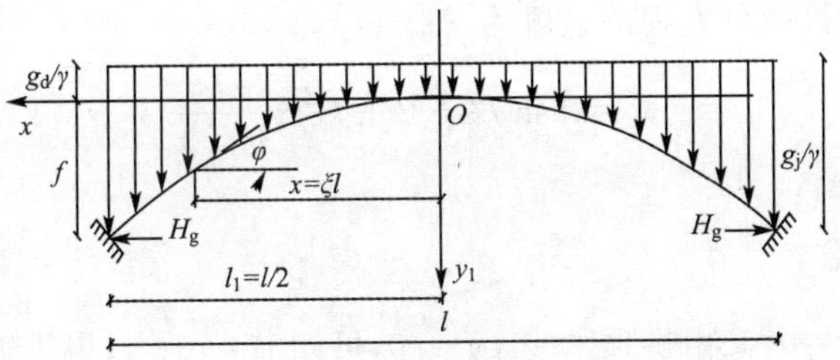

图 3-4-3　悬链线拱轴线及对应理想荷载

对任意截面取矩，可得

$$y_1=\frac{M_x}{H_g} \tag{3-4-4}$$

式中　M_x——任意截面以右的全部恒载对该截面的弯矩值；

y_1——以拱顶为坐标原点，拱轴上任意点的坐标。

式(3-4-4)即为求算恒载压力线的基本方程，将上式两边对 x 两次取导数得

$$\frac{d^2y_1}{dx^2}=\frac{1}{H_g}\cdot\frac{d^2M_x}{dx^2}=\frac{g_x}{H_g} \tag{3-4-5}$$

式(3-4-5)即为恒载压力线的基本微分方程。为得到拱轴线的一般方程必须知道恒载的分布规律。假定恒载沿拱跨连续分布，其恒载集度与拱轴纵坐标呈线性关系，任意一点的恒载集度 g_x 可用下式表示：

$$g_x=g_d+\gamma_x y_1 \tag{3-4-6}$$

式中　g_d——拱顶的恒载集度；

γ_x——拱上沿水平方向分布材料的单位体积质量。

由式(3-4-6)得拱脚处的恒载集度为：

$$g_j=g_d+\gamma_x f$$

$$\gamma_x=\frac{g_j-g_d}{f}=\frac{g_d}{f}(m-1) \tag{3-4-7}$$

式中　m——拱轴系数，$m=g_j/g_d$。

将式(3-4-7)带入式(3-4-6)得

$$g_x=g_d+\frac{g_d}{f}(m-1)y_1=g_d\left[1+(m-1)\frac{y_1}{f}\right] \tag{3-4-8}$$

将式(3-4-7)带入式(3-4-5)，并引入参数 ξ，即

$$x=\xi l_1\ dx=l_1 d\xi\ dx^2=l_1^2 d\xi^2$$

得
$$\frac{d^2y_1}{d\xi^2}=\frac{l_1^2}{H_g}g_d\left[1+(m-1)\frac{y_1}{f}\right]$$

令
$$k^2=\frac{l_1^2 g_d}{H_g f}(m-1) \tag{3-4-9}$$

则
$$\frac{d^2y_1}{d\xi^2}=\frac{l_1^2 g_d}{H_g}+k^2 y_1 \tag{3-4-10}$$

即
$$y_1''-k^2y_1=\frac{fk^2}{m-1}$$

该一元二阶常系数微分方程的通解为

$$y_1=\mathrm{Ash}\ k\xi+\mathrm{Bch}\ k\xi-\frac{f}{m-1} \tag{3-4-11}$$

式中 A——积分常数；

B——积分常数。

由对称性可知 A=0，又由拱顶 $\xi=0, y_1=0$，可知 $\mathrm{B}=\dfrac{f}{m-1}$，得拱轴线方程为

$$y_1=\frac{f}{m-1}(\mathrm{ch}\ k\xi-1) \tag{3-4-12}$$

式(3-4-12)称为悬链线方程，任意点的拱轴纵坐标 y_1 按上式得出。

对拱脚截面，$\xi=1, y_1=f$，代入式(3-4-12)得

$$m=\mathrm{ch}\ k \tag{3-4-13}$$

通常 m 是已知值，则

$$k=\ln(m+\sqrt{m^2-1}) \tag{3-4-14}$$

当 $m=1$ 时，$g_j=g_d$，表示恒载为均布荷载，从式(3-4-9)知 $k=0$，其压力线为抛物线，方程可写为

$$y_1=\xi^2 f \tag{3-4-15}$$

由式(3-4-12)可以看出，当拱的矢跨比 f/l 确定后，悬链线的形状取决于拱轴系数 m。

悬链线拱任意截面拱轴切线得水平倾角 φ 可由式(3-4-12)求得

$$\varphi=\arctan\left(\frac{\mathrm{d}y_1}{\mathrm{d}x}\right)=\arctan\left(\frac{fk\,\mathrm{sh}\ k\xi}{l_1(m-1)}\right)=\arctan\left(\frac{2fk\,\mathrm{sh}\ k\xi}{l(m-1)}\right) \tag{3-4-16}$$

(2)拱轴系数的确定

悬链线拱的主要参数是拱轴系数 m。m 确定后，悬链线拱轴各点纵坐标即可求得。

实腹式拱的恒载分布规律完全符合拱轴线方程推导时关于荷载的基本假定，其拱顶和拱脚的恒载集度如图 3-4-4 所示，分别为

$$\left.\begin{aligned}g_{\mathrm{d}}&=\gamma h_{\mathrm{d}}+\gamma_2 d\\ g_j&=\gamma h_{\mathrm{d}}+\gamma_2\frac{d}{\cos\phi_{\mathrm{j}}}+\gamma_3 h\end{aligned}\right\} \tag{3-4-17}$$

式中 γ_1——拱顶填料的单位恒载；

γ_2——拱圈的单位恒载；

γ_3——腹拱填料的单位恒载；

h_d——拱顶填料厚度；

d——拱圈厚度；

ϕ_j——拱脚处拱轴线的水平倾角；

h——拱腹填料厚度。

$$h=f+\frac{d}{2}-\frac{d}{\cos\phi_{\mathrm{j}}} \tag{3-4-18}$$

从式(3-4-16)可以看出，除了 ϕ_j 为未知数外，其余均为已知。可以先假定一个 m，由式(3-4-16)可求得 $\cos\phi_{\mathrm{j}}$ 值，带入式(3-4-17)求得 g_{j} 后即可求出 m 值。然后与假定的 m 值比较，如两者相符，则假定的 m 值为真实值，若两者出入较大，则以计算所得的 m 值作为假

定值，重新进行计算，如此反复，直至两者接近求得最终的 m 值。

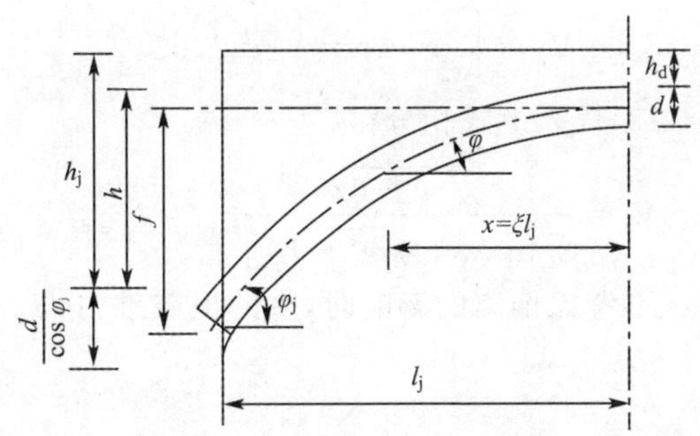

图 3-4-4　实腹式拱的恒载分布

当拱桥的拱肋既承受自重，又承受系杆或立柱传递的集中荷载时，由于集中荷载的存在，拱的压力线是一条在集中力作用点处有转折的曲线，甚至也不是光滑的曲线。在以往实际设计工作中一般采用悬链线或抛物线作为桥梁的拱轴线。目前，有限元分析理论和计算机已在桥梁设计中广泛应用。故可先为桥梁结构选择一条比较合理的拱轴线，将此初定的拱轴线离散为一定数量的杆单元，利用有限元计算，在某一确定工况的荷载作用下，令各个离散点分别向其同一横坐标的压力线逼近，从而可以得到拱圈各个截面较接近压力线的离散坐标。再将这些不规则的离散点通过曲线拟合的方法，就可确定出一些方程表达式相对简单的拱轴线形（如各种高次抛物线方程），最后通过计算比较确定出合理的拱轴线。

第三节　上承式拱桥设计计算

一、普通型上承式拱桥计算

1. 恒载内力计算的解析法

当采用恒载压力线作拱轴线时，如果拱是绝对刚性，即拱轴长度是不变的，则在恒载作用下拱内仅产生轴向压力而无弯矩和剪力。但拱圈并非绝对刚性，它在轴向压力作用下将发生弹性压缩变形，拱轴要缩短，因此会在拱中产生弯矩和剪力，这就是所谓弹性压缩影响。拱圈的轴向力主要是在恒载和活载作用下发生的。因此，拱圈弹性压缩对内力的影响也要在恒载和活载内力计算中分别计入。拱圈弹性压缩影响与恒载、活载作用下产生的内力是同时发生的。但为了计算上的方便，先计算不考虑弹性压缩时的内力，再计算弹性压缩引起的内力，然后两者叠加起来，如果拱轴线对恒载压力线有偏离，则还要计算拱轴偏离引起的恒载内力。

(1)考虑弹性压缩的恒载内力

对于实腹式悬链线拱，其拱轴线与恒载压力线完全吻合，当采用恒载压力线作拱轴线而不考虑拱圈变形的影响时，拱圈各截面的恒载内力均只有轴向压力而无弯矩和剪力。由式(3-4-9)可得恒载水平推力为

$$H_g=\frac{m-1}{4k^2}\times\frac{gdl^2}{f}=k_g\frac{gdl^2}{f} \tag{3-4-19}$$

式中　$k_g=\frac{m-1}{4k^2}$

根据力的平衡条件，拱脚的竖向反力为半拱的恒载重量，即

$$V_g=\int_0^{l_1} g_x\,\mathrm{d}x=\int_0^{l_1} g_x l_1\,\mathrm{d}\xi$$

将式(3-4-8)和式(3-4-12)代入上式积分得

$$V_g=\frac{\sqrt{m^2-1}}{2[\ln(m+\sqrt{m^2-1})]}g_d l=k_g' g_d l \tag{3-4-20}$$

对于空腹式悬链线拱，不考虑偏离的影响时，拱的恒载推力 H_g 和拱脚竖向反力 V_g 可直接由静力平衡条件求得

$$H_g=\frac{\sum M_j}{f}$$

$$V_g=\sum P(\text{半拱结构自重})$$

因为恒载弯矩和剪力均为零，距拱顶 x 处截面的轴向力 N 按式(3-4-21)计算

$$N=\frac{H_g}{\cos\phi} \tag{3-4-21}$$

式中　ϕ——距拱顶 x 处截面的倾角。

(2)恒载作用下弹性压缩引起的内力

如前所述，在恒载轴向压力作用下，主拱的弹性压缩引起拱轴沿跨径方向缩短 Δl_g。为了平衡这一弹性压缩，就必有一个作用于弹性中心而方向向外的水平力 ΔH_g，如图 3-4-5 所示。

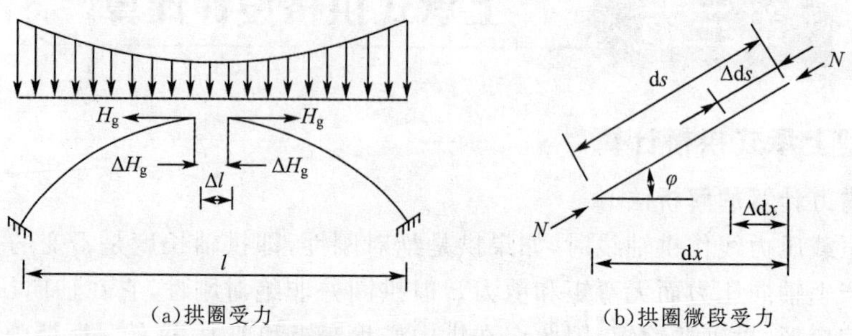

图 3-4-5　拱圈弹性压缩图

根据拱顶的变形协调条件可得

$$\Delta H_g\delta_{22}-\Delta l_g=0\quad \Delta H_g=\frac{\Delta l_g}{\delta_{22}} \tag{3-4-22}$$

从拱中取出一微段 $\mathrm{d}s$[图 3-4-5(b)]，则 $\mathrm{d}x=\mathrm{d}s\cdot\cos\varphi$，在轴向力 N 作用下缩短 $\Delta\mathrm{d}s$，其水平分量为 $\Delta\mathrm{d}x=\Delta\mathrm{d}s\cdot\cos\varphi$，则整个拱轴缩短的水平分量为

$$\Delta l_g=\int_0^l \Delta\mathrm{d}x=\int_0^l \Delta\mathrm{d}s\cdot\cos\varphi=\int_s \frac{N\mathrm{d}s}{EA}\cos\varphi \tag{3-4-23}$$

将式(3-4-21) 代入式(3-4-23) 得

$$\Delta l_g=\int_0^l \frac{H_g\mathrm{d}x}{EA\cdot\cos\varphi}=H_g\int_0^l \frac{\mathrm{d}x}{EA\cdot\cos\varphi} \tag{3-4-24}$$

由单位水平力作用在弹性中心产生的水平位移(考虑轴向力影响) 为

$$\delta_{22}=\int_s \frac{\overline{M}_2^2\mathrm{d}s}{EI}+\int_s \frac{\overline{N}_2^2\mathrm{d}s}{EA}=\int_s \frac{y^2\mathrm{d}s}{EI}+\int_s \frac{\cos^2\varphi\,\mathrm{d}s}{EA}=(1+\mu)\int_s \frac{y^2\mathrm{d}s}{EI} \tag{3-4-25}$$

式中

$$\mu=\frac{\int_s \frac{\cos^2\varphi \, ds}{EA}}{\int_s \frac{y^2 ds}{EI}} \tag{3-4-26}$$

将式(3-4-24)、式(3-4-25) 代入式(3-4-22),得

$$\Delta H_g=H_g\frac{1}{1+\mu}\frac{\int_0^l \frac{dx}{EA\cos\varphi}}{\int_s \frac{y^2 ds}{EI}}=H_g\frac{\mu_1}{1+\mu} \tag{3-4-27}$$

式中

$$\mu_1=\frac{\int_0^l \frac{dx}{EA\cos\varphi}}{\int_s \frac{y^2 ds}{EI}} \tag{3-4-28}$$

为了便于制表计算,对于等截面拱,可将式(3-4-26)、式(3-4-28) 的分子项改写为

$$\int_s \frac{\cos^2\varphi \, ds}{EA}=\frac{l}{EA}\int_0^l \cos\varphi \frac{dx}{l}=\frac{l}{EA}\int_0^l \frac{d\xi}{\sqrt{1+\eta^2 sh^2 k\xi}\, d\xi}=\frac{1}{E\upsilon A} \tag{3-4-29}$$

$$\int_s \frac{dx}{EA\cos\varphi}=\frac{l}{EA}\int_0^l \frac{1}{\cos\varphi}\cdot\frac{dx}{l}=\frac{l}{EA}\int_0^l \sqrt{1+\eta^2 sh^2 k\xi}\, d\xi=\frac{1}{E\upsilon_1 A} \tag{3-4-30}$$

于是

$$\mu=\frac{l}{E\upsilon A\int_s \frac{y^2 ds}{EI}} \tag{3-4-31}$$

$$\mu_1=\frac{l}{E\upsilon_1 A\int_s \frac{y^2 ds}{EI}} \tag{3-4-32}$$

式中的 υ 和 υ_1 值可自《公路桥涵设计手册 — 拱桥》中附录表(Ⅲ)-10、表(Ⅲ)-8 查得。

(3) 恒载作用下拱的总内力

根据前述计算,恒载作用下考虑弹性压缩后拱的总内力为

轴向力
$$N=\frac{H_g}{\cos\varphi}-\frac{\mu_1}{1+\mu}H_g\cos\varphi \tag{3-4-33}$$

弯矩
$$M=\frac{\mu_1}{1+\mu}H_g(y_s-y_1) \tag{3-4-34}$$

剪力
$$Q=\pm\frac{\mu_1}{1+\mu}H_g\sin\varphi \tag{3-4-35}$$

上式中,右半拱为正,左半拱为负。拱中内力的符号采用下述规定:拱中弯矩以使拱圈下缘受拉为正,拱中剪力以绕脱离体逆时针转为正,轴向力则使拱圈受压为正,如图 3-4-6 所示,图中 M、N、Q 均为正。

从以上各式可见,考虑了结构自重弹性压缩之后,拱中便有恒载弯矩和剪力,这就说明,不论是空腹式拱还是实腹式拱,考虑弹性压缩后的恒载压力线将无法与拱轴线重合,如

图 3-4-7 所示。

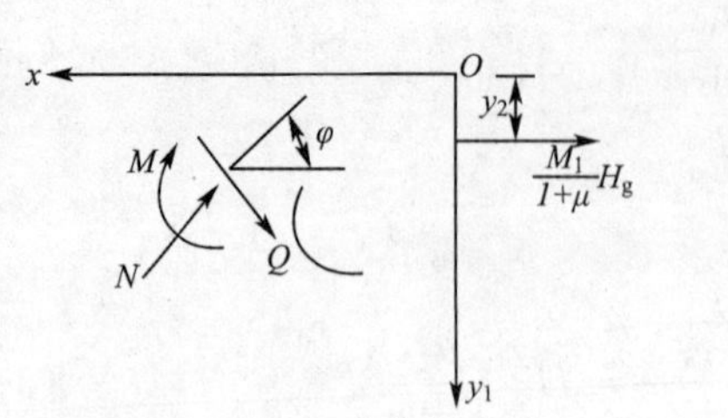

图 3-4-6　弹性压缩产生的内力图

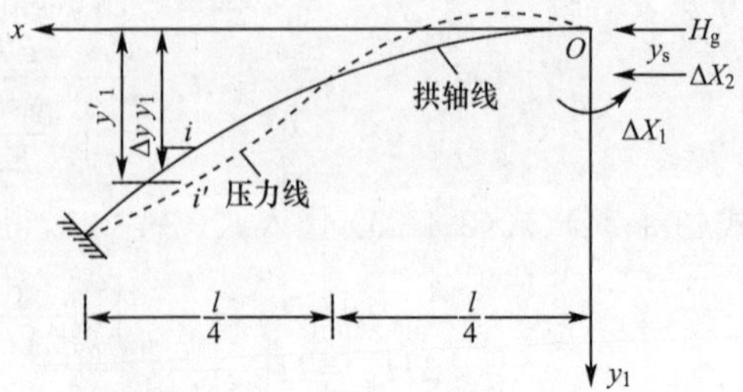

图 3-4-7　压力线偏离拱轴线情况

当压力线偏离拱轴线时，则计入偏离的影响之后拱圈各截面的恒载总内力为

$$\left.\begin{aligned}N&=\frac{H_g}{\cos\varphi}+\Delta X_2\cos\varphi-\frac{\mu_1}{1+\mu}(H_g+\Delta X_2)\cos\varphi\\M&=\frac{\mu_1}{1+\mu}(H_g+\Delta X_2)(y_s-y_1)+\Delta M\\Q&=\pm\frac{\mu_1}{1+\mu}(H_g+\Delta X_2)\sin\varphi\mp\Delta X_2\sin\varphi\end{aligned}\right\}\tag{3-4-36}$$

上式中的 ΔX_2 和 ΔM 可由下式计算

$$\Delta X_1=H_g\frac{\int_s\frac{\Delta y}{I}\mathrm{d}s}{\int_s\frac{\mathrm{d}s}{I}}$$

$$\Delta X_2=H_g\frac{\int_s\frac{y\Delta y}{I}\mathrm{d}s}{\int_s\frac{y^2\mathrm{d}s}{I}}$$

$$\Delta M=\Delta X_1-\Delta X_2 y+H_g\Delta y$$

其中，ΔX_1 和 ΔX_2 分别为压力线与拱轴线偏离引起的弹性中心处的弯矩和轴力，ΔM 为任意截面的偏离弯矩，y 为以弹性中心为原点的拱轴纵坐标，Δy 为恒载压力线与拱轴线的偏离值。

2. 结构受力计算的有限元法

从前面计算单个拱的恒载内力的解析计算方法可知，利用解析法计算过程不但烦琐，计算效率低，而且难以处理拱的复杂受力情况(包括结构构造复杂和作用形式复杂)，比如变截面结构、拱上结构与主拱的相互影响等。有限元法是为适应使用计算机而发展起来的一种有效的数值方法，目前桥梁设计计算普遍采用有限元法。相比解析法，有限元法的优点包括：(1)可以大大减轻劳动强度，缩短计算时间，提高工作效率；(2)对于空间、复杂结构，无须过度简化，计算精度高；(3)能够考虑结构的材料非线性和几何非线性，进行非线性分析；(4)能够进行结构的稳定性、动力分析；(5)能够按照施工程序对施工过程的受力、变形等进行模拟分析，并将施工过程的形成的状态用于使用阶段验算。目前已经有很多商业化的桥梁分析专用软件和结构分析通用软件供使用，完成桥梁的整体分析、局部分析。

采用有限元程序分析拱桥，首先把实际结构理想化为有限单元的集合，即有限元计算模型。拱桥结构形式多种多样，无论哪种结构形式，在分析计算时必须用某种单元的集合模型来替代原型结构。显然，计算模型建立的优劣将直接影响分析结果反映实际情况的好坏。如果计算模型建立不好甚至有误，无论后续分析多么精确都是毫无意义的，有时还可能得出错误结论。所以，必须对实际结构的受力情况有一个正确认识，并做出正确的定性结构分析，用能反映实际情况的模型来模拟原型结构。

对普通型上承式拱桥，当进行裸拱分析时，其有限元计算模型如图 3-4-8(a)所示，可分别作为平面和空间结构看待，其单元可以是直杆，也可以是曲杆，可以是等截面也可以是变截面。当进行肋拱桥的空间分析时，其计算模型如图 3-4-8(b)所示。当考虑拱式拱上结构与主拱的联合作用进行整体分析时，计算图式如图 3-4-8(c)所示。由于腹拱圈与腹孔墩不交于一点，所以需在该处增加刚臂(域)。至于梁式拱上结构，一般不计拱上结构与主拱的联合作用，计算模型中将拱上结构计入时，对简支腹孔需将这部分单元约束作用略去，如图 3-4-8(d)所示。

利用上述有限元计算模型，通过设置合理边界条件和加载，可以完成恒载、活载等静力分析，也可进行稳定性分析以及地震反应动力分析。

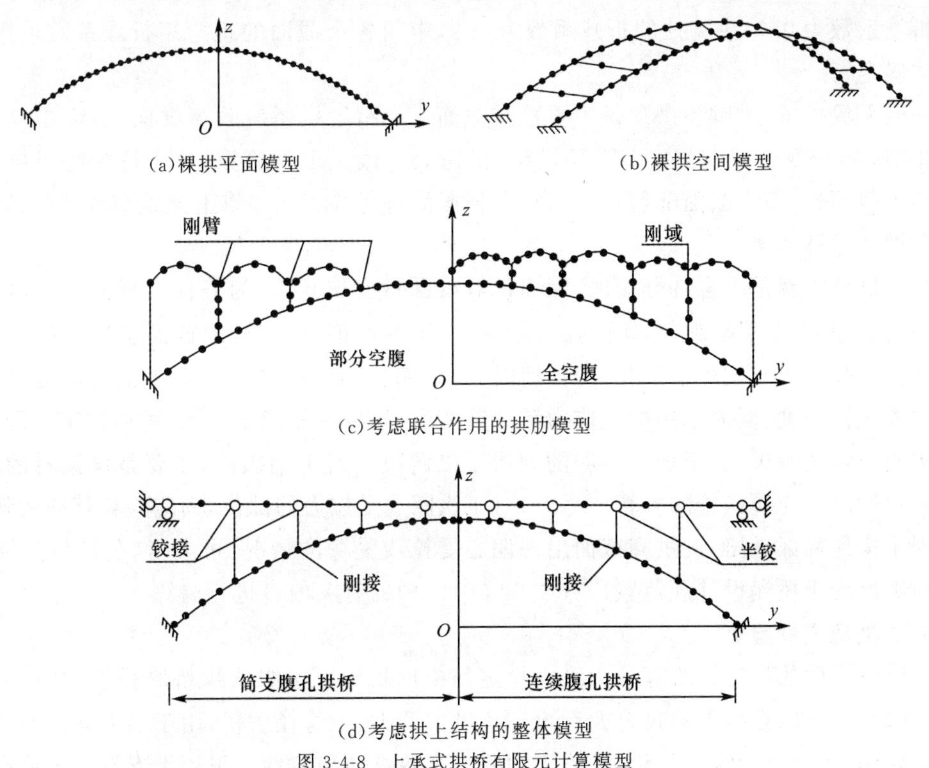

图 3-4-8　上承式拱桥有限元计算模型

3. 其他作用下的结构受力计算

除恒载外，拱桥还受到汽车、人群、风、流水等荷载作用，这些荷载均可按照规范取值，并采用分布力或集中力施加于有限元模型上，进行结构受力计算。另外，对于超静定拱桥，温度变化、混凝土收缩、混凝土徐变和拱脚变位等非荷载作用会产生结构附加内力，也需要进行受力计算。

主拱圈施工完成时的温度称为成拱温度(合龙温度)，当大气温度比成拱温度高时，称为温度上升，引起拱体膨胀；反之，当大气温度比成拱温度低时，称为温度下降，引起拱体收缩。不论是拱体膨胀（拱轴伸长）还是拱体收缩（拱轴缩短）都会在拱中产生内力，该内力一般不可忽略。在利用有限元计算软件进行拱桥计算时，采用结构整体升降温来模拟该作用的效果。

主拱混凝土在结硬过程中会存在收缩变形，在轴向压力作用下也会产生徐变变形，二者均会导致拱轴线长度缩短，对拱产生附加内力，其效果与温度下降类似，结构受力计算时可以将混凝土收缩和徐变变形等效为温度下降。

对于在软土地基上修建的拱桥以及桥墩较柔的多孔拱桥，拱脚变位是难以避免的。拱脚的变位包括拱脚的水平位移、竖向位移（沉降）和转动（角变），每一种变位都会在拱中产生内力。在利用有限元计算软件进行拱桥计算时，可采用强制位移来模拟该作用的效果。

4. 主拱强度验算

强度验算即作用效应组合值与结构抗力的比较。

当求出了各种作用的内力后，便可进行最不利情况下的作用效应组合。作用效应组合按照相关规范采用，在车道荷载引起的拱圈正弯矩参与组合时，应适当折减，拱顶、拱跨 $l/4$ 处的折减系数为 0.7，拱脚处的折减系数为 0.9，中间各个截面的正弯矩折减系数可用直线插入法确定。

一般无铰拱桥，拱脚和拱顶是主要控制截面。大跨度拱桥应验算拱顶、拱跨 $3l/8$、拱跨 $l/4$ 和拱脚四个截面，对于中、小跨径拱桥，拱跨 $l/4$ 截面可不验算；对于特大跨径拱桥，除以上四个截面外，需视截面配筋情况另行选择截面进行验算。如拱上建筑布置特殊，则视具体情况增加验算截面。

圬工拱桥拱圈是不容许开裂的，因而仅对拱圈强度作验算，为确保全截面受压，规范对纵向力偏心距 e_0 作了限制，当实际偏心距 e_0 大于容许值$[e_0]$时，因截面出现了拉应力，拱圈强度验算公式相应发生了变化，但任何时候，拱圈均不容许开裂。对于钢筋混凝土拱圈，验算内容包括强度、混凝土的拉压应力和裂缝宽度，如果不能满足要求，可通过增加配筋量、提高混凝土强度等级、甚至加大拱圈的方法予以解决。对于钢拱圈，主要是作钢材的应力、局部稳定性以及连接构造的验算。另外，对于拱圈承受拉力的部位，尚应验算其疲劳强度。

对于构件局部承压、或拱圈截面出现偏心受拉或受弯的情况，可参考《公路钢筋混凝土及预应力混凝土桥涵设计规范》(JTG 3362-2018)中的有关内容进行验算。

5. 主拱稳定性验算

拱圈或拱肋的稳定性验算分为纵向稳定与横向稳定。实腹式拱桥跨径不大时，可不验算纵、横向稳定性；在拱上建筑合龙后再卸落拱架的大、中跨径拱桥，由于拱上建筑与主拱圈的共同作用，不致产生纵向失稳，此时无须验算拱的纵向稳定性。采用无支架施工或在拱上建筑合龙前就脱架的拱桥，应验算拱的纵向稳定性。当拱圈宽度小于跨径的 1/20 时，应验算拱的横向稳定性。

(1)纵向稳定性验算

计算分析和试验均表明，竖向均布荷载作用下，无铰拱和两铰拱在拱轴平面内的失稳形式为反对称失稳，如图 3-4-9(a)、图 3-4-9(b)所示；三铰拱的失稳形式则取决于矢跨比 f/l，当 $f/l \geqslant 0.3$ 时，发生反对称失稳，当 $f/l \leqslant 0.2$ 时，将发生对称失稳，如图 3-4-9(c)所示。

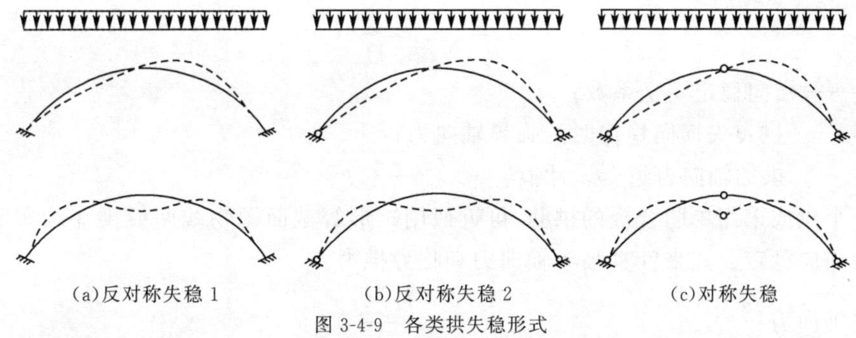

图 3-4-9 各类拱失稳形式

在验算拱圈或拱肋稳定性时，当长细比不大且矢跨比较小时，可将拱圈或拱肋等效为具有一定稳定计算长度的压杆，以验算抗压承载力的形式验算其稳定性，当长细比超出某一范围后，则以验算临界轴向力的方式验算其稳定性。如图 3-4-10 所示，拱圈(肋)的拱轴线长度为 s，等效压杆的计算长度为 l_j，对于无铰拱，$l_j=0.36s$；对于两铰拱，$l_j=0.54s$；对于三铰拱，$l_j=0.58s$。

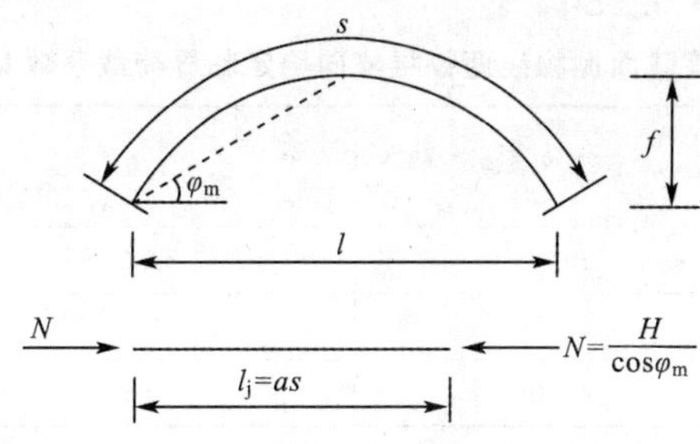

图 3-4-10 拱圈纵向稳定性验算图示

对于砌体拱和混凝土拱圈或拱肋，采用承载力计算公式验算稳定性

$$\gamma_0 N_d < \varphi f_{cd} A \tag{3-4-37}$$

对于钢筋混凝土拱圈或拱肋，采用下列承载力计算公式验算稳定性

混凝土受压构件：

$$\gamma_0 N_d < 0.90\varphi(f_{cd}A + f'_{cd}A'_s) \tag{3-4-38}$$

式中 γ_0——结构重要性系数，对于特大桥、重要大桥为 1.1，对于大桥、中桥、重要小桥为 1.0，对于小桥、涵洞为 0.9；

N_d——轴向力设计值，$N_d=\dfrac{H_d}{\cos\varphi_m}$，$H_d$ 为拱脚推力设计值。

φ——压杆的纵向弯曲系数；

f_{cd}——砌体或混凝土抗压强度设计值；

A——拱圈或拱肋的截面面积；

f'_{sd}——纵向钢筋的抗压强度设计值；

A'_s——纵向钢筋的截面面积。

(2)横向稳定性验算

对于桥的宽跨比小于 1/20 的主拱以及无支架施工的拱桥，应验算拱的横向稳定性。目前，常采用以下公式来验算拱的横向稳定性

$$K=\frac{N_L}{N_d}\geqslant 4\sim 5 \tag{3-4-39}$$

式中 K——横向稳定安全系数；

N_L——拱丧失横向稳定时的临界轴向力；

N_d——拱的轴向力组合设计值。

对于半拱或采用单肋合拢的拱肋，可近似用矩形等截面抛物线两铰拱在均布竖向荷载作用下的横向稳定公式来计算临界轴向力和临界推力。

临界轴向力
$$N_L=\frac{H_L}{\cos\varphi_m} \tag{3-4-40}$$

临界推力
$$H_L=\mathrm{k}\frac{EI_y}{8fl^2} \tag{3-4-41}$$

式中 k——临界荷载系数，与拱的矢跨比 f/l 及 λ 有关，见表 3-4-1；

λ——截面抗弯刚度与抗扭刚度之比；

I_y——主拱截面对拱桥纵轴的惯性矩；

G——剪切模量，$G=0.4E$；

表 3-4-1 **等截面抛物线两铰拱横向稳定临界荷载系数 k**

f/l \ λ	0.7	1.0	2.0
0.1	28.5	28.5	28.0
0.2	41.5	41.0	40.0
0.3	40.0	38.5	36.5

试验与计算表明，无铰拱的临界荷载比有铰拱大得多。对悬链线无铰拱的横向稳定性，目前尚无成熟的计算公式，设计中可偏安全地采用两铰拱的计算公式。

对于横向连接的肋拱及无支架施工时采用双肋合龙的拱桥，其横向稳定计算比较复杂，采用解析法计算时，可将拱展开成一个与拱轴等长的平面桁架，按组合压杆计算其稳定性，如图 3-4-11 所示，临界轴向力按下式计算

$$N_L=\frac{\pi^2E_aI_y}{L_0^2} \tag{3-4-42}$$

式中 E_a——拱肋材料的弹性模量；

I_y——双肋拱对桥纵轴的惯性矩；

L_0——组合压杆计算长度，$L_0=\rho\cdot a\cdot S$；

a——计算长度系数，无铰拱为 0.5，两铰拱为 1.0。

$$\rho=\sqrt{1+\frac{\pi^2E_aI_y}{L_j^2}\left(\frac{ab}{E_aI_b}+\frac{a^2}{24E_aI_a}\times\frac{1}{1-\beta}+\frac{na}{bA_bG}\right)} \tag{3-4-43}$$

式中 $L_j=a\cdot S$；

a——横系梁的间距；

b——两拱肋中距，即横系梁的计算长度；

I_a——单根拱肋对自身竖轴的惯性矩；

I_b——单根横系梁对竖轴的惯性矩；

E_b——横系梁的弹性模量；

β——考虑节间局部稳定的有关系数，$\beta=\alpha^2 N_L/2\pi^2 E_a I_a$，只能通过试算法求解，没有足够数目的横系梁时，可以忽略不计；

n——与横系梁截面形状有关的系数，对矩形截面 $n=1.2$，对圆形截面 $n=1.11$；

G——为横系梁的剪切模量；

A_b——横系梁的截面面积。

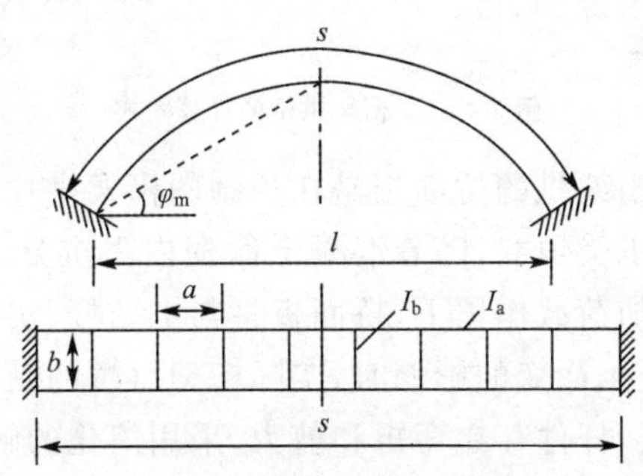

图 3-4-11 拱肋稳定性计算图示

以上介绍了拱的面内、面外稳定性，是在不考虑拱轴变形及材料非线性对拱稳定性影响的情况下的简单验算。对于复杂结构和复杂作用情况，解析法需要利用有限元法对拱进行线性屈曲(第一类稳定)分析和非线性稳定(第二类稳定)分析。

二、整体性上承式拱桥计算

桁架拱、刚架拱等整体型拱桥的结构特点是“拱圈”与拱上建筑一体化，受力特点是“拱圈”与拱上建筑共同受力。由于桁架拱、刚架拱是先形成拱片，然后再与桥面板形成组合截面的形成实际过程，无论采用解析法还是有限元法分析，均需与其施工过程紧密结合。

1. 桁架拱桥

对于桁架拱桥，其拱形桁架部分各杆件主要承受轴向力，与普通桁架拱的受力相似；实腹段部分承受轴向力和弯矩，与普通型拱的受力相相似。桁架部分的上弦杆除了作为整体桁架杆件承受轴向力外，在运营时还要直接承受局部荷载产生的弯矩，尤其是第一个节间不但间距大，而且杆件长，局部荷载产生的弯矩最大，常是控制设计的杆件。

桁架拱桥上部结构属高次超静定结构，其计算方法有解析法和有限元法。

当采用解析法计算桁架拱桥受力时，为了简化计算工作，在试验研究的基础上，可采取下列假定：

(1)以 1 片桁架拱片作为计算单元，将空间桁架简化为平面桁架。荷载在横桥向的不均匀分布，以荷载横向分布系数来体现。

(2)以各杆件的轴线构成图式为计算模型，对于桁架与实腹段连接截面，按平截面假定利用刚臂将各杆件联系起来。

(3)考虑到桁架拱片两端仅有一小段截面不大的下弦杆插入墩台预留孔中，故假定桁架拱片两端与墩台的连接为铰接。此时，桁架拱可按外部一次超静定结构计算，在支点处(拱脚)仅产生水平反力和竖向反力，不产生弯矩。

(4)假定桁架拱的节点为理想铰接。试验研究证明，采用铰接的假定是合理的，除下弦杆外，由于节点固结产生的次弯矩，可以不予考虑。

根据以上假定,桁架拱桥就简化为外部一次超静定、内部静定的双铰桁架拱式结构,其简化计算图式如图 3-4-12 所示。

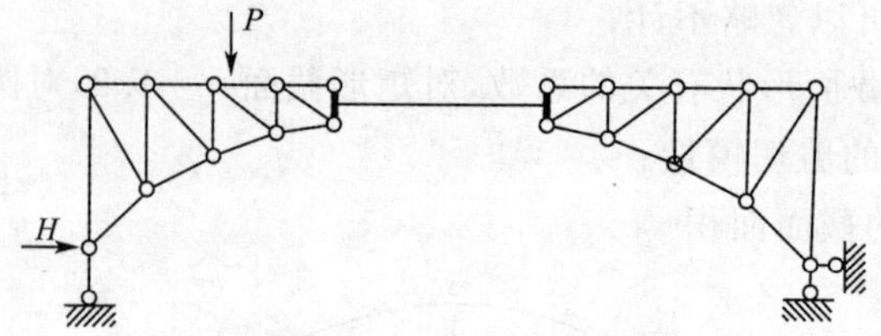

图 3-4-12　桁架拱桥的计算图式

从施工过程来看,由于桁架拱的桥面板是在预制的桁架拱片上逐步形成的,桥面板最初不参与预制上弦杆、实腹段承受恒载,随着混凝土徐变内力重分布,桥面板逐步参与承担恒载;而在成桥后的活载及附加荷载作用下,桥面板将与上弦杆、实腹段共同受力。

当考虑施工过程和混凝土徐变的影响时,实际桁架拱桥的受力计算变得更为复杂,且实际杆件之间的连接并非铰接,杆件存在弯矩和剪力,采用简化的解析法计算难以反映结构实际受力,计算结果偏差较大。因此,采用有限元法进行桁架拱的受力计算是必要的。

当采用有限元法分析桁架拱时,按照实际情况将各节点视为刚结,两个拱脚处均采用固定铰支承,由此可直接算出各杆件的各项内力。

2. 刚架拱桥

如同桁架拱桥一样,刚架拱桥的拱上建筑也参与拱圈的共同作用。除两边腹孔纵梁为受弯构件外,拱腿、内腹孔纵梁、斜撑及实腹段均属于压弯构件,桁架拱为高次超静定结构,部分具有桁架的受力特点。

由于考虑了桥面与刚架拱片的共同作用,在进行活载内力分析时应考虑活载横向不均匀分布的影响。试验表明,实测的横向分布曲线,与按弹性支承连续梁简化法计算的分布曲线比较接近。因而,刚架拱桥的荷载横向分布系数,可用弹性支承连续梁简化法计算。

与桁架拱类似,刚架拱桥形成过程是:由最初的裸拱(预制拱腿及实腹段)→逐步形成裸刚架片(拱腿、实腹段、空腹段纵梁、斜撑及横系梁组成的结构)→安装桥面板形成最终的刚架拱桥。在恒载作用下,桥面板最初不参与纵梁、实腹段承受恒载,在经混凝土徐变内力重分布后逐步参与受力;而在成桥后活载及附加荷载作用下,桥面板与纵梁和实腹段共同受力。另外,如果拱结构在施工时拱脚和斜撑脚处不封固,则自重作用时主拱脚和斜撑脚均应视为铰接;成桥时一般主拱脚需要封固,则活载作用时主拱脚应视为固结,而斜撑脚视为铰接;边腹孔纵梁端部支座一般均视为允许水平位移的竖向链杆支承。

刚架拱内力分析以上述施工与受力特点为依据,一般采用平面杆系有限元法计算,并按照实际施工过程进行逐步计算,计算过程如图 3-4-13 所示。由于施工过程中结构体系发生变化,各施工阶段结构自重的施加应和当时的结构体系相对应,分别计算各阶段结构自重产生的当前结构内力,将各阶段产生的内力进行叠加即得到最终结构的内力。对于二期附属结构自重、活载等在结构形成后施加的作用,由裸-拱片与桥面系组成的整体结构承担,它的计算图式采用图 3-4-13 中的 4 阶段图式。

在内力计算中,按单元全截面特征进行计算,在配筋计算中,应考虑桥面板剪力滞效应,采用有效宽度进行配筋计算,即受弯时由有效宽度承受,轴向力由单元全截面承受。

阶段	结构图式和荷载	内力计算
1	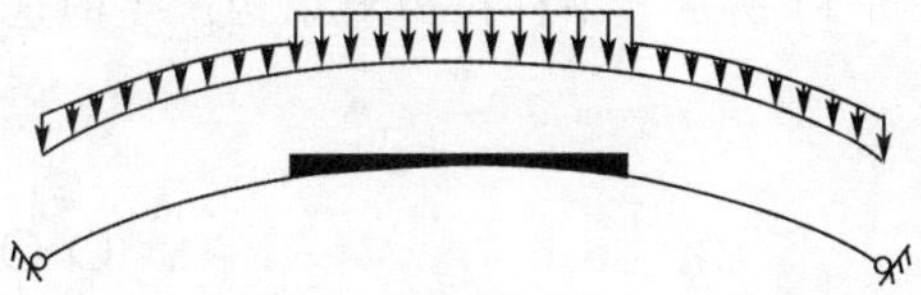	裸拱自重产生的内力
2		腹孔弦杆和斜撑重力产生的内力(结构图式因施工方法不同而不同)
3	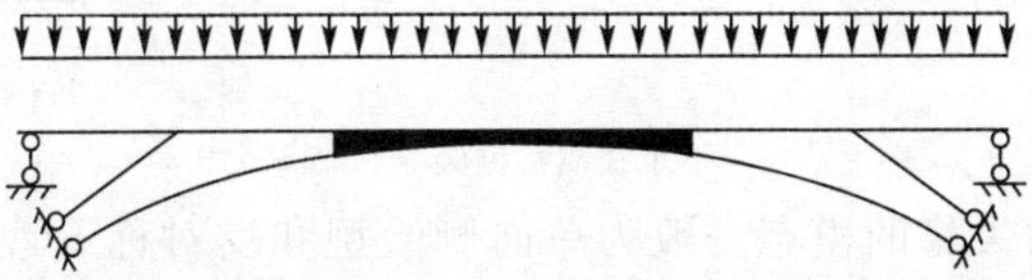	桥面系在拱片上产生的内力
4	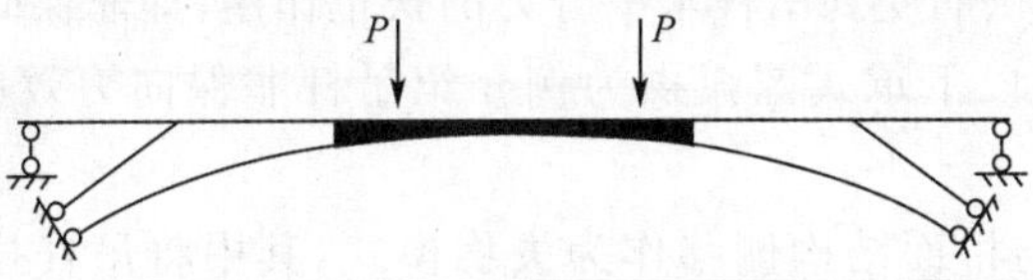 P P	活载和附加力在组合结构上产生的内力

图 3-4-13 按施工顺序拟定的刚架拱桥计算图式

第四节 中、下承式拱桥设计计算

一、钢筋混凝土拱桥计算

中、下承式钢筋混凝土拱桥的计算内容主要包括:主拱内力计算及截面强度验算,主拱纵、横向稳定性验算,吊杆计算,桥面系计算等。

主拱截面强度验算的具体方法与普通型上承式拱桥的并无大的差别,只是在进行内力计算和作用效应组合时,在车辆荷载的内力中应计入荷载横向分布系数,这是因为在它们上面没有拱上结构联合作用的有利影响。荷载横向分布系数的计算方法一般采用杠杆法或者偏心压力法。对于验算内容的其余项也是如此,都应考虑荷载横向分布系数,这也是与上承式拱桥计算的一个最大差别。另外,由于没有拱上联合作用,中、下承式拱肋的稳定性验算要比上承式拱肋显得更为重要,尤其是单肋拱和无横向风撑连接的敞口式拱桥,其横向稳定性验算更不容忽视。

1. 拱肋横向稳定性验算

拱肋横向稳定性可用空间有限元程序进行分析计算,当缺乏计算条件或者在初步设计阶段进行估算时,也可用近似计算方法进行求解。

对于单肋拱和无横向风撑连接的敞口式中、下承式拱桥,需要考虑吊杆非保向力效应对稳定的影响,当拱肋发生侧倾(横向屈曲)时,吊杆上端将同时随着拱肋侧移,若桥面结构纵向整体连续并与拱肋刚性连接,则吊杆下端的横移将受到限制。侧倾吊杆的拉力将对拱肋、桥面结构产生一对向内与向外的水平分力，前一分力对拱肋起着扶正作用，后一分力使桥面结构产生向外的水平位移，如图 3-4-14 所示。吊杆拉力对结构产生的这种效应称为非保向力效应。

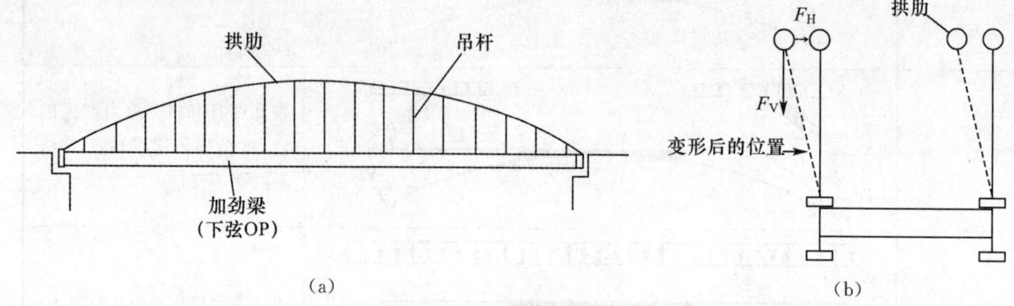

图 3-4-14　下承式拱桥侧倾

中承式与下承式拱桥拱肋失稳的模态一般为单向侧倾型和反对称 S 型两种形式，桥面结构的模态与拱肋相似。由于拱肋受到吊杆水平分力的扶正作用，即非保向力作用，其稳定安全系数得到较大提高。下面以下承式圆弧拱为例介绍吊杆非保向力效应对拱肋稳定的影响。

对于下承式拱桥，以拱肋与桥面结构侧移作为失稳模式，其中将吊杆拉力 T 简化为间距 a 范围的均布荷载 q，利用变分法得到考虑非保向力效应的拱肋临界轴向力计算公式

$$N_{L2}=\eta\cdot N_L=\eta\cdot\frac{E_a I_y}{R^2}\left(\frac{2\pi}{a}\right)\xi \tag{3-4-44}$$

$$\eta=\frac{1}{1-c}$$

$$\xi=\frac{1+2(r-1)\left(\frac{a}{2\pi}\right)^2+3\left(\frac{a}{2\pi}\right)^4}{1+3r\left(\frac{a}{2\pi}\right)^2}$$

$$c=\frac{1}{\frac{a}{2}\left(\frac{a}{2\pi}\right)^2}\cdot\int_{-a/2}^{a/2}\frac{\left(1+\cos\frac{2\pi\varphi}{a}\right)^2}{\cos\varphi-a+\frac{f}{R}}\mathrm{d}\varphi$$

式中　η——非保向力效应的影响系数；

N_L——不考虑非保向力效应的拱肋临界轴向力；

R——圆弧拱的半径；

a——吊杆间距；

c——非保向力效应的参数；

f——拱矢高；

φ——拱肋截面倾角。

通过计算，非保向力效应的影响系数列于表 3-4-2。考虑非保向力效应后，拱肋横向稳定性提高约 2.7 倍，随矢跨比减小而减小。采用上述近似的非保向力效应参数计算公式，对于工程设计计算具有足够的精度，且偏于安全。

表 3-4-2 非保向力效应影响系数 η

f/l	1/3	1/4	1/5	1/6	1/7	1/8
η	3.16	2.88	2.76	2.70	2.65	2.64

2. 吊杆计算

中、下承式拱桥的吊杆通常分为柔性吊杆和刚性吊杆两类。柔性吊杆只承受轴向拉力，而不承受弯矩，故按轴向受拉构件计算；刚性吊杆与拱肋及横梁的连接一般是刚性连接，吊杆兼受轴力和弯矩，故按偏心受拉构件计算。刚性吊杆通常用预应力或部分预应力混凝土制作，当采用普通钢筋混凝土吊杆时，在施工上常采取使钢筋承受全部结构自重拉力（或全部结构自重拉力＋局部压重拉力）情况下浇筑混凝土，以防止产生较大的裂缝，实际上也是一种部分预应力混凝土构件。计算应包括承载能力极限状态和正常使用状态两种情况。前者应区分小偏心受拉和大偏心受拉两种情况，主要应满足强度要求；后者主要验算在使用荷载下的应力幅度和裂缝宽度，以确定不发生疲劳破坏和过大的裂缝。

3. 桥面系计算

中、下承式拱桥桥面系的计算通常包括以下三个方面：

(1)横梁计算

对于由柔性吊杆支承的横梁计算，一般按简支梁进行作用效应分析。

对于与刚性吊杆固结的横梁计算，如图 3-4-15(a)所示，横梁与刚性吊杆固结，受力比较复杂。简化计算时，对于横梁上方有横撑的情形，可按图 3-4-15(b)的模式计算。对于无风撑的情形，与吊杆相接处的负弯矩仍按图 3-4-15(b)模式计算，跨中弯矩则按简支梁计算。需要精确计算时应建立空间有限元模型，采用空间有限元法进行计算。

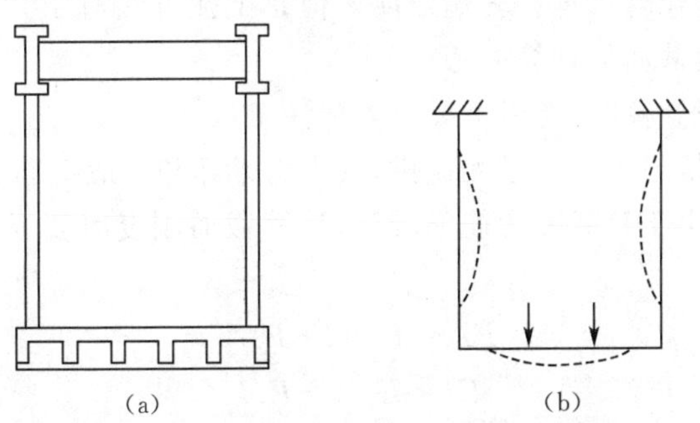

图 3-4-15 刚性吊杆和桥面横梁的受力变形

(2)纵梁计算

对于以横梁为支承点的连续纵梁，严格说来，其受力应按弹性支承连续梁进行分析，但是它的变形又受到拱肋及吊杆变形的耦联作用，使各支承的弹簧刚度不易确定，故目前多采用平面杆系的有限元法程序求解。如果忽略拱肋的变形，则弹簧支承刚度可按吊杆单位变形所需要的垂直力来确定。如果完全忽略拱肋和吊杆的变形，则纵梁可近似地按刚性支承连续梁计算。

对于与桥面板整体连接的连续纵梁受力计算，其受力较为复杂，难以准确简化，一般应采用空间有限元法进行分析，并且可以同时得到拱肋、吊杆、纵梁及桥面板等各个部位的各种内力。

(3)桥面板计算

一般的中、下承式拱桥多采用简支-连续桥面板,这种桥面构造不仅受力明确,而且桥面板可以在场外预制,然后吊装就位,现浇接头形成连续板,从而加快施工进度。根据桥面板施工程序和荷载施加过程,预制板自重按简支板计算,二期结构自重和汽车、人群荷载按连续板计算。

二、钢管混凝土拱桥计算

钢管混凝土拱桥并不是一种专门的桥型,而只是采用钢管混凝土作为主拱承压用的结构材料。它也可以被应用到上承式拱桥上,但比较多地被用在中、下承式拱桥上。然而,钢管混凝土拱桥也有它独具的特点,在进行结构分析时,必须特殊考虑。

钢管混凝土拱桥内力计算与施工过程密切相关。受吊装能力限制,一般将拱肋分数段加工,然后吊装形成钢管拱肋桁架,此时钢管拱肋桁架重力由其自身承受。浇筑钢管内混凝土时,混凝土作为外荷载作用在钢管拱肋上,因此仍由钢管拱肋承受,应按钢结构计算。以后随着混凝土凝固和强度的提高,混凝土开始与钢管一起参与受力。后期拱上建筑、桥面系结构自重和活载均由钢管混凝土组合截面承担。因此,钢管混凝土拱桥应采用“应力叠加法”进行设计。

钢管混凝土作为一种钢-混凝土组合材料,一般采用合成法确定钢管混凝土的基本性能。所谓合成法,是指分别选定钢管和核心混凝土在轴心力作用下的本构关系,运用平衡条件和变形协调条件将两者的本构关系合成构件的组合关系,由此组合关系可得到钢管混凝土的各种物理力学组合性能指标。由于在钢管和混凝土的本构关系中包含有套箍力作用,因此在组合关系中也就包含了这种套箍效应。但是上述方法对于大偏心受压构件不适用,此时仍采用钢筋混凝土截面的计算方法。

在钢管混凝土拱桥计算时,有以下要点需要注意:

(1)钢管混凝土拱桥绝大部分是无铰拱,其受力计算和一般钢筋混凝土无铰拱一样。但对于钢管混凝土拱肋,由于其截面含筋率较高,计算截面刚度时要考虑钢管的影响,截面的刚度计算如下

$$EA=E_cA_c+E_sA_s \tag{3-4-45}$$

$$EI=E_cI_c+E_sI_s \tag{3-4-46}$$

式中 EA——钢管混凝土压缩和拉伸刚度;

EI——钢管混凝土弯曲刚度;

E_c、A_c、I_c——分别为混凝土的弹性模量、截面面积和惯性矩;

E_s、A_s、I_s——分别为钢管的弹性模量、截面面积和惯性矩。

(2)钢管混凝土拱桥由于材料强度高,主拱圈的刚度相对较小,而且桥面系一般均为梁板式结构,活载横向分布作用明显,而拱上建筑联合作用较弱,因此在汽车、人群荷载计算时可采用单根拱肋的计算模型。对于双肋情况,拱肋的荷载横向分布系数一般采用杠杆法计算;对于多拱肋情况,各拱肋的荷载横向分布系数一般采用弹性支承连续梁法计算。

(3)在计算钢管混凝土温度变化产生的内力时,鉴于影响合龙温度的因素较多,当没有更精确与详细的资料时,建议在考虑温降计算时取合龙当月平均温度加上 4～5 ℃;计算温升时则以当月平均温度作为计算合龙温度。

(4)在进行钢管混凝土主拱中徐变内力及变形计算时,徐变系数需考虑钢管的约束作用,或按照主拱降温 15 ℃计算徐变影响。钢管内混凝土收缩,其对主拱内力的影响在钢管混凝土脱空折减系数中计入,不再计算钢管混凝土收缩对主拱内力的影响。

(5)钢管混凝土拱桥采用自架设施工方法,主拱圈是逐步形成的,因而各部分受力先后不一,强度验算有应力叠加法和内力叠加法两种。在施工过程中,以采用应力叠加法验算钢拱架的强度与稳定性较为合理,并用容许应力法进行验算。当管内混凝土达到设计强度后,则应采用内力叠加法计算内力,计算内力的截面刚度采用式(3-4-45)、式(3-4-46)进行计算,验算方法则采用极限状态法。

(6)对于两根和两根以上钢管混凝土组成的拱肋除进行整体承载力验算外,还需进行组成构件的局部承载力验算,以防局部破坏。对于桁式断面,还应对腹杆、平联等进行局部受力验算。

(7)一般钢管混凝土拱桥需要进行纵、横向稳定性验算。

习题

1. 拱桥和梁桥受力上有什么区别?为什么拱桥的跨越能力比梁桥要大?

2. 不同类型拱桥的矢跨比分别一般在什么范围?设计时确定矢跨比需要考虑哪些因素?

3. 按照桥面所处空间位置,拱桥分哪几类?分别适用于什么样的建设条件?

4. 组合体系拱桥分为哪几类?分别有什么样的基本力学特征?

5. 拱桥的拱架和梁桥的支架受力有何不同?

6. 大跨径拱桥无支架施工方法都有哪些?

7. 拱桥平转施工方法分为几种类型,各自有何特点?

8. 什么是合理拱轴线?拱桥设计中常用的拱轴线有哪些?各有什么受力特点?

9. 请推导出实腹式拱桥的悬链线拱轴方程。

10. 中、下承式拱桥的设计计算主要包括哪些内容?

第四篇

斜拉桥

第一章　斜拉桥概述

第一节　斜拉桥组成与受力特点

斜拉桥主要由主梁、索塔和斜拉索三大部分组成，如图 4-1-1 所示。主梁一般采用混凝土结构、钢混凝土组合结构或钢结构，索塔大都采用混凝土结构，而斜拉索则采用高强材料（高强钢丝或钢绞线）制成。

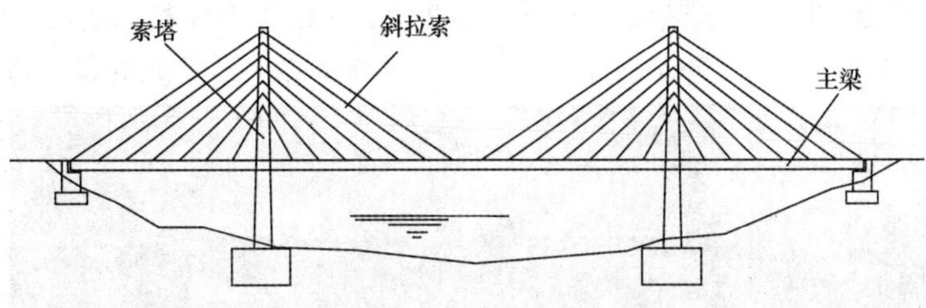

图 4-1-1　斜拉桥概貌

图 4-1-2(a)表示三跨连续梁及其恒载弯矩，而图 4-1-2(b)表示三跨斜拉桥及其恒载弯矩和轴力。从图中可以看出，由于斜拉索的支承作用，主梁受力状况更趋均匀合理，主梁弯矩显著减小，跨越能力增大。此外，斜拉索轴力产生的水平分力对主梁施加了预压力，增强了混凝土主梁的抗裂性能，节约了主梁中预应力钢材的用量。

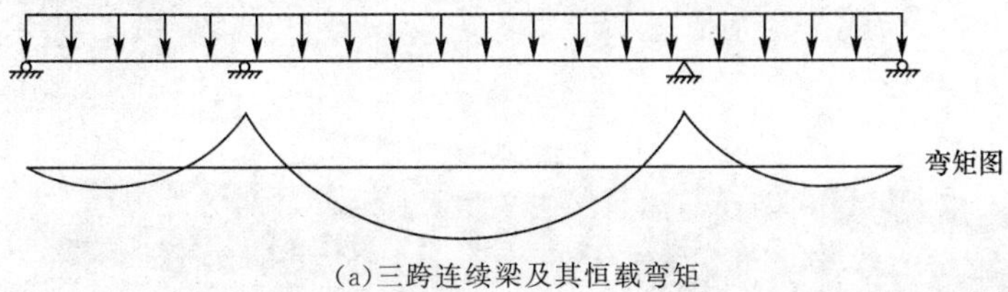

(a)三跨连续梁及其恒载弯矩

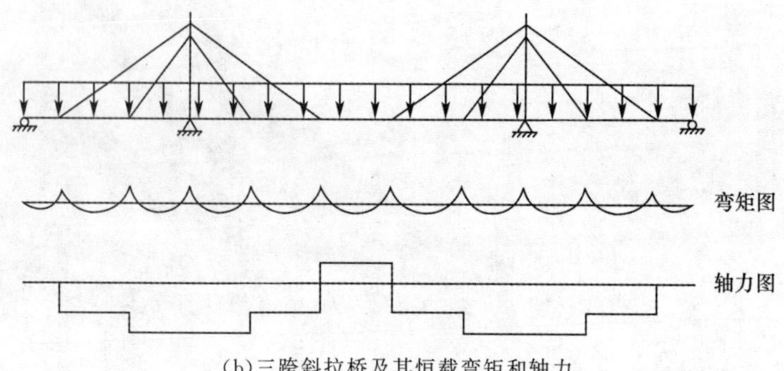

(b)三跨斜拉桥及其恒载弯矩和轴力

图 4-1-2　三跨连续梁与三跨斜拉桥的恒载内力对比

第二节　斜拉桥的发展

斜拉桥的构思可以追溯到 17 世纪，但由于当时科技水平的限制，斜拉桥在 300 多年的漫长岁月中没有得到很大发展；且 19 世纪 20 年代前后修建的几座斜拉桥发生坍塌事故，斜拉桥的发展在相当长一段时期内处于被人遗弃的状态。

20 世纪 30 年代，德国工程师迪辛格(Dischinger)认识到了斜拉桥结构的优越性并对其加以研究，由他设计的第一座现代斜拉桥——主跨 182 m 的新斯特雷姆伍特桥(Stromsund)于 1955 年在瑞典建成(图 4-1-3)。接着，在德国的杜塞尔道夫建成了主跨 260 m 的杜塞尔道夫北莱茵河桥(Theoder Heuss)，它们都采用了稀索和钢主梁结构，这是早期现代斜拉桥的共同特点。从此，斜拉桥得到迅速发展。

截至 2022 年底，世界上已建成 120 余座跨度超 500 m 的斜拉桥，俄罗斯 2012 年建成跨度 1 104 m 的 Russky Island Bridge(图 4-1-4)，是目前世界上已建成的最大跨度斜拉桥。

图 4-1-3　新斯特雷姆伍特桥(Stromsund)

图 4-1-4　俄罗斯岛大桥(Russky Island Bridge)

我国于 20 世纪 70 年代中期开始修建斜拉桥，首先在 1975 年和 1976 年建成主跨分别为 76 m 和 56 m 的两座混凝土斜拉桥，在取得设计和施工经验后，全国各地开始修建斜拉桥。截至 2022 年底，沪苏通长江大桥是中国国内已建成最大跨度的斜拉桥，如图 4-1-5 所示，在建的常泰长江大桥跨度将达到 1 176 m，建成后将成为世界第一跨度斜拉桥。表 4-1-1 为世界跨度前十斜拉桥汇总表。

图 4-1-5　沪苏通长江大桥

表 4-1-1　**世界跨度前十斜拉桥**

序号	名称	跨度/m	建成时间	地点
1	常泰长江大桥	1 176	在建	中国
2	观音寺长江大桥	1 160	在建	中国
3	马鞍山公铁两用长江大桥	1 120	在建	中国
4	Russky Island Bridge	1 104	2012	俄罗斯
5	沪苏通长江大桥	1 092	2020	中国
6	苏通长江大桥	1 088	2008	中国
7	Stonecutters Bridge	1 018	2009	中国
8	青山长江公路大桥	938	2021	中国
9	普者黑南盘江大桥	930	在建	中国
10	鄂东长江大桥	926	2010	中国

第二章　斜拉桥布置

第一节　跨径布置

斜拉桥常见的跨径布置形式有双塔三跨式、独塔双跨式和多塔多跨式(三个塔以上)。

一、双塔三跨式

双塔三跨式斜拉桥是最常见的一种孔跨布置方式,如图 4-2-1 所示。由于它的主跨跨径较大,一般适用于跨越较大的河流。在这类桥式中,边跨 L_1 与主跨 L_2 的比例非常重要,合理的边主跨之比为 0.3～0.5。边跨较小时,边跨主梁的刚度较大,边跨拉索较短,刚度也就相对较大,因而此时边跨对索塔的锚固作用大,主跨的刚度也相应增大。

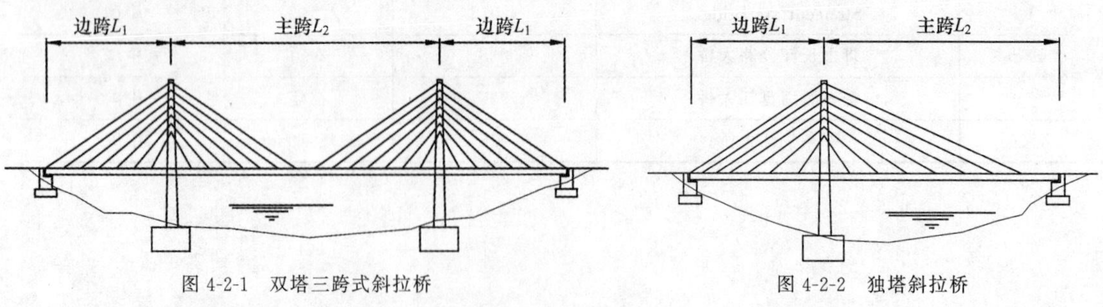

图 4-2-1　双塔三跨式斜拉桥　　图 4-2-2　独塔斜拉桥

二、独塔双跨式

独塔斜拉桥也是一种较常见的孔跨布置方式,如图 4-2-2 所示。由于它的主孔跨径一般比双塔三跨式的主孔跨径小,适用于跨越中小河流和城市通道。独塔双跨式斜拉桥的主跨径 L_2 与边跨径 L_1 之间的比例关系一般为 $L_1=(0.5\sim1)L_2$。

三、多塔多跨式

近年来多塔多跨式斜拉桥逐渐增多，三塔四跨式斜拉桥布置形式如图 4-2-3 所示。中间塔塔顶没有端锚索来有效限制它的变位，因此，多塔多跨式斜拉桥的整体刚度不足，在竖向荷载下变形过大，如图 4-2-4 所示。增加主梁的刚度可以在一定程度上提高多塔斜拉桥的整体刚度，但这样必然会增加桥的自重。比较有效的办法是将中间塔做成刚性索塔，或在索塔间张拉辅助索，如图 4-2-5 所示。

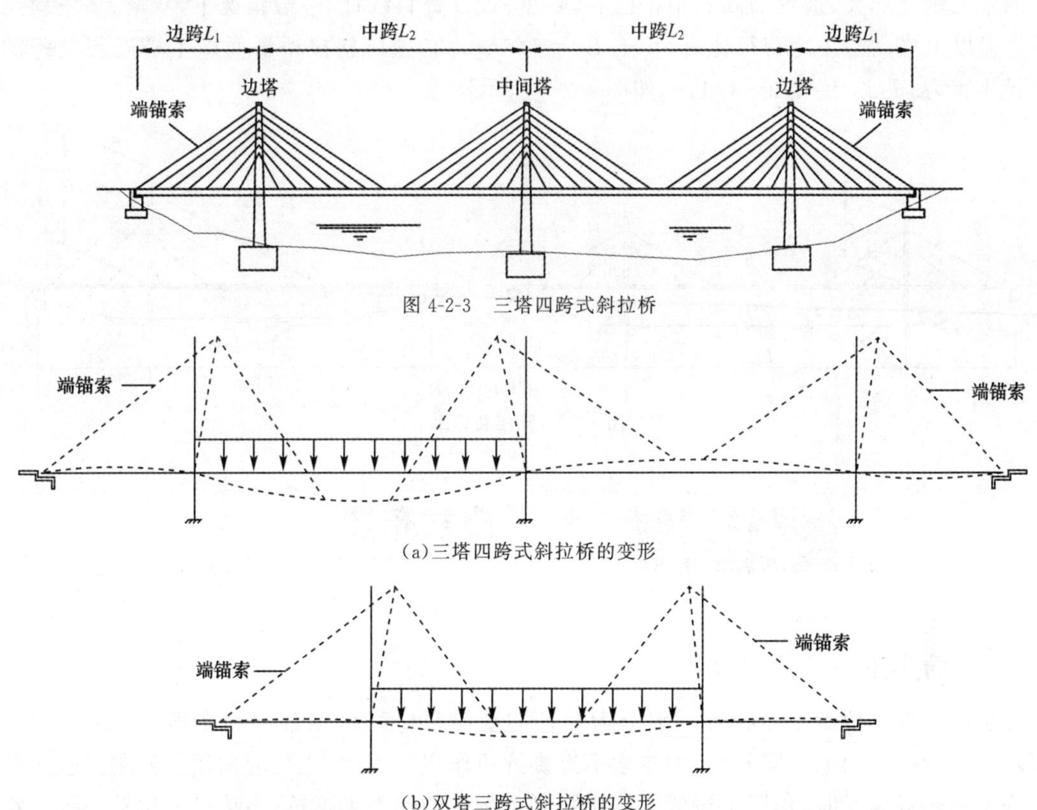

图 4-2-3　三塔四跨式斜拉桥

(a)三塔四跨式斜拉桥的变形

(b)双塔三跨式斜拉桥的变形

图 4-2-4　多塔斜拉桥的变形

图 4-2-5　汀九桥

第二节 索塔布置

索塔的高度决定着整个桥梁的刚度和经济性。在主跨跨径相同的条件下，桥面以上索塔高度 H 越大，拉索总体竖向分力就越大，拉索利用率越高，拉索的用钢量越少。但同时索塔的施工难度加大，造价增高。根据已有斜拉桥设计资料统计，一般情况下，双塔、多塔斜拉桥桥面以上塔高与主跨跨径比宜为 $H/L_2=1/6\sim1/3$，独塔斜拉桥桥面以上塔高与主跨的跨径比宜为 $H/L_2=1/3\sim1/1.5$，如图 4-2-6 所示。

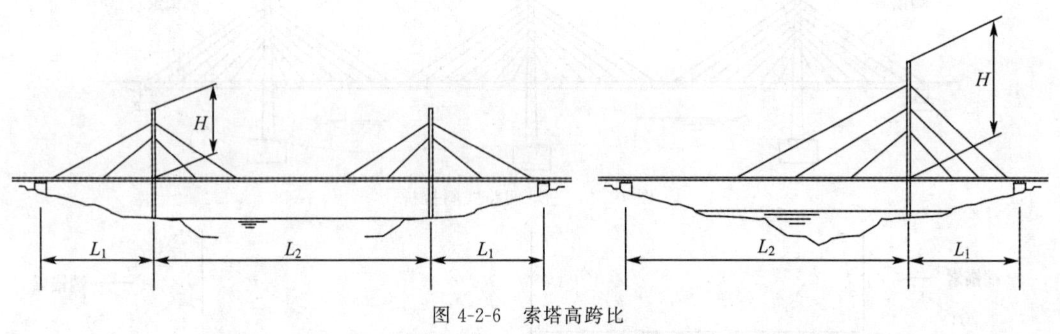

图 4-2-6　索塔高跨比

第三节 拉索布置

一、索面类型

斜拉桥根据拉索索面布置一般分为三种类型，即单索面、双索面和多索面，如图 4-2-7 所示。单索面桥面上视野开阔，但拉索不提供抗扭作用。因此，主梁应采用抗扭刚度较大的截面。采用双索面时，作用于桥梁上的扭矩可由拉索的轴力来抵抗，主梁可采用较小抗扭刚度的截面。桥面较宽时，宜选择多索面。

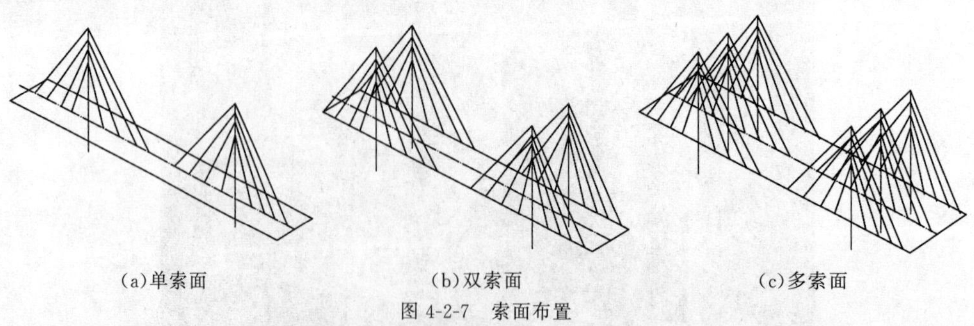
(a)单索面　(b)双索面　(c)多索面

图 4-2-7　索面布置

二、索面形状

斜拉桥的拉索索面形状主要分为三种基本类型，即辐射形、竖琴形和扇形。

(1)辐射形布置的斜拉索沿主梁均匀分布，并在索塔上集中于塔顶一点，图 4-2-8 所示。

由于其斜拉索与水平面的平均交角较大，故斜拉索的垂直分力对主梁的支承效果较好，但塔顶上的锚固点构造过于复杂，集中应力现象突出，给施工和养护造成困难。

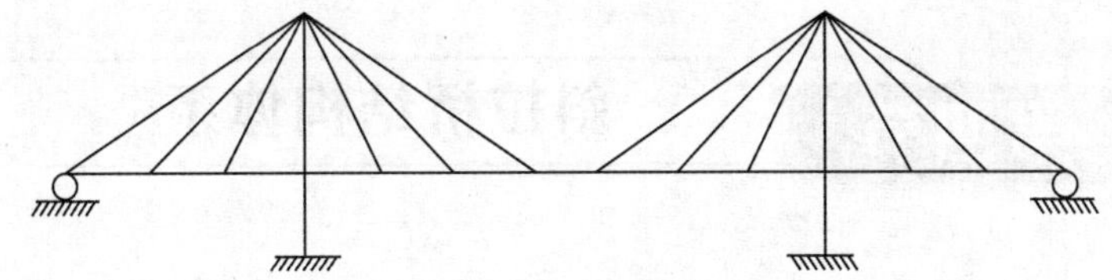

图 4-2-8 辐射形

(2)在竖琴形布置中，斜拉索成平行排列，在索数少时显得较为简洁，如图 4-2-9 所示。塔上锚固点分散，对索塔的受力有利，但斜拉索的倾角较小，索的总拉力大，故钢索用量较多，一般用于中小跨径的斜拉桥中。

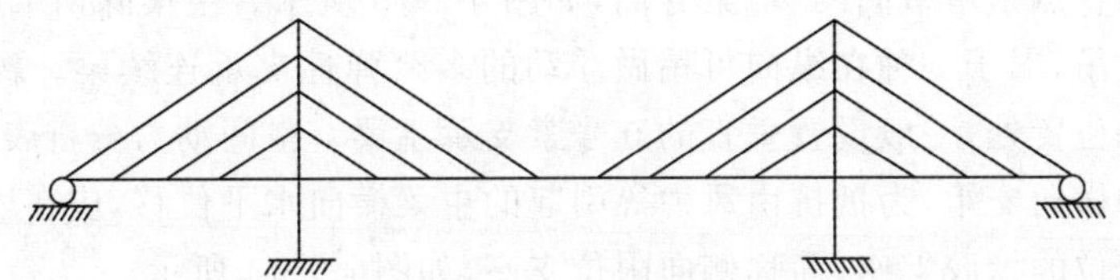

图 4-2-9 竖琴形

(3)斜拉索的扇形布置如图 4-2-10 所示。扇形索是介于平行索和辐射形索的一种构造，它结合了平行索和辐射形索的特点，综合了两种索形的优点，是一种理想的索形，目前大部分斜拉桥采用扇形索，特别是在大跨度斜拉桥设计中，基本都采用扇形布置。

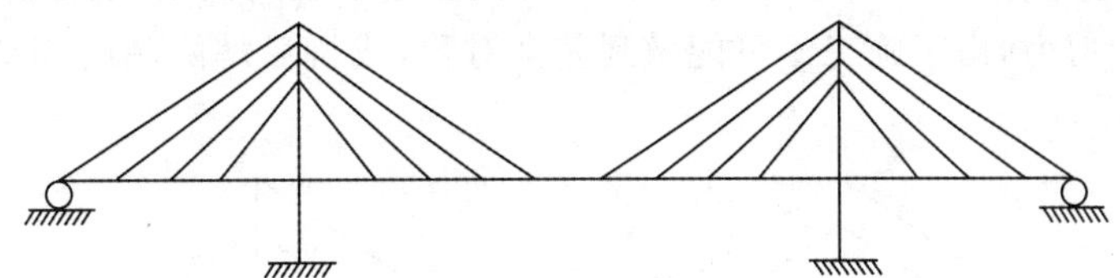

图 4-2-10 扇形

此外，还有星形(图 4-2-11)和星形与扇形组合形式(图 4-2-12)。

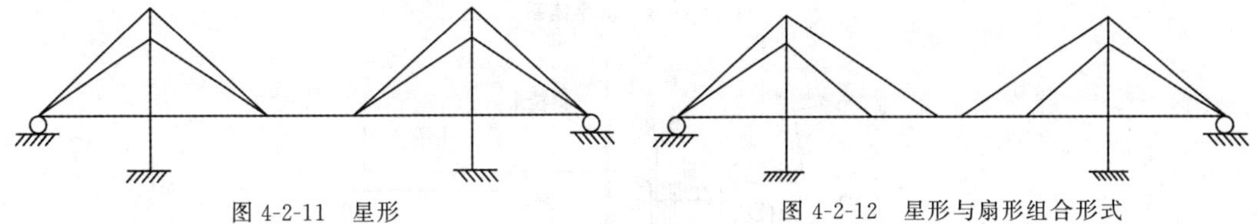

图 4-2-11 星形　　图 4-2-12 星形与扇形组合形式

三、索距的布置

斜拉索为主梁提供弹性支承，并将荷载传递给索塔，是斜拉桥的主要传力构件。考虑到斜拉索的利用率，最外侧斜拉索倾角不宜小于 22°。

斜拉索在主梁上的索距直接影响主梁的受力。早期设计中多采用稀索体系，混凝土主梁的索距达到 15～30 m，钢梁的索距达到 30～50 m。稀索体系的索力容易控制，但是由于索距大，主梁的弯矩和剪力大。

随着计算机技术和施工技术的发展，密索体系代替了稀索体系。对于钢主梁或组合梁，斜拉索在主梁上的标准间距宜为 8～16 m，对于混凝土主梁宜为 6～12 m。由于索距小，主梁由受弯为主转换为受压为主,可以减小梁高。每根索的索力都较小,张拉千斤顶可以轻型化,方便了施工。

第四节 斜拉桥结构体系

斜拉桥的基本结构体系按塔、梁、墩的连接方式划分,主要分为飘浮体系、半飘浮体系、塔梁固结体系和刚构体系。

一、飘浮体系

飘浮体系的特点是塔墩固结、塔梁分离,如图 4-2-13 所示。主梁除两端有支承外,其余全部用斜拉索悬吊,属于一种在纵向可稍做浮动的多跨弹性支承连续梁。飘浮体系斜拉桥在主梁穿过桥塔位置处,一般设置垂直的 0 号索支承主梁。空间动力分析表明,斜拉索不能对梁提供有效的横向支承,为抵抗由风力等引起的主梁横向水平位移,应在塔柱和主梁之间设置限制侧向变位的橡胶支座,简称侧向限位支座,如图 4-2-14 所示。

飘浮体系的优点是主跨满载时,塔柱处的主梁截面无负弯矩峰值;由于主梁可以随塔柱的缩短而下降,故温度、收缩和徐变次内力均较小。目前,大跨斜拉桥(主跨 400 m 以上)多采用此种体系。

飘浮体系的缺点是当采用悬臂施工时,塔柱处主梁需临时固结,以抵抗施工过程中的不平衡弯矩和纵向剪力,由于施工不可能做到完全对称,成桥后解除临时固结时,主梁会发生纵向摆动。

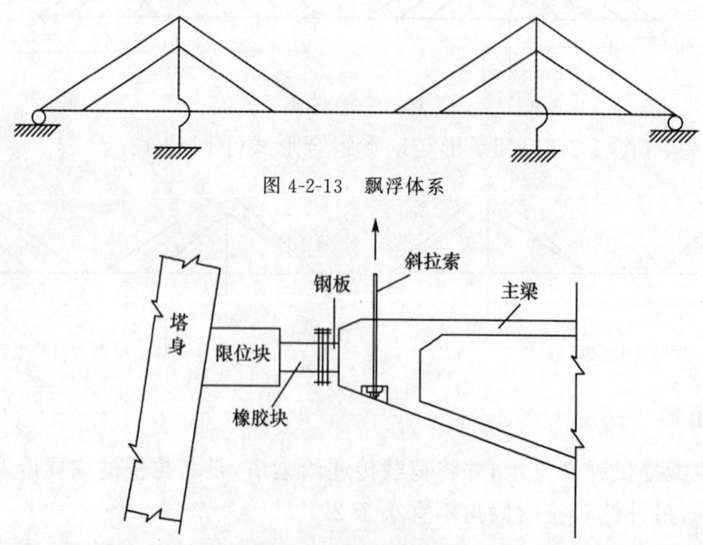

图 4-2-13 飘浮体系

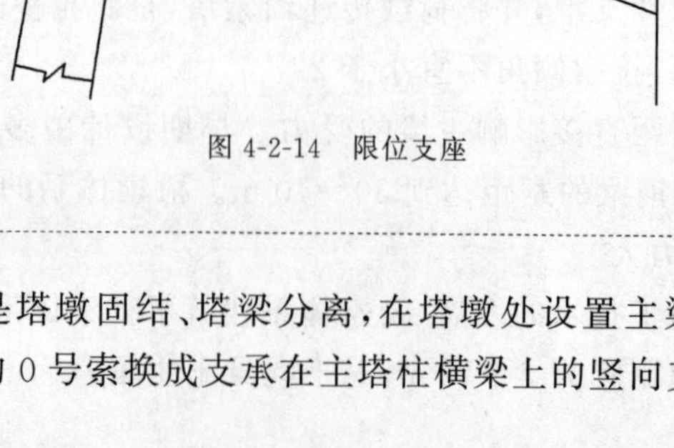

图 4-2-14 限位支座

二、半飘浮体系

半飘浮体系的特点是塔墩固结、塔梁分离,在塔墩处设置主梁竖向支承,图 4-2-15 所示。如果将飘浮体系中的 0 号索换成支承在主塔柱横梁上的竖向支承,则成为半飘浮体系。

半飘浮体系除具有飘浮体系优点外，主梁刚度更大，对限制主梁纵向位移更为有利。半飘浮体系的主梁内力在塔墩支承处出现负弯矩峰值，温度及混凝土收缩、徐变内力也较大，通常须加强支承区段的主梁截面；但是，如在墩顶设置可调节高度的支座或弹簧支座，并在成桥时调整支座反力，大部分由收缩、徐变等造成的不利影响则可被消除。

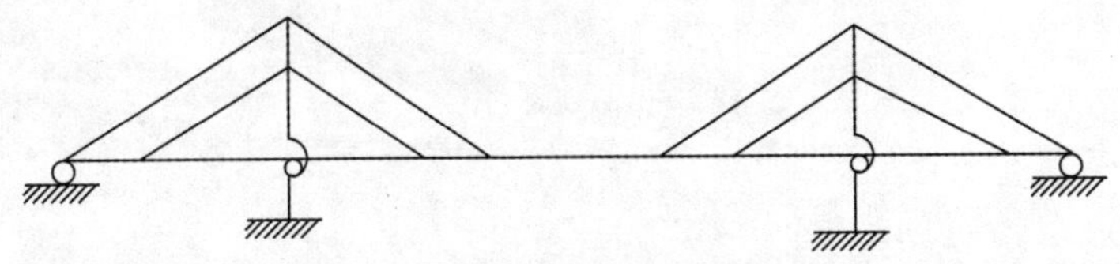

图 4-2-15 半飘浮体系

三、塔梁固结体系

塔梁固结体系的特点是塔梁固结、塔墩分离，如图 4-2-16 所示。这种体系的主梁一般只在一个塔柱处设置固定支座，其余位置处均设置可纵向活动的支座。

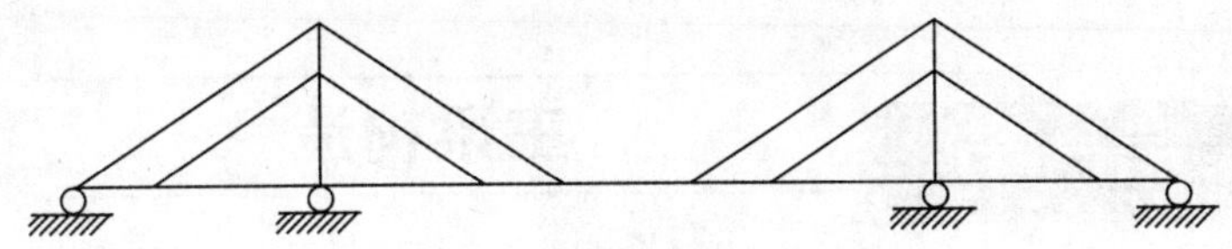

图 4-2-16 塔梁固结体系斜拉桥

塔梁固结体系能够显著减小主梁中央段承受的轴向拉力，且索塔和主梁中的温度内力极小。但是当中跨满载时，主梁在墩顶处转角位移导致塔柱倾斜，使塔顶产生较大的水平位移，从而显著地增大主梁跨中挠度和边跨负弯矩；另外，上部结构重量和活载反力都需由支座传给桥墩，这就需要设置很大吨位的支座，故不宜在大跨度桥梁上应用。

四、刚构体系

刚构体系的特点是桥塔、主梁和桥墩三者固结，形成跨度内具有多点弹性支承的刚构形式，如图 4-2-17 所示。

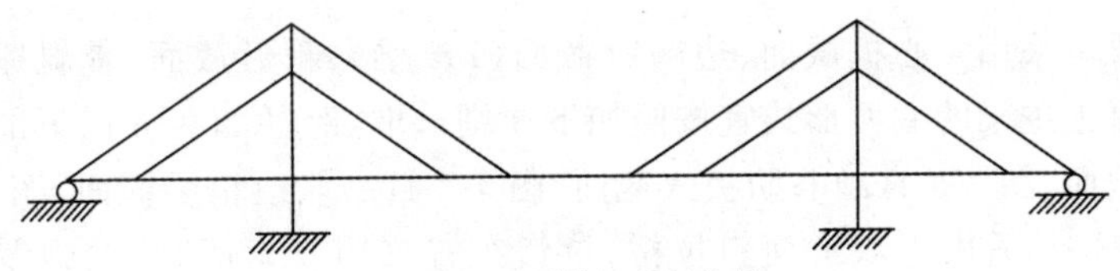

图 4-2-17 刚构体系斜拉桥

塔梁固结体系的优点是既免除了大型支座，又能满足悬臂施工的稳定要求，同时结构的整体刚度比较大，主梁挠度较小。缺点是主梁固结处负弯矩大，固结处附近截面需要加大；再则，为消除温度应力，应用于双塔斜拉桥中时要求墩身具有一定的柔性，常用于高墩的场合，以避免出现过大的附加内力。该体系最适用于独塔斜拉桥。当主墩较高且具有合适的柔度时，大跨径的双塔斜拉桥也能采用塔梁墩固结体系。

第三章 斜拉桥的构造

第一节 主梁构造

由于混凝土斜拉桥的主梁受到斜拉索的支承作用，特别是密索斜拉桥中主梁的受力以压力为主，弯矩较小，因此主梁受力特性已不同于传统的梁桥，主梁高度可以大大降低。通过斜拉索索力的调整，恒载弯矩可以在很大程度上减小，引起主梁弯矩的主要因素是活载及温差等附加作用。

一、主梁的横截面布置

主梁可采用混凝土梁、钢箱梁、钢桁梁、钢-混组合梁等。主梁的截面形式应根据材料、跨径、索距、桥宽、索面数等的不同，并综合考虑结构受力、耐久性、抗风稳定和施工方法进行选用。

混凝土主梁可采用实心板截面、边箱梁截面(PK 梁)、箱形截面、带斜撑箱形截面和肋板式截面。混凝土主梁的截面形式宜按照如下原则选取：跨径 200 m 以下的混凝土斜拉桥宜采用实心板截面[图 4-3-1(a)]；肋板式截面[图 4-3-1(e)]、边箱梁截面[图 4-3-1(b)]及箱形截面[图 4-3-1(c)]适用于双索面斜拉桥；拉索布置采用双索面时，主梁多采用箱形截面[图 4-3-1(c)]或带斜撑箱形截面[图 4-3-1(d)]；当桥面较宽时，主梁截面可考虑设为单箱多室截面[图 4-3-1(c)]、肋板式截面[图 4-3-1(e)]及边箱梁截面[图 4-3-1(b)]，必要时适当增加中间板部分的梁肋数。

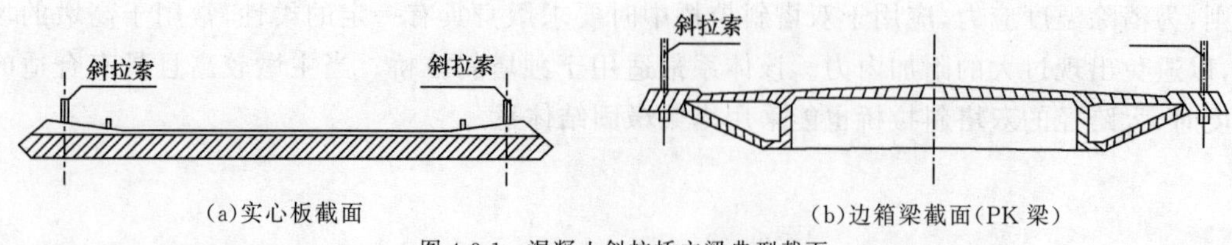

(a)实心板截面

(b)边箱梁截面(PK 梁)

图 4-3-1 混凝土斜拉桥主梁典型截面

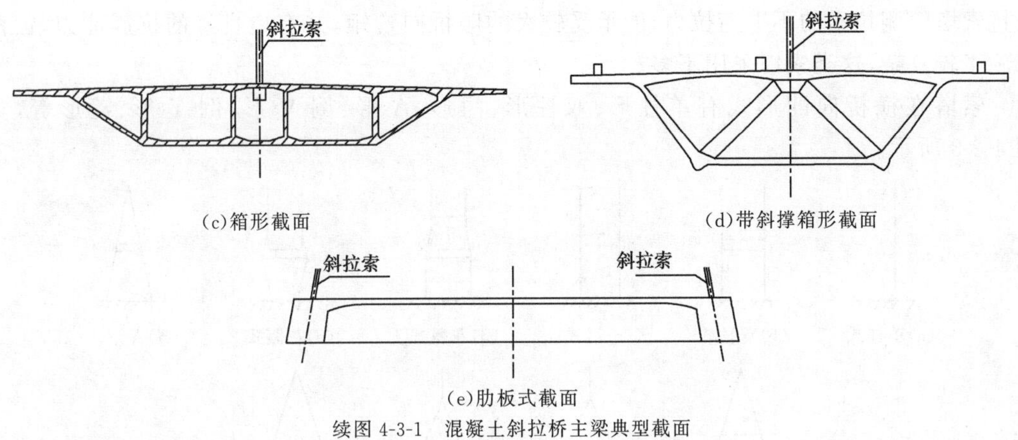

(c)箱形截面

(d)带斜撑箱形截面

(e)肋板式截面

续图 4-3-1 混凝土斜拉桥主梁典型截面

二、主梁截面尺寸

斜拉桥主梁是弹性支承连续梁，在密索体系中恒载弯矩只与索距有关，与桥梁跨径无关。因此，斜拉桥的主梁高度不像其他体系桥梁的梁高随跨径增大而明显增大，而是与索塔刚度、索距、索型、拉索刚度、主梁的结构体系及截面形式等因素相关，特别是与索距大小有直接关系。对于密索体系且索距沿纵向等距布置时，主梁通常可做成等高度形式以简化施工。

根据国内外混凝土斜拉桥的统计资料，梁高与主跨的比值约为 1/200～1/50。跨径越大，相对梁高越低，双索面密索体系梁高相对较低，而单索面体系则用较高值。

第二节 索塔构造

作用于斜拉桥主梁的恒载和活载通过拉索传递给索塔，因而索塔是通过拉索对主梁起弹性支承作用的重要构件。索塔上的作用力除索塔自身的重力外，还有由拉索索力的垂直分力引起的轴向力、拉索的水平分力引起的弯矩和剪力。

一、索塔的结构形式和分类

索塔在顺桥向的形式有单柱形、A 形及倒 Y 形等几种，如图 4-3-2 所示。

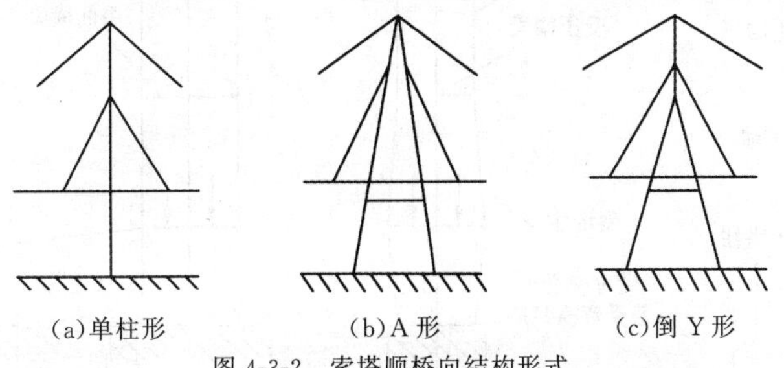
(a)单柱形 (b)A 形 (c)倒 Y 形

图 4-3-2 索塔顺桥向结构形式

斜拉桥索塔顺桥向结构形式一般为单柱形，单柱形索塔构造简洁，外形轻盈美观，施工方便。在需要将索塔的纵向刚度设计得较大时，也可将其设计成倒 V 形或倒 Y 形，有利于抵抗索塔两侧拉索的不平衡拉力,能承受较大的顺桥向弯矩,并有更良好的抗震能力,但由于施工较复杂,这类索塔采用不多。

索塔在横桥向的形式有单柱形、双柱形、门形、A 形、倒 V 形、倒 Y 形、菱形等,如图 4-3-3 所示。

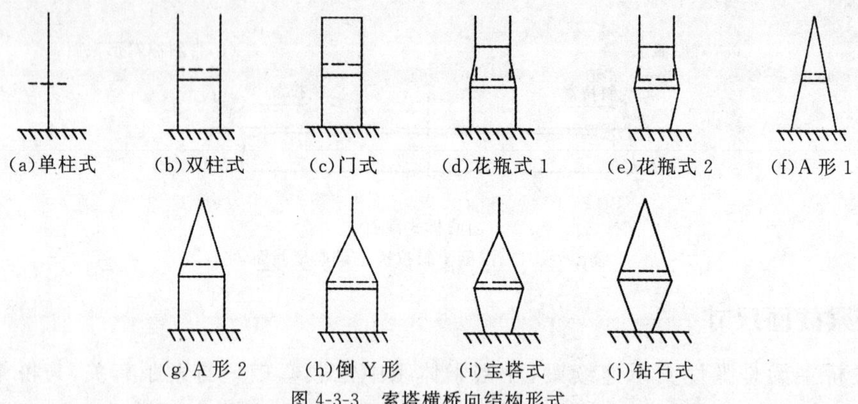

图 4-3-3　索塔横桥向结构形式

柱式塔柱构造简单,但承受横向水平荷载的能力较差。其中单柱形都用于单索面,双柱形则用于双索面。门形索塔在两塔柱之间设有横梁,抵抗横向水平荷载的能力较强,一般用于桥面宽度不大的双索面斜拉桥。A 形、倒 Y 形、菱形索塔横向刚度大,但构造复杂,施工难度较大,既适用于单索面,也适用于双索面,多用于大跨径斜拉桥中。

单索面斜拉桥索塔横桥向结构形式通常设计成单柱形、倒 V 形与倒 Y 形。双索面斜拉桥索塔横桥向结构形式通常设计成双柱形、门形、H 形、倒 V 形与倒 Y 形。在设计中为了增加索塔的面内刚度,也可将索塔横桥向设计成花瓶形或钻石形。

二、索塔的组成

混凝土斜拉桥的索塔一般由钢筋、混凝土材料建造。主塔常由基础、承台、下塔柱、下横梁、中塔柱、上横梁、上塔柱拉索区锚固段及塔顶建筑等部分组成,如图 4-3-4(a)所示。

塔柱是索塔的主要构件,塔柱之间设有横梁或其他连接构件,如图 4-3-4(b)所示。塔柱之间的横梁一般可分为承重横梁与非承重横梁。前者为设置主梁支座的受弯横梁以及塔柱转折处的压杆横梁或拉杆横梁;后者为塔顶横梁和塔柱无转折的中间横梁。

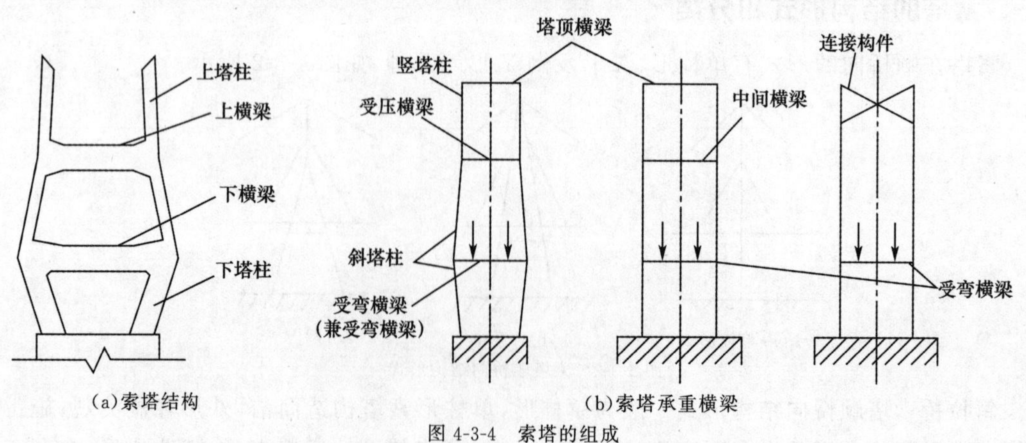

图 4-3-4　索塔的组成

三、索塔的截面尺寸

在确定索塔塔柱和横梁的截面形状与截面尺寸时，要综合考虑结构强度、刚度、稳定性，并结合拉索在索塔上的锚固构造要求和桥梁美学上的要求。

1. 塔柱的截面形式

从整体形式上看，塔柱的截面分为实心截面和空心截面两种，而沿塔高可采用等截面或变截面布置。一般实心等截面塔柱适用于小跨径斜拉桥；中等跨径斜拉桥可采用实心变截面塔柱；对于大跨径斜拉桥的索塔，为方便施工，一般采用空心变截面塔柱。

塔柱截面形式可分成两大类：第一类基本形式为矩形截面，如图 4-3-5 所示；第二类基本形式为非矩形截面，如图 4-3-6 所示。

(1)矩形截面

矩形截面塔柱的长边一般与桥轴线平行，短边与索塔轴线平行，如图 4-3-5(a)所示。当采用实心矩形截面塔柱时，拉索一般穿过塔柱交错锚固，塔柱上部的拉索锚固区位于塔轴线两侧。在矩形实心截面拉索锚头部位各挖一槽口，塔柱截面就变成如图 4-3-5(b)所示的 H 形。当沿塔高塔柱截面变化时，一般仅变化长边尺寸 L，短边尺寸 B 保持不变。图 4-3-5(c)采用矩形空心截面塔柱时，拉索一般锚固于塔柱箱室中，通常不开槽口，而在箱室内壁增设锚固拉索用的锯齿形凸块，或在箱室内设置锚固钢横梁来锚固拉索。为增加美观且利于抗风，实心或空心矩形截面塔柱的四周常做成倒角或圆角。

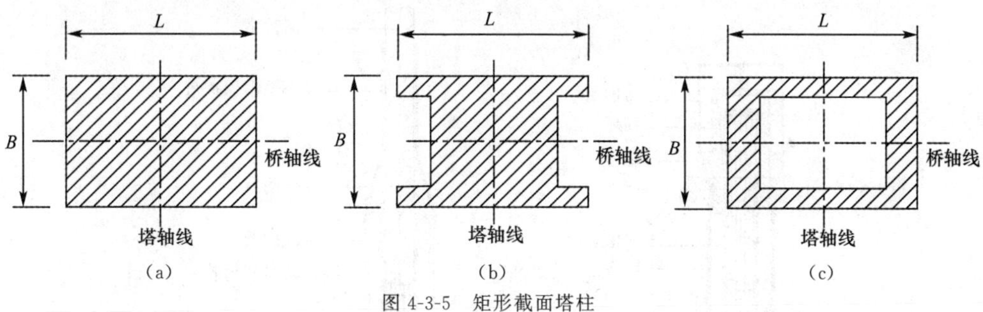

图 4-3-5 矩形截面塔柱

(2)非矩形截面

在受力、美观和抗风等方面，必要时可采用如图 4-3-6 所示的非矩形截面塔柱，这类截面包括五角形、六角形、八角形等，在形式上既可采用实心截面，也可采用空心截面。

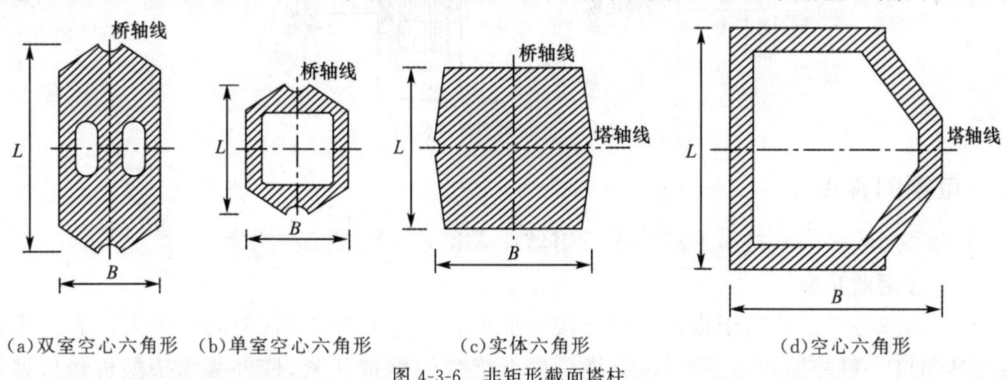

图 4-3-6 非矩形截面塔柱

2. 横梁及其与塔柱连接构件

塔柱之间的横梁与其他连接构件的截面形式由塔柱的截面形式决定，一般采用矩形实心截面、T形实体截面、工字形实体截面或矩形空心截面等形式。在决定这类构件的截面形式和尺寸时，应注意与塔柱截面尺寸相配合，并考虑与塔柱的连接及施工方法等问题。

第三节 斜拉索的构造

根据材料及制作方法的不同，目前斜拉索主要分为整体安装的斜拉索和分散安装的斜拉索两类，即平行钢丝斜拉索和钢绞线斜拉索。目前大跨径斜拉桥选用的较多的是整体安装的平行钢丝斜拉索，在特大跨径斜拉桥斜拉索的运输和架设安装能力有限时，可考虑分散安装的钢绞线斜拉索。

一、斜拉索构造

斜拉索包括钢索和锚具两大部分，如图 4-3-7 所示。钢索承受拉力，设置在钢索两端的锚具用来传递拉力。斜拉索的索力要根据设计要求进行调整，使结构体系处于最佳工作状态。斜拉索的技术经济指标为：强度、刚度、耐疲劳性能、耐腐蚀性能、施工难度和造价。

斜拉索应有完整可靠的密封防护构造，尤其是索端与锚具的接合部。斜拉索应便于张拉、检查和更换。斜拉索索端应考虑施工期和运营期的排水、防潮措施。

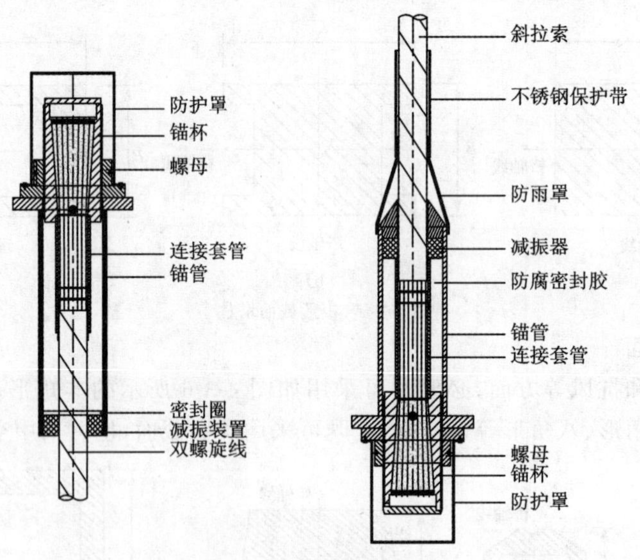

图 4-3-7 斜拉索索体构造

二、拉索的种类

国内采用较多的斜拉索形式为平行钢丝拉索和平行钢绞线斜拉索。

1. 平行钢丝拉索

平行钢丝拉索是将若干根高强钢丝按标准形式平行并拢排列，向同一个方向做轻度扭绞，扭转角度一般控制在 2°～4°，再缠绕一层纤维带或钢带扎紧，最外层用挤塑机热挤聚乙烯(PE)护套作防护，最后根据设计长度精确下料，并在两端灌注锚具、经超张拉检验后制成成品拉索。平行钢丝拉索所有制造过程全部在工厂进行，制成成品索后运输到现场安装张拉,其截面示意图如图 4-3-8 所示。

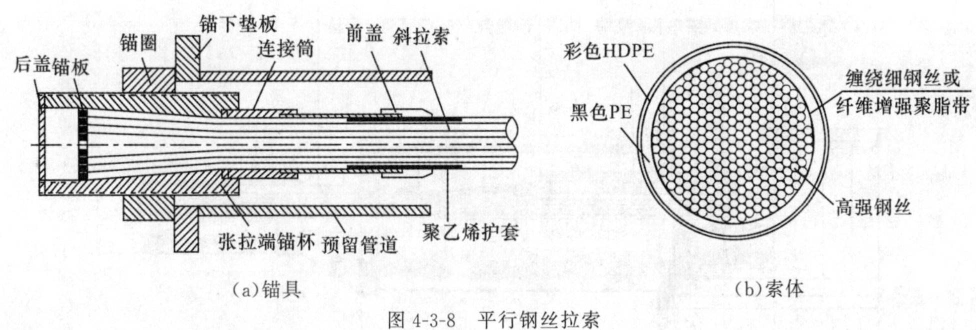

(a)锚具　　(b)索体

图 4-3-8　平行钢丝拉索

平行钢丝斜拉索应采用 ϕ7 mm 热镀锌或锌铝合金镀层钢丝,标准抗拉强度为 1 770 MPa、1 860 MPa 和 2 000 MPa 三种规格,弹性模量不小于 1.95×10^5 MPa,疲劳应力幅为 250 MPa,疲劳寿命不低于 2×10^6 次。平行钢丝斜拉索锚具宜采用冷铸锚,锚具外表面应进行防护处理。

平行钢丝拉索的优点:

(1)从制造工艺上说,这种拉索全部在工厂标准化制造,能够按照相关技术标准严格控制成品拉索的质量。

(2)成品钢丝拉索采用整体张拉,安装张拉工序简单易控制,能够较好地保证每一根钢丝受力的均匀性,同时有利于施工过程中测量控制索力大小。

(3)索力值易于测量,对于液压千斤顶法、压力传感器法、磁通量法、频率法等多种常见的索力测试方法均适用。

(4)成品索直径相对钢绞线拉索较小,钢丝拉索相对钢绞线拉索引起的横桥向风荷载较小。

平行钢丝拉索的缺点:

(1)高强钢丝与 PE 护套热熔黏结,钢丝受力时可传递给 PE 护套,护套在受力状态下易开裂。

(2)整根索的重量较重,且采用整体张拉的方式,对运输、吊装和张拉设备要求较高。

(3)由于采用整体安装,故若某根钢丝出现问题,则需更换整根索,从而增加后期运营维护的成本。

(4)钢丝拉索的固有频率和阻尼比都比钢绞线拉索小,在抗风雨激振方面的性能不如钢绞线拉索。

2. 钢绞线斜拉索

钢绞线斜拉索主要由若干钢绞线和双层同步挤压成型的高密度聚乙烯(HDPE)防护套管组成,两端配有单根夹片式张拉端锚具和锚固端锚具。此拉索为半成品,需要运输到施工现场逐根穿索并进行张拉,其截面示意如图 4-3-9 所示。

钢绞线斜拉索可采用光面钢绞线、热镀锌钢绞线和环氧涂覆钢绞线,标准抗拉强度为 1 720 MPa、1 860 MPa 和 1 960 MPa 三种规格,弹性模量$(1.95\pm0.1)\times10^5$ MPa,疲劳应力幅为 300 MPa,疲劳寿命不低于 2×10^6 次。钢绞线斜拉索锚具可采用夹片群锚。

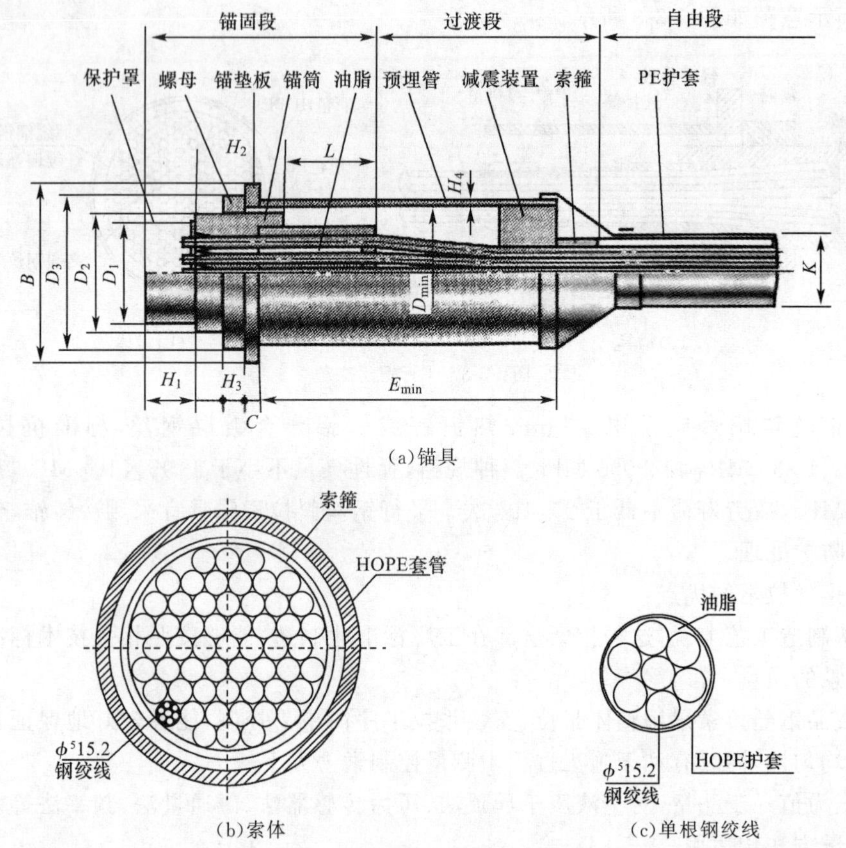

(a)锚具

(b)索体

(c)单根钢绞线

图 4-3-9 平行钢绞线拉索截面

平行钢绞线拉索的优点：

(1)平行钢绞线拉索采用现场逐根穿索张拉，大大降低了对运输、吊装和张拉设备的要求。

(2)与平行钢丝拉索相比，钢绞线拉索不仅可以单根张拉，也可以单根换索，、大大降低了后期维护保养的费用。

(3)钢绞线拉索由于内外层都有护套，将大大增加其耐腐蚀性和使用寿命。

(4)在抗风雨激振方面的性能较钢丝拉索更好，虽然早期的钢绞线拉索的直径比钢丝拉索大，但随着紧密型钢绞线拉索的出现，这方面劣势不再明显，钢绞线动力响应方面的优势更加突出。

平行钢绞线拉索的缺点：

(1)现场逐根穿索张拉会增加施工难度和施工周期。

(2)钢绞线拉索的涂层和绞拧处理使拉索结构应力松弛损失相对增大。

(3)由于钢绞线拉索各钢绞线之间会相互影响，在张拉后面的钢绞线时，前面已经张拉完成的钢绞线的拉力会发生变化。

(4)钢绞线拉索最大的问题是索力测量，虽然在施工过程中可用液压千斤顶、磁通量法和压力传感器等方法来测量索力，但是这些方法都依赖于预埋传感器元件，不利于施工监控。

三、拉索的长度

拉索长度指拉索在设计温度时的无应力下料长度 L。每根拉索的长度基数为该拉索上、下两个索孔出口处锚板中心的空间距离 L_0，对这一基数进行若干修正即得下料长度，计算简图如图 4-3-10。

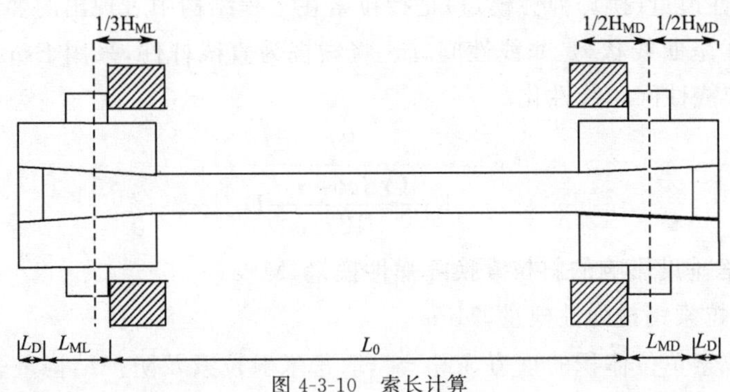

图 4-3-10 索长计算

1. 冷铸锚斜拉索

对于冷铸锚斜拉索可用下式计算：

$$L=L_0-\Delta L_e+\Delta L_f+\Delta L_{ML}+\Delta L_{MD}+2L_D+3d \tag{3-3-1}$$

式中 L——钢丝下料长度；

L_0——每根拉索的长度基数，是该拉索上、下两个索孔出口处在拉索张拉完成后锚固面的空间距离(图 4-3-10)；

ΔL_e——初拉力作用下拉索弹性伸长修正值；

ΔL_f——初拉力作用下拉索垂度修正值；

ΔL_{ML}——张拉端锚具位置修正值，如图 4-3-10 所示，最终位置可设定螺母定位于锚杯的前 1/3 处；

ΔL_{MD}——锚固端锚具位置修正值，如图 4-3-10 所示，可设定螺母定位于锚杯的 1/2 处；

L_D——锚固板厚度；

$3d$——拉索两端所需的钢丝墩头长度，d 为钢丝直径。

弹性伸长量 ΔL_e 和垂度修正值 ΔL_f 可分别按下面公式计算

$$\Delta L_e=L_e\frac{\sigma}{E} \tag{3-3-2}$$

$$\Delta L_f=\frac{w^2L_x^2L_0}{24T^2} \tag{3-3-3}$$

式中 σ——拉索设计应力；

E——拉索弹性模量；

T——拉索设计拉力；

L_x——L_0 的水平投影；

w——拉索每延米重量。

2. 夹片锚斜拉索

对于采用夹片群锚(拉丝式锚具)的拉索，下料长度不计入墩头长度，而应加上满足张拉

千斤顶工作所需的拉索操作长度 ΔL_s。上述公式变为

$$L=L_0-\Delta L_e+\Delta L_f+\Delta L_{ML}+\Delta L_{MD}+2L_D+3d+\Delta L_s \tag{3-3-4}$$

如工厂下料时的温度和桥梁设计中取定的温度不一致，则在下料时还应加温度修正。

3. 拉索设计弹性模量

拉索设计弹性模量（换算弹性模量）是指拉索在工程结构中表现出的弹性模量。柔性索具有一定垂度，索呈曲线状，是非线性问题。将索视为直线杆件，采用 Ernst 公式换算弹性模量，近似地使非线性问题线性化。

$$E=\frac{E_0}{1+\frac{(\gamma S\cos\alpha)^2}{12\sigma^3}E_0} \tag{3-3-5}$$

式中 E——考虑垂度影响的斜拉索换算弹性模量，MPa；

E_0——斜拉索钢材弹性模量，MPa；

γ——斜拉索单位体积的重力，kN/m^3，取每米斜拉索及防护结构重力除以斜拉索面积，m^2；

S——斜拉索长度，m；

α——斜拉索与水平线的夹角，°；

σ——确定工况斜拉索应力，kPa。

四、拉索锚固

1. 拉索在梁上的锚固

斜拉索与混凝土主梁的锚固宜采用顶板锚固、箱内锚固、斜隔板锚固、梁体两侧锚固、梁底锚固等形式，如图 4-3-11 所示。顶板锚固宜用于箱内采用加劲斜杆的单索面桥，箱内锚固、斜隔板锚固宜用于两个分离单箱的双索面斜拉桥，梁体两侧锚固宜用于双索面斜拉桥，梁底锚固宜用主梁截面较小的双主梁或板式梁。

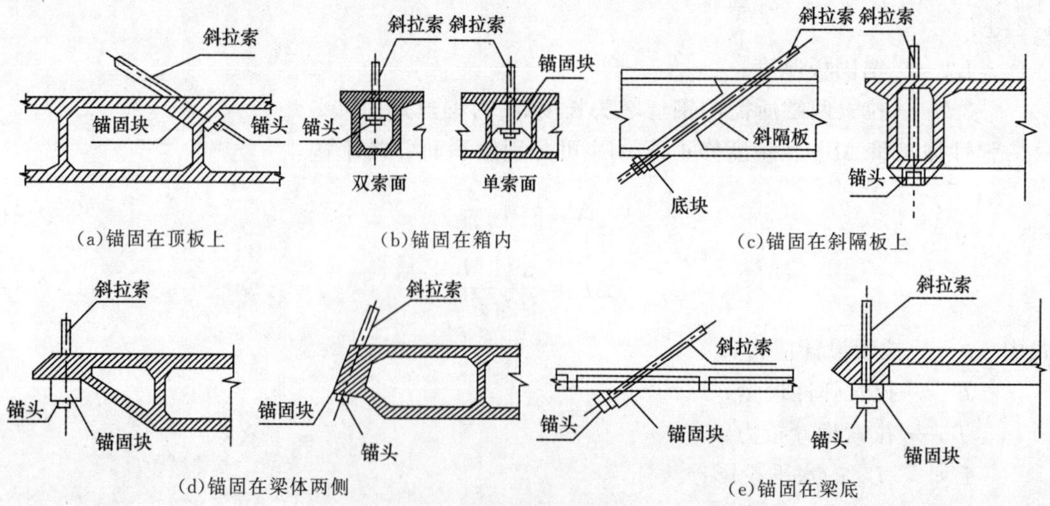

图 4-3-11 混凝土梁斜拉索锚固方式

斜拉索通常锚固在主梁的顶板、底板或梁高中部，在主梁上需要设置锚固实体构造，否则将无法进行锚固，尤其对于混凝土与预应力混凝土斜拉桥，刚度很大的实体构造将该处复

杂的空间受力进行分散,从而获得较小的变形和应力。

2.拉索在索塔上的锚固

索塔锚固方式有侧壁锚固、钢锚梁锚固、交叉锚固、钢锚箱锚固等,截面形式如图 4-3-12 所示。鞍座式索塔锚固区主要应用于混凝土部分斜拉桥,在常规斜拉桥中的应用较少。

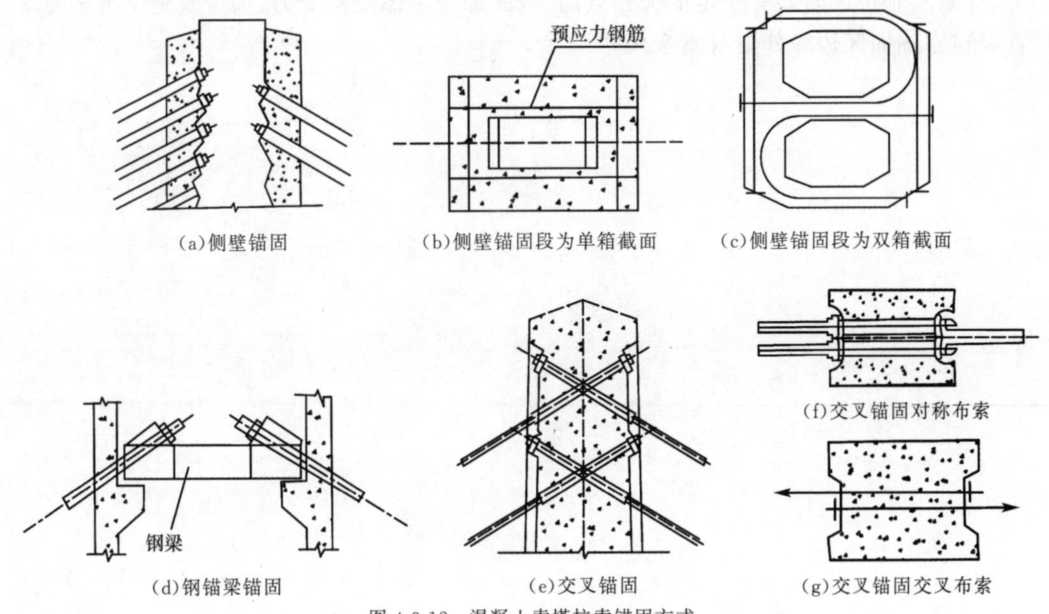

(a)侧壁锚固 (b)侧壁锚固段为单箱截面 (c)侧壁锚固段为双箱截面

(d)钢锚梁锚固 (e)交叉锚固 (f)交叉锚固对称布索 (g)交叉锚固交叉布索

图 4-3-12 混凝土索塔拉索锚固方式

侧壁锚固:直接将拉索锚固在混凝土索塔内壁的齿板上,应在锚固区施加环向预应力,以克服塔壁内产生的拉应力。

钢锚梁锚固:将锚固钢横梁置于混凝土索塔内壁的牛腿上,斜拉索锚固在钢横梁两端的锚固梁上,两端的刚性支承可在顺桥向、横桥向做微小的平动和转动,这种锚固形式受力明确,能够减小塔壁承受的水平力,且温度引起的约束力较小,能有效减小水平裂缝,使索塔锚固安全可靠。

交叉锚固:塔两侧拉索交叉通过主塔塔柱轴线后锚固在塔柱的实心段,利用塔壁上的锯齿凹槽或锯齿凸槽形牛腿锚固拉索,多用于早期的中小跨径斜拉桥,现已较少采用。

钢锚箱锚固:将斜拉索锚固在钢锚箱上,钢锚箱通过剪力钉与混凝土索塔连接。斜拉索在索塔上采用钢锚箱锚固是大跨径斜拉桥索塔锚固方式之一,是从法国诺曼底大桥和希腊 Evripos 桥开始的,目前世界第一跨径的斜拉桥——俄罗斯岛大桥以及我国的杭州湾大桥、苏通长江大桥、昂船洲大桥、上海长江大桥等也采用这种锚固方式。将斜拉索直接锚固在钢箱上,可以抵抗拉应力,这种锚固方式成本较高,但可减少索塔高空作业强度,加快施工进度,是大跨径斜拉桥混凝土塔上斜拉索锚固方式的发展方向。

3.斜拉索锚固区构造

在锚固区需要加强箍筋及纵向钢筋的配置,并在锚下设置多层钢筋网或采取其他措施承受和分散锚下局部应力。

当斜拉索与混凝土主塔采用钢锚箱进行锚固时,钢锚箱在制作时要保证尺寸准确。在与斜拉索通过的管道一起安装时要保证空间位置的准确性,使安装完成后的管道中线与斜拉索中线一致，锚板端面与斜拉索中线相垂直。锚箱厚度不能太薄，避免钢板因焊接热应力产生翘曲变形，一般不采用 10 mm 以下的钢板。

在斜拉索锚固区的局部范围内，由于斜拉索强大的集中力，孔洞削弱，局部受力及应力集中现象产生，相邻锚固点之间需要留有一定距离以防止应力重叠，影响斜拉桥整体安全。另外，穿索及张拉都需要有一定的操作空间，因此综合考虑结构受力、构造及施工工艺要求，须在斜拉索锚固区边缘外留有富余尺寸。

第四章 斜拉桥施工

第一节 概 述

根据国内外的工程实践经验，斜拉桥基础、墩台和索塔的施工与其他桥型基本相同，梁式桥施工中可采用的施工方法如支架法、悬臂拼装或浇筑、顶推法和平转法等，都能够在斜拉桥施工中加以采用。

主梁及拉索结构施工有其特殊性。斜拉桥属于高次超静定结构，采用的施工方法和安装程序与成桥后的主梁线形及结构恒载内力有着密切的关系，在施工阶段随着斜拉桥的结构体系和荷载状态的不断变化，结构内力和变形亦随之不断发生变化。为确保斜拉桥在施工过程中结构的受力状态和变形始终处在合理、安全的范围内，成桥后主梁的线形符合预期的设计效果，结构本身又处于最优的受力状态，在施工过程中必须进行严密的施工控制。

第二节 主梁施工

斜拉桥主梁的施工方法除了考虑现有的施工技术水平及施工设备、桥梁地质、水文等因素外，还应该考虑斜拉桥的结构体系、索型、索距和主梁截面形式等。结构设计往往由施工内力控制，所以主梁施工方法的选择应符合设计要求，并尽量采用先进合理的施工技术和施工设备。由于斜拉桥梁段尺寸较小，各节段间有斜拉索，索塔还可以用来架设辅助钢索，因此无支架法更适合斜拉桥主梁的施工。

一、主梁常用施工方法

大跨径混凝土斜拉桥上部结构一般采用悬臂浇筑或悬臂拼装的方法进行施工，对于中小跨径的斜拉桥,可根据桥址处的地形条件和结构本身的特点,采用顶推法、平转法或支架法等施工方法。

1. 顶推法

顶推法的特点是施工需要在跨间设置若干临时支墩,顶推过程中主梁需要反复承受正、负弯矩。该法较适用于桥下净空小、修建临时支墩造价较低、支墩不影响桥下通航、主梁能反复承受正负弯矩作用的情况。对混凝土斜拉桥而言,一般是在拉索张拉前顶推主梁。如果临时支墩间距过大,主梁不能满足自重弯矩能力时,为满足施工需要,要在主梁内设置临时预应力束,造价高。

2. 平转法

平转法是分别在两岸或一岸顺河流方向的矮支架上现浇主梁,并在岸上完成所有的安装工序,包括落架、张拉、调索,然后以塔墩为圆心,整体旋转到桥位合龙。该法适用于桥址地形平坦,塔身较低和适合整体转动的中小跨径斜拉桥。

3. 支架法

支架法施工主梁是在桥孔位置搭设满布式支架,在临时支墩之间设置托架或劲性骨架,然后立模现浇混凝土主梁,或者在临时支墩上拼装预制梁段。

支架法施工的优点是施工简单方便,且能确保主梁结构满足设计形状要求。但只能用于桥下净空低,搭设支架方便且不影响桥下交通的情况或跨径和规模较小的斜拉桥主梁的施工,如城市立交桥和净高较低的岸跨主梁施工。

二、主梁悬臂浇筑法施工

悬臂浇筑法主要用于预应力混凝土斜拉桥。其主梁混凝土的悬臂浇筑与一般预应力混凝土梁式桥基本相同。这种方法的优点是结构的整体性好,施工中不需要大量施工支架,不需要大吨位悬臂吊机和运输预制节段块件的驳船,不影响桥下交通,施工不受水位等因素的影响;但不足之处是在整个施工过程中必须严格控制挂篮的变形和混凝土收缩、徐变,相对于悬臂拼装法而言,其施工周期较长。

主梁悬臂施工采用的挂篮形式很多,各有特色,归纳起来可分为后支点挂篮、劲性骨架挂篮、前支点挂篮三种。其中前支点挂篮因结构合理,能充分发挥斜拉索的效用而使用最为普遍。后支点挂篮和劲性骨架挂篮应用较少,有时应用于单索面斜拉桥主梁的施工中。

前支点挂篮也称牵索式挂篮(图 4-4-1),利用待浇梁段斜拉索作为挂篮前支点支承力,施工过程中将挂篮后端锚固在已浇梁段上,能充分发挥斜拉索的作用,由斜拉索和已浇梁段来共同承担待浇节段的混凝土梁段的重量。待主梁混凝土达到设计强度后,拆除斜拉索与挂篮的连接,使节段重力转换到斜拉索上,再前移挂篮。前支点挂篮的优越性在于它使后支点挂篮中的悬臂梁受力变成为简支梁受力,使节段悬浇长度及承重能力均有较大提高,加快了施工进度。其不足之处是在浇筑一个节段混凝土过程中要分阶段调索、工艺复杂,挂篮与斜拉索之间的套管定位难度较大。

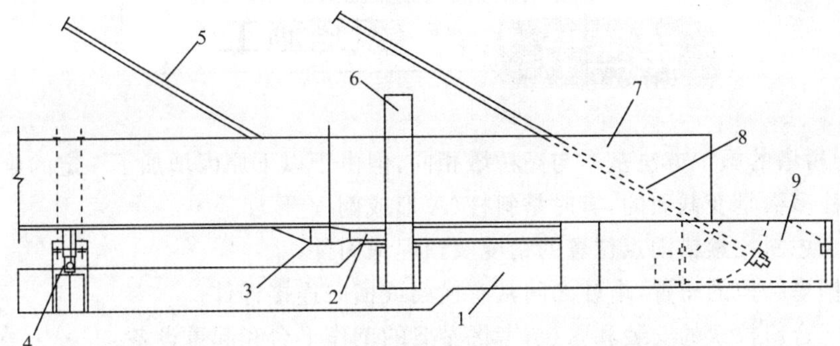

1—纵梁；2—水平止推杆；3—水平止推座；4—后锚座系统；

5—斜拉索；6—C形挂梁；7—待浇梁端；8—前支点斜拉索；9—转动锚座

图 4-4-1　钢箱式前支点挂篮

三、主梁悬臂拼装法施工

预应力混凝土斜拉桥悬臂拼装法是先在塔柱区现浇一段放置起吊设备的起始梁段，然后用适宜的起吊设备从塔柱两侧依次对称安装预制节段，使悬臂不断伸长直到合龙。非塔、梁、墩固结的斜拉桥采用悬臂拼装法施工时，需采取临时固结措施，方法与悬臂浇筑法相同。由于主梁是预制的，墩塔与梁可平行施工，因此可以缩短施工周期，减少高空作业。主梁预制混凝土龄期较长，收缩和徐变影响小。梁段的断面尺寸和浇筑质量容易得到保证，但该法需配备一定的吊装设备和运输设备，要有适当的预制场地和运输方式，对安装精度要求较高。

主梁在预制场的预制应考虑安装顺序，以便于运输。预制台座按设计要求设置预拱度，各梁段依次串联预制以保证各梁段相对位置。预制块件以梁上水平索距为长度划分标准，并根据起吊能力决定，采用一个索距或将一个索距梁端分为有索块和无索块两个阶段预制安装，块件的预制工序、移动和整修均与一般预制构件相同。

主梁悬臂拼装示意如图 4-4-2 所示。首先，主梁预制块件按先后顺序从预制场通过轨道或者驳船运至桥下吊装位置。然后，通过起吊工具将块件提升至安装高程。接着进行块件连接与接缝处理，接头分为干接头和湿接头两种。之后张拉纵向预应力钢筋。最后进行斜拉索的挂索与张拉，并调整高程。

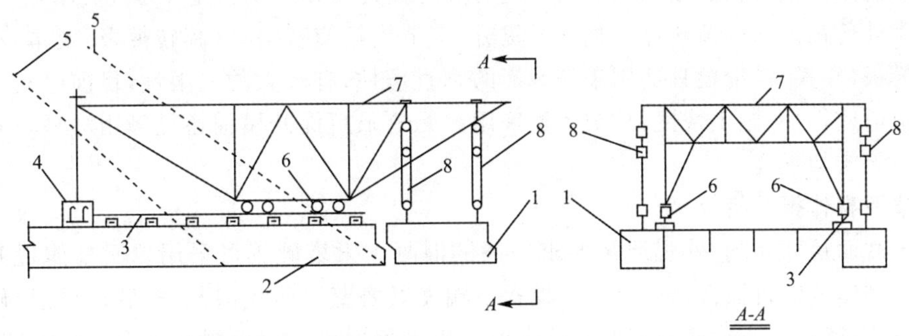

1—待拼梁段；2—已拼梁段；3—门架引走轨道；4—后锚螺旋千斤顶；

5—拉索；6—平车；7—钢制悬吊门架；8—起重滑轮组

图 4-4-2　主梁悬臂拼装

第三节 索塔施工

混凝土桥塔的施工方法基本与高桥墩相同，但由于以下原因增加了一定的难度：

(1)塔柱多数是变截面的，有时是斜柱(A形或倒Y形)；

(2)要考虑斜拉索锚固点位置的精度及预埋锚固件；

(3)根据塔结构的布置，塔柱之间常有横梁或横向连接杆件；

(4)要配合斜拉索的安装和张拉，考虑必要的工作平台和起重设备。

一、索塔施工方法

一般来讲，混凝土塔的施工有支架现浇法、爬升式模板法、滑动式模板法、大型模板构件法等多种施工方法。

1. 支架现浇法

从地面或墩顶置立满布膺架及模板，适用于高度较小和形状比较复杂桥塔的施工，不需特殊装置和机械设备。

2. 爬升式模板法

将工作平台与模板组拼成可自动升降的整体装置，利用下节已凝固混凝土中预埋的钢料来逐节提升模板与平台结构，机械化程度较高，可缩短工期，适用于大型桥塔的施工。

3. 滑动式模板法

将工作平台与模板组拼成可自动向上滑移的整体装置，利用已浇注混凝土中预埋的钢料安装滑升装置，使模板与平台结构可以逐渐向上滑动。混凝土的浇注可以连续不断地进行，因此工期最短。

4. 大型模板构件法

将模板及平台做成容易组装和解体的大型标准构件，利用吊机提升施工。此法由于考虑高空作业的安全问题，高度有所限制。

二、索塔施工模板

索塔施工的模板按照结构形式的不同可分为提升模和滑模。提升模按其吊点不同又可分为依靠外部吊点的单节整体模板逐段提升、多节模板交替提升(翻转模板)及本身带爬架的爬升模板(爬模)。滑模只适用于等截面的垂直塔柱，有较大的局限性，目前已较少采用。提升模板适应性强、施工快捷，故被大量采用。无论采用提升模板还是采用滑模，均可以实现索塔的无支架现浇。

1. 单面整体提升模板

对于截面尺寸相同，外观质量要求一般的混凝土索塔施工可采用单面整体提升模板。施工时先制作和组拼模板，分块组装，模板下端夹紧塔壁以防止漏浆，然后进行混凝土全模板高度浇筑，待混凝土达到规定的设计强度后将模板拆成几块后提升到下一待浇节段并组装，继续施工。单面整体提升模板可分为组拼式钢模和自制钢模。模板一次浇筑分节高度一般为 3～6 m。

单面整体提升模板施工简便，在无吊机的情况下，可利用索塔内的劲性骨架作支撑，用手动葫芦提升。但在索塔截面尺寸变化较大,混凝土接缝质量要求高的情况下,使用有一定的局限性,目前此法已很少采用。

2. 翻转模板(交替提升多节模板)

每套翻转模板由内模、外模、对拉螺杆、护栏及内工作平台等组成,不必另设内外脚手架,如图 4-4-3 所示。模板分节高度及分块大小根据起重设备吊装能力和塔柱构造要求确定。一般情况下,每套模板沿高度方向分为底节、中节和顶节等三个分节,每个分节高度为 1～3 m。施工时先安装第一层模板,浇筑混凝土,完成第一层基本节段的施工;再以已浇混凝土为依托,拆除已浇节段的下两个分节模板,顶节不拆向上提升并接于顶节之上,安装对拉螺杆和内撑,完成第二层模板安装。如此由下至上依次交替上升,直至达到设计的施工高度为止。

翻转模板系统依靠混凝土对模板的黏着力自成体系,制造简单、构件种类少,模板的大小可根据施工能力大小灵活选用。混凝土接缝较易处理,施工速度快,能适应各种结构形式的斜拉桥索塔施工,目前被大量使用,特别是折线形索塔使用翻转模板施工更有优势,但此类模板自身不能爬升,要依靠塔吊等起重设备提升翻转循环使用,因而对起重设备要求较高。

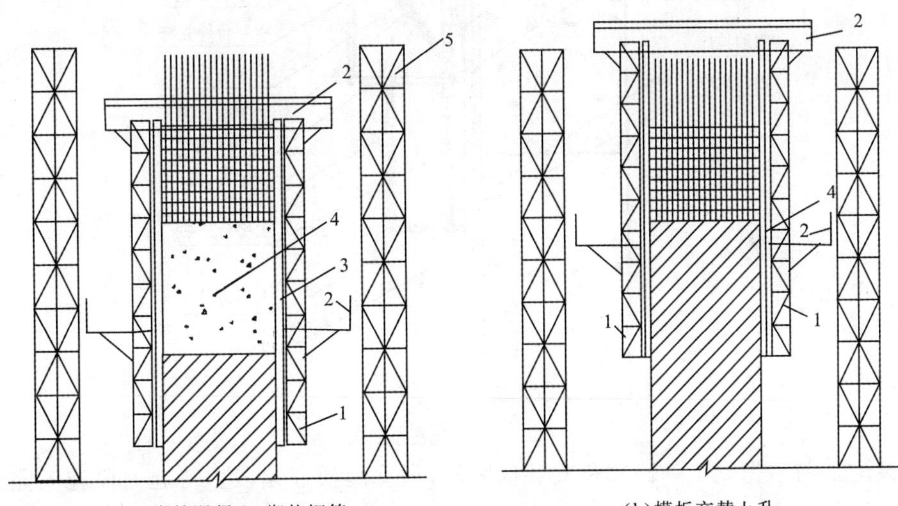

1—模板桁架;2—工作平台;3—外模板;4—已浇筑墩身;5—脚手架

图 4-4-3 翻转模板布置

3. 爬模(自备爬架的提升模板)

爬模系统一般由模板、爬架及提升系统三大部分组成,根据提升方式不同又可分为倒链手动爬模、电动爬架拆翻模、液压爬升模等几种。

爬模系统所配模板一般采用钢模,且沿竖向将模板分为 3～4 节,模板分节高度根据塔柱构造特点、混凝土浇筑压力、爬架本身提升能力等因素确定,一般分节高度为 1.5～4.5 m。

爬架可用万能杆件组拼,亦可采用型钢加工,主要由网架和连接导向滑轮提升结构组成。爬架沿高度方向分为两部分,下部为附墙固定架,包括两个操作平台;上部为操作层工作架,包括 2 个以上操作平台。爬架总高度及结构形式根据塔柱构造特点、拟配模板组拼高度及施工现场条件综合确定,常用高度一般为 15～20 m。

爬架提升系统由爬架自提升设备和模板拆翻提升设备两部分组成，如图 4-4-4 所示。爬架自提升设备一般可采用倒链葫芦、电动机或液压千斤顶，模板翻提升设备则可采用倒链葫芦、电动葫芦或卷扬机。提升速度不可太快，以确保同步平稳。

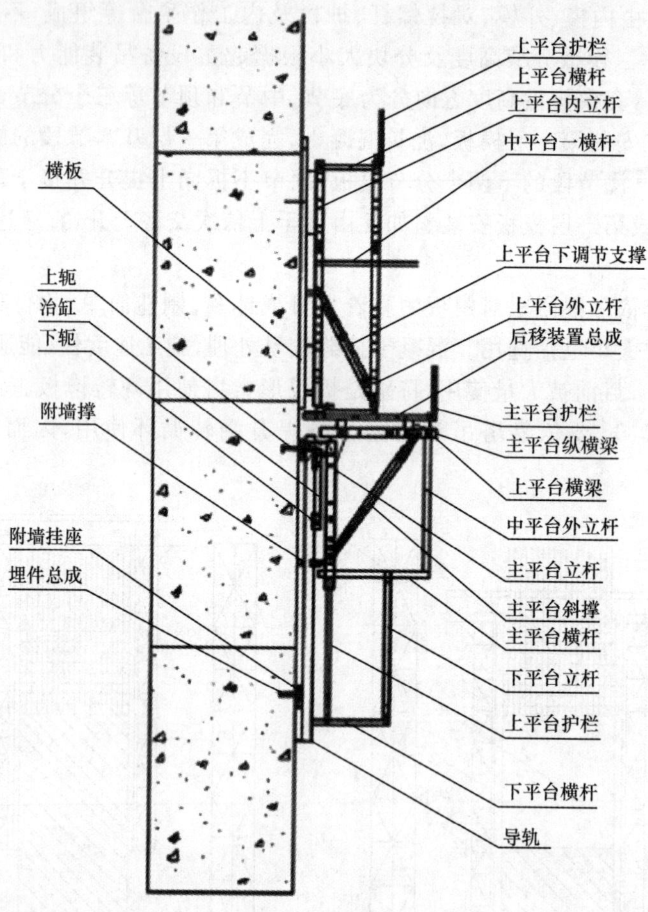

图 4-4-4　爬模系统

爬模施工前须先施工一段爬模安装锚固段，俗称爬模起始段。待起始段施工完成后拼装爬模系统，依次循环进行索塔的爬模施工。根据爬模的施工特点，无论采用何种提升方式，相对其他施工方法均有施工速度快、安全可靠、对起重设备要求不高的特点。但此法对折线形索塔适应性较差，故一般在直线形索塔施工中应用较为广泛。

第四节　斜拉索施工

斜拉索的施工要考虑桥梁规模（斜拉索长度）、主塔形状和斜拉索的布置形状。

一、拉索的安装

斜拉索的安装也称为挂索，即将拉索架设到索塔锚固点和主梁锚固点之间的位置。由于斜拉桥的结构特性，一般按照从短索到长索的顺序进行挂索。

斜拉桥所用的拉索根据设计要求，可能是成品索或现制索，挂索的方式也各不相同。

1. 成品索的安装

成品索无论是在专门工厂制造后成盘运输到工地，还是在工地附近制成的，都可以直接利用吊机将拉索起吊，借助卷扬机将拉索两端分别穿入主梁上和索塔上的预留索孔，并初步固定索孔端面的锚板上完成挂索，或者设置临时钢索作为导向缆绳，并用滑轮牵引完成挂索，主要安装方法有卷扬机组安装法（吊点法）、吊机安装法、分步牵引法脚手架法等。

（1）卷扬机组安装法

斜拉索卷扬机组安装方法称为吊点法安装，主要利用卷扬机组安装。

拉索上桥面后，从索塔孔道中放下牵引绳，连接拉索的前端，在离锚具下方一定距离设一个吊点，索塔吊架用型钢组成支架，配置转向滑轮。当锚头提升到索孔位置时，采用牵引绳与吊绳相互调节，使锚头尺寸准确，牵引至索塔孔道内就位后，穿入锚头固定，吊点法安装拉索如图 4-4-5 所示。该方法施工简便、安装迅速，缺点是起重索所需的拉力大，斜拉索在吊点处弯折角度较大，故一般适应较柔软的短拉索。

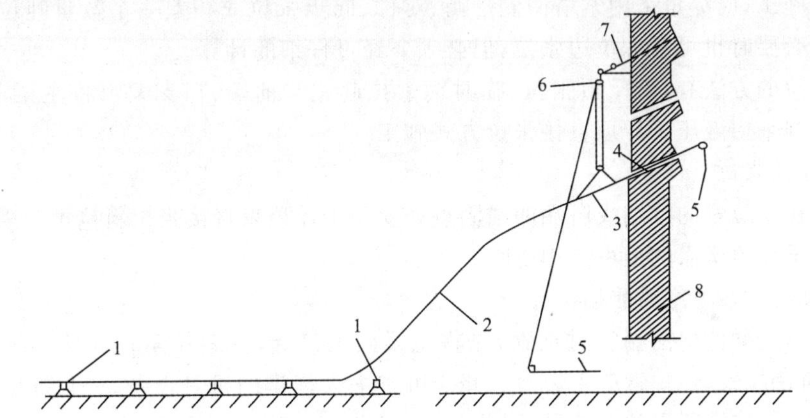

1—滑轮；2—待安装拉索；3—吊运索夹；4—锚头；5—卷扬机牵引；6—滑轮；7—索孔吊架；8—索塔

图 4-4-5 吊点法安装拉索

（2）吊机安装法

吊机安装法为采用索塔施工时的提升吊机，用特制的扁担梁捆扎拉索起吊。拉索前端由索塔孔道内伸出的牵引索引入索塔拉索锚孔内，下端用移动式吊机提升，塔顶吊机法安装拉索如图 4-4-6 所示，吊机法操作简单快速，不易损坏拉索，但要求吊机有较大的起重能力。

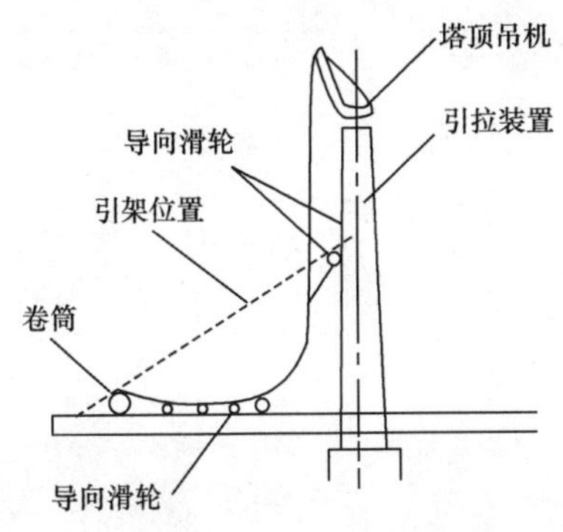

图 4-4-6 塔顶吊机法安装拉索

(3)分步牵引法

根据斜拉索在安装过程中索力递增的特点分别采用不同的工具,将拉索安装到位。首先用大吨位的卷扬机将索张拉端从桥面提到预留孔外,然后用穿心式千斤顶将其牵引至张拉锚固面。在该阶段前半部采用柔性张拉杆-钢绞线束,利用两套钢绞线夹具系统交替完成前半部牵引工作;牵引阶段的后半部根据索力逐渐增大的情况,采用刚性张拉杆分步牵引到位。分步牵引法的特点是牵引功率大,辅助施工少,桥面无附加荷载,便于施工。

2.现制索的安装

现制索即拉索在挂索过程中完成制索。现制索则常用导向索缆绳等将保护管先架设好,然后再将斜拉索本身插入保护管。

二、斜拉索的张拉

斜拉索的张拉是指拉索完成挂索施工后施加一定的拉力,使拉索开始受拉而参与工作。通过张拉可以对拉索及桥面高程进行调整。为减少索塔和主梁承受的不平衡弯矩和扭矩,且为了方便施工,应尽量采用索塔两侧平衡、对称、同步张拉或相差一个数量吨位差的张拉施工方法。必要时也可考虑单边张拉,但必须要经过仔细的计算。

拉索张拉的方法有:千斤顶张拉、临时钢索拉起主梁前端、在支架上将主梁前端顶起。目前国内普遍采用液压千斤顶直接张拉方式施工。

(1)千斤顶张拉

此法是在斜拉索的梁端或塔端的锚固点处安装千斤顶来直接张拉斜拉索。采用此法设计时要考虑千斤顶所需的最小工作空间。

(2)用临时钢索将主梁前端拉起

此法依靠主梁伸出前端临时钢索,先将主梁向上吊起,待斜拉索在此状态下锚固完毕后,放松临时钢拉索,使拉索产生索力。此法可省去大规模的机具设备,但只靠临时钢索有时难以满足主梁前端所需的上移量,因此常需在最后用其他方法补充斜拉索的拉力。

(3)在支架上将主梁前端顶起

此法实际上与(2)法相似,仅仅是向上拉与向上顶的区别而已。

第五章　斜拉桥的设计计算

第一节　概　述

斜拉桥的结构分析理论比较复杂，其结构分析的内容大致包括静力分析、稳定性分析和动力分析三大类。其中静力分析包括整体分析与局部分析；动力分析包括抗风分析和抗震分析。

斜拉桥是一种高次超静定结构，其静力和动力结构行为和一般桥梁有所不同，主要表现在以下两个方面。

1. 静力方面

斜拉桥的设计和其他梁式桥有所不同。对于梁式桥梁结构，如果结构尺寸、材料、二期恒载都确定，结构的恒载内力随之基本确定，无法进行较大的调整；而对于斜拉桥，首先确定其合理的成桥状态，即合理的线形和内力状态，其中最主要的是斜拉索的初张力。理论和实践表明大跨度斜拉桥斜拉索的初张力占整个索力的80%以上。

斜拉桥静力分析的基本过程大致可以分为以下三步：

(1)确定成桥的理想状态，即确定成桥阶段的索力、主梁的内力、位移和桥塔的内力。

(2)按照施工过程、方法和计算的需要划分施工阶段。

(3)计算确定施工阶段的理想状态，经过多次反复计算达到成桥阶段的理想状态。

2. 动力方面

斜拉桥由于其高次超静定，其结构行为表现出较强的耦合性，尤其是扭转和横向弯曲振型经常强烈耦合在一起，因此，在动力分析时最好采用空间模型。一般的梁桥、拱桥和刚架桥设计时，首先考虑对桥梁的恒载和使用荷载进行计算，其次对桥梁的地震荷载和风荷载进行验算。但对于跨度较大的斜拉桥，环境荷载和使用荷载同样重要。在一些地震较频繁的国家和地区，通常在初步设计阶段就考虑地震荷载，尤其是采用飘浮体系的斜拉桥，其塔底的纵向弯矩有时会控制设计。

第二节 斜拉桥索力调整

斜拉桥是高次柔性超静定结构，"牵一索而动全桥"，且在施工过程中结构体系不断转换，确定在施工中斜拉索的初张力和体系完成后的二次张拉索力，以达到设计的理想状态绝非易事。

斜拉桥的调索方法很多，目前常用的有刚性支承连续梁法、零位移法、倒拆和正装法、无应力状态控制法、内力平衡法和影响矩阵法等。下面分别介绍常用的调索方法。

一、刚性支承连续梁法和零位移法

刚性支承连续梁法是指成桥状态下，斜拉桥主梁的弯曲内力和刚性支承连续梁的内力状态一致。因此，可以非常容易地根据连续梁的支承反力确定斜拉索的初张力。

零位移法的出发点是调整索力使成桥状态下主梁和斜拉索交点的位移为零。对于采用满堂支架一次落架的斜拉桥体系，其结果与刚性支承连续梁法的结果基本一致。

以上这两种方法用于确定主跨和边跨对称的单塔斜拉桥的索力是最为有效的，对于主跨和边跨几乎对称的三跨斜拉桥次之，对于主跨和边跨不对称性较大的斜拉桥，几乎失去了作用。因为这两种方法必然导致较大的塔根弯矩，失去了索力优化的意义。

二、无应力法

不计斜拉索的非线性和混凝土收缩徐变的影响，采用完全线性理论对斜拉桥解体，只要保证单元长度和曲率不变，则无论按照何种程序恢复还原后的结构内力和线形将与原结构一致。应用这一原理建立斜拉桥施工阶段和成桥状态的联系。实际结构是非线性的，实施时需要进行迭代，可按照以下步骤进行：

(1)计算成桥状态各斜拉索无应力状态的长度 S_0 和主梁无应力状态下的预拱度 y_0。用成桥状态的桥面线形 y 扣除自重、斜拉索初张力、预应力效应和混凝土的收缩徐变等产生的变位，即可求得 y_0，第一轮计算暂不包括混凝土收缩徐变的影响。

(2)以 S_0 作为安装过程控制量进行正装计算。根据结构受力的需要，斜拉索可以进行一次或多次张拉，在最后一次张拉时，将索由当前的长度通过张拉调整到预定的无应力长度 S_0，主梁各节点的初始标高按预拱度 y_0 设置。

(3)为了保证合龙时桥面弹性曲线连续，需要调索。

(4)由于施工阶段混凝土的收缩徐变和结构非线性行为的影响，由上述安装计算得到的成桥状态和预定的成桥状态之间有差异。主要是梁的线形发生了变化，根据成桥状态的索力和线形，重新调整主梁的预拱度和无应力索长投入下一轮迭代。

三、影响矩阵法

(1)基本概念

调值向量：结构中关心截面的 n 个指定元素所组成的列向量，记为

$$[D]=[d_1 d_2 \cdots d_i \cdots d_n]^{\mathrm{T}} \tag{5-2-1}$$

式中 d_i——关心截面的内力值或位移值。

被调向量:结构中指定可以用来调整关心截面内力、位移的 n 个独立向量所组成的列向量,记为

$$[x]=[x_1 x_2 \cdots x_i \cdots x_i]^{\mathrm{T}} \tag{5-2-2}$$

式中 x_i——关心截面的内力值或位移值。

因此,现在需要采用已知的调值向量来求未知的被调向量。

影响向量:被调向量中第 i 个元素发生单位变化,引起调值向量[D]的变化向量,记为

$$A_i=[a_{1i}a_{2i}\cdots a_{ii}\cdots a_{ni}]^{\mathrm{T}} \tag{5-2-3}$$

影响矩阵:n 个被调向量分别发生单位变化时,引起的 n 个影响向量依次排列所形成的矩阵,记为

$$[A]=\begin{bmatrix} a_{11} & a_{12} & \cdots & a_{1n} \\ a_{21} & a_{22} & \cdots & a_{2n} \\ \cdots & \cdots & \cdots & \cdots \\ a_{n1} & a_{n2} & \cdots & a_{nn} \end{bmatrix} \tag{5-2-4}$$

如果认为在调整阶段结构满足线性叠加原理,根据影响矩阵的定义可知

$$[A][X]=[D] \tag{5-2-5}$$

式中 [A]——影响矩阵;

[X]——被调向量;

[D]——调值向量。

(2)成桥状态的索力优化

为了方便仍以弯曲能量最小为目标函数进行推导。

结构的弯曲应变能可写成

$$U=\int_s \frac{M^2(s)}{2EI}\mathrm{d}s \tag{5-2-6}$$

对于离散的杆系结构可写成:

$$U=\sum_{i=1}^{n}\frac{L_i}{4E_iI_i}(ML_i^2+MR_i^2) \tag{5-2-7}$$

式中 n—— 结构单元总数;

L——i 号单元的杆件长度;

E——i 号单元的材料弹性模量;

I_i——i 号单元的截面惯矩;

ML_i—— 单元左端弯矩;

MR_i—— 单元右端弯矩。

将式(5-2-2) 改写成

$$U=[ML]^{\mathrm{T}}[B][ML]+[MR]^{\mathrm{T}}[B][MR] \tag{5-2-8}$$

式中 [ML]—— 左端弯矩向量;

[MR]—— 右端弯矩向量;

[B]—— 系数矩阵。

$$[B]=\begin{bmatrix} b_{11} & 0 & \cdots & 0 \\ 0 & b_{22} & \cdots & 0 \\ \cdots & \cdots & \cdots & \cdots \\ 0 & 0 & \cdots & b_{mm} \end{bmatrix} \tag{5-2-9}$$

式中　$b_{ii}=\dfrac{L_i}{4E_iI_i}$。

令调索前左、右端弯矩向量分别为$[ML_0]$和$[MR_0]$，施调索力向量为$[T]$，则调索后弯矩向量为

$$\begin{aligned}[ML]&=[ML_0]+[C_L][T]\\ [MR]&=[MR_0]+[C_R][T]\end{aligned} \tag{5-2-10}$$

式中　$[C_L]$——索力对左端弯矩的影响矩阵；

$[C_R]$——索力对右端弯矩的影响矩阵。

将式(5-2-10)代入式(5-2-8)得

$$\begin{aligned}U=&C_0+[ML_0]^{\mathrm{T}}[B][C_L][T]+[T]^{\mathrm{T}}[C_L]^{\mathrm{T}}[B][ML_0]+\\ &[T]^{\mathrm{T}}[C_L]^{\mathrm{T}}[B][C_L][T]+[MR_0]^{\mathrm{T}}[B][C_R][T]+\\ &[T]^{\mathrm{T}}[C_R]^{\mathrm{T}}[B][MR_0]+[T]^{\mathrm{T}}[C_R]^{\mathrm{T}}[B][C_R][T]\end{aligned} \tag{5-2-11}$$

式中　C_0——与$[T]$无关的常数。

要使索力调整后结构应变能最小，令

$$\frac{\partial U}{\partial T_i}=0 \tag{5-2-12}$$

式(5-2-12)代入式(5-2-11)后得到

$$([C_L]^{\mathrm{T}}[B][C_L]+[C_R]^{\mathrm{T}}[B][C_R])[T]=-[C_R]^{\mathrm{T}}[B][MR_0]-[C_L]^{\mathrm{T}}[B][ML_0] \tag{5-2-13}$$

至此，索力优化问题就转化为式(5-2-13)的L阶线性代数方程求解问题。

(3) 施工阶段索力优化

实际施工时，由于构件重量、刚度、施工精度、索力误差和温度变化等方面的原因，可能使施工阶段的结构实际状态偏离理想状态，对索力的优化是施工阶段纠正偏差的重要原因。

设关心截面上n个控制变量的误差向量为$[x_0]$，通过l根索的索力施调向量$[T]$的作用，使误差向量变为$[x]$，则

$$[x]=[x_0]+[C][T] \tag{5-2-14}$$

式中　$[C]$——索力对控制变量$[x]$的影响矩阵。则问题变为式(5-2-13)的一个特例，索力优化方程为

$$([C]^{\mathrm{T}}[B][C])[T]=-[C]^{\mathrm{T}}[B][x_0] \tag{5-2-15}$$

以上简单介绍了斜拉桥索力调整的几种方法，实际施工中的索力调整是比较复杂的，而且实践性很强。结构分析工程师的经验非常重要，只有多次反复试算才可以得到比较满意的索力。例如对于锚固在支座上方或附近部位的斜拉索，应该取桥塔上的位移或弯矩作为控制值，而不应取主梁上的位移或弯矩作为控制值，因为此处斜拉索的索力对主梁的弯矩和位移的影响非常小，如果取主梁上的位移或弯矩作为控制值，会导致病态方程。对于辅助墩附近的斜拉索建议人为假定索力进行试算，以得到理想的结构内力和线形。

第三节 斜拉桥的平面分析

自20世纪60年代以来，各国学者就开始研究斜拉桥静力几何非线性行为。目前对于斜拉索几何非线性的处理方法已经进行了全面的研究，已有的方法能基本满足斜拉桥设计和计算分析的工程需要，这些方法中以等效弹性模量法最简便，因而被普遍采用。

1. 斜拉索的模拟

对于斜拉索只需将单元的抗弯惯性矩取的特别小，程序中设置了自动判断斜拉索单元的功能。如果需要考虑由缆索单元自重垂度引起的非线性，则在计算中采用 Ernst 公式计入缆索垂度的非线性影响。

2. 截面的处理和应力计算

斜拉桥主梁的剪力滞后效应比较明显，计算应力时应该考虑截面面积和惯性矩的折减。

3. 预应力钢束的处理

分析大跨度预应力混凝土斜拉桥时，最复杂的是对预应力钢束的处理，预应力钢束的几何信息描述数据量大且容易出错，通常先根据施工方法确定预应力的沿程损失，然后将预应力转化为等效荷载来计算。

在求得预应力的等效荷载后，就可以用和计算其他荷载相同的方法来计算预应力引起的内力和位移，这样求得的内力为最终的内力，包括静定内力和二次内力。

4. 斜拉桥的几何非线性

斜拉桥是柔性高次超静定结构，具有强烈的几何非线性行为。主要表现为：斜拉索自重作用下垂度引起的几何非线性效应；桥塔和主梁的轴向力与弯矩相互影响效应（常称为梁柱效应或 $P-\delta$ 效应）；结构大位移效应。

第四节 斜拉桥施工控制计算

斜拉桥的特点之一是设计和施工密切相关，施工方法的不同不但影响安装时的结构应力，而且对建成后桥梁的最终应力状态和几何线形也有很大影响。为确保成桥时实现桥梁的设计状态，需要进行施工监控。施工监控包括监测和控制两方面工作内容，施工控制通过加力、调整安装位置等控制手段消除现场误差，使线形和内力符合设计要求，施工监测跟踪观测施工过程中的结构状态、环境参数为施工控制提供依据。

施工图设计时确定的施工过程一般比较粗略，与实际施工时的具体步骤有一定差距，施工监控开始前要根据设计施工流程及成桥目标，将施工过程拆分成具体步骤，进行模拟计算，从而得到每个施工工况应达到的线形及内力目标。

施工过程中应根据计算结果对应力和线形两个指标实行双控，应以控制主梁、索塔截面应力和索力满足设计要求为目标，对主梁线形和索塔变位进行控制。斜拉桥是高次超静定结构,只有在实际参数与设计参数完全相同时,应力和线形能同时达到设计要求。实际施工中,应力和主梁线形很难同时达到精度要求。施工前可根据规范规定或经验确定影响斜拉桥施工状态相关参数(如结构自重、混凝土弹性模量、构件刚度等),建立模型对施工过程进行模拟分析,获得初始控制数据;施工过程中利用现场监测数据,分析确定这些相关参数的实际值,重新模拟施工过程,当理论分析和实测结果趋于一致时,该模型才能准确地控制后续施工过程,实现双控。

桥面铺装前主梁顶面高程允许偏差为$\pm L/5\,000$,L为跨径。主梁相邻节段相对高程误差应不大于节段长度的$\pm 0.3\%$。索塔轴线平面误差应控制在$H/3\,000$以内,H为承台以上塔高,且应不大于30 mm。斜拉桥成桥后的实测索力与理论计算索力差值的控制标准宜为$\pm 5\%$,钢绞线斜拉索索内各钢绞线拉力差值控制标准宜为$-2\% \sim 8\%$。

习题

1.双塔三跨式斜拉桥边跨和主跨比值一般在什么范围内?

2.多塔多跨式斜拉桥整体刚度不足的主要原因是什么?如何增大其刚度?

3.斜拉桥索面布置一般有哪几种类型?各类型索面布置有何特点?

4.斜拉桥索面形状一般有哪几种?比较不同索面形状的优缺点。

5.斜拉桥基本结构体系有哪几种?各体系的构造和受力有何特点?

6.斜拉桥主梁截面形式通常有哪些?混凝土斜拉桥的梁高和主跨比值一般在什么范围内?

7.斜拉桥索塔的结构形式通常有哪些?

8.斜拉桥拉索主要有哪两类?两类拉索有何优缺点?

9.斜拉桥主梁常用的施工方法有哪些?

第五篇

悬索桥

第一章　悬索桥概述

第一节　悬索桥的组成与受力特点

悬索桥又名吊桥(Suspension bridge)，指的是通过索塔悬挂并锚固于两岸(或桥两端)的缆索(或钢链)作为上部结构主要承重构件的桥梁。主要组成部分有：主缆、吊杆、加劲梁、索塔、锚碇等构件(图 5-1-1)。各部分构件的主要功能和受力特点如下：

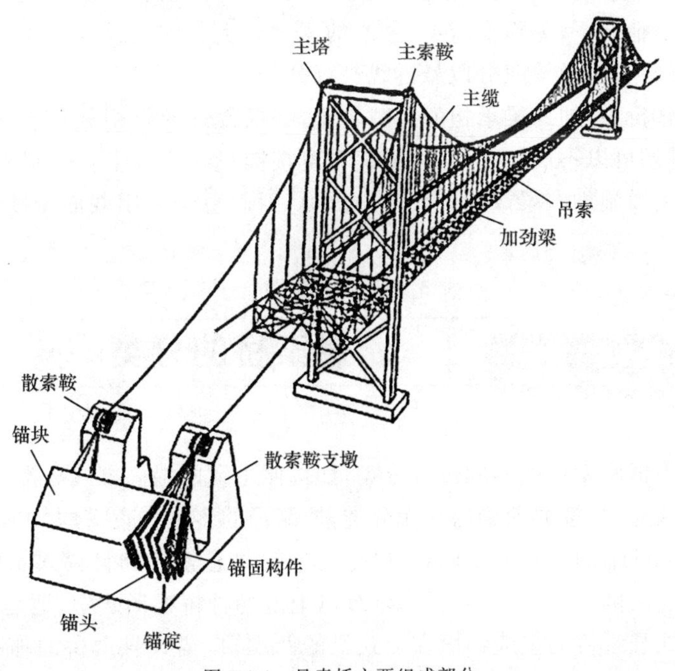

图 5-1-1　悬索桥主要组成部分

1. 加劲梁/桁架

加劲梁是桥面系的支承和传递荷载的主要受力构件，能够提供行车道、抵抗横向荷载，同时给结构提供抗扭刚度，保持悬索桥整体的空气动力稳定。

2. 主缆

主缆是悬索桥最主要的受力构件，由许多钢丝形成一股，再由许多股形成一根大缆，加劲梁的荷载通过吊杆传递给主缆，再由主缆传递到主塔和锚碇上。

3. 吊杆

采用平行钢丝成品索或者钢丝绳，主要作用是将加劲梁和桥面荷载传递给主缆。

4. 主塔

支承主缆并将桥梁荷载传递至基础的中间竖向结构。

5. 锚碇

主缆锚固装置的总称，将主缆的拉力传递给地基基础并充当桥梁末端支撑。

悬索桥的主要承重构件是主缆，桥面的自重、车道荷载、人群荷载等通过加劲梁传递给吊杆，经吊杆向上传递到主缆上，主缆的索力最终传递到锚碇（地锚式悬索桥）或者加劲梁（自锚式悬索桥）的两端。对于地锚式悬索桥，由于主缆最终锚固在锚碇上，而锚碇能够承担巨大的水平力和竖向力，而主缆是由高强钢丝组成的，其抗拉强度远大于普通结构钢的强度，因此，地锚式悬索桥能够实现比其他桥型更大的跨度。当锚碇处的地基条件较差，无法承担主缆巨大的水平力和锚碇的自重时，可以采用自锚式悬索桥，即将主缆锚固在加劲梁的两端，以加劲梁的轴力来平衡主缆的水平力，但是自锚式悬索桥不适合特别大的跨度。

主缆的几何形状由力的平衡条件决定，一般接近抛物线。主缆的矢跨比（或垂跨比）是主缆的跨中高度（垂度）与跨径之比，是主缆设计的一项重要指标，决定主缆索力的大小，在同等跨径和荷载的情况下，矢跨比越小，主缆的索力越大。在设计计算中，为了更精确地确定主缆的长度，通常将主缆按照分段悬链线进行分析。

在地锚式悬索桥中，加劲梁承担的荷载较小，一般设计成钢桁架或者扁平钢箱梁形式，在特定情况下，甚至可以不设加劲梁，将桥面系直接铺设在主缆上；而自锚式悬索桥中加劲梁（主梁）承担由主缆施加在梁端的较大轴向压力，因此主梁采用截面刚度较大的钢箱梁或者混凝土梁结构。

第二节 悬索桥的分类

悬索桥可以根据侧重点的不同进行分类，如按照主缆的锚固方式分类、按主缆的线形分类或者吊杆的形式分类，按加劲梁的有无分类，按跨径的多少和索塔的数量等进行分类。

悬索桥按主缆的锚固方式的不同，可以分为地锚式悬索桥和自锚式悬索桥。地锚式悬索桥的主缆锚固在两侧的锚碇上，对于千米级以上的各种桥梁形式中，地锚式悬索桥具有较大的优势。自锚式悬索桥的主缆锚固在加劲梁的两端，自锚式悬索桥的加劲梁也可以称为主梁，通常设计得十分强大以平衡主缆的水平分力。在中小跨径的自锚式悬索桥中，主梁可以采用混凝土结构，主缆施加于主梁上的水平压力相当于免费的预应力，对混凝土主梁的受力有一定好处。但是当跨径较大时(一般超过 200 m),混凝土主梁自重产生的索力太大,综合造价与钢结构主梁相比就没有优势了。

地锚式悬索桥的加劲梁刚度较小,甚至可以不设加劲梁。不设置加劲梁,或者加劲梁高很矮的地锚式悬索桥称作柔性悬索桥(柔性吊桥),其特点是活载占比大、活载挠度大、抗风性能较差;设置梁高较高、刚度较大加劲梁的地锚式悬索桥称作刚性悬索桥(刚性吊桥),刚性悬索桥表现为加劲梁刚度大、重力刚度大,或者两者兼备,其力学性能刚好与柔性悬索桥相反。

悬索桥的缆索系统外形构造可以分为平面缆索悬索桥和空间缆索悬索桥,平面缆索悬索桥的缆索系统始终处于竖直平面内,方便施工;空间缆索悬索桥也叫作空间索面悬索桥,其主缆是一条空间曲线,成桥状态的各段主缆与竖直平面成不同的角度,因此施工更加复杂,在中小型悬索桥中能够提升景观效果,但不适合在大跨径悬索桥中采用。大多数悬索桥的吊杆采用直吊杆体系,也有少数悬索桥采用斜吊杆体系,斜吊杆体系的悬索桥能够提高桥梁的竖向刚度和纵向刚度,但是施工比直吊杆体系复杂,并且索夹的负担也更重。

此外,悬索桥也可以根据孔跨的数量分类,有单跨悬索桥、多跨悬索桥;根据索塔的数量进行分类,有无塔、单塔、双塔、三塔和多塔悬索桥;按加劲梁的连续性分类,有简支加劲梁和连续加劲梁。

第三节 悬索桥的起源及发展

悬索桥的起源可以追溯到久远的历史,原始的吊桥或者简单的跨越装置都是现代悬索桥结构的雏形。早在 2000 多年前的中国,已有用铁链索建造的悬索桥,在印度也有类似的记载。被认为起源于东方的铁索桥直至 16 世纪才出现在欧洲,并在 18 世纪得到发展。尽管在 18 世纪中叶锻造的铁链已被用作主缆,但直到 19 世纪下半叶,由于钢的发明才使得其跨度迅速增加。如今,悬索桥是最适合大跨桥梁的类型,并在世界最大跨度的桥梁中占据主导地位。

现代悬索桥起源于 19 世纪,当时桥梁结构的发展和铁的生产为悬索桥的发展奠定了基础。雅各布斯河桥(Jacobs Creek Bridge)由芬利(Finley)于 1801 年在美国建造,其主跨跨径为 21.3 m。主跨为 214 m 的克利夫顿桥(Clifton Bridge,英国)始建于 1831 年,主缆采用锻造铁链,1864 年建成,这是仍服务于汽车通行的最古老的悬索桥。

布鲁克林大桥(Brooklyn Bridge)首次使用了钢丝索,该桥于 1883 年完工,其主跨跨径为 486 m,被誉为第一座现代悬索桥。第一座跨径超过 1 000 m 的桥是乔治·华盛顿大桥(George Washington Bridge),该桥位于纽约市,横跨哈德逊河,它于 1931 年完工,主跨跨径达 1 067 m。1937 年,旧金山湾区建造了主跨跨径为 1 280 m 的金门大桥(Golden Gate Bridge)。

英国的福斯公路大桥(Forth Road Bridge)跨径为 1 006 m,是采用钢桁架加劲梁建造的;1966 年采用钢箱梁和斜吊索建成了主跨为 988 m 的塞文桥(Severn Bridge),其独特的设计彻底改变了悬索桥的建造技术;1998 年,丹麦采用钢箱梁建成了跨径为 1 624 m 的著名大贝尔特桥(Great Belt East Bridge);明石海峡大桥(Akashi Kaikyo Bridge)于1998年完工,又一次改写了桥梁跨径的世界纪录,达到1 991 m。

在中国,青马大桥(中国香港)是一座公铁两用桥梁,其主跨跨径为1 377 m,于1997年建成。1999年建成通车的江阴长江大桥是我国第一座跨径超越千米的特大型钢箱梁悬索桥,其主跨跨径为1 385 m。进入21世纪,中国千米级别大跨悬索桥的数量迅速增加,2009年建成的舟山西堠门大桥,其主跨跨径为1 650 m,2019年建成的南沙大桥(虎门二桥),跨径为1 688 m,2019年建成通车的杨泗港长江大桥,主跨跨径为1 700 m,该桥是一座单跨双层钢桁梁悬索桥,张靖皋长江大桥(在建)主跨2 300 m,建成后将成为世界最大跨径桥梁。

自锚式悬索桥作为一种特殊的桥型,以其结构造型美观,经济性能好,对地形和地质状况适应性强等优点,越来越受到工程界的青睐,成为城市中小跨径桥梁极具竞争力的方案,在国内外已有近百座自锚式悬索桥建成。

世界上第一座自锚式悬索桥——科隆-迪兹桥建于1915年,主跨185 m,此后相继于1929年建成科隆-米尔海姆桥、1990年建成日本此花大桥、1999年建成韩国永宗大桥,美国旧金山-奥克兰海湾新桥主跨为385 m,佛山市平胜大桥主跨为350 m,桃花峪黄河大桥主跨406 m,鹅公岩大桥主跨为600 m。2002年大连金石滩建成了我国首座混凝土主梁的自锚式悬索桥——金湾桥,该桥主跨60 m,主梁采用钢筋混凝土边主梁形式。之后,国内建成了几十座混凝土自锚式悬索桥,其中庄河建设大街东桥的主跨跨径达到200 m。

第二章　悬索桥的构造

第一节　悬索桥的总体布置

悬索桥是一种大跨径的桥梁结构，一般采用双塔三跨结构布置形式，中跨用于实现尽可能大的跨越能力；特殊情况下可以采用多跨结构，一般限于双主跨形式，缺点是中塔受力很大，除非需要两个大跨径通航孔。主缆的锚固方式有地锚式和自锚式两种形式，自锚式悬索桥的主缆力作用在主梁的两端，主梁承受压力，对中小跨径的混凝土主梁能提供免费的预应力，但钢主梁承受较大的压应力是不经济的，地锚式悬索桥的主缆锚固力直接通过锚碇传递给基础，因此加劲梁不承担主缆的锚固力，主要承受桥面上的交通荷载、风荷载等，有利于超大跨径的实现。

一、桥跨布置

悬索桥可以分为具有两个主塔的单跨、两跨或三跨悬索桥以及具有三个或者更多主塔的多跨悬索桥（图 5-2-1）。三跨悬索桥是最常用的形式，在多跨悬索桥中，塔顶的水平位移可能会因荷载条件改变而增加，因此有必要采取相应措施控制这种位移。

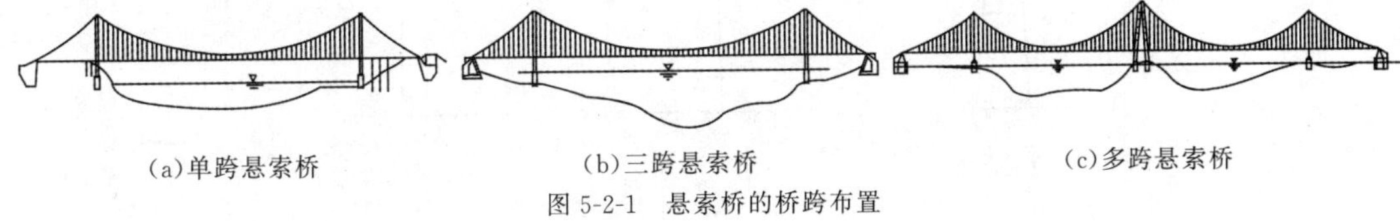
(a)单跨悬索桥　(b)三跨悬索桥　(c)多跨悬索桥

图 5-2-1　悬索桥的桥跨布置

二、加劲梁的连续性

加劲梁通常分为简支或连续类型（图 5-2-2），简支加劲梁在梁端有较大转角，对行车平稳性不利，通常用于公路桥梁，对于公铁两用桥梁，通常采用连续梁以确保列车的运行性能。

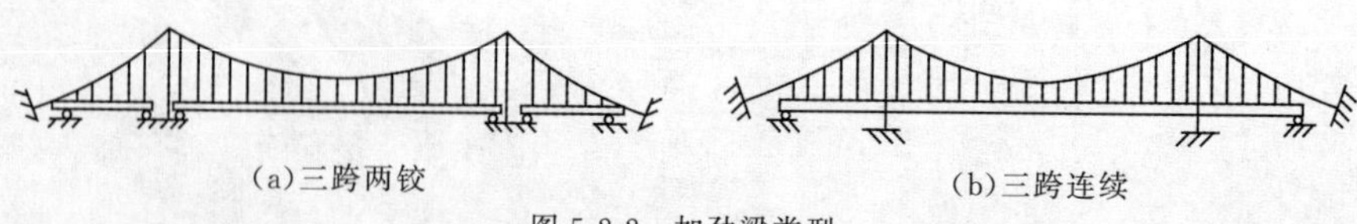

图 5-2-2 加劲梁类型

三、吊杆的类型

大多数悬索桥的吊杆或吊索采用竖直的布置形式,也有少数悬索桥采用斜吊杆(图 5-2-3),例如塞文桥就使用斜吊杆来增加悬吊结构的刚度和阻尼。有时也将竖直吊杆和斜吊杆组合使用以提高其刚度,形成一种协作体系的桥梁结构形式。

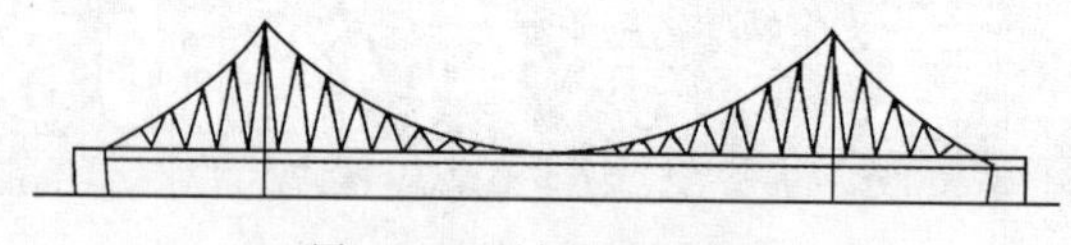

图 5-2-3 吊杆的布置形式

四、主缆锚固方式

主缆锚固方式分为地锚式和自锚式(图 5-2-4)。其中地锚式最为常见,主缆锚固在锚碇上,自锚式的主缆锚固在加劲梁上,由此产生的轴向压缩被传递到主梁中。

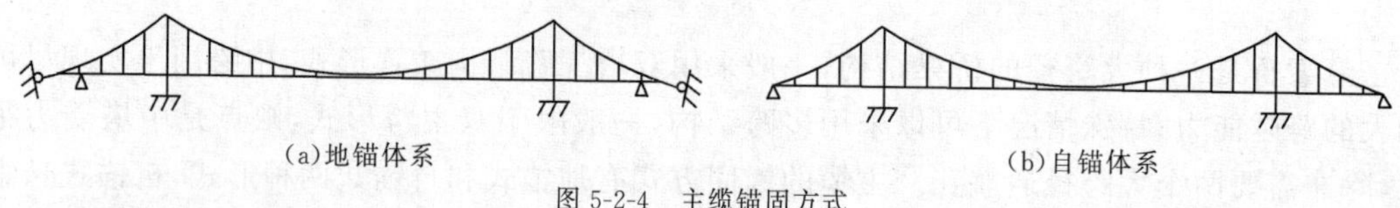

图 5-2-4 主缆锚固方式

五、索塔的布置

索塔的纵向布置可分为刚性塔、柔性塔和摇柱塔(图 5-2-5)。大跨悬索桥通常使用柔性索塔,多跨悬索桥通常使用刚性索塔来为桥体提供足够的刚度,而小跨径悬索桥则偶尔使用摇柱塔。

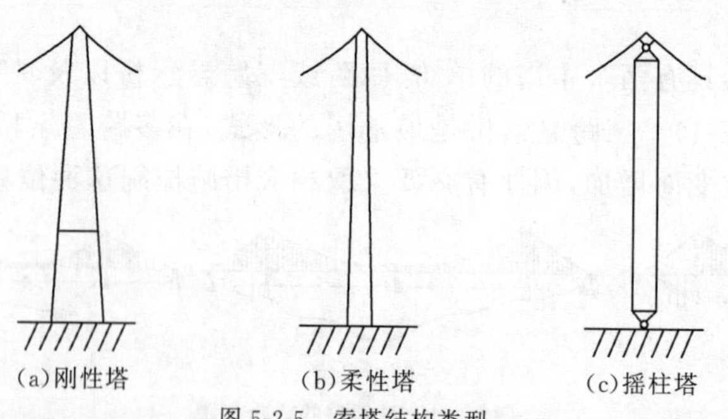

图 5-2-5 索塔结构类型

索塔的横向布置可分为刚构式、桁架式或组合式(表 5-2-1)。刚构式可用于混凝土索塔和钢索塔;桁架式可用于钢索塔;组合式可用于钢索塔和钢混组合索塔。此外,塔柱可以是竖直的也可以是倾斜的,通常倾斜塔柱的中心轴与主塔顶部的主缆中心线相重合。仔细审视主塔的构造很重要,因为主塔在桥梁美学中占主导地位。

表 5-2-1 主塔骨架类型

	桁架式	刚构式	组合式
结构形式			

第二节 缆索系统构造

悬索桥的缆索系统包括主缆、吊杆、索夹、主索鞍、散索鞍，主缆采用高强钢丝(强度等级可以达到 1 670 MPa、1 770 MPa 以上)，吊杆采用高强度平行钢丝成品索或者钢丝绳，索夹、主索鞍、散索鞍采用铸钢材料。

在早期的悬索桥中，主缆使用的是链条、眼杆链或其他材料。20 世纪上半叶，钢丝束被首次用于悬索桥，1854 年尼亚加拉瀑布大桥首次采用平行钢丝束。1883 年布鲁克林大桥首次采用了冷拔和镀锌钢丝，几乎所有现代大跨悬索桥都使用这种缆索类型。表 5-2-2 列出了通常组成悬索桥缆索的类型。通常将多股钢丝捆成一捆形成一根主缆，吊索可采用钢棒、钢丝绳、平行钢丝束等。钢丝绳最常用于现代悬索桥，在明石海峡大桥和来岛海峡大桥中使用了聚乙烯管做外壳的平行钢丝成品索(图 5-2-6)。

表 5-2-2 悬索桥缆索类型

名称	截面形状	结构	桥梁
平行钢丝束		金属丝是正六方形平行捆扎	布鲁克林桥 明石海峡大桥 江阴大桥
钢丝绳		六股钢丝围绕着一根芯线捻股而成	圣约翰桥 大连北大桥 抚顺天湖大桥
螺旋钢丝绳		以一根钢丝为中心，在外面以螺旋形状包捻多层圆钢丝	小贝尔特桥 唐卡维尔大桥 太田川大桥
封闭钢绞线索		带外保护层的钢绞线	艾默里奇桥

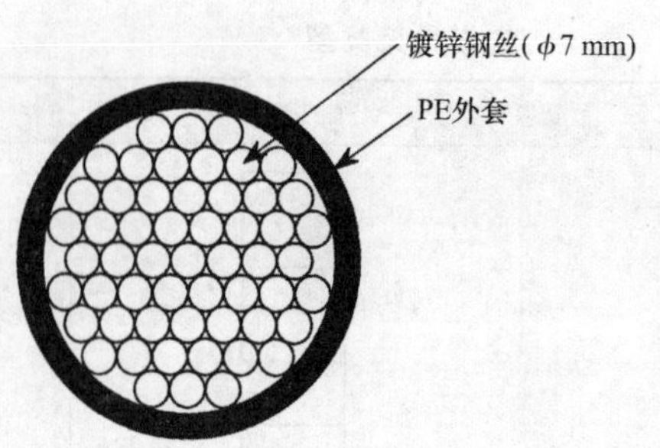

图 5-2-6　覆盖有聚乙烯管的平行钢丝束

吊杆一般采用平行钢丝成品索或者钢丝绳，平行钢丝成品索吊杆适用于销铰式索夹[图 5-2-7(a)]，钢丝绳适用于骑跨式索夹[图 5-2-7(b)]。当主缆直径较大时，适合采用骑跨式索夹和钢丝绳吊杆，这是因为钢丝绳的弯曲半径太小会造成钢丝绳吊杆的钢丝的受力不均匀。

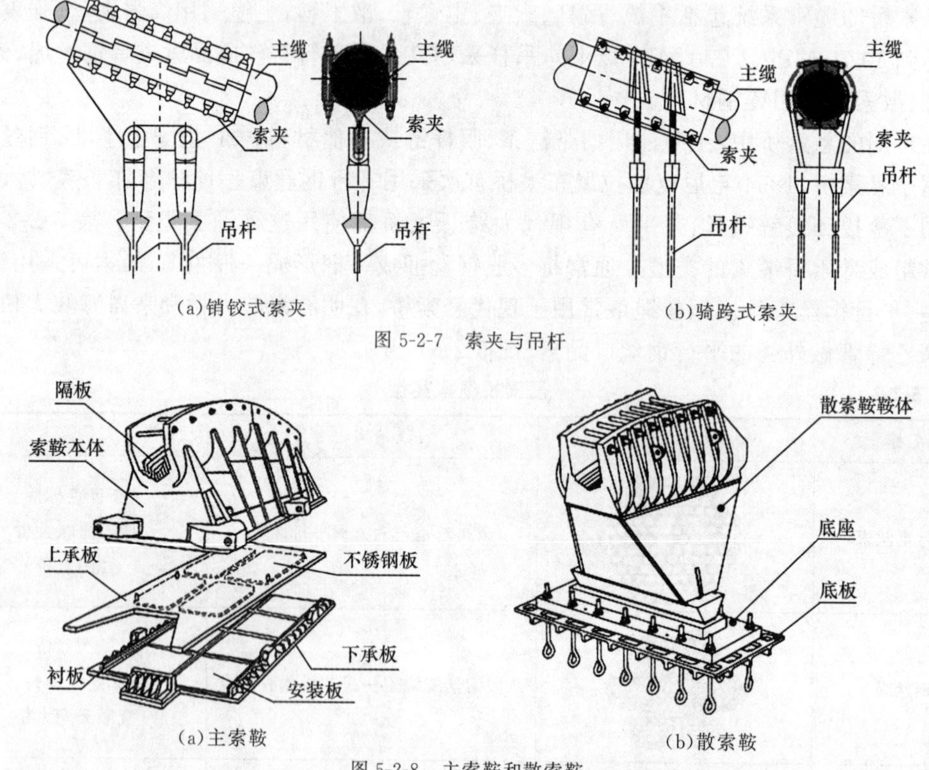

(a)销铰式索夹　(b)骑跨式索夹

图 5-2-7　索夹与吊杆

(a)主索鞍　(b)散索鞍

图 5-2-8　主索鞍和散索鞍

主索鞍位于索塔处，主缆在塔顶以主索鞍为支点，向下弯曲分别形成主跨主缆和边跨主缆，主索鞍起支撑作用[图 5-2-8(a)]。在施工过程中，空缆状态的主缆与成桥状态的主缆的垂度相差很大，如果保证索塔两侧主缆的拉力对索塔产生的弯矩接近于零，必须满足索塔两侧的索力的水平分力相等。在主缆和加劲梁的架设过程中，主跨主缆与边跨主缆的索力增加幅度是不同的，通常主跨的索力增加更快，为了保持索鞍两侧索力的平衡，需要通过顶推索鞍来实现。

散索鞍位于锚碇处，起转索和散索的作用，散索鞍可以以支点为轴，沿纵向摆动一定角度。其作用是在边跨加劲梁吊装的过程中，边跨主缆的索力增加，散索鞍向边跨方向摆动一定角度，使散索鞍至主缆锚固点之间主缆的索力能够被动地增加，散索鞍两侧的索力得以保持平衡[图 5-2-8(b)]。

主缆是悬索桥中不可更换的主要受力构件，长期处于日晒雨淋的自然环境中，其防护性能的优劣直接影响悬索桥的使用寿命。

(1)传统防腐

传统的主缆防腐方式如图 5-2-9 所示。索股安装完毕后进行紧缆，安装索夹、加劲梁架设及桥面系施工，随后进行主缆缠丝。主缆缠丝按下列顺序进行：先手工清洗主缆上的残留杂物，并用溶剂清洗主缆表面的油污及沙尘等有害物质，从主缆低端开始在两索夹之间的主缆表面手工涂抹不干性嵌缝腻子一道，要求填满沟缝并且表面涂抹均匀，在腻子固化前，利用缠丝机向上坡方向密缠直径 4 mm 的镀锌低碳钢丝(先边跨后中跨)。缠丝拉力应通过计算确定，一般为 2.0 kN 左右，必须确保缠丝紧密。缠丝后用防水腻子对索夹进行嵌缝。清除缠丝后挤出表面的密封腻子，涂抹底漆及面漆，在主缆顶面 30 cm 宽范围内涂防滑漆，从而达到防护主缆的目的，最后在主缆鞍罩及锚室入口等处安装喇叭形缆套。

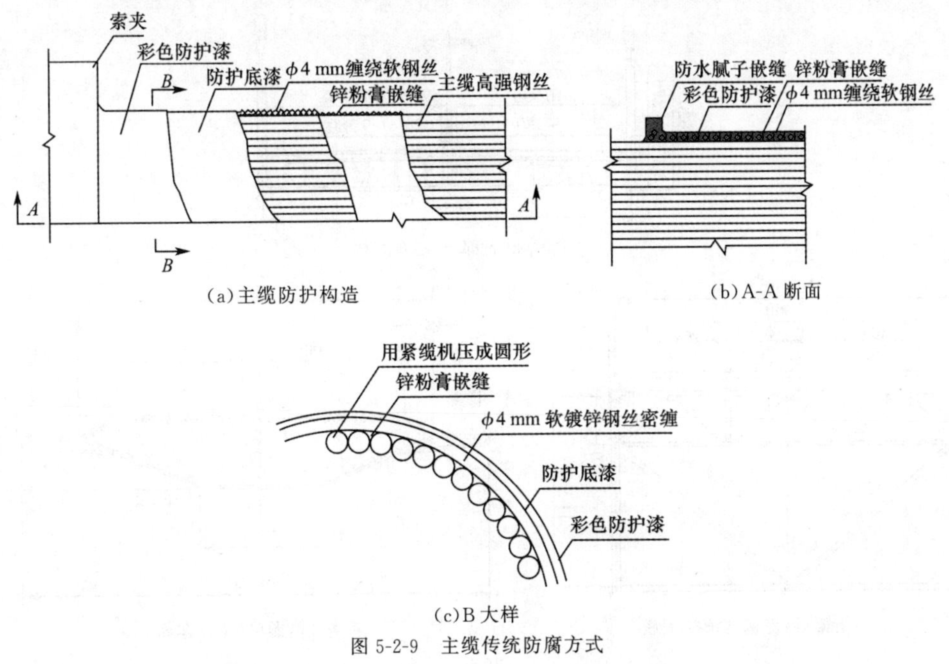

(a)主缆防护构造

(b)A-A 断面

(c)B 大样

图 5-2-9 主缆传统防腐方式

(2)除湿防腐

控制主缆锈蚀最重要的一点是不让水进入主缆，可采用一种 S 形截面的缠绕钢丝代替圆断面的钢丝，这样可以使主缆表面光滑，丝丝相扣，油漆不易开裂，水不能渗入(图 5-2-10)。在此基础上还可以采用一种干空气导入法，将除湿机产生的干燥空气用管道输送，通过入口索夹输入主缆，经出口索夹排出主缆。最初主缆内有水，但经过一段时间除湿系统的运行，可以将主缆内相对湿度维持在 40%以下，满足防腐要求。

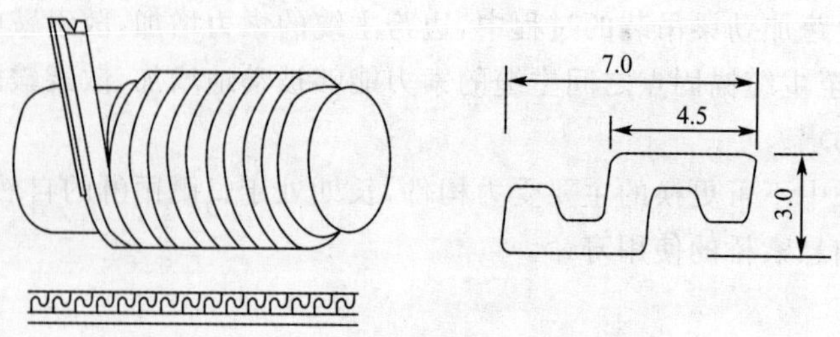

图 5-2-10　S 形截面缠丝

第三节　主梁构造

悬索桥的加劲梁可以采用钢板梁（工字梁）、桁架和箱型梁（图 5-2-11）。在小跨径悬索桥中，主梁本身没有足够的刚度，通常会采用抗风缆进行加强。在大跨悬索桥中，通常采用桁架或箱形梁。

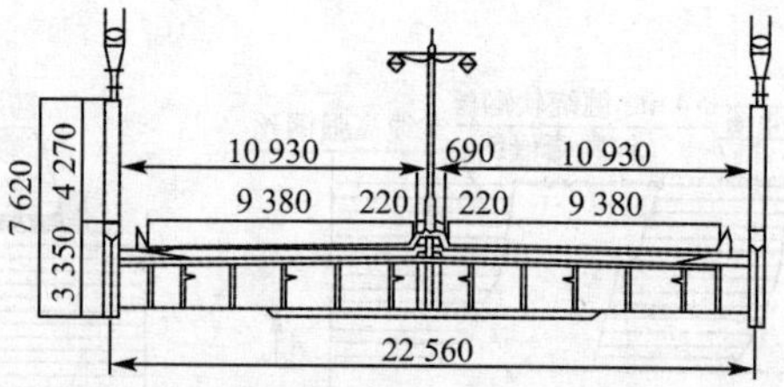

(a) Ⅰ形梁（布郎士-白石大桥）

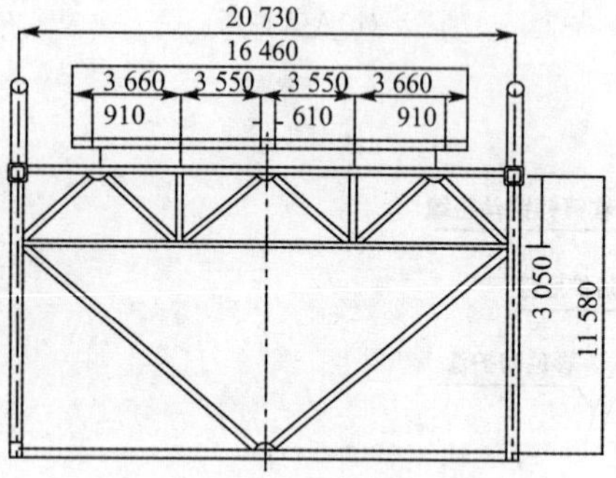

(b) 桁架梁（麦基诺海峡大桥）

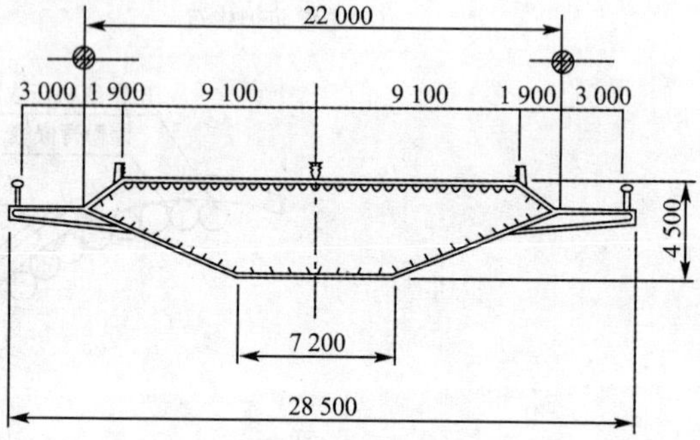

(c) 箱形梁（亨伯尔桥）

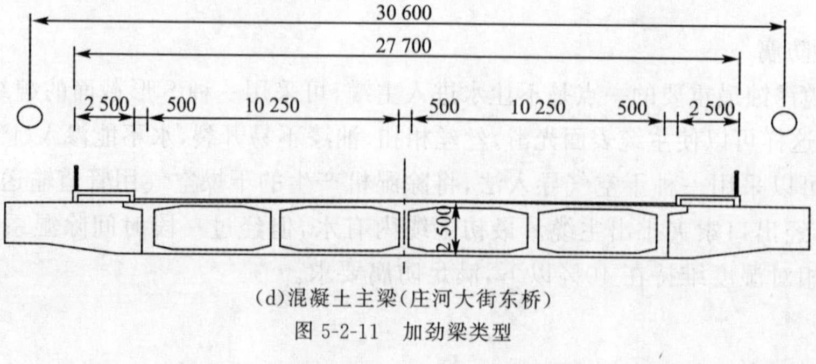

(d) 混凝土主梁（庄河大街东桥）

图 5-2-11　加劲梁类型

钢桁架梁杆件的单体重量较小,吊装重量较轻,施工难度小,所以在早期的悬索桥中被普遍采用。钢桁架的阻风面积较小,抗风性能良好,适合建设双层桥梁或者公铁两用桥梁。

钢箱梁加劲梁具有整体性好、抗扭刚度大、防腐涂装易于维护等优点,在现代悬索桥中得到普遍应用。钢箱梁的截面一般设计成流线型,其侧面设置风嘴以改善抗风性能。

混凝土加劲梁一般只限于自锚式悬索桥,由于自锚式悬索桥主缆锚固在加劲梁(主梁)的两端,对主梁产生轴向压力,相当于给主梁施加免费的预应力,有利于自锚式悬索桥主梁的受力。但是,当跨径较大时(超过 200 m),混凝土主梁的自重产生的主缆索力非常大,增加了主缆的工程量,混凝土主梁与钢主梁相比没有优势。此外,混凝土主梁的收缩、徐变造成主梁长度的缩短,主缆的锚固端向中跨方向移动,增大了索塔的弯矩。

第四节 索塔构造

在现代大跨度的悬索桥中,柔性塔在主塔中占主导地位。这种类型的索塔通过位移保持缆索的平衡,并承担主缆的向下分力。主塔可以采用钢或混凝土材料,美国的金门大桥和维拉扎诺海峡大桥以及日本的明石海峡大桥等主要桥梁均由钢塔组成。采用钢筋混凝土塔的有欧洲的恒伯尔大桥和大贝耳特东桥以及中国的青马大桥、江阴大桥、西堠门大桥等,目前国内大部分悬索桥的索塔均采用钢筋混凝土塔。

钢索塔横截面可以是 T 形、矩形或十字形,混凝土索塔横截面一般为空心混凝土结构,如图 5-2-12 所示。由于混凝土索塔的造价相对较低,因此目前大多数悬索桥均采用混凝土索塔,其构造如图 5-2-13 所示,但对于抗震要求较高的悬索桥可以采用钢结构索塔。

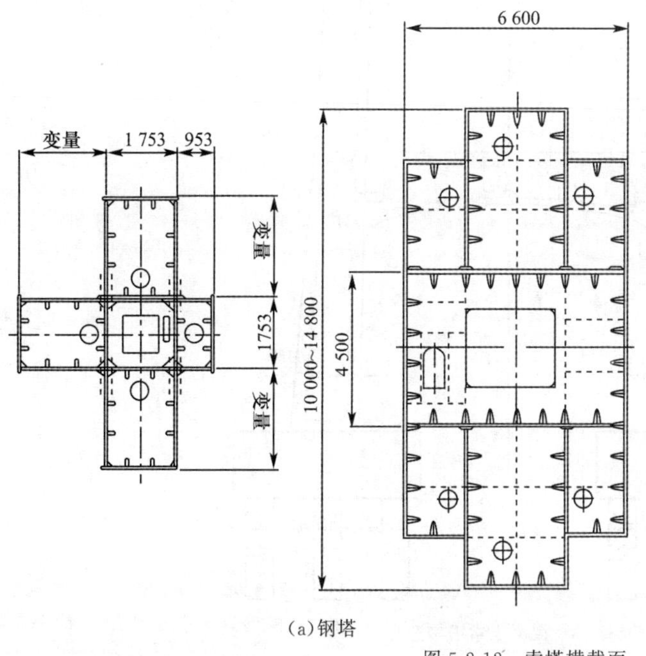

(a)钢塔

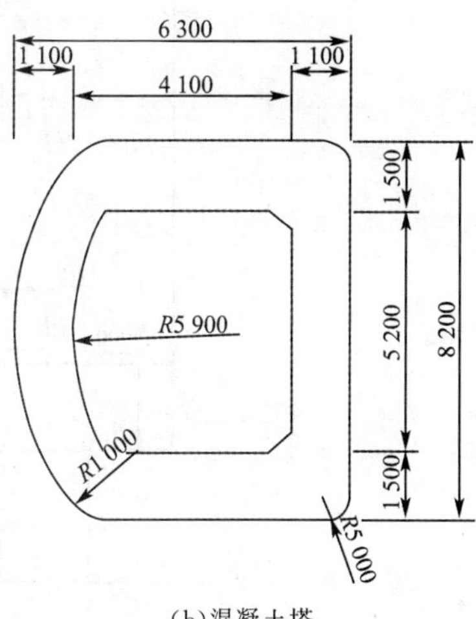

(b)混凝土塔

图 5-2-12 索塔横截面

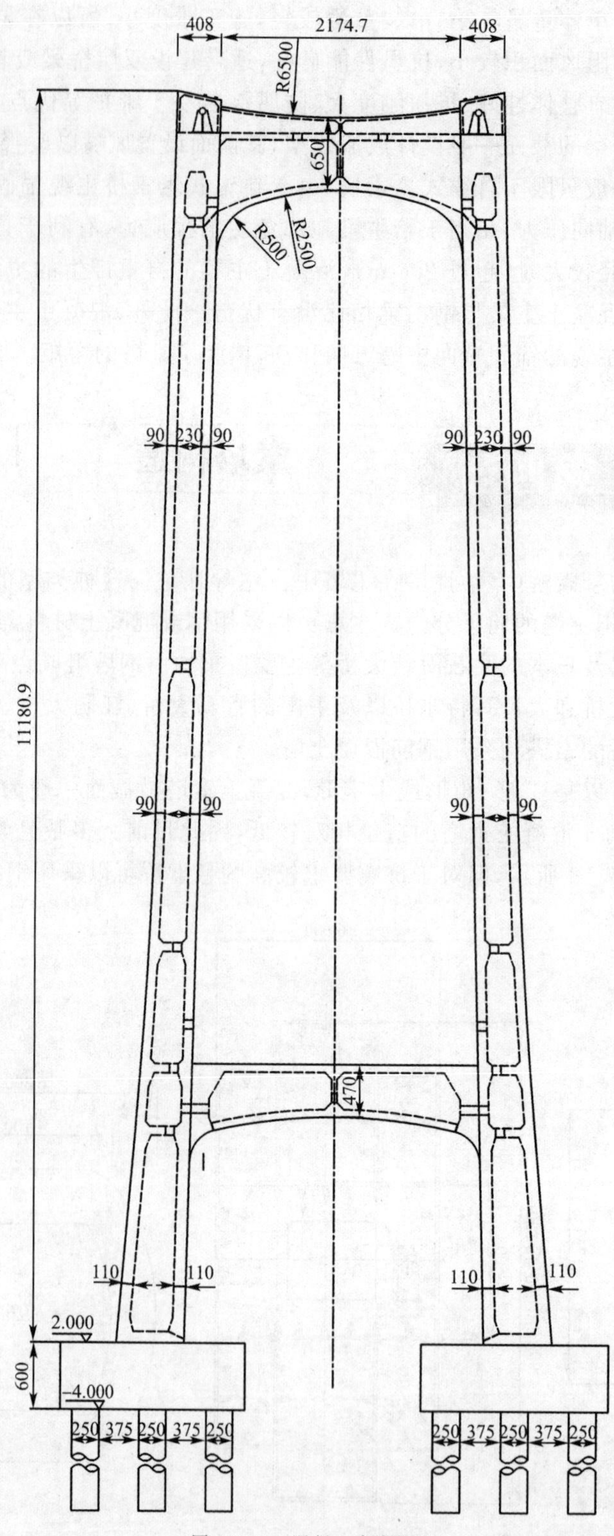

图 5-2-13　混凝土索塔构造

第五节 锚碇构造

锚碇是将巨大的主缆拉力通过重力式锚体及基础、岩洞锚塞体或岩体传递给地基的悬索桥关键构件，采用何种结构形式与地形、地质、水文及主缆力等建设条件密切相关。

锚碇可分为重力式锚碇、隧道式锚碇和岩锚锚碇，如图 5-2-14 所示。应根据地质、地形条件及经济性选择合适的锚碇形式。当地质、地形条件较好且适宜成洞时，可采用隧道式锚碇。当岩体完整、强度高时，可采用岩锚或带有预应力岩锚＋锚塞体组合式隧道锚碇。当采用隧道锚、岩锚等在建设条件和综合经济性方面不占优势的情况下，宜选择重力式锚碇方案。

(1)重力式锚碇

重力式锚碇包括锚体(锚块、鞍部、缆索防护构造、散索鞍支承构造)和基础，为一庞大的混凝土结构，依靠其自重来平衡主缆的拉力。锚碇中预埋锚碇架，它是由钢锚杆和支撑架构成，主缆束股通过锚头与锚杆连接，再由锚杆通过支撑架分散至整个混凝土锚体。

(2)隧道式锚碇

先在两岸天然完整坚固的岩体中开凿隧道，将锚碇架置于其中后用混凝土浇筑而成。其利用岩体强度对混凝土锚体形成嵌固作用，达到锚固主缆拉力的目的，因而锚碇混凝土用量比重力式锚碇大为节省，经济性更为显著。但由于隧道式锚碇一般应用在基岩外围的桥址处，国内外已建桥梁中采用这种锚碇形式的并不太多，而大多采用的是重力式锚碇。

(3)岩锚锚碇

岩锚的作用是利用高质量的岩体，将主缆拉力分散在单个岩孔中锚固，取消或减少锚塞体混凝土的用量可节约工程材料。但岩锚围岩受力范围小，应力集中现象突出，对围岩强度要求高。

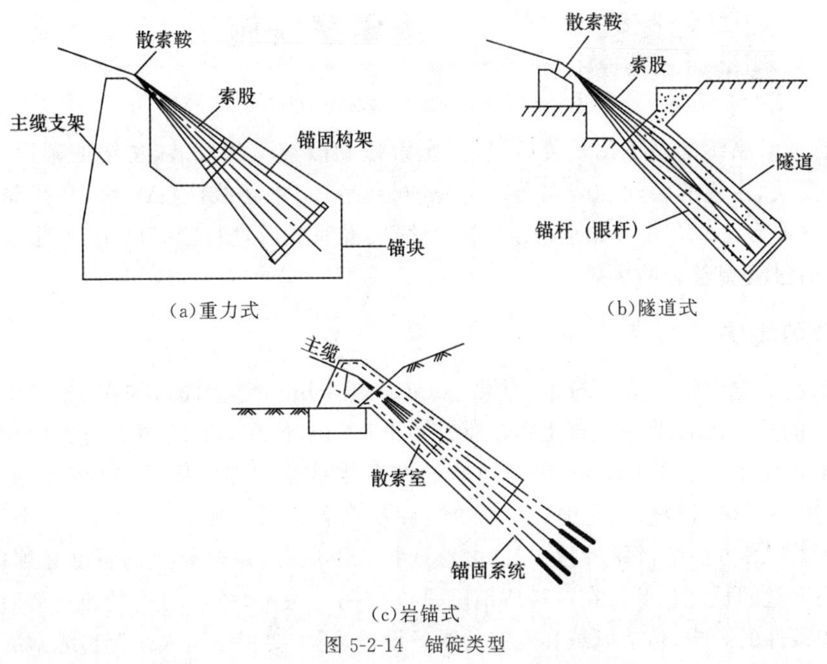

图 5-2-14 锚碇类型

第三章 悬索桥施工

第一节 概 述

悬索桥的施工包括下部结构的施工和上部结构的施工，其中下部结构的施工主要有桩基础、沉井基础、沉箱基础、地下连续墙基础等结构形式的施工，属于常规施工。索塔的施工与本教材中斜拉桥索塔的施工基本相同，本章重点介绍悬索桥不同于其他形式桥梁的施工内容。

第二节 缆索系统施工

悬索桥缆索系统的施工比较复杂，包括主索鞍和散索鞍的安装、主缆的架设、索夹的安装、吊杆的安装、主缆的缠丝和防腐等。主缆的架设有空中纺线法（AS 法）和预制平行索股法（PS 法）两种方法。在主缆索股（或平行钢丝）架设完成后进行紧缆施工，使主缆的截面成为圆形，然后进行缠丝和防腐施工。

一、空中纺线法

平行钢丝的空中纺线法（AS 法）是由 John A. Roebling 发明的，并在 1855 年建成的主跨为 246 m 的尼亚加拉瀑布大桥上首次使用（图 5-3-1），他在布鲁克林桥首次使用高强钢丝索。自罗布林提出 AS 方法以来，美国建造的大多数悬索桥都使用了平行钢丝主缆。相比之下，在欧洲一直采用钢丝绳主缆，直到 1966 年福斯公路桥建成。

在传统的 AS 方法中，每根钢丝在自由悬挂状态下展开，每根钢丝的垂度必须单独调整，以保证每根钢丝的长度相等。在这种所谓的垂度控制方法中，缆索的质量和安装时间容易受到现场工作条件的影响，包括风载和现有的纺丝设备，还需要很多工人来调整缆索的垂度。

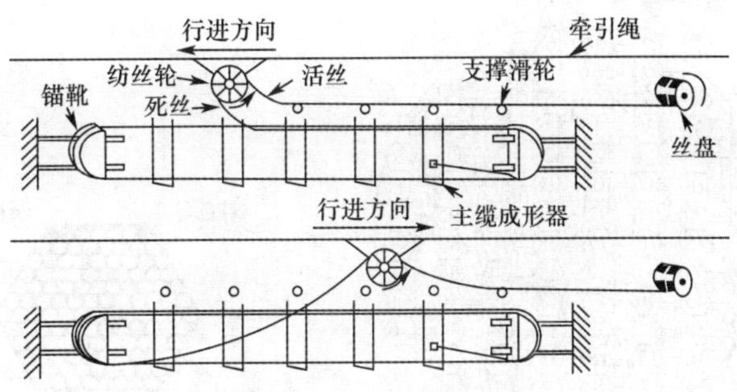

图 5-3-1 空中纺织法工作原理

日本开发了一种张力控制的新方法(图 5-3-2)。其思想是保持在缆索纺丝过程中的张力恒定,以获得均匀的缆索长度,这种方法被用于平户、清水濑户、第二博斯普鲁斯和大带东桥(图 5-3-3)。即使采用这种方法,仍然需要调整个别索。

图 5-3-2 张力控制方法的工作原理

图 5-3-3 空中纺线(AS)施工

二、预制平行索股法

1965 年前后,为了降低 AS 法纺丝所需的现场工作强度,发展出了一种预制平行索股法。预制平行索股法(PPWS 法,简称 PS 法)首次应用于新港大桥,这是日本向着扩大钢丝缆索截面、发展高强度钢丝索和增加钢丝索长度方面发展迈出的第一步。主缆中索股的排列及索股断面如图 5-3-4 所示,星海湾大桥 PPWS 法施工如图 5-3-5 所示。

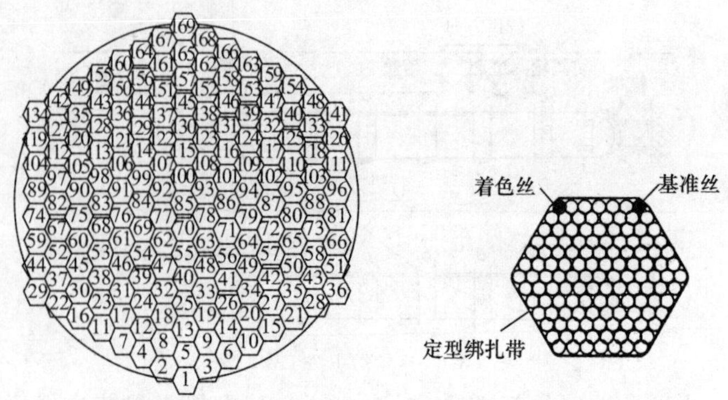

图 5-3-4　主缆中索股的排列及索股断面

图 5-3-5　星海湾大桥 PPWS 法施工

PS 法主缆施工的主要步骤和要点：

(1)索股牵引。

(2)控制横向运动。应将索股截面调整为标准六角形，在塔顶和索鞍座两侧的 20 m 左右安装限位装置以控制索股横向运动。

(3)调整索股截面，然后安置于索鞍上。

(4)测定位置和误差。在完成主塔、桥墩和锚固后，需要在稳定的气温下精确测量缆索在塔和墩上的参考点坐标、索塔的垂直度、主索鞍和散索鞍位置、索鞍中心线误差。架设猫道后，应重新测量这些参数。

(5)对于钢丝索股，线形调整的关键过程是调整跨中附近的垂度。

(6)保持线形。每完成 10 根索股后，应在主缆中以 160 m 的间隔插入垂直钢垫片线形固定器，以保持索股的相对位置。

第三节　主梁施工

悬索桥主梁的施工有多种方法，可以根据结构形式的不同、施工场地的具体情况采用。一般情况下，地锚式悬索桥常采用“先缆后梁”的施工方法，自锚式悬索桥采用“先梁后缆”的施工方法，但特殊情况下，两者可以互换。

一、地锚式悬索桥加劲梁的安装方法

悬索桥加劲梁的架设方法按其推进方式分，主要有两种：

(1)先从跨中节段开始向两侧主塔方向推进，如旧金山—奥克兰海湾大桥、维拉扎诺海峡桥、小贝尔特桥、大连星海湾大桥等；

(2)从主塔附近的节段开始向跨中及桥台推进，如金门桥及日本本四连络线上的悬索桥等。

无论采用哪种方法，均须考虑主缆变形对加劲梁线形的影响：

加劲梁从跨中向两侧主塔推进架设方法的优点：靠近塔柱的梁段是主缆刚达最终线形时就位的，这样靠近塔柱的吊索索夹最后夹紧可推迟到塔顶处，主缆仅留有很小永久角变阶段，所以就能减小主缆内的次应力。

加劲梁从主塔往跨中推进架设方法的优点：有利于施工操作和管理，这是因为此方法中施工操作和管理人员可以方便地从塔墩到达桥面，在主跨和边跨之间往返，而从跨中向桥塔推进方法中，工作人员必须通过狭窄的空中猫道才能到达主跨内已被架好的加劲梁段上。

加劲梁梁段的吊装有以下几种主要的吊装方案：

(1)缆索吊机吊装法

采用索塔的永久结构作为缆索吊装的支撑结构，设计一个巨大的缆索吊装系统，此种方法具有一定的安全风险，并且施工成本也较高。图 5-3-6 为丽香铁路金沙江特大桥缆索吊机架设方法。

图 5-3-6 金沙江特大桥梁段架设方法

(2)跨缆吊机吊装法

在主缆上设计跨缆吊机，以主缆作为吊装系统的承重索，避免了设计一个独立的缆索吊机系统。图 5-3-7 显示了竹岛海峡大桥梁段架设方法。

图 5-3-7 竹岛海峡大桥梁段架设方法

(3)主梁悬臂吊装法

在加劲梁上安装吊机进行加劲梁节段的吊装。这种方法加劲梁结构在施工过程中的内力较大,加劲梁的截面必须加大,导致需要的钢量增加,但可以避免对桥下交通的干扰。图 5-3-8 是明石海峡大桥主梁悬臂法的实例,加劲梁桁架的预制件是通过将加劲梁作为悬臂从塔和锚固处伸出架设的,这就避免了对海上交通的干扰。

图 5-3-8 明石海峡大桥悬臂施工方法

(4)摆动吊装法

悬索桥索塔处加劲梁的吊装工作常遇到一些特殊问题,如吊装区域的水深不够,驳船进不到这个区段,这样就需要采用特殊的摆动吊装法。加劲梁首先被吊高几米,拴上一组长的临时吊索,长吊索连在主缆上的索夹处,保留有一定间距。放松吊机,就可使加劲梁节段向边跨移动相应的距离。大连星海湾大桥主塔处加劲梁节段采用摆动吊装法施工,如图 5-3-9 所示。

图 5-3-9 大连星海湾大桥摆动吊装方法

(5)水平运梁轨道索架设法

传统缆索起重机利用主缆的承载能力作为支承和承载结构。这一点灵感来自于空中客车系统和矿井索道，学者胡建华等人提出了一种以张拉柔性轨道索为支撑的跨桥运输加劲梁的新方法——运梁轨道索架设法。其基本原理是在吊杆下水平安装钢丝绳作为移动轨道(轨道索)，这些临时轨道钢索由主缆和吊索的永久结构支撑，轨道索将钢加劲梁从两岸运送到安装位置，在那里钢加劲梁通过吊装装置吊起，然后在与轨道索分离后连接到吊杆上。这种架设从跨中开始，沿着两个方向向岸边进行，直到所有加劲梁都连接起来。矮寨大桥首次采用此方法吊装，如图 5-3-10 所示。

图 5-3-10　矮寨大桥水平运梁轨道索架设

二、自锚式悬索桥主梁的施工方法

(1)“先梁后缆”施工法

自锚式悬索桥的施工与地锚式悬索桥的差别较大，由于自锚式悬索桥主缆锚固在主梁的两端，所以一般情况下，需要在主梁架设完成后才能架设主缆，因此自锚式悬索桥常规的施工方法可以简单称作“先梁后缆”施工法。

混凝土主梁的自锚式悬索桥中，主梁的施工与普通桥梁一样在支架上现浇(图 5-3-11)。钢主梁可以采用在支架上进行节段拼装或者采用顶推施工法施工钢主梁(图 5-3-12)。“先梁后缆”施工法需要在桥下设置支撑结构，会占用航道，影响桥下的通航；对于深水区域的自锚式悬索桥，采用该施工方法的成本较高，施工风险也较大。

图 5-3-11　混凝土主梁的施工

图 5-3-12　钢主梁的施工

(2)“先缆后梁”施工法

当采用“先梁后缆”的施工技术受限时，可以采用类似地锚式悬索桥的“先缆后梁”施工法(图 5-3-13)。此项技术的关键是解决施工过程中主缆的水平力，采用临时地锚平衡施工中主缆的水平力，主梁合龙后再进行体系转换。

图 5-3-13　淮安北京路大桥“先缆后梁”施工法

主缆临时锚固的方式可以根据桥位处的具体情况而定，例如可以将主梁端部的边墩承台下桩基数量增加，在承台上设置临时锚碇，主梁上的锚块设置临时锚索与承台上的临时锚碇连接。为了增加临时锚碇的水平抗力，可以在临时锚碇的后方设置临时抗水平力的桩基，采用临时锚碇及临时锚固桩连接(图 5-3-14)。

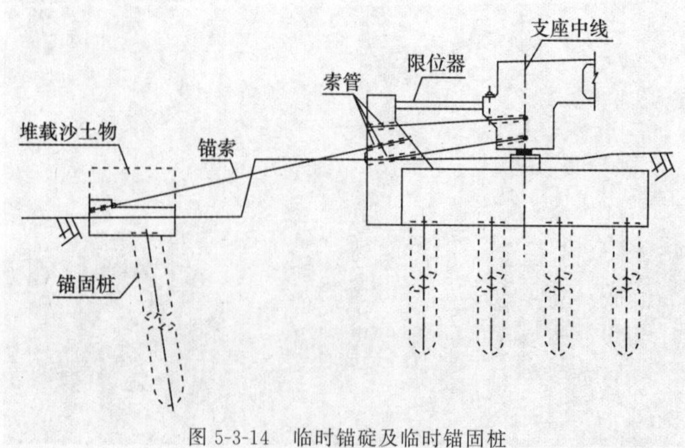

图 5-3-14　临时锚碇及临时锚固桩

第四节 锚碇施工

锚碇作为主要承力结构物，一般都采用重力式锚碇，且锚碇基础底板设置于下部持力层上，是支承主缆、保证全桥主体结构受力稳定的关键部位。锚碇的施工应考虑施工中及长期监测的需要，设置永久观测点，对锚碇的沉降和位移进行监测。

重力式锚碇的施工包括锚体部分的施工和锚碇基础的施工，其中锚体部分属于超大体积混凝土的施工，一般要分层、分区进行浇筑。控制混凝土水化热、防止混凝土开裂是锚体施工的关键环节。

重力式锚碇基础部分通常采用沉井、沉箱或地下连续墙等形式。海上修筑锚碇的悬索桥非常少，水深较浅的区域可以采用筑岛施工沉井基础，水深较深的区域可以采用浮运沉井或沉箱基础，沉箱基础的地基通常需要进行处理加固，一般可以采用碎石基床灌浆或者采用预填骨料升浆技术。

隧道锚的施工可以根据岩体的软硬程度的不同，分别采用机械开挖法、钻爆法等方法施工。按“管超前、严注浆、短进尺、弱爆破、强支护”的原则开挖。隧道锚施工前，应做好边仰坡的防护和加固，爆破后小循环进尺，初期支护应及时跟进。在初支中可采用中空锚杆、砂浆锚杆与网喷混凝体结合的方式。针对二次衬砌施工，施工位置位于前后锚室，并在初期支护的基础上进行防水板、土工布等防水设置。可采用支架模板方案进行混凝土浇筑，支架为满堂脚手架，将其立柱与底板垂直，纵向水平杆可抵住前锚面混凝土，前锚室二次衬砌完成后方可拆除。

锚塞体施工的模板由前、后锚面模板与前后锚面槽口构成，模板采用组合钢膜，以脚手管满堂脚手架进行支撑。在前锚面下层混凝土内预埋圆钢作为前锚面模板的拉杆，并设置水平加劲肋和竖向加劲肋。锚塞体混凝土浇筑工艺的前锚段与后锚段可采用 C40 微膨胀混凝土，其余采用 C40 膨胀混凝土。在浇筑环节中可通过布置冷却水管控制锚碇温度，可采用分层的施工工艺进行混凝土浇筑。

第四章 悬索桥的设计计算

第一节 悬索桥结构分析方法

悬索桥经典的计算理论包括:弹性理论、挠度理论、有限位移理论。其中弹性理论方程的形式简洁,物理意义明确,在早期的悬索桥计算中发挥了重要的作用。挠度理论作为弹性理论的改进替代方案,能更精确地评估悬索桥的挠曲程度。如今,得益于计算机的快速发展和对非线性问题的矩阵分析研究的积累,带有离散框架模型的有限位移理论被普遍应用于悬索桥的分析。

现在的悬索桥计算主要依靠基于有限位移理论的分析软件来完成,主缆、加劲梁、索塔、吊杆等主要构件在软件中被赋予不同的单元,材料属性、单元截面的几何属性,缆索中的初始应力状态等信息分别赋予相应的单元,然后进行成桥状态的计算和施工过程的数值模拟,作用于桥面的车道荷载、人群荷载采用最不利作用工况进行加载计算,其他可变作用依据相应的规范进行取值。

本章主要介绍悬索桥不同于其他桥型的设计计算方法和计算内容,对于主梁、索塔、主缆、吊杆等构件强度的验算,在采用有限元软件进行计算中,与其他桥型没有本质区别,只需要将计算结果与《公路悬索桥设计规范》(JTG/T D65-05-2015)中的要求进行对比,满足设计要求即可。

一、经典理论

弹性理论和挠度理论是悬索桥整体分析的主要方法,在上述理论当中,整个悬索桥被假定为一个连续体,并且吊索之间的间距很小,这两种分析方法均假定:

(1)主缆是完全弹性的。

(2)加劲梁是水平和笔直的,几何惯性矩是恒定的。

(3)加劲梁和主缆的恒载是均匀的,主缆的坐标是抛物线形。

(4)所有恒载均由主缆承受。

两种理论之间的区别在于是否考虑了由于活荷载引起的主缆挠度。图 5-4-1 显示了悬索桥中由荷载引起的力和挠度。

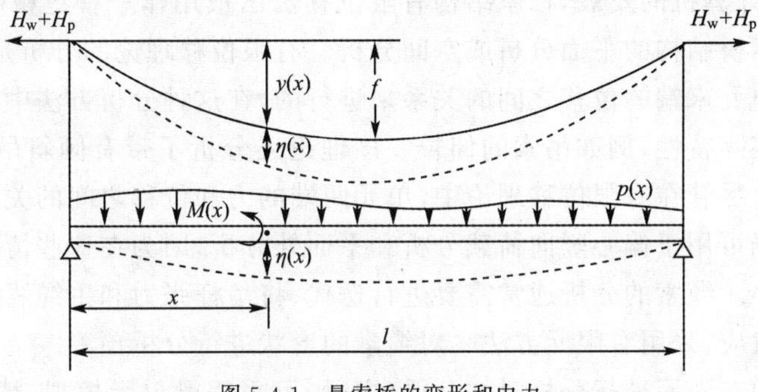

图 5-4-1 悬索桥的变形和内力

活载作用后,加劲梁的弯矩 $M(x)$ 如下所示:

弹性理论

$$M(x)=M_0(x)-H_p y(x) \tag{5-4-1}$$

挠曲理论

$$M(x)=M_0(x)-H_p y(x)-(H_w+H_p)\eta(x) \tag{5-4-2}$$

式中 $M_0(x)$——由作用在与加劲梁相同跨度的简支梁上的活载产生的弯矩。

$y(x)$——主缆的纵向位置。

$\eta(x)$——活载导致的主缆和加劲梁的挠度。

H_w,H_p——恒载和活载分别引起的主缆水平张力。

在式(5-4-2)中最后一项考虑了由于活载引起的挠度,加劲梁的弯矩因此减小。由于挠度理论是非线性分析,因此无法应用影响线进行叠加计算。但是,由于大跨悬索桥的活载小于恒载,因此即使假设 H_w+H_p 在 $H_w \gg H_p$ 条件下恒定,也可以获得足够的精度。在这种情况下,由于分析变为线性,因此可以使用影响线。图 5-4-2 显示了弹性理论、挠度理论和线性挠度理论之间的挠度-荷载比关系。当活载与恒载之比较小时,线性挠度理论对于分析尤其有效。在挠度理论中,可以忽略主塔的抗弯刚度,因为其对整个桥梁的受力特性没有影响。

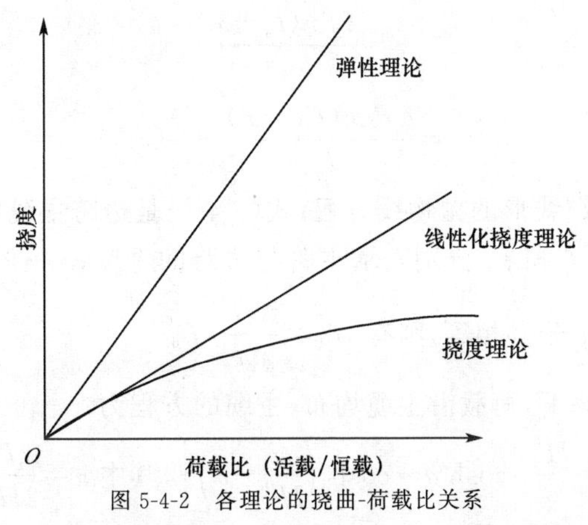

图 5-4-2 各理论的挠曲-荷载比关系

二、现代设计方法

(1)基于有限位移法的结构分析

近年来,随着计算机的发展,杆系结构有限位移法已被用作一种更精确的分析方法,该方法用于整个悬索桥结构的平面分析或空间分析。有限位移理论的分析是通过获得力与整个结构系统每个单元末端的位移之间的关系来进行的,在这种分析方法中,可以考虑挠度理论中忽略的桥梁实际特性,例如吊索的伸长。该理论还分析了带有倾斜吊索的悬索桥以及安装阶段的桥梁。尽管在有限位移理论中,单元两端的力和位移之间的关系是非线性的,线性有限位移理论仍可用于偏心竖向荷载分析和平面外分析,因为在这些情况下,几何非线性可以认为相对较小。缆索的分析通常需要进行迭代,将吊杆张力和主缆线形输入。此外,应考虑索鞍的弧形效应,采用有限元方法来对缆索的形状进行分析预测。

采用杆系结构有限元进行分析时加劲梁(主梁)可采用梁单元模拟,精细化的计算模型可以采用板壳单元,主缆和吊杆可以采用悬链线索单元、桁架杆单元,索鞍和支座等特殊结构可以根据软件的具体特点采用约束方程等方式进行模拟。需要注意在成桥状态时,缆索中是有初应力的,因此计算中需要通过调索的操作使悬索桥结构在成桥状态时达到一种平衡状态。

(2)弹性屈曲和振动分析

弹性屈曲分析用于确定设计压缩构件所需的有效屈曲长度,例如用于主塔塔身设计;作为抗风和抗震设计的一部分,需要进行振动分析以确定整个悬索桥的固有频率和振动模态。这两种分析都是杆系结构的线性有限位移方法的特征值问题。

第二节 悬索桥主缆线形的计算

悬索桥的设计和计算中需要首先确定主缆的线形,主缆的矢跨比(垂跨比)、边中跨比通常是根据经验和景观要求人为确定的。但是经过有限元分析,可以适当调整矢跨比、边中跨比以改善整个桥梁体系的受力状态,获得更好的经济指标。

成桥状态主缆的线形一般可以选择二次抛物线,具体方程为

$$z=\frac{4fx(l_s-x)}{l_s^2} \tag{5-4-3}$$

$$z=\frac{4f_1x(l_{s1}-x)}{l_{s1}^2}+\frac{c}{l_{s1}}x \tag{5-4-4}$$

式(5-4-3)是主跨主缆线形的抛物线方程;式(5-4-4)是边跨主缆线形的方程;l_s 和 l_{s1} 分别是主跨和边跨的长度;f 和 f_1 分别表示主跨与边跨的垂度;c 是塔高(图 5-4-3)。假设主跨与边跨主缆内力的水平分量相等,则有:$f_1=\frac{w_1l_{s1}^2}{wl_s^2}f$。

主缆空缆(自重)状态下,荷载沿主缆均布,主缆的方程为

$$z=\frac{H^0}{q}\left[\cosh\alpha-\cosh\left(\frac{qx}{H^0}-\alpha\right)\right],\text{其中 }\alpha=\frac{ql^0}{2H^0} \tag{5-4-5}$$

$$z=\frac{H^0}{q}\left[\cos h\alpha_1-\cos h\left(\frac{2\beta_1 x}{l_1^0}-\alpha_1\right)\right],\text{其中}\beta_1=\frac{ql_1^0}{2H^0},\alpha_1=\beta_1+\sin h^{-1}\left[\frac{\beta_1\left(\frac{c^0}{l_1^0}\right)}{\sin h\beta_1}\right] \tag{5-4-6}$$

式(5-4-5)和式(5-4-6)分别是主跨和边跨主缆的悬链线方程，H^0 是自重下主缆的水平分力，q 是主缆的单位重量，l^0，l_1^0 分别表示空缆状态时主跨和边跨主缆的跨度，与成桥状态时主跨与边跨的跨径是不一样的，两者的差被称作索鞍顶推量，满足式(5-4-7)。

$$l^0=l_s+2\Delta,l_1^0=l_{s1}-\Delta \tag{5-4-7}$$

为了减少桥梁的建造成本，应选择适合的垂跨比。一般来说，这个垂跨比约为1/11～1/9，边中跨比宜为25%～45%，对于自锚式悬索桥的垂跨比可以取为1/7～1/4.5，边中跨比宜为25%～40%。但是整个悬索桥的振动特性有时会随垂跨比的变化而变化，因此也应考虑对悬索桥的空气动力学稳定性的影响。主缆横向布置应综合抗风、加劲梁宽度等要求确定，并应满足施工机具对主缆与加劲梁之间的空间要求，主缆中心距与主跨跨径比值宜大于1/60。

悬索桥的计算中，主缆的材料一般可以采用平行钢丝索的材料特性，与钢丝绳相比，平行钢丝索具有强度高和弹性模量高的优点；而钢丝绳的弹性模量较小并且数值的离散性较大，钢丝的长期蠕变也较大，因此现在很少采用钢丝绳做主缆。

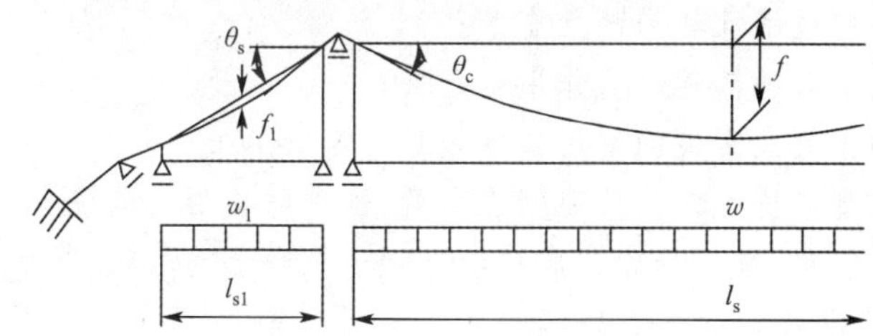

f—主跨矢高；f_1—边跨矢高；w—主跨均布静荷载；w_1—边跨均布静荷载；θ_c—主缆切向角(主跨)；θ_s—主缆切向角(边跨)；l_s—主跨长度；l_{s1}—边跨长度

图 5-4-3 悬索桥主缆成桥状态

第三节 悬索桥的施工控制

悬索桥在施工过程中的结构几何形状及内力变化都比其他桥型大，对外界因素较为敏感，需要在整个施工过程中进行动态监测与控制，才能使结构各施工阶段的实际状态最大限度地接近设计状态，确保成桥后的结构几何线形和内力状态符合设计要求。为了完成这个目标，需要进行基于施工过程的结构分析数值模拟和现场的监测、反馈、控制等技术措施来指导施工的进行，这个过程被称为施工控制或者施工监控。

悬索桥施工控制的主要内容有：

(1)对施工中索塔、锚碇、自锚式悬索桥中的主梁锚固点实际坐标的精确测量。

(2)针对施工中已经存在各种误差的实际结构建立有限元模型。

(3)按照可行的施工方案进行多个方案的计算分析对比，确定最佳施工方案。

(4)采用选定的施工方案进行每个施工步骤的数值模拟。

(5)通过现场监测位移、应力、索力等控制变量与理论计算结果比对,修正误差。

(6)综合各种误差修正,预测合拢状态。

(7)实现大桥合龙。

(8)二期恒载施工完成后进行全桥通测,进行必要的局部调整。

悬索桥施工控制需要注意的几点关键问题如下:

(1)加劲梁(主梁)自重的准确计算,还包括主梁附属结构的自重都需要尽量统计准确,因为恒载的误差会影响主缆的线形以及吊杆的长度。

(2)主缆的架设和吊杆的安装应考虑施工误差、环境温度等因素。

(3)考虑混凝土收缩徐变、基础沉降等因素,确定合理的成桥状态。

大跨径的地锚式悬索桥施工控制中的合龙状态一般不包含二期恒载作用,因合龙段的连接力比较大,必须提前确定,确保施工可以实现。如果合龙状态包含二期恒载,施工中需要通过加配重达到,合龙段的连接力较小,容易实现合龙。

习题

1. 在所有桥型中,为什么地锚式悬索桥的跨越能力最大?
2. 地锚式悬索桥的适用性和局限性有哪些?
3. 悬索桥中的主索鞍和散索鞍的作用是什么?
4. 骑跨式索夹和销铰式索夹的适用条件是什么?
5. 为什么自锚式悬索桥可以采用混凝土主梁,这种结构形式的优点和局限性是什么?
6. 按经典理论的假定,推导悬索桥成桥状态下主缆线形的方程。